김태영 논문선집 4

다산 정약용의 국가개혁론

김태영 논문선집 4

다산 정약용의 국가개혁론

김태영 지음

경희대학교 출판문화원

목 차

제5장 다산의 국가 산업행정체계 개혁론

제6장 다산 정약용의 정전제론

책을 펴내며

작년 1월 11일 우석(于石) 김태영 선생께서 85세를 일기로 돌아가셨을 때, 그 황망한 이별에 모두들 가슴 한 켠 응어리가 남아있는 느낌을 지울 수 없었다. 갑작스러운 부음도 그렇고 제대로 격식도 차리지 못한 채 영결해야 하는 당시의 상황도 못내 편치 않았던 탓이다.

그리하여 선생을 존경하고 따랐던 후학과 제자들은 그 가르침을 되새기고 기리는 사업을 추진하기로 이심전심 뜻을 모으게 되었다. 우선 선생께서 여러 지면에 발표하였으나 미처 책으로 엮지 못한 글들을 모아 논문선집을 발간하기로 하고, 선생께서 30여 년간 재직하셨던 경희대학교 사학과와 상임자문위원으로 지도하셨던 경희총민주동문회, 그리고 창립 때부터 고문을 맡아 인연을 이어온 민족문제연구소가 공동으로 사업을 추진하게 되었다.

두루 알고 있듯이 선생께서는 방대한 저작과 논문을 집필하고 민주화운동과 역사문화운동에 관여하는 등 학술연구와 현실참여 양 측면에서 커다란 족적을 남기셨다. 선생의 학문세계에 관해서는 두말할 필요 없으리라 본다. 그 폭과 깊이를 가늠하기 어렵지만, 그중에서도 조선 시대의 토지제도를 비롯한 사회경제사와 성리학과 실학 등 사상사에서 선구적인 업적을 쌓으셨다. 돌아가시기 직전까지도 치열하게 연찬에 몰두하셨으며, 시퍼렇게 살아 꿈틀거리는 논문을 발표해 진정한

학자의 면모를 후진들에게 몸소 깨우쳐 주셨다.

선생께서는 수많은 논저들을 남기셨지만, 특히 연력(硏歷) 초두의 『조선전기 토지제도사연구』는 해방 이후 명저 100권의 하나로 꼽힐 정도로 주목을 받았다. 사회경제사 연구에 일가를 이룬 뒤 천착한 분야는 사상사였다. 『실학의 국가개혁론』이나 『조선 성리학의 역사상』이 두드러진 사례들로, 선생의 학문적 관심이 국가와 사회의 제도에서 그 운영원리와 체제개혁을 뒷받침하는 사상으로 옮아갔음을 알 수 있다.

『김태영 논문선집』은 모두 4권으로, 대체적인 흐름은 선생께서 착목하고 중점을 두어 연구하셨던 학문적 관심사의 변천과 궤를 같이한다고 할 수 있다. 편제는 제1권 『조선 전기 과전법 연구』, 제2권 『조선 전기 사회와 사상』, 제3권 『실학, 그 역사상의 재인식』, 제4권 『다산 정약용의 국가개혁론』으로 구성하였다.

이 논문선집을 내는 까닭은 고 김태영 선생의 학문적 업적을 빠트림 없이 수습해 온전하게 알리고자 하는 데 있다. 이 선집이 평생 연구에 매진해 한국사 이해의 폭과 깊이를 확장하고자 했던 선생의 학문적 깊이와 문제의식을 확인하는 데 보탬이 되길 기대한다. 그리하여 선생께서 혼신의 열의를 다해 추구한 그 궁극의 목표가 '법고창신(法古創新)'으로서 국가와 사회의 개혁에 있었음을 함께 깨닫게 된다면 후학과 제자들로서는 더할 나위 없는 보람이 아닐까 한다. '제대로 된 나라', '제대로 된 사회'. 고금(古今)을 막론하고 궁리하였던, 그러나 쉬이 해결하지 못했던 이 지난한 문제가 다시 초미의 현실적 과제로 다가온 이 시대, 다소 난해하긴 하나 많은 이들이 이 글들을 열독하고 지혜의 단서를 얻었으면 하는 바람이 있다. 다만 편집위원회가 나름의 주의를 기울였으나, 혹 체제나 내용 정리에서 선생께서 당초 구상하셨던 바가 명쾌히 드러나지 못할까 걱정이 앞서기도 한다.

논문선집을 기획하고 출간하기까지 많은 분들의 도움이 있었다. 역사학계의 동료와 후학, 경희대학교의 동문과 교수 여러분의 정성 어린 지원에 감사드린다. 여러 가지 편의를 흔쾌히 제공해준 경희대학교 출판문화원의 관계자 여러분, 제자로서 교열 등 실무를 꼼꼼하게 챙긴 민족문제연구소 박광종·임무성 연구원에게도 고마운 마음을 전하고 싶다. 유족들은 원고 수집 등 번다한 일들을 처리해주시고 성원을 보내오셨다. 감사와 함께 다시 위로의 말씀을 드린다.

2023년 4월

김태영 논문선집 편집위원회

구만옥, 김민철, 박도식, 조세열, 조인성

제1장

다산의 국가개혁론 서설

1. 머리말

한국 전근대사에서는 사회질서가 크게 국가 지배체제 위주로 편제되어 오고 있었다. 내용의 당부는 차치하고라도 '국가봉건제' 혹은 '국가농노제'라고 하는 개념이 설정되고 논의될 정도로 국가는 그 내용물인 사회와 인민의 역사를 규정하는 기본 공동체로 현현되어 온 것이 특징이었다.

조선왕조 후기의 실학은 그 같은 역사 전통에서 전근대의 마지막 시기에 일어난 현실 개혁의 학풍이었는바, 그 개혁론의 주된 내용은 당시 봉건적 국가 지배체제의 속성이 극단적으로 전개된 여러 사회적 모순의 현실이었다. 다산 정약용(茶山 丁若鏞; 1762~1836)은 그 가운데서도 가장 두드러진 국가체제 개혁론자였다.

그는 자기의 현실을 "터럭 한끝에 이르기까지 병들지 않은 것이 없으니 지금에 와서 개혁하지 않는다면 반드시 나라가 망하고 말 것"[1]이라고 인식하고 있었다. 그래서 그는 우선 나라가 다 망하지는 않도록 보존해가는 방안을 『목민심서(牧民心書)』에서 강구하는 한편, 모순에 찬 현실 국가 지배체제를 전면적으로 개혁하여 이상적인 '왕정(王政)'을 실현하리라는 원대한 구상 아래 『경세유표(經世遺表)』를 저술하였다. 실로 『경세유표』는 "나라를 경영하는 제도에 대해서 현재의 운용에 구애

1 『經世遺表』 引.

받음이 없이 기본을 세우고 요목을 베풀어 그것으로써 우리 구방(舊邦)을 새롭게 하자는 생각에서"[2] 저술한 것이었다. 또한 자신의 사회개혁론의 핵심을 담고 있는 "1표(表) 2서(書)는 이로써 천하 국가를 다스리고자 하는 것"[3]이라고도 하였다.

다산은 1표 2서를 통하여 무엇보다도 현실의 모순상을 면밀히 분석하고 그 바탕 위에서 자기 나름대로 이룩할 미래의 국가상(國家像)을 제시하였다. 그러므로 실학의 집대성자로 일컬어지는 다산의 개혁론에 나타난 국가상은 곧 한국사에 있어서 전근대적 국가상(國家像)의 마지막 원형(原型)에 해당한다고 할 수 있을 것이다.

다산의 그 같은 국가상은 물론 한국사의 전개 과정에서 반영되거나 실현된 적이 없었다. 그가 통렬하게 분석해낸 국가 지배체제의 여러 모순상이 극복되거나 지양되지 못한 채 한국사는 이른바 '근대'로 접어들었고, 그 '근대'는 이전의 전통과 인습과 모순을 거의 그대로 내부에 간직한 채 그러면서도 그것을 문제의식에서 방기(放棄)해 버린 채 전혀 다른 길로 전개되기에 이르렀다. 다산은 자기의 개혁론을 가리켜 "성인(聖人)의 경전에 근본을 두고 시의(時宜)에 맞도록 힘썼으니, 없어져 버리지 않는다면 혹 취해서 쓸 사람이 있을 것"[4]이라 하여 은근한 자신감을 내비쳤지만, 기실 그것을 취해서 국정에 써본 자는 아무도 없었다. 그깃은 이제 빛바랜 문자로나 남아있을 뿐이다.

다산이 구상한 국가상은 이미 지나가 버린 때의 화석화한 유물이

---

2 『與猶堂全書』(新朝鮮社本) 제1집 제16권 『自撰墓誌銘(集中本)』(이하 全書 1-16 「自撰墓誌銘」 따위로 표기한다).

3 위와 같은 곳.

4 위와 같은 곳(壙中本).

며, 더구나 전근대론적 국가론의 하나에 불과했다. 그런데 '근대'를 살아가는 오늘의 우리에게 그 '근대'적 현실이란 어떠한 것이며 '근대'적 국가란 도대체 어떠한 의미를 지닌다고 할 것인가. 아니 우리의 '근대'란 것이 어떤 형태로 정립되거나 정착되어 있지도 못한 현실인 만큼 그 전근대적 국가상의 마지막 원형이야말로 오히려 다시 돌이켜 검토해보아야 하는 것은 아닌가. 혹은 그것이 현실과 어떤 대응 관계를 지니면서 상호 변증법적 유동 관계로 작용하고 있지는 않은가. 적어도 그것이 총체적으로 그려둔 우리 전근대 국가와 사회와 인간의 전개상은 그 자체로 학문적 흥미를 유발하기에는 충분하리라 생각한다. 다산이 애써 추구한 '왕정'의 역사적 의미란 대체 무엇일까.

2. 체제개혁안

비록 중앙집권적 단일 왕국(王國)이라 할지라도 봉건적 속성의 조선 왕조는 본질적으로 다원적·계층적 지배 질서로 편제되어 있었으며, 따라서 거기에는 할거적 농단이 필연적으로 자행되고 있었다. 조선 후기라고 하는 중세왕조의 마지막 단계에 가서 그 같은 할거성은 극대화하고 있었다. 조선 후기의 실학은 지배체제의 그같이 지리멸렬한 할거상을 크게 문제시하고 있었는바, 다산이 "나라가 망하고 말 것"이라고 인식한 현실의 모순은 바로 그 같은 현상을 두고 우려한 것이었다. 그는 현실의 통치행태를 다음과 같이 관찰하였다.

[1-1] 무릇 조종(祖宗)의 법전(法典) 이외에 감사(監司)가 (법을) 더하고

현령이 더하고 향리가 더하고 하례(下隷)가 더하고 이정(里正)이 더하여 명령이 여러 갈래로 나오매 쪽박처럼 깨어지고 어지러워 기강이 없으니 날로 무너진다.[5]

여기서 '법을 더하다'라는 것은 국가 법전의 규정 이외에 여러 계층 지배자들의 자의적 수탈이 자행된다는 뜻이었다. 중층적·할거적 중간 농단이 극단의 형태로 자행되고 있었던 것이다. 그런데 그나마 "조종의 법전"이라고 "국가가 인순(因循)하고 있는 것도 대개가 고려 말의 폐정(弊政)과 연산군의 여독(餘毒), 그리고 임진왜란 후 임시방편으로 만든 법제요, 그 나머지는 모두 수령과 이례(吏隷)가 제멋대로 만든 것이니, 어찌 조종의 구법(舊法)이라 할 수 있겠는가"[6]라고 그는 인식하였다. 그것은 곧 나라를 망하게 하는 할거적 농단의 근본 계기가 현행 법제(法制)의 잘못에서 기인한다는 것을 적시한 대목이다.

다산은 가령 민고(民庫)라는 것을 조선 후기 농민의 부담 항목 가운데 '가장 큰 것'이라고 하면서 다음과 같이 말하였다.

[1-2] 지금 각 도의 군현마다 소위 민고(民庫)란 것이 있다. … 민고란 것은 향리들이 제멋대로 그 규례를 만들었고 수령들이 제멋대로 그 법을 만들었으니, 천지가 생긴 이래로 이런 일이 있었던가. 8도에 모두 민고가 있으나 그 법식은 도마다 각기 다르고, 고을마다 모두 민고가 있으나 그 규례가 고을마다 각기 다르다. 그 법의 득실(得失)은 고사

5 『經世遺表』 권7, 田制 7(이하 表 7 田制 7 따위로 표기한다).

6 위와 같은 곳.

하고 한 임금의 나라에는 마땅히 한 임금의 제도가 있어야 하겠거늘, 그 산란함이 이와 같으니 천지가 생긴 이래로 이런 일이 있었던가.[7]

즉 그는 천지가 생긴 이래 최대의 할거적 농단이 자행되는 것으로 자기의 현실을 인식하고 있었다.

그런데 현행의 통치법제를 가지고서는 그 같은 할거적 농단을 막을 길이 도저히 없다고 그는 진단하였다. "향리가 농간을 부리는 것이 아니라 농간을 부리게 하는 것은 법이다"[8]라고 그는 단언하였는데, 그 까닭은 양반 관원이 정치·행정의 실무를 등한히 하고 모두를 이서(吏胥)에게 맡겨 처리하는 '이서지국(吏胥之國)'의 통치체제로 운용되고 있기 때문이라 하였다.[9] 그는 그 같은 사례를 가령 전정(田政)의 경우에서 다음과 같이 말하였다.

[1-3] 지금 이들 향리는 나라 수입을 셋으로 나누어 공가(公家)에는 하나만 바치고 향리가 그 둘을 먹으니, 노(魯)나라의 3가(家)보다도 훨씬 심하다. 반드시 대변통(大變通)·대경장(大更張)이 있어 먼저 이 일을 바로잡은 다음이라야 나라가 나라 구실을 할 것이다.[10]

그러니 통치체제의 '대변통·대경장'에 값하는 근본적 개혁이 불가피한 요청일 수밖에 없었던 것이다. 다산은 그 같은 체제개혁안을 이

7 『牧民心書』 권6, 平賦 上(이하 書 6 平賦 上 따위로 표기한다).

8 全書 1-12, 「奸吏論」.

9 위와 같음.

10 表 8 田制 8.

른바 '선왕(先王)'의 '왕정'을 모범으로 삼아 제시하였는데, 그것은 주로 『상서(尙書)』를 비롯한 옛 경전의 연구를 통하여 이념적 측면을 계발하였고, 그 같은 '왕정'의 유제가 『주례(周禮)』에 담겨있다고 인식하여 그것을 큰 기준으로 삼아 자국의 통치체제를 구상하여 『경세유표』라는 '방례(邦禮)'의 개혁안을 남겼다. 그 내용은 간단히 요약하기는 어렵지만 보기에 따라서는 다음 세 가지로 크게 나누어 살펴볼 수 있다.

첫째: 모든 통치권을 궁극적으로 왕(王)에게 귀일시키고 이념상으로는 왕이 민(民)을 직접 상대하는 체제가 되어 일체의 할거적 지배와 중간 농단을 지양한다. 중앙 통치기구를 대폭 개편하되 관(館)·각(閣)·대(臺)·간(諫) 등의 특례적 특권을 일체 혁파한다. 지방 행정을 12성(省)·314읍(邑)으로 전면 개편한다. 모든 관직의 명·실을 일치시켜 실무를 직접 장악게 하고 상하가 유기적 통속 관계를 갖게 한다. 모든 통치·행정 기구는 그 권한과 책임을 엄격히 한계 지으며, 관원은 그것을 세분화해 분담하며 전결권(專決權)을 가지고 구임(久任)함으로써 성과를 책임지고 이룩하도록 한다. 행정실무 보조원인 향소(鄕所) 등도 정식 직제화하며, 향리는 대폭 감액하고 일정 기간마다 다른 지역으로 전임(轉任)시킨다. 3공(公) 이하 모든 관직자는 정기적으로 엄격히 고적(考績)함으로써 근무 성적을 심사받는다.

둘째: 정전제(井田制)의 시행, 주요 광업의 국영 등 생산수단의 소유관계를 전면 개편하되, 가령 "농사짓는 자만이 전지(田地)를 가지고 농사짓지 않는 자는 전지를 갖지 못한다"[11]는 예처럼 그 소유는 국유이

11 表 6 田制 5.

거나, 혹은 당해 직접생산자의 점유로 운용한다. 국내의 모든 산업은 전농(田農)·원전(園廛)·포휴(圃畦)·빈공(嬪功)·우형(虞衡)·축목(畜牧)·공장(工匠)·상인(商人)·신첩(臣妾)의 9직(職)[12]으로 분업화하여 각자 한 가지씩의 전문직에 종사토록 한다. 9직의 모든 분야에서 징세(徵稅)한다. 국가의 중요 산업행정 분야를 분업적으로 전담하여 정밀히 연구 개발하는 국가기구로 가령 조운(漕運)·사광(司礦)·사포(司圃)·권계(券契)·경전(經田)·산우(山虞)·임형(林衡)·직염(織染) 등의 각 사(司)·서(署)·국(局)을 설치 운용한다.

셋째: 전환(典圜)·전궤(典軌)·전함사(典艦司) 등 기기(器機) 제조기관을 국가가 설치하여 농기(農器)·직기(織器)·전거(田車)·벽돌 제조에서부터 전화(錢貨)·도량형·선박·차제(車制) 등 이용후생의 기술을 적극적으로 개발한다. 특히 각 기기의 체제를 객관적 기준에 따라 일정 비율로 등차 있게 세분화해 제작하되 그것을 전국적으로 일률화(一律化)하여 어기지 못하도록 한다. 새로 개발된 중국의 선진 산업기술을 도입하는 이용감(利用監)을 개설 운용한다.

즉 종래 권한과 책임의 한계가 불분명한 통치체제를 전문적으로 분업화하여 전담·전결케 함으로써 그 성과를 책임지고 이룩해내도록 한다는 것, 자연과 인습에 맡겨 방치한 채 거기에 순응하는 것이 위주였던 모든 산업 분야를 전문적으로 분업화하여 한 가지씩만을 전업(專業)하게 하고 그 각각의 제도와 생산기술을 국가기구가 적극적으로 전담

12 書 6 勸農. 이와는 조금 달리 表 8 田制 12「井田議」4에서는 "民職有九 一曰士 二曰農 三曰商 四曰工 五曰圃 六曰牧 七曰虞 八曰嬪 九曰走"라 하였다. '신첩(臣妾)'이나 '주(走)'는 다른 직역에 동원할 수 있는 노동자들을 지칭하였다.

연구 개발한다는 것, 그리고 전국 일률의 기기(器機) 제도를 객관적 기준에 따라 제정·운용하고 선진기술을 도입하여 이용후생함으로써 국가와 인민을 부강하게 한다는 것이었다.

한편 다산은 그의 정치원론을 피력해두었다고 생각되는 「원정(原政)」이라는 글에서 '왕정'의 정사로서 다음의 11가지를 들었다.

> ① 전지(田地)를 헤아려 균평하게 나누는 것. ② 배와 수레를 만들고 도량형을 바로잡아 물산의 유·무를 상통케 하는 일. ③ 법관(法官)에 신칙하여 호세가(豪勢家)를 누르고 약자를 보살펴 주는 일. ④ 악한 자를 벌하고 선한 자를 상 주어 죄(罪)와 공(功)을 구분하는 일. ⑤ 붕당(朋黨)을 없애고 공도(公道)를 펴서 현명한 이를 등용하고 불초한 자를 물리치는 일. ⑥ 도랑을 다스리고 수리(水利)를 일으켜 가뭄과 홍수를 조절하는 일. ⑦ 임목(林木)과 과수(果樹)를 많이 심어 재목과 과실을 유족하게 하는 일. ⑧ 가축을 힘써 길러 군사·농경·육식을 넉넉히 하는 것. ⑨ 맹수를 잡아 해독을 제거하고 모피·식육을 활용하는 일. ⑩ 각종 광물과 보석을 개발하여 재화를 늘리고 이용하는 것. ⑪ 병리(病理)를 강구하고 약을 개발하여 건강 장수케 하는 일.[13]

여기서는 붕낭의 타파라는가 억강부약의 시책 등 사회적 통치체제에 관한 요목도 들었지만, 그보다는 더 다양한 분야의 산업기술 및 이용후생의 기예를 적극적으로 개발할 것이 강조되었다. 온갖 산업기술과 기예는 적극적으로 연구 개발하면 크게 발전한다는 인식은 곧 인간

13 全書 1-10, 「原政」.

의 적극적 작위(作爲)에 의하여 생산기술을 제도적으로 진보시킬 수 있다는 그의 신념에서 우러난 것이었다. 그 같은 신념은 즉 사회적 생산력의 발전에 관한 그의 진보관(進步觀)의 원점이 되는 것이기도 하였다. 그는 이 문제를 「기예론(技藝論)」이라고 하는 별도의 논문에서 구체적으로 피력하였는데, 그 같은 사회 생산력의 발전관은 이윽고 인류 역사의 발전에 대한 그의 신념으로 다시 이어지기도 했다.[14] 그는 다음과 같이 말하였다.

> [2] 사람이 많이 모여 살면 모여 살수록 그 기예는 더욱 정밀해지고, 시대가 내려오면 내려올수록 그 기예는 더욱 공교해진다. … 이용후생에 필요한 것과 백공(百工) 기예의 능력은 뒤에 개발된 것을 가서 배우지 않는다면 몽루(蒙陋)한 것을 깨뜨리고 편리 윤택한 것을 일으킬 수는 없을 것이다. … 백공의 기예가 정밀하게 되면 집을 짓거나 기용(器用)을 제작하는 일에서부터 성곽·배·수레의 제도에 이르기까지 모두 견고하고 편리하게 될 것이다. 진실로 그 이법을 알아내어 힘써 행한다면 나라가 부유해지고 군대는 강성해지며 백성은 유족하고도 건강 장수하게 될 것이다. 그런데도 익히 쳐다보기만 하고 도모하지는 않으면서 누가 수레의 제도를 말하는 자가 있으면 "우리나라는 산천이 험악하다"고 말한다.[15]

다산은 자연상태 그대로 방치해두거나 사회적 인습에 매몰된 채

---

14 全書 1-11, 「技藝論」 一·二·三.

15 위와 같음.

단순 반복만 일삼는 온갖 산업기술과 기예의 적극적·제도적 개발을 통해서 국가와 사회와 인민이 다 함께 부강해질 수 있다는 확고한 신념을 가지고 있었다. 그의 국가개혁론은 그와 같은 신념을 바탕으로 하고, 국가 제도적으로 그 개발을 적극적으로 뒷받침하며, 그것을 국가사회의 정치적 차원에까지 총체적으로 제도화함으로써 '왕정'을 실현하려 하고 있었다는 사실을 주목할 필요가 있다. 그래서 한 나라의 정치·사회적 측면과 그 산업기술·기예의 측면이 변증법적 대응 관계에서 상호 제휴하면서 현실의 지리멸렬한 상태를 극복하고 지양하도록 짜여있었다는 사실에서 그의 체제개혁론의 진면목이 간취된다.

3. 개인론

모든 산업기술·기예가 적극적으로 개발되어 사회적 생산력이 한 단계 더 발전하고 한편으로 통치질서의 체계적 일원화가 성취된 다산의 새로운 '왕정'에서는 생산관계를 비롯한 인간 개인의 사회적 처지는 어떠한 형태로 정립되어 나타나는 것이었을까. 그는 말하였다.

> [3-1] 대저 왕자(王者)가 사람을 가려 쓰는 것은 마치 천지(天地)가 만물을 성취시킴과 같아서 수풀처럼 빽빽이 벌여 있되 각기 제자리를 차지하게 하는 것이다. 그 위로 덮어서 보호해줌에 편벽됨이 없고 그 아래로 실어서 양육해줌에 사사로움이 없다. 그래서 7정(政)이 조화

롭게 운행되며 모든 공적이 빛나게 되는 것이다.[16]

여기서 사람과 사물이 '각기 제자리를 차지'하여 운용될 때 천체의 운행이 순조로운 것과 마찬가지로 인간의 공적도 사회적으로 최선의 조화를 이루어 빛나게 된다는 것은 곧 인간의 사회질서를 천지의 자연질서와 동일한 것이라고 보는 사유인바, 그것은 성리학에서 항용 즐겨 써온 '천인합일(天人合一)'적 사유의 이데올로기적 명제에 속한다. 거기서도 '비각득소(俾各得所)'니 '각득기소(各得其所)'니 하여 만물이 '각기 제자리를 차지한다'는 것을 자연에서와 마찬가지로 사회관계의 조화(調和)의 이상형으로 주창하고 있었다. 다산의 경우는 여기에 어떤 새로운 의미 내용이라도 부여하고 있었는가.

성리학의 중세적·보편주의적 세계관에서는 개별 사물로부터 전 세계에 이르기까지 모든 것이 계층적 질서 속에서 조화로운 관계를 맺고 있는 것으로 보아, 개별 사물 자체의 독자성이 그 보편적 계층질서 속에 상대적으로 매몰되어 있는 편이었다. 실학은 그 같은 전통 성리학에 비하여 일반적으로 개별 사물의 독자성을 크게 강조하는 입장이었다.[17] 다산의 경우 성리학적 존재론의 요체인 이기설(理氣說)을 "동쪽이라고도 서쪽이라고도 할 수 있으며 희다고도 검다고도 할 수 있는 것"이라고 하여 허구적인 것으로 보았고, "인·의·예·지라는 것은 모두 인

16 全書 1-8, 「人才策」. 7政은 日·月과 水火金木土의 5星.

17 가령 성호(星湖) 이익(李瀷)의 경우: "天下之物 萬殊也 木之理別於金之理 水之理別於火之理 又松之理別於柳之理 鐵之理別於銳之理 又如父子別於君臣 兄弟別於夫婦"(『星湖僿說』, 「格致誠正」). 이를 가령 회재(晦齋) 이언적(李彦迪)의 다음 주장과 대비해볼 것이다. "凡天地之內 無適而非此道之流行 無物而非此道之所體 其在人者 則大而君臣父子夫婦長幼之論 小而動靜食息 … 各有所當然而不可須臾離 亦不可毫釐差者 莫非此理之妙"(『晦齋先生集』 권5, 「答忘機堂第三書」).

간의 일이 행하여짐으로써 이름 지어진 것이지 (선험적으로) 인간의 마음속에 들어와 있는 이(理)라고는 할 수 없다"고도 단언하였다.[18] 뿐만 아니라 인간은 원래 선이나 악을 '자작(自作)' '자주장(自主張)'할 수 있는 '자주권(自主權)'을 타고난 존재라고 인식하고 있었다는 것도[19] 이미 널리 알려져 있는 그대로다.

다산은 이기설이라고 하는 성리학의 선험적 관념론이나 그것에서 유래하는 인성설(人性說)의 제약을 상대적으로 벗어남으로써 인간이 좀 더 큰 자율(自律)의 영역을 확보한 존재인 것으로 인식하고 있었다. 선과 악을 '자작'할 수 있는 '자주권'을 가진 인간은 그만큼 자기 결단의 주체성을 가진 존재일 수 있었다.

하필 선·악의 경우뿐이리오. '성현의 경전' 연구를 통해서 신념적으로 확립된 인간 주체성은 곧 자신의 생활과 사회국가에도 발휘되기 마련이었다. 인간의 적극적 작위에 의하여 여러 산업기술·기예의 진보적 개발이 가능함을 역설한 그의 「기예론」, 인간의 주체적 선택에 의한 통치자의 추대와 방벌(放伐)의 정당성을 말한 「원목(原牧)」과 「탕론(湯論)」,[20] 이 모두는 자연과 인습에 대한 묵수적 순응을 극복하려는 인간의 적극적 주체성을 전제하고서야 입론될 수 있는 것이었다. 인간의 그 같은 주체성을 전제해야만 다산의 체제개혁론이 성립하고 '왕정'이 실현될 수 있었다.

그와 같이 주체적 존재로서의 인간이 '왕정'의 실현에 따라 '각기 제자리를 차지'하게 된다는 것은 어떠한 사회적 정립을 두고 말함이었는

18 全書 1-19, 「答李汝弘書」.

19 『孟子要義』 권1, 滕文公 제3 및 동 권2 告子 제6.

20 각기 全書 1-10 및 1-11 所收.

가. 다산은 용인(用人)의 요체를 말하되 "여러 가지 일을 겹쳐 맡겨서는 안 되고 잡기(雜岐)라도 편벽되이 폐해서는 안 된다"고 하고, 다시 "재능을 헤아려 직(職)을 주고 오롯이 맡겨서 공적을 책임지고 이룩하도록 한다"고도 하였다.[21] 요컨대 하나는 신분·당파·지연(地緣)·학벌에 구애되지 말고 개인의 소장(所長)에 따라 직업을 가지게 하되 특히 소외되어 온 "서·북 지방의 백성이나 여항(閭巷)의 천민"까지도 모두 재능에 따라 등용할 것을 강조하였다. 인습적 체제에 묶여 개별 인간들의 독자성이 매몰되고 주체성이 상실당해 있던 질곡을 깨뜨림으로써 인간이 각자의 재능에 따라 '각기 제자리를 차지'하도록 한다는 것이었다. 또 하나는 사회적 분업의 철저를 기하는 일인바, 그는 우선 관직의 경우를 두고 다음과 같이 말하였다.

> [3-2] 오롯이 맡아 정성 들이는 일이 없기 때문에 일을 익힘이 정밀하지 못하고, 오래 맡겨 이룩하도록 하는 법이 없기 때문에 공적이 이룩되지 않는다.[22]

그 같은 인습은 물론 관직의 경우만이 아니었다. 사회 전 분야가 그러하였다.

> [3-3] 지금 우리나라에는 사·농·공·상이 뒤섞여서 구분이 없는데, 다만 한 고을 안에 사민(四民)이 섞여 살 뿐 아니라 또한 한 사람의 몸

21 全書 1-8, 「人才策」. "其大意摠歸兩端 衆務之不可兼責也 雜技之不可偏廢也 … 量才授職 專任責功."

22 위와 같음. "專治之工蔑 而肄習不精 久任之法廢 而績用不成."

으로써도 네 가지 업을 겸행한다. 이것이 한 가지 기예도 성취되지 못하고 온갖 일에 법도가 없게 되는 까닭이다.[23]

즉 통치행정이라든가 산업기술 분야를 막론하고 분업적 '전치(專治)'야말로 그 발전의 기본 요건이라는 것이 다산의 확고한 신념이었다. 국가사회의 직종을 사(士)·농(農) 이하 9직(職)으로 나눈 사실이라든가 농업 한 분야를 두고서도 전농(田農) 이하 여섯 가지로 분업화한다는 개혁론은 바로 그 같은 신념의 표출이었던 것이다.

결국 다산의 '왕정'에서 인간이 '각기 제자리를 차지한다'는 것은 자신의 능력과 소양에 따른 직·업을 분담하여 그것을 전문적·항구적으로 수행한다는 사실을 뜻했다. 여기서 직·업의 재배치는 봉건적·체제적 인습을 극복하여 개별 인간의 주체적 재능을 살린 상태에서의 '분업적 전치(專治)'임을 주의해야 한다. 사회 제 분야의 새로운 '분업적 전치'는 한 개인이 자신의 재능을 최대로 발휘하게 됨으로써 자신을 궁극적으로 실현할 기회를 가질 뿐 아니라, 국가사회의 전 분야가 바로 그 같은 실현을 통하여 총체적·유기적으로 발전하여 부국강병하고 인민의 생활이 유족해질 수 있는 길이었다. 이제 그같이 주체적 개인이 다산의 '왕정' 속에서는 어떠한 역사적 의미를 지니는 사회적 존재이자 생산 주체로 정립되는 것이었을까.

다산의 체제개혁론의 핵심을 담고 있는 『경세유표』 가운데서도 단일 분목(分目)으로서는 질·양 양면에서 가장 큰 비중을 점하고 있는 정전제론(井田制論)에서 다음의 글을 읽을 수 있다.

---

23 表 8 田制 10 井田議 2.

[4-1] 억조창생은 비록 자모(慈母)일지라도 하나하나 젖을 먹일 수가 없다. 오직 백성에게서 수취(收取)하는 것에 일정한 제도가 있으면 백성은 바로 편하게 여길 것이다. 그러므로 성인(聖人)은 부세를 바로잡는 데 힘썼지 살림을 균평히 해주는 데 힘쓰지 않았다. 다만 9직(職)으로써 만민에게 권하여 그들로 하여금 각자 서로 도와 이바지해 가면서 먹고 살도록 했을 따름이다.[24]

[4-2] 전지(田地) 10결마다 1결을 취해서 공전(公田)으로 하고 (같은 정전 안의) 농부들로 하여금 조법(助法)으로써 공동 경치(耕治)케 할 것이며 따로 부세를 받지 않는 것, 이는 변동할 수 없는 법이다.[25]

[4-3] 전지를 나누는 법은 그 중점이 전지를 경치하는 데 있는 것이지 재산을 마련해주는 데 있지 않다. 누가 식구 수를 헤아려 전지를 나눈다고 하였는가. 항오(行伍)와 같이 편성하고 굳센 병졸을 선발하듯 하되, 그 노동 인원의 많고 적음과 힘의 강약을 헤아려 강한 자에게는 상등지(上等地)를, 약한 자에게는 하등지(下等地)를 주는 것이다.[26]

[4-4] 농민은 그 전지가 영업전(永業田)이 된 줄을 안 뒤라야 자갈을 추려내고 잡초를 제거하며 밭도랑을 단속하고 거름을 많이 주게 될 것이다. 만약 규정에 따라 3년마다 바꿔가면서 농사지어야 함을 알게 된다면 누가 그 같은 일을 즐겨 하겠는가.[27]

사료 [4-1]에서는 국가사회의 모든 인민이 9직(職)으로 분업화하여

24 表 6 田制 5.

25 表 引.

26 表 6 田制 4.

27 表 5 田制 3.

자기 전문 분야에서 '각기 제자리를 차지'하여 자영적(自營的) 사회 주체·생산 주체로 전업(專業)함으로써 전 국가사회의 유기적·총체적 운용이 전개되도록 편성되어 있다. 여기서 왕(王)은 다만 그 편성을 주재하고 부세 수취를 바로잡음으로써 편벽됨으로 인한 피해가 없도록 할 따름이었다. [4-2]에서 부세의 수취율은 9분의 1임을 규정하였다.[28] [4-3]에서는 가임(可任) 노동력에 따라 토지와 같은 생산수단을 차등 있게 분여(分與)함으로써 생산성을 제고한다는 것인바, 이 또한 자기 능력에 따라 '각기 제자리를 차지'하게 함으로써 전 국가사회의 유기적·총체적 운용이 향상됨을 말한 대목이다. 특히 [4-4]에서는 정전제에서 일정 전지를 분여받은 농민이 거기서 경작을 계속하는 한 그것은 자기 개인의 영업전(永業田)으로 되며, 그래서 그 전지를 적극적으로 가꾸고 개발함으로써 최대의 수익을 추구하기 위하여 애써 노력하게 되는 농민상(農民像)을 그려두었다.

자신이 감당할 만한 노동 능력에 따라 토지와 같은 생산수단을 분여받고 거기서 일탈하지 않는 한 그것을 영구적 소유관계하에 지배할 수 있으며, 9분의 1세라는 국가 공정의 부세만을 부담하면서 자기 몫의 전지에서 최대의 수익을 올리려고 힘써 농사짓는 농민은 역사적으로 보아 어떤 실체라 할 수 있을 것인가. 자기의 전문 직종에 전업함으로써 타 직종의 인간과 유무상통의 상자(相資) 관계에 있는 생산 주체는 자립적 존재이다. '영업전'과 같은 생산수단을 항구적·배타적으로

28 정전제(井田制)에서는 이른바 조법(助法)이므로 노동력(勞動力)을 수취하는 것이지 세(稅)를 수취하는 것이 아니었다. 그러나 수취율인즉 곧 1/10 내지 1/9이라는 것이었다. "정전(井田)이란 1/9을 받는 것이니 … 전세(田稅)에는 다만 1/9세(稅)가 있었고 6수(遂) 지역에만 별도로 1/10세(稅)를 받았다"(表 5 田制 3).

지배하면서 경제적 유인(誘因)에 따라 힘써 노력하되 단지 국가하고만 9분의 1세라고 하는 생산관계를 유지하는[29] 생산 주체는 자영농적 존재일 것이다. 그래서 다산의 정전제론에 그려진 농민을 여기서 '자립적 자영농'이라 이름 붙여 보기로 한다. 그것은 자기 책임하에서 자신의 토지를 '전치(專治)'함으로써 최대의 능률을 발휘하게 되는 인간상(人間像)인 것이다.

하필 농민의 경우일 뿐이리오. 그 원리는 국가사회의 모든 분야에 그대로 관통되는 것이었다. 가령 한 가지 기기(器機)만을 전담 제작하는 공장(工匠)의 예를 두고서도 그는 다음과 같이 말하였다.

> [4-5] 그 삶이 후하게 되면 그 업(業)에 부지런해지고, 그 업에 부지런하면 그 기술이 정교해지는데, 이것이 또한 온갖 공장(工匠)이 모여들게 하는 데 한 도움이 될 것이다.[30]

이른바 항산(恒産)의 보장이라고 하는 일정한 경제적 유인(誘因)에 따라 자기 전업 분야의 생산기술 또한 점차로 발전시켜 가는, 즉 '각기 제자리를 차지'한 자립적·자영적 수공업자상(像)을 다산은 그려내고 있었다.[31] 나아가 관직(官職)의 경우도 마찬가지였다. 그는 "선왕

---

29 다산(茶山)의 정전제론(井田制論)은 현실의 지주(地主)·전호제(佃戶制)를 무시할 수가 없어 그것을 용인한 채 구상된 것이었다. 그러나 또한 그것은 과도적 생산관계로 구상되어 있었다. 결국에는 국가와 농민 간의 1/9세(稅)의 생산관계로 보편화할 것이 구상되어 있었다.

30 表 2 冬官 工曹 제6 典圜署.

31 과도한 수탈적 생산관계하에서는 수공업 기술이 오히려 퇴보할 수밖에 없었다는 사례를 반계(磻溪) 유형원(柳馨遠) 이래 실학에서 곡진하게 지적해둔 바 있다. "我國法制不明 而以力爲制 工匠未有定稅 而隨聞勒使 不酬其直 能者每被苦役 而不能者安逸無害 故百

(先王)이 그 능력을 헤아려 전지(田地)를 주는 것은 마치 재능을 헤아려 관직을 주는 것과 같다"[32]고 하고, 다시 "재능을 헤아려 직(職)을 주고 오롯이 맡겨서 공적을 책임지고 이룩하도록 한다"[33]고도 하였다. 능력을 갖춘 자립적 인간이어야만 '각기 제자리를 차지'하는 관직을 얻고, 그것을 '전치'함으로써 책임지고 공적을 이룩해내는, 즉 권한과 책임을 동시에 담당함으로써 사회적 능률을 올리게 되는 자립적·자영적 관인형(官人型)을 그려낸 것이다. 자립적 자영농적 사회 주체이자 생산 주체, 이것이 다산의 '왕정'에 정립된 기본 인간상이었던 것으로 이해된다.

4. 공동체론

다산이 구상한 '왕정'에서 가령 그 같은 자립적 자영농은 국가하고만 일정한 생산관계를 맺는 자유로운 입장에서 시종일관 자기 개인 영리(營利)의 극대화에 주력할 수 있는 존재였는가. 자기 책임을 완수하는 한 가령 경영의 확대에도 무제한의 능률을 발휘할 길이 보장되어 있었는가. 그가 그려낸 기본 인간형은 소유론(所有論)의 측면에서 볼 때는 어떤 전개를 보이게 될 것인가.

우선 다산의 정전제론은 결코 개인 위주의 분전제(分田制)가 아니라 국가 위주의 그것이었다는 사실을 주목할 필요가 있다.

工製造 無一不麤"(『磻溪隨錄』 권25, 續編 上 凡製造之麤惡條).

32 表 6 田制 4.

33 주 21 참조.

[5-1] 식구가 8명인 집에 농사 노동을 맡을 만한 5, 6인이 있어야 이에 100묘(畝)를 준다. 혹 한 부부(夫婦)뿐이어서 100묘를 농사짓기 어려운 자에게는 25묘를 주는 것이다. 8명이 100묘를 경작하는 것인즉 25묘는 2명이 경작하는 것이다.[34]

[5-2] 요(堯)임금·우(禹)임금이 전지를 구획하여 정전제를 만든 까닭은 백성의 산업을 균평케 하기 위함이 아니라, 나라의 조부(租賦)를 바로잡기 위함에서였다.[35]

다산의 정전제론에서는 농업노동력에 따른 전지의 배분이 규격적으로 이루어지고 있었음이 큰 특징이다. 그것은 분명히 국가의 제도에 따라 개별 농민의 소유와 경영에 제한을 가하고 있는 것이었다.[36] 일정 규모 이상의 경영이 제도적으로 불가능하도록 편제되어 있는 다산의 '왕정'의 정전제에서는 개인의 창발(創發)을 통한 경영의 확대는 제한되어 있으며, 따라서 그 확대재생산은 극히 어려울 수밖에 없었다.

나아가 다산의 정전제론은 국가 법제로 편성된 공동체(共同體)를 기준 단위로 설정해두고 거기에다 개별 인간의 노동력을 재배치하고 있었다는 사실에서 더욱 주목된다.

34 表 5 田制 3.

35 表 6 田制 5.

36 그는 현실 지주제(地主制)를 무시할 수가 없어 과도적으로 지주(地主)로 하여금 전호(佃戶)들에게 정지(井地)를 분작(分作)게 함에 있어서도 경작 규모를 엄격히 제한하고 있었음이 주목된다. "但使時占 嚴選八夫 分授八區 毋使一夫得佃二區"(表7 田制9 井田議 1).

[5-3] 무릇 이 현(縣)의 농민은 저 현에서 경작하는 것을 일체 엄금하여, 비록 시점(時占)이라 하더라도 그대로 시작(時作)으로 만들어 주어서 법을 범하지 못하도록 한다. 이 전지를 경작하려는 자는 마땅히 이 현에 옮겨와 살게 하되 호적에 편입한 뒤에라야 이에 금하지 않는다. 그 촌리(村里)를 만듦에는 전지를 가지고서 묶는데 무릇 4정(井)을 1촌(村), 4촌을 1리(里), 4리를 1방(坊)으로 삼고 … 인의(仁義)로 인도하고 공전(公田)을 경치(耕治)케 하고 효제(孝悌)로 깨우쳐서 사전(私田)을 경작게 한다. 그 경전과 파종을 감독하고 모내기와 김매기를 독려하며 베고 타작함을 살피고 방아 찧고 키질하는 것을 신중하게 하여 들에서 거두어다 공창(公倉)에 바치도록 한다. … 공(工)·상(商) 두 가지 백성의 경우는 불가불 읍성(邑城) 가운데 모여 살게 하여 관중(管仲)이 제(齊)나라 다스리던 법을 따르지 않을 수 없다.[37]

즉 정전제의 시행에 따라 농·공·상민이 모두 자영적 생산 주체로 정립되기는 하되, 그것은 단위 공동체 안에 완전히 편입됨으로써 가능한 일이었다. 그 공동체 안에서 '각기 제자리를 차지'하게 되었을 생산 주체들의 자립·자영은 보장되어 있지만, 개인 위주의 영업의 자유라든가 더욱이 영리 추구의 자유는 보장받지 못하는 것이었다. 그나마 공전의 공동 경치(耕治)가 그 경작에서부터 수확물의 키질에 이르기까지 공동체적 독려하에 감독이 되고 있다는 사실은 원리상 개별 사전 경영의 장애 요인으로도 작용하였을 것으로 보인다. 그 같은 공동체적 '독려'는 개인의 창의성을 앗아갈 수도 있기 때문이다.

---

37 表 8 田制 10 井田議 2. "…制其村里 以田束之."

단위 공동체인 정지(井地) 안에서 개별 농민의 '시작'지는 '사전(私田)'으로도 표현되고 혹은 앞에서(사료 [4-4]) 살펴본 것처럼 '영업전'으로도 되는 것이었다. 소속 공동체 안에서 계속 경작하는 한 그것은 개인의 '사유(私有)'와 마찬가지라는 뜻으로 쓰인 것이다. 그러나 소유론적 측면에서 본다면 다산이 구상한 정전제에서의 '사전'은 결코 '사유'가 아니었다.

> [5-4] 전지를 나누는 법은 그 중점이 전지를 경치하는 데 있는 것이지 재산을 마련해주는 데 있지 않다. 누가 식구 수를 헤아려 전지를 나눈다고 하였는가. 항오(行伍)와 같이 편성하고 굳센 병졸을 선발하듯 하되, 그 노동 인원의 많고 적음과 힘의 강약을 헤아려 강한 자에게는 상등지를, 약한 자에게는 하등지를 주는 것이다. … 적임자를 얻어 전지를 맡기매 그가 힘을 다해 경치하면 곡식이 많이 날 것이며 곡식이 많이 나면 민식(民食)이 족하고, 민식이 족하면 피(疲)·병(病)·쇠(衰)·유(幼)한 자와 공(工)·상(商)·우(虞)·형(衡)·목(牧)·포(圃)·빈자(嬪者)가 모두 그 가운데에서 즐거이 먹음을 얻을 수 있으리니, 이것이 선왕(先王)의 뜻이었다. … 균전(均田)이란 것은 행할 수 없는 정사이다. 설사 전지를 균등히 받았다 할지라도 그것은 곧 사전(私田)이니 태아(太阿)의 칼자루가 오히려 아랫사람에게 쥐어진 것이다.[38]

'태아의 칼자루'로 상징된 전지의 수수권(授受權)을 왕이 보유하고, 단위 공동체 소속의 개별 농민에게는 그 보유 노동력의 다·과, 강·약

38 表 6 田制 4.

에 따라 전지를 분여하여 경작시키되, 그것을 생산물의 전 국가사회적 관리(管理) 체제의 일환으로 운용한다는 것이 다산 정전제론의 본질이었다. 그것은 국가적인 것으로 집중된 공동체적 소유관계·경영관계의 편성이라고 할 수 있는 것인바, 국가공동체 자체의 분업적 생산성의 제고에 그 목표를 두었던 것으로 이해된다. 사료 [4-4] 등에서 살펴본 것처럼 자기 책임하에서 개별 농민이 자신의 토지를 '전치(專治)'함으로써 경제적 수익을 높이려 애쓴다는 것도 그같이 국가적인 것으로 편성된 소유관계·경영관계의 한도 내에서만 허용되는 가능성이었다고 이해된다. 그것은 개인의 사유(私有)를 전제로 하여 그 자의적(自意的) 영리의 극대화에 진력하는 형태와는 거리가 먼 소유관계·경영관계였다고 하지 않을 수 없다.

여기서 물론 국가의 모든 산업 분야의 분업화·전업화(專業化)가 이루어지고 그 개별 분야가 개별 생산 주체에 의해 자립적으로 자영됨으로써 노동생산성·토지생산성 양면에서 매우 큰 생산력의 발전이 성취되리라는 것은 명백한 사실이다. 그러나 그 발전은 이윽고 국가적인 것으로 집중된 공동체적 소유관계라고 하는 장벽에 부딪히게 될 것이 필연의 일이었다. 개인에게 허용된 경제적 유인(誘因)만으로는 결코 그 장벽을 돌파하거나 분쇄할 만한 창발적 능력을 배양해낼 수 없는, 어디까지나 국가공동체 위주의 편성이었던 것으로 보인다.

다산 또한 그 자립적 자영농의 인간을 묘사하되, 경제적 유인에 따라 재부(財富)의 추구에 끝까지 진력하는 경제인으로서가 아니라, 공동체적 질서와 그 가치에 순응하는 존재로 그려두고 있었다는 사실 또한 주목된다. 즉 정전제의 운용을 통하여 가장 유능한 농민으로 판정받은 자의 경우, 단위 공동체의 계통을 밟아 그 성적을 고과(考課)하여 결국

은 국가의 말단 관직으로 발탁하는 것을 그 귀결처로 계획해두고 있었던 것이다.[39]

전농(田農) 이외에 여타 농업의 경우도 사정은 대동소이하였다. 가령 원전(園廛)과 포휴(圃畦) 분야에서는 영농 면적에 제한을 두지는 않았지만 그것을 경영하는 호수(戶數)만은 제한하여 소읍(小邑)은 9인, 중읍은 18인, 대읍은 27인으로 규정하였으며, 여기서도 최우수 농민은 일정한 심사 과정을 거쳐 관직으로 발탁하도록 계획하고 있었다.[40]

직접생산자가 부의 축적과 같은 경제적 자기 논리를 끝까지 추구해 가는 길이 아니라 그 논리 추구의 결과가 국가 관직의 취득이라는 형태로 귀결된다는 것은 그의 국가체제에서 우대하는 가치 비중이 치인적인 관직에 있었음을 뜻한다. 그 같은 가치 부여 자체는 어디까지나 국가 중심적인 공동체적 사유(思惟)의 소산이었다 하지 않을 수 없다. 그래서 다산은 국가 위주의 공동체적 편제하에 '각기 제자리를 차지'한 개별 농민들이 공동체적 가치의 실현과 성취를 우러르면서, 전농(田農) 이하 여섯 분야에서 최선을 다할 때 다음과 같은 '왕정'이 실현될 것으로 예상하였다.

> [6-1] 이렇게 하면 여섯 분야의 직임이 백성의 항구적인 직업이 되어 10년이 지나지 않아서 온갖 곡식·과일·채소가 다 먹을 수 없을

---

39 書 7 勸農 참조. 특히 『목민심서(牧民心書)』의 권농(勸農) 편에서 농업(農業)을 전농(田農) 이하 6과(科)로 분업화(分業化)하는 일과 그 우수 농민을 말단 관직으로 등용하는 계획에 대해서는, 다산(茶山) 자신이 『경세유표』의 정전론(井田論)에서 빠뜨린 부분을 보충하는 것이라고 명기해두었다. "凡勸農之政 宜分六科 各授其職 各考其功 登其上第 以勸民業 … 若田政大正 百度咸貞 職貢如法 萬民受業 如余田制考所論 斯可以議到也 聊此附著 以補田制之缺"(書7 勸農).

40 위와 같은 곳.

만큼 많아질 것이고 재목이 다 쓸 수 없을 만큼 많아질 것이며 베와 비단이 다 입을 수 없을 만큼 많아질 것이고 물감이 다 물들일 수 없을 만큼 많아질 것이며 가축과 어물이 나라 안에 가득 찰 것이니, 나라를 부유하게 하고 백성을 넉넉하게 하는 정사가 이보다 더 큰 것이 있겠는가.[41]

결국 다산이 구상한 자립적·자영농적 생산관계의 편성은 국가공동체의 총체적 생산성을 제고하는 데 그 목표를 두고 있었음이 여기서 확인된다. 개별 인간은 국가적으로 집중된 단위 공동체의 일원으로서만 자기의 책임과 능력을 다할 것으로 제한되어 있었던 것이다.

기기(器機)의 연구 개발을 통하여 이용후생을 증진하는 경우에도 같은 원리가 작동하는 것으로 간취된다. 가령 선박(船舶)으로 말하자면, 전국의 선박 모두를 공조(工曹) 휘하의 전함사(典艦司)가 전담 제작하되 그 모두의 길이·너비·높이에 이르는 모든 크기와 치수를 상상(上上)에서 하하(下下)까지의 9등급으로 일률적으로 규격화한다는 계획이었다.[42] "그 체재(體裁)가 9등으로 정한 제도에 맞지 않는 것은 본사에서 고찰하여 잡아다가 그 배는 파괴해버리고 그 사람은 죄를 줄 것이다. 이는 참으로 변할 수 없는 법이다"[43]라고 확고한 다짐을 두기도 하였다. 그같이 국가공동체적·일률적 관리하에 맡겨질 경우, 우선 전함사의 적극적 연구 개발을 통하여 종래의 인습적·할거적 지리멸렬 상태는 극복할 수 있는 것이었다. 그러나 한편 거기에는 국가와 공동체

41 위와 같음.

42 表 2 冬官 工曹 典艦司.

43 위와 같음.

의 속박을 벗어나고자 하는, 사적·자의적으로 영리를 추구하기 위하여 개인의 모든 창발성을 발동하게 되는 그러한 사유론적 측면에서의 소유관계·생산관계의 창출은 결코 허용되지 않았다.

한편 다산의 정전론적 '왕정'에서는 사회윤리상으로 개인 영리의 추구를 긍정하고 있었는가. 그가 말하였다.

> [6-2] 정전(井田)하는 법은 부세를 거두어들이는 데 균평하게 할 뿐만 아니라, 또한 백성에게 충순(忠順)함을 가르치는 것이기도 하다. 평소에 농사일을 하면서 모두 국가의 것을 먼저 하고 사리(私利)를 뒤로 할 줄을 알게 된다면, 변란이 일어나는 날에 반드시 힘입을 수 있을 것이다. 그 훈계하고 교도하는 것이 어찌 입과 혀로써 능히 미칠 수 있는 것이겠는가.[44]

여기서 "국가의 것을 먼저 하고 사리를 뒤로 한다"는 것은 앞에서 살펴본 바(사료 [5-3]) "인의로 인도하여 공전을 경치케 하고 효제로 깨우쳐서 사전을 경작게 한다"는 것과 대응하는 내용이다. 정전제에서의 자립적 자영농이 체현(體現)하게 되는 사회윤리는 기본적으로 선공후사(先公後私)하는 국가공동체 윤리로서의 '인·의'와 '효·제' 그것이었다. 그것은 '입과 혀'로 들어서 인식하게 되는 정도가 아니라 일상적 '감독'과 '독려'하의 실천에 따라 이윽고 지극히 당연한 공동체적 생산 현장의 윤리로 체현하기에 이르는 보편적 가치 질서로 정립되는 것이었다.

---

44 表 8 田制 10 井田議 2.

그래서 다산은 정전제를 실현하고 난 후 다음과 같이 공동체 윤리를 강론할 절차를 마련해두고 있었다.

> [6-3] (네 계절) 첫 달 초하루에 이윤(里尹)은 그 이(里)의 백성을 모아서 효·제·충·신을 가르치는데, 법을 한 차례 읽고 향약(鄕約)을 한 차례 타이르면 듣는 자는 모두 절한다. 허물 있는 자는 벌주고 행의(行誼)가 있는 자는 상 주는데 그해 마지막에는 가장 착한 사람 1인과 가장 허물 많은 자 1인을 뽑아서 현령(縣令)에게 상과 벌을 주도록 한다. 삼가 살피건대 이미 부유해진 다음에 가르치는 것이 옛 도(道)였다. 정전제가 이미 이룩되었으니, 효·제의 뜻을 깨우치는 것이 왕자(王者)의 정사이다.[45]

16정(井) 1리(里) 공동체의 이장(里長)의 지휘 아래 계절마다 공동체적 법과 향약을 강론하고, 공동체적 윤리 도덕에 비추어 선행·악행을 구별하여 상·벌을 가하며, 그것을 왕권 대행의 국가행정 단위로 연속시켜 가는 것. 그것은 곧 단위 공동체의 총체로서의 국가공동체 윤리 도덕의 강론과 실천과 독려인 것으로 이해된다. 여기서 "허물 있는 자는 벌준다"는 '허물'의 내용은 구체적으로 밝혀져 있지 않다. 그러나 그 허물과 행의를 변별하는 준거가 인·의, 충·신, 효·제 등의 전통적 윤리 덕목이었을 것임에는 의심의 여지가 없다. 그리고 그같이 단위 공동체의 총체로서의 국가공동체 윤리 도덕이 보편적으로 추구되어야 하는 가치 질서에서는 아마도 개인 영리의 추구에 몰두하는 사적 소

45 表 8 田制 12 井田議 4.

유의 확대, 그래서 확대재생산의 추구에 골몰하는 따위의 소행이 결코 긍정되기는 어려웠을 것으로 이해된다.

결국 다산의 정전제론에서는 개인 영리의 궁극적 추구가 제도적으로나 윤리적으로 사실상 허용되기 어려운 일이었다고 할 수밖에 없다. 그것은 국가적으로 집중된 공동체적 소유관계에서 필연적으로 유래하는, 사실관계와 그에 바탕을 둔 가치 질서의 본질에서 유래하는 제약이었던 것으로 이해된다.

5. 왕권론

나라를 망하게 하고야 말 극단한 할거적 농단을 근절하고 국가공동체 중심의 자립적·자영농적 소유관계·생산관계를 창출해낼 추동력의 근원은 이제 어디서 발원되는 것이었는가. 다산의 경우 그것은 의연 왕권(王權)일 수밖에 없었으며, 그 왕권을 근원으로 제정되고 그에 의하여 실현되는 법제(法制)였던 것으로 보인다. '명령이 여러 갈래'인 폐법 말속의 현실을 극복·지양하기 위해 모든 것을 왕권으로 귀일시키고 그곳으로부터 다시 새로운 소유관계·생산관계를 창출해내고자 하였던 것이다. 사료 [4-1], [4-3]에서 살펴본 것처럼 9직이나 토지의 배치 배분이 모두 궁극적으로 왕에 의하여 실현되는 것이었다. 그는 다시 말하였다.

> [7-1] 옛 성왕(聖王)이 입경진기(立經陳紀)하매 무릇 천하의 부귀(富貴)의 권한을 위에서 총람(總攬)하여 만백성에게 덕(德)을 베풀었다. … 그러

므로 천하의 전지는 모두 왕전(王田)이며 천하의 재물은 모두 왕재(王財)요 천하의 산림천택(山林川澤)은 모두 왕의 산림천택이었다. 대체 그래야만 왕은 그 전지를 백성들에게 널리 주며 그 재물을 백성들에게 널리 주며 그 산림천택의 소산을 백성들에게 널리 주는 것이다. 위에서 그 부(富)를 가지고 아랫사람이 그것을 고르게 받는 것이 왕자(王者)의 체천이물지권(體天理物之權)이다.[46]

여기서 '체천이물' 혹은 대천이물(代天理物)이라는 문자는 왕권의 전제성을 표현하는 성리학적 이데올로기의 기본 명제로서 널리 원용되어 온 것이었다. 그런데 거기서는 가령 지주제의 객관적인 용인 사실[47]과 같이 왕과 민(民) 사이의 계층적 중간 농단이 사실상 허용된 상태의 '각기 제자리를 차지한' 체제를 왕은 '대천이물'하고 있었다. 그러나 사료에 나타난 바와 같이 다산의 경우 '왕'과 '민'이 직접 상대하는 소유관계·생산관계를 왕이 '대천이물'하는 것으로 체계화하였던 것이다. "전지에 주인이 둘 있으니 그 하나는 왕이요 다른 하나는 전부(佃夫)이다. … 이 둘 이외에 누가 감히 주인 노릇 할 자가 있을 것인가"[48]라고 하여 그는 지주제를 강력히 부정하였다. 온 천하 부귀의 권한을 총람(總攬)하는 위치에 서는 일이야말로 왕으로서 '제자리를 차지'하는 것이었다.

---

46 表 11 地官修制 貢賦制 5.

47 주자(朱子) 및 조선(朝鮮) 주자학자(朱子學者)들이 지주제(地主制)를 객관적으로 긍정하고 있었다는 사실을 직접 다룬 연구로는 金容燮, 1985,「朱子의 土地論과 朝鮮後期 儒者」,『延世論叢』 제21집 참조.

48 全書 1-9,「擬嚴禁湖南諸邑佃夫輸租之俗箚子」.

왕은 천(天)을 대신하여 지상을 다스리지만 그 혼자서 모든 일을 다 할 수는 없으므로 왕권 대행자로서의 관료를 두지 않으면 안 되었다. 다산은 말하였다.

> [7-2] 왕자(王者)가 관직을 설치하여 직사를 분담시킨 것은 천(天)의 일을 대리하는 것이다. 3공·6경·백집사(百執事)의 신료(臣僚)는 모두 왕의 덕(德)을 보필하여 사람의 기강을 세우고 예·악·형·정, 재부(財賦), 갑병(甲兵)까지 그 진실하고 급절(急切)한 일에 마음을 다해야 할 것이다.[49]

백관(百官)으로 하여금 왕을 대신하여 백성을 다스리게 하는 일도 천(天)의 일을 대신하는 왕의 직사였다. 그러므로 백관의 직사는 근본적으로는 '왕의 덕을 보필'하는 일로 귀결되었다.

백관을 '각기 제자리'에 포치해두고 '천'을 대리하여 총체적으로 통치권을 행사하는 것이 왕의 직사이니만큼 그 일은 결코 용이한 것일 수가 없었다.

> [7-3] 역(易)에 천(天)의 운행은 굳건하다고 하였는데, 밝디밝은 요(堯)·순(舜)이 천으로 더불어 함께 굳건하여 일찍이 잠깐의 휴식도 갖지 못하였고, 우(禹)·직(稷)·설(契)·익(益)·고요(皐陶) 들도 맹렬하게 분발하여 왕의 고굉(股肱) 이목(耳目) 노릇을 하였다.[50]

---

49 表 1 春官 禮曹 제3 弘文館.

50 表 引.

즉 왕의 직사는 '천'의 운행과 같이 잠깐의 휴식도 중단도 있을 수 없는 '맹렬'하기조차 한 것이었다. 그뿐만 아니라 "(왕의 직사를) 떨쳐 일으키기에 분발하여 천하 사람들을 항상 들끓고 바쁘게 역사(役事)시킨 이도 요·순"이요, "치밀하고 엄혹함으로 천하 사람들이 항상 조심하고 두려워하여 한 오라기의 거짓도 못 하게 이끌어간 이도 요·순"이었으니, "천하에 요·순보다 부지런한 이가 없었고" "요·순보다 치밀한 이도 없었다."[51] 맹렬하게 분발하여 왕사(王事)를 떨쳐 일으키며 치밀·엄혹한 직사야말로 '대천이물'하는 왕의 기본 기능이었다.

그런데 그것은 요·순과 같은 이상적인 왕의 직사요 기능이었다. 현실에는 그같이 이상적인 왕만이 있는 것이 아니었다. 오히려 다산은 요·순·우·탕과 같은 '선왕(先王)'을 제외하고는 가령 당(唐) 태종(太宗)·송(宋) 태조(太祖)를 비롯한 역대 군주도 대개 그릇되거나 혹은 도덕적으로 사악하기조차 한 경우가 많았다는 사실을 도처에서 예증해가면서 역사를 설명하고 있었다. 주공(周公) 이후로는 '왕정'이 제대로 실현된 적이 없었다는 것이 그의 기본 시각이었다. 그러므로 현실적으로 '왕정'을 실현하기 위해서는 왕의 자의적 일탈(逸脫)을 막을 수 있는 치밀한 법제의 정비가 필수 불가결한 요건이었다. 그는 말하였다.

> [8-1] 세도(世道)의 변천은 무상하고 왕의 일욕(逸欲)은 무한한 것이다. 만약 입법(立法)의 당초에 자질구레하고 산만하여 천성(天成)의 쇠뭉텅이 같은 형상이 없다면 몇 대가 지나지 않아서 보태고 줄이며 없애고 일으키고 하게 될 것이니, 기강은 문란해지고 단서조차 찾을 길이 없

51 위와 같음.

어져 조금만 살피지 않으면 반드시 토붕와해하고 말 것이다.[52]

[8-2] (법을 세움에는) 그 규모와 절목이 모름지기 치밀하고 조리가 정연하게 갖추어진 다음이라야 이에 시행하여도 폐단이 없을 것이다.[53]

결국 다산으로서는 '왕정'의 실현을 현실의 왕에게 맡길 수는 없었던 것이며 규모와 절목이 치밀하고도 정연한 왕법(王法)의 정비를 통하여 기약할 수밖에 없었다. 그는 '왕법'의 성격을 다음과 같이 말하였다.

[8-3] 한 왕의 법은 만세토록 길이 힘입는 것인데, 한때의 작은 소동을 견디지 못하여 만세의 큰 혼란을 확청(廓淸)하지 못한다면 성인(聖人)이 경세(經世)하는 큰 의도가 아니다. 비록 세입(歲入)이 감소되어 탁지(度支)가 근심하더라도 우려할 것이 아니며, 비록 세입이 증가되어 소민(小民)들이 비방할지라도 돌아볼 것이 아니다. 한 왕의 법은 금석(金石)같이 굳건히 획정하고 형척(衡尺)같이 공평히 해야 하는 것이다.[54]

즉 '왕법'은 한때 혹은 한 편의 사정(私情)에 구애되어서는 안 되며, 어디까지나 공평한 객관적 기준에 따라 제정·운용되어야 한다는 것이었다.

그 같은 객관적 기준으로서 다산은 무엇을 상정하고 있었을까. "만세토록 길이 힘입는" "천성(天成)의 쇠뭉텅이 같은 형상"의 왕법의 기준

52 表 1 天官 吏曹 제1.

53 表 1 地官 戶曹 제2 經田司.

54 表 8 田制 11 井田議.

으로는 무엇이 있을까. 인간 사회의 모든 것을 수렴해내면서도 무표정·무차별·불편부당한 '왕법'의 기준이란 결국 왕의 직사의 원형으로 제시된바 굳건하면서도 치밀한 천지의 운행 그것이었다. 그가 "6조(曹)의 소속 기관이 20이니 그 수가 120이다. 이 또한 천지 도수(度數)의 형상(形象)인 것이다"[55]라고 하여 천지자연의 도수를 본떠서 국가기관의 수를 조정하고 있었다는 사실이 그 같은 고찰을 뒷받침해준다. 그러므로 다산에 있어서 '왕법'의 기준이란 그 나름의 일종의 자연법적인 것이었다고 할 수밖에 없다.[56] 천(天)을 대신하여 만물을 다스리는 왕의 법은 모름지기 그 '천'의 원리를 따라 제정될 수밖에 없었으며, 그러한 점에서 다산은 전통 법사상을 그대로 따르고 있었다고 보인다.[57]

이제 그 같은 '왕법'은 어떻게 제정되는 것이었는가. "이정(里正)이 백성의 여망을 따라 법을 제정하여 당정(黨正)에게 올리고, 당정은 백성의 여망을 따라 법을 제정하여 주장(州長)에게 올리며, 주장은 국군(國君)에게 올리고 국군은 황왕(皇王)에게 올리니, 그러므로 법은 모두 백성에게 편한 것이었다"[58]는 입론은 이상적인 법 제정의 과정이었다. 좀 더 현실적으로는 왕과 중신(重臣)들이 협찬하여 진실과 성의를 다해서 만드는 것이라고 다산은 생각하고 있었다.

---

55 表 1 天官 吏曹 제1.

56 자연법(自然法)이라면 고대적(古代的)인 것에서부터 근대적(近代的)인 것에 이르기까지 서양(西洋)의 것만이 일반적으로 알려져 있다. 그러나 자연(自然)의 연장으로서의 인간(人間) 존재를 보편적으로 인식해온 동양(東洋)의 전통에 비추어 볼 때, 인간사회(人間社會)의 법(法)이 천지자연(天地自然)의 원리를 본떠서 제정되어야 한다는 자연법적 사유(思惟)야말로 동양 고유(固有)의 것이었다고 이해된다.

57 다만 천지자연(天地自然)을 전통 성리학(性理學)과는 어떻게 달리 보는가 하는 세계관(世界觀)의 문제는 별도로 논의되어야 할 것이다.

58 全書 1-10, 「原牧」.

[8-4] 하후씨(夏后氏)의 예(禮)는 하후씨 혼자 만든 것이 아니었으니 곧 요·순·우·직·설·익·고요 등이 정신을 모으고 정성과 지혜를 다해서 만세(萬歲)를 위해 입법한 것이다.[59]

다산은 아마도 현왕(賢王)과 현상(賢相)의 출현을 기다려 '왕정'을 실현할 '왕법'의 제정이 가능할 것으로 기대하고 있었다고 보인다. 그는 구체적으로 정전법제(井田法制)의 창립을 두고 다음과 같이 말하였다.

[8-5] 바야흐로 (정전제의) 공전(公田)을 창립할 때에는 온 나라가 소란해질 것이다. 우매한 백성들이란 사공(事功)의 성취된 결과는 함께 누릴 수 있지만, 당초부터 계획을 함께할 수는 없는 것이니, 온 나라가 소란해질 것이다. 그러나 왕의 한마음은 만 가지 교화(敎化)의 근본이니, 진실로 위대한 결단이 확고하여 영조(英祖)가 균역법을 세우던 일과 같이한다면 성공치 못하리라고 어찌 걱정할 것인가. 영조의 말씀에 "나라가 비록 망하더라도 균역은 하지 않을 수 없다" 하였으니, 아아, 이는 왕자(王者)의 정대한 말이었다. 순(舜)이 말하기를 "능히 힘을 분발해서 왕의 일을 밝힐 자가 있거든 수상 자리에 앉혀서 모든 일을 밝히고 온 백성을 사랑하도록 하라" 하였다. … 아래에 있는 신하로서 능히 분발하고 협찬함이 있은 다음이라야 공전의 법을 세울 수가 있다. 그 규모와 절목이 모름지기 치밀하고 조리가 정연하게 갖추어진 다음이라야 이에 시행하여도 폐단이 없을 것이다.[60]

---

59 表 引.

60 表 1 地官 戶曹 제1 經田司.

'왕정'을 실현할 '왕법'의 제정은 나라가 망할지도 모르는 대결단·대변통을 겪어야 하는 일대 혁신이었다. 그러므로 그것을 수행할 만한 용단과 능력을 갖춘 현왕(賢王)과 현상(賢相)의 출현을 기다려야만 그의 '왕정'은 실현될 수 있는 것이었다.

'왕정'에 있어서 왕은 법을 초월한 존재로는 그려지지 않았다. 왕이란 천(天)의 운행을 본떠서 굳건하고도 치밀하게 만민을 다스려야 하는 존재요, '천성(天成)의 쇠 뭉텅이 같은' 법의 범주를 일탈하지 않는 한도 내에서 통치권을 행사하는 일종의 제도왕(制度王)의 속성을 지닌 존재이기도 하였다.[61] 워낙 그의 '왕정'에서의 '왕법'은 자연법적인 실정법을 상정하고 있었던 것이다. 그러나 그 같은 '왕정'을 이룩하는 일 자체는 법의 문제가 아니라 정치적 결단의 문제로 그냥 남아있었다. 다산은 그가 구상한 '왕정'이 현실적으로 실현 가능한 것이라고 전망하고 있었는가.

젊어서 쓴 「탕론(湯論)」을 만년에 가서도 '제명(帝命)'과 '후대(侯戴)'라는 개념으로 다시 정리하여 부연하고 있었다는 사실은[62] 자못 시사하는 바 있으리라고 생각한다. '제명'이란 탕임금의 이윤(伊尹)이나 문왕·무왕의 상보(尙父)처럼 천명(天命)을 밝히 알아 왕을 도와 혁명이나 유신(維新)을 성취시키는 경우를 말한다. 곧 상제(上帝)의 명령을 깨달아서 역사적 '왕정'의 수립 혹은 중흥을 이룩할 수 있는 현상(賢相)의 출현을 두고 말한 것이었다. 한편 '후대'란 "백성들이 모여 장(長)을 세우고 장

---

61 "士者治人之職 上自天子諸侯 下至府史胥徒 皆士之類也"(表 6 田制 5)라 하여 왕(王)으로부터 서리(胥吏)까지 모두가 치인(治人)의 '직(職)'에 종사하는 사(士)로서의 동질성을 띤 존재로 그려두기도 하였다.

62 『梅氏書平』 권4, 「逸周書克殷篇辨」.

들이 모여서 수(帥)를 세워서 후(侯)라고 이름 붙이는데, 후 가운데 뛰어난 자가 있으면 서로 더불어 의논하여 추대하여 천자(天子)라고 이름한다"는 것이며, 그 천자가 혹 "포악 음황하여 만민을 잔해한다면 서로 모여 의논하여 제거하고 또 다른 뛰어난 자를 추대하여 천자로 삼는다"는 것이었다. 곧 역성혁명을 두고 말하는 것이었다. 그리고 다산은 "내가 옛날에 「탕론」을 지었는바 지금 또 이를 써서 거기에 잇대어 둔다"고 덧붙여 두었다.[63]

부득이한 경우의 혁명, 그리고 일반적으로는 대경장·대변통을 통한 유신(維新)이 그의 평생의 신념이며 지론이었던 것으로 보인다.[64] 그는 아마도 현왕(賢王)과 현상(賢相)의 출현을 기다려, 혹 부득이하게는 위로부터의 혁명을 거쳐서 새로운 공동체적 국가질서로서의 '왕정'이 언젠가는 실현될 수 있으리라 전망하고 있었던 것은 아닌가 하고 생각해본다.

6. 맺음말

이상 다산이 구상한 '왕정'의 내용을 첫째, 개별 생산 주체를 기초로 하는 자립적·자영농적 생산관계론, 둘째, 그 개별 주체들을 총체적으로 수용하는 실체로서의 국가로 집중된 공동체적 소유론, 그리고 셋째, 위의 두 가지를 새로이 편성·관리·추진하는 근본 추동력으로서

---

63 위와 같음.

64 「탕론(湯論)」의 저작 연대는 밝혀져 있지 않으나 일반적으로 유배(流配) 이전인 30대(代)의 것으로 추찰된다. 『매씨서평(梅氏書平)』은 연보(年譜)에 의하면 다산(茶山)이 73세(1834) 때 개정한 것이었다. 특히 만년(晩年)의 다산은 『상서(尙書)』의 연구에 주력하고 있었다.

의 왕권론이라고 하는 세 가지로 나누어 고찰하였다. 이 세 가지는 다산이 단지 가공적으로 생각해낸 관념적 구상이 아니라, 각기 일정하게 현실의 사회적 실체를 반영한 것이었다.

우선 첫째와 관련된 것으로는, 조선 후기 이앙법·이모작으로 대표되는 농업생산력의 발전과 상품화폐경제의 성장에 편승한 상업적 농업의 추구에 따라 소농(小農) 경영의 분업화와 자립성이 상대적으로 크게 진전되고 있었다는 사실을 들 수 있다. 상업이나 수공업 분야에서도 소상품 소생산체의 자립적·자영적 경향이 두드러지게 진전되고 있었다. 다만 이들이 경영관계의 분산 고립성과 착취기구의 난립으로 인하여 자연 의존적·인습적 생산과정을 극복지 못한 채 아직도 집약적·항구적 발전의 계기를 마련하지 못하고 있었다. 다산의 자립적·자영농적 생산관계론은 바로 그 같은 발전의 계기를 국가 제도적으로 성취하고자 하였다는 사실에서 큰 의미가 있었다.

둘째의 공동체적 국가적 소유론 역시 어느 정도는 현실적 연관을 가진 것이었다. 조선 후기에는 각 지역의 자연촌(自然村)이 이앙법·이모작 등에서의 좀 더 긴밀한 공동 노동을 통하여 농민들 상호 간의 연대관념을 높임으로써 '두레'라고 하는 새로운 촌락공동체적 결속을 보였다.[65] 그것은 개별 소농민경영에서 일정 정도 자립도의 성장을 바탕으로 하여 이전과는 다른 새로운 결집 형태를 띠게 된 촌락공동체였다. 그래서 그것은 가령 역근전(役根田)이라든가 이포제(里布制)의 경우와 같이 군역(軍役)이라는 국가의 전통적 인신 지배방식을 공동체적 대응에 의해 약화시키면서 추상적 물납(物納)의 공동 부담 형태로 전환시켜 가

65 李泰鎭, 1989, 「17·8세기 香徒組織의 分化와 두레발생」, 『震檀學報』 67집.

고 있었다. 다산은 그 같은 공동체적 대응을 적극적으로 권장하였다.[66] 그는 현실에서의 그 같은 공동체의 성장을 고경전(古經典)의 원리에 따라 일정 규모로 규격화하고, 그것을 단위로 개별 노동력을 배치함으로써 결국 그 집중인 국가공동체 전체의 분업화와 생산성 제고를 실현한다는 계획을 세웠다. 특히 이때 토지를 비롯한 생산수단의 소유는 국유(國有)로 하고 이를 단위 공동체, 그리고 그 구성원인 개별 생산 주체 자신의 소유로 의제적으로 일치시킨다는 계획이었다.

부분적인 내용의 차이는 있지만 공동체적 국가적 소유론은 한국사에서 실로 오래 주창되어온 전통적인 것이었으며,[67] 조선 후기 실학의 주요 입론들이기도 하였다. 다산은 거기에 고경전의 연구를 통하여 체득한 깊은 신념을 더하여 그의 소유론을 전개하였다.

그러나 그같이 국가적인 것으로 집중된 공동체적 소유의 새로운 편성은 비록 지주제의 확대를 반발하고 비판하는 현실적 요구를 대변한 측면을 지니기도 하지만, 그 역사적 의미로 보아서는 역시 복고적인 측면이 더 큰 계획안이었다고 평가해야 할 것이다.

그런데 첫째 생산의 개별적 성격과 둘째 소유의 공동체적 국가적 성격은[68] 생산양식 면에서 보자면 중세적·전형적인 것과는 별다른 새로운 '국가봉건제'적 양식이라 지칭해야 마땅하지 않을까 생각된다. 그 소유의 국가적 성격은 이전의 것과 동일하다고 해석할 수 있겠지만, 그 개별적 생산 주체가 자립적 자영이라고 하는 적극적 성격의 존재로

---

66 書 8 兵典六條 簽丁 참조.

67 金泰永, 1989, 「朝鮮前期의 均田·限田論」, 『國史館論叢』 제5집 참조.

68 朴贊勝, 1986, 「丁若鏞의 井田制論 考察」, 『歷史學報』 110집에서는 이를 "토지국유제하에서 소농(小農)을 기본 생산단위로 하는 농업"이라 하였다.

새로운 정립을 보이고 있기 때문이다.

워낙 '국가봉건제'적 생산양식에서는 그 기본 모순의 계기가 소유와 생산의 이질적 성격에서 기인하지만, 다산의 경우 소유의 국가적 집중과 생산의 개별적 영리의 추구라고 하는 양자 간의 이질성은 더욱 큰 것으로 구조화되어 있으며, 따라서 그 모순 또한 더욱 예리한 것으로 구조화하기 마련이었다. 그래서 그 모순을 순화시킬 사회윤리로 다산이 제시해둔 것이 인·의, 효·제, 충·신 등의 덕목이었으며, 그것을 국가 행정 편제에 연결되도록 단위 공동체에서 정기적으로 강론한다는 계획이었다. 이는 더 말할 필요도 없이 봉건적 사회윤리와 그 교화기능의 재편이었다고 할 수밖에 없다.

이제 그 모든 것을 추진할 근본 동력으로서의 왕은 어떠한가. 그것이 '제도왕'의 속성을 지닌다고 함은 살펴본 바이지만, 또한 전통적 '가부장(家父長)'적 속성의 존재로 나타나기도 하고[69] '궁중과 부중(府中)이 일체'라 하여[70] 이른바 가산제군주(家產制君主)로서의 속성을 내비치고도 있었다. 더구나 아직도 내시(內侍)와 궁녀(宮女)를 제도적으로 거느리는[71] 인습적 존재이기도 하였다. 무엇보다도 왕은 '천(天)을 대신하여 사물을 다스리는' 이른바 동양적 전제왕(專制王)으로서의 본질적 속성을 그대로 지닌 존재였다는 사실이 주목된다.

이른바 새로운 '국가봉건제'적 생산양식을 실현해낼 궁극적 추동력을 왕권으로 설정한 이상, 그 왕의 실체나 속성은 매우 중요한 의미를 갖는다. 그런데 다산의 왕은 만천하 부귀의 권능을 총람하여 널리 서

---

69 全書 1-9, 「籍議」; 表 7 田制 8 기타.

70 表 1 天官 吏曹 제1 司饔院·命婦司 기타.

71 表 1 天官 吏曹 제1 內需司·內侍府·命婦司.

민들에게 덕을 베푸는 명·실이 일치하는 전제왕이면서도 한편으로는 "덕으로서 인도하고 예(禮)로써 가지런하게 함"으로써 "선왕(先王)이 만민을 다스리던 방법"을 따라, 관·혼·상·제와 같은 일상의 의례에서 서인(庶人)과 사(士)와 대부(大夫)와 왕후(王侯) 각기의 등급을 차등 있게 달리해야 하며 이를 어기는 자를 "잡아 다스리는"[72] 봉건적 예(禮) 질서를 재편하고 강요하는 전제왕이기도 하였다.

"왕의 한마음은 만 가지 교화의 근본"(사료 [8-5])인 이상, 그 같은 봉건적·전제적 왕권의 속성은 그 통치질서 전반에 파급되어 갈 것임을 다산 자신이 숙지하고 있었을 것이다.

결국 다산이 구상한 '왕정'은 조선왕조 사회 고유의 봉건적 속성을 왕권론·소유론·생산론에 걸쳐 매우 적극적 방향으로 궁극적으로 추구하였다는 데 그 역사적 의미를 부여할 수 있다. 그리고 자의적 할거성을 부정하고 그것을 지양한다는 입장에 서서, 개별 생산 주체의 자립적 자영성, 소유의 공공성, 그리고 통치권의 중립성 등을 적극적으로 검토하고 고안해내기도 했다는 데서 그 역사적 의미가 경우에 따라서는 혹 현실적 의의를 갖게 되는 것은 아닌가 생각해본다.

왜냐하면 그 같은 개혁론의 극단적 추구는 결국 봉건적인 것 자체를 부정하는 방향으로 상호 작용할 것이 분명하기 때문이다.

그러나 다산의 국가개혁론은 다분히 이상론적 구상에 속하는 것이었다. 그는 '선왕'의 '왕정'을 준거로 삼고 고경(古經)의 원뜻을 추찰해 내세우면서 자신의 철학적 인식체계를 실학적 국가개혁론으로까지 일관하고 있었지만, 현실적으로 실현 가능성은 처음부터 매우 적었다고

72 表 1 春官 禮曹 제3 齊禮監.

할 수밖에 없다. 현실을 타개할 어떤 개혁론의 원형을 제시한 것이었다고 해석된다.

그는 또한 천지만물이 각기 그 자체의 이치를 가지고 있다고 인식하면서도,[73] 가령 사회적 분업과 그것의 전치(專治)를 통하여 개별 생산 주체들이 상호 작용하면서 사회적으로 성장·성숙하게 될 그 이치는 궁극적으로 추구하지 않고, 그것을 공동체와 국가의 지배 원리에 종속시켜 버리는 논리를 폈다. 이치나 논리보다도 조화를 항상 앞세우는 전통적 사유의 소산이었던 것이다. 바로 그러한 면에서도 그것은 전근대적 국가론의 최후의 원형에 속한다고 할 수 있다.

---

73 『孟子要義』 권2, 盡心 제7 '萬物皆備於我'章. "天地萬物之理 各在萬物身上 安得皆備於我 犬有犬之理 牛有牛之理 此明明我之所無者 安得强爲大談曰皆備於我乎."

제2장

다산 실학에서의 사회윤리론

1. 머리말

조선왕조 일대의 지배이념으로 정립된 유학(儒學)은 주자(朱子) 계열 성리학(性理學)이었다. 성리학을 수용하고 운용한 주체층이 상민(常民)·천민(賤民)과는 다른 지배 계급인 사족층(士族層)이므로 특히 조선 성리학은 배타적이며 독선적인 통치 이데올로기로서의 강고한 특성을 발휘하였다. 그리고 성리학의 이념을 따라 그 국가 통치론의 궁극적 과제를 삼대(三代)의 이상 정치를 가리키는 '왕도(王道)'·'왕정(王政)'을 현실에 실현한다는 데에 두었다.

조선 후기의 실학(實學) 또한 성리학을 모태로 해서 형성된 것이었다. 기본 경전(經傳)이 육경(六經)·사서(四書)요, 유학 이외의 모든 학술·사상을 정통으로 간주하지 않는 견지에 서 있었다. 실학은 결코 유학의 범주를 벗어나지 않는 것이었다. 그래서 실학에서도 사회 개혁을 말하는 경우에는 모두 왕정론(王政論)이라고 하는 이상 국가 실현론이 그 중심 과제를 이루고 있었다.

조선 성리학에서는 주자학을 '태양이 중천에 떠 있음[大明中天]'과 같은 유일무이한 통치 기준으로 신봉하고 있었다. 따라서 그 왕정론은, 주자학 기준을 따라, 조종(祖宗)이 마련해둔 현재의 법제(法制)를 근본적으로 개혁할 필요는 없지만 그 가운데의 현저한 폐정(弊政), 악습(惡習)만은 경장(更張)할 일이라고 전제하였다. 그리고 법제의 경장보다도 군주(君主)의 심성(心性)을 함양하는 일이야말로 가장 주요한 과제인 것으

로 인식하고 있었다.[1]

그러나 조선 후기 실학에서의 왕정론은 그와 크게 다른 것이었다. 즉 삼대(三代)의 왕정(王政)이 끝난 후로는 모든 통치체제가 지배층의 사욕(私欲)에서 만들어진 것이므로 주자학은 결코 유일 기준이 될 수 없다는 견지를 취하였다. 그러므로 실학의 경우는 삼대의 성왕(聖王)·성인(聖人)이 남긴 경전을 재해석함으로써 새로운 왕정론을 독자적으로 구성해내지 않으면 안 되었다. 그것은 곧 삼대 이후의 모든 통치 조직과 법제를 근본적으로 변혁하여 새로운 이상 국가를 건설한다는 데 주된 관심을 기울이고 있었다. 왕정을 실현하기 위한 관심과 방법이 도학(道學)·심술(心術) 위주의 것이 아니라 새로운 국가체제의 조직과 법제의 정립을 중심 과제로 하게 되었던 것이다.

조선 실학은 17세기의 반계 유형원(磻溪 柳馨遠, 1622~1673; 광해군 14~현종 14)에서 본격적으로 시작하여 18세기의 성호 이익(星湖 李瀷, 1681~1763; 숙종 7~영조 39)과 담헌 홍대용(湛軒 洪大容, 1731~1783; 영조 7~정조 7) 등을 거치면서 다양한 전개를 보이고 19세기의 다산 정약용(茶山 丁若鏞, 1762~1836; 영조 38~헌종 2)에 이르러 집대성되었다고 흔히 말한다. 그런데 이 글에서 살피고자 하는 사회윤리(社會倫理)란 것은 일반적으로 실학자마다 독자적인 견해를 제시하는 편은 아니었다. 무릇 사회윤리란 것은 사회사상 가운데서도 직접 인간의 사회적 관계를 조정하는 가치(價值) 규율적(規律的)인 것이므로 상대적으로 가장 보수적인 가치관

1 그윽이 생각건대 제왕(帝王)의 도(道)는 심술(心術)의 미묘(微妙)함에 근본을 둔 것이요 문자(文字)에 실리어 드러나 있습니다. 성현(聖賢)이 대대로 일어나 그때마다 입언(立言)하여 반복해 밝혀두어 전적(典籍)이 점점 더 많아졌습니다. … 금후로는 성현이 다시 일어나더라도 미진한 말씀은 다시 없을 것입니다. 다만 기왕의 남긴 말씀을 따라 그 이치를 고찰하며 그 이치를 밝게 알아 실행에 옮김으로써 성기(成己), 성물(成物)의 공효(功效)를 다할 따름인 것입니다(『栗谷全書』 19, 「聖學輯要」 進箚).

(價値觀)으로 구현되기 마련이었다. 그것은 비록 새로운 사회사상 조류가 등장한다 하더라도 그 조류가 현실사회를 주도하는 주민층의 검증과 동의를 거친 후까지 기다려야만 새로운 가치 규율의 일환으로서 정착되는 것으로 이해된다. 말하자면 새로운 시대를 맞이하고서야 새로운 사회윤리가 탄생하는 것이다.

실학의 경우 그 같은 새로운 사회윤리의 정립은 아마도 다산 정약용에게서 가장 적실하게 드러나는 것이 아니었나 한다. 다산은 실학을 집대성하였다는 논의에 걸맞게, 특히 유교 경전을 두고서도 이왕의 어느 성리학자나 실학자보다도 가장 독자적인 해석을 전개하였다. 실상 국가개혁론으로서의 그의 왕정론은 경전(經傳)에 대한 오랜 연찬을 통하여 새로운 독자적 경지를 각득(覺得)하게 된 결과적 산물이었던 것이다. 그는 말하였다.

> 삼가 살피건대, 폐법(弊法)과 학정(虐政)이 일어나게 된 것은 모두가 경전의 뜻을 밝혀 알지 못한 데에서 말미암았다. 그러므로 치국(治國)의 요체는 경전의 뜻을 밝히는 일보다 먼저 해야 할 것이 없다(『經世遺表』 10, 地官修制 賦貢制 2).

그래서 그는 실학의 여러 유파 가운데에서 가장 확고하고도 독자적인 왕정론을 전개할 수 있었다. 그의 왕정론은 조종(祖宗)의 법제뿐 아니라 현재의 "시용(時用)에도 구애받음이 없이" "국가를 경영(經營)할 제도"를 구현해낸 것이므로,[2] 국가체제를 근본적으로 개혁하려는 것이었

2 『與猶堂全書』 1-16, 「自撰墓誌銘(集中本)」.

다. 그러므로 그는 어느 실학자보다도 자신의 새로운 왕정론에 걸맞은 새로운 사회윤리론을 정립하지 않으면 안 되는 처지에 놓이게 되었던 것으로 이해된다.

그런데 다산의 독자적 윤리론은 동시에 조선 후기 실학에서 인간관의 전개와 밀접한 연관을 가지고서 형성된 것으로 판명된다. 가령 성리학에서 강조하는 이른바 인간 '기질지성(氣質之性)'의 선천적 제약성(制約性)을 실학은 상대적으로 거부하는 견지를 취해왔으며, 그러한 전통 위에서 다산은 드디어 '기질지성'이란 것을 전면 부정함으로써 인간 본연의 자율성과 주체성을 강조하기에 이르렀다는 사실을 주목할 필요가 있다. 즉 이전의 성리학에 비하여 실학은 인간의 본질에 관한 견해를 전혀 달리하기에 이른 것이다.

인간의 본질에 관한 견해가 달라졌다면 그 인간의 사회적 관계를 규율하는 윤리 도덕도 달라져야 하기 마련이었다.

한편 다산의 왕정론에서는 인간의 사회적 분업 관계를 특히 강조하고 있었다. 그것은 전국의 모든 주민(住民)을 사(士)·농(農)·상(商)·공(工)·포(圃)·목(牧)·우(虞)·빈(嬪)·주(走)의 9직(職)으로 배치하고 각기 전업적(專業的) 직역(職役)을 구임(久任)하게 하여 각 직역과 산업 현장에서의 구체적 실습과 책무가 실행되도록 함으로써 국가 전체의 직역과 산업 분야와 주민 생활에 새로운 작동과 진흥이 일어나도록 조직하였다. 그리고 모든 산업기술은 국가의 일률적 주도하에 객관적 준거를 갖춘 일정한 기준과 규격을 정립하고 이를 전국적으로 엄준하게 집행함으로써 국가 산업 전반의 생산력을 일층 제고한다는 방안을 두고 있다.[3]

---

3 金泰永, 1998, 『실학의 국가개혁론』, 서울대학교 출판부 참조.

요컨대 그의 왕정론은 자영적(自營的)·전업적(專業的) 인간상(人間像)을 정립시키고 있다. 가령 농민으로 말하자면, 정전제(井田制)에 따라 8가(家)가 협동하여 동일 정지(井地)의 공전(公田)을 공동 경작하여 공가(公家)에 바치면서, 또한 각기 배분받은 사전(私田) 1구역씩을 자영(自營)으로 경작하여 자가의 소득으로 차지하는 자립적 자영농이라는 농민상(農民像)으로 정립되고 있다.

더구나 다산 실학은 인간을 형이상학적 존재이기보다는 상대적으로 국가 공동체의 일원으로서 구체적 직역의 자영적 수행을 통하여 자신을 실현하는 존재로 세워두었다. 즉 인간의 사회성을 매우 중시하고 있었다. 사회관계 속에서 인간의 구체적 기능과 역할이 자영적·전업적인 것으로 새로이 배치되고 조정되도록 새로운 편성을 보이고 있다. 그러므로 다산의 왕정론에서는 이제 새로운 자영적·전업적 인간상을 규율할 새로운 사회윤리가 필수적으로 요청되었다.

2. 유가의 전통 윤리와 인간관

유교 문화권에서 전통적 사회윤리의 핵심 덕목은 곧 '오륜(五倫)'으로 대표된다. 주지하듯이 오륜은 오교(五敎), 오상(五常)이라고도 하거니와 무릇 인간의 사회적 관계를 객관적으로 규율하는 도덕, 즉 '인륜(人倫)'의 기본이 되는 것이라고 선진(先秦) 시대부터 유학 경전에서 강조하였다.

순(舜)임금이 말하였다. "설(契)아, 백성이 서로 친하지 않으며 오품(五

品)[4]이 순조롭지 못하다. 너를 사도(司徒)로 삼으니, 오교(五教)를 삼가 펴되 너그러이 하라"(『書經』 舜典).

하(夏)나라에서는 교(校)라 하고 은(殷)나라에서는 서(序)라 하며 주(周)나라에서는 상(庠)이라 하였고, 국학(國學)인즉 삼대(三代)가 공통으로 갖추고 있었으니, (이들 학교는) 모두가 인륜을 밝히는 것이었다. 인륜이 위에서 밝혀지면 소민(小民)이 아래에서 친하게 되는 것이다. … 인간은 떳떳한 이륜(彛倫)을 갖추고 났지만 배불리 먹으며 따뜻이 옷 입고 편안하게 살면서도 가르침을 받지 않으면 곧 금수(禽獸)에 가까운 존재인 것이다. 그래서 성인(聖人)이 이를 근심하여 설을 사도로 삼아 그에게 인륜을 가르치게 하였으니, 곧 부자유친(父子有親)·군신유의(君臣有義)·부부유별(夫婦有別)·장유유서(長幼有序)·붕우유신(朋友有信)이다(『孟子』 滕文公 上).

선진(先秦) 유학에서의 오륜은 성리학에 와서도 그대로 인간의 사회관계를 규율하는 기본 덕목으로 신봉하고 있었다. 가령 주자(朱子)는 다음과 같이 단언했다.

부자유친·군신유의·부부유별·장유유서·붕우유신. 이 다섯 가지 요목은 요(堯)·순(舜)이 설을 사도로 삼아 오교(五教)를 삼가 펴도록 한 그것이다. (이 서원(書院)에서) 공부한다는 것은 곧 이를 공부하는 것일 따름이다(『朱子大全』 74, 雜著「白鹿洞書院揭示」).

---

4 오품(五品)은 부자(父子)·군신(君臣)·부부(夫婦)·장유(長幼)·붕우(朋友) 다섯 가지의 명위(名位) 등급[蔡傳].

그런데 선진 이래의 고경(古經)에 정립되어 있는 오륜은 인륜의 기본 요목으로서 수천 년 동안이나 신봉되어 왔지만, 그것을 현실에서 실행하는 인간 자체에 대한 관점은 실상 성리학에 와서 크게 변화하고 있었다는 것은 주지하는 사실이다.

성리학은 무엇보다도 인성(人性)은 곧 천리(天理)라고 하는 주안점에서 있었다. 그래서 상대적으로, 인간은 각자 그가 품부(稟賦)한 이(理)에 의하여 현 세계 질서를 이해할 수 있으며, 또한 그것을 개선할 수도 있는 존재라고 이해하였다. 가령 송대(宋代)에 와서 사류(士類)의 주도에 의한 향약(鄉約)이라든가 사창(社倉)과 같은 각 지역 주민의 자발적 결속을 기초로 하는 실천 결사(結社)와 그 윤리가 강조되기도 하였다는 사실은 그 같은 인간관·세계관의 변화에서 기원하였다.

> 무릇 천(天)이 만물을 생성시키매 각자에게 하나씩 성(性)을 부여하였다. 성은 물상(物象)이 있는 것이 아니요, 다만 하나의 도리(道理)로서 나에게 품부된 것이다. 그러므로 성이 본질[體]로 되는 까닭은 인의예지신(仁義禮智信)의 다섯 가지 때문이다. 천하의 도리는 이를 벗어나지 않는다. … 후세의 성을 논하는 자들은 많이 불교(佛敎)·도교(道敎)를 뒤섞어 말하므로 성을 가지고 지각(知覺)이라든가 심의(心意)인 것으로 간주하지만, 이는 성현이 말씀하신 성의 본의(本意)가 아니다. 다섯 가운데 소위 신(信)은 진실(眞實) 무망(無妄)함의 도리이다. 인의예지의 경우도 모두 진실 무망한 것이므로, 신은 더 말할 필요가 없다. 다만 인의예지 넷은 그 가운데서도 각자 분별이 있다. … 무릇 이 네 가지가 인간의 심(心)에 갖추어져 있으니, 이것이 곧 성의 본체다(『朱子大全』 74, 잡저 「玉山講義」).

> 이 우주에는 일리(一理)가 있을 따름이다. 천(天)은 그것을 얻어서 천이 되고 지(地)는 그것을 얻어서 지가 된다. 그리고 무릇 천지(天地) 사이에 생겨난 것은 모두 각기 그것을 얻어서 성(性)으로 삼는다. 그것이 펼쳐지면 삼강(三綱)이 되고 그것이 윤기(倫紀)로 나타나면 오륜(五倫)이 된다. 대개 이 이(理)는 어떤 곳이라도 흘러 운행하지 않는 데가 없으니, … 사물이 생겨나기 이전부터 인간과 사물이 모두 다 소진(消盡)한 후에 이르기까지 끝나면 다시 시작하고 다시 시작하여 끝나게 되는 것이요, 또한 일찍이 한순간일지라도 혹 정지한 적이 없는 것이다(『朱子大全』 70, 잡저 「讀大紀」).

이 경우 이(理)는 우주적 원리이자 도리(道理)이며, 그 '이'가 구현된 인간의 성(性) 또한 원천적으로 인간을 구성하는 본질적 원리이자 인의예지와 같은 도리로 나타난다는 해석이다. 인간은 원리적으로 도덕적 존재로 태어난 것이었다.

그런데 천리(天理)에 따라 인의예지와 같은 원리이자 도리를 천생적으로 갖추어 태어난 인간이 그 사회적 관계에서는 어째서 부귀빈천(富貴貧賤)과 같은 갖가지 차별상을 나타내면서 살게 되는가. 인간을 포함하는 만물은 모두가 이(理)와 기(氣)의 결합으로 이루어지는데, 만물의 이는 동일하지만 그가 품부하는 기[質]의 차이에 따라 그 같은 차별상이 생기는 것이라 하였다.

> 성(性)이란 것은 만물의 근원이다. 그런데 만물은 각기 타고나는 기(氣)에 청(淸)·탁(濁)이 있다. 그러므로 성(聖)·우(愚)의 차이가 생긴다. 천명(天命)은 만물이 마찬가지로 받아 태어나는 것이지만, 음양(陰陽)이

번갈아 운행하면서 참치(參差) 부제(不齊)하게 된다. 그러므로 오복(五福)과 육극(六極)[5]이 각자 만나는 바에 따라 달라지게 되는 것이다(『朱子語類』 4, 性理 1 人物之性 氣質之性; 端蒙錄).

부귀(富貴)·사생(死生)·화복(禍福)·귀천(貴賤)은 모두 기(氣)로 타고나는 것으로서 옮기거나 바꿀 수 없는 것이다(『朱子語類』 4, 性理 1 人物之性 氣質之性; 祖道錄).

그렇다면 인간의 사회적 처지는 일단 '기질지성(氣質之性)'의 작용에 따라 숙명적인 것으로 귀결되고 만다는 것인가. 인간은 천리(天理)를 성(性)으로 타고난 존재요, 천리는 동시에 인의예지로 인간에게 품부되어 있는 만큼, 인간은 끝없는 노력을 통하여 기질의 누습(陋習)을 극복하고 자신을 변화시킬 수 있으며, 또한 모름지기 변화시켜 '본연지성(本然之性)'을 회복해야만 하는 존재라고 하는 것이 그 대답이었다고 할 수 있다.[6]

조선 성리학의 인간관 또한 주자학의 경우를 거의 그대로 답습하였다. 가령 16세기 사림(士林) 정치의 시기를 맞아 성리학적 사회개혁론을 가장 절요하게 개진한 율곡 이이(栗谷 李珥: 1536~1584; 중종 31~선조 17)의 학설에서 가장 단적으로 그러한 사실을 찾아볼 수 있다.

율곡에 따르면 인간 기질의 청탁(清濁), 수박(粹駁)은 그가 태어날 때

5 육극(六極)이란 6가지 불길(不吉)한 일로서 흉단절(凶短折)·질(疾)·우(憂)·빈(貧)·악(惡)·약(弱).

6 누가 묻기를, "기질(氣質)이 불선(不善)한 경우에도 그것을 변화시킬 수는 있습니까"라고 하자, "모름지기 변화시켜 돌이켜야 하는 것이다. 마치 남이 1을 할 때 나는 100을 행하고, 남이 10을 할 때 나는 1000을 행한다면 비록 우둔하게 타고났더라도 반드시 분명하게 될 것이요, 비록 유약(柔弱)하게 타고났더라도 반드시 강건하게 될 것이다"라고 답하였다(『朱子語類』 4, 性理 1 人物之性 氣質之性; 人傑錄).

선천적으로 품부하는 것으로 되어있다. 인간의 수요(壽夭), 귀천(貴賤), 부귀(富貴), 현우(賢愚) 또한 선천적 기품(氣稟)에 따라 결정된다. 또한 가까운 부모의 기(氣)보다도 아득한 천지의 기가 더 결정적 요인으로 작용하는 것이라 하였다.[7]

더구나 인간의 선악(善惡)은 그가 타고나는 기의 청탁에 따라 선천적으로 규정되는 것이라 하였다.[8] 심지어 "인간은 태어나면서 그 기질지성에는 고유하게 선악의 일정한 것이 있다"고 하여,[9] 선천적 기질의 품부에 따라 그 선악이 일정하게 규정되는 것이라고도 하였다. 인간이란 존재는 본질적으로 선천적 기질의 품부에 의하여 규정받고 태어나는 것이라는 이론이다.

그러므로 현 세계 인간의 최대 과제는 '기질지성'을 교치(矯治)하는 일 그것에 있었다. 그리고 인간이 자신의 기질을 교치하는 길을 자기 내부에서 스스로 찾아내기는 극히 어려운 일이므로, 이왕의 성현들이 마련해놓은 규범을 따라 각자의 심성을 함양하는 일이야말로 인간이 다해야 하는 기본 책무인 것으로 이해하였다. 특히 그 가운데서도 주자학(朱子學)이야말로 "마치 태양이 중천(中天)에 떠 있음"과 같은 유일한 밝은 빛이요, 그 이외에는 다시 다른 길이 없음을 누누이 강조하고 있었다.[10]

---

7 至於氣則或濁或駁 已判於有生之初(『栗谷全書』 31, 「語錄 上」); 爲貴爲賤 不在於氣之淸濁强弱 而亦有所以貴所以賤之氣也(같은 곳); 大抵父母之氣 分數少 天地之氣分數多 故瞽叟之濁氣 不能當天地之淸氣 此舜之所以爲聖人也(같은 곳).

8 理本善而氣有淸濁 氣者盛理之器也 當其未發 氣未用事 故中體純善 及其發也 善惡始分 善者淸氣之發也 惡者濁氣之發也(『栗谷全書』 14, 「人心道心圖說」).

9 人生 氣質之性 固有善惡之一定者也(같은 책 10, 「答成浩原」).

10 金泰永, 1998, 앞의 책 Ⅰ-2 참조.

나아가 조선왕조에서도 무릇 인간의 사회적 관계를 규율하는 인륜이라면 당연히 오륜(五倫)을 기본으로 하고 있었다. 가령 세종(世宗) 초년의 사헌부(司憲府)는 오륜과 같은 인륜을 바로잡는 일이야말로 치국(治國)의 최대 과제라고 역설하였다.

> 사헌부가 상소하여 아뢰었다. "나라를 다스리는 길은 삼강(三綱)·오상(五常)을 바로잡는 것보다 더 큰 일이 없습니다. 천하 국가의 치란(治亂)·흥망(興亡)이 실로 이에 매여있는 까닭입니다. …"(『世宗實錄』 세종 원년 정월 임오).

이윽고 16세기 중종 대의 경연(經筵)에서는 국왕과 기묘사림(己卯士林) 사이에 다음과 같은 '인륜' 논의가 전개되고 있었다.

> 상(上)이 이르기를, "삼대(三代)의 학문은 다 인륜을 밝히는 것인데, 후세에서는 구독(口讀)만 할 뿐이니 누가 인륜을 밝히는 일을 알겠는가. 학문을 하되 인륜을 밝히는 것을 알면 이것이 실학(實學)이다." 참찬관 조광조(趙光祖)가 아뢰었다. "이른바 인륜의 대강령은 오륜이요,[11] 그 외에도 무궁한 이치가 있습니다. 이것으로 위아래가 서로 힘써 행한다면 어찌 (나라가) 다스려지지 않는 일이 있겠습니까. 이로 말미암아 조정이 절로 바로잡히고 백성이 편안하게 될 것입니다"(『中宗實錄』 중종 13년 7월 갑자).

---

11 주지하듯이 삼강(三綱)의 내용은 오륜(五倫) 속에 포괄되어 있으므로, 유학에서의 인륜(人倫) 관계는 흔히 오륜(五倫)만 가지고 통칭하게 되는 것이다.

조선 사림의 보편적 인륜 이해 역시 마찬가지였던 것으로 판명된다. 가령 퇴계 이황(退溪 李滉: 1501~1570; 연산 7~선조 3)의 「성학십도(聖學十圖)」는 만년의 그가 나이 어린 임금의 심덕(心德)을 함양하게 할 목표에서 필생의 역작으로 제진한 도설(圖說)이었다. 그런데 그 가운데 제5도의 안설(按說)에서 그는, "대개 요(堯)·순(舜) 시대의 가르침은 5품(品)에 있었으며, 삼대의 학(學)은 모두 인륜을 밝히는 데 있었습니다. 그러므로 (주자가 白鹿洞書院) 원규(院規)에 제시한 궁리(窮理)·역행(力行)이 모두 오륜에 기본을 두게 된 것입니다"라고 하였다.[12]

삼대 이후 주자학에 이르기까지 무릇 인간의 사회적 관계를 규율하는 인륜 즉 사회윤리의 요목을 오륜으로 이해하고 있었으며, 그것의 준행과 실현을 조선 사림은 국가적 차원에서 적극적으로 추진하고 있었던 것이다.

그런데 한편, 조선 왕국의 정치경제적 사회구조는 중국의 경우와는 크게 이질적인 구성으로 운용되고 있었다. 실상 주자학은 가령 사족제(士族制)라든가 노비제(奴婢制)와 같은 사회신분제도를 전제하고서 형성된 것은 아니었다. 그런데 조선 왕국에서는 그와 같은 악법(惡法), 폐습(弊習)을 길이 운용하고 있었으므로 그 사회신분제도가 유례없이 엄격한 편이었다. 사회구조가 그와 같이 다른 것이었으므로, 그 주민층을 규율하는 인륜으로서의 오륜에 대한 인식도 매우 다르게 해석될 수밖에 없었다.

사헌부가 아뢰었다. "살피건대 우리나라는 (중국으로부터) 멀리 떨어져

12 『退溪全書』 권7, 「聖學十圖」.

> 있다. 살고 있는 땅이 이미 다르므로 풍속(風俗)·기강(紀綱)도 같지 않다. 그러므로 삼강·오륜은 비록 중국과 다름이 없으나, 그 사이의 제도·문물은 중국과 다른 것이 없을 수 없다. 그러므로 사족(士族) 제도는 중국에는 없지만 우리나라에는 있으며, 노비(奴婢)의 법은 중국에는 없지만 우리나라에는 있다. 그런즉 사족 제도를 폐지할 수 있으며 노비를 없앨 수 있을 것인가"(『明宗實錄』, 명종 9년 9월 을축).

대대로 문벌을 지켜 지배층으로 군림하도록 하는 사족 제도와 대대로 천민 신분을 벗어날 수 없도록 강제해둔 노비법(奴婢法)은 조선 왕국에 와서 확대, 재편된 특유의 인습으로서 조선왕조 말기까지 운용되었다. 조선 성리학은 주노(主奴) 관계에다 삼강·오륜의 군신(君臣) 관계의 명분론을 적용하여 더없이 준엄한 강상(綱常) 관계를 강요하기에 이르렀는데, 특히 노비제도는 성현인 기자(箕子)가 창시한 것이라 하여 이를 영구히 준행해야 한다고 강변했다.[13]

---

13 대사헌(大司憲) 서거정(徐居正) 등이 상소하였다. "…우리 동방(東方)은 기자(箕子)가 수봉(受封)한 이래로 사족가(士族家)는 모두 노비(奴婢)를 소유하여 대대로 그 문서를 지켜오고 있으므로, 노(奴)는 그 주(主)에 대해서 군(君)·신(臣)의 분(分)이 있으니, 상(上)·하(下)와 존(尊)·비(卑)의 명분(名分)이 정연(整然)하여 문란할 수가 없는 것이다"(『成宗實錄』 성종 4년 8월 계해).
"기자(箕子)가 나라를 다스릴 때 백성으로서 도둑질한 자는 주가(主家)에 노역(勞役)으로 갚아야 하며 그 자손에 이르도록 면제되지 못하게 하였다. 이것이 사노비(私奴婢) 제도가 시작된 유래이다. 그 후 사군(四郡), 이부(二府), 삼한(三韓)과 신라, 백제를 경유하여 고려(高麗)에 이르렀어도 변함이 없었다. 아조(我朝)가 개국한 후에는 법으로 정하여 사천(私賤)의 소생은 사대부(士大夫)의 자녀가 아닌 한 대속(代贖)할 수가 없도록 해두었다. 이는 천민(賤民)에게는 양인(良人)으로 되는 길이 없도록 해둔 것이니, 어찌 그 의도가 없다고 할 것인가. 우리나라가 유지되고 귀(貴)·천(賤)이 문란해지지 않는 까닭은 다만 구구한 명분(名分) 때문이다. 만약 이것마저 허물어진다면 몇 대 지나지 않아 노(奴)·주(主)의 자손들이 서로 더불어 혼인(婚姻)하기에도 이를 것이니, 그리된다면 조종(祖宗)께서 법을 세운 본의와 너무 멀어지는 것이 아닌가"(『明宗實錄』, 명종 6년 9월 계축).

노비제도는 실상 사족층이 자신의 사회적 지배 신분으로서의 지위를 길이 보전하기 위해서 동일한 인간을 우마(牛馬)처럼, 혹은 노예처럼 사역하도록 법제적으로 정립해둔 인습의 악법이었던 것으로 판명된다. 가령 "지금 세속에서는 혼인할 때면 노비의 다과(多寡)에 따라 가풍(家風)의 고하(高下)를 구별하기 때문에 사람마다 노비 얻기를 힘쓴다"라거나, 혹은 "우리나라에는 대가세족(大家勢族)이 중외(中外)에 포열하고 있는데 … 대가세족이 대가세족으로 행세할 수 있는 것은 그가 노비를 소유하고 있기 때문이니, 노비를 사역함으로써 상하(上下)·내외(內外)의 분(分)을 지킬 수가 있고, 예의(禮義)·염치(廉恥)를 기를 수 있으며, 기력(氣力)을 성(盛)하게 가꿀 수가 있고, 명망(名望)을 드러낼 수 있는 것이다"[14]라고 하는 데서 짐작할 수 있는 바와 같다.

노비제도뿐 아니라 조선 왕국에서는 양반사족(兩班士族)과 상민(常民)이라는 소위 반(班)·상(常) 관계 역시 제도적으로 인습화하여 있었다. 조선 왕국은 아마도 그 주민의 태반 이상을 차지하는 상민 즉 '양인(良人)'층이야말로 국가를 유지하는 사회경제적 기본 지반으로 해두고서 국가정책을 끌어가고 있었던 것으로 이해된다. 특히 내외의 적으로부터 국가를 지키는 군역(軍役)은 이 상민층에게만 고정적으로 부과하고 있었는데, 그에 대한 반대급부는 전혀 책정해두지 않았다.

사족층은 사적으로는 사노비(私奴婢)를 노예처럼 사역하면서 마치 봉건 제후와 같은 안락을 추구하는 한편, 공적으로는 상민층에게 군역을 전담케 함으로써 자신의 안전을 길이 보장하고자 하는 법제를 세워 강제하고 있었다. 그러면서도 그들은 국가를 '유지(維持)'하는 것

14 『世宗實錄』, 세종 24년 8월 갑인; 『世祖實錄』, 세조 13년 8월 기해.

은 상(常)·천민(賤民)이 아니라 양반사족층인 자신들이라고 주장하고 있었다.

> 우리나라의 이른바 사족이란 것은 실로 어떤 다른 나라에도 없는 제도입니다. 그들은 농사를 짓지 않으니 농민이 그 때문에 적어지고 군역을 부담하지 않으므로 용사(勇士)가 그 때문에 드물어집니다. 나라가 가난하고 약해지는 까닭도 반드시 이들 사족 때문이라고 하지 않을 수 없습니다. 그러나 명분을 유지하고 나라의 명맥을 붙들어 가는 것은 역시 이들 사족에게 힘입고 있습니다. 사족은 없어서 안 되는 존재입니다. 일반 백성이란 것은 사족의 그림자나 메아리입니다. 그러므로 신(臣)은 일찍이 이르되 "민심(民心)은 잃을 수 있지만 사심(士心)을 잃어서는 안 된다"고 하는 것입니다(『谿谷集』 17, 「論軍籍擬上箚」).
>
> 공경(公卿)의 자손인 사대부(士大夫)와 각 지역의 교생(校生) 이상을 양반(兩班)이라고 통칭하는데, 그 수가 거의 모든 국민의 절반을 넘습니다. … 우리나라 양반은 모두 옛날의 봉건 제후와 같아서 그들이 민심을 유지함으로써 감히 변란(變亂)을 일으키지 못하게 하니, 국가에 도움이 되지 않는다고 할 수가 없습니다(『英祖實錄』 영조 26년 6월 계사 知敦寧李宗城上書).

조선 왕국에서는 나라의 '주인(主人)'으로 행세하면서 민란 같은 것이 일어나지 못하도록 국맥(國脈)을 '유지'하는 특유의 지배 계급으로서의 양반사족층이 별도로 존속하고 있었다. 그래서 그들이 중앙 정계로 많이 진출하게 된 16세기에는 전통적인 오륜에 대해서도 조선 왕국 특유의 새로운 해석을 내리고 이를 국가적으로 시행하게 되었다. 가령 중국 송대의 향약은 사류층(士類層)만의 자치 규약이었음에 비하여 조선 왕국의 향약은 각 군현이라는 국가 행정구역을 단위로 하고 모든 주민을 대상으로 하여 사족이 향촌을 지배하는 형태를 위주로 시행하게 되었다. 또한 오륜 가운데 특히 장유유서·붕우유신의 '이륜(二倫)'에 대해서는 조선 사림 특유의 신분제적 해석을 내려 시행하게 되었다는 내용이 그러하다.

그 같은 향약이라든가 이륜의 새로운 해석에 등장한 조선 왕국 특유의 면모는 다음과 같은 것으로 집약된다. 즉 노비의 상전(上典)에 대한 관계를 삼강 가운데 군신(君臣)의 분(分)과 같은 충(忠)으로 극단화시켜 강요하게 되었고, 사족과 일반 상민의 관계를 오륜 가운데 장유(長幼)의 분인 제(悌)와 같은 것으로 확대 해석하여 연장(年長)인 상민들에게서도 공경을 강요하게 되었으며, 사족 신분 상호 간의 관계를 역시 오륜 가운데의 붕우 관계로 해석함에 따라 종래까지의 혈연(血緣)·학연(學緣) 등의 좁은 유대관계를 상대적으로 불식하고 국가사회를 주도하고 유지해가는 보편적 주체로서의 사족 자신들의 위상을 스스로 정립하게 된 것이었다.[15] 이와 같은 오륜의 신분제적 해석 내용을 어기는 짓은 이제 '인륜'을 어지럽히는 패덕한 행위로 지목하여 용납되지 못하도록 규제해가고 있었다.

15 韓相權, 1984, 「16~7세기 鄕約의 기구와 성격」, 『진단학보』 58집 및 金勳埴, 1985, 「16세기 二倫行實圖 보급의 사회사적 고찰」, 『역사학보』 107집 참조.

3. 다산의 새로운 인간관

조선 후기 실학의 인간관은 다양하게 전개되었지만, 그 가운데에서 가장 큰 특징은 인간의 심(心)이 고유하게 지닌 자율성을 상대적으로 크게 강조하는 견지에 서 있었다는 사실이다.

가령 반계 유형원의 경우부터가 그러하였다. 그는 인간의 '기질지성'을 부정하는 편은 아니었다. 그러나 그는 천지 만물의 존재에서부터 인간의 심성(心性)에 이르기까지 모든 현상에는 이(理)가 '실리(實理)'로서 적극적으로 주재(主宰)한다는 견지에 서 있었다. 반계의 경우 이(理)는 곧 지실(至實)·지성(至誠)한 것이므로, 현 세계에서 인간의 일심(一心) 운용은 인간 스스로의 자각(自覺)·자율(自律)을 가능케 하는 것이어서, 선천적 기질의 용사(用事)를 상대적으로 불식할 수 있다는 견해였다. 그 같은 이론 구조에서는, 인간은 타고난 이(理)의 능동적 자각으로 인하여 자기 심성의 함양이라든가 기질지성의 개선이 좀 더 가능한 존재로 정립되기 마련이었다.

성호 이익의 경우도 마찬가지였다. 그는 "인심(人心)은 다만 인욕(人欲)인 것으로 파악"한 율곡의 견해를 비판하며, 인심이 곧 인욕인 것은 아니요, "심(心)은 곧 활물(活物)인 것으로서 지각(知覺)과 영명(靈明)함을 가진 것"임을 특히 강조하였다. 그는 "이(理)는 본래 고목(枯木) 사회(死灰)와는 같은 것이 아니어서, 반드시 동(動)하지는 않는 듯하면서도 능히 동하여 기(氣)를 거느리고 발(發)하는 것이다"라고 하였다. 이(理)의 적극적 능동성을 긍정하는 성호의 견해에서는 인간의 심(心)이 기질의 구속으로부터 상대적으로 자유로운 상태에 놓여있는 편이었다. 그래서 그것은 곧 인간의 중요 과업이 성현의 기준을 따라 기질을 교치(矯

治)하는 일에 매달려야 한다는 성리학 인간관의 허구성으로부터 상대적으로 인간을 해방시킨다는 의의를 지니는 것으로 해석된다.[16]

그와 같이 기왕의 허구적인 인간관에서 벗어날 때 비로소 현실 세계의 지배기구라든가 제도보다도 현실 인간의 존재가 더 우선적이라는, 객관적 사실을 바로 인식하는 길이 트이기에 이르렀다.

> 나라가 나라로 되기 위해서는 임금이 있고 백성이 있어야 하는데, 임금과 백성은 모두 사람이다. 그러나 혹 백성만 있고 임금은 없을 수가 있지만, 백성 없는 임금은 있지 않았다. 임금의 도(道)는 백성을 얻는 것이 으뜸이 된다(『星湖僿說』 19, 「得民得人」).
>
> 사람이 있으면 이에 토지가 있으니, 토지는 모두 백성의 전지(田地)이다. 성왕(聖王)이 정전제를 시행하여 백성에게 배분하였다는 것은, 백성이 왕(王)의 전지를 받았다는 것이 아니다. 왕이 백성 소유의 전지를 가지고 그것을 경계(經界)하여 그 쟁탈을 금한 것이었다. 그러므로 10분의 1세(稅)를 거둔다는 것도 왕이 그 10분의 9를 덜어서 백성에게 준다는 것이 아니요, 곧 백성이 그 10분의 1을 바쳐 임금에게 공봉(供奉)한다는 것이다. 그러므로 천하(天下)는 천하 사람의 천하요, 1인(人)의 천하가 아닌 것이다. 왕망(王莽)은 왕정(王政)을 본받고자 하여 천하의 전지를 왕전(王田)이라 하였으니, 그 본뜻을 잃은 셈이다. 오직 10분의 1이라는 것은 실로 마땅히 부과할 세율인 것이므로 백성으로부터 수취하더라도 학정(虐政)이 되지는 않는다. 이 1분을 지나

16 이상 반계(磻溪)와 성호(星湖)의 인간관에 대해서는 김태영, 1998, 앞의 책 Ⅰ-3 및 Ⅲ-2 참조.

치면 모두가 남의 물건을 빼앗는 것이 된다(『孟子疾書』 滕文公 下 8章).

근원적으로 말한다면 민(民)이 왕보다 먼저라고 하는 인식이 성호의 실학에 와서부터 사회구성의 논의로 구체적으로 등장하고 있었다. 그리고 이어 다산에 가면 일부러 「원목(原牧)」이라는 사회구성론을 지어, "태고의 시초에는 백성뿐이었다. 어찌 통치자가 있었을 것인가"라고 하는 확고한 견지를 주장할 수 있었다. 그와 같은 확고한 객관적 사실관계의 인식에 바탕을 두고서 다산 실학은 이제 새로운 인간관을 전개하게 되었다.

성리학은 인간의 본질을 성(性)이라고 하는 데 반하여, 다산은 소위 '대체(大體)'로 불리는 심(心)이야말로 인간의 본체라고 하였다. 그리고 성이란 것은 심의 속성(屬性)으로서의 '기호(嗜好)' 내지 '경향(傾向)'을 일컫는 것인데, 단지 인간의 타고난 성은 선(善)을 좋아하고 악(惡)을 싫어하는 성질을 지닌 것이라 하였다.

심이란 것은 우리 인간의 대체를 이름 붙여 가리키는 것이다. 성이란 것은 심의 기호(嗜好)하는 속성이다(『孟子要義』 2, 盡其心者知其性章).

성이란 기호이다. 형구(形軀)의 기호도 있으며 영지(靈知)의 기호도 있는데 모두가 기호이다. … 심의 허령(虛靈)함은 천(天)으로부터 받은 것이다. 그것을 본연(本然)이라 해서는 안 되며 시초(始初)가 없는 것이라 해서도 안 되며 순선(純善)한 것이라 해도 안 된다. 심은 사려(思慮)를 주관한다. 그것이 발(發)하기 이전의 기상(氣象)을 돌이켜 살피는 것은 치심(治心)하는 길이 못 된다. 선(善)할 수도 악(惡)할 수도 있는 것은 재(才)이며, 선하기는 어렵고 악하기는 쉬운 것은 형세(形勢)요, 선을 즐겨 하고 악을 부끄러이 여기는 것은 성이다. 이 성을 따라 어그러짐이 없게 된다면 도(道)에 이를 수 있다(『與猶堂全書』 1-16, 「自撰墓誌銘(集中本)」).

형체가 없는 심이 인간의 본체이다. 이것이 곧 허령불매(虛靈不昧)한 것이다. … 그 본체는 모든 형상을 포괄하고 모든 이치를 깨달을 수 있으며 능히 사랑하고 능히 미워하기도 하는 것이니, 인간이 생겨날 때 천(天)이 인간에게 부여한 것이다(『大學講義』 2, 傳7章).

천의 영명(靈明)함이 인간의 심에 직통(直通)해 있어 아무리 은미(隱微)한 것이라도 살펴내고 밝혀내지 못하는 것이 없다(『中庸自箴』 1, 君子戒愼乎其所不覩章).

'천의 영명함'과 '직통'해 있으며 '대체' 혹은 '영체(靈體)'라고도 지칭하는 인간의 심은 곧 모든 이치를 깨쳐 밝혀낼 수 있으며, 스스로 사랑하고 미워할 수 있는 감성(感性)과 그 처리 능력, 그리고 선·악을 구별하고 살신성인(殺身成仁)도 이룩해내는 자율적 사유(思惟) 능력, 가치 판단 능력을 갖춘 것이라 하였다. 그러므로 인간은 각자 심이라고 하는 자아의 판단을 기준으로 하고서 이 세계와 자연에 대한 새로운 주체적 인식과 실천의 길을 열어갈 수 있다는 체계를 세울 수 있게 되었던 것이다.

성리학에서는 이(理)의 적극적 능동성을 강조하는 학설이라 할지라도 이(理)의 사유 능력, 감성 처리 능력까지 긍정하는 편은 아니었다. 그런데 다산에서의 심의 영명함은 천으로부터 품부되고 천과 직통해 있는 것이어서, 그 속성인 '성'에 구애되지 않는 것이며, 은미한 만물의 이치라든가 선악을 판별하는 사유 능력과 그 판단에 따라 처리하는 실행 능력을 지닌 것이요, 사랑하고 미워하는 정서(情緖) 처리 능력을 갖춘 '영체'인 것으로 되어있다. 그가 심의 영명함을 강조한 것은 인간의 자율성과 주체성을 강조하기 위한 이론으로 정립한 것이라고 이해된다. 그리고 그것은 18, 19세기 조선 사회 현실 인간들의 사회적 성장과 그 진출 현상을 바탕으로 하고서 형성되었던 이론으로 해석된다.

나아가 성리학에서 인간을 규정하는 천부의 속성으로서의 소위 '기질지성'이란 것을 다산은 전면 부정하였다. 그래서 그는 기질지성이란 것의 선천적 제약으로부터 일단 해방된 새로운 인간관을 정립할 수 있게 되었다. 이 세계 속의 인간이야말로 자율적·주체적 존재라고 하는 인식의 길을 넓혀놓은 셈이 되었다.

> 맹자(孟子)가 인성(人性)을 말함에는 인간의 불선(不善)이 그 형체(形體)의 욕구에 함닉(陷溺)되어 일어난다고 하였는데, 송유(宋儒)가 인성을 말하면서는 불선을 자기가 타고난 기질 탓으로 돌렸다. 함닉되는 것은 자기 자신에게서 말미암는 것이므로 그것을 구제할 방도가 있다. 그러나 기질은 천성으로 타고나는 것이므로 그것을 벗어날 방법이 없다. … 천이 인간에게 부여하는 것이 원래 균평하지 않아서, 혹 순미(純美)·순청(純淸)한 기질을 부여하여 요(堯)·순(舜)이 되게도 하고 혹은 순악(純惡)·순탁(純濁)한 기질을 부여하여 걸(桀)과 도척(盜跖)이 되게도 한다 하니, 천의 불공(不公)함이 어찌 이 지경에 이른단 말인가(『孟子要義』 2, 富歲子弟多賴章).
>
> 기질지성이란 것은 요·순도 일찍이 편벽되이 그 청명(淸明)한 것만을 받은 바 없고 걸·주(紂)도 편벽되게 그 탁예(濁穢)한 것만을 받지는 않았다. 기질지성은 인간 본성의 선악에 아무런 관련이 없는데, 선유(先

儒)는 매양 기질의 청(淸)·탁(濁)을 가지고서 선·악의 근본이 된다고 하니, 아마도 차천(差舛)이 없지 않는 것 같다. … 기질이 선악에 상관 없음이 이와 같은 고로 기질의 설(說)은 비록 폐기하더라도 좋을 것이다. … 인간은 정신(精神)과 형체(形體)가 묘합(妙合)하여 혼연히 하나가 된 존재이다. 그래서 그가 발(發)하는 심(心)으로 말하자면 도의(道義)로 인하여 발하는 경우가 있는데 이를 일러서 도심(道心)이라 하고, 형질(形質)로 인하여 발하는 경우가 있는데 이를 인심(人心)이라 한다. 인간은 도심을 갖고 있으므로 선·악을 명백히 구별하고 또한 덕(德)을 좋아하고 악을 부끄러이 여기며 마침내 살신성인(殺身成仁)에도 이르게 된다. … 도심이 주재하면 인간은 선인(善人)이 되고, 심이 그 천성을 허물게 되면 악을 저지를 수도 있다(『論語古今注』 9, 子曰性相近也章).

나아가 다산은, 인성은 선을 좋아하고 악을 싫어하는 속성을 타고났지만, 실제로 그 본체인 심의 운용은 선·악의 어느 한쪽으로 정향(定向)된 것이 아니라 하였다. 즉 인간은 자신의 의지에 따라 선·악의 어느 쪽이라도 택하여 실행할 수 있는 심의 자율적 권능을 갖추고 있는 존재라 하였다. 이 또한 인간의 심의 자율적 판단력과 실천력을 크게 드러내어 말한 독특한 견해였다.

인간에게는 측은지심(惻隱之心)도 있고 수오지심(羞惡之心)도 있다. 이는 선심(善心)이다. 그런데 또한 비루(鄙陋)하게 속이는 심(心)도 있고 (남을) 가벼이 보아 만만하게 여기는 심도 있는데 이는 악심(惡心)이다. 심의 발용(發用)은 선하게도 될 수 있고 악하게도 될 수 있는 것이어서, 성(性)과는 같지 않다(『心經密驗』, 仁人心也章).

천(天)은 인간에게 자주권(自主權)을 부여하였다. 그가 선을 행하고자 하면 선을 행하게 하고 그가 악을 행하고자 하면 악을 행하도록 해두었다. 정해진 방향이 없고 그 권한이 자기 자신에게 있는 것이어서, 금수(禽獸)가 정심(定心)을 가진 것과는 다르다. 그러므로 그가 선을 행하면 실로 그 자신의 공(功)이 되고 그가 악을 행하면 실로 자신의 죄(罪)가 된다. 이는 심의 권능(權能)이요 이른바 성(性)이 아니다(『孟子要義』 1, 滕文公爲世子章).

인간이 선심도 악심도 동시에 지닌 존재라고 하는 다산의 견해는, 인성(人性)은 선(善)으로 정향(定向)된 것이라고 하는 성리학 도덕률(道德律)의 허구성으로부터 인간을 해방시킨다는 의의를 지닌다. 거기에다 천은 다시 인간에게 그 심의 '자주권'마저 부여해두었으니, 이제 인간은 자아의 주체적 자율성이 그만큼 커진 존재로 정립되기에 이르렀다. 인간의 존재 의미가 일단 새롭게 각성(覺省)되고 있었다. 그리고 인간의 자율성과 주체성의 발견이 유학 경전의 새로운 해석을 통하여 독자적으로 이루어졌다는 사실을 여기서 주목해야 할 것이다.

그러므로 인간은 이제 자신의 욕구를 부정할 것이 아니라 그 심의 자율적 판단에 따라 정당한 욕구의 실현을 적극적으로 추구해야 하는 존재로 새로이 정립되기에 이르렀다.

인간의 영체(靈體) 안에는 본래 원욕(願欲) 한 가닥이 있다. 이 욕구가 없다면 천하만사를 다 이룩해낼 수가 없다. 오직 이익에 밝은 자는 욕구가 이록(利祿)으로 달려가고, 오직 의(義)에 밝은 자는 욕구가 도의(道義)로 달려간다. 욕구가 극진함에 이르러서는 양쪽이 모두 살신성인하여도 후회가 없으니, 탐부(貪夫)는 재물에 목숨을 바치고 열사(烈士)는 명성에 목숨을 바친다. 나는 일찍이 일종의 색다른 사람을 보았는데, 그 심에 박연(泊然)히 욕구가 없어 능히 선을 할 수도 악을 할 수도 없고 능히 문사(文詞)도 산업(産業)도 할 수가 없으니, 곧 천지 사이의 하나 버려진 물건이었던 것이다. 인간이라면 욕구가 없어서야 되겠는가(『心經密驗』, 養心莫善於寡欲章).

생민(生民)에게는 원래 욕구가 있다. 그 큰 욕구에 둘이 있으니 하나는 부욕(富欲)이요 하나는 귀욕(貴欲)이다. 무릇 군자(君子)의 족속으로서 왕조(王朝)에 벼슬살이하는 자는 그 욕구하는 바가 귀(貴)에 있고 소인(小人)으로서 전야(田野)에서 경작(耕作)하는 자는 그 욕구하는 바가 부(富)에 있다. 사람을 벼슬 시킴이 적의하지 않으면 원망과 비방이 귀족(貴族)에게서 일어나고, 백성에게 혜택을 베풂이 두루 하지 못하면 원망과 비방이 소민(小民)에게서 일어난다. 두 가지는 다 족히 나라를 잃을 수 있는 경우가 된다(『尙書古訓』 2, 皐陶謨).

천이 부여한 인간의 영명한 심체(心體) 가운데 한 가닥 욕심이 있다는 것은 그 욕심의 근원이 곧 천과 연결되어 있다는 것이요, 그것이 일방적으로 부정되어서는 안 되는 정당한 것이라고 하는 논거를 밝혀둔 이론이다. 그리고 인간이 품부(稟賦)한 심의 적극적 추진력은 그 욕심으로부터 발동하는 것이라 하였다. 더구나 부·귀에 대한 인간의 욕구는 선천적으로 타고난 것이므로 이것의 추구를 결코 죄악시해서는 안 되며, 그 정당성이 보장되어야 한다. 욕구가 뭉치면 나라를 잃게도 할 수 있을 만큼 강대한 힘을 발휘할 수 있었다. 인간은 어디까지나 그 정당한 욕구를 발동함으로써 자신과 세계를 적극적으로 개조할 수 있다는 이론을 그는 정립하고 있었던 것이다.

다산은 인간의 본질을 심으로 인식하고 그 심이 만리(萬理)를 깨달을 수 있는 영명성(靈明性)과 모든 일을 주체적으로 처리할 수 있는 자율성을 지닌 것으로 인식하며 심체(心體)가 구비한 인간의 욕구야말로 인간사를 추진하는 근원이라고 긍정하게 되었다. 곧 성리학의 경우와는 다른 새로운 인간관을 정립하고 있었던 것이다.

> 무릇 삶과 죽음이 있는 천하의 만물은 다만 3등급이 있다. 초목은 생명은 있지만 지각(知覺)이 없다. 금수는 지각은 있지만 영명(靈明)이 없다. 인간의 '대체(大體)'로 말하자면, 생명을 가지고 태어나매 이미 지각이 있고 다시 영명의 신묘(神妙)한 운용이 있다. 그러므로 만물을 포괄하여 빠뜨리지 않고, 만리(萬理)를 추구하여 모두 깨우칠 수 있으며, 덕을 좋아하고 악을 부끄러이 여긴다. … 우러러 하늘을 살펴보면 일월성신(日月星辰)이 삼연(森然)히 저기 벌여 있고 구부려 땅을 살펴보면 초목과 금수가 정연히 여기에 있는데, 그 모두는 다 인간을 비추어주고 따뜻하게 해주며 길러주고 섬겨주는 것들이다. 그러니 이 세상의 주인 노릇 하는 자는 인간이 아니고 누구인가. 천은 인간에게 세상을 집으로 삼아 선을 행하도록 하였으며, 일월성신·초목금수는 이 집의 공봉(供奉)이 되도록 해두었다(『論語古今注』 9, 子曰性相近也章).

즉 천은 또한 만리(萬理)를 깨달아 실천할 수 있는 인간으로 하여금 이 세계의 주인 노릇을 하도록 해두었다. 인간 이외의 모든 세계와 자연 현상들은 모두 인간에게 공봉이 되도록 배치된 존재라 하였다. 실로 "만민(萬民)이 배태(胚胎)하는 시초에 천이 영명성을 부여하여 만류(萬類)를 초월하며 만물(萬物)을 향용(享用)하도록 해두었다"[17]는 것이 그의 확고한 소신이었다. 인간과 인간 이외의 모든 현상들은 원초적으로 따로 분리되어 있는 별개의 존재라고 하는 이론이었다.

만물을 인간과 분리된 것으로 인식해야만 인간은 그 만물을 대상화할 수 있게 된다. 그래야만 인간이 그 개별 사물마다의 이치를 객관적으로 인식할 수 있으며, 그래서 인간의 공봉에 맞도록 그것을 치용(致用)할 수 있는 것이다. 다산은 그것을 말하고 싶었던 것으로 이해된다. 또한 만물의 이치를 깨닫고 차용하는 일뿐 아니라 인간 사회의 공동선(共同善)을 추구하는 일에도 정당한 욕심이야말로 그 추진력이 되는 것임을 강조하고 싶었던 것으로도 이해된다. 그래서 그것은 다산 실학이 궁극적으로 추구하는 이상 정치로서의 왕정(王政)을 장차 실현할 수 있는 근본적 원동력의 광대한 저변을 점검하는 일이었다고도 가늠할 수 있을 것이다.

4. 다산 실학에서의 새로운 사회윤리

그런데 모든 이치를 깨달아 밝혀낼 수 있는 능력과 선·악을 실행할 수 있는 자율성을 갖춘 영명한 심을 타고난 것이 인간이라 하더라도, 그것은 어디까지나 그 가능성을 말한 것일 뿐이었다. 자연 상태 그대로에서 인간 누구나 이치를 깨닫는다거나 혹은 선을 행할 수 있는 존

17 『中庸講義補』 1, 天命之謂性節.

재인 것은 아니었다.

인간의 인간다운 본질이 자연 상태 그대로에서 저절로 실현되는 것은 아니었다. 곧 적극적 실행과 실천을 통해서야 실현된다는 이론이었다. 교육과 학습이 필수적으로 요청되는 까닭이 거기 있었다.

> 옛날 순(舜)임금이 기(夔)에게 명하기를, "너에게 전악(典樂)을 명하노니, 주자(胄子)를 맡아 가르치라" 하였다. 전악은 음악을 맡는 일일 뿐인데, 여기서 가르친다 함은 무엇을 뜻하는 것인가. 아아, 인간은 자연 상태 그대로 선해질 수는 없다. 반드시 가르침을 받고 난 후에야 선해질 수 있다. 왜 그런가 하면, 칠정(七情)이 가운데에서 서로 부딪쳐서 화협(和協)할 수가 없기 때문이다(『與猶堂全書』 1-11, 「樂論」).

칠정과 같은 인간 정서의 화협을 위해서는 음악을 가르치는 일이 필요하다는 논리는, 곧 인간이 그 영명한 능력을 발휘하여 만리(萬理)를 깨닫고 만사(萬事)를 제대로 성취하기 위해서는 거기에 반드시 교육과 학습이 전제적으로 필요하다는 이론이다.

> 옛날에 대사도(大司徒)의 직무는 전적으로 인민의 교육을 관장하였다. … 후세의 호부(戶部)는 오로지 재부(財賦)만을 관장하여, 오직 거두어들이는 것으로써 직무를 삼았으므로, 백관(百官)이 별처럼 벌여 있어도 사람을 가르치는 관직은 한 사람도 없게 되었다. 그러므로 윤기(倫紀)가 끊어지고 풍속(風俗)이 무너져 버렸다. 후세의 정치는 한(漢) 문제(文帝)와 당(唐) 태종(太宗)이 훌륭하다 하지만, 끝내 삼고(三古) 시대와 비슷할 수가 없었음은 모두 그 때문이다. 『주례』에 향로(鄉老)·향대부

(鄕大夫)·주장(州長)·당정(黨正)·족사(族師) 등속은 모두 사람을 가르치는 관직이었다(『經世遺表』 2, 地官戶曹 六部).

그래서 다산의 왕정론(王政論)을 집중적으로 서술해둔 『경세유표(經世遺表)』는 호조(戶曹)를 특히 '교관지속(敎官之屬)'이라 이름 붙이고서 교육의 담당을 우선시하는 관서로 조정하였다. 교육의 진흥이야말로 실학이 가장 중요시한 분야의 하나였던 것이다.

그런데 교육과 학습을 통하여 인간이 사회적 존재로 성장한다 하더라도, 인간은 원래 천부(天賦)의 욕구를 가진 존재였다. 다산의 실학은 그 같은 욕구의 사회적 실현을 적극적으로 긍정하는 견지에 서 있었다. 그런데 인간의 사회적 욕구에는 크게 귀욕(貴欲)과 부욕(富欲)의 두 가지가 있다고 그는 분류하였다. 부(富)와 귀(貴) 두 가지는 인간의 사회관계에서 어디까지나 경쟁적으로 쟁취될 수밖에 없는, 각기 원천적으로 한계를 지닌 가치이다. 그러므로 인간의 욕구는 그 실현 과정에서 반드시 타인의 욕구와 충돌하기 마련이다. 더구나 다산 실학에서는 그 구성원 사이의 경쟁 관계를 유발함으로써 사회 발전의 원동력으로 삼고자 고안하고 있었다. 따라서 새로운 공동체 윤리의 정립과 강마(講磨)야말로 필수적인 것이 되지 않을 수 없었다.

이미 왕정론의 바탕을 이루는 정전제를 시행하면서 다산은 이(里) 단위로 공동체 윤리를 강마한다는 지침을 세워두고 있었다.

정전(井田)하는 법은 부세(賦稅)를 거두어들이는데 균평(均平)하게 할 뿐만 아니라, 또한 백성에게 충순(忠順)함을 가르치는 것이기도 하다. 평소 농사일을 하면서 모두 국가의 것을 먼저 하고 사리(私利)를 뒤로

> 할 줄을 알게 된다면, 변란(變亂)이 일어나는 날에는 반드시 힘입을 수 있을 것이다. 그 (실천을 통한) 훈계(訓戒)와 교도(敎導)가 어찌 입과 혀로써 능히 미칠 수 있는 것이겠는가(『經世遺表』 8, 田制 10 井田議 2).
>
> 사맹삭(四孟朔)마다 이윤(里尹)이 그 이(里)의 백성을 모아 효(孝)·제(悌)·충(忠)·신(信)을 가르치는데, 법(法)을 한 차례 읽고 향약(鄕約)을 한 차례 타이르면 듣는 자는 모두 절한다. 허물 있는 자는 벌주고 행의(行誼) 있는 자는 상 주는데, 그해 마지막에는 가장 착한 사람 1인과 가장 허물 많은 자 1인을 뽑아서 현령(縣令)이 상과 벌을 주도록 한다. … 삼가 살피건대 이미 부유해진 다음에는 가르치는 것이 옛 도(道)였다. 정전제가 이미 이룩되었으니, 효·제의 뜻을 깨우치는 것이 왕자(王者)의 정사(政事)이다(같은 책 8, 田制 12 井田議 4).

효·제·충·신은 고경(古經)에 나오는 유교 본래의 윤리 덕목이다. 그것이 다산 실학에 와서는 어떻게 새로운 의미로 해석되기에 이르렀는가.

먼저 주자에 이르러 집성된 성리학은 종래 『예기(禮記)』의 한 편으로 되어있던 『대학(大學)』이란 책의 의미를 재발견하고, 이가 왕정(王政) 실현의 강령과 절목을 가장 소상히 밝혀둔 기본 경전이라고 크게 중요시하게 되었다는 사실은 주지하는 바와 같다.[18] 그런데 주자는 『대학』

---

18 (『대학』의) 치지격물(致知格物)은 요순(堯舜)의 이른바 '정일(精一: 惟精惟一)'이라는 것이요, 그 정심(正心) 성의(誠意)는 요순의 이른바 '집중(執中: 允執厥中)'이라는 것입니다. 예로부터 성인(聖人)들이 입으로 말하고 마음으로 전해주어 행사(行事)에 나타난 것은 오직 이것뿐이었는데, 공자(孔子)에 이르러 그 모두가 집대성되었습니다. 그러나 (공자는) 나아가 그것을 천하에 시행할 수 있는 지위를 얻지 못하였으므로, 물러나 그것을 기록하여 육경(六經)을 결집함으로써 후세에 천하 국가를 다스리는 자들에게 보여주게 되었습니다. 그 가운데서도 (천하 국가를 다스리는) 본말(本末) 종시(終始) 선후(先

의 수장(首章)에 나오는 소위 3강령(綱領)의 첫째인 '명덕(明德)'이라는 명제를 해석하되, "사람이 천(天)으로부터 부여받은 것으로서 허령불매(虛靈不昧)하여 만리(萬理)를 갖추고서 만사(萬事)에 응하는 것"이라 하였다. 모든 이치를 갖추고서 모든 일에 대응할 수 있는, 인간이 천부적으로 타고난 심력(心力)·심덕(心德)이라는 뜻이다.

종래에는 이 같은 주자의 '명덕'에 대한 해석을 인간이 천부적으로 타고나는 심(心)의 능력을 말한 것이라고, 흔히들 이해해왔다. 그러나 주자 자신의 말을 좀 더 자세히 살펴보면 그것이 결코 '심' 그것만으로 그치는 것이 아님을 알 수가 있다.

> 천이 인(人)·물(物)에 부여한 것이 명(命)이요, 인·물이 부여받은 것이 성(性)이다. 일신(一身)을 주재(主宰)하는 것을 일러서 심(心)이라 하며, 천으로부터 부여받은 바로서 광명정대한 것을 일러서 명덕이라 한다(『朱子語類』 14, 大學 1; 敬仲錄).
>
> 어떤 이가 묻기를, "명덕이란 것은 인의예지의 성(性)이 아닙니까"라고 하자, "그렇다"라고 답하였다(같은 곳).
>
> 어떤 이가 묻기를, "소위 인의예지는 곧 성이요, 명덕이란 것은 심을 위주로 하여 말하는 것입니까"라고 하자, 답하기를 "저 (인의예지의) 도리는 심 가운데에서 밝게 빛나며 철두철미하게 비추어서 조금만치도 불명(不明)한 것이 없다"고 하였다(같은 곳).
>
> 묻기를 "『대학』의 주(注)에 말하기를 '그 체(體)는 허령(虛靈)하면서도

後)의 차례를 더욱 자세하고도 명백하게 말해둔 것으로는 지금 대씨(戴氏)의 기록으로 나타나 있는 소위 『대학(大學)』 편이 곧 그것입니다(『朱子大全』 11, 「壬午應詔封事」).

불매(不昧)하고 그 용(用)은 거울처럼 남김없이 다 비춘다'고 하였으니, 이 이구(二句)는 심을 말한 것이라고 하면 됩니까" 하자, 답하기를 "심으로 말하자면 덕이 모두 그 가운데에 있는 것이다. 다시 자네가 자세하게 살펴보라"고 하였다. 또 묻기를, "덕이란 것은 심 가운데 들어 있는 이(理)가 아닙니까"라고 하자, 말하기를 "그것은 심 가운데의 허다한 도리로서 광명(光明)하여 거울처럼 비추어 조금도 차착(差錯)이 없는 것이다"라고 답하였다(같은 곳; 寓錄).

인용에서 보이는 바와 같이, 천으로부터 부여받은 것으로서 인간의 일신(一身)을 '주재'하는 것이 곧 '심'인데, 그것은 선천적으로 이미 '광명정대'한 '인의예지의 성'을 갖추고 있는 것이었다. 실로 주자에 따르면 인간의 "심의 전체는 담연(湛然) 허명(虛明)하여 만리(萬理)를 다 갖추고 있는 것인데, … (심이) 미발(未發)한 상태의 전체를 두고 말할 때는 성(性)이라 하고, 그것이 이미 발(發)하여 묘용(妙用)하는 상태를 두고 말할 때는 정(情)"이라 한다 하여, "심은 성과 정을 통섭(統攝)"하는 것이라고 하였다.[19]

주자에 따르면 인간의 심은 그 속에 인의예지의 덕성을 모두 다 포괄하고 있는 것이어서, 인간은 그가 타고난 심성을 함양하기만 하면 지극한 덕을 발휘할 수 있음은 물론이요, 인륜의 지극함에 이르기까지를 실현할 수 있는 것이었다. 그것은 성(性) 즉 이(理)야말로 인간을 생성시킨 원리이자 인의예지의 도리로서 인간의 본질을 이루고 있다고 하는 그의 기본 이론에서 귀결되는 필연의 심성론(心性論)이었던

19 『朱子語類』 5, 性理 2; 端蒙錄.

것이다.[20]

성리학에서 '명덕'의 개념은 성(性)을 본질로 하는 인간의 본심(本心)으로 해석되었다. 인간의 심은 결코 인간의 본질인 성으로부터 자율적이지 못하다는 것이 주자 이래 성리학의 기본 인간관이었던 것으로 이해된다. 그런데 이미 살펴보았듯이 다산에 따르면 인간의 본질은 성이 아니라 자율성을 갖춘 심인 것으로 해석되었다. 그러므로 그 같은 새로운 인간관에는 그에 대응하는 새로운 인간의 사회적 관계를 규율하는 새로운 사회윤리가 필연적으로 요청되기 마련이었다. 그는 '심'과 '명덕'이라는 명제를 두고 다시 말하였다.

> 심에는 본래 덕(德)이 없으며 오직 직성(直性)이 있을 뿐이다. 능히 나의 직심(直心)을 실행한 것을 일러서 덕이라 한다. 선(善)을 실행한 후에야 덕의 이름이 성립한다. 실행하기 이전에 어찌 '명덕'이란 것이 있겠는가(『與猶堂全書』 2, 「大學公議」 1 在明明德).

이미 살펴본바 다산에 따르면 천의 영명함이 인간의 심에 직통(直通)해 있어, 인간은 천부적으로 자율적 지각·판단·이해·처리의 능력을 갖추고 태어난 존재였다. 그는 심이 천부적으로 갖춘 그 같은 능력이

---

20 "천하(天下)의 대본(大本)이 되는 것은 폐하(陛下)의 심(心)"(『朱子大全』 11 「戊申封事」)이라고 하여, 성리학 왕정론(王政論)에서는 왕정을 실현할 객관적 법제의 정비보다도 군주(君主)의 심술(心術)의 함양에 주된 관심을 기울이고 있었다는 사실도 곧 동일한 이론적 귀결이었다; 김태영, 1998, 앞의 책, Ⅰ-1·2 참조.
그리고 18세기 벌열(閥閱) 노론(老論) 낙론계(洛論系)의 산림(山林) 종장인 미호(渼湖) 김원행(金元行)이 문인들과의 토론에서, "이 명덕(明德) 가운데에는 인의예지(仁義禮智)의 성(性)이 모두 갖추어져 있어 그 체단(體段)이 찬연하다. 그러므로 칭하기를 '명덕(明德)'이라 한다"(『頤齋亂藁』 4, 甲申〈1764〉 5월 23일조; 1-362)라고 인식하고 있었다는 사실도 참조할 만하다. 주자학 심성론이 전형적으로 전수되고 있었던 것이다.

야말로 인간의 본질에 해당하는 것이라고 하였다. 즉 자율적·주체적 능력을 천부적으로 갖추고 태어난 인간의 심을 그 본질로 인식함으로써 이에 인간 각자의 자율적·주체적 실천 능력을 독자적으로 이해할 수 있게 되었던 것이다. 그렇다면 다산은 '명덕'이라는 것을 무엇으로 이해하고 있었는가.

성리학에서는 『대학』이라는 경전은 나이가 장성한 자가 학습하는 수기치인(修己治人)의 교학이라고 이해하였다.[21]

그런데 다산은 『대학』이야말로 원래 통치자로 예정된 '주자(胄子)'들의 기본 교과서로서 원래 '치국평천하(治國平天下)의 도(道)'를 가르치는 것이라고 해석하였다. 그리고 그 첫머리에 나오는 소위 '명덕'이라는 명제에 대해서도 전혀 새로운 해석을 내렸다.

> 대학이란 것은 국학(國學)으로서 주자(胄子)들을 모아 가르치는 곳이다. … 천자(天子)의 태자(太子)는 장차 천자를 계승하는 자요, 그 서자(庶子)는 장차 제후(諸侯)로 분봉되는 자요, 제후의 적자(適子)는 장차 제후를 계승하는 자요, 공경대부(公卿大夫)의 적자는 장차 대를 이어 공경대부로 되는 자였다. 이들은 모두 후일에 방가(邦家)를 다스리거나 혹은 천하에 군림하며 혹은 천자를 보필하여 이 백성을 이끌어 태평(太平)을 이룩할 자들이었다. 그러므로 대학에 들어가도록 하여 치국평천하의 도를 가르쳤으니, 이를 일러서 "대학의 도는 명덕을 밝힘에 있다"고

---

21 나이 15세가 되면 천자(天子)의 원자(元子)·중자(衆子)로부터 공(公)·경(卿)·대부(大夫)·원사(元士)의 적자(適子)와 범민(凡民)의 준수(俊秀)한 자제(子弟)에 이르기까지 모두 대학(大學)에 들어가, 궁리(窮理)·정심(正心)·수기(修己)·치인(治人)의 도(道)를 가르치도록 하였다(朱子, 『大學章句序』).

하였던 것이다. … 『대학』의 도는 주자(胄子)들을 가르치는 도이니, 사(士) 및 만민(萬民)의 것과는 부동(不同)하였다. (그러나) 오늘날의 법에는 족속에 귀천(貴賤)이 없어졌으니, 모두 다 이 경전을 힘써 학습하는 것이 좋을 것이다(『與猶堂全書』 2, 『大學公議』 1 大學之道).

소위 '명덕'은 효(孝)·제(悌)·자(慈)이다. 소위 '신민(新民)' 역시 효·제·자로써 백성을 새롭게 한다는 것이다(같은 책 1, 在明明德).

'명덕을 밝힌다'는 것은 인륜을 밝힌다는 뜻이다. '백성을 새롭게 한다'는 것은 소민(小民)을 새롭게 한다는 뜻이다(같은 책 1, 在親民).

다산은 여기서 '명덕'은 곧 인륜이요, 그 인륜의 핵심 요목은 곧 효·제·자임을 명백하게 해두었다. 그리고 '친민(親民)'[新民]이란 것도 백성에게 효·제·자의 인륜을 가르쳐 새로운 윤리 질서를 깨닫게 한다는 뜻임을 명백히 하였다.

원래는 통치자를 양성하는 기본 인륜 요목이 효·제·자였는데, 고법(古法)이 변해서 이제 누구든지 통치자의 반열에 오를 수 있게 된 현재로서는 누구나 이 '명덕'과 '신민'의 뜻을 학습함으로써 그 '명덕'의 뜻이 효·제·자이며, '신민'은 "효·제·자로써 백성을 새롭게 한다"는 일임을 밝혀두고자 그는 역설하였다.

여기서 '효·제·자'라는 인륜은 무릇 통치를 담당할 자들이 공통으로 밝게 깨달아야 하며 또한 그것을 가지고서 모든 백성들을 깨우치도록 해야 한다는 의미에서, 이 세상 모든 인간의 사회관계에서 보편적으로 실현되어야 하는 기본 인륜으로 그는 확신하고 있었다. 고법과 달라진 새로운 통치의 내용과 형식을 규율하는 기본 인륜이 구래의 것과는 달라져야 한다는 소신의 피력이었던 것으로 해석된다.

그런데 고법이거나 혹은 현재의 법이거나를 막론하고 특히 장차 백성의 통치를 담당할 젊은이들이 우선적으로 학습하고 밝혀야 하며 동시에 '소민'들로 하여금 새롭게 눈뜨도록 해야 하는 명제 즉 '명덕'의 뜻이 성리학에서처럼 '심(心)'[性]이 아니라 '효·제·자'라고 한 다산의 해석은 어떠한 의미를 갖는 것이었는가.

이미 살펴보았듯이 성리학에서는 인간이 자신의 심술(心術)을 밝혀 함양하면 인의예지의 인륜이 그에 따라서 실현된다는 구도로 되어있었다. 그러나 다산의 경우 인간의 심은 그 본질을 이루고 있는 것이기는 하지만, 그 심 자체에는 결코 인륜 도덕이 갖추어져 있지 않았다. 그 심을 움직여 덕이란 것을 실현하기로 목표를 정하고 그것을 적극적으로 실행함으로써만 이에 비로소 도덕이 성립한다는 것이 다산의 이론 구도였다. 인간은 자율적이며 주체적인 존재이므로 그만큼 인륜 도덕을 실현하는 책무도 동시에 짊어지지 않으면 안 되는 일이었다. 그래서 그는 통치자가 우선적으로 밝혀내야 하는 인간의 사회적 관계가 곧 '명덕' 즉 효·제·자라고 하는 인륜 요목이며, 그것을 가지고서 백성을 새롭게 눈뜨게 해야 한다고 강조하였던 것이다.

그는 무릇 인간의 사회적 관계를 규율하는 인륜의 기본 요목이 효·제·자임을 확신하였다. 이 새로운 인륜의 발견은 그의 오랜 경학(經學) 연구의 귀결로, 자찬 묘지명에까지 그는 "명덕은 효·제·자이지 영명(靈明)이 아니다"라고 명기해두었다. 아마도 왕정론이라는 그가 구상한 이상국가론을 관통하는 새로운 사회윤리의 덕목으로서 그는 '효·제·자'를 정립하게 되었던 것으로 이해된다.

그런데 다산의 새로운 윤리 도덕에 관한 해석은 가령 유교에서 최고의 도덕적 가치라고 공인하는 '인(仁)'과 같은 경우에도 동일한 이론으로 일관하는 것이었는가. 우선 주자의 인에 관한 해석을 살펴보면 다음과 같다.

즉 "인이란 천지가 만물을 생성시켜 주는 심(心)으로서 인간이 그것을 얻어서 타고나게 된 것"이며, "소위 천덕(天德) 가운데의 으뜸"이라고 하였다.[22] 특히 "인은 천리(天理)의 통체(統體)"인 것이어서 "인은 성(性)이요, 효제(孝悌)는 용(用)이다. 성 가운데에는 다만 인의예지 네 가지만이 있을 뿐이다"라고도 하였다.[23] 여기서 인과 효제의 관계가 체와 용의 관계로 되어있음을 주의할 필요가 있다.

'천리'·'천덕'이라는 말에서 유추할 수 있듯이, 성리학에서 인의 궁극적 근원은 인간의 외부로부터 유래하는 '천덕'이었다. 인간이 인을 실행할 수 있는 길은 천지로부터 품부한 자기의 성을 함양하여 외부의 '천덕'에 맞도록 확충해가는 일이었다. 그래서 천이 부여한 인의예지의 성을 최고의 윤리 도덕으로 강마해야 하는 까닭을 주자는 다시 말하였다.

> 인간이 태어날 때는 천이 원래 인의예지의 성을 부여하고 또한 군신(君臣) 부자(父子)의 질서를 베풀어서 그 사물(事物) 당연(當然)의 법칙을 제정해두었다. 그런데 인간은 그 타고난 기질에 편벽됨이 있고 또한 물욕(物欲)에 가리는 바도 되어 그 때문에 혹 타고난 성이 어둡게 되어 그 질서를 어지럽히며 그 법칙을 깨뜨려 원래의 제자리로 돌아갈 줄을 모르게도 된다. 그러므로 반드시 가르침을 베풀어 인도한 뒤

---

22 『中庸』 제20장, 爲政在人節 朱子註 및 『朱子語類』 9, 學 3 論知行; 銖錄.

23 『朱子語類』 6, 性理 3 仁義禮智等名義; 南升錄 및 『論語集註』, 學而 제2장 朱子註.

에야 정심(正心)과 수신(修身)을 함으로써 제가치국(齊家治國)의 기본으로 삼게 된다. 그러므로 인간은 불가불 공부를 해야 하는 것이다(『朱子大全』 14, 「行宮便殿奏箚」).

그런데 다산은 물론 인의예지와 같은 도덕의 천부성(天賦性)을 부정하였다. 윤리 도덕은 인간의 일상에서의 실행을 통하여 비로소 실현되는 것이라는 주장이었다.

인의예지의 이름은 본래 우리 인간이 그 일을 실행함에 따라 얻어지는 것이다. 그 모두가 심에 들어와 있는 현묘한 이(理)라고는 결코 말할 수 없다. 인간이 천으로부터 받은 것은 다만 여기서 인(仁)할 수도 의(義)할 수도 예(禮)할 수도 지(智)할 수도 있는 영명함이다. 만약 천이 인의예지의 네 가지 알맹이를 인성(人性) 가운데에 부여해놓았다고 한다면, 그것은 사실이 아니다(『中庸講義補』 1, 天命之謂性).
덕(德)이란 것은 나의 직심(直心)을 실행한 것이다. 실행하지 않으면 덕이란 것은 없다. 효제충신(孝弟忠信)이라든가 인의예지가 곧 덕인데 그것을 몸소 실행하지 않고서야 어디에 덕이 있겠는가(『中庸自箴』 1, 君子尊德性節).

실로 인·의·예·지라는 최고의 덕목도 모두 각기 그 이름에 해당하는 일을 실행함으로써 생겨난 개념이라는 것이다. 인간이 천으로부터 품부한 것은 다만 인의예지의 어느 것이라도 실행할 수 있는 영명한 심의 능력이다. 그러므로 인간 각자의 심의 자율적·주체적 결단이 곧 그 같은 도덕을 실현하는 관건이 된다는 뜻이다. 그러니 그 인을 실행하는 방법도 성리학의 경우와는 다를 수밖에 없었다.

> 인도(人道)는 인(仁)을 구하는 길을 벗어나지 않으며, 인을 구함은 인륜을 벗어나지 않는다. 경례(經禮) 삼백(三百)과 곡례(曲禮) 삼천(三千)이라든가 천하의 만사(萬事) 만물(萬物)이 모두 인륜으로부터 시작되는 것이다. 서(恕)라는 것은 인륜을 실천해가는 길이다(즉 혈구(絜矩)의 도(道)이다). … 무릇 어버이를 섬기고 임금을 섬기며 형제가 서로 대하고 벗과 서로 사귀며 백성을 다스리고 민중을 부리는 일 등 사람이 사람과 더불어 서로 접하는 모든 일은 일체 이 서(恕) 자 하나를 가지고서 실행하는 것이다(『論語古今注』 8, 一言而可以終身行之章).
>
> 인간이 이 세상에 태어남에 땅에 떨어지는 때로부터 관 뚜껑을 덮는 날까지 그가 더불어 함께하는 것은 인간일 따름이다. 가까이는 부자(父子) 형제(兄弟)요, 멀리는 붕우(朋友) 향인(鄕人)이다. 낮은 자로는 신하(臣下)와 하인(下人)과 어린애가 있고 높은 이로는 임금과 스승과 어른이 있다. 무릇 나와 함께 둥근 머리통과 모난 발꿈치를 가지고서 하늘을 이고 땅을 밟는 자는 모두가 나로 더불어 서로 필요로 하고 서로 이바지하며 서로 사귀고 서로 접하며 서로 바로잡아 주면서 살아가는 자이다. 나 한 사람 저 한 사람, 이 두 사람 사이에 교제(交際)가 일어난다. 교제를 잘하면 효제(孝悌)가 되며, 우애(友愛)와 자애(慈愛)가 되고 충(忠)과 신(信)이 되며 화목(和睦)이 된다. 교제를 잘못하면 패역(悖逆)이 되고 완은(頑嚚)이 되며 간특(奸慝)이 되고 원악(元惡) 대대(大憝)가 된다. 우리의 도(道)라는 것은 무엇을 하자는 것인가. 교제를 잘하자는 것에 불과하다. 이에 예법(禮法)을 지어서 선(善)으로 이끌고 악(惡)을 막으며 동정(動靜) 어묵(語默) 사념(思念)에 이르기까지 모두 법식

(法式)과 금계(禁戒)를 두어 그 나아가고 피할 바를 알도록 하니, 그 글인즉 『시(詩)』·『서(書)』·『역(易)』·『춘추(春秋)』의 천만 가지 말씀에서부터 경례(經禮) 삼백(三百) 곡례(曲禮) 삼천(三千) 모두의 마디마디 조각조각이 하도 많아서 이루 다 탐구해낼 수가 없는데, 그 요체는 붙과 교제를 잘한다는 것이다. "윗사람에게서 미움받은 것을 가지고 아랫사람을 부리지 말며, 아랫사람에게서 미움받은 것을 가지고 윗사람을 섬기지 말 것이요, 앞에서 미움받은 것을 가지고서 뒷사람에 가하지 말 것이며 뒤에서 미움받은 것을 가지고서 앞사람을 좇아가지 말 것이요, 오른쪽에서 미움받은 것으로써 왼쪽에 갚지 말 것이며 왼쪽에서 미움받은 것으로써 오른쪽에다 갚지 말 것이다." 이것이 교제를 잘한다는 것이다. 한 글자로써 표상한다면 곧 '서(恕)'가 될 것이다. 그런즉 서라는 뜻이 상징하는 것은 마치 한 가닥 새끼줄로 천만 개의 돈을 꿸 수 있음과 같으니, 공자께서 이른바 "(나의 도는) 하나로 관통(貫通)한다"고 하신 말씀이 곧 이것을 뜻함이었다. 천이 인간의 선·악을 살피는 것도 역시 이와 같이 두 사람이 서로 더불어 할 때 그 착하고 간특함을 내려다보며, 또한 식색(食色)과 안일(安逸)의 욕구를 부여해놓고 두 사람이 서로 교제할 때에 다투거나 겸양(謙讓)함을 징험(徵驗)하며 부지런하고 게으름을 고찰하는 것이다. 이로 말미암아 본다면, 옛 성인의 천을 섬기던 학문은 인륜을 벗어나는 것이 아닌데, 곧 이 한 '서' 자를 가지고서는 사람을 섬길 수도 있고 천을 섬길 수도 있는 것이다. … 사서(四書)는 우리 도의 표준이 되는 것이다. 그 가운데의 『대학』과 『중용』은 모두가 이 '서' 자를 부연 설명한 것이요, 『논어』와 『맹자』의 경우 "서(恕)를 한껏 미루어 인(仁)을 구한다"는 등 중첩해서 그 뜻을 말해둔 것이 이루 다 가리켜 보일 수 없는 정도이

> 다. 그러니 공자의 도는 곧 한 '서' 자일 따름이다. 이 한 자의 뜻을 잘 터득하고, 이로써 사람을 접한다면 인(仁)을 이루 다 쓸 수가 없을 것이다(『論語古今注』 7-43, 一以貫之章).
>
> 인(仁)은 두 사람을 뜻한다. 어버이를 효도로 섬기는 것이 인이다. 형을 공경으로 섬기는 것이 인이다. 임금을 충성으로 섬기는 것이 인이다. 붕우를 믿음으로 사귀는 것이 인이다. 백성을 자애로 다스리는 것이 인이다. 동방(東方)이 만물을 생성시키는 이(理)라든가 천지의 지공(至公)한 심(心)이란 것을 인으로 해석해서는 안 된다. "서(恕)를 한껏 미루어 실행하는 것이 인(仁)을 구하는 가장 가까운 길이다." 그러므로 증자(曾子)가 도를 배우고자 할 때 (공자는) '일관(一貫)'이란 말로 답하였다. 자공(子貢)이 도를 물을 때에도 '일언(一言)'으로 말하였다. 경례 삼백과 곡례 삼천이 모두 서(恕)로써 관통되어 있다. 그래서 '위인유기(爲仁由己)'라고 한 것이며 '극기복례(克己復禮)'라고 한 것이다. 이것이 공문(孔門)의 정지(正旨)이다(『與猶堂全書』 1-16, 「찬묘지명(집중본)」).

다산은 무엇보다도 "공자의 도는 한 서(恕) 자일 따름"이라고 하였다. 또 '서(恕)'를 두고서는 "공문(孔門)의 정지(正旨)"라고도 하였다. '서'라는 것은 곧 한 인간과 다른 인간 사이에서 실현되는 행위이다. 유가에서 가장 높은 성인(聖人)으로 숭봉하는 공자의 도 곧 그 유교의 정지(正旨)가 '서' 하나로 관통된다는 것은 그 도의 본질이 현묘한 '천리'의 실현에 있다기보다도 현 세계 인간 사이의 관계에서 실현되는 것이라는 뜻이다. 즉 인간이 자기의 하고자 하는 마음을 확충하여 남에게도 실행한다는 뜻인 '서'야말로 공자의 도를 하나로 관통하는 요체라는 뜻이다.[24] 그리고 그 '서'를 실행한 결과로 생겨나는 도덕 가치가 곧 '인'이라고 해석하였다. 따라서 다산에게 인은 자기 내부의 '내 마음'을 판단기준으로 하고서 이 마음을 확충하여 남에게도 실행하는 구도로 되어있음을 알 수 있다. 결코 자기 내부의 성(性)을 함양하여 선험적인 외부의 천덕(天德)에 맞도록 확충해가는 일이 아니었다.

다산에 따르면 인간 만사는 결코 인륜을 벗어나는 것이 아닌데, 인륜이란 것은 인간 사이의 관계를 잘하는 것으로 되어있다. '인'의 의미가 곧 두 사람 사이의 사회적 관계를 잘한다는 것이요, 그 두 사람 사이의 예로서 그는 '윗사람'과 '아랫사람', '앞사람'과 '뒷사람', '오른쪽' 사람과 '왼쪽' 사람 등 『대학』 경문에 나오는 전후좌우의 인간관계를 이른바 '혈구(絜矩)의 도(道)' 즉 '서'로써 실행해야 한다는 예를 들어두었다. 더구나 인륜을 실행하는 '길'로서의 '서'는 널리 온 천하에 하나로 관통한다는 것이므로, 그 인간관계가 하필 상·하의 지배-복속 관계만을 말하는 것이 아님은 더 말할 필요가 없다.

전후좌우뿐 아니라 상·하와 종·횡의 모든 인간관계가 '서' 하나로 관통하는 것임을 그는 강조하였다. 그리고 부모를 효로 섬기며 형을 제로 섬기거나 임금을 충으로 섬기며 친구를 신으로 사귀거나 백성을 자로 다스리는 것, 곧 효·제·충·신·자를 잘 실행하는 것이 '인'이라고

24 '서(恕)'의 뜻은 이른바 '기소불욕(己所不欲) 물시어인(勿施於人)'(『論語』 顔淵 편), 혹은 '시저기이불원(施諸己而不願) 역물시어인(亦勿施於人)'(『中庸』 13장)이라는 경문(經文)에 해당한다고 성리학에서는 이해해왔다. 그리고 '서(恕)'를 다시 '추기급인(推己及人)'이라고 해석하면서, '충(忠)'의 개념이라고 하는 '진기(盡己)'와 대조시켜 이해하였다(『論語集註』 및 『中庸章句』의 당해절 朱子註 참조). 대체로 '자기의 마음을 확충하여 남에게도 실행하기'라는 뜻으로 해석된다.

도 밝혀두었다.[25] 그러므로 무릇 모든 인간의 사회적 관계를 하나로 관통하여 지선(至善)의 인륜도덕인 '인'을 실현하는 다시없는 큰길이 곧 "내가 하고자 하는 마음을 미루어 남에게도 행한다"는 뜻의 '서' 하나인 것이라 하였다.

인륜을 실현하는 바른길인 것으로 다산이 확신한 '서'로 말하자면 그 실행의 근거가 결코 외부의 준칙에 있는 것이 아니라는 사실을 주의할 것이다. 그것은 인간 각자가 곧 '자기의 마음을 확충하여 남에게도 실행하기'라고 하는, 인간 각자의 마음이 그 기준이며 척도로 되어있었다. 천(天)으로부터 부여받은 자율적·주체적이며 영명한 능력을 갖춘 것이 인간의 '심(心)'이라고 하는 전제에서 귀결되는, 어디까지나 인간 자신을 기준으로 하는 인륜 실천의 길을 그는 설파하였던 것이다.

다산 또한 가장 높은 도덕 가치로서는 '인'을 들고 있었다. 인간의 사회적 가치는 인륜을 실행하는 데 있으며, 인륜의 절요한 덕목은 효·제·자요, 효·제·자의 총명(總名)이 인이라고 하였다. 그런데 그 인은 구체적으로, 인간이 일상으로 접하는 두 사람 사이에서 각자가 '서'를 실행함으로써 실현된다는 새로운 윤리 이론을 그는 정립하였다. 두 사람 사이의 인을 실현하는 길은 여러 사람들 사이에서도 그 실현이 일관되게 가능한 길이요, 그것을 미루어 적용해나가면 온 천하에 일관적으로 인을 실현할 수 있다는 이론이다.

전통 윤리인 성리학적 오륜(五倫)이 인간의 사회관계를 주로 지배-

25 효(孝)·제(弟)가 곧 인(仁)이다. 인(仁)이란 것은 총명(總名)이요 효(孝)·제(弟)란 것은 그 분목(分目)이다(위의 「자찬묘지명」). 여기서 충(忠)·신(信)·자(慈) 또한 인(仁)인 것임은 본문의 「자찬묘지명」에서 밝혀둔 그대로요, 그 모두는 인(仁)의 분목(分目)인 것이다.

복속의 상하 관계로 규율하는 것이었음은 다 아는 사실이다. 심지어 조선 성리학은 조선 왕국의 독특한 주노(主奴) 관계를 군신(君臣) 관계로, 오륜의 장유(長幼) 관계를 반상(班常) 관계로, 그 붕우(朋友) 관계를 양반끼리의 상호 관계로까지 독특하게 해석하여 계급 지배의 속성을 강화시키고 있었다 함은 앞에서 살펴본 그대로다. 그런데 다산의 새로운 사회윤리는 그 오륜까지를 포함하여 무릇 모든 인간과 인간 사이의 관계가, 곧 '자기의 하고자 하는 마음을 확충하여 남에게도 실행하기'로 일관되어야 한다는 것이었다. 오륜을 실현할 인간 상호 간의 사회적 관계가 신분제적 인습의 구속과 층절(層節)로부터 한 걸음 벗어나 상하 종횡의 인간관계가 상호 간의 마음을 헤아려 실행하는 길 하나로 관통되어야 함을 그는 역설하였던 것이다.

다산이 말해둔 그대로 '서'라는 것은 인간 상호 간에 인륜을 실행하는 가장 보편적인 방법론으로 활용될 수 있는 것으로 해석된다. 그것은 결코 일방적 순종을 강요하는 개념이라고는 볼 수 없다. 이는 적어도 사실상 하위자의 순종을 강요하는 구래의 일방적 지배의 인륜 질서와는 다른 것이었다. 그래서 그것은 다산이 구상하는 새로운 이상적인 왕정(王政)에서 상호 이해를 통하여 보편적인 신뢰를 쌓아갈 수 있는 큰길을 말해둔 것으로 이해된다. 즉 억압과 복속의 인습적인 인간관계를 지양하고, 인간 상호 간의 관계가 이해와 신뢰에 바탕을 두는 새로운 사회윤리로 관철되도록 한다는 이론으로 해석되는 것이다.

그런데 '서'를 핵심 개념으로 하는 다산의 인륜 실현의 길은 그의 새로운 왕정에서의 인간관계를 규율할 인륜 실현의 덕목으로 정립한 것이지만 그것은 아직도 하나의 방법론에 지나지 않았다. 그것이 비록 모든 인간관계를 규율하는 방법론으로서의 큰길이라는 것이지만 거기에는 아직도 부자와 형제라든가 붕우와 향인(鄕人), 신하와 하인, 임금과 스승 등의 인간관계가 기본적인 것으로 예시되고 있었다. 그래서 그들 사이의 관계를 정립하는 인륜의 덕목도 효제(孝悌)·우애(友愛)·자애(慈愛)와 충신(忠信)과 화목(和睦)으로 되어있음을 보게 된다. 그것은 아직도 국가와 향당(鄕黨)과 가족을 위주로 하는 전통적 인륜의 요목을 우선적으로 거론하고 있는 것으로서, 전통적 오륜의 범주를 크게 벗어나는 것이 아니었다. 그래서 그것은 전통적 공동체 질서를 우선시하는 기준을 따르고 있는 편이었다. 그런 면에서 그것은 아직도 지배-복속의 상하 관념을 온전히 다 벗어난 것이라고 확실히 단언할 수는 없다.

더구나 앞에서 살펴본 것처럼 다산은 "인도(人道)는 인(仁)을 구하는 길을 벗어나지 않으며, … 경례(經禮) 삼백(三百)과 곡례(曲禮) 삼천(三千)이라든가 천하의 만사 만물이 모두 인륜으로부터 시작되는 것이다"라고 하여, 인륜이 곧 천하만사까지를 모두 관통한다고도 하였다. 아직도 윤리와 논리(論理)와의 연관이 애매한 상태를 벗어나지 못하고 있었던 것이다.

그런데 다산이 강조하는 서(恕)의 내용을 다시 한번 더 자세히 고찰해볼 필요가 있다.

> 한 서(恕) 자는 육친(六親)을 관통하며 오륜(五倫)을 관통하고 경례 삼백과 곡례 삼천을 관통하는 것이니, 그 말이 간약(簡約)하면서도 넓고 그 뜻이 절요(切要)하면서도 원대(遠大)하다. 서로써 어버이를 섬기면 효가 되고 서로써 임금을 섬기면 충이 되며 서로써 백성을 다스리면 자(慈)가 되니, 곧 인(仁)을 실현하는 방법이다(『心經密驗』, 朱子尊德性齋名).
>
> 공자는 본래 '일이관지(一以貫之)'라고만 말씀하였으나 증자(曾子)가 이

에 충서(忠恕) 두 자를 말하였다. 그래서 학자들은 이는 두 가지요 한 가지가 아니라고 의심한다. … 한 '서' 자를 가지고서 『논어』·『중용』·『대학』·『맹자』에 임(臨)해 보면 그 천만 가지 말씀이 모두 한 '서' 자의 해석 아닌 것이 없으니, 공자의 도는 진실로 한 '서' 자일 따름이다. … 충과 서는 대립하는 개념이 아니다. 서가 그 기본이 되는 것이요, 서를 실행한 것이 충이다. 사람이 사람을 섬긴 후에야 충의 이름이 생기는 것이지, 나 홀로만의 충이란 없는 것이다(『논어고금주』 2, 吾道一以貫之章).

성리학에서는 '충은 천도(天道)요 서는 인도(人道)'이며 '충은 체(體)요 서는 인도'인 것으로 해석하였다.[26] 선험적 실체로서의 '충'이라는 상위의 덕목이 먼저 존재하고, 그것에 근접해가는 하위의 방법이 '서'라고 해석한 것이었다.

그런데 다산은 결코 선험적 도덕의 실체 따위를 긍정하지 않는 견지에 서서, 모든 도덕은 인간의 실행에 따라 성립하는 것이라고 하였다. 그래서 그는 '서'야말로 공자의 도의 진수(眞髓)가 되는 개념이라고 하면서, '서'야말로 '기본'이 되는 것이요, 충이란 것은 그 '서'를 실행한 결과로 나타나는 덕목이라고 전혀 다르게 해석하였다. 여기서 '서'라고 하는 새로운 윤리 실현의 방법은 유가의 경전뿐 아니라 모든 인간의 사회관계를 하나로 관통하는 공통되는 '기본'이 되는 큰길, 즉 보편적 대도(大道)인 것이라는 의미가 밝혀진다.

하필 '충'의 경우뿐만이 아니라, 인의예지(仁義禮智), 효제충신(孝悌忠

---

26 『논어집주』 4, 「里仁」篇 吾道一以貫之章 朱子註.

信) 등 무릇 인간의 사회적 관계를 규율하는 모든 덕목은 모두 '서' 한 자의 실행으로써 일관한다는 것이 그의 확고한 이론이었다. 그것은 결코 종래의 오륜과 같은 지배의 윤리 질서가 아니라, 상하종횡(上下縱橫)의 모든 인간관계를 하나로 관통하는, '기본'이 되는 대도인 것이라고 그는 해석하였다. 앞서 장차 통치자가 될 '주자(冑子)'들이 기본적으로 배워야 하는 기본 인륜으로서의 '명덕'을 효제자(孝悌慈)라고 해석함에서 보았듯이, 다산이 여기서 강조하는 것은 통치자도 서를 가지고 백성을 다스리는 자(慈)의 일관된 도리를 벗어나서는 안 된다는 논리를 포괄하고 있는 것으로 이해된다.

새로운 윤리의 요목이 효·제·자요, 그것을 실현하는 방법상의 대도가 서(恕) 하나로 온 천하에 일관(一貫)한다는 것은 그것이 결코 지배 계층 혹은 계급끼리의 인습적 윤리 질서에 해당하는 것만이 아님을 역설해둔 것으로 이해된다. 그것은 전후좌우의 인간관계뿐 아니라 상하종횡의 모든 인간관계를 하나로 관통하는, 그야말로 모든 인간의 사회적 관계를 망라하여 관통하는 새로운 윤리 실천의 보편적 대도로 이해된다. 즉 상호 간의 이해를 바탕으로 하는 새로운 윤리 질서 실현의 길로서의 서라고 하는 개념의 정립은 장차 인간 상호 간의 이해를 넓혀감으로써 보편적 신뢰에 바탕을 둔 새로운 차원의 사회를 조성하는 대도로서의 의미를 지니는 것으로 해석된다. 그것은 종래의 일방적인 지배-복속 관계의 낡은 규율로 일관하고 있던 억압의 윤리 질서를 지양(止揚)하는 새로운 개념의 정립이며 확충이라는 사실 또한 여기에서 읽을 수 있을 것이다.

앞에서 살펴본 대로 성리학에 따르면 인(仁)은 체(體)요, 효(孝)·제(悌)는 그 용(用)이라 하였다. 또한 인(仁)은 본체요, 의(義)·예(禮)·지(智)는 그 응용인 것으로도 체계화하고 있었다.[27] 인의예지라든가 효제충신이 라고 하는 인륜 덕목을 체와 용이라는 유현(幽玄)한 성리설로 체계화해 두고 그 본·말 관계를 따라 인륜 실천의 완급(緩急)을 설정한다는 것은 공소(空疎)한 이념에다 계층을 설정하고 거기에 일상의 인간을 종속시키는 관념 체계로 보인다. 그것은 아마도 한가로운 지배층에게서나 실현 가능한 이념으로 이해된다.

그런데 이미 살펴보았듯이 다산은, '덕이란 것은 나의 직심(直心)을 실행한 것'이라는 견지에서 "효제충신이라든가 인의예지가 곧 덕인데 그것을 몸소 실행하지 않고서야 어디에 덕이 있겠는가"라고 하였다. 즉 인의예지 효제충신이 모두 대등한 인륜의 덕목인데, 무릇 그 같은 인륜 실행의 대도는 곧 '서' 하나로 온 천하에 관통되는 것이라는 뜻이다. 아니 오히려, 이 '서'라는 대도야말로 인륜 실현의 '기본'이 되는 것이요, 효제 등의 개별 덕목은 이 대도를 통하여 시행된 결과물이라고 하였다. 여기서 성리학 윤리 이념과 다산의 그것이 본·말을 전혀 달리하고 있음은 대체 무엇을 뜻하는가.

> 선(善)을 밝혀두는 것은 장차 그것으로써 자기 몸을 성실(誠實)하게 하려는 것이다. 성(性)을 논하고 심(心)을 논하는 것은 장차 그것을 실행하려는 것이다. 맹자가 측은지심(惻隱之心)을 논한 것은 장차 그 마음을 확충함으로써 온 천하가 인(仁)으로 가득 차게 하고자 함에서였다. 그런데 지금은 오히려 인의예지 네 알맹이를 가지고서 인간의 가장

27 인(仁)이란 인(仁)의 본체(本體)요 예(禮)는 인(仁)의 절문(節文)이며 의(義)는 인(仁)의 단제(斷制)요 지(知)는 인(仁)의 분별(分別)이다(『주자어류』 6, 性理 3 仁義禮智等名義; 銖錄).

깊은 곳에다 감추어 두고서, 성이라 하고 심이라 하며 체(體)라고도 하고 용(用)이라고도 한다. 소위 인의예지의 체·용, 본·말, 머리·꼬리가 도무지 가슴속과 배 껍데기 속을 벗어나지도 못하면서 이름 붙이기는 본원(本源)을 끝까지 궁리한다 하고 있으니, 아마도 그 폐단이 마침내 체는 있으되 용은 없는 데로 귀착될 것이다. 지금 산림에서 덕을 수양하고 있는 자들이 많이 이 병에 걸려있다. 그러므로 그 기상(氣象)이 필경 주공(周公) 공자(孔子) 안연(顏淵) 계로(季路)들과는 조금도 같은 데가 없게 되고 마는 것이다. 어찌 다른 까닭이 있겠는가(『여유당전서』 1-19, 「答李汝弘」).

여기서 "체는 있으되 용은 없다"는 것은 인의예지, 효제충신 등 인륜의 요목은 있으되 정작 그것을 실행하는 일은 도무지 없다는, 성리학적 인륜 논의의 허구성을 극명하게 드러낸 말이었다. 그것은 현실 지배 질서의 무인륜성(無人倫性)을 거세게 고발하는 대목으로도 해석된다. 그래서 실행이 전혀 없는 유현(幽玄)한 인륜 체계를 대신하여 다산은 무릇 모든 인간의 사회관계를 하나로 규율하는, '서' 하나로 일관하는 인륜 실행의 '기본' 즉 보편적 대도를 제시하였던 것이다.

다산은 전통적인 효제충신의 수직적인 윤리 질서를 다시 해석하여 효·제·자라는 상호 이해의 덕목을 말하고, 특히 그 모든 인륜을 관통하여 실행하는 대도로서 '내 마음을 헤아려 남에게도 실행하기'라고 하는 '서'라는 개념을 확충하여 제시하였다. 조잡하게 도식화하자면 수직적 인간관계로부터 이제 상호 이해를 바탕으로 하는 신뢰의 인간관계를 새로이 조성해 나아가는 길을 말한 것이었다. 다산이 그의 왕정론에서 실현하고자 한 것은 그같이 주민 상호 간의 이해를 바탕으로 하는 신뢰하는 공동체적 질서와 사회윤리였던 것으로 해석된다.

앞에서 살펴봤듯이, 사맹삭(四孟朔)마다 각 이(里)에서 이윤(里尹)의 책임하에 이민(里民)들이 함께 모여 향약(鄕約)의 법과 함께 공동체의 기본 윤리를 강마하도록 설정해둔 것도 그 같은 새로운 윤리 질서였을 것으로 이해된다. 다산은 인간 각자가 사는 최소 지역공동체 단위인 자기 동네에서부터 상부상조하는 정전제적(井田制的) 일상생활을 구현함과 동시에, 이윤(里尹)의 지도하에 이해와 신뢰의 공동체 윤리를 일상으로 강마함으로써 주민 상호 간에 인간다운 인륜의 질서를 조성해간다는 절차를 강구하였던 것이다.

5. 사회윤리의 이론 근거

성리학의 경우 그 최고의 도덕 이념인 인(仁)의 이론적 근거를 천리(天理), 천덕(天德)이라고 하는 유현한 데에서 구하고 있으므로 현 세계 주민들의 일상으로부터 아득하게 먼 위상에 높이 걸려있기 마련이었다. 그것의 궁극적 실현은 아마도 성인이라든가 이른바 진유(眞儒)인 도학자(道學者)로서나 가능한 일이며, 그래서 진정한 왕정은 곧 인정(仁政)이요, 그것은 곧 왕도정치로 구현되는 것이라고 이론화하고 있었다.[28]

28 왕도(王道)라는 것은 곧 인의(仁義)이다. 군주가 왕도를 행한다는 것은 인의를 가지고 천하를 안정되게 한다는 것이다(『주자대전』 73, 잡저 李公常語 下).
대저 도학(道學)이란 것은 격물치지(格物致知)하여 선(善)을 환히 깨치고 성의정심(誠意正心)하여 그 몸을 닦는 것인데, 이를 자기 자신에 간직한즉 천덕(天德)이 되고 정사(政事)에 베풀면 왕도가 되는 것이다. … 도학하는 선비를 진유(眞儒)라고 하는데 맹자

성리학에서는 인간이 인의예지의 도덕적 인자(因子)를 본연지성(本然之性)으로, 또 한편으로는 부귀, 빈천, 선악의 인자를 기질지성(氣質之性)으로 타고난다고 하였다. 여기서 본연지성과 기질지성이라는 천부(天賦)의 두 가지 인성(人性)이 인간 각자에 공존한다는 이론은 현 세계 인간을 군자(君子)와 소인(小人)으로 구분 짓게 하는 이론 근거로 활용되었다. 성리학은 굳이 군자와 소인의 구분이 천부적 인성 탓이라고는 말하지 않지만, 기질지성의 교치(矯治)를 다잡아 실현한 자가 지배 계층에 앉아 그렇지 못한 자들을 다스려야 함의 정당성을 거부하지는 않는다.

그런데 다산 실학에서의 인간관은 그 같은 기질지성을 부정하였다. 그 대신 모든 인간이 품부한 심(心)의 영명(靈明)함이 천(天)과 직통해 있는 것임을 강조하였다. 인간의 자율적·주체적 결단이 가능해지고, 그 주체적 결단에 따라 현 세계에서 자기 처지의 개선이 좀 더 가능하다는 이론을 정립하였다. 여기에는 결코 기질지성의 차이에서 기인하는 군자와 소인의 준별(峻別) 관념이 존재할 근거는 없는 것이다.

그리고 다산의 경우, 최고의 도덕인 '인'의 경우도 '서'라고 하는 보편적인 길을 통하여, 즉 인간이 일상에서의 상호 이해를 통하여 실현할 수 있는 것이라고 하였다. 도대체 인이라든가 효제충신이라는 덕목 사이의 체·용, 본·말 관념이 잘못된 것이라 하였다. 그러니 무릇 인간은 누구나가 자신의 주체적 결단을 통하여 인의예지, 효제충신의 실현 주체가 될 수 있다는 이론이 정립되었던 것이다.

(孟子) 이후로는 진유가 일어나지 않더니 천년 후에 비로소 염계(濂溪) 주자(周子)가 일어나 미오(微奧)한 이치를 천발(闡發)하였고 그것을 정자(程子) 주자(朱子)가 계승한 연후에 이 도(道)가 세상에 크게 밝혀져 마치 태양이 중천(中天)에 떠 있음과 같이 되었다(『율곡전서』 15, 「東湖問答」 右論君臣相得之難).

그와 같이 역사적으로 오래 유지되어온 도덕 질서의 체계를 무시하고 인간 주체성의 새로운 해석을 내리는 경우, 혹 '서'라든가 '의·예·지', 혹은 '효·제·충·신' 등에 대한 인간 각자의 자의적 해석이 난무하게 되지는 않을 것인가.

이미 살펴본 바와 같이 다산은 그 같은 사회윤리가 인간의 일상생활과 노동을 통하여 최소의 지역 혹은 직역 단위에서부터 공동으로 강마되도록 하는 길을 마련해두고 있었다. 그는 아마도 그 같은 공동의 강마를 통하여 '서'라든가 '인'의 해석이 사회적으로 정제(整齊)되기를 기대하고 있었던 것으로 이해된다.

그런데 그 같은 사회윤리는 단지 고경(古經)에 나오는 덕목들을 인간 상호 간에서 실천하기만 하면 끝나는 것으로 구도화하여 있었는가. 인륜 혹은 윤리라고 하는 것은 인간의 사회관계에서 실현되는 가치 체계이다. 무릇 인간 사회의 가치적(價値的)인 것은 그 이면에 이념적인 것을 배경으로 하고서 실현되는 것이 보편적인 현상이다. 다산의 경우 그 사회윤리의 이념적 근거는 어디서 구하고 있었는가.

다산은 이미 "한 서(恕) 자를 가지고서는 사람을 섬길 수도 있고 천을 섬길 수도 있는 것이다"라고 말하였다. 인간의 심의 영명함 자체가 천으로부터 직접 품부한 것이라 하지 않았는가.

> 고인(古人)은 실심(實心)으로 천을 섬기고 실심으로 신(神)을 섬겼다. 한 번 움직이고 한 번 정지하는 생각의 싹이 날 때마다 혹 정성스럽기도 하고 혹 거짓일 수도 있으며 혹 선(善)하기도 혹 악(惡)하기도 하니, 이에 경계(警戒)하여 말하기를, '천이 날마다 강감(降監)하고 계신다'라고 한다. 그러므로 그 계신(戒愼)하고 공구(恐懼)하며 신독(愼獨)하는 절

실한 정성이 실제로 천덕(天德)에 닿게 되는 것이다. 지금 사람들은 천을 이(理)라고 하며 귀신(鬼神)을 공용(功用)이라 하고 조화(造化)의 자취라 하며 이기(二氣)의 양능(良能)이라고도 하니, 마음으로 아는 것이 막히고 아득하여 일체로 지각(知覺)이 없음과 같다. 어두운 방 속에서 마음을 속이고 방사(放肆)하여 거리낌이 없으니, 종신토록 도(道)를 배워도 요·순의 경지에 함께 들어갈 수 없는 것은 모두 귀신설(鬼神說)에 어두운 바 있기 때문이다(『중용강의보』 1, 鬼神之爲德節).

여기서 "천을 이(理)라고 하며 귀신을 공용이라 하고 조화의 자취라 하며 이기의 양능이라"고도 말한 것은 송(宋)나라 성리학자들이었다. 반계(磻溪)나 성호(星湖)에 이르는 실학자들도 이(理)의 실리성(實理性)을 확신하고 있었다. 그러나 다산은 그러한 이론을 일체 거부하기에 이르렀다. 그는 '천을 이'라고 해석해서는 결코 인간의 양심의 근원 문제를 해결할 수 없다고 인식하였다. 허구적인 성리설에 매달려 자신의 마음을 속이면서 실제로는 온갖 비리와 비행을 범하거나 혹은 묵인하고 있는 세속 도학자들의 부도덕성을 다산은 지척(指斥)하고 있었다. 그보다는 인간의 심에다 영명함을 부여해준 천의 조림(照臨)을 실심(實心)으로 믿고 받드는 '계신', '공구', '신독'이야말로 인간이 자기 양심을 지켜갈 수 있는 바른길이라고 그는 확신하였다.

다산은 그 같은 양심의 이념적 근원을 곧 '천' 즉 '상제(上帝)'에서 구하고 있었다. 전통적으로 성리학에서는 '계신', '공구', '신독'의 의미를 타인이 곁에 없는 자기 혼자 있을 때만의 것으로 이해하고 있었으나, 다산은 이제 그것을 모두 '천' 곧 '상제'와 마주하고 있는 인간 각자의 결단으로 인식하게 되었다.

천지귀신(天地鬼神)이 삼렬(森列)하게 소포(昭布)해 있지마는 그 가운데 가장 존대(尊大)한 것은 상제이다. "문왕은 조심스럽게 공경하여 상제를 소사(昭事)한다" 하였다. 『중용(中庸)』의 '계신'이라든가 '공구'가 어찌 (上帝를) 소사하는 학(學)이 아니겠는가(『중용강의』 1, 鬼神之爲德節).

천의 영명함이 인간의 심에 직통해 있어, 아무리 은미한 것이라도 살피고 비추어내지 않음이 없다. 바로 이곳에 조림(照臨)하여 날마다 여기서 이 일을 강감(降監)하는 것이다. 진실로 그러한 사실을 알게 된다면, 비록 대담한 자라 할지라도 능히 계신하고 공구하지 않을 수 없을 것이다(『중용자잠』 1, 君子戒愼乎其所不覩節).

중용의 덕은 신독이 아니면 이룩할 수가 없는 것이다. 신독의 공효는 귀신이 아니면 두려워함이 없게 된다. 그런즉 귀신의 덕은 곧 우리 도(道)의 근본이 되는 것이다(『중용강의』 1, 鬼神之爲德節).

(『중용』의 "보지 않을 때에도 戒愼하며 듣지 않을 때에도 恐懼한다"는 經文을 두고), 보지 않고 듣지 않는다는 것은 타인이 깨닫지 못함을 이른 말이 아니다. 천지의 귀신이 삼렬하게 소포해 있는데 귀신이란 것은 형체도 없고 소리도 없어서 … 보아도 보이지 않으며 들어도 들리지 않는다. … 보지 않고 듣지 않는다는 것은 귀신이 감림(監臨)하고 있다는 뜻이다. 어찌 사물을 이름이겠는가(『중용자잠』 1, 道也者不可須臾離節).

성리학에서는 오랫동안 천 즉 이(理)라고 하는 이법천(理法天) 관념이 행세해왔으나, 다산은 그의 왕정론에서 구현할 사회윤리의 이념 근거를 결국 유교 고경(古經)의 상제천(上帝天)에서 구하였다. 인간 각자의 심·성이 천과 직결된 구도에서는 인간의 양심의 근거 또한 천 즉 상제에서 연원할 수밖에 없었다.

그런데 여기서 인간 각자가 상제천으로부터 각기의 심·성을 품부하게 되었다는 소신은 궁극적으로 무엇을 뜻하는 것일까. 인간은 각기 상제와 직결되어 있다는 뜻이다. 상제천의 입장에서 볼 때 인간은 누구나 동일한 심성을 부여받고서 태어난 평등한 존재로 비친다. 그러므로 다산의 사회윤리의 이념은 궁극적으로 인간 평등론을 바탕으로 하였다는 사실을 짐작하게 해준다. 그것은 사회윤리의 '기본'으로 그가 새로이 제시한 '서'의 개념이, 현 세계 상하종횡의 모든 인간관계가 '자기의 마음을 확충하여 남에게도 실행하기' 하나로 일관한다는 이론과 상응하는 구도를 이루고 있는 것으로 이해된다.

다산은 무릇 인간의 모든 사회적 관계가 인륜이라고 해석하면서 그 모든 인륜을 실현하는 기본 대도로서 '자기의 마음을 확충하여 남에게도 실행하기'인 '서'를 제시하였다. 그것은 그의 창발(創發)이 아니라 경전의 새로운 해석에 따른 새로운 인륜 관계의 정립이었던 것으로 이해된다. '서'의 운용 기준은 분명히 '자기 자신의 마음' 이외의 다른 어떤 것이 아니었다.

그런데 다산의 윤리론에서 '서'의 실행은 결코 인간 자신의 마음의 기준에 따른 판단으로 완결되는 것이 아니었다. 아무리 은미한 곳일지라도 인간의 영명한 심의 이념적 근원인 상제천이 언제나 그 위에서 '감림(監臨)'하는 구도를 이루고 있는 체계임을 주의하지 않으면 안 된다.

그 같은 구도는 그의 왕정론의 사회구조에서도 마찬가지로 간취된다. 즉 소위 9직으로 배치된 주민들은 각기 한 가지 전업적 직역을 맡아 자기의 부욕(富欲)이라든가 귀욕(貴欲) 등의 '원욕(願欲)'을 경쟁적으로 추구하면서 자영적 삶을 주체적으로 영위하는 자들이지만, 그들은 결코 사익(私益)을 우선적으로 추구하는 자들이 아니었다. 어디까지나 공동체의 일원으로서 각자의 자아를 실현하면서 살아가는 인간상으로 정립되어 있었다.

공동체의 일원으로서 자신을 실현하도록 구조화하여 있는 사회조직은 아직도 전제주의(專制主義) 혹은 전체주의적(全體主義的) 인습의 속성을 온전히 떨쳐버리지 못한 단계에 해당하는 것으로 이해된다. 마찬가지로 인간 개인의 양심의 이념 근거가 상제의 감림에 두어져 있다는 것은 그 이념이 아직도 인간의 개별적 내면을 규율하는 데 그치는 구조로 되어있는 것으로 이해된다. 그리고 개별 인간의 내면 성찰의 이념에 근거한 사회윤리란 것은 아직도 인간의 보편적 사회관계를 규율하기에는 거리가 있는, 역시 전제주의적 인습의 속성을 떨쳐버리지 못한 단계의 것은 아니었는가 하는 의혹을 남기고 있다.

다산의 '상제' 개념과 그 이론적 근거 문제는 섣불리 어디에 끌어다 붙일 일이 아니라, 더 많은 연구를 기다려야 한다고 생각한다. 그러나 그가 인륜 실현의 '기본'이라고 내세운 '서'는 과연 장차 새로운 왕정에서 천차만별로 다양한 인간들의 사회관계를 규율하는 보편적인 대도로 확충 적용될 수 있는 객관적 근거를 지닌 것이었는가. 다산은 어째서 인륜 실현의 이념 근거를 상제의 감림에다 비끌어 매는 대신, 가령 서양 '근대'에서와 같이 소위 인간의 보편적 '이성'과 같은 것을 내세우는 방향으로 나아가지는 않았는가.

실학을 집대성하였다고 하는 다산의 왕정론에서도 어디까지나 개인보다는 국가 공동체를 우선시하는 구도에서 사회 각 분야가 편제되고 있었다. 국가 공동체에 우선하는 개별 인간의 사익이라든가 개별 인권(人權)이라는 관념은 아직도 등장하지 않았다. 그것이 유교적 사유에서의 가장 보편적 가치 관념이었던 것이다. 조선 후기 실학의 시대에 오면 현실에서는 개별 인간들의 사회적 성장이 다방면에서 분출하는 형세를 이루고 있었다. 그러나 그 같은 현상을 현실적 지반으로 하면서도 실학은 아직도 그 고유한 유교적 사유의 틀을 깨뜨리고 현 실태의 사회 현상을 본위로 하는 쪽으로 사유의 틀 자체를 전환하고 있지는 않았다.

다산의 사회윤리론은 그런 면에서 두 가지 떨쳐 나오기 어려운 객관적 제약 아래 놓여있었던 것으로 이해된다. 그 가운데 하나의 큰 요인은 유교적 사유와도 관련되어 있지만, 천지라고 하는 대자연과 너무나 즉자적으로 연속되어 있어 그것과는 결별하기가 매우 어려운 것으로 구조화한 인간의 자연합일적(自然合一的) 사유 전통이었던 것으로 이해된다.

신독과 계신과 공구, 이는 다산이 자신과의 처절한 대결 끝에 드디어 상제의 감림을 자신의 내충(內衷)에서 목도(目睹)하는 듯한, 일종의 종교적 경건성에서 유로(流露)된 신념이었던 것으로 이해된다. 내충에서의 대결뿐 아니라 생활 환경으로 보더라도 천애(天涯)의 고독과도 같은 처절한 대결을 그는 거의 일생 동안 지속하고 있었다. 그런데 그와 같은 처절한 대결을 통해서도 다산은 어째서 '천'까지 포함하는 모든 것을 부정해버린 후 드디어는 자기 자신밖에 확신하지 못하는, 격절(隔絶)함으로써 독립하는 별도의 인륜 이념을 정립하지는 못하였던 것일까. 아마도 그것이 자연합일적 사유의 전통에서 유래하는 것이었다고 이해된다.

> 내가 이미 바닷가로 유배 가서는, … 처음에 내가 『역(易)』을 탐구하며 『예(禮)』를 연찬하고 여러 경전에 미치어 가면서 매양 하나의 깨달음이 일어날 때마다 마치 신명(神明)이 있어 묵묵히 깨우쳐 주는 듯하

여 남에게 이야기할 수 없는 것이 많았다. 형 약전(若銓)이 흑산도에 있으면서 매양 한 편의 책이 이루어질 때마다 보시고는, "네가 이런 경지에 이르게 된 것은 너 스스로도 알지 못할 것이다. 오호라, 도(道)가 상실된 지 천년에 갖가지로 뒤덮여 있었는데, 이에 헤쳐내고 가려내어 그 뒤덮여 있음을 확 열어젖혔으니, 어찌 너의 힘만으로 해낼 수 있는 일이겠느냐" 하였다. 『시(詩)』에 이르기를, '천(天)이 백성을 깨우침이 마치 훈(塤)을 부는 듯, 지(篪)를 부는 듯하도다' 하였다. 성(性)이 기호(嗜好)임을 알아냈으며, 인(仁)이 효제(孝悌)임을 알아내었고, 서(恕)가 인(仁)을 실현하는 길임을 알아내었다. 천의 강감(降監)이 있음을 알아내어 경계하고 공경하며 부지런히 힘쓰고 힘써, 늙음이 장차 이를 것을 알지 못하게 되었으니, 이는 천이 내려준 복이 아니겠는가(『여유당전서』 1-16, 「자찬묘지명(집중본)」).

천이 방(方)과 원(圓)의 이치를 만들었으니, 무릇 원은 여섯으로 하나를 에워싸고, 방은 여덟으로 하나를 에워쌌다. 그러므로 성인이 이것을 본받아 관직 제도에 6관(官)을 설치해서 한 임금을 받들고, 전지(田地) 제도에 8부(夫)를 두어서 공전(公田)을 다스렸다. 또한 관직이 위에 있는 까닭에 그 수리(數理)에 원(圓)을 썼고, 전지는 아래에 있는 까닭에 그 수리에 방(方)을 썼다. 이것이 천지와 음양의 바른 이치이며 신성한 제왕의 큰 법이었다. 이를 어기는 것은 천리(天理)를 거스름이 되고 이를 배반하는 것은 법이 아니니, 사의(私意)로 변통할 수 없는 것이다(『경세유표』 7, 田制 9 井田議 1).

직관(職官) 제도는 모름지기 위로 천도(天道)에 응하고 아래로 인문(人文)을 상고하여 360으로 한정하거나 혹은 120으로 한정해야 한다(같은 책 1, 春官禮曹 3 典廟司).

천원지방(天圓地方)의 수리(數理), 천지 음양의 이치는 모두 천리요 구체적으로는 삼대(三代) 성왕(聖王)들이 왕정을 실현한 제도로 구현된 '큰 법'이었다. 그것은 인간이 어길 수 없는 천도로서 모든 인문의 원형이 되는 것이라고 다산은 확신하고 있었다. 그가 무릇 인간의 모든 사회관계를 하나로 관통하는 인륜 실현의 '기본'이라고 깨달은바 '서'라고 하는 대도는 바로 그와 같은 '천도와 인문'에 대한 각득(覺得)의 일환이었다는 사실을 자신의 묘지명에다 명기해두었다. "마치 신명이 있어 묵묵히 깨우쳐 주는 듯"한 과정을 거쳐서 각득한 것의 하나가 곧 '서'라고 하는 대도였던 것이다.

"천의 강감이 있음을 알아내어 경계하고 공경하며 부지런히 힘쓰고 힘써" 나가는 삶의 과정이야말로 다산 스스로 자신의 일생을 가장 적실하게 말해둔 대목인 것으로 이해된다. 누구나 천과 직통하는 심의 영명함을 타고난 것이 인간이라는 소신이 아무리 확고하다 하더라도, 여기서 그 영명함은 바로 '천리'·'천도'라든가 그것을 본원으로 하는 '인문'을 깨달아내는 일에 우선적으로 발동해야 한다는 것이야말로 오랜 유가적 사유 전통이었다. 그러므로 '천의 강감'을 확신하고 그 도움을 받으면서 '효·제·자'라는 인륜 요목과 그것을 실현하는 보편적인 길이 '서'라고 하는 진리를 깨우치게 되었다고 하는 사유에서는 그 '천리'와 격절하는 인간 본위의 가치 관념, 가령 서양 '근대'에서의 보편적 인간 '이성'과 같은 인간 본위의 가치판단 관념을 독자적으로 정립시키기란 매우 어려운 일이었을 것으로 이해된다.

한편, 다산의 사회윤리론의 이념 근거가 궁극적으로 유교적 사유의 틀을 결코 벗어날 수 없었던 다른 하나의 요인은 유교 본유의 신분 계급적인 사회질서관과도 관련이 있을 것이요, 그보다는 더욱 현실의 반상(班常), 주노(主奴) 관계라고 하는 조선 사회 특유의 항구적인 인습적 신분제 사회 지반과 연관되어 있었던 것으로 고찰된다.

> 군(君)·신(臣), 주(主)·노(奴) 사이에는 이에 명분(名分)이 있어 마치 천(天)·지(地) 사이가 뛰어오를 수 없음과 같이 판연하다(『목민심서』 8, 禮典 辨等).
>
> 가르치는 데 유(類)를 두지 않음이 비록 왕자(王者)의 큰 법이지만, 인재(人才)가 일어남은 매양 귀족 가운데 있었다. 지금 선사(選士)하는 법은 귀족을 많이 뽑고 천족(賤族)은 적게 뽑는데, 또한 공리(公理)에 그렇게 하지 않을 수가 없다(『경세유표』 13, 教民之法).

인간의 사회적 신분제가 천·지의 자연과 동질적인 것으로 비유되고, 왕정을 실현하는 선사(選士)의 과정에서도 귀족과 천민에게는 각기 선발 인원을 달리해야 함이 '공리'라고 하는 이론이 적용되고 있음을 볼 수 있다. 여기서 인간 사회의 제도는 어디까지나 초월적인 천지자연의 한 부분으로서, 그 '공리'와 합일해야 한다는 전통적인 사유가 전개되고 있었던 것이다.

물론 위의 사료들은 왕정이 온전히 실현된 후인 새로운 시대의 현실을 말하는 것이 아니었다. 먼저 사료는 아직도 그 실현 이전인 19세기 초 조선 사회의 현 실태를 말한 것이며, 뒤의 것은 왕정을 실현하는 과정으로서의 현상을 말해둔 것이었다.

그러나 인간의 심이란 것이 아무리 천의 영명함을 직통으로 타고났다 하더라도, 현실 사회에서 '천·지'와 같은 '명분'이라든가 그 '공리'가 엄존하는 것이라고 다산은 아직도 믿고 있었던 것으로 판명된다. 그러한 믿음이 있는 이상, 그와 같은 초월적인 이치와는 격절하는, 어디까지나 인간 자신을 본위로 하는 가령 '이성'과 같은 보편적인 인륜 실현의 이념 근거를 별도로 정립하는 발상은 실로 어려울 수밖에 없는 일이었던 것으로 고찰된다.

그렇다면 다산의 새로운 사회윤리는 그 이념 근거가 그와 같은 유가의 전통적 사유의 틀을 결코 벗어나지 못함에 따라 궁극적으로 전통적인 윤리관 속에 머무르고 만 것이었는가. 그의 왕정론이 어디까지나 공동체라는 틀 속에서의 자영적 인간상을 구현하고 있음과 마찬가지로 그의 새로운 윤리 질서 또한 천지자연의 이치와는 격절하는 인간 자체의 독자성을 전제하고서 입론할 수는 없었던 것인가. 그것은 새로운 시대 창출의 길과는 무관한 것으로 끝나고 마는 것이었는가. 그 역사적 의미는 무엇이라고 할 수 있는가.

가령 천·지의 명분처럼 뛰어넘을 수 없는 주(主)·노(奴)의 명분이 엄존하는 것이 아직도 19세기 초 조선 사회의 현실이었다. 그런데 같은 시기에는 이미 노비제도 전체가 급격하게 해체되고 있음이 또한 엄연한 현실이었다. 그렇다면 다산의 새로운 윤리론은 오히려 시대에 역행하는 관념론으로 끝나고 마는 것이었는가.[29]

그런데 조선 사회 특유의 노비제도를 두고서 다산의 왕정론은 이를 어떻게 처리하고자 고안하고 있었는가. 그의 왕정론의 구도로 말하자면, 모든 주민에 대한 9직의 재배치·재편성을 통하여, 비록 더딜지라도 천민이 과거에도 나아가고 태학(太學)에도 들어가며 치인직(治人職)으로 진출할 수도 있는 통로를 마련해두고 있었다. 그 통로를 통하여,

29 현재의 연구 수준으로 본다면, 다산의 실학 가운데서도 특히 그의 신분제 개혁론이 가장 보수적 경향을 띠고 있었다는 것이 정설임을 주의할 것이다.

결국에 가서는 사회 신분제로서의 노비제도는 소멸하고 말리라는 것이, '수백 년이 걸리더라도' 실현해야 한다는 그의 왕정론의 궁극의 목표였던 것으로 이해된다.[30]

다산이 그의 새로운 사회윤리의 요목으로 제시한 '효·제·자'라든가 특히 그 모든 인륜 실현의 '기본' 대도로 제시한 '서'라고 하는 이론은 결국 새로운 왕정에서 인간의 사회적 인륜 관계가 '자기의 마음을 확충하여 남에게도 실행하기'라고 하는 매우 간편하고도 손쉬운 하나의 체계로 일관해야 한다는 것이었다. 그것은 상하종횡의 모든 주민이 상호 간의 이해라고 하는 보편적인 길을 통하여 상호 간의 신뢰에 바탕을 두는 사회관계를 창출해가고자 하는 이론이었던 것으로 해석된다. 그것은 만인(萬人)이 협화(協和)하는 새로운 역사시대를 창출하고자 하는 고안이었다고 할 수 있다.

그런데 상제라든가 천의 강감(降監)이라는 관념은 과연 새로운 인간관계를 규율하는 보편적 사회윤리의 이념 근거로서 그 객관적 타당성이 인정될 수 있는가. '서'라고 하는 인륜 실현의 대도라든가 효·제·자라고 하는 윤리 요목은 결코 객관적 기준을 그 속에 간직한 것이라고는 할 수 없다. 마찬가지로 상제라는 개념도 의연 인간의 극단한 주관적 성찰을 통해서나 확인할 수 있는, 객관적 검증이 어려운 이념적인 존재였다. 그래서 그것은 자칫 인간 각자의 자의적 해석으로도 치달을 수 있는 내면적 윤리 이념으로서의 한계를 지니는 것은 아니었을까.

혈구(絜矩)의 도(道)를 실행한다는 것이 서(恕)이다. … 혈구라는 것은

30 김태영, 1998, 앞의 책, Ⅲ-4 참조.

척도(尺度)로써 헤아린다는 뜻이다. … (각기의) 심(心)을 척도로 삼아 온 세상 인간 사이의 교제(交際)를 헤아려 그 가지런하지 않음을 가지런하게 하고 그 온당치 못함을 온당하도록 하니, 이에 심·신이 모두 바르게 되는 것이다. 자기 자신을 바로잡고 남도 바로잡는 일이니, 이는 평천하(平天下)의 요법(要法)이다(『大學公議』 1, 君子有絜矩之道章).

인륜 실현의 보편적 대도로서의 서(恕) 즉 '혈구의 도'라는 것은 각자 자기의 심을 기준 척도로 삼아 남의 마음을 헤아리는 길이라 하였다. 그것이 '평천하의 요법'이라고 한 말에서도 짐작할 수 있듯이, 아직까지는 우선적으로 지배층에게 '자기 자신을 바로잡고 남도 바로잡는' 길로 활용되기를 간구하는 사회윤리론으로 제시되었던 것으로 해석된다.

그런데 다산 실학의 시대를 두고 말한다면, 사회윤리라는 것의 새로운 각성을 요구받고 있는 것은 지배층이었던 것으로 이해된다. 무엇보다도 억압과 수탈의 지배구조, 거기에 상응하여 운용되는 지배-복속의 윤리관 자체가 폐기되지 않으면 안 되는 시기였던 것이다. 그래서 이 경우 인간 각자가 자기의 심을 기준 척도로 삼아 남의 마음을 헤아리는 길로서의 '서'라는 윤리론은, 비록 그 이념 근거가 인간의 주관적인 내면이라고 하는 한계를 가지고는 있다 하더라도, 매우 중대한 의미를 지니는 것으로 해석된다. 왜냐하면 현실에서는 지배층뿐 아니라 중세사회 해체기를 맞아 갖가지로 분출하는 인간 각자의 심들이 모두 각기 하나씩의 '기준 척도'로 등장하는 현실이 거기서 전개되고 있었기 때문이다. 그것은 모든 인간의 심이 각기 천의 영명함과 직통해 있다는, 다산 자신의 독자적 인식을 바탕으로 하는 사회윤리론이었다는 사실을 다시 한번 확인시켜 주는 이론이기도 하였다.

6. 맺음말

조선 후기 실학의 사회윤리론은, 비리와 인습으로 적체되어 온 구래의 통치체제를 전면적으로 개혁함으로써 새로운 역사시대를 창출한다는 이른바 근본적 왕정론의 일환으로서 논의되고 정립된 것이었다. 무엇보다도 실학은 인간의 본질을 성(性)이 아니라 심(心)인 것으로 인식해가고 있었다. 다산은 그것을 더욱 발전시켜, 천(天)의 영명(靈明)함이 인간의 심에 직통(直通)해 있는 것이라고 확신하였다. 그는 인간의 현실적 차별상(差別相)의 이념적 근거를 제공해온 성리학의 기질지성설(氣質之性說)을 전면 부정하였다. 그래서 인간은 그 심의 운용을 통하여 자신과 세계와 역사의 이치를 인식할 수 있으며 그 이치에 따라 실행할 수도 있는, 즉 자율적·주체적 존재라 하였다. 그뿐만 아니라 더 적극적으로는, 현 세계의 부·귀를 추구하는 인간의 욕구·욕심도 천으로부터 품부한 것이요, 그것이야말로 역사를 추진하는 원동력을 이루는 것이라고 이해하였다. 그 같은 자율적·주체적 인간을 다산은 9직(職)이라는 자영적(自營的)·전업적(專業的) 직역으로 배치하는 왕정론을 고안하였다. 그러면서도 새로운 왕정에서의 인간상은 어디까지나 사익(私益)보다도 단위 공동체의 공익(公益)을 우선시하는 사회 편성을 시도하고 있었다. 이 경우 국가는 단위 공동체의 총체로서의 막대한 권한을 행사하는 것으로 구상되고 있었다.

그런데 국가의 모든 주민을 자영적·전업적 9직으로 배치한다는 것은 인간의 사회관계가 종래와는 다른 이질적인 편성으로 전환된다는 것을 의미했다. 이 경우 새로운 사회관계를 규율하는 새로운 인륜이 필수적으로 요청되었다. 새로운 왕정에서도 그 주민은 여전히 공동체 우선의 사회 편제에 소속한다는 것이지만, 이제 인간은 자신의 주체적 판단에 따라 부·귀를 추구하면서 공동체의 일원으로 활동하는 일이 떳떳한 일로 권장되고 있었다. 그것은 결국 분자적(分子的) 인간들이 저마다의 자영적 삶을 살아가는 사회상으로 전개될 것이며, 그래서 이제 인간과 인간 사이에는 더욱더 부·귀를 둘러싼 쟁투가 치열해질 것임이 명약관화한 일이었다. 그래서 다산의 새로운 왕정론에서는 종래의 오륜 대신에, 오륜을 포괄하면서도 인간의 상호 이해에 바탕을 둔 '효·제·자'라고 하는 새로운 윤리 요목을 정립하게 되었다. 즉 '인(仁)'은 본체·본질이요 효제는 그 말단이며 응용이라고 하는 구래의 계서(階序) 관념을 부정하고, 무릇 인간과 인간 사이에서 실현되는 인륜을 총칭한 개념이 '인'이요, 효·제·자야말로 가장 기본이 되는 윤리 요목(要目)이라고 하였다. 여기서 효·제·자는 종래의 대체로 상명하복의 수직적인 덕목으로 개념화되어 온 효제충신(孝悌忠信) 인의예지(仁義禮智)를 좀 더 인간의 상호 관계적인 일상의 덕목으로 전환하고자 하는 소신에서 정립한 것으로 해석된다.

그런데 다산의 사회윤리론에서 가장 주목되는 것은 그러한 덕목과 그것을 실현하는 보편적인 대도로서의 '서'라고 하는 개념을 전혀 새롭게 정립하게 되었다는 사실이다. 가령 충서(忠恕)라는 개념을 예로 들자면, 성리학의 경우 "충은 천도(天道)요 서는 인도(人道)"라 하였음에 비하여, 다산은 "서가 그 기본이 되는 것이요, 서를 실행한 것이 충"이라고 확실히 밝혀두었다. 그러므로 "공자의 도는 진실로 한 서(恕) 자일 따름"이라고도 단언해두었다. '충'의 경우만이 아니라 인의예지, 효제충신 등 무릇 인간의 사회적 관계를 규율하는 모든 인륜 덕목은 모두 '서' 한 자의 실행으로써 일관한다는 것이 그의 확고한 신념이었다. 그것은 결코 종래의 오륜과 같은 지배의 윤리 질서가 아니라, 상하종횡의 모든 인간관계를 하나로 관통하는 '기본', 즉 인륜을 실현하는 보편적 대도라고 그는 해석하였다.

주지하듯이 서(恕)의 개념은 곧 "자기의 마음을 확충하여 남에게도 실행한다"는 뜻이다. 그것은 각기 주체성을 갖춘 대등한 인간들의 상호 이해에 바탕을 두는 사회윤리를 정립하는 큰길로 고안하였던 것으로 해석된다. 종래의 인간관계를 규율하는 오륜의 수직적 사회윤리를 지양(止揚)하고, 상호 이해를 통한 인간 사회의 보편적 신뢰를 구축해 갈 새로운 사회윤리의 '기본'으로서의 '서'야말로 '공자의 도'의 진수라고 해석하였던 것으로 이해된다.

그런데 그는 사회윤리론의 이념 근거를 아직도 유가의 이념인 상제천(上帝天)에서 구하고 있었다. 그것은 그의 새로운 왕정에서 인간의 사회윤리의 이념 근거가 아직도 인간 자신의 내면적 양심의 성찰이라는, 다분히 주관적인 한계를 벗어나지 못하고 있었다는 것으로 해석된다. 아마도 그 같은 한계는 장차 새로운 사회관계의 전개에 따라 구체적으로 등장하는 새로운 인간관계를 규율할 좀 더 객관적 이념으로 대체되지 않으면 안 될 것이라고 이해된다. 또한 사회윤리의 문제로서가 아니라 법률의 소관으로 문제화하면서 점차 새로운 객관적 규정으로 정립되어 나타날 것으로 기대된다.

무릇 지배와 복속이라는 오랜 인습을 근간으로 하는 국가조직 및 그 사회윤리와는 성질을 달리하는, 인간의 상호 이해를 통한 신뢰를 바탕으로 하는 국가조직의 원리 및 그 사회관계가 고안되기 시작한 것은 조선 후기의 실학에서 처음 일어난 이론이었던 것으로 이해된다. 그것은 특히 다산에게서 새롭게 체계적으로 인식되고 비로소 새로운 사회윤리의 바탕이 되는 가치 관념으로 제시된 것이었다. 그것은 실학의 왕정론의 한 분야로서, 역사적 변혁의 의미를 지닌 새로운 사유 체계의 출현에 해당하였다. 그것을 다산은 천애(天涯)의 바닷가에서 '천의 강감(降監)' 아래 깨닫게 되었던 것이라고 명기해놓았다.

실학의 왕정론과 마찬가지로 다산의 사회윤리론은 물론 현실에서 수용될 수 없는 형세에 있었다. 그런데 왕정론의 실현 여부와 관계없이 그것은 장차 새로운 사회를 조성해감에 있어서 상하종횡의 모든 인간관계를 관통하는 새로운 사회윤리론의 보편적 통로를 추구하고 제시한 것이었다는 의미를 지닌다.

그리고 다산의 사회윤리론은 가령 '인'과 '서', 혹은 '인'과 '효제충신' 사이에 본·말, 체·용의 관계를 설정하지 않고 모든 덕목의 실행이 '서' 하나로 일관하는 체계로 되어있었다는 사실도 주의를 요한다. 가령 충과 서를 두고서도 양자는 서로 '대립하는 개념이 아니'라, '서가 그 기본이 되는 것이요, 서를 실행한 것이 충'이라고 규정해두지 않았는가.

여기서 인륜도덕에 관한 한 덕목 그 자체보다도 오히려 그것을 실현하는 과정이 더 본질적이라는 논리는 어떠한 의미를 지니는가. 구체적 실행 없이는 아무런 가치도 창출되지 않는다는, 인간살이 자체가 하나의 과정이라는 뜻을 거기에 담아둔 것은 아니었을까. 그것은 그 자체 상호 이해를 통한 신뢰의 사회관계를 조성할 사회윤리론의 새로운 체계화를 시도하는 것이었다는 의미를 지닌다고 할 수 있다.

제3장

다산 경세론에서의 왕권론

1. 머리말

조선 후기의 실학(實學)은 국가체제의 전반적 개혁론을 강력하게 제시하고 있었다는 사실에서 가장 큰 특징을 찾을 수 있다.

실학의 본령은 유학(儒學)이었다. 그래서 실학의 주류는 주자학(朱子學)으로 대표되는 신유학(新儒學)과 마찬가지로 궁극적으로는 유학의 이상적 국가통치론인 왕도정치론(王道政治論)을 추구하였다. 즉 옛 '선왕(先王)'들이 국가통치로 실현하였고 공자(孔子)에 이르러 이론적으로 집대성되었다고 하는 왕정론(王政論)의 구현에 그 궁극적 목표를 두고 있었다.

신유학 즉 성리학도 물론 현실 지배체제의 개혁론을 크게 간직하고 있었다. 가령 정자(程子)가, "치도(治道)에는 근본[本]으로 말할 것이 있으며 사업[事]으로 말할 것이 있다. 근본으로 말하자면 군주를 이끌어 도(道)에 합치토록 하는 일보다 앞서는 것이 없다. 군주가 바르게 되면 나라가 안정되는 것이다. 사업으로 말하자면 변하지 않고서 능히 잘되는 경우는 없다. 크게 변하면 크게 이롭고 조금 변하면 조금 도움을 얻는다"[1]고 말한 정론(政論)에서 보이는 바와 같다. 군주의 직무로서 가장 핵심이 되는 정사(政事)와 같은 '사업'에는 큰 변화가 일어나야만 선치(善治)가 이루어질 수 있다는 이론이다. 그럼에도 불구

1 『二程全書』 40, 「二先生粹言」 論政篇.

하고 역시 '치도(治道)'의 '근본'은 군주의 마음가짐인 것으로 인식하고 있었다는 사실을 주의할 필요가 있다. 군주의 마음가짐과 정사는 본(本)·말(末)의 구도를 이루고 있는 것으로 인식되었다. 다시 주자(朱子)의 말을 들어본다.

> 지금의 세상에 살면서 현금의 법제를 모두 혁파하고서 옛 정사(政事)를 행하고자 하는 경우, 그 이로움은 보지 못하고 한갓 번거롭고 소란스러움이 있을 것이다. 또 사체(事體)가 중대하므로 걸리고 막히는 곳이 많아 결코 시행하기가 쉽지 않을 것이다. 요컨대 조종(祖宗)의 법제를 따르더라도 맡는 사람을 정(精)하게 선택한다면 또한 족히 치세(治世)를 이룰 수 있다. 사람을 선택하는 데에 요체가 있는 것이다(『朱子語類』 108, 論治道; 僩錄).

즉 '조종의 법제'를 따라 정사를 시행하는 것이 가장 안전한 길이요, 그것을 잘 운용할 사람 즉 정사를 위임할 대신(大臣)을 선택하는 일이야말로 치세를 이루는 요체로 되어있었음을 볼 수 있다. 그런데 대신은 어떻게 선별할 수 있는가. 그래서 주자의 경우 '군주(君主)의 일심(一心)'을 함양하는 일이 가장 큰 근본이 되는 문제요, 체제의 변화 같은 것은 그다음의 일일 수밖에 없었다.[2]

---

2 천하의 일은 그 근본이 1인에게 매여있으며 1인의 몸은 그 으뜸이 그의 일심(一心)에 있습니다. 그러므로 인주(人主)의 심(心)이 한 번 바르게 되면 천하의 일들에는 부정(不正)한 것이 없게 됩니다(『朱子大全』 12, 己酉擬上封事); 천하에는 대근본(大根本)이 되는 것이 있고 소근본(小根本)이 되는 것도 있다. 군주(君主)의 일심을 바로잡는 것이 곧 대본(大本)이다. 그 나머지 만사(萬事)에는 각기 하나씩의 근본이 있다(『朱子語類』 108, 論治道; 端蒙錄).

그런데 실학은 신유학 즉 성리학의 그것과는 매우 이질적인 왕정론을 제시하게 되었다. 실학은 국가체제의 전반적 개혁론을 제시하고 있었던 것이다. 그와 같은 질적인 차이가 일어나게 된 배경을 한마디로 설명할 수는 없을 것이다. 무엇보다도 시대와 사회의 변천이 그 주된 배경을 이루고 있었다고 이해된다. 굳이 가까운 배경을 들자면, 주자학 통치론 즉 성리학(性理學) 왕정론(王政論)을 가지고서는 소위 이적(夷狄)인 여진족(女眞族)이 세계를 지배하고 있는 현실을 설명하기가 어렵고, 또한 국내에서는 현재의 집권당이 배타 유일의 통치론으로 주자학을 원용하면서 정권을 독점적으로 운용하지만 거기서는 도무지 선치(善治)의 조짐을 기대할 수 없게 전개되는 현실에 대한 회의에서 기원하였던 것으로 이해된다. 이는 조선 왕국 일대의 지배 이데올로기로 중압(重壓)하는 주자학 왕정론에 대한 객관적 타당성의 검증을 새삼 요하는 계기로 작용하였던 것으로 보인다.

그래서 실학에서는 인간과 역사에 대한 새로운 해석이 일어났는데, 그와 관련하여 필경 유교 경전(經傳)에 대한 새로운 해석이 일어나게 되었다. 그러므로 실학은 경전에 대한 새로운 해석을 통해서 역사적으로 새로운 왕정론 즉 국가체제의 전반적 개혁론을 제시하는 방향으로 그 주된 관심을 기울이게 되었다. 실학의 주류는 그러한 방향을 취하고 있었지만, 그 가운데서 아마도 다산 정약용의 경우가 가장 전형적인 국가체제 개혁론자였던 것으로 이해된다.

다산은 자신이 살고 있는 19세기 초 국가체제의 현실이 "터럭 한끝에 이르기까지 병들지 않은 것이 없는" 상태라고 고찰하였다.

> 우리나라의 법제란 것은 대개가 고려(高麗)의 옛 법을 그대로 따른 것

이요, 세종(世宗) 때 이르러 다소 손익(損益)을 가하였으나, 한 번 임진왜란을 겪은 후로는 백 가지 법도가 무너져 모든 일이 어수선하게 되었다. 군문(軍門)을 자꾸 증설하여 국가 재정이 탕진되고, 전제(田制)가 문란해져서 부세(賦稅)의 징수가 편중되기에 이르렀다. … 관직이 정비되지 않아서 정규 관원에게 봉록이 없고, 탐학한 풍습이 크게 일어나 생민(生民)이 초췌하게 되었다. 가만히 생각건대 터럭 한끝에 이르기까지 병들지 않은 것이 없으니, 지금에 와서 (법제를) 개혁하지 않는다면 반드시 나라를 망치고 말게 될 것이다(『經世遺表』引).

그는 통치법제의 개혁이야말로 가장 절급한 현실적 과제라고 인식하고 있었다. 다산의 국가체제 개혁론은 그 같은 시대적 과업의 산물이었다. 그것이 다산 경세론(經世論)의 현실적 성격이었던 것이다.

그런데 우리가 다산의 경세론을 고찰하면서 크게 유의해야 할 한 가지 사실이 있다. 그것은 조선 왕국뿐 아니라 무릇 삼대(三代)가 지난 후에 등장한 모든 통치법제란 것은 선치(善治)의 실현보다도 지배층의 이욕(利欲)과 인습(因襲)을 따라 제정하게 된 것이라고 하는 사실에 대한 역사적 인식이요, 다른 한편으로는 무릇 국가 통치체제라는 것이 일찍부터 비리(非理)의 폐정(弊政)으로 치닫게 된 까닭은 고경(古經)의 참뜻을 밝혀 알지 못한 채 운용한 데에서 기인한 것이라고 하는 근본적 인식이다.

조종(祖宗)의 법(法)이란 것은 대부분 창업(創業)의 시초에 마련한 것이다. 그런데 그때에는 천명(天命)을 아직 환하게 알 수가 없었고 인심(人心)도 미처 온전히 안정되지 않았으며, 큰 공을 세운 장수나 재상(宰相)

중에는 거칠고 억센 무부(武夫)가 많았고 백관(百官)이나 사졸(士卒) 가운데는 변덕스런 소인(小人)이 많았다. … 그런 까닭에 성스러운 임금과 현명한 신하가 비밀히 국사를 계획할 적에 좌우로 돌아보아야 하고 앞뒤로 구애되어 끝내는 아무 일도 하지 못하고 말았다. … 그러므로 무릇 창업의 시초에는 법을 개혁하지 못하고 말세(末世)의 풍습을 그대로 따라 이를 떳떳한 법으로 삼으니, 이것이 예나 지금이나 공통되는 근심거리이다(『경세유표』 引).

삼가 살피건대, 폐법(弊法)과 학정(虐政)이 일어나게 된 것은 모두가 경전(經傳)의 뜻을 밝혀 알지 못한 데에서 말미암았다. 그러므로 치국(治國)의 요체는 경전의 뜻을 밝히는 일보다 먼저 해야 할 것이 없다(『경세유표』 10-16, 지관수제 賦貢制 2).

다산에게서는 현실의 비리와 인습을 극복하고서 새로운 왕정(王政)을 실현하기 위해서는 무릇 통치법제라는 것의 근본적 개혁이 필수불가결한 전제 요건이라고 하는 역사적 성찰이 일어나고 있었다. 그리고 그러기 위해서는 옛 경전에 대한 새로운 해석을 바탕으로 하는 법제의 제정과 치체(治體)의 운용이 또한 필수 요건으로 되는 것이라 하였다. 무릇 경세론(經世論)의 성격 자체에 대한 근본적 검토가 일어나게 되었다.

여기서 경전의 새로운 해석이란 것은 대체 어떠한 의미를 지니는가. 그것은 한(漢)·당(唐)의 훈고적 유학에 대해서는 물론이요, 특히 주자학으로 대표되는 성리학의 경전 해석에 대해서도 근본적 의의(疑義)를 제기하는 새로운 의미를 내포한 것이었다. 그것은 또한 다산의 시대인 18세기 말 조선 왕국 현실의 인간관, 가치관에 입각한 새로운 해석을 뜻하는 것이기도 하였다. 그것은 무릇 경전의 해석에 대한 다산 자신의 새로운 소신을 나타내는 말로서, 중세사회 해체기인 조선 후기 실학을 대표하는 견해이기도 하였다.

> 처음에 내가 『역(易)』을 탐구하며 『예(禮)』를 연찬하고 여러 경전에 미치어 가면서 매양 하나의 깨달음이 일어날 적마다 마치 신명(神明)이 있어 묵묵히 깨우쳐 주는 듯하여 남에게 이야기할 수 없는 것이 많았다. 형(兄) 약전(若銓)이 흑산도에 있으면서 매양 한 편의 책이 이루어질 때마다 보시고는, "네가 이런 경지에 이르게 된 것은 너 스스로도 알지 못할 것이다. 오호라, 도(道)가 상실된 지 천년에 갖가지로 뒤덮였는데, 헤쳐내고 가려내어 그 뒤덮여 있음을 확 열어젖혔으니, 어찌 너의 힘만으로 해낼 수 있는 일이겠느냐" 하였다. 『시(詩)』에 이르기를, "천(天)이 백성을 깨우침이 마치 훈(塤)을 부는 듯, 지(篪)를 부는 듯하도다" 하였다. 성(性)이 기호(嗜好)임을 알아냈으며, 인(仁)이 효제(孝悌)임을 알아내었고, 서(恕)가 인(仁)을 실현하는 방법임도 알아내었다. 천의 강감(降監)이 있음을 알아내어 경계하고 공경하며 부지런히 힘쓰고 힘써 늙음이 장차 이를 것을 알지 못하게 되었으니, 이는 천이 내려준 복(福)이 아니겠는가(『여유당전서』 1-16-17, 「自撰墓誌銘(集中本)」).

그와 같이 새로운 경전 해석을 통해서 정립한 다산 실학에서의 경세론은 조선 후기 실학의 개혁론 가운데서도 특히 국가체제의 전반적 개혁을 통해서 새로운 역사시대를 창출한다는 이론을 구성하게 되었다. 그것은 중앙의 통치조직과 지방의 행정 편제까지를 근본적으로 재편성·재조직할 뿐만 아니라, 전국의 토지제도를 근본적으로 개편하여 정전제(井田制)를 시행하되 궁극에 가서는 토지국유를 바탕으로 한다는 것이며, 나아가 전국의 모든 주민을 사(士)·농(農)·공(工)·상(商)·포(圃)·목(牧)·우(虞)·빈(嬪)·주(走)의 9직(職)으로 새로이 편성 배치한다는 등 미증유의 근본적 변혁 이론이었다.

그런데 그것이 유사 이래 처음 보는 대변혁론이므로 그것을 추진할 원동력 또한 강력한 통치권이 아니면 안 되는 일이었다. 다산은 역사적 변혁기의 여러 통치론들을 점검하고서 드디어는 변법론(變法論), 나아가서는 혁명(革命)의 이론까지를 점검해내기에 이르렀다. 불가피한 경우에는 혁명으로 나아간 사례까지를 고찰하면서 그 가능성 여부를 가늠해보았던 것으로 이해된다.

그러면서도 다산은 현실적으로는 결코 혁명을 통한 국가체제 변혁의 이론을 제시하는 방향으로 나아가지는 않았다. 그는 결국 개혁의 추동력을 어디까지나 왕권(王權)에서 구하고 있었다. 그것이 가장 현실적이라고 생각하였던 것이다.

그러므로 다산 경세론에서 왕권의 문제는 일반적인 통치권력론으로서의 그것을 의미하는 것만이 아니었다. 다산의 왕권론은 그의 경세론의 궁극적 기초를 구성하고 규정하는 관건이 될 뿐만 아니라, 그 경세론의 이상과 현실성을 가늠하는 가장 중요한 기준이 될 수 있는 것으로 이해된다. 바로 여기에 그의 왕권론을 검토 고찰해야 하는 적실한 필요가 있다.

새로운 경전의 해석을 통해서 구축한 다산 경세론의 역사적 성격은 곧 새로운 진정한 왕정(王政)의 역사시대를 창출하고자 하는 강렬한 문제의식으로 뒷받침되어 있었다. 그것은 무엇을 의미하는가. 중세 해체기에서 새로운 역사시대를 창출한다는 것은, 다산 자신의 의도와는 관계없이, 곧 중세적인 것의 지양(止揚)을 추구하고 있었음을 뜻한다. 다산의 왕권론에 관한 검토는 그런 의미에서도 더욱 절실하다 하지 않을 수 없을 것이다.

2. 조선 성리학 왕권론의 특징

주자 계열 성리학만을 국시 국학으로 숭장해온 조선 왕국의 지배이념에서는 주자의 통치론을 따라 이른바 재상(宰相) 위임의 통치체제를 지향하게 되었다.

> 인주(人主)는 재상(으로 합당한 자를) 논하는 것을 직무로 삼으며 재상은 임금 바로잡는 일을 직무로 삼는다. 양자가 각기 그 직무를 제대로 지키는 연후에야 체통(體統)이 바르게 되며 조정(朝廷)이 존귀하게 되어 천하의 정사(政事)가 한 곳에서 나오고 여러 군데에서 거론하는 폐단이 없게 된다(『朱子大全』 12, 「己酉擬上封事」).
>
> 인주는 재상(으로 합당한 자를) 논하는 것을 직무로 삼으니, 총재(冢宰)를 두고 말한다. (총재는) 위로는 군부(君父)를 승순(承順)하며 아래로는 백관(百官)을 통솔하고 만민(萬民)을 다스리니 그 직무가 큰 것이다. 또 인주의 자질은 혼명(昏明)과 강약(强弱)이 같지 않으니 그 아름다움을 순성(順成)하고 그 악(惡)을 바로잡으며, 그 옳은 것을 권하고 잘못된 것을 고치게 함으로써 임금을 중화(中和)의 경지에 받들어 모신다. 그러므로 상(相)이라 하니, 보상(輔相)한다는 뜻이다(『朝鮮經國典』 上, 治典摠序).

주자의 통치론이 곧 삼대(三代) 성왕(聖王)의 왕정론을 그 핵심으로 하고 있었다 함은 다 아는 사실이다. 그리고 주자 통치론의 구도는 군주가 그 일심(一心)을 함양하여 대공지정(大公至正)하게 됨으로써 왕권의 사사(私邪)로운 운용을 일체 지양하는 한편 현인(賢人)을 가려 대신의 직위에 앉히고 그로 하여금 백관을 통솔하여 국가를 다스리도록 한다는 소위 재상 위임통치론으로 되어있었다.

조선 왕국으로 말하자면, 개국 후 태종 대(太宗代)에는 왕권을 강화할 현실적 필요에서 국왕의 직접적 통치체제인 육조직계제(六曹直啓制)를 채택하였다. 그런데 뒤이어 통치 질서를 안정시킨 세종 대(世宗代)에는 의정부서사제(議政府署事制)를 채택함으로써 재상 위임통치론의 실현을 추구하게 되었다. 그러나 정당한 명분을 결여한 채 왕권을 차지한 세조(世祖)는 즉위 후 즉각 육조직계제를 채택함으로써 자신의 전제적 통치권 발동을 강화하였다. 게다가 그는 소위 훈척(勳戚)정치의 패술적(覇術的) 관행을 도입함으로써 왕권의 안정을 도모하였는데, 이는 이후 조선왕조 일대의 훈척정치의 구도를 확립해두는 결과를 초래하였다. 이는 명백히 주자학의 통치론과는 이질적인 조선왕조 특유의 통치 관행이었다. 그리고 그것이 『경국대전(經國大典)』 체제로 정립되었다.

그런데 이윽고 사림(士林) 세력의 사회정치적 성장과 함께 점차 주자류의 재상 위임통치론을 다시 논의하기 시작하였다. 그리고 16세기 중종 대(中宗代)에는 국왕의 윤허로 그것을 다시 채택하기로 결정하였다. 그러나 뒤이은 기묘사화(己卯士禍)의 발발로 인하여 그것은 시행되어 보지도 못한 채 폐장되고 말았다. 그러나 기묘(己卯)·을사(乙巳)의 사화가 지난 후 16세기 후기 사림정치의 시기로 접어들자 재상 위임통치론이야말로 왕정을 실현할 기본 통치체제인 것으로 사림 사이에서 널리 추구하게 되었다.

> 자고(自古)로 밝고 훌륭한 임금이라 하더라도 홀로 통치를 할 수는 없고 반드시 현자(賢者)를 얻어 나라를 함께하는 것입니다. 그러므로 위대한 요(堯)임금도 오히려 순(舜)을 얻지 못할까 근심하였으며, 군주다운 순(舜)임금도 오히려 우(禹)와 고요(皐陶)를 얻지 못할까 봐 근심하였습니다. 임금이 신하에게 위임하는 것이 천지(天地)의 도(道)인 것입니다(『栗谷全書』 7, 「陳時弊疏 壬午[선조 15; 1582]」).

그런데 조선 왕국에서는 16세기 중반 이래 빈발하는 내우외환(外憂內患)의 수습을 위해 비변사(備邊司)가 설치되면서 통치체제의 실무와 실권이 여기에 많이 집중되는 변칙적 행태가 등장하였다. 더구나 왜란(倭亂)과 호란(胡亂)의 수습 과정을 통해서 비변사가 점차 확고부동한 통치기구로서의 권한을 행사하는 관행으로 되어갔다.

> 오늘날 더욱 심하게 잘못된 것이 세 가지인데, 관제(官制)와 전제(田制)와 병제(兵制)가 그것입니다. 이 세 가지 중에서도 관제가 더욱 긴급하니, 변통하지 않는다면 결단코 치세(治世)를 이룰 가망이 없습니다. … 지금 비변사가 국정을 오롯이 주관하고 있으므로 정부(政府)는 한가한 관서가 되고, 승정원(承政院)은 단지 왕명의 출납만 관장하고 있으므로 승지(承旨)가 실무 관리의 구실을 하며, 별도로 도감(都監)을 두어 (일을 맡기므로) 본사(本司)는 도리어 잉여의 관아가 되고, 관원을 자주 체직(遞職)하므로 (본직 관서인) 성시(省寺)가 역사(驛舍)와 같게 되고, 문서를

관수(管守)하지 않으므로 이서(吏胥)들이 법을 농간하고, 관직을 겸대(兼帶)시키는 경우가 많으므로 책임을 전담하는 내실이 없고, 일이 (하급 관리인) 조사(曹司)에 돌아가니 직책을 분담시키는 의미가 없고, 책임을 부과함이 명백하지 않으므로 자리를 비우는 것이 풍습으로 되고, 녹봉이 너무 박하여 염치를 잃어버리기 쉽게 되었습니다. 이것이 모두 관제의 폐단입니다.

아조(我朝)에서 서사법(署事法)을 폐지하면서부터 삼공(三公)이 국정을 논의할 곳이 없게 되었습니다. 이에 별도로 비변사를 설치하여 재신(宰臣)들 중에 군무(軍務)를 아는 사람으로 당상(堂上)을 삼고 무반(武班) 중의 문자를 아는 사람으로 낭청(郎廳)을 삼아, 변방(邊方)의 일에 대처해가고 있습니다. 이 제도가 대략 송(宋)나라의 추밀원(樞密院)과 같습니다. 그런데 우리나라는 조정의 정령(政令)을 재단(裁斷)하는 데가 없으므로 부득불 모두 비변사로 돌아가게 되었습니다. … 우리나라 사람들은 부화(浮華)하여 실속이 없고 대각(臺閣)으로 돌아다니면서 전혀 일을 하지 않는 것을 스스로 청류(淸流)라 일컫는데, 중요한 기무(機務)는 물망도 없는 재상이나 문자를 조금 아는 무부(武夫)에게 맡기고 있습니다. 이러고서도 치도(治道)가 이루어지기 바라는 것은 너무도 틀린 일이 아니겠습니까. 마땅히 조종(祖宗)의 법(法)에 따라 (정부) 서사(署事)의 규정을 회복한 연후에야 정령(政令)이 한 곳에서 나오고 기강(紀綱)이 확립될 것입니다(『인조실록』, 인조 3년 3월 임술 行副提學 崔鳴吉 箚子; 『遲川集』 7 「論官制箚」).

조선 후기 오랜 당쟁의 과정을 통해서, 특히 인조반정(仁祖反正) 이후 대세상의 집권당으로 행세하게 된 서인(西人) 세력의 주된 통치체제론 또한 재상위임론이었다. 특히 효종·현종·숙종 초까지 오래 산림(山林) 재상으로서 소위 '대로(大老)'로 존숭받은 우암(尤菴) 송시열(宋時烈, 1607~1689; 선조 40~숙종 15)의 경우, 주자학을 유일의 통치론으로 삼고 주자의 재상위임론 또한 매우 강도 있게 주창하였다.

> 인군(人君)의 도(道)는 그 몸을 자수(自修)하는 일 말고는 오직 재상(으로 합당한 자를) 논하는 것이 가장 크고 또 급한 일입니다. 대체 인군 한 사람을 비보(毗輔)하면서 백관을 총솔(總率)하는 것이 재상입니다. 인군의 덕(德)이 잘되고 잘못됨과 인물의 사정(邪正)을 헤아려 대처하지 않음이 없으니, 재상은 불가불 가려서 논해야 하는 것이며 또한 그 자리를 비워두어서도 안 되는 것입니다(『宋子大全』 14, 「陞拜左議政後引罪乞遞疏 壬子[현종 13; 1672] 5월 28일」).

그런데 그러한 통치체제를 논의는 하였지만, 정작 노론당(老論黨)이 갑술환국(甲戌換局, 1694) 이후 마침내 영구 집권당으로 확고한 위세를 차지한 후에도 끝내 그것을 실현하지는 못하였다. 오히려 노론당 또한 기본적으로는 왕권과의 유착 관계를 통해서 훈(勳)·척(戚)의 위치를 굳혀갔으며,[3] 비변사를 중심으로 하는 변칙적인 권력의 독점 행사를 선

---

3 원래 사림(士林)은 훈척(勳戚)과 극히 대조적 정치 견해를 지니고 있었다. 가령 16세기 율곡(栗谷)의 견지를 보면 "사류(士類)는 외척(外戚)이라는 두 글자를 마치 승냥이나 호랑이, 귀신이나 도깨비와 같은 것으로 보아온 지가 오래되었다" 하였다(『율곡전서』 7, 「辭大司諫陳洗滌東西疏 己卯; 1579=宣12」).
그런데 조선 후기에는 사림세력의 번성과 함께 외척이 모두 사류 집안 출신으로 되어갔다; "부교리 이징명(李徵明)이 상소하였다. … 오늘날의 외척은 모두가 사류이다"(『숙종실록』, 숙종 12년 7월 무자).
또한 이 시기를 대표하는 산림 양송(兩宋)의 경우를 보더라도, 척리(戚里)가 '주인(主人)' 노릇을 하면서 서로 이끌어 항구적 세력권을 형성하고 있었다; "유현(儒賢)은 반드

호하였던 것으로 이해된다.[4] 그러한 과정에서 소위 훈척을 모태로 하는 서울 중심의 노론 벌열(閥閱)에 의한 정권의 독점 행태가 항구적으로 이어졌다.[5] 그 같은 현상을 18세기의 실학자 성호 이익은 다음과 같이 관찰하였다.

> 지금 세상에서는 문벌을 숭상하므로 경상(卿相)의 자제는 반드시 경상이 된다(『星湖僿說』 7, 「侈俗」).
>
> 내가 후세의 조정 의논을 보건대, 반드시 대관(大官)이 억견(臆見)으로 결단하는데 요좌(僚佐)들은 참여하지 못한다. 그 지모(智謀)로 말한다면 대관이 꼭 그들보다 나을 것이 없으나, 세력과 지위에 눌리어 아래에 있는 자는 참여할 수가 없다. 만약 위구(危懼)한 때를 당하게 되면 훈신(勳臣)·척신(戚臣)·권신(權臣)·총신(寵臣)들이 임의로 국사(國事)를 무너

시 주인을 기다려 진출하는 것이다. 옛날 우암(尤菴)·동춘(同春)의 융성함으로서도 오히려 문곡(文谷) 김수항(金壽恒)과 노봉(老峰) 민정중(閔鼎重)이 조정에 있은 연후에야 이에 진출하였던 것이다"(『頤齋亂藁』 4, 甲申 6월 24일조).

4 가령 노론(老論) 주도의 정국으로 확정되고 난 17세기 말 이후로도 정부서사제의 회복을 요청하는 쪽은 오히려 소론·남인당의 박세채(朴世采)·최석정(崔錫鼎)·남구만(南九萬) 등으로 나타나고 있었다는 사실을 주목할 필요가 있다. 그 같은 요청에 대해 정작 숙종(肅宗) 임금 자신은 "의정부(議政府)의 서사(署事)는 다시 시행하기에 어려움이 있다"는 정도로 넘어가고 있었다(『숙종실록』, 숙종 21년 2월 기유; 동 25년 4월 을축 참조). 그나마 18세기 이후로는 조정에서 그것을 공식적으로 거론하는 일마저 없어진 것으로 보인다.

5 "서울 중심의 소수 성관(姓貫)의 거대한 유력가문에 권력이 집중된 현상은 곧 정치변동의 과정에서 비변사로 정치권력이 모이고 비변사가 왕권에 대하여 상대적인 자율을 확보해가는 과정과 밀착되어 진행되어온 것"이며, "비변사를 장악한 성관(姓貫), 그 성관 속에 담긴 거대한 유력가문에 의해 의천(議薦)을 통한 당상관 인사의 과점(寡占)과 가문(家門) 중심의 도당록(都堂錄) 회권(會圈) 및 문과(文科) 운영을 통한 중앙정치세력의 재생산이 이루어져 소수 성관에 속한 서울에 거주하는 거대한 유력가문의 과점(寡占)을 점차 구조화하였던 것이며, 19세기 초에 그 정점에 달하였다." 그리고 "국가통치의 핵심을 이루는 재정과 군사를 중심으로 국가행정이 전반적으로 비변사에 의해 통할되는 체제"로 운용되어 갔다는 연구를 참조하라; 한국역사연구회 19세기정치사연구반, 1990, 『조선정치사』 上, 청년사, 196쪽 및 下 498쪽.

뜨리고 어지럽혀 차차 멸망에 이르고 말 것이다(같은 책 13, 「議自下起」).

조선 후기의 '훈신·척신·권신·총신'이 물론 반드시 노론 벌열 출신인 것만은 아니었다. 그러나 대세가 노론 경화(京華) 벌열 위주로 되어 가고 있었다는 사실은 더 말할 필요가 없을 것이다.

3. 다산 경세론의 성격

1) 인간론

전통 성리학의 인간관은 이른바 천명(天命)에 따라 부여된 인성(人性)이 인간의 본질을 이루고 있다는 것을 전제한다.[6] 인간의 본연지성(本然之性)은 어디까지나 순선(純善)한 인의예지(仁義禮智)의 성질을 천부적으로 타고나는 것이므로, 그 본성을 잘 간직하고 성찰하여 함양(涵養)하기만 하면 모든 선(善)을 실현할 수 있다고 한다. 그런데 인간은 또한 천부적으로 기질지성(氣質之性)을 타고나는 데다가 후천적으로는 형질(形質)[形體] 즉 육신(肉身)의 욕구로 일어나는 유혹을 받는 존재이므로 모든 악(惡)은 이 선천적 기질과 후천적 유혹으로 인하여 발동된다고 한다.

다산도 '천명지위성(天命之謂性)'이라는 경전의 문자 그대로 인간은 천명의 성(性)을 부여받은 존재라는 데에는 동의한다. 그런데 그 '성'이라

6 이천(伊川)의 '성즉리야(性卽理也)'와 횡거(橫渠)의 '심통성정(心統性情)'이라는 두 구절은 결코 깨뜨릴 수 없는 명제이다(『朱子語類』 5, 性理 2; 砥錄); 성(性)은 실리(實理)이니, 인(仁)·의(義)·예(禮)·지(智) 모두를 갖추고 있다(같은 곳; 德明錄).

는 것은 마치 사슴이 산을 좋아하고 물을 싫어하듯 하는 호(好)·오(惡)의 성질을 가리키는 것인데, 단지 인성은 악(惡)보다는 선(善)을 좋아하는 성질을 천부적으로 타고난 것이라고 이해한다. 더구나 성리학은 인간의 본질을 성이라고 규정하는 데 반하여, 다산은 심(心)이야말로 인간의 본체(本體)요, 성이란 것은 심의 한 속성이라고 한다. 그리고 무엇보다도 성리학이 인간 악(惡)의 근원이라고 지목하는 '기질지성'의 존재 자체를 부정한다. 그는 인간의 악이 후천적인 욕구에서 생겨날 뿐이라고 한다.

> 형체가 없는 심이 인간의 본체이다. 이는 곧 허령불매(虛靈不昧)한 것이다. … 그 본체는 모든 형상을 포괄하고 모든 이치를 깨달을 수 있으며 능히 사랑하고 능히 미워하기도 하는 것이니, 인간이 생겨날 때 천이 인간에게 부여한 것이다(『大學講義』 2-3).
>
> 심·성에 관한 설(說)은 가장 정미(精微)한 것이므로 가장 차이가 나기도 쉽다. 오직 그 글자의 뜻이 먼저 밝혀져야만 이에 분간해 말할 수 있다. 고경(古經)에 나온 뜻으로 말하자면, 인간의 허령(虛靈)한 본체를 일러서 대체(大體)라 하였고(『맹자』에 나온다),[7] 대체에서 발(發)하는 것을 일러서는 도심(道心)이라 했으며(『道經』에 나온다), 대체가 좋아하고 싫어하는 바를 일러서 성(性)이라 하였다. '천명지위성(天命之謂性)'이란 것은

7 대체(大體)라는 것은 무형(無形)의 영명(靈明)이요 소체(小體)라는 것은 유형(有形)의 구각(軀殼)이다(『孟子要義』 2-29, 或從其大體章). 즉 인간의 '유형의 구각' 즉 형질[形體]을 두고 '소체(小體)'라고 이름에 비해, '대체(大體)'란 것은 인간의 '심체(心體)'를 두고 이른 것이다. 또 본문에는 인간을 두고 '신형묘합(神形妙合)'이라고 말한 문자가 나오는데, 이 또한 심체[精神]와 형구(形軀)[形體; 形質; 形氣]가 묘합(妙合)해 있음을 표현한 것이다.

인간이 태어나는 시초에 덕(德)을 좋아하고 악(惡)을 부끄러이 여기는 인성을 천이 인간의 허령한 본체 안에다 부여해두었음을 말한 것이지, 인성을 인간의 본체라고 일컬을 수 있음을 말한 것이 아니다. 성이란 것은 기호(嗜好)한다든가 염오(厭惡)함을 두고 이름 붙인 것이다. … 성이란 것은 대체의 전체를 일컬음이 아니요, 그 가운데의 호(好)·오(惡)의 이치를 두고 별도로 한 이름을 붙인 것이다. … 인간은 그 정신(精神)과 형구(形軀)가 묘합(妙合)하여 서로 떨어질 수가 없다. 그러므로 형구의 여러 욕구 또한 이 성으로 말미암아 발동한다. 이것이 옛날의 이른바 인심(人心)이라는 것인데, 기질(氣質)의 설(說)이 이로 말미암아 나오게 되었다. 그러나 이 기질지성(氣質之性)이란 것은 요·순도 일찍이 그 청명(淸明)한 쪽만을 편벽되이 타고나지는 않았으며 걸(桀)·주(紂)도 일찍이 그 탁예(濁穢)한 쪽만을 편벽되이 타고나지는 않았다. '기질지성'이란 것은 인간 본성의 선·악에 아무런 관련이 없는데, 선유(先儒)는 매양 기질의 청(淸)·탁(濁)을 가지고서 선·악의 근본이 된다고 하니, 아마도 차천(差舛)이 없지 않은 것 같다. … 기질이 선·악에 상관없음이 이와 같은 고로 기질의 설은 비록 폐기하더라도 좋을 것이다. … 인간은 정신과 형구가 묘합하여 혼연히 하나가 된 존재이다. 그래서 그가 발(發)하는 심(心)으로 말하자면 도의(道義)로 인하여 발하는 경우가 있는데 이를 일러서 도심(道心)이라 하고, 형질(形質)로 인하여 발하는 경우가 있는데 이를 인심(人心)이라 한다. 인간은 도심을 갖고 있으므로 선·악을 명백히 구별하고 또한 덕(德)을 좋아하고 악(惡)을 부끄러이 여기며 마침내 살신성인(殺身成仁)에도 이르게 된다. … 인간은 인심을 갖고 있으므로 재물을 탐내고 색(色)을 좋아하며 안일함을 추구하고 존귀함을 좇는다(『論語古今注』 9-10~17, 子曰性相近也장).

즉 성(性)은 심(心)의 한 가지 속성으로서 호(好)·오(惡)의 성질을 지닌 것일 뿐인데, 단지 인간의 성은 선(善)을 좋아하고 악(惡)을 싫어하는 속성을 타고난 것이라고 이해한다. 그런데 그 선·악을 판단하고 실행하는 것은 역시 심의 소관 사항으로 되어있음을 주의할 것이다. 그러므로 다산은 이 세상 만리(萬理)를 깨우칠 수 있고 만사(萬事)를 실행할 수 있는 심이야말로 인간의 '본체'라고 한다. 그래서 그는 성리학이 인간 악의 근원으로 정립해둔 선천적 '기질지성'을 부정한다. 그는 인간 '본체'로서의 심의 주체적 위상을 크게 확대해놓기에 이르렀던 것이다.

> 인간에게는 측은지심(惻隱之心)도 있고 수오지심(羞惡之心)도 있다. 이는 선심(善心)이다. 그런데 또한 비루하게 속이는 심도 있고 쉬이 보아 만만하게 여기는 심도 있다. 이는 악심(惡心)이다. 심의 발용(發用)은 선하게도 될 수 있고 악하게도 될 수 있는 것이어서, 성(性)과는 같지가 않다(『대학강의』 2-37, 「心經密驗」 仁人心也장).
>
> 천(天)은 인간에게 자주권(自主權)을 부여하였다. 그가 선을 행하고자 하면 선을 행하게 하고 그가 악을 행하고자 하면 악을 행하도록 해두었다. 정해진 방향이 없고 그 권한이 자기 자신에게 있는 것이어서, 금수(禽獸)가 정심(定心)을 가진 것과는 다르다. 그러므로 그가 선을 행하면 실로 그 자신의 공이 되고 그가 악을 행하면 실로 자신의 죄가 된다. 이는 심의 권능(權能)이요 이른바 성이 아니다(『孟子要義』 1-34, 滕文公爲世子장).

다산에 따르면 인간의 심은 선(善) 쪽으로 기울 수 있고 악(惡) 쪽으로도 기울어질 수 있는 자주적 권능을 천부적으로 타고난다. 인간의 심은 선과 악을 자신의 판단에 따라 선택할 수 있는 자주권을 타고나기 때문에 그에 따르는 공(功)·죄(罪)의 책임 또한 자신이 담당해야 한다. 자신의 책임과는 관계가 없는 소위 기질지성이란 것은 아예 부정되지 않으면 안 된다.

그뿐 아니라 인간의 심은 인간 자신을 포함한 만사 만물의 이치를 깨쳐 알 수 있는 능력을 갖추고 있으며, 그 이치를 활용하여 다른 생물과는 다른 인간 특유의 삶을 살아갈 수 있는 능력을 갖추고 있는 것이라 한다. 인간은 천지(天地)의 질서를 따르지 않으면 안 되지만, 또한 인간은 결코 자연에 종속된 존재인 것만은 아니라는 뜻이다.

> 초목금수(草木禽獸)는 그 화생(化生)하는 시초에 천(天)이 생생(生生)의 이치를 부여함으로써 종(種)으로써 종을 낳아 각기 그 생명을 온전하게 전승하도록 해두었을 따름이다. 인간인즉 그렇지 않다. (天은) 온 천하 모든 인간이 각기 배태(胚胎)하는 시초에 이 영명(靈明)함을 부여함으로써, 만류(萬類)를 초월하여 만물을 향용(享用)하도록 해두었다(『中庸講義補』 1-2, 天命之謂性절).

> 인간의 대체(大體)로 말하자면, 생명을 가지고 태어나매 이미 지각이 있고 다시 영명(靈明)의 신묘(神妙)한 운용이 있다. 그러므로 만물을 포괄하여 빠뜨리지 않고, 만리(萬理)를 추구하여 모두 깨칠 수 있으며, 덕(德)을 좋아하고 악(惡)을 부끄러이 여긴다. … 우러러 하늘을 살펴보면 일월성신(日月星辰)이 삼연(森然)히 저기 벌여 있고 구부려 땅을 살펴보면 초목금수(草木禽獸)가 정연히 여기에 있는데, 그 모두는 다 인간을 비추어주고 따뜻하게 해주며 길러주고 섬겨주는 것들이다. 그

러니 이 세상의 주인 노릇 하는 자는 인간이 아니고 누구인가. 천(天)은 인간으로 하여금 세상을 집으로 삼아 선(善)을 행하도록 해두었으며, 일월성신 초목조수(草木鳥獸)는 이 집의 공봉(供奉)이 되도록 해두었다(『論語古今注』 9-14, 子曰性相近也장).

만물을 태어나게 하는 것은 천이지만 만물을 활용하는 것은 인간이다. 그러므로 … 가라지를 제거함으로써 곡식을 비옥하게 하고, 박(璞)돌을 쪼아 옥(玉)을 찾아내며, 사특하고 아첨하는 무리를 쫓아냄으로써 현신(賢臣)을 보호하는 것이다. 이는 천지의 지극한 인(仁)이다(『여유당전서』 1-22-19, 「擊蛇解」).

즉 원초적으로는 인간도 초목금수라는 자연과 함께 모두 천리(天理), 천도(天道)를 벗어난 별개의 존재로 태어나는 것은 아니지만, 인간과 만물은 또한 원초적으로 천부적인 차이를 지니고서 태어난다. 바로 그가 부여받은 심체(心體)의 영명성(靈明性)의 유무에 따라 판이하게 달라지는 것인데, 인간만이 그 영명함을 타고난 존재이다. 그 같은 심체의 영명함을 활용하여 인간은 만물과는 별다른 그 나름의 사회질서를 수립하고 만류(萬類)를 활용하면서 인간 사회를 꾸려갈 수 있는 것이라 한다.

그런데 한편으로 인(仁)·의(義)·예(禮)·지(智)와 같은 선(善) 혹은 덕(德)은 구체적으로 인간이 그것을 실행함으로써 생겨나는 것이지, 인간 각자가 인성(人性)을 내면적으로 함양(涵養)함으로써 발현되는 것이 아니라고 한다. 인간이 그 '본체'인 심(心)을 어떻게 '발용(發用)'하는가에 따라 선(善)도 실현할 수 있고 악(惡)도 실행하게 되는 것과 마찬가지 이치이다. 그래서 인간은 주체적 존재일 수 있는 것이다.

> 인·의·예·지의 이름은 본래 우리 인간이 그 일을 실행한 결과로 얻어지는 것이다. 결코 그 모두가 심(心)에 들어와 있는 현묘한 이(理)는 아니다. 인간이 천(天)으로부터 받은 것은 다만 여기서 인(仁)할 수도 의(義)할 수도 예(禮)할 수도 지(智)할 수도 있는 영명(靈明)함이다. 만약 천이 인·의·예·지 네 가지 알갱이를 인성 가운데에 부여해놓았다고 한다면, 그것은 사실이 아니다(『中庸講義補』 1-2, 天命之謂性절).
>
> 덕(德)이란 것은 나의 직심(直心)을 실행한 것이다. 실행하지 않으면 덕이란 것은 없다. 효(孝)·제(弟)·충(忠)·신(信)이라든가 인·의·예·지가 곧 덕인데, 그것을 몸소 실행하지 않고서야 어디에 덕이 있겠는가(『中庸自箴』 1-25, 君子尊德性절).

다산은, 효·제·충·신, 인·의·예·지와 같은 사회적 가치 혹은 덕행은 인간 사회에서 인간의 심의 판단과 결행을 통하여 비로소 사회적으로 실현되는 것이라고 단언한다.

그것은 인간의 '본체'인 심의 주체적 결단과 실행이야말로 사회적 가치와 도덕을 창출하는 원천이라고 하는 새로운 선언에 해당한다.[8] 그리고 인성은 선(善)으로 정향(定向)된 것이지만 동시에 천부의 기질지성(氣質之性)에 따라 악(惡)을 피할 수 없게 운명지어진 존재라고 하는

---

8 다산은 선(善)·악(惡) 같은 도덕적인 것을 포함한 모든 사회적 가치가 모두 '행사(行事)' 즉 인간의 적극적 결단과 실행으로 이루어지는 것이라는 확고한 견지로 일관하였다. 가령 "옛 학문은 그 힘쓰는 곳이 행사(行事)에 있었으므로 행사를 가지고서 치심(治心)하였으나, 지금의 학문은 그 힘쓰는 곳이 양심(養心)에 있으므로 양심(養心)하는 일을 가지고서 일을 폐(廢)하게 되었다"(『논어고금주』 6-5, 司馬牛問仁章)는 해석에서 보이는 바와 같다. 다음에 살펴보겠지만, 그의 왕권론(王權論) 또한 왕 자신의 구체적·적극적 실행(實行) 문제를 중심으로 하고서 논의된다. 그런 의미에서 다산은 철저한 '행사(行事)'주의, 즉 실행(實行)주의로 일관한다고 할 수 있다.

성리학 도덕률의 허구성으로부터 인간을 해방시킨다는 의의를 지닌다. 인간은 그 심의 '자주권'을 천부적으로 타고나므로 자아의 주체적 자율성이 그만큼 커진 존재로 정립되기에 이르렀다. 인간의 존재 의미가 일단 새롭게 각성되고 있었던 것이다.

그래서 이제 인간은 자신의 욕구를 억제하는 쪽으로만 힘쓸 것이 아니라, 정당한 욕구라면 오히려 적극적으로 실현해야 한다는 견지에 확고히 서게 되었다. 인간의 주체적 삶의 길을 더욱 긍정하게 되었던 것이다.

> 인간의 영명(靈明)한 심체(心體) 안에는 본래 원욕(願欲) 한 가닥이 있다. 이 욕구가 없다면 천하만사를 다 이룩할 수가 없다. 오직 이익(利益)에 밝은 자는 욕구가 이록(利祿)으로 달려가고, 오직 의(義)에 밝은 자는 욕구가 도의(道義)로 달려간다. 욕구가 극진함에 이르러서는 양쪽이 모두 살신성인하여도 후회가 없으니, 탐부(貪夫)는 재물에 목숨을 바치고 열사(烈士)는 명성에 목숨을 바친다. 나는 일찍이 일종의 색다른 사람을 보았는데, 그 심(心)에 박연(泊然)히 욕구가 없어 능히 선을 할 수도 악을 할 수도 없고 능히 문사(文詞)도 산업(產業)도 할 수가 없으니, 곧 천지 사이의 하나 버려진 물건이었던 것이다. 인간이라면 욕구가 없어서야 되겠는가(『대학강의』 2-39, 「심경밀험」 養心莫善於寡欲장).
>
> 생민(生民)에게는 원래 욕구가 있다. 그 큰 욕구에 둘이 있으니 하나는 부욕(富欲)이요 하나는 귀욕(貴欲)이다. 무릇 군자(君子)의 족속으로서 왕조(王朝)에 벼슬살이하는 자는 그 욕구하는 바가 귀(貴)에 있고, 소인(小人)으로서 전야(田野)에서 경작하는 자는 그 욕구하는 바가 부(富)에 있다. 사람을 벼슬시킴이 적의치 않으면 원망과 비방이 귀족에게서 일어나고, 백성에게 혜택을 베푸는 일이 두루하지 못하면 원망과

> 비방이 소민(小民)에게서 일어난다. 두 가지는 다 족히 나라를 잃을 수 있는 사유(事由)가 된다(『尙書古訓』 2-32~3, 皐陶謨).

인간의 심은 그처럼 자주성과 주체성을 지닌 긍정적 존재인 것으로 정립되고 있었다. 그러므로 인간 자신의 사회적 실현의 욕구 또한 정당한 것으로 긍정하지 않으면 안 되었다. 그 욕구야말로 오히려 사회 발전의 원동력이 되는 것이었다. 그런데 또한 인간의 심의 발용(發用)은 자주성을 타고난 것이므로, 그 심에는 악(惡)의 편으로도 무한정 치달을 수 있는 가능성이 갖추어져 있기 마련이다.

> 동일한 심자(心字)이지만 거기에는 원래 세 등급이 있다. 그 첫째는 영지(靈知)의 전체(全體)를 두고 심이라 하는 것이니, "심의 기능은 생각하는 것"이라거나 "먼저 그 심을 바로잡는다"고 하는 유가 그것이다. 그 둘째는 감동(感動) 사려(思慮)가 발(發)하는 것을 심이라 하는 경우이니, 이른바 '측은지심(惻隱之心)'이라든가 '비벽지심(非辟之心)'의 유가 그것이다. 그 셋째는 오장(五臟) 가운데의 혈기(血氣)를 주관하는 것을 심이라 하는 경우이니 이른바 "심에 일곱 개 구멍이 있다"고 함이 그것이다. 그 첫째와 셋째는 유일무이한 것이다. 그런데 그 둘째를 두고 말하자면, 넷이나 다섯도 될 수 있고 백(百)이나 천(千)도 될 수 있다. … 다만 그 같은 백, 천의 심을 자세히 살펴 나누어본다면 인심(人心)과 도심(道心)을 벗어나지 않으니, 인심이 아니면 도심이요 도심이 아니면 인심이다. 이는 공(公)·사(私)가 나누어지는 곳이요, 선(善)·악(惡)이 판가름 나는 곳이다. 공(孔)·안(顔)·증(曾)·사(思)·맹(孟)이 살핀 바가 여기에 있고 요(堯)·순(舜)·우(禹)·탕(湯)이 경계한 바도 여기에 있

다(『梅氏書平』 4-23).[9]

식욕(食欲)과 색욕(色欲), 그리고 안일욕(安逸欲)은 모두 형기(形氣)로 말미암아 일어나는 것이다. 그런데 교오(驕傲)하거나 자존(自尊)하는 죄악도 허령(虛靈)한 (心體) 쪽에서 일어나는 것이다. 그러므로 "허령한 심체에서는 악(惡)이 일어날 이치가 없다"고 해서는 안 된다. 도학(道學)과 문장(文章)으로 자존하는 사람도 칭찬하면 기뻐하고 헐뜯으면 노여워하는데, 이 경우 형기와 무슨 관계가 있겠는가(『맹자요의』 1-35, 滕文公爲世子장).

인간의 죄악은 모두 식색(食色)과 안일(安逸)의 욕구로 말미암는데 이는 실로 형기에서 나온 것이다. 그런데 또한 대악(大惡)·거특(巨慝)으로서 스스로의 심에서 발하는 것이 있으니, 이는 식색 안일과 전혀 서로 관련되지 않는다. … 장패(張霸)와 매색(梅賾)이 『상서(尙書)』를 위조하여 선성(先聖)을 무함하고 아래로 천세(千世)를 속였지만 그 마음이 먹을 것을 구하고자 함은 아니었고, 모기령(毛奇齡)은 주자(朱子)를 질투하여 거리낌 없는 무문(舞文) 식설(飾說)로 스스로를 모함의 악(惡)으로 빠뜨렸으되 그 마음이 여색(女色)을 바라고 한 것은 아니었다. … 지금 사람들은 혹 경의(經義)를 논하고 혹 도리(道理)를 판별하면서 기를 세우고 성을 내어 서로 욕을 하거나 혹은 문장(文章)을 서로 시기하여 해코지를 해대면서 그 때문에 몸을 망치고 화를 당하여도 돌아볼 줄을 모르는 경우가 있는데, 그 마음이 형기의 무슨 이로움을 바

9 "심(心)의 기능은 생각하는 것"이란 말은 '측은지심'과 함께 『맹자』에, "그 몸을 닦고자 하는 자는 먼저 그 심(心)을 바로잡는다"는 말은 『대학(大學)』에, '비벽지심(非辟之心)'은 '사악(邪惡)한 마음'이란 뜻으로 『예기(禮記)』에, "성인(聖人)은 심장에 7구멍이 있다"는 말은 『사기(史記)』「은본기(殷本紀)」에 나오는 말이다.

라서 하는 짓은 아니다(『대학강의』 2-27, 心性總義).

무릇 인간의 정신활동을 주관하는 본체로서의 심이라는 것도 여러 등급으로 나뉘어 있다는 것, 그 가운데의 "감동 사려가 발하는" 심은 크게 보아 인심과 도심으로 나뉘지만, 그것은 실로 만리(萬理)·만사(萬事)에 응하는 여러 가지의 형태로 발동한다는 것, 특히 인간의 '인심'은 "거대한 악(惡)이라든가 간특함"으로 구현되는 고도의 정신적 욕구를 발동할 수도 있는 존재라고 하는 이론이다.

인간은 식색(食色), 안일(安逸)과 같은 형이하학적 욕구를 충족시키기 위해서 악을 저지르기도 하지만, 그러한 수준을 넘어선 고등(高等)한 정신적 작악(作惡)의 욕구를 동시에 갖추고 있다. 실로 무한한 악의 가능성을 그 심체(心體) 속에 천부적으로 갖추고 태어난 것이 인간이란 존재이다. 이는 인간에 특유한 허령(虛靈)한 심체(心體)의 사회적 실현 가능성이 선 아닌 악 쪽으로도 무제한으로 확대될 수 있음을 설파한 대목으로 이해된다. 다산의 인간관은 그렇게 다양하고 새로운 모습으로 정립되고 있었다.

그래서 인간의 사회적 관계에서는 자기 자신의 비뚤어진 욕심을 이기는 극기(克己)의 일에서부터 타인에 대한 침해를 방지하는 예(禮)·악(樂)·형(刑)·벌(罰)과 같은 외부적 규제 장치까지 반드시 필요한 것이라 하였다.

> 인간은 이체(二體)를 갖고 있으며 또한 이심(二心)을 지니고 있다. 도심(道心)이 인심(人心)을 이긴다면 대체(大體)가 소체(小體)를 이기는 것이다. … 비례(非禮)를 보고자 하는 터이므로 "비례는 보지 말라" 한 것이다.

비례를 듣고자 하는 터이므로 "비례는 듣지 말라" 한 것이다. 비례를 말하고자 하는 터이므로 "비례는 말하지 말라" 한 것이다. 비례를 행하고자 하는 터이므로 "비례는 행하지 말라" 한 것이다. 애초에 하고자 하지 않는다면 무엇 때문에 "하지 말라"라고 했을 것인가. 하고자 한다는 것은 인심이 그것을 하고자 하는 것이다. 하지 말라고 한다는 것은 도심이 그것을 하지 말라고 하는 것이다. 인심은 하고자 하는데 도심은 하지 말라고 한다. 양자가 서로 싸워, 하지 말라는 쪽이 이긴다면 이를 일러 극기(克己)라 한다(『논어고금주』 6-2, 顏淵問仁장).

예(禮)는 본래 어떻게 해서 만들어진 것인가. 사람의 삶에는 욕심이 있으므로 예로써 이를 절제하지 않으면 사치(奢侈)해짐에 한도가 없다. 그러므로 사치스러움과 검박스러움 사이에 형평을 잡아 예를 세워둔 것이다(『논어고금주』 1-43, 林放問禮之本장).

속유(俗儒)는 요·순이 너무 고상하고 아득한 경지에 있는 것으로 과도하게 추존(推尊)함으로써 군주(君主)로 하여금 스스로 한계를 두도록 한다. 이는 세도(世道)의 큰 병통이다. 요임금 때에 환두(驩兜)와 공공(共工)은 내조(內朝)에서 간특한 일을 저지르고 있었고 삼묘(三苗)는 외번(外藩)으로서 노략질하고 있었다. 단주(丹朱)는 집안에서 패거리를 만들었고 고수(瞽叟)는 척리(戚里)에서 악행을 저지르며 상(象)은 그 형인 순(舜)을 모살(謀殺)하고 형수를 차지한다는 말을 해대고 있었다. 곤(鯀)은 치수(治水)를 그르쳐 만백성의 목숨을 물속에다 빠뜨렸다. 지금 사람들은 오직 "백성을 균평히 밝히다", "만방(萬邦)을 협화(協和)하게 하다"[10]라

---

10 『尙書』, 虞書 堯典에 요(堯)임금의 치적으로 "백성을 균평히 밝히시니 백성의 덕이 밝아지며, 만방을 협화(協和)하시니 모든 사람들이 이에 크게 변하여 화목하게 되었다; 平章百姓 百姓昭明 協和萬邦 黎民於變時雍"는 문자를 두고 이름이다.

고 하는 두 문구만 가지고서 드디어 당시에는 널리 하늘 아래에 한두 사람의 악인(惡人)도 없었다고 한다. 어찌 실정에서 멀리 벗어난 생각이 아닌가. 요·순은 명명백백하게 오형(五刑)을 설치하여 천하의 악인들을 조처하였으며 고요(皐陶)는 형(刑)의 집행을 엄명(嚴明)히 함으로써 백성의 신복(信服)을 얻은 것으로 이름났다. 그 형의 집행을 엄명히 하여 신복을 얻을 당시에는 반드시 간특함을 찾아내고 숨은 것을 캐내어 형률(刑律)에 비추어 처벌하는 일을 그만둘 수가 없었던 것이다. 만약 한결같이 바르고 순후(淳厚)하게만 나아갔더라면 반드시 천하에는 원옥(寃獄)이 많아졌을 것이며 악인들은 반드시 요행으로 많이 빠져나갔을 것이다. 어찌 지치(至治)를 이룩할 수가 있었을 것인가. 지금 사람들은 형명(刑名)을 지나치게 배척하는데, 사대부가 법률을 전혀 읽지 않는 것도 역시 큰 병폐이다(『尙書古訓』 2-20, 皐陶蠻夷猾夏절).

인간은 어차피 다른 인간과의 관계를 떠나서는 살 수가 없다. 인간은 어차피 공동체적 삶을 살아야 하는 사회적 존재이다. 그러므로 인간이 남과 함께 공동으로 살아가기 위해서는 각자 악(惡)을 고쳐 선(善)을 실행하며 욕심을 조절하여 조화를 이룩하도록 하는 공동체적 규제가 반드시 필요하다. 교육과 예(禮)와 형벌(刑罰)이 필수 불가결한 이유가 여기서 분명해진다. 이른바 예(禮)·악(樂)·형(刑)·정(政)이라는 공동체 규율은 필수적인 것이며, 그 규율을 항구적으로 안정되게 유지시키는 공적 조직체로서의 국가체제 또한 어쩔 수 없이 필요 불가결한 기구로 존속하고 있어야만 하는 것이다.

그런데 다산에 따르면 무릇 삼대(三代)가 지난 이후 국가체제는 결코 그 주민들의 조화로운 공동체적 삶을 위해서가 아니라 지배층의 사사로운 이욕(利欲)을 위해서 예·악·형·정을 제정하고 집행해온 것이었다. 그와 같은 비리(非理)와 인습(因襲)의 역사를 근본적으로 지양하고서 이제 새로운 왕정의 시대를 창출하고자 하는 것이 다산의 경세론이었다. 그러므로 거기에는 예·악·형·정뿐 아니라 무릇 통치체제의 근본적 개혁이 필수적으로 요청되고 있었다.

한국사에서는 중세 해체기의 시대적 과제로서 지배체제 개혁론이 실학에 의해 크게 부각되고, 실학의 마지막을 장식하는 다산의 솜씨를 기다려서야 가장 구체적이면서도 전반적인 국가체제 개혁론으로 구현되기에 이르렀다. 국가체제 개혁론이라는 다산의 경세론은 그와 같은 역사적 현실의 산물이었던 것이다.

2) 국가체제 개혁론

인간 본체로서의 심(心)이 천(天)의 영명(靈明)함과 직통해 있어 인간은 모든 이치를 인식하고 실행할 수 있는 자율적 주체성을 갖추고 태어난 존재라는 것이 다산의 새로운 인간관이었다. 또한 인간의 선천적 차별상을 강조하는 성리학의 이론 근거인 기질지성설(氣質之性說)을 부정하는 다산의 견지에서는 인간 자신의 주체적 노력과 그에 따르는 사회적 책임이 그만큼 커지는 것으로 인간관이 새롭게 정립되고 있었다.

모든 인간이 기본적으로 천과 '직통'해 있는 존재라는 것은 상대적으로 구래의 모든 사회적 억압과 속박으로부터 인간이 해방될 수 있다는, 새로운 시대 창출 가능성의 이론적 바탕이 되는 소신이었다. 이미 다산 이전부터 조선 후기의 실학이 인간의 심의 활성(活性)을 특히 강조해온 이론적 배경도 거기 있었던 것으로 이해된다. 그것은 한편으로는 인간의 사회적 진출이 점차 활발해져 가는 중세 해체기 현실의 사회적 요청을 반영한 것으로도 고찰된다. 그러나 또 한편으로는 오랜 억압의 지배구조에 대한 현실 인간의 대응과 새로운 활로를 모색하는 과정에서 정립되기도 하였던 것으로 이해된다. 그래서 실학은 역사적으로 적체된 인간 사회의 비리와 인습을 근본적으로 개혁함으로써 새로운 왕정의 시대를 창출하겠다는 견지에 서게 되었던 것이라고 해석된다.

다산이 사숙한 성호 이익의 경우,[11] 억압적 지배구조의 비리와 인습에 대한 반성에서, 민(民)이 왕(王)보다 먼저이며 민전(民田)이 왕전(王田)보다 먼저라고 하는 소유론적 차원의 반론을 제기하고 있었다.

> 대저 백성이 있은 연후에 임금이 있는 것이다. 그런데 백성을 다스리는 자는 임금이 아니라 곧 수령이다. 후세의 군주들은 백성을 얻어 임금으로 되고서는 그 존귀함과 영화를 누리면서 오로지 가까이 지내는 쓸모도 없는 자들에게 수령직을 준다. 그러고는 수령이 선정(善政)을 베풀어도 그에게 상(賞)을 더해주지 않으며 비록 선(善)하지 않은 자가 있다 하더라도 그 죄 또한 추궁하지 않는다. 그러므로 백성을 다스리는 것은 수령들의 여사(餘事)가 되었고, 백성만 쇠잔하고 피로해져 앓게 되었다(『藿憂錄』 1, 治民).
>
> 사람이 있으면 이에 토지가 있으니, 토지는 모두 백성의 전지(田地)이다. 성왕(聖王)이 정전제를 시행하여 백성에게 배분하였다는 것은, 백성이 왕의 전지를 받은 것이 아니었다. 왕이 백성 소유의 전지를 가

11 "스스로 생각해보매 우리가 능히 천지(天地)가 크다는 것과 일월(日月)이 밝다는 사실을 알게 된 것은 모두 이 어른의 힘이었습니다"(『여유당전서』 1-20-22, 上仲氏 辛未冬)라고 하는 심경을 형제간에 토로할 정도로 성호(星湖)를 사숙한 영향력은 컸던 모양이다.

지고 그것을 경계(經界)하여 그 쟁탈을 금한 것이었다. 그러므로 10분의 1세(稅)를 거둔다는 것도 왕이 그 10분의 9를 덜어서 백성에게 준다는 것이 아니요, 곧 백성이 그 10분의 1을 바쳐 임금에게 공봉(供奉)한다는 것이다. 그러므로 천하라는 것은 천하 사람의 천하요, 1인의 천하가 아닌 것이다. 왕망(王莽)은 왕정을 본받고자 하여 천하의 전지를 왕전(王田)이라 하였으니, 그 본뜻을 잃은 셈이다. 오직 10분의 1이라는 것은 실로 마땅히 부과할 세율(稅率)인 것이므로 백성으로부터 수취하더라도 학정(虐政)이 되지는 않는다. 이 1분을 지나치면 모두가 남의 물건을 빼앗는 것이 된다(『孟子疾書』 滕文公 下 8장).

소유론의 근원적 차원에서 말한다면 민은 왕보다 먼저라고 하는 것이 객관적인 사실이다. 그것이 실학에 와서 비로소 각성된 것은 아니겠지만, 이 시기에 와서야 이론화하였던 것이다. 소위 왕토사상(王土思想)은 백성의 민전(民田)을 국가적으로 조직하고 구성해놓은 2차적 이데올로기인 것이다. 먼저 생겨난 정당한 것을 나중에 나타난 지배자가 자신의 가까운 자들을 거느리고서 중간에서 자의(恣意)로 부당하게 농단하는 지배체제 자체는 그냥 용인되어도 괜찮은 것인가. 그와 같은 근원적인 물음이 실학에서는 진지하게 검토되고 있었다.

다산은 그같이 근원적 소유론의 견지에서 다시 통치권의 성립에 관한 근원적 논의를 제기하였다.

통치자가 백성을 위해서 있는 것인가, 백성이 통치자를 위해서 생겨난 것인가. 백성은 곡식과 옷감을 내어 통치자를 섬기며, 수레와 말과 몰이꾼을 내어 통치자를 맞이하며 떠나보내고, 그 고혈(膏血)과 진

수(眞髓)를 다하여 통치자를 살찌게 하니, 백성이 통치자를 위해 생겨난 것인가. 결코 그렇지 않다. 태고의 시초에는 백성뿐이었다. 어찌 통치자가 있었을 것인가. 백성은 자족스럽게 모여 살았다. 그런데 어떤 자가 이웃과 싸움이 일어나 결판을 지을 수가 없게 되자, 공언(公言) 잘하는 늙은이가 있어 나아가 이를 바로잡아 주었다. 이에 사린(四隣)이 모두 승복하여 함께 그를 추대해 높이고 이름하여 이정(里正)이라 하였다. … 황왕(皇王)의 근본은 이정에서 일어난 것이다. 통치자는 백성을 위해서 있는 것이다(『여유당전서』 1-10-4~5, 「原牧」).

5가(家)가 1린(隣)인데 5가로부터 장(長)으로 추대된 자가 인장(隣長)이 된다. 5린이 1리(里)인데 5린으로부터 장으로 추대된 자가 이장(里長)이 된다. … 여러 현장(縣長)이 함께 추대한 자가 제후(諸侯)로 되고 여러 제후가 함께 추대한 자가 천자(天子)로 된다. 천자라는 것은 뭇사람이 추대해서 이루어진 것이다. 대저 뭇사람이 추대해서 이루어진 것은 역시 뭇사람이 추대하지 않으면 이루어지지 않는 것이다(『여유당전서』 1-11-24, 「湯論」).

근원적으로 왕보다는 민이 먼저이며 왕유(王有)보다는 민유(民有)가 먼저요, 따라서 국가라는 통치체제도 근원적으로는 민의 일상의 편의를 위해 민이 공동으로 통치자를 추대해서 상달 식으로 구성하게 된 것이라는 단초적 민권(民權)의 이론이 등장하였다. 그 같은 인간관과 소유론 및 사회구성론은 중세적 사회구성의 해체기에 형성된 실학에 와서야 비로소 체계화된 가장 선진적인 이론으로 이해된다. 이러한 이론을 바탕으로 하고서야 이제 인간 주체성은 사회적으로 공인되어야 하며, 황왕(皇王)을 정점으로 하는 국가체제는 만백성의 공기관(公機關)

이 되어야 한다는, 보다 현실적이며 전진적인 개혁운동을 시작할 수 있게 되는 것이었다. 근원적으로 볼 때 백성의 일상의 삶의 방향과 위배되는 억압적인 지배체제는 이제 개혁을 통해서 새롭게 조직하지 않으면 안 된다는, 그리고 새로이 조직할 수 있다는, 인간을 주체로 하는 사회이론의 이념을 정립할 수 있게 되는 것이었다.

그런데 다산의 왕정론(王政論)은 궁극적으로 정전제를 바탕으로 하고 있으며 정전제론은 궁극에 가서는 토지국유를 바탕으로 한다. 그 왕정론의 바탕이 되는 이론은 기본적으로 정전(井田)과 같은 전국 일률(一律)의 객관적 기준이 전체를 관통하는 구도로 되어있었다.[12] 대체 민유가 우선이라든가 민권이 먼저라고 하는 인식이 그렇게 이론적으로 체계화하고 있음에도 불구하고 그의 경세론은 왜 모든 토지를 국유로 해야 한다는 것인가. 그것을 바탕으로 하는 국가개혁론 또한 어째서 전국 일률의 획일적 기준을 적용하는 형태로 구현되기에 이르렀는가.

> 삼대(三代)의 때 우(禹) 탕(湯) 문(文) 무(武)가 나라를 이룩하여 표준을 세우고 예악(禮樂)을 제정하여 금석(金石) 같은 법전(法典)을 드리우니, 현능한 신하와 훌륭한 보필들이 뒤의 임금[嗣君]에게 고하기를, "어기지 말고 잊지 말아서 모두 다 옛 법을 따라 하소서" 하였다. 그런데 후세에는 세상이 어지러운 때를 타서 우뚝 일어선 자가, 천명(天命)은 아직 정돈되지 않고 인심(人心)도 복속되지 않은 상태이므로 호강(豪强)한 자들의 원망을 살까 염려해서 드디어, 쇠란(衰亂)한 세상을 오래

12 金泰永, 1998, 『실학의 국가개혁론』, 서울대학교 출판부, Ⅳ-1~3 참조.

거치면서 겹겹이 쌓여 벌써 곪아 터질 종창(腫瘡)을 이루고 있는 폐법(弊法)들을 그대로 따라 법제로 쓰게 되었다. 혹 한 가지라도 생각해낸 의견이 있어 경장(更張)하는 방법을 시험코자 하면, 원로대신(元老大臣)으로서 침중(沈重)하여 덕(德)이 있는 듯한 자가 반드시 한마디 말로써 천천히 억압하되, "조종의 법제를 반드시 경장할 것은 아니다"라고 한다. 그러면 호강하여 권세를 업고 사(私)만 알지 공(公)은 모르는 자가 반드시 따라 되뇌기를, "노야(老爺)의 태산교악(泰山喬嶽) 같은 덕망이 국가를 진정할 만하다"라고 말한다. 그러나 실상 향원(鄕愿)의 거짓 덕이요, 선(善)을 좋아하는 마음은 한 점도 없는 것이다(『경세유표』 11-21, 賦貢制 6 力役之征).

현실적으로 통치권의 정점에 있는 왕권이라든가 혹은 그 왕이 답습한 국법이라는 것은 모두 백성의 일상의 삶의 방향과는 어긋나게 배치됐다는 것이 다산의 역사인식이었다. 반계(磻溪)에서 다산으로 이어지는 조선 후기의 주류 실학은 곧 그 같은 역사적 인식을 바탕으로 하고서 근본적 국가체제 개혁론을 제시하기에 이르렀다.[13] 그렇다면 조선 후기의 현실에서 여전히 비리와 인습의 억압적 지배체제를 이끌어가는 원로대신이라든가 '호강'으로 표현된 핵심 권력층은 어떠한 존재였는가.

지금 관직에 오르는 것은 벌열(閥閱)의 집안을 벗어나지 않는다(『雚憂錄』 1, 治民).

13 金泰永, 1998, 위 책의 기본 논조가 그것이다.

인재(人才) 얻기 어려운 지가 오래되었다. 온 나라의 빛나는 인재를 다 발탁하더라도 오히려 부족할까 염려인데, 하물며 그 가운데 10의 8, 9는 버리는 실정이다. 온 나라의 생령(生靈)을 다 배양하더라도 오히려 흥기(興起)하지 못할까 염려되는 터에 하물며 그 가운데 10의 8, 9는 막아버리는 실정이다. 소민(小民)은 버려진 자들이다. 중인(中人)도 버려진 자들이다. 평안도 함경도는 버려진 곳이다. 황해도와 개성(開城) 강화(江華)도 버려진 곳이다. 관동과 호남의 반은 버려진 곳이다. 서얼(庶孼)은 버려진 자들이다. 북인(北人)과 남인(南人)은 버려지지는 않았지만 (사실상) 버려진 자들이다. 버려지지 않은 것은 오직 벌열 수십 가(家)뿐이다(『여유당전서』 1-9-31, 「通塞議」).

2백여 년에 걸쳐 과거를 통해 벼슬한 사람들을 보면 점차 향외(鄕外)에는 해당되지 않았고, 심지어 근일에 와서는 도성 밖에 사는 사람들에게마저 미치지 못하고 있는 실정이다. 내가 단속하며 신칙했건만, 내 뜻을 제대로 받드는 실효를 거두지 못하고 있다(『정조실록』, 정조 19년 11월 신미).

궁벽한 곳에서 가난하게 사는 선비는 스스로 청운(靑雲)의 뜻을 펴볼 길이 없는 가운데 조정에서 등용하는 자들을 보면 모두가 도성 안의 화려하고 성대한 벌족(閥族) 서너 집안에 지나지 않는 실정이다. … 옛날과 지금 시대를 통틀어 지금처럼 규모가 협착하게 된 때는 찾아볼 수가 없다(같은 책, 정조 19년 11월 갑술).[14]

조선 후기에서와 같이 오랜 당쟁의 와중에서 마침내 영구 집권층

14 뒤에 연속시킨 『정조실록』의 사료 둘은 모두 정조(正祖) 자신의 말이다.

으로 행세하게 된 노론당(老論黨)의 경우, "경상(卿相)의 자제(子弟)는 반드시 경상이 된다"는 성호의 관찰 그대로 벌열로서의 사회정치적 위세를 독점해가고 있었다. 물론 노론 일색(一色)만이 경상의 관직을 모두 다 차지한 것은 아니었다. 거기에는 소수의 소론(少論)도 참여하고 있었다. 그러나 역시 대(代)를 이어 행세하는 벌열의 핵심은 경화(京華) 노론이었다.[15]

그런데 문제는 그들이 정권을 독점적으로 유지하기 위해서는, 현

---

15 소론(少論)이 중심이 되어 일으킨 경종(景宗) 초기의 소위 신임사화(辛壬士禍, 1721~1722) 및 영조 4년(1728)의 소론 이인좌(李麟佐)·남인 정희량(鄭希良) 등이 일으킨 무신난(戊申亂)을 계기로 노론 측의 소론(少論) 및 남인(南人)에 대한 불안감은 극도의 적대적 행태를 띠게 되었던 것으로 이해된다.

가령 18세기 노론(老論) 경화벌열(京華閥閱) 산림(山林)의 영수인 미호(渼湖) 김원행(金元行)의 문인(門人) 사이에서는 소론(少論) 명가(名家)인 참판(參判) 서명응(徐命膺)을 두고서, "명색은 비록 소론이지만 실제로는 국변인(國邊人)이지 적변인(賊邊人)은 아니다"라고 하는 논의를 벌이는 정도가 되어있었다(『頤齋亂藁』 6, 丙戌=1766년 3월 27일조).

또한 숙종비 인현왕후 민씨(閔氏)의 친형(親兄)의 사손(嗣孫)인 민백순(閔百順)(淸風郡守 당시)의 말에 의하면, 18세기 후기 당시 "소론에는 3부류"가 있으니, 굳이 소론 당색을 고집하지 않고 관직이 생기면 그냥 나아가는 부류가 한 가지요, "이미 역당(逆黨)이 아닌 바에야 소론으로서의 본색(本色)을 굳게 지킴이 어찌 해될 것인가 하는 부류가 다른 한 가지인데 서우상(徐右相)(志修) 같은 이가 여기에 속한다"는 것이며, 노론의 타도를 주창한 김일경(金一鏡) 같은 무리를 추장(推奬)하는 "더욱 흉악(凶惡)한 자들"이 또한 부류를 이루고 있다 하였다(같은 책 8, 丁亥=1767년 4월 4일). 노론(老論) 척리(戚里) 핵심 집안의 논의이기에 흥미로운 바 있다.

그리고 18세기 후기의 담헌(湛軒) 홍대용(洪大容, 1731~1783) 같은 통명(通明)한 실학자도 무신난(戊申亂)을 두고서는 다음과 같은 편당적인 인식을 갖고 있었다: (南人으로서) 무신(戊申)의 역변(逆變)을 당하자 정희량(鄭希良)·이인좌(李麟佐)의 잔당에 들어가 군사를 일으켜 궁궐(宮闕)을 범하는 데에 찬동하지 않은 자는 매우 드물 것이다. 그 자신이 몸소 그 잔당에 들어가서 요행스럽게 형벌을 모면한 자는 있지만, 몸소 들어가지는 않았다 하더라도 마음으로 동참하지 않은 자는 없는 것이다. 마음으로 동참하지 않은 자는 서인(西人)이지 남인(南人)은 아니다. 그러므로 나는 일찍이 생각하기를, "조가(朝家)에서 무신(戊申)의 역적을 궁치(窮治)한다면 경외(京外)를 막론하고 남인(南人)이라는 명색을 가진 자를 반드시 모두 다 죽일 것까지야 없지만, 그 지정불고죄(知情不告罪)에서 빠져나갈 자는 천(千)에 1, 2도 안 될 것이다"라고 한다. 진실로 충군애국(忠君愛國)의 마음을 가진 자라면 저들을 원수로 삼고 배척하더라도 장차 그 분(憤)을 다 풀 수가 없을 것이다. 어찌 다시 저들의 안색(顔色)을 접(接)할 것이며 정의(情意)를 서로 말할 수 있을 것인가(『湛軒書』 內集 3, 「與鄭光鉉書」).

실의 어떠한 비리를 두고서도 결코 그 개혁을 추구하지는 않고 '조종의 법제'라는 것을 그대로 인습하고 있었다는 사실에 있다. 그것을 다산은 '향원(鄕愿)'의 행태라고 지적하였다. 국가 통치구조로 말하면 그들 '향원'의 행태는 "사(私)만 알지 공(公)은 모르는" 중간 농단의 극치였다.

그러한 '향원' 식의 중간 농단 행태는 이미 오랫동안 역사적으로 조성되어 온 것이었다. 그것은 현 정권을 직접 운용하는 중앙의 벌열뿐 아니라 각 지역의 교활한 이서(吏胥)에 이르기까지 이미 구조적으로 결탁하고 인습화한 지 오래된 것이었다. 벌열의 전횡은 그 같은 비리 구조의 정점에 앉아 구조적 인습을 총체적으로 이끌어가는 통치 행태였다.[16] 그것이 중세 해체기를 맞은 조선 후기의 국가체제라는 것으로 운용되어 가고 있었다.

> 지금 호남(湖南) 한 도(道)에 근심스러운 것이 둘 있으니, 그 하나는 백성의 소요(騷擾)요, 다른 하나는 향리(鄕吏)의 탐학(貪虐)이다. … 탐관오리가 불법을 자행함이 해마다 늘고 달마다 더해서 갈수록 심해진다. 앞뒤로 6, 7년 동안 동·서쪽 수백 리를 둘러보매, 갈수록 더욱 기발해지고 고을마다 모두 그러하다. … 먼 고을의 조그마한 향리들도 재상(宰相)과 교제를 맺지 않은 자가 없다. 재상의 편지가 내려오자마자 기염이 솟아올라 그 편지를 빙자하고 허세를 부려 위아래에 과시한다. 수령은 겁내고 움츠러들어 감히 가벼운 회초리조차 가하지 못

16 19세기로 들면서 곧 척족(戚族) 세도(世道)정치로 노골화하는 역사적 사실을 참조할 것이다.

하고, 사민(士民)은 두렵고 겁나서 감히 그 비행을 발설하지도 못한다. 위권(威權)이 이미 서니 침학(侵虐)은 제 뜻대로다. 헤아려보면 한 고을에 이런 무리가 5, 6을 밑돌지 않는다. 양 떼 속에서 호랑이를 쫓아버리지 않고 곡식에서 잡초를 제거하지 않고서야 어찌 양이 크고 곡식이 자랄 수 있겠는가. 그런데도 감사(監司)가 순행할 적이면 이르는 고을마다 이 5, 6인을 불러서 안면을 대해주고 음식을 내려준다. 무릇 이런 대접을 받은 자들이 물러나서는 천지도 두렵지 않은 악행을 저지른다는 사실은 깨닫지 못하니, 애석한 일이다. 한 도가 이러하니 다른 도의 경우를 알 수 있고, 모든 도가 이러하니 나라는 장차 어찌할 것인가(『여유당전서』 1-19-15~16, 「與金公厚」).

입안(立案)이란 무엇인가. 거친 산·첩첩 봉우리·먼 갯벌·작은 섬들은 천지개벽 이래 한 번도 대장(臺帳)에 올려 다스려본 적이 없는 것인데, 문벌(門閥) 높은 집에서 스스로 문권(文券)을 만들어내어 이를 차지하고서는 입안이라 한다. 풀 한 포기·나무 한 그루·고기 한 마리·게 한 마리도 모두 내 것이라 하여 앉아서 세(稅)를 거두어들인다. 나뭇길도 끊어지고 도끼질도 엄중히 금지된다. 고기잡이 통발은 국가 대장에 실리지 않고, 염분(塩盆)은 사사로운 취렴(聚斂)에 바닥이 난다. 혹은 공신(功臣)·척신(戚臣)의 먼 후손들이 매양 민전(民田)을 잡아서 사패지(賜牌地)라 칭하는데, 구릉을 포함하고 벌판까지 뻗쳐 있는 것을 모두 제 땅이라 하여 마음대로 강탈하여도 아무도 말을 못 한다. 소민(小民)은 파산하여 드디어 쇠잔하고 멸망한다(『목민심서』 10, 刑典六條 禁暴).

오늘날 국가에 가장 긴급한 것은 전정(田政)이다. 내가 오랜 시일 전야(田野)에 살면서 전정의 문란함을 직접 보고 진실로 눈물 흘리고 싶을 때가 많았다. 강진(康津) 고을은 누락된 전결(田結)이 가장 적다고 일컫는 곳이다. 그런데 전안(田案)에 등록된 전지(田地)가 6천여 결(千餘結)이고, 누결(漏結)이 거의 2천 결이나 된다고 한다. 그러니 공가(公家)에서 4분의 3을 취하고 현리(縣吏)가 4분의 1을 갖는 것이다. 비록 옛 노(魯)나라 계씨(季氏)가 공실(公室)을 4등분했다 하지만 어찌 이보다 심할 수야 있었겠는가. 해남(海南)은 강진과 비교하면 지역은 더욱 작은데 누결은 오히려 더 많다. 나주(羅州)는 누결이 원안(元案)에 기재된 결수보다 더 많으니, 천하에 이런 일이 있겠는가. 그러나 별도로 얼마의 전결(田結)을 지적해서 누결이라 한다면 그 해(害) 됨이 그리 심하지는 않다. 지금은 그렇지 않다. 한 고을 전지를 통계한 다음 호부(豪富)한 민호(民戶)로서 세(稅)를 바치기에 염려 없는 자의 전지를 택해서 누결로 만들고 사사로이 돈과 쌀을 징수하는데 이를 방결(防結)이라 한다. 현리와 저리(邸吏)가 여기에 틈을 타서 이(利)를 노린다. 그리하여 전지 중에 하천이 되어버린 것, 유사(流沙)가 덮인 것, 예전부터 묵었거나 근래에 묵혀진 것 따위와 떠돌이·비렁뱅이·환(鰥)·과(寡)·고(孤)·독(獨)·가난하고 병든 자 등 껍질을 벗기고 골수를 긁어내더라도 어쩔 수 없는 자들의 전지를 골라서 원안에 기재된 결수에 충당한다. 그리고 현리와 저리들은 늦은 겨울이나 이른 봄에 (소위 漏結의) 징수를 마치고는 큰 배에다 실어서 혹 영남(嶺南)으로 보내거나 혹은 경강(京江)으로 보내어 그것을 팔아먹는다. 그런데 관(官)에서 거두어들이는 (元案의) 세(稅)는 100석(石)도 되지 않는다. 이에 사나운 아전과 교활한 포교를 검독(檢督)이란 이름으로 민간에 풀어놓아 세를 징수하는데, 받아낼 수 없는 자의 몫은 그 이웃이나 마을에서 징수하며 친족이나 인아(姻婭)에게서도 징수한다. 방(房)을 수색하며 목을 달아매고 결박한다. 솥과 가마를 들어내고 송아지와 돼지를 빼앗으니 온 동네가 시끄럽다. 우는 소리가 하늘에 진동하여 화기(和氣)를 해치고 인가(人家)는 쓸쓸해져 비참하다. 이들이 지나가면 열 집에 아홉 집은 텅 비게 되며, 추녀가 무너지고 벽이 부서지며 창문이 기울어진다. 그런데 검독이 빼앗아낸 것은 한 톨도 관으로는 들어가지 않는다. … 그렇게 되면 일을 맡은 신하는 조당(朝堂)에 아뢰기를, "백성의 버릇들이 간사하여 관망하기만 일삼는다"라고 한다. 그러면 조정에서 공문을 띄워 크게 꾸짖으니 백성 단속이 더욱 엄중해지는데, 실상 백성들은 세를 바치고 나서 죽고 없어진 지가 벌써 달포가 넘은 것이다. 어찌 원통하지 않은가(『경세유표』 1, 地官戶曹 2 經田司).

저점(邸店)이란 무엇인가. 오늘날의 이른바 선상(船商) 객주(客主)가 그것이다. 포구에 배가 닿는 곳이면 어디나 호민(豪民)이 점포를 차려놓고 무릇 장삿배가 와서 정박하면 그 물화(物貨)를 주관하면서 감히 이동을 못 하게 하고 스스로 거간꾼이 되어 임의로 그 값을 올렸다 내렸다 조종한다. … 창원(昌原) 마산포, 진주(晋州) 가산포 등에 있는 저점의 수익은 수천 수만 냥(兩)이나 된다. 갯마을의 호민들이 다투어 점거하고 서로 작당하여 상대편과 분란을 일으킨다. 뇌물을 싣고 서울로 올라가서는 재상(宰相)들과 결탁하고 감사(監司)에게 청을 넣어 인허장(認許狀)을 얻어내어 그 권세를 믿고 횡포를 자행하는데 수령이 규제할 수가 없다. 그들이 선상(船商)들을 벗겨 먹는 일이 어찌 끝이 있겠는가. 연해의 여러 갯마을에서도 또한 모두 수령에게 뇌물을 바쳐 인허장을 얻어내는데, 수령이 이미 뇌물을 먹었으니 그들의 횡포를 어찌 금할 수 있을 것인가(『목민심서』 6, 戶典 平賦 下).

우리나라 풍속에는 목수(木手)라든가 야장(冶匠)이 나무를 다듬고 쇠 불리는 법을 좀 알고 있으면 관장(官長)이 불러다 사역시키고는 삯은 주지 않고 매질만 빈번하다. 그러므로 팔뚝을 잘라버리고 손가락을 쪼개어 버리면서 그 자손들에게 타일러 금지시키니, 다시 공장(工匠)이란 것이 있을 수 있겠는가. 농구(農具)라든가 직기(織機), 배와 수레 등이 아직도 원시시대의 옛 제도를 지키고 있으니, 전야(田野)는 날로 황폐해지고 재용(財用)은 날로 줄어든다. 한 번 수해(水害)나 한재(旱災)를 만나면 하늘을 원망할 뿐이요, 백성은 근심으로 가득하고 나라는 가난해져도 도무지 어찌할 도리가 없다(『中庸講義補』 1-40, 凡爲天下國家有九經절).[17]

할거적 농단의 극치인 주구적 횡탈이 훈척 벌열가에 의해서 직접 자행되는 것은 물론이요, 작은 현의 현리라든가 작은 포구의 객주의 중간 농단조차 벌열이 독점하는 재상과 연결된 상태에서 자행되고 있었다는 현상을 주목할 것이다. 그 같은 할거적 농단과 횡침, 주구와 수탈 아래에서 무릇 어느 분야의 어떤 제도라든가 산업이 도대체 나름대로 혹은 법칙대로의 운용을 전개할 수 있었을 것인가. "터럭 한끝에 이르기까지 병들지 않은 것이 없다"는 다산의 현실 인식은 그래서 국가체제 전체를 근본적으로 개혁함으로써 새로운 시대를 창출한다는 역사

17 반계(磻溪)의 다음과 같은 관찰을 참작하라; 『경국대전』에는 서울 안의 공장(工匠)들에게서도 역시 세(稅)를 받는다고 되어있다. 그러나 지금(17세기)인즉 서울 안의 공장(工匠)들은 모두 일정한 세(稅)가 없고, 다만 관(官)에서 사역시킬 경우가 생기면 닿는 대로 잡아다 일을 시키는데 그 대가로 주는 삯은 매우 적다. 더구나 외방(外方)의 경우는 세(稅)가 있고 없고를 막론하고 소문나는 대로 잡아다 억지 일을 시킬 뿐이다. 관부(官府)가 이미 이같이 하니 세가(勢家) 양반(兩班)들 또한 그것을 본받아 함부로 일을 시키고는 삯은 제대로 주지 않는다. 그러므로 공장(工匠)을 업으로 하는 자는 오히려 그 재능이 소문날까 봐 두려워한다. 그 때문에 온갖 공장의 기예에 법도가 없어지고 거칠어져 모양새를 이루지 못하게 되었다. 그것이 온 나라의 습속이 되고 말았으므로, 사람들은 거기에 마음과 눈이 익숙해져서 그것이 거칠고 조잡하다는 사실을 알지도 못하게 되었다(『반계수록』 1-59, 田制 上).

적 과업의 추구를 불가피하게 하고 있었던 것이다.

그런데 근원적 소유론으로 말하자면 민이 왕보다 먼저이며 민유(民有)가 왕유(王有)에 앞선다는 것인데도 어째서 다산의 개혁론에서는 다시금 토지 국유론을 바탕으로 하는 왕정론(王政論)이 등장하게 되었는가. 그것은 역사의 현 실태를 거스르는 망상적 개혁론이라고 해야 마땅한 것은 아닌가.

완급(緩急)의 차이는 있을지라도 무릇 실학의 주류가 토지소유관계의 개혁이라고 하는 근본적인 개혁안을 바탕으로 하고서 전개되었다는 사실도 여기서 주목을 요하는 사실이다. 소유관계의 근본적 개혁을 통해서 생산관계를 근본적으로 개편하지 않고서는 어떠한 개혁론도 구체적으로 실현될 바탕이 없다는 사실을 그들 실학자는 익히 알고 있었던 것으로 이해된다. 구조적 개혁이야말로 필수적인 일이었다.

> 정전(井田)이란 전가(田家)의 황종척(黃鍾尺)이다. 황종척을 만들지 않으면 악음(樂音)을 바로잡을 수 없고, 정전을 만들지 않으면 전제(田制)를 정할 수 없다. 『맹자(孟子)』에 "이루(離婁)의 밝은 눈으로도 규구(規矩)가 아니면 방(方)·원(圓)을 만들 수가 없고 사광(師曠)의 귀밝음으로도 육률(六律)이 아니면 오음(五音)을 바로잡을 수 없으며 요·순의 도(道)로써도 인정(仁政)을 행하지 않으면 천하를 평치할 수 없다" 하였다. 살피건대 맹자는 매양 정전을 가지고 인정이라 하였으니, 인정이란 것은 정전이다. 맹자가 이르기를, 요·순이라도 정전을 시행치 않았더라면 천하를 다스릴 수 없었을 것이라 하였다. 이는 성문(聖門)에서 상전(相傳)해 오는바 요체(要諦)를 아는 말이었다. 정전은 규구와 같으며 율려(律呂)와 같으니, 황종에다 비유한 것은 내 말이 아니요 맹자의 말

이다(『경세유표』 7, 田制 9 井田議 1).

성인은 규구로써 방·원을 바로잡고, 6률(律)로써 5음(音)을 바로잡고, 정전으로써 9분의 1세(稅)를 바로잡았다. 이것을 표준[楷]으로 하고, 모범[模]으로 하고, 법식[型]으로 하고, 규범[範]으로 해서 전야에 있는 어리석은 백성에게 그 전지의 구획이 법에 맞게 되어있음을 알도록 한 것일 뿐이다. 어찌 반드시 산을 무너뜨려 구렁을 메우고 고개를 깎아 늪을 메워서 천하의 땅을 다 정전으로 만든 다음이라야 마음에 쾌하게 여겼겠는가. 정(井)으로 만들 만한 곳은 정으로 만들고, 정을 만들 수 없는 곳은 규(規)로 재어 정(町)으로 만들고, 내(萊)로 하고 치(菑)로 하여 하나같이 정전하는 그 비율을 적용하여 승제(乘除) 절보(折補)하여 … 이에 정(井)이 아닌 것도 또한 정의 내용이 되게 헤아려, 10정(井)이 통(通)으로 되고 10통이 성(成)으로 되며 10성이 종(終)으로 되고 10종이 동(同)으로 되게 하였다. 이것으로써 표준하여 벼와 꼴을 거두고 수레를 부과하며 이것으로써 표준하여 도(都)와 비(鄙)를 만들고 이것으로써 표준하여 후(侯)를 봉(封)하고 백(伯)을 세웠으니, 이것이 요·순과 삼왕의 법이었다(『경세유표』 5, 전제 1 정전론 2).

다산은 드디어, 천지의 이치와 부합하며 고성왕(古聖王)에 의해 구현된, 자연과 인문을 관통하는 불변의 기준을 세우지 않으면 왕정은 결코 실현할 수 없다는 확고한 견지에 서지 않을 수 없었다. 모든 사회구성 요소들을 지배층 위주로 배치해두고 억압과 횡침으로 이끌어가는 현실의 통치 행태를 근절하기 위해서도 그 같은 객관적 기준 법제는 필수 불가결한 것이었다.

그와 같은 객관적 기준 가운데서도 가장 기초가 되고 대표가 되는 것으로 제시한 것이 곧 정전제론이었다. 그것을 시행치 않고서는 9분의 1세를 바로잡기란 결코 불가능한 일이라 하였다. 그것은 곧 소유관계의 근본 개혁을 통한 생산관계의 전면 개편 없이는 벌열로부터 현리에 이르는 모든 지배층이 자행하는 할거적 횡침과 농단을 결코 근절할 수 없다는 이론으로 직통하는 것이었다. 그럼으로써 더욱, 모든 산업분야와 그에 종사하는 인간들의 생산노동이 제 나름대로 자립적 운용을 통해서 자신의 삶을 자립적으로 살면서 사회 전체에도 이바지하는 공동체를 새로이 창출하기를 기획하고 있었다. 그것이 실학의 경세론이 깨달은 새로운 왕정론의 귀결이었다.

역사적으로 보자면 새로운 시대의 창출을 위해서는 보편타당한 객관적 표준을 확립하는 것이야말로 필수 불가결한 일이었다. 그 성격은 곧 낡은 인습의 역사를 지양하고서 새로운 시대의 창출을 갈망하고 지향하는 새로운 국가체제론의 기본 표준임을 의미하는 것이었다.

다산은 새로운 시대의 사회윤리론을 고안하는 일도 잊지 않았다. 그는 왕정을 실현할 사회윤리의 기본 요목으로서 효(孝)·제(悌)·자(慈)를 제시하고, 그것을 포함하여 모든 사회적 덕목을 실현하는 방안은 '서(恕)'라고 하는 '대도(大道)'로 일관해야 한다는 이론을 주창하였다.[18] 이제 『경세유표』에 나타난 다산의 국가체제 개혁론의 요지를 초기하면 다음과 같다.[19]

18 金泰永, 1999, 「茶山 實學에서의 社會倫理論」, 『韓國實學硏究』 창간호 참조.

19 金泰永, 1998, 앞의 책 참조.

(1) 궁극적으로 전 국토를 국유지로 전환시키며 정전제를 기초로 하는 국가공동체를 새로 조직한다. 중앙의 국도(國都)는 왕성(王城)을 중심으로 하는 6향(鄕)·6수(遂) 제도로 개편하며, 강력한 중앙군을 양성한다. 지방행정 편제도 12성(省) 이하로 재조직한다.

(2) 전국의 모든 주민을 사(士)·농(農)·상(商)·공(工)·포(圃)·목(牧)·우(虞)·빈(嬪)·주(走)의 9직(職)으로 나누어 배치한다.[20] 모든 직역은 자립적 자영을 원칙으로 한다. 상·공·포·목·우 등은 국가 수요에 따라 그 수를 제한하고, 상·공은 읍성(邑城) 안에서 영업하도록 제한한다.

(3) 전국 일률의 도량형 제도를 바탕으로 하여 무기, 선박, 기타 모든 기기(機器)를 전국 일률로 규격화한다. 가령 화폐(貨幣)는 전환국(錢圜局)에서만 금(金)·은(銀)·동전(銅錢)으로 발행한다.

(4) 이용감(利用監) 등을 설치하여 선진 산업 기술의 수용과 개발을 전담하도록 한다.

(5) 모든 직역은 구임(久任)·책성(責成)을 통하여 자체 개발과 발전이 이루어지도록 한다. 특히 공경대부(公卿大夫)로부터 부사서도(府史胥徒)에 이르는 사(士)의 관직은 철저한 고적(考績)을 통하여 그 출척(黜陟)을 평가한다. 여타 산업 분야의 우수자는 관직으로 선발하는 유인(誘引)을 설정함으로써 각각 자기 분야의 적극적 개발을 유도한다.

(6) 중앙 지방의 모든 주민에게 교육을 실시하며, 일상의 공동체 생활

---

20 『경세유표』 8, 田制 12 井田議 4. 이는 『周禮』 天官冢宰 第一 大宰之職에 나오는 9직(職) 즉 삼농(三農, 9穀의 생산)·원포(園圃, 과일 채소의 재배)·우형(虞衡, 山澤의 재목)·수목(藪牧, 鳥獸의 사육)·백공(百工, 金·玉 등 8材의 精鍊)·상고(商賈, 물화 유통)·빈부(嬪婦, 직조)·신첩(臣妾, 疏材의 聚斂)·한민(閒民, 잡역)의 경우와는 다소 다른, 다산(茶山)의 독자적 9직론(職論)이다. 다산 또한 『주례』의 9직을 인용 해설하고 있는데, 그 신첩(臣妾)은 노비(奴婢)에, 그리고 한민(閒民)은 일용(日用) 잡역(雜役) 종사자로서 다산안(茶山案)의 주(走)에 비정하였다(『경세유표』 10, 賦貢制 1 九賦論).

을 통해서도 공동체 윤리와 법이 훈련되도록 한다. 각 산업 분야는 그 현장에서의 훈련이 실시되도록 조직한다. 사(士)의 경우는 각기 전문 분야에 따라 교육 내용을 달리하며, 특히 관직으로 선임하는 과정은 천거(薦擧)를 통해서 선발된 인원을 상대로 다시 과거(科擧)를 시행한다.

국가체제 개혁론의 요지를 살펴보면 알 수 있듯이 이는 가히 혁명적 개혁론이었다고 할 수 있다. 혁명적 개혁론을 실현하자면 통치권력의 혁명적 쇄신이 반드시 필요한 일이었다. 그래서 새로운 통치권력론으로서 다산의 왕권론(王權論)이 새로운 정립을 보게 되었던 것이다.

4. 다산의 왕권론

1) 통치체제론

왕정을 실현하기 위해서는 그 기본 법규의 새로운 개혁이 필수 불가결한 일이지만, 왕정의 실현은 법(法)의 문제가 아니라 궁극적으로는 정치적 결행(決行)의 문제에 속하는 것이었다. 더구나 조선 후기에서와 같이 호강한 벌열이 대를 이어 '향원(鄕愿)'식 행태로 정치를 농단하는 현실에서는 더욱 그러한 편이었다. 국가체제의 개혁은 대체 어디서부터 착수해야 하는가. 통치체제의 새로운 정비야말로 다시금 절실한 과제가 되지 않을 수 없었다.

특히 조선 후기에는 노론당의 훈척적 벌열이 '경상(卿相)'의 지위를 거의 독점하고 비변사(備邊司)를 중심으로 정권을 운용하면서 왕권과 유착하는 통치체제를 이끌어 가고 있었다 함은 앞에서 살펴본 그대로

다. 그런데 그 같은 통치체제는 아무래도 변칙적인 것이었다. 그럼에도 불구하고 정권이 1당 전횡의 행태로 운용되었으므로 그 변칙을 타파할 논의가 내부에서는 계속되지 못하였다. 그래서 결국 19세기에 가면 소위 척족세도(戚族世道)라는 행태로 이어졌던 것이다.

조선 후기의 실학도 원래는 재상 위임통치론을 주창하고 있었다.

> 인조(仁祖) 초에 논의하는 자가 말하였다. … "대체 (政府) 서사법(署事法)을 폐지하면서부터 삼공(三公)이 국정을 논의할 곳이 없게 되었다. … 우리나라는 조정의 정령(政令)을 재단(裁斷)하는 데가 없으므로 부득불 모두 비변사로 돌아가게 되었다. … 마땅히 조종(祖宗)의 법에 따라 (政府) 서사(署事)의 규정을 회복한 연후에야 정령이 한 곳에서 나오고 기강이 확립될 것이다." … 그러나 한갓 그러한 말만 있었고 마침내 시행하지는 못하였다(『반계수록』 16-5, 職官之制 下).
>
> 우리나라의 폐단을 논하는 자의 말에, "비변사에서 국정을 전담(專擔)하므로 의정부는 한가한 관서로 되고, 승정원은 다만 왕명의 출납을 관장하고 있으므로 승지가 실무 관리의 구실을 하며, … 일이 (하급 관리인) 조사(曹司)에 돌아가므로 직책을 분담시키는 의미가 없고, 책임을 부과함이 명백하지 않으므로 자리를 비우는 것이 풍습으로 되었다"고 한다. 무릇 여덟 가지 조항은 모두 시무(時務)를 아는 말이다(『성호사설』 14, 我朝八弊).[21]

---

21 반계(磻溪)와 성호(星湖)의 이 정부서사제(政府署事制) 회복 논의는 앞에서 살펴본 인조(仁祖) 초 부제학 최명길(崔鳴吉)의 상차(上箚)를 인용하여 개진한 내용임을 주의할 것이다. 그리고 성호(星湖)는 달리 다음과 같이 관찰하고도 있었다; 우리나라는 중고(中古) 이래 비변사(備邊司)를 두어 국가의 큰일을 모두 이곳에서 결정하자, 의정부(議政府)는 허수아비가 되었다. 계해(癸亥, 인조 원년)에 반정(反正) 공신(功臣)들이 모두 도

(漢나라 丞相) 진평(陳平)이 문제(文帝)에게 답하기를, 옥(獄)을 판정하는 것은 정위(廷尉)에게, 전곡(錢穀)의 일은 치속내사(治粟內舍)에게 책임을 지워야 하며, 재상(宰相)이란 위로 음양(陰陽)을 섭리(燮理)하여 사시(四時)를 순조로이 하고 아래로 만물(萬物)이 알맞게 펴나가도록 해주며, 밖으로 사이(四夷)를 진무(鎭撫)하고 안으로는 백성이 친부(親附)하게 하는 한편, 경대부(卿大夫)들로 하여금 각기 그 직책에 맞도록 하는 것이라고 하였는데,[22] 이 말이 옳지 않다. 재상이란 치란과 흥망을 맡은 자인데, 만약 재부(財賦)의 많고 적음과 송옥(訟獄)의 번거롭고 간략함을 알지 못한다면 어떻게 천자(天子)를 도와 정령을 내어 억조(億兆)의 백성을 무육(撫育)할 수 있겠는가. … 나라의 흥패(興敗)는 용도(用度)의 사치와 검소에, 법령의 수리(修理)와 폐지에 달려있으니, 천자도 이를 살피지 아니해서는 안 되는데 하물며 재상의 경우이겠는가. … 사마온공(司馬溫公)의 말에도, "구직(九職)·구부(九賦)·구식(九式)·구공(九貢)의 법[23]을 도맡아 재용(財用)과 전곡(錢穀)을 다스리는 것은 모두 재상의 직책이다"라고 하였다. 식화(食貨)는 나라의 큰 정사인데 어찌 재상의 일이 아니겠는가. 만약 부고(府庫)가 텅 비고 여염(閭閻)이 고갈되어 사방의 백성이 곤궁에 빠져 이리저리 유리하다가 죽음에 이르러도, "나는 능

당(都堂)의 옛 제도를 회복하려 하였으나, 완평부원군 이원익(李元翼)이 "중고(中古)의 일은 그 이유가 있었던 것이다. 나라의 큰 권세(權勢)를 신하가 다시 천단해서는 안 된다"라고 하자 드디어 그 의논이 정지되었으니, 이는 이(李) 상공(相公)의 실언(失言)이다. 만약 삼공(三公)이 권력이 없다면 어찌 삼공이라 할 수 있겠는가. 국가의 체통(體統)이 날로 떨어지게 된 것은 오직 여기에서 연유하였다(『성호사설』 11, 「備邊司」).

22 『漢書』 40, 王陵列傳에 나온다.

23 『周禮』 天官冢宰 大宰의 직사로, 9직(職)으로 만민에게 나누어 맡기며 9부(賦)와 9공(貢)을 거두어 국가재정에 충당하고, 9식(式)으로써 왕실의 재용(財用)을 절도 있게 지출한다고 하였다.

히 도(道)를 논하여 나라를 경륜(經綸)하며 음양을 섭리한다"고만 한다면 되겠는가. … 뒷날 재상 병길(丙吉)이 백성으로서 싸우다가 상한 자는 물어보지 않고 소가 헐떡이는 것은 물었다는 것도 진평(陳平)의 말과 같은 논법이다.[24] 자기 나라의 민풍(民風)이 투박(偸薄)하여 싸우다가 살상(殺傷)이 일어남을 보게 되는데도 이것이 어찌 재상으로서 경홀(輕忽)히 넘길 일이겠는가. 더구나 시기(時氣)가 절후(節候)를 잃은 현상을 어찌 꼭 소가 헐떡이는 것을 보고서야 아는 일이겠는가. 그 사리(事理)를 알지 못함이 이와 같은데, 뒷사람은 이 말을 고집하여 전칙(典則)으로 삼으니, 가소로운 일이다(『성호사설』 25, 「陳平丙吉」).

18세기의 성호까지도 재상의 큰 권한 행사가 당연한 일임을 논하게 된 것은 아마도 주자의 재상 위임통치론의 영향이 크게 미치는 데다 고문(古文) 『상서(尙書)』 「주관(周官)」의 문자를 고경(古經)의 내용으로 인식함에서 기인하였던 것으로 이해된다.[25] 그런데 성호의 경우 이미 재

24 한나라 승상(丞相) 병길(丙吉)이 출행 중 길거리에서 싸움으로 사상자가 생긴 것은 물어보지 않고, 소가 헐떡이면서 혀를 내밀고 오는 것은 일부러 물어보았다. 백성이 싸워서 살상(殺傷)이 난 일은 당해 관원이 책임지고 처리하여 그 경과를 보고하면 승상은 세말(歲末)에 그것을 살펴서 관원의 전최(殿最)를 고과(考科)하면 되는 일이요, "재상(宰相)은 작은 일을 친히 하지 않는다"는 것이었다. 그러나 아직도 봄철인데 소가 헐떡인다는 것은 "시기(時氣)가 절후(節候)를 잃은 것이므로 아마도 상해(傷害)가 일어남이 있을 것이다. 삼공(三公)은 음양(陰陽)의 조화(調和)를 맡은 자이므로 직책상 당연히 염려해야 하는 것이다"라고 하였다. 사람들이 그를 두고 "대체(大體)를 안다"고 하였다(『漢書』 74, 丙吉列傳).

25 성호(星湖)는 이른바 고문(古文) 『상서(尙書)』를 '위서(僞書)'로 인식하고 있지는 않았다. 따라서 그 「주관(周官)」 편에 재상(宰相)의 직사라 하여 실려있는바, "대저 3공(公)은 도(道)를 논하여 나라를 경륜하고 음양을 조화롭게 다스린다"라는 문자를 성호(星湖)는 그대로 긍정하였다(『성호사설』 18, 三公三孤). 그러나 뒤에 보는 바와 같이, 다산(茶山)은 「주관(周官)」 편을 소위 '위고문(僞古文)'에 속하는 것으로 검증하고, 재상의 그같이 허황되고 방만한 권한 행사론을 단연코 부정하였다.

상은 소위 '대체'만을 지키면 되는 존재가 아니라, 국정의 실무까지 도맡아 면밀히 처리해야 한다는 실무적 재상론을 펴고 있었다는 사실을 주목할 필요가 있다. 소위 성리학적 재상론과는 달라져 가고 있는 모습을 발견할 수 있는 것이다.

다산의 경우는 어떠하였는가. 그 또한 통치체제에서 차지하는 재상의 위상이야말로 매우 중요한 것이라고 긍정하고 있었다. 가령 그는 삼대의 탕과 무왕의 재상인 이윤(伊尹)과 상보(尙父)처럼 '상제(上帝)의 명(命)' 즉 '제명(帝命)'을 깨달아 알게 된 경우와 같은 구체적인 사례까지 들어가면서, "제왕이 되려는 자가 이 사람을 얻지 못하면 감히 나라를 다스릴 수 없고, 조고(祖考)의 통서(統緖)를 이어받는 자도 이 사람을 얻은 연후에야 능히 통치를 이룩하여 중흥을 도모할 수 있으며, 혁명의 때를 만난 자도 이 사람을 얻은 연후에야 능히 천명(天命)을 받아 창업할 수가 있었다"는 새로운 해석까지 내려두고 있었다.[26] 훌륭한 대신의 보필이야말로 왕위(王位)를 얻고 선치(善治)를 실현할 수 있는 절요한 관건으로 인식하고 있었던 것이다.

그뿐 아니라 대신의 훌륭한 말에는 군주가 '절'까지 하면서 그것을 받아들이는 자세야말로 지치(至治)를 이룩할 수 있는 간절한 정성이라고도 하였다.

> 살피건대 순(舜)임금이 '절하였다[拜]'는 이 글자는 후세에는 볼 수 없는 것이다. 태갑(太甲)의 이윤(伊尹)에 대한 경우와 성왕(成王)의 주공(周公)에 대한 경우는 그래도 그럴 만하다. 고요(皐陶)는 순에 대해서 태

26 『梅氏書平』 4-8, 逸周書克殷篇辨.

사(太師)·태보(太保)의 명분이 있다든가 혹은 (先王의) 고탁(顧託)을 받은 일이 있다든가 해서 특별히 존중되어야 할 일이 없는데도 (舜이 皐陶의) 아름다운 말에 대해서는 절하고 받아들이면서 임금으로서의 존귀함을 생각지 않았다. 성(聖)스러운 제왕이 겸손과 공경으로써 더 나은 도리를 강구함이 이와 같았던 것이다. 진(秦)나라 이래로는 오로지 임금을 높이고 신하는 낮추는 것으로 세상 다스리는 장책(長策)을 삼게 되었으므로, 도적(盜賊)들은 날로 무리 지어 날뛰고 사(士)의 추세(趨勢)는 날로 낮아지게 되었다. 그래서 이제(二帝) 삼왕(三王)의 지치(至治)를 다시는 볼 수가 없게 되었다(『상서고훈』 2-52, 皐陶謨).

참다운 제왕은 자신의 존귀함을 생각지 않고 오히려 '절'까지 하면서 '겸손과 공경'으로 신하의 훌륭한 말을 받아들임으로써 지치의 도리를 무한하게 이끌어내고 있었다는 해석이다. 임금만을 높이고 신하를 낮추는 일은 결코 지치를 실현할 장책이 될 수 없다는 것이었다.

그러면서도 다산의 경우, 비록 제왕이 '겸손과 공경'으로 훌륭한 신하를 대함으로써 지치를 실현할 수는 있지만, 정작 국가의 통치 그 자체를 재상에게 위임함으로써 그것을 실현할 수 있다고는 생각지 않았다. 지치라는 것은 어디까지나 제왕 자신의 직접 통치로 실현되고 있었던 것으로 이해하였다. 바로 여기에서 다산은 주자학의 재상 위임통치론과는 극히 대조적인 왕권론을 견지하게 되었다. 그것이 다산의 독특한 통치체제론이었다.

우선 국가통치, 나아가서는 지치의 실현에 있어서 임금으로서의 요·순과 대신으로서의 직(稷)·설(契)·고요(皐陶) 등과의 관계를 다산은 어떻게 이해하고 있었는가.

『주역』에 "천(天)의 운행은 굳건하다"고 하였다. 밝고 밝은 요·순이 천으로 더불어 함께 굳건하여 일찍이 잠깐의 휴식도 갖지 못하였고, 우(禹)·직(稷)·설(契)·익(益)·고요(皐陶) 등도 맹렬하게 분발하여 왕의 팔다리와 눈 귀 노릇을 다하였다. 그런데 지금 대신의 직위에 있는 자들은 바야흐로 '대체를 유지한다[持大體]'는 세 글자를 지키는 일로써 천하만사를 다하는 것처럼 여긴다. … 저 요·순 시대에 굳은살이 박이도록 분주하게 힘쓰던 이들과 비교한다면 참으로 어떻다 할 것인가(『경세유표』 引).

즉 삼대의 왕정에서는 군(君)·신(臣)이 모두 굳건하고도 맹렬하게 분발하여 지치(至治)의 실현에 온 힘을 다하고 있었다. 그 가운데서 나중에 제왕이 되는 우(禹)는 물론이요 직(稷) 이하 고요(皐陶)에 이르기까지의 모든 대신은 역시 현재의 임금인 요·순의 '팔다리와 눈 귀'로서의 역할을 다하였다.

그런데 요·순은 그와 같이 현능(賢能)한 대신들에게 국정을 '위임'하여 다스리면서 지치를 이룩하게 되었는가. 결코 그렇지 않았다. 그들 현능한 대신들을 모두 동원하여 왕정을 실현한 주체는 역시 요·순 자신이었다. 임금 스스로가 "천(天)으로 더불어 함께 굳건하여 일찍이 잠깐의 휴식도 갖지 못하"는 상태로 분발하면서 동시에 현능한 대신들을 적극적으로 독려함으로써 왕정을 이룩할 수 있었던 것이라 함이 다산의 명백한 인식이었다.

삼대의 왕정은 어디까지나 요·순·우·탕·문·무가 직접 주체가 되어 성취한 것이요 가령 아무리 '제명(帝命)'을 깨쳐 알게 된 고요(皐陶)와 같은 현능한 대신이 있다 하더라도 결코 그런 대신에게 정권을 '위임'하여 왕정을 실현한 것은 아니었다.

그런데 삼대가 지난 뒤로는 그와 같은 성왕(聖王)이 다시는 일어나지 않았다는 것 또한 명백한 사실이었다. 그러니 이제 왕정의 실현은 현능한 대신에게 의존하는 도리밖에 없는 것이 아닌가. 결국 재상 위임통치론이야말로 그래도 가장 적의한 통치체제라고 할 수밖에 없지 않은가.

그런데 삼대의 성왕 이후로는 가령 공자와 같은 성인(聖人)이 일어나서도 왕정은 끝내 실현할 수 없었음이 또한 엄연한 사실이었다. 성인이 일어나도 실현할 수 없는 왕정이라면, 여타 어떤 현능한 대신이 일어나 그것을 실현할 수 있단 말인가. 여기에 다시금 왕정을 실현할 수 있는 법제의 개혁과 그것을 추진할 통치체제의 정립이야말로 가장 절실한 현실적 과제로 등장하였던 것이다.

그런데 "지금 대신의 직위에 있는 자들은 바야흐로 '대체를 유지한다[持大體]'는 세 글자를 지키는 일로써 천하만사를 다하는 것처럼 여긴다"고 하는 오래되고 낡은 행태는 어떻게 정립된 것인가. 다산은 그것이 곧 경전의 해석이 잘못된 데에서 기인한 것이라고 이해하였다. 그는 소위 '고문(古文) 『상서(尙書)』'는 전체가 위서(僞書)라고 검증하였다. 만년에 이르러서 다산은 주로 『상서』의 연찬에 힘을 기울였는데, 그럴수록 그 '고문'이 위서임을 더욱 확신하게 되었다. 그 가운데 삼공(三公) 이하 직관의 직사를 서술해둔 「주관(周官)」 편 또한 다산은 물론 위서라고 단안하였다. 가령 그 「주관」에 실려있는 태사(太師)·태부(太傅)·태보(太保) 3공(公)의 주된 직무가 "도(道)를 논하여 나라를 경영하고 음양(陰陽)을 조화롭게 다스린다[論道經邦 燮理陰陽]"라고 서술해둔 문자를 두고 다산은 다음과 같이 비판하였다.

음양(陰陽)을 다스리며 사시(四時)를 순조로이 함을 3공의 직무로 삼는다는 것은 고전(古典)에 근거가 없다. 한(漢)나라 초기에 주발(周勃)이 승상(丞相)으로 있으면서 결옥(決獄)과 전곡(錢穀)의 수(數)를 (황제가 물음에) 대답할 수가 없자 땀이 나 등을 적시었는데, 진평(陳平)이 권도(權道)의 말로 구원하여 말하기를, "재상은 위로 천자를 보좌하며 음양을 다스려 사시를 순조로이 하고 아래로는 만물(萬物)이 알맞게 펴나가도록 하는 자입니다"라고 대답하였다. 이는 노간(老奸)이 동료 재상을 조호(調護)하는 말이었다. … 순(舜)이 요(堯)를 보상(輔相)하고 우(禹)가 순을 보상하며 익(益)·직(稷)이 순·우를 보상하고 이윤(伊尹)이 탕(湯)을 보상하며 주공(周公)·소공(召公)이 무왕(武王)을 보상하였으나 결코 이런 말은 없었다. 오직 3년마다 공적(功績)을 고과하되 3번 고과하여 공적 없는 자는 내치며 공적 있는 자는 승진시킨다 하였다. 비록 대신이라 하더라도 관용(寬容)하지 않았다. 그러므로 요가 순에게 이르기를 "그대의 말을 들어보니 공적을 이룩하는 데에 이르렀다"라고 하였고, 우·직이 스스로 자기의 공적을 상주(上奏)하면서도 혐의스럽다거나 부끄럽다 하여 피하지 않았다. 그 누가 '음양을 조화롭게 다스린다'는 것을 가히 직무로 삼는다 하였는가. … 후세의 3공의 직위에 앉는 자들은 걸핏하면 (음양을 조화롭게 다스린다는) 이 뜻을 내세우면서 공적을 이룩할 일은 담당하지 않는다. 그래서 백관(百官)이 소홀하고 게을러져 만사(萬事)가 무너지게 되어도 오히려 거만하게 자중(自重)하는 척하면서 자신의 용렬하고 무능한 자질을 감추고 있다(『梅氏書平』 3-39~40, 「周官」 立太師太傅太保장).

즉 삼대 이래 3공으로 대표되는 대신[冢宰; 宰相]의 원래 직사는 "음양을 조화롭게 다스린다"는 따위로 마치 '천지(天地)의 화육(化育)'에 참여하는 듯한 허황된 일이 아니라, 국가통치의 실제 직책에 힘써서 구체적으로 공적을 이룩하는 일이라고 다산은 명백히 인식하고 있었다. 가령 순이 요임금의 재상으로 있으면서도 직접 그 같은 구체적 공적을 상주하여 요임금으로부터 고과(考科)를 받고 있었다는 사례가 그것이다. 그러므로 "음양을 다스려 사시를 순조로이" 한다든가 '대체(大體)'를 지킨다든가 하는 따위는 모두가 후세의 재상으로서 "자신의 무능하고 용렬한 자질을 감추고"자 하는 자들의 행태라는 것이 다산의 해석이었다.

더 나아가 "총재(冢宰)는 나라 다스림을 장악하여 백관을 통솔하고 온 세상을 균등하게 한다[冢宰掌邦治 統百官 均四海]"고 서술해둔 「주관」의 문자를 두고서도 다산은 그것이 '위문(僞文)'임을 구체적 사례를 들어 반박하였다. 총재 즉 재상의 직무는 결코 백관을 통솔하는 것이 아니라고 하는 비판이다.

> 『주례(周禮)』의 태재조(大宰條)에, "삼왈예전(三曰禮典) 이통백관(以統百官)"이라 한 것은 예의(禮儀)로써 백관(百官)을 통솔한다 함을 이른 것이다. 위문(僞文)을 지은 자는 예(禮)가 무너지고 난 후에 태어났으므로 이 뜻을 알지 못하고 '통백관(統百官)' 세 글자를 총재(冢宰)에다 옮겨 붙였으니, 뒷날의 안목에서 그리한 것이다(『매씨서평』 3-40, 「周官」).
>
> 백규(百揆)라는 것은 주(周)나라의 대총재(大冢宰)이다. 모든 신료(臣僚)를 통솔하고 모든 일을 헤아려 처리하는데, 팔법(八法)으로써 관부(官府)를 다스리며 팔병(八柄)으로써 군신(群臣)을 거느리고 팔통(八統)으로써 만민(萬民)을 통솔한다. 무릇 현자(賢者)를 존중하고 능자(能者)를 기용하며 작질(爵秩)을 높이고 관직을 맡기도록 주선하는 일이 모두 태재(大

宰)의 직임이다. 반드시 적임자를 채택하는 방도에 훤히 밝아야 하고 편당(偏黨)스러운 일을 뿌리째 없애야만 이에 백료(百僚)의 마음을 순하게 할 수 있다. 제순(帝舜)이 구하고자 한 것은 이런 사람이었다(『상서고훈』 2-16, 咨四岳有能奮用절).[27]

다산에 따르면, 재상 위임통치론의 근거는 『상서』 「주관」 편의 '위고문(僞古文)'을 거짓이 아닌 참 경문(經文)으로 착각한 데서 말미암은 것이며, 한대(漢代) 이후로 등장한 권도적(權道的) 해석이라고 하였다. "도를 논하여 나라를 경영하며 음양을 조화롭게 다스린다"는 방만한 직사가 아니라, 왕이 제정해둔 8법(法)·8병(柄)·8통(統) 등의 구체적 규범에 따라 관부(官府)와 군신(群臣)과 만민(萬民)을 이끌어가는 것이 곧 재상의 직사라 하였다. 다산의 총재론(冢宰論)에 따르면 백관을 통솔하는 것은 어디까지나 국왕 자신이요, 총재가 통솔한다는 것은 곧 백관의 '예의(禮儀)'를 단속하여 통솔하는 데 불과하다는 뜻이다. 결국 왕권이 총재 즉 재상 이하 백관을 직접 통솔하고서 국정을 직접 운용해야 한다는 이론이야말로 다산의 통치체제론이었던 것이다.

그런데 다산 또한 현능한 대신을 얻는 경우 그로 하여금 통치의 직사를 맡아 행하게 할 것이며, 군주는 거기 간여해서는 안 된다는 이론을 간직하고 있었다. 가령 『상서』 「입정(立政)」 편은 주공(周公)이 나이 어린 성왕(成王)에게 경계의 말씀을 드린 내용이다. 그런데 그 가운데

27 위 자료의 '통백관(統百官)'이란 내용이 실상 '예의(禮儀)로써 백관을 통솔함'이라 하였으니, 다산(茶山) 자신이 서술해둔 아래 자료의 '통솔백료(統率百僚)'라는 내용 역시 그와 같은 뜻인 것으로 이해된다. 또 8법은 주대(周代)의 관부(官府)를 관리(管理)하는 관직 등 8가지 통법(統法), 8병(柄)은 신료를 통어(統馭)하는 작록(爵祿) 등 8가지 수단, 8통(統)은 만민을 통치하는 친친(親親) 등 8가지 방법을 이른다(『周禮』, 天官 大宰).

에서, 현능한 대신에게 직사(職事)를 맡기고 왕은 결코 거기 간여하지 않아야 한다는 명제[28]를 두고서 그는 다음과 같이 해설하였다.

> (현능한) 사람을 얻어 맡기고 왕은 거기에 간여하지 않는다는 것은 군도(君道)의 본연(本然)이다. 그런데 주공(周公)이 국가를 유지하고 정권을 잡아 나라를 일으키고 통서(統緖)를 드리운 지가 수십 년이 되었으니, 관직에 포열해 있는 이라면 모두가 성신(誠信)하며 중화(中和)스럽고 계신(戒愼)하는 현능한 자들이었다. 성왕(成王)은 그들에게 직사를 위임하고 책임 지워서 공적이 이룩되도록 기대하면 모든 정적(政績)이 이루어질 것이었다. 만약 어린 소견을 가지고 그 사이에서 견제하고 교란시킨다면 세 가지 직사를 맡은 신하들이 장차 사체(四體)를 펴고 운용할 수 없게 되었을 것이다. 주공의 이 경계(警戒)는 또한 때맞추어 드린 말씀이었던 것이다. 만약 뽑혀서 세 가지 직사를 맡게 된 자들이 구덕(九德)을 갖춘 사람이 아니라면, 한 가지 대화 한 가지 말씀에도 어찌 가타부타함이 없어서야 되었겠는가(『상서고훈』 6-43, 嗚呼孺子王矣).[29]

---

28 왕은 정사(政事)를 세우심에 입사(立事)와 준인(準人)과 목부(牧夫) 등(公卿 任事者와 牧民官)을 임용하시되 천명(天命)을 따르는 자인 줄로 왕께서 분명히 아시는 자들에게 맡도록 하고 그들로 하여금 각기 직사를 다스리도록 하여 왕께서 (天으로부터) 받으신 백성을 돕도록 하시며, 서옥(庶獄)과 서신(庶愼)을 조화롭게 하시고, 이에는 왕이 간여하지 마소서. 한 가지 대화와 한 가지 말씀부터 왕께서는 직접 하지 마시고 오직 성덕(成德)한 아름다운 선비로 하여금 왕이 받으신 백성을 다스리게 하소서(『상서』, 「立政」 편 嗚呼孺子王矣章)라고 한 내용이다. 단 이 해석은 다산의 입론(立論)을 참조하였다.

29 구덕(九德)이란, "너그러우면서도 장엄함, 유순하면서도 꼿꼿함, 삼가면서도 공손함, 다스리면서도 공경함, 익숙하면서도 굳셈, 곧으면서도 온화함, 간략하면서도 방정함, 굳세면서도 독실함, 강하면서도 의(義)로움"의 9항목이다(『尙書』, 「虞書」 皐陶謨). 그런데 다산은, "구덕(九德)이란 다른 것이 아니라 곧 중용(中庸)의 덕(德)이다. 중용의 덕은 요(堯)·순(舜) 이래로 태학(太學)에서 가르쳐 온 것이다. … 희로애락(喜怒哀樂)을 발하되 모두 중화(中和)의 절도에 맞도록 함이 구덕의 중화이다. 계신(戒愼)하고 공구(恐懼)하되 아무도 보고 듣지 않는 가운데서도 힘써서 잠시도 떠나지 않고 강하고 꿋꿋하게 공력

그야말로 주공과 같은 성인이 수십 년 동안이나 힘써 나라를 일으키고 경영하여 왕정을 실현해놓은 상태라면, 그래서 '성신(誠信)'·'중화(中和)'·'계신(戒愼)'으로 함양된 '현능'한 신료로 가득 찬 조정이라면, 왕은 모든 정무를 그들에게 위임하고 간여하지 않음이 '군도(君道)의 본연(本然)'을 지키는 일이었다. 그러나 그렇지 않은 경우에는 "한 가지 대화, 한 가지 말씀"에도 왕이 직접 '가(可)·부(否)'를 말하고 재결(裁決)을 내리지 않으면 안 되는 일이라고 다산은 명백히 이해했던 것이다.

그는 어디까지나 강력한 왕권 위주의, 왕권 중심의 통치체제를 주창하고 있었다. 이는 주자학 통치체제론과는 결정적 차이를 보이는 것으로서, 조선 후기 현실에서 다산의 대신론(大臣論)을 집약적으로 드러내 보이는 이론이었다. 그러므로, 앞에서 살펴보았듯이, 호강한 벌열들이 대신으로 들어앉아 소위 "조종의 법제"라는 것에 의탁하여 이끌어가는 현실의 통치 방식은 '향원(鄕愿)'의 행태를 결코 벗어나지 못하는 것이라고 다산은 신랄하게 비판하였다.

> 옛날 우리 왕조가 번성하던 때에는 공경대신(公卿大臣)으로부터 관각(館閣)의 근신(近臣)에 이르기까지 먼 시골 지방 출신이 많았다. 그런데 지금 인재를 쓰는 것은 서울 지역을 벗어나지 않으니, 이들이 편당(偏黨)으로 합심하고 공적을 거짓으로 주달(奏達)함을 어떻게 면할 수 있겠는가(『상서고훈』 2-45, 皐陶謨).
>
> (『詩經』에 나오는) '명철보신(明哲保身)' 네 글자는 오늘날 세상을 어지럽히

을 들어 항구히 지켜나가는 것이 지용(祇庸)의 옛 뜻이다"라고 하였다(『상서고훈』 6-40, 「立政」 迪知忱恂于九德之行).

는 원부(元符)가 되어있다. 시(詩)의 뜻풀이가 잘못되었음을 명백히 알게 되었고 매양 글자의 뜻이 그렇지 않다고 여겨왔지만, 이 말을 어디에다 발설할 곳이 없었다. … 선악(善惡)을 변별(辨別)함을 일러 명(明)이라 하고 시비(是非)를 변별함을 두고 철(哲)이라 하며 유약(柔弱)한 자를 부지(扶持)함을 일러 보(保)라 하는 것이다. … 대신의 도리는 인신(人臣)으로서 임금을 섬기는 것이므로 선악을 명백하게 변별하여 현사(賢士)를 나아오도록 해야 하며 시비를 명백하게 변별하여 준걸(俊傑)을 발탁해야 하는 것이다. 이에 이 현준(賢俊)들을 데리고서 내 몸을 부지하며, 내 몸을 부지함으로써 임금 한 사람을 섬기는 것이다. 이것이 대신의 직사이다. 오늘날의 습속에서는 이 시(詩)를 해석하되, 이해(利害)를 변별함을 명(明)이라 하며 말하고 말하지 아니할 곳을 아는 것을 철(哲)이라 하고 자기 한 몸이 온전히 화(禍)를 면하는 것을 보(保)라고 한다. 정현(鄭玄)이나 주자(朱子)의 주석(註釋)도 이러하지는 않았는데, 모든 사람이 여기에 부화(附和)하여 깨뜨릴 수 없는 해석이 되었다. 이 해석을 가지고서 자기 한 몸을 온전히 하고 일문(一門)을 보전하니, 기막힌 요결(要訣)인 것이다. 이 뜻풀이가 이미 확고히 되었으니, 인주(人主)는 장차 누구와 더불어 나라를 다스릴 것인가. … 지금의 군자(君子)란 자들로 말하자면, 그 아랫자리에 있는 자[下焉者]는 권세를 즐겨 탐하다가 스스로 멸망의 길을 걷는데, 이는 거론할 필요가 없다. 그런데 몸을 닦고 단속하여 자못 예의를 안다는 자도 '명철보신' 네 글자를 가지고서 일신을 온전히 하고 해(害)를 멀리하는 제일의 요결로 삼아 말하지 않는 가운데 남에게 잘 보이도록 하면서 무리 지어 나고 들며 가문(家門)을 먼저 하고 나라는 뒤로 하여 사(私)를 위해 공(公)을 죽인다(『여유당전서』 1-20-32~3, 「答金德叟」).

향원(鄕愿)의 학문이란 것은 무릇 시비와 흑백(黑白)에서 일체 세속의 추향(趨向)을 위주로 한다. 그것이 옳음을 명백히 알면서도 뭇사람이 그르다 하면 거기 따라 그르다 하며, 그것이 희다는 사실을 명백히 알면서도 뭇사람이 검다고 하면 거기 따라 검다고 한다. 경전(經傳)을 말할 때는 선성(先聖)의 뜻을 따르지 않고 오직 (先儒의) 주석을 따르며, 사례를 말할 때는 바른 제도를 구하지 않고 오직 속된 것을 따른다. … 그 행사(行事)를 점검해보면 별달리 책잡을 것은 없으되 그 심술(心術)을 점검해보면 비루하지 않음이 없으니, 종신토록 배움에 종사하여도 더불어 함께 요·순의 길로 들어설 수 없는 자들이다. 무릇 이러한 자들은 모두 공자가 말한 향원이다(『논어고금주』 9-32, 鄕原德之賊也장).

여기서 가치판단에서는 "일체 세속의 추향을 위주로" 하며 경전의 뜻은 "오직 (先儒의) 주석을 따르"는 행태는 곧 조선 후기에 주자학을 빙자하고 횡행하는 지배층 일반의 속된 풍조였던 것으로 보인다. 그런데 다산이 여기서 특히 지척(指斥)하는 것은 집권 노론당의 행태였을 것으로 이해된다. 그들이야말로 대신의 지위를 대를 이어 독점하면서 세속적인 경전 해석에 기대어 '명철보신'함으로써 "가문을 먼저 하고 나라는 뒤로" 하며 "사를 위해 공을 죽인다"는 폐습을 되풀이하는 자들이었다. 그것은 곧 향원식 통치 행태 이외의 것이 아니었다.

그 같은 벌열의 향원식 통치 행태가 지속할 수 있는 근거는 곧 '조종의 법제'를 빙자하는 것이었다. 그런데 그 '조종의 법제'라는 것의 실체는 악법(惡法) 폐습(弊習)이 누적된 것일 뿐만 아니라 그나마 다산의 시대에 와서는 이제 더 이상 국가를 지탱하거나 유지할 수 있는 여력마저 소진되어가고 있었다. "터럭 한끝"에 이르기까지 병들지 않은 것이 없다고 하는 현실이 전개되고 있었던 것이다.

> 음양(陰陽)을 다스리며 사시(四時)를 순조로이 한다는 사실을 옛 전적(典籍)으로 거슬러 고찰해보면, 황제(黃帝)·전욱(顓頊)으로부터 희화(羲和)에 이르기까지 육관(六官)으로 되며 『주례(周禮)』의 육관이 천지(天地)와 사시(四時)로 나뉘었음이[30] 모두 그 같은 뜻이다. 그러나 옛 제왕은 이로써 천의 형상을 나타내었을 뿐이요, 참으로 신료의 직책을 이같이 (음양과 사시를 다스리는 일로) 맡겨준 것은 아니었다. 지금인즉 한 사람의 현능한 이도 나오게 하지 못하고 한 사람의 간사한 자도 물리치지 못하며, 한 사람의 염치 바른 이를 장려한다거나 한 사람의 탐학한 자를 징치하지도 못하면서 우뚝 높은 위상에 앉아 (음양을) 조화롭게 다스리는 직임을 스스로 담당한다는 자는 어찌 지나치지 아니한가(『여유당전서』 1-20-31, 「答金德叟 別紙」).

즉 옛 제왕은 천의 형상을 따라 관직 제도를 육전제(六典制)로 구비하였을 뿐이지 결코 대신으로 하여금 음양과 사시를 다스리는 직무를 맡긴 것은 아니었다. 그런데 현재의 대신은 그와 같이 허황된 직무를 스스로 자담한다면서 실제로는 결코 '항원'의 행태를 벗어나지 못하고 있는 실정이라는 것이 다산의 관찰이었다.

중앙의 정치가 벌열 '가문'의 오랜 독점에 따라 항원식 통치 행태를

---

30 황제(黃帝)·전욱(顓頊)은 중국 상고시대의 제왕, 희화(羲和)는 요(堯)임금 때의 천문 역상(曆象)을 맡은 관원. 『주례』는 천지춘하추동(天地春夏秋冬)의 육관(六官)으로 구성되어 소위 육전제(六典制)의 원형을 이룬다는 것인데, 그 이전 희화(羲和) 때까지의 경우도 육관제(六官制)였는지는 자세하지 않다.

벗어나지 못한 고식책(姑息策)으로 일관하고 있었으니, 그들이 빙자하는 소위 '조종의 법제'인들 과연 준수되어 가고 있었는가.

> 지금 우리나라에는 조종(祖宗)이 마련한 법전 이외에 감사(監司)가 증액(增額)하고 현령(縣令)이 증액하고 이서(吏胥)가 증액하고 하례(下隷)가 증액하고 이정(里正)이 증액하여 명령이 여러 갈래로 나오니, 박을 쪼개듯 제 뜻대로 하여 어지럽게 기강이 없으며 법도가 날로 무너진다. 한 번이라도 개혁하려는 논의가 아래에서 일어나면 문득, "조종(祖宗)이 마련한 법은 가볍게 고칠 수 없다"고 한다. 속담에 "새 법을 내지 말고 옛 법을 버리지 말라"는 것을 세상에서는 명언(名言)이요 지론(至論)이라고 한다. 그러나 국가에서 옛 법제에 따라 이럭저럭한다는 것은, 실상 고려 말기의 폐정(弊政)과 연산군(燕山君) 때의 여독(餘毒)과 임진왜란 직후에 임시로 조처했던 제도에 관계된 것이 많고, 나머지는 모두 수령과 서리(胥吏)와 하례가 제멋대로 마련한 것들이다. 어찌해서 조종의 옛 법이라 이르는가. 사람들이 흔히, "고을마다 같지 않다" 하는데, 대저 고을마다 같지 않다는 것은 놀랄 만한 말이다. 한 임금이 위에 있는데 어찌 감히 고을마다 같지 않다고 하는 것인가. … 한 나라는 한 군(軍)과 같아서, 대장(大將)은 5영(營)을, 영은 부(部)를, 부는 사(司)를, 사는 초(哨)를, 초는 기(旗)를, 기는 대(隊)를, 대는 오(伍)를 통솔하는 것이다. 한 군(軍)이 있는데 초관(哨官)이 제멋대로 한 제도를 마련해서 그 초에 시행하고, 기총(旗摠)이 제멋대로 한 영(令)을 내어서 그 기에 시행하되, 혹 너그러이 보아 넘기면서 "초마다 같지 않다" 하고, 혹 예사로 여기면서 "기마다 법이 다르다" 한다면, 군사를 패몰시키고 나라를 엎어버리지 않을 자가 있을 것인가. "고을마다 같지 않

다"는 것은 난망(亂亡)하는 술책이다(『경세유표』 7, 田制 7).

즉 "가문을 먼저 하고 나라는 뒤로" 하며 "사를 위해 공을 죽인다"는 벌열 정권의 오랜 전횡은 필경 그 할거적(割據的) 농단(壟斷)의 비리와 인습을 구조적으로 전국에 만연시켜 놓기에 이르렀다. 국가의 통치체제라는 것이 분야마다 층절마다에서 막히고 걸리어 결코 일관된 통치행정이란 것을 시행할 수 없는 지경으로 되어가고 말았다. 조선 왕국으로 말하자면 "이서(吏胥) 때문에 나라가 망한다"는 말이 나돈 지가 오래된 편이었다. 그런데 다산의 시기에 와서는 그들의 간위(奸僞)가 점점 더 심해져, "이서지국(吏胥之國)"이라 말해지는[31] 정도로 되어있었다. 먼 시골의 현(縣) 하나에도 중앙의 재상과 체결(締結)하고 있는 현리(縣吏)가 5, 6인을 밑돌지는 않는다 하지 않았는가.

결국 벌열이 대를 이어 독점하는 대신에 위임하는 통치체제로는 결코 왕정을 이룩할 수 없다는 것이 다산의 현실 인식이었다. 왕정은 왕권을 정점으로 하고서, 공경(公卿) 이하 재상으로부터 말단의 이서에 이르기까지 모든 직관들이 각기의 구체적인 소관 직사를 주체적으로 수행하는 길을 통해야만 하는 것이라고 그는 절실히 믿고 있었다. 그것은 전국 일률의 객관적 기준에 따른 왕법(王法)을 통일적으로 관철시키는 국가체제여야 하는 것이며, 그럼으로써 새로운 국가공동체를 창출하는 사업으로 구현되어야만 하는 것이라고 그는 확신하고 있었던 것으로 이해된다.

31 『여유당전서』 1-8-39, 「人才策」.

2) 혁명론

왕정이라는 새로운 국가공동체의 창출에는 무엇보다도 막강한 통치권의 발동이 절실하였다. 대체 유사 이래 그같이 국가체제의 근본적 대개혁을 단행해본 적이 결코 없는, 역사를 초창(初刱)하는 일이었기 때문이다. 그것은 그야말로 혁명에 해당하는 대변혁을 단행하는 일이었다. 여기서 다산은 어떠한 통치권의 발동을 구상하고 있었는가.

더구나 다산의 현실로 말하자면, 통치체제의 분야마다 층절마다에서 '난망(亂亡)'으로 치닫는 중간 농단이 극단으로 자행되고 있는 실정이었다. 우선 중외(中外)의 이서를 대대적으로 징창하여 '이서지국(吏胥之國)'의 쇠란한 상태를 극복하는 일도 문제였다. 그러나 항구적으로 국정을 도맡아 농단하면서도 이른바 '향원'식 행태로 "가문을 먼저 하고 나라는 뒤로" 하는 호강(豪强)한 벌열 정권의 처치야말로 목전의 가장 큰 문제였다. 통치권의 운용 자체에 대한 근본적 개혁이 필요한 일이었다.

그런데 현실은 집권당만이 그러하였는가. 왕권은 어떠하였는가.

> 우리나라에 소위 입안법(立案法)이란 것이 있다. 무릇 산림(山林)·천택(川澤)의 언저리에 초목(草木)과 어별(魚鱉)이 생산되는 곳이 있으면 모두를 경대부(卿大夫) 이하 호문(豪門) 세족(勢族)들이 스스로 입안(立案)을 내고 점거하여 제 물건으로 만든 다음 그 부세(賦稅)를 거둔다. … 후세의 임금들은 덕(德)이 부족하여 천(天)을 받들어 도(道)를 행할 수 없기 때문에 감히 거실(巨室)들을 다스리지 못하고, 오직 구차하게 그대로 따라서 목전(目前)이 무사하기만을 취해 왔다(『경세유표』 10-45, 賦貢制 4 山澤之賦).

조선 왕국의 왕권은 전제성을 표방하고 있었던 만큼 그것을 일차적으로 옹호하는 사회정치 세력이 반드시 필요하였다. 그래서 그것은 본질적으로 훈척적(勳戚的) 세신(世臣)들과의 유착 관계를 통해서 유지되고 행사되는 행태를 취하였던 것으로 이해된다. 16세기 말에는 드디어 공론(公論)을 중시하는 소위 사림정치의 시대가 열리게 되었다. 그러나 전제성을 지향하는 왕권의 속성상 사림 일반의 공론에 의한 정치란 것은 결코 보편적인 통치 형태로 될 수가 없었다. 사림정치가 열리면서 곧이어 당쟁(黨爭)이 등장하여 사실상 사림의 공론이란 것이 결코 보편적인 가치를 지닌 것으로는 공인되기 어렵게 되었다는 사실이 그것을 말한다.[32] 더구나 조선 후기에는 당쟁의 만연 끝에 훈척적 벌열 집권당이 오래 전횡하게 되면서 왕권은 그 전제적 본색보다도 그 역시 한갓 향원왕(鄕愿王)으로서의 행태를 지속하는 것을 능사로 삼고 있었던 것으로 이해된다. 다산의 이해가 그러한 것이 아니었는가 한다.[33]

그러므로 다산의 경우, 이제 새로운 왕정을 실현하려면 무엇보다도

---

32 가령 세조(世祖) 왕권(王權)의 성립과 동시에 정부서사제(政府署事制)를 폐지하면서 체제상으로 왕권의 전제성이 강화되었다고 할 수 있는데, 그 왕권의 유지와 행사 형태가 사실상 훈척(勳戚) 정권과의 유착으로 특색이 지어졌다는 사실을 고려할 것이다. 16세기 말부터 시작되는 소위 사림정치(士林政治)의 형태는 오랜 사화기(士禍期)를 통하여 참화를 입으면서도 성장한 사림 세력이 일단 훈척 정권을 물리치고 정권의 주도 세력으로 등장하게 되었음을 의미하는 것이었다. 그런데 사림정치가 시작되자 이번에는 당쟁(黨爭)이 치열하게 야기되어 사림의 객관적 공론(公論)이 정치 현실에 반영되기란 매우 어렵게 되고 말았다. 특히 17세기 이후로는 비변사 중심의 정치 운용을 통한 훈척적 벌열 정권의 항구화에 따라, 왕권과 훈척적 벌열 가문의 정치적 유착 관계라고 하는 그 본질적 특색은 결코 변치 않았다는 사실은 이미 살펴둔 바와 같다.

33 훈척(勳戚)과의 유착 관계를 과감히 청산하고 왕권(王權) 중심의 국가 중흥(中興)을 도모하고자 시도한 정조(正祖)에 대한 다산의 기대가 그렇게 컸던 까닭이 거기 있었던 것으로 이해된다.

통치권의 혁명적 쇄신이야말로 절실히 필요한 일이었다. 그래서 그는 아마도 왕권에 관한 한 고래의 이념적인 형태에 이르기까지를 모두 고찰하면서, 드디어 혁명의 이론까지 점검하게 되었던 것으로 이해된다. 그는 실상 중년에는 물론이려니와 만년에도 왕정을 실현하는 왕권으로서의 혁명론을 거듭 검증하고 있었다.

> 5가(家)가 1린(隣)인데 5가로부터 장(長)으로 추대된 자가 인장(隣長)이 된다. 5린이 1리(里)인데 5린으로부터 장으로 추대된 자가 이장(里長)이 된다. … 여러 현장(縣長)이 함께 추대한 자가 제후(諸侯)로 되며 여러 제후가 함께 추대한 자가 천자(天子)로 된다. 천자라는 것은 뭇사람이 추대해서 이루어진 것이다. 대저 뭇사람이 추대해서 이루어진 것은 역시 뭇사람이 추대하지 않으면 이루어지지 않는 것이다. … 옛날에는 아래로부터 뽑아 위로 올렸으니 아래로부터 위로 올리는 것이 순(順)이었다. 지금은 위에서 아래로 임명해 내리니, 아래로부터 뽑아 위로 올리는 것은 역(逆)이 되었다(『여유당전서』 1-11-24, 「湯論」).
>
> 지금 사람들은 진(秦)나라 이후의 안목을 가지고서 진나라 이전의 하늘을 앙시(仰視)하는 터이므로 그 만사 만물이 하나도 기울고 거꾸로 보이지 않는 광경이 없다. 탕(湯)과 무왕(武王)의 일은 그 가운데서도 가장 큰 사례이다. 탕·무의 경우 진나라 이후의 법과는 하늘과 땅 사이처럼 큰 차이가 나는 두 가지 일이 있으니, 그 하나는 제명(帝命)이요, 다른 하나는 후대(侯戴)이다.
>
> 제명이라 함은 무엇인가. 고인(古人)이 천(天)을 섬김에는 모두 정성으로 믿고 정성으로 두려워하였다. 후세의 왕위를 다투는 자들이 빙자하고 가탁하여 천을 내세움과 같은 것이 아니었다. 여기 경건한 마

음으로 밝게 섬김으로써 상제(上帝)의 뜻을 헤아리고 능히 몸소 그 은밀한 훈계를 받들어 천명(天命)을 깨달아내는 이가 있으니, 제왕이 되려는 자가 이 사람을 얻지 못하면 감히 나라를 다스릴 수 없으며, 조고(祖考)의 통서(統緖)를 이어받는 자도 이 사람을 얻은 연후에야 능히 통치를 이룩하여 중흥(中興)을 도모할 수 있고, 혁명의 때를 만난 자도 이 사람을 얻은 연후에야 능히 천명을 받아 창업할 수가 있었다. 그러므로 … 탕 임금은 이윤(伊尹)을 얻고서야 하(夏)나라를 대신하여 통치할 수 있었고, 문(文)·무(武)는 상보(尙父)를 얻어서야 상융(商戎)을 쓰러뜨릴 수 있었다. 그것은 그의 지모(智謀)와 재술(才術)이 천하무적이어서가 아니요, 그 신명(神明)스러운 충심(衷心)이 능히 천명을 헤아려낼 수가 있었기 때문이다. 그러므로 그를 세워서 스승으로 삼고 그의 말을 들어서 그대로 따랐던 것이다. 그러므로 바야흐로 군대를 출동시켜 죄(罪) 있는 자를 정벌하되 감히 크게 드러내어 말하기를 "상제의 명으로 죽이는 것이니, 정벌하지 않을 수가 없다" 라고 한다. 상제를 거짓으로 속여 빌미 삼아 스스로 말하는 것이 아니요, 상제의 밝은 명령을 들었기 때문이다. "상제가 문왕에게 일렀다"[34] 함은 참으로 그런 일이 있었던 것이다.

진나라 이후로는 사악한 말들이 세상에 넘쳐서 바른길이 막히게 되었다. 오방(五方)·후토(后土)에 사당을 세워 사특한 귀신에게 아첨하고, 하고자 하는 일이 있으면 맹렬하게 일어나 움켜잡고는 우러러 천명에 물어보지도 않으며, 강자가 약육(弱肉)을 삼키며 힘으로 굴복시키고 위엄으로 제압하니, 천 또한 그대로 두고서 다스리지도 않는

34 『詩經』, 大雅 文王之什 皇矣.

다. 안목이 이 같은 데에 익숙해져 있으니, 어떻게 옛날의 제명(帝命)을 믿을 수 있을 것인가.…

후대(侯戴)라 함은 무엇인가. 백성이 모여 살면서 그 장(長)을 구해 세우고, 장들이 모여서 그들의 수(帥)를 구하는데 각기 한 수를 세워서 이름하기를 후(侯)라 한다. 후 가운데 뛰어난 자가 있으면 서로 더불어 회의하여 추대하고는 이름하여 천자(天子)라 한다. 천자의 자손이 불초(不肖)하면 제후(諸侯)는 그를 종주(宗主)로 섬기지 않는다. … 포학(暴虐)하고 황음(荒淫)하여 만민을 잔해(殘害)하는 경우에는 (제후가) 서로 더불어 회의하여 제거해버리고, 또 다른 뛰어난 자를 추대하여 천자로 삼는다. … 하후씨(夏后氏)의 나라가 쇠잔해져 태강(太康)이 나라를 잃게 되었는데, 백여 년 만에 소강(少康)이 일어나 중흥하게 되자 제후들이 다시 (그를) 종주로 모시었다. 걸(桀)에 이르러 포학하게 되자, 탕(湯)이 제후가 자기를 추대함을 알고는 걸을 정벌하고 (천자의 지위를) 대신하였다. 은(殷)나라도 … 주(紂)에 이르러 포학하게 되자, 무왕(武王)이 제후가 자기를 추대함을 알고는 주를 정벌하고 (천자의 지위를) 대신하였다. 탕과 무왕의 일은 평상(平常)의 관행을 따르고 고래의 떳떳한 규범을 순응한 것이었을 뿐이다. 후세의 임금을 죽이고 나라를 빼앗는 적(賊)들의 경우와는 어찌 조금이라도 비슷한 데가 있었겠는가. 진나라 이후로는 세상에 제후가 없어졌으며, 왕망(王莽)·조조(曹操)·사마의(司馬懿)·유유(劉裕) 등은 각기 그 한 몸의 사욕(私欲)을 가지고 시역(弑逆)을 행하였다. 안목이 이런 데에 익숙해져 있으니, 어떻게 옛날의 후대(侯戴)를 믿을 수 있을 것인가.…

내가 옛적에 「탕론(湯論)」을 지었는데, 지금 또한 이를 써서 거기에 잇대어 둔다(『梅氏書平』 4-8~9, 逸周書克殷篇辨).

혁명론은 "평상의 관행을 따르고 고래의 떳떳한 규범을 순응"하는 정당하면서도 엄숙한 통치권 교체론으로서, 다산에게는 만년에 이르기까지 하나의 일관된 소신이었음이 밝혀진다. 그 소신 역시 경전의 새로운 해석을 통해서 깨쳐낸 것이었다.

그런데 만년에 이르러서도 다시금 제기하고 검증해둔 혁명론은 과연 실현 가능성을 지니는 현실적 이론이라고 다산은 생각하고 있었는가. 아마도 왕정을 실현하기 위해서라면 언제든지 혁명이라도 일으킬 수 있는 것이라고 하는 신념을 그가 갖지는 않았던 것으로 이해된다.

무엇보다도 다산의 혁명론은 하나의 이념상의 소신에 불과했다는 사실을 여기서 주목해야 할 것이다. 혁명은 이른바 '삼대'의 탕이라든가 무왕 시대에는 순리(順理)였으나 무릇 진시황(秦始皇) 이후로는 '반역(叛逆)'으로 간주된 지가 이미 오래되었다고 하는 엄연한 현실을 그는 확인하고 있었다. 그것이 워낙 거꾸로 된 인식이지만, 그것이 역사적 현실로 너무나 오래 지속된 나머지, 지금에 와서는 '제명(帝命)'이라거나 '후대(侯戴)'를 믿는 사람은 없어지고 말았으며, 따라서 그 같은 순리의 혁명을 믿는 사람도 있을 수 없다는 것이 다산의 엄연한 현실 인식이었다.

혁명론은 이제 그 이념의 형해(形骸)만을 남기고 있을 뿐이었다. 그것은 결코 현실을 개혁할 이론으로 활용될 수 있는 성질의 것이 아니었다.

그런데 다산 자신의 경우뿐 아니라, 진시황 이전의 공자와 같은 성인도 혁명을 일으켜 왕정을 실현하려고 시도하지 않았다는 사실을 그는 또한 구체적으로 인증하였다. 즉 『중용(中庸)』 27장에 나오는바 "아랫사람이 되어서는 배반하지 않는다[爲下不倍]"는 공자의 말씀[35]을 두고, 다산은 다음과 같이 해설해놓았다.

> 국법(國法)에 좋지 않은 것이 있으므로 그것을 뒤집어 돌이키면 선왕(先王)의 도(道)와 바로 맞게 되는 경우라도, 아랫사람으로서는 배반하지 않음이 중화(中和)가 되니, 지선(至善)이 거기에 있는 것이다. 지극한 도를 내부에 온축(蘊蓄)하고 있어 그것을 말로 나타내면 선왕의 도를 밝힐 수 있다 하더라도, 나라에 도가 없는 경우 함묵(含默)하는 것이 중화가 되니, 지선이 거기에 있는 것이다. 금세(今世)의 습속은 비오(卑汚)하고 고인(古人)의 도(道)는 지공(至公)하므로 이를 뒤집어 바로 돌이키면 천지가 제 위상을 회복하겠지만, 거기에 합당한 덕(德)과 지위를 갖추지 못했으면 스스로 전단(專斷)하지 않음이 중화가 된다. 중화는 지선이 있는 곳이다. … 공자는 예(禮)를 제정하거나 음악을 짓지 않았다. 위의 몇 구절은, 공자가 명백히 그 덕을 갖추고서도 (천자의) 지위를 얻지 못했으므로 평생 행하신 것이 '명철보신'의 범위를 벗어나지 않았음을 은근하게 내비치신 것이다(『中庸自箴』 1-26, 居上不驕 爲下不倍절).

---

35 "윗자리에 앉아서는 교만하지 않고, 아랫사람이 되어서는 배반하지 않는다. 나라에 도(道)가 있을 때는 그 말이 (시행되어) 족히 자신을 흥기(興起)시킬 수 있고, 나라에 도(道)가 없을 때는 침묵함으로써 족히 자기의 몸을 용납시킬 수 있다. 『시(詩)』에 이르기를, '이미 명철(明哲)하여 그 몸을 보전한다'라고 하였으니, 이를 말함인 것이다"라는 내용이다.
또한 인용문 가운데에는 『중용』 28장의 "비록 그(천자의) 지위를 갖고 있으나 진실로 그(聖人의) 덕(德)이 없으면 감히 예(禮)·악(樂)을 제작하지 못하며, 비록 그 덕을 갖추고 있으나 진실로 그 지위가 없으면 또한 감히 예·악을 제작하지 못한다"는 내용도 일부 해석되어 있다.

근원적으로 고찰할 때 혁명은 천명을 따르는 당연한 정치변혁이기도 한 것이라 함이 다산의 소신이었다. 그래서 이윤(伊尹)이라든가 상보(尙父)와 같이 천명을 깨달은 역사적인 사례를 거듭 확인하여 서술해두지 않았는가. 그런데 그들로서도 천명을 실현할 왕자(王者)를 만나고서야 그 혁명을 실행할 수 있었다. 정작 그 같은 왕자를 만나지 못하면 공자와 같은 성인도 어쩔 수 없이 '명철보신'의 범위를 벗어나는 '배반(背反)'의 일을 도모할 수는 없다고 다산은 여기서 명백하게 해석해두었다.

그런데 "명백히 그 덕을 갖추고서도" 합당한 지위를 얻지 못한 경우 그 덕을 펴서 실행할 수 없다는 이론은 고경(古經)의 명제이기는 하지만, 그것은 또한 철두철미 일관하는 다산 자신의 '행사(行事)'주의와는 모순되는 논리가 아닌가. 여기서 '제명'이라든가 '후대'와는 다른 별개 차원의 혁명의 길은 구경 생각해낼 수 없는 것이었는가. 인간은 누구나 천의 영명(靈明)함을 직통으로 부여받아 각자 자기의 심성(心性)으로 지니고 있다는 다산의 새로운 인간론은, 저 옛날의 '제명'이나 '후대'의 형태가 아닌 다른 방식의 혁명, '천명'과는 별다른 인간 자신의 궁극적 판단에 근거한 혁명이란 것을 고안해낼 수는 없었는가.

그의 천리론(天理論)·천명론(天命論)은 한편으로 왕권의 자의적 횡포를 견제하는 강력한 이론 근거가 되는 것이지만, 다른 한편으로는 그 천리·천명의 초월성이 인간 자신의 자율적·주체적 판단과 결행의 여지를 매우 제한하는 쪽으로도 연관되었던 것으로 이해된다.

> 천(天)이 방(方)과 원(圓)의 이치를 만들었으니, 무릇 원은 여섯으로 하나를 에워싸고, 방은 여덟으로 하나를 에워싼다. 그러므로 성인이 이것을 본받아 관직 제도에 육관(六官)을 설치해서 한 임금을 받들고, 전

지(田地) 제도에 8부(夫)를 두어서 공전(公田)을 경치(耕治)토록 하였다. 또한 관직이 위에 있는 까닭에 그 수리(數理)에 원(圓)을 썼고, 전지는 아래에 있는 까닭에 그 수리에 방(方)을 썼다. 이것이 천지와 음양의 바른 이치이며 신성한 제왕의 큰 법이었다. 이를 어기는 것은 천리를 거스름이 되고 이와 배치되는 것은 법이 아니니, 사의(私意)로 변통할 수가 없는 것이다(『경세유표』 7, 田制 9 井田議 1).

가령 서양 근대의 이성(理性)과 같이 인간 본위의 판단에 대한 보편적 신념과 조선 후기 실학을 대표하는 다산의 현실 개혁에 대한 소신은 그 사유의 근원적 체계부터가 전혀 이질적인 것이었다. 다산의 경우는 아직도 인간 중심의 사유라기보다는, 어디까지나 '천리'를 근원적으로 전제하는 사유체계를 지니고 있었다. 따라서 왕정의 실현이라고 하는 현실의 정치적 전망이라든가 그에 대한 신념도 결코 인간 본위로 결단할 성질의 것이 될 수 없었다. 그러므로 성인인 공자조차도 일찍이 성취할 생각을 못 했던 혁명과 같은 역사적 대변혁은 다산의 현 실태에서는 역시 한낱 이념으로서의 한계를 지닐 수밖에 없었다.[36]

다산의 혁명론은 아마도 "나라를 망치고 말" 현실을 타개하기 위한 간절한 요청에서 접근한 역사이론이며, 고경(古經)의 새로운 해석을 통해서 개발해낸 엄숙한 정치론이었음에는 틀림없는 것으로 이해된다. 그런데 또한 역사적 현실의 제약으로 인해서 그것은 필경 이념론으로

36 당연한 논리적 귀결이지만, 가령 홍경래(洪景來)의 난(亂)과 같은 '토적(土賊)'의 반란(叛亂)은 철저히 부정(否定)되지 않으면 안 되는 것이었다. 그 같은 반란은 거사 전에 미리 유언비어가 돌기 마련인데, 그때에는 수령(守令)이 마땅히 자질(子姪) 친척 막료를 파견하여 "그 뿌리를 찾고 그 소굴을 엿보아 변란에 대처할 방도를 도모"해야 한다 하였다(『목민심서』, 兵典六條 應變).

귀착할 수밖에 없었다. 그것은 곧 지리멸렬한 현 실태의 한계를 돌파하기 위해 고안해낸 하나의 한계이론(限界理論)이었다고 이해해야 할 것이다.

실상 탕·무처럼 왕조를 창신하는 혁명을 결행하기란 새로운 천명을 받는 경우에나 가능한 극히 어려운 일임을 다산 자신이 너무나 잘 알고 있었다. 그래서 그 같은 천명도 없이 인위적인 혁명을 통해서 왕정 실현의 길을 추구해서는 안 된다는 소신 또한 확고하였다. 그렇다면 필경 "나라를 망치고 말" 현실의 비리와 인습을 직면하고서 다산이 구상해낸 왕정 실현의 통치론으로는 이제 어떠한 것이 있을까.

다산이 국가체제 개혁론으로 내놓은 『경세유표』로 말하자면 그 개혁론 자체는 가히 '혁명'적인 내용을 담고 있다 할 것이다. 그러나 개혁론의 실현을 추진할 통치권의 출처나 소재에 대해서는 언급하지 않았다. 그러므로 그는 아마도 현재의 왕권을 전제로 하고서, 그 왕권을 새로이 동원하여 새로운 국가체제의 개혁을 실현한다는 견지에 서 있었음이 확실한 것으로 이해된다.

『경세유표』의 개혁론 가운데서도 가장 바탕이 되며 핵심 되는 것이 이른바 정전제론(井田制論)임은 주지하는 사실이다. 다산은 그것을 수백 년을 두고서도 점진적으로 추진하되 그 처음 과정에서는 오히려 "한전(限田)·명전(名田)·균전(均田)"과 같은 전제(田制)도 배제하지는 않는다고 하였다. 그러나 궁극에 가서는 전국의 토지를 국유로 귀착시킨 기초 위에서 온전한 정전제를 실행한다는 고안이었다.[37]

37 정전법(井田法)은 오늘날에도 회복할 수 있다. 다만 아득하게 생각하고 마음을 급히 하여, 당(唐)[堯]·우(虞)[舜] 시대와 같이 되기는 기대하기 어렵다고 개탄해서는 안 된다. 염려되는 것이 한 가지 있기는 하다. 즉 옛날에는 천자(天子)와 제후(諸侯)가 전지(田

아마도 왕정의 실현 전체를 두고서도 그는 동일한 고안을 두고 있었던 것으로 이해된다. 그는 왕권이나 왕조를 뒤엎는 혁명이 아니더라도 왕정을 실현할 근본적 변법(變法)의 가능성에 대해서는 결코 부정적 견해를 취하지 않았다. 그것은 고전(古典)에도 많이 등장하는, 하나의 순리로운 길이었다. 이미 '후대'의 사례에서도 "소강(少康)이 일어나 중흥(中興)"하게 된 경우를 말하지 않았는가. 즉 혁명에 버금가는, '변법'을 통해서 중흥을 단행한다는 방법이야말로 그가 애써 모색해낸 구경의 길이었던 것으로 이해된다.

> 대저 사물(事物)이 오래되면 썩기 마련이요 기구(器構)가 오래되면 무너지고 법(法)이 오래되면 폐단이 생기며 영(令)이 오래되면 만홀(漫忽)해지는 것이다. 나라를 세우고 도읍을 일으켜 승평(承平)한 날이 오래되면 거실(巨室) 대가(大家)들은 기세를 믿고 영화(榮華)를 천단(擅斷)하며, 간힐(奸黠)한 서리(胥吏)들은 관례에 익숙해져 법을 농단한다. 인주(人主) 역시 영밀(寧謐)한 데에서 생장하여 환락을 즐기며 게으르고 오만해지기 마련이다. 형세상 반드시 안면과 복장을 크게 바꾼 연후에야 천하의 이목(耳目)을 씻어 새롭게 할 수가 있다. 그런 후에야 무너진 기강을 다시 진작시키고 기울어진 기둥과 서까래는 다시 고쳐 세울 수 있는 것이니, 그 이치가 명백하고도 확실한 것이다(『상서고훈』

地)의 주인이었으나 지금은 온 백성이 전지의 주인이 되었으니, 이것이 도모하기 어려운 점이다. 반드시 수백 년을 두고 흔들리지 않아서, 차츰차츰 회수(回收)하고 차례대로 시행한 다음이라야 선왕(先王)의 법을 회복할 수 있을 것이다. 처음에는 한전(限田)·명전(名田)·균전(均田) 같은 법으로 하다가, 오랜 세월이 흐른 뒤에 태아(太阿)의 칼자루를 돌이켜 잡게 되면 동이에 담긴 물을 쏟음과 같이 시원하여 거의 막힘이 없을 것이다(『경세유표』 5, 田制 1 井田論 3).

4-5, 盤庚 先王有服절).

> 나라를 다스리는 법은 개혁을 통해서야 오래갈 수 있는 것이다. 은(殷)나라 사람들은 그 도읍을 여러 차례 옮겨가면서 나라를 빛나게 다스렸으나, 주(周)나라 사람들은 한곳에 머물러 안일을 구했으므로 나라가 쇠미(衰微)해져 떨치지 못했으니, 이것이 그 징험이다. 송(宋)나라 이래로는 왕안석(王安石)·여혜경(呂惠卿)의 변법(變法)에 혼이 나서, 세상의 나라 다스리기를 도모하는 자가 옛것을 그대로 따르기만을 능사로 삼고 감히 변법을 말하지 못한다. 아아, 잘못된 일이다(『周易四箋』 6-3, 离下兌上 六二).

즉 한꺼번에 온전한 왕정을 실현하지는 못한다고 할지라도 현행의 법제를 크게 변통하여 우선 왕정 실현의 길로 들어서는 일이야말로 결정적으로 중대한 고비가 된다는 것이었다. 그리고 그와 같은 법제의 큰 변통 또한 도읍을 옮긴다든가 함으로써 우선 현 체제의 고식적 인습에서 벗어나는 길을 추구하여야만 비로소 가능해질 수 있는 것이라고 해석하였다.

다산은 그 같은 변통론을 다른 곳에서도 피력해둔 바 있었다. 즉 공자가 자신을 써주는 군주를 만나 국가를 중흥하겠다는 의지를 피력해둔 『논어』의 새로운 해석이 그것이다. 『논어』에는, "공산불요(公山弗擾)가 비읍(費邑)을 근거로 반란을 일으키고 공자를 부르니 공자가 가려고 하자, 자로(子路)가 좋아하지 않으면서 말하였다. '가실 곳이 없으면 그만이지, 하필 공산씨에게 가려 하십니까.' 공자가 말하였다. '대저 나를 부르는 것이 어찌 할 일 없는 짓이겠는가. 나를 써주는 자가 있다면 내가 동주(東周)를 만들 것이다'"라고 한 문자가 있다(陽貨 편). 다산은 이를 두고서 곧 '유신(維新)'에 해당하는 '중흥'의 이론이라고 적극적으로 해석하였다.

> "내가 동주(東周)를 만들 것이다"라는 말은 노(魯)나라 임금을 비읍(費邑)으로 천도(遷都)케 하여 동로(東魯)를 만들고, 노국(魯國)은 차라리 (權臣) 삼가(三家)에게 맡겨둔다는 뜻이다. … 주(周)나라의 도를 동방에서 일으킨다는 것은 장차 주 왕실을 재흥(再興)시키겠다는 것인가, 혹은 주나라를 없애고 대신 일어남을 마치 탕이나 무왕처럼 한다는 말인가. 구구(區區)한 노나라 한 대부(大夫)의 가신(家臣, 즉 공산불요)이 소읍(小邑)을 근거로 반란을 일으키매, 공자가 흔연히 좋아하면서 그로 인하여 왕도(王道)를 행함으로써 천하를 취하고자 하였다면 어찌 그 우루(迂陋)함이 이다지 심할 수 있으리오. 주나라가 흥기하지 못할 것임은 삼척동자도 모두 알고 있는 바요, 주나라 공실(公室)이 죄가 없음은 우부(愚婦)도 다 알고 있는 터에, 공자가 이에 혁명을 일으키고자 하였다면, 두 가지가 다 통하지 않는 일이다. 성인이 비록 도를 행하기에 급급하였다 하더라도 공산(公山)씨에게 달려가서 천하를 도모한다는 그런 이치는 결코 없는 것이다. 가만히 생각건대 이 당시 권신 삼환가(三桓家)는 족당(族黨)이 심히 번성해서 뿌리와 줄기가 서로 얼키설키 뒤엉겨 (魯나라 수도인) 곡부(曲阜)에 오래 있었으므로 하루아침에 모두 다 죽일 수가 없는 것이었다. 하물며 선왕의 법에 공족(公族)은 모두 멸망시키지 않는다고 되어있으니, 공자가 비록 득세하더라도 반드시 공족을 남살(濫殺)하지는 않았을 것이다. 그런즉 곡부에 그대로 앉아 삼가(三家)의 참란(僭亂)함을 개혁하고 그들이 차지한 전록(田祿)을 도로 거두어들인다는 것은 비록 성인이라도 다 할 수가 없는 일이었

다. 반드시 암험(巖險)한 성(城)으로 도읍을 옮겨 별도로 조정을 창신(刱新)함으로써 세상의 이목을 새롭게 한 연후에야 그 뒤얽힌 국면을 안정시킬 수 있는 것이었다. 그런 까닭에 "동주를 만들 것이다"라고 함이 상책이 되는 일이었던 것이다(『논어고금주』 9-20~21, 公山弗擾以費畔장).

국가의 중흥이란 곧 왕정 실현의 길목으로 들어서는 것으로서, 혁명에 상응하는 중대한 사업이 아닐 수 없었다. 그것은 공자와 같은 '성인'으로서도 제대로 된 군주를 만나지 못하고서는 결코 기필(期必)할 수 없는 어려운 일이었다. 그러한 '성인'이 일어나지 않은 때에는 이제 중흥과 같은 사업은 기대할 수 없는 일이었을까. 그것은 아무래도, 그 길로 방향을 잡고 들어서는 어려운 일을 결행할 현군(賢君)과 현신(賢臣)의 제회(際會)를 기다려서야 비로소 그 성취 가능성을 바라볼 수 있는 것이라고 다산은 생각하고 있었던 것으로 이해된다.[38]

3) 왕권론

왕권을 정점으로 하는 통치체제의 이념적 성격은 대체 어떠한 것이었는가. 성리학에서도 그러하지만, 다산의 경우 왕권은 기본적으로 "천을 대신하여 만물을 다스린다[代天理物; 體天理物]"는 것이었다.

왕자(王者)가 관직을 설치하여 직사를 분담시키는 것은 천(天)의 일을 대리하는 것이다[代理天工]. 3공(公)·6경(卿)·백집사(百執事)의 신료는 모

38 정조(正祖) 임금이 화성(華城)을 축조함에 즈음하여 다산(茶山)으로 하여금 비각(秘閣)에 갈무리해둔 서양식 『기기도설(機器圖說)』을 참작하고서 새로운 축성(築城) 기술을 창안해내도록 하였다는 사실이 결코 우연한 일이 아니었음을 짐작게 한다.

두 왕의 덕(德)을 보필하여 사람의 기강을 세우고 예(禮)·악(樂)·형(刑)·정(政), 재부(財賦), 갑병(甲兵)에 이르기까지 그 진실하고 급절(急切)한 일에 마음을 다해야 하는 것이다(『경세유표』 1-23~24, 春官 禮曹 弘文館).

대저 왕자가 사람을 가려 쓰는 것은 마치 천지가 만물을 성취시킴과 같아서 수풀처럼 빽빽이 벌여 있으되 하여금 각기 제자리에 서도록 하는 것이다. 그 위로 덮어서 보호해줌에 편벽됨이 없고 그 아래로 실어서 양육해줌에 사사로움이 없다. 그래서 7정(政)[39]이 조화롭게 운행하며, 모든 치적(治績)이 빛나게 되는 것이다(『여유당전서』 1-8-42, 「人才策」).

왕의 직무가 원래 천을 대신하여 인간을 다스리는 일이라고 하는 것은 유교 고유의 명제이다. 그 이념적인 원형을 다산은 천의 운행 그 자체에 비유하였다. 다산은 일찍이 『논어』의 해석에서 왕권을 '북신(北辰)'의 운행에 비유하여 해석해둔 바 있는데,[40] 이제 그것을 절록(節錄)해본다.

북신(北辰)은 곧 북극(北極)으로서 천추(天樞)이니, 성점(星點)이 없으므로 신(辰)이라 한다. 남극도 역시 천추이다. '거기소(居其所)'란 것은 북극 한 점이 바로 자오선의 중심에 당(當)하여 진남(眞南)·진북(眞北)의 위

---

39 7정(政)은 일(日)·월(月)과 수(水)·금(金)·화(火)·목(木)·토(土)의 5성(星).

40 곧 「子曰 爲政以德 譬如北辰 居其所 而衆星共之」(『논어』 爲政 편)라는 글의 내용을 두고 내린 해석이다. 주자(朱子)는 여기서 '북신(北辰)'을 '북극성'으로, '공(共)'을 '향(向)'으로 해석하여, "북극성이 제자리에 위치하면 중성(衆星)이 북극성을 향(向)한다"는 뜻이라 하였다(朱子集註).
그런데 다산은, 인용문에 보이는 바와 같이, 북신을 북극성이 아닌 '북극(北極)'으로, 공(共)을 '향(向)' 즉 '함께하다'는 뜻으로 해석하고 있다. 그리고 왕권의 운용을 '북신'에 비유한 이 해석은, "매양 하나의 깨달음이 일어날 적마다 마치 신명(神明)이 있어 묵묵히 깨우쳐 주는 듯하여 남에게 이야기할 수 없는 것이 많았다"는 그의 강진(康津) 시절 경전(經傳) 해석의 일부분임을 주의할 것이다(「자찬묘지명(집중본)」 참조).

> 치를 이루고 있음을 뜻한다. '공(共)'이란 '동(同)'의 뜻이다. 북신이 바르게 위치하면서 천추를 회전하고 있으니 중성(衆星)이 함께 따라 회전하여 북신과 함께 운행한다. 그러므로 '함께한다'라고 한 것이다. 정치란 임금이 백성을 바르게 한다는 것이다. 자신을 바르게 한 후에라야 남을 바르게 할 수 있는 것이니, 교화(敎化)를 따라 함께 움직이는 것이므로 (孔子가) 정치를 북신에 비유한 것이다. 북극이 자오선을 바르게 하여 천추를 돌고 있으니, 하늘에 가득 찬 여러 별들이 북극과 더불어 함께 회전하면서 한 별도 감히 거역할 수가 없고 한 별도 혹시 뒤처질 수가 없다. 이것이 이른바 "뭇별이 함께한다"라는 것이다. 임금이 바른 위상에 있으면서 정치를 덕(德)으로 하면 백관(百官) 만민(萬民)이 그에 따르고 복종하지 않는 자가 없어 모두 임금과 함께 동화(同和)할 것이니, 이는 바로 북신과 중성의 경우와 부계(符契)처럼 꼭 들어맞는 것이다(『논어고금주』 1-20~21, 爲政以德장).

하늘의 뭇별이 차착 없이 운행하는 것은 북신이 천추로서의 위상을 바르게 차지하여 스스로 차착 없는 회전을 지속하기 때문이다. 왕권 또한 만민의 표준이 되는 바른 위상과 덕을 갖추고서 지공무사한 권능을 행사하여야만 이에 만민이 각기 제자리를 잡아 '동화(同和)'의 삶을 수행할 수 있다는 이론이다. 왕권은 그만큼 강력무비한 권한과 함께 그에 상응하는 막대한 책무도 동시에 담당해야 한다는 뜻이다.

또한 다산에서의 현실 왕권은 역사적으로 적체된 비리와 인습을 지양하여 새로운 왕정의 시대를 창출해야 하는 만큼, 현실 법제의 근본적인 개혁과 그 구체적 구현을 총체적으로 책임지고 실행해야 하는 중차대한 위상에 있었다. 가령 그의 왕정론의 기초가 되는 정전제의 '경계(經界)'를 두고서 그는 말하였다.

> 왕정은 경계(經界)하는 일보다 큰 것이 없다. 경계를 바로잡지 않으면 호구(戶口)가 분명치 못하며, 경계를 바로잡지 않으면 부역(賦役)이 균평치 못하고, 경계를 바로잡지 않으면 교화가 일어나지 못하며, 경계를 바로잡지 않으면 병비(兵備)를 부쳐 운용할 수가 없고, 경계를 바로잡지 않으면 간활(奸猾)이 그치지 않으며, 경계를 바로잡지 않으면 사송(詞訟)이 날로 번잡해진다. 만 가지 병통과 천 가지 폐막이 시끄럽고 어지러워져 동쪽을 두드리고 서쪽에 부딪쳐서 다스릴 수가 없게 된다. 왕정은 경계하는 일보다 큰 것이 없다. … 하물며 우리 동방은 천지개벽 이래 그 산림천택이며 구릉(丘陵)과 원습(原隰)이 모두 본래의 바탕을 간직한 그대로 오늘에 이르렀으니, 혼돈(混沌)은 트이지 않았고 원래의 질박한 기운은 흩어지지 않았다. 지금 이 큰일은 곧 수인(燧人)과 염제(炎帝)가 개물성무(開物成務)하던 시초이며 황제(黃帝)와 요·순이 구획(區劃)하고 경리(經理)하던 정사이다(『경세유표』 7-37, 전제 9 정전의 1).

실로 "(井田을) 경계하는 것은 천지를 새로 이룩하는 큰일"[41]에 해당하였다. 그러므로 중대한 법제의 개혁과 그 실행을 주도적으로 이끌어갈 군건한 왕권의 확립이야말로 왕정 실현의 관건이 되는 일이었다.

그렇다면 그 같은 왕권의 역사적 원형은 어디서 구할 수 있는 것인가. '대천이물(代天理物)'하는 왕의 직무는 '천'의 운행과 같이 잠깐의 중

41 『경세유표』 7-28, 7-30 전제 9 정전의 1.

단이 있을 수 없는 것이었다.

『주역』에 "천(天)의 운행은 굳건하다"고 하였다. 밝고 밝은 요·순이 천으로 더불어 함께 굳건하여 일찍이 잠깐의 휴식도 갖지 못하였고, 우(禹)·직(稷)·설(契)·익(益)·고요(皐陶) 등도 맹렬하게 분발하여 왕의 팔다리와 눈 귀 노릇을 다하였다(『경세유표』 引).

내가 살피건대 천지개벽 이래 (王의 직무에) 분발하여 공적을 이룩하기로는 요·순 같은 이가 없었다. 일월(日月)의 운행을 본받아 역(曆)을 만들어 백성의 밭갈이와 수확을 살피며 현신(賢臣)을 가려 뽑아 직사를 맡겨 수해(水害)를 다스리도록 하고, 5년마다 한 번씩 순수(巡狩)를 나가며 해마다 제후(諸侯)들의 조회(朝會)를 받고, 내외 백관(百官)의 공적(功績)을 살피고 그들의 말을 들어야 하니, 이미 온 천하의 일이 많고 복잡한 것이다. 더구나 산을 뚫어 물길을 터야 하고 정전(井田)의 밭도랑과 봇도랑을 치고 소통시켜야 하며 교육제도를 세우고 형벌을 밝히며 예(禮)·악(樂)을 제작하고 흉인(凶人)을 죽이며 영인(佞人)을 물리쳐야만 했다. 심지어 위아래의 초목(草木) 조수(鳥獸) 어별(魚鱉)에 이르기까지 모두 사람을 택해 맡겨서 그들의 공적을 헤아려 책임지고 성취해내도록 하였다. 그 마음과 힘을 다함이 가히 분발하였다 할 것이다. 후세의 치도(治道)를 말하는 자들은 『논어(論語)』를 잘못 해석하여, "순(舜)은 자기를 공손히 하고 무위(無爲)하였다"는 한마디 말[42]을 가지

42 자왈(子曰) 무위(無爲)로 다스리신 이는 순(舜)일 것이다. 대체 무엇을 했겠는가. 몸을 공손히 하고 바르게 남면(南面)했을 뿐이다(『논어』 衛靈公 편)라는 문자를 두고, 주자집주(朱子集註)에서는 "'무위(無爲)로 다스렸다'는 것은 성인(聖人)은 덕(德)이 융성하매 백성이 저절로 교화되어 작위(作爲)하는 바가 있기를 기다리지 않고서도 되었다는 뜻이다"라고 해석하였다.

고서 드디어 나라를 지켜가는 법은 고요히 진정(鎭定)시키는 도리만 한 것이 없다고들 한다(『상서고훈』 2-16, 咨四岳有能奮用절).

(王의 직무를) 떨쳐 일으키기에 분발하여 천하 사람들을 항상 들끓고 바쁘게 역사(役事)시키면서 일찍이 한 번 숨 쉴 틈에도 편안함을 도모하지 못하도록 한 이가 요·순이요, 치밀하고 엄혹하매 천하 사람들이 항상 조심하고 두려워하여 일찍이 한 오라기의 거짓도 꾸미지 못하게 이끌어간 이도 요·순이었다. 천하에 요·순보다 부지런한 이가 없었건만, 하는 일이 없었다고 속이고, 천하에 요·순보다 치밀한 이도 없었건만, 엉성하고 오활하였다고 속인다. 그래서 왕이 매양 일을 하고자 하면 반드시 요·순을 생각도록 함으로써 스스로 단념하게 한다. 그런 까닭에 천하가 나날이 부패해져서 능히 새로워지지 못하는 것이다(『경세유표』 引).

그런데 위와 같이 왕권이 스스로 '분발'하고 가장 앞서서 모든 신민(臣民)의 직사를 독려하는 직무의 실행은 요·순과 같은 삼대(三代) 왕정의 경우에서 그 원형을 해석해낸 것이었다. 그러나 역사적으로 삼대가 지나고서는 왕정을 실현한 왕자가 출현한 적이 없었다. 현실상으로 본다면, 그와 같이 이상적인 '선왕(先王)'들을 제외하고는 가령 흔히 치세를 이룩하였다고 말해지는 당(唐) 태종(太宗)·송(宋) 태조(太祖)를 비롯한 역대 군주가 대개 그릇된 치술(治術)을 쓰거나 혹은 도덕적으로 사악(邪惡)하기조차 하였다는 사실을 다산은 도처에서 예증하면서 역사를 논하고 있었다.

그렇다면 왕정을 실현할 참 왕권은 어떻게 창출해야 하는 것인가, 혹은 어떻게 창출할 수 있는 것인가. 이 현실적인 문제는 앞서 혁명론에서 살펴본 그 이상의 해법을 기대할 수 없는 것으로 이해된다. 다산은 거기서, 현실적으로 새로운 왕권의 혁명적 창출보다는 '변법(變法)'을 통해서 '중흥'을 꾀하는 길, 즉 법제를 고쳐 점진적인 방법으로 왕정을 창출해나가는 길로 들어서는 것이 최상의 방안이라는 인식을 확고히 피력해두었다.

그런데 또한 다산의 왕정론에서 '변법'의 문제는 단지 '법을 변혁한다'는 법 절차상의 문제가 아니었다. '변법'이란 것 자체가 우선 왕정으로의 방향을 잡고 그 길로 들어선다는 정치적 결단의 문제가 되어있었다. 그러므로 여기서 우선 법을 개혁하여 왕권을 강화하고 그 강화된 왕권을 통하여 왕정 실현의 길로 정치적 방향을 튼다는 수순은, 정치적 결단보다도 법을 앞세우는 일이 되는 것이었다. 그보다는, 정치적 결단을 통해서 왕정 실현의 방향을 잡고 동시에 왕정 실현의 법제를 정립하는 길로 나아감으로써 왕권을 강화한다는 수순을 밟는 것이 절요한 일이었다.

그러므로 다산의 왕정론에서 '변법'론 즉 국가체제 개혁론의 내용은 극히 중요한 의미를 지닌다. 그것은 곧 천리(天理)와 인문(人文)에 부합하며, 성인의 '본법(本法)'에 근거를 둔 통치법제의 창신(刱新)을 의미하는 것이었다.

> 천(天)이 방(方)·원(圓)의 이치를 만들었으니, 무릇 원은 6으로 1을 에워싸고 방은 8로 1을 에워싼다. 그러므로 성인이 이를 본받아 관직제도에 6관(官)을 설치해서 한 임금을 받들고, 전제(田制)에 8부(夫)를 두어서 공전(公田)을 경치(耕治)토록 하였다. 또한 직관이 위에 있는 까닭에 그 수리(數理)에 원을 썼고, 전지(田地)는 아래에 있는 까닭에 그

수리에 방을 썼다. 이것이 천지와 음양의 바른 이치이며 신성한 제왕의 큰 법이었다. 이를 어기는 것은 천리(天理)를 거스름이 되고, 이와 배치되는 것은 법이 아니니, 사의(私意)로 변통할 수가 없는 것이다. … 9분의 1세(稅)는 천지 방원의 바른 이치로서, 9분의 1보다 많으면 백성이 지탱하지 못하고 9분의 1보다 가벼우면 나라가 넉넉할 수 없다(『경세유표』 7-27, 전제 9 井田議 1).

관직 제도는 위로 천도(天道)에 응하고 아래로는 인문(人文)을 상고하여 360으로 한정하거나 혹은 120으로 제한함이 마땅하다. 법을 세우는 시초에 제도를 한 번 정했으면, 비록 백 대를 전승해 내려가더라도 반드시 더하거나 줄이지 못하며 옮기거나 바꾸지 못한 다음이라야 바야흐로 제도라 할 수 있다(『경세유표』 1, 春官 禮曹 典廟司).

정전(井田)이란 것은 성인의 상법(常法)이다. 상법이라면 예나 지금이나 통하는 것이다. 그런데 옛날에는 시행하기에 편리하고 지금은 불편하다는 것은 필시 법을 밝히지 못해서 그러한 것이다. 천하의 이치가 예와 지금에 다름이 있어 그러한 것이 아니다. … 성인의 여러 경서를 보건대, 내가 참작해서 변통코자 하는 것이 원래 선왕의 본법(本法)이었다. 다만 경서에 나타난 것을 상고해서 시행할 것이요, 억지로 줄이고 늘리거나 꾸며댈 일이 아니다(『경세유표』 5, 田制 1 井田論 1).

옛 성왕이 법도를 세우고 강상(綱常)을 베풀매 무릇 천하의 부귀(富貴)의 권한을 위에서 총람(總攬)하여 만백성에게 덕을 베풀었다. … 그러므로 천하의 전지는 모두 왕전(王田)이며 천하의 재물은 모두 왕재(王財)요 천하의 산림천택은 모두 왕의 산림천택이었다. 대체 그래야만 왕은 그 전지를 백성에게 널리 주며 그 재물을 백성에게 널리 주며 그 산림천택의 소산(所産)을 백성에게 널리 줄 수 있었다. 위에서 그

> 부(富)를 가지고 아랫사람이 그것을 고르게 받도록 하는 것이 왕자가 천을 대신하여 만물을 다스리는 권한이다(『경세유표』 11, 地官修制 貢賦制 5).

다산에 따르면 그같이 천리와 인문과 성인의 원래 뜻에 부합하는 통치법제는 물론 고경(古經)에 그 원리의 개략이 밝혀져 있는 것이었다. 이른바 육경(六經) 사서(四書)에 대한 그의 독자적 연찬은 그래서 특별한 의미를 지니는 일이었다. 그런데 다산은 왕정의 제도적 연원을 주로 금문(今文) 『상서(尚書)』와 『주례(周禮)』에서 발견해내고 있었다. 다만 선유(先儒)들은 그동안 고경 본래의 뜻을 많이 잘못 해석해온 것이라고 그는 확신하였다. 앞에서 살펴본 대로 "폐법(弊法)과 학정(虐政)이 일어나게 된 것은 모두가 경전의 뜻을 밝혀 알지 못한 데에서 말미암았다"고 함이 그의 소신이었던 것이다.

왕정을 실현할 기본 통치법제, 즉 그가 구상한 변법의 개략을 서술해둔 것이 그의 『경세유표』임은 주지의 사실이다. 그것은 곧 현실의 지리멸렬한 국가체제를 왕정으로 새로이 창출해내는, "천지를 새로 이룩하는 큰일"의 개략적인 내용을 서술해둔 것이었다. 그러므로 그 같은 왕법(王法)을 새로 제정하고 그 실현을 추진하자면 왕권의 위상에 이제 역사적인 일대 전환이 일어나야 하는 것이었다. 다산의 경우 천을 대신하는 지상의 왕권은 실로 존귀하고 강력하지 않으면 안 되는 것이었다. 그 이념적인 것을 그는 『상서』의 「홍범(洪範)」 편에서 크게 개발하고 있었다.

> 홍범(洪範) (9疇) 가운데의 위상은 다섯째의 황극(皇極)이 가장 높다. 먼저 황극을 세우고 난 뒤에라야 (여타 8疇의) 반열의 차례를 정할 수가

있다(『尙書古訓』 4-31, 「洪範」 一五行).[43]

황극이 구주(九疇)의 한가운데에 위치함은 공전(公田)이 (井田) 9부의 한가운데 있음과 같다. 사방(四方) 사유(四維)의 표준이 되기 때문에 그 극(極)을 세운다고 이른 것이다. "이 오복(五福)을 거둔다" 함은 인주(人主)가 권능과 기강을 총람(摠攬)하여 수중에 간직하고 있으므로 그것을 내불면 우로(雨露)가 되고 들이마시면 상설(霜雪)이 되니, (萬民의) 생사존망이 오직 임금을 순종해야 하는 것이므로 첫째로 수(壽)의 권병(權柄)이 황극에 달려있다 한 것이다. 척토(尺土) 촌지(寸地)가 왕전(王田) 아닌 것이 없고 미관말직이라도 왕신(王臣) 아닌 것이 없으니 둘째로 부(富)의 권병이 황극에 달려있다 한 것이다. 휴양(休養) 생식(生息)하는 것도 임금의 은혜며 구사(驅使) 노동(勞動)하는 것도 임금이 명하는 것이므로 셋째로 강녕(康寧)의 권병이 황극에 달려있다 한 것이다. … 무릇 이들 위복(威福)의 권병은 임금이 잡고서 임금이 펼치는 것이므로 "이 오복을 거두어서 여러 백성에게 널리 펴준다"고 한 것이다. 후세에는 사람들이 그 전지를 사유(私有)로 하고 임금은 촌토(寸土)도 없으니 임금이 백성에게 부를 나누어줄 수가 없고, 사가(私家)에서 제 교(敎)를 세우고 임금은 도(道)를 펴지 않으니 임금이 백성에게 덕(德)을 베풀 수가 없게 되었다. 공자가 치도(治道)를 논하매 부(富)와 교(敎)를 말하였는데, 이 두 가지 권병이 모두 이미 아랫사람에게 옮

---

43 『尙書』, 「홍범」 편의 9주(疇)란 1. 오행(五行: 水 火 木 金 土), 2. 오사(五事: 貌 言 視 聽 思), 3. 팔정(八政: 食 貨 祀 司空 司徒 司寇 賓 師), 4. 오기(五紀: 歲 月 日 星辰 曆數), 5. 황극(皇極), 6. 삼덕(三德: 正直 剛克 柔克), 7. 계의(稽疑), 8. 서징(庶徵: 雨 暘 燠 寒 風 時), 9. 오복(五福: 壽 富 康寧 攸好德 考終命)이다. 여기서 '황극(皇極)'은 곧 '왕이 극(標準)을 세움'을 상징한다. 그 처음이 "황극(皇極)은 임금이 극(極)을 세운다는 것이니, 이 오복을 거두어서 여러 백성에게 널리 펴준다"는 문자로 시작한다.

졌으니 나머지 일도 그렇지 않은 것이 없다. 장차 어떻게 극(極)을 세워 다스림을 베풀 것인가. 전지를 경계(經界)하는 일이야말로 먼저 힘써야 할 것이다. … 『주례』 6편(篇)에는 각기 수장(首章)에다 모두 "설관(設官) 분직(分職)하여 백성의 극(極)이 된다" 하였는데, 이는 바로 임금이 그 극[표준]을 세운다는 뜻이다. 역(易)에 태극(太極)이 있고 양의(兩儀) 4상(象)과 64괘(卦) 384효(爻)가 모두 거기서 분출(分出)하니, 마치 황극이 오복을 거두어 만민에게 널리 나누어줌과 같은 것이다(『尙書古訓』 4-35~6, 「洪範」 五皇極).[44]

이른바 「홍범」 9주는 고성현(古聖賢)인 기자(箕子)가 무왕(武王)에게 국가통치의 9가지 범주를 설명한 왕정의 지침서로 되어있다. 다산의 경우 근원적으로는 왕권보다도 민이 먼저라고 하는 이론을 소신으로 깨치고 있었다 함은 이미 살펴본 그대로다. 그러나 어차피 인간은 국가라고 하는 공동체를 이루지 않고서는 살아가기가 어려운 존재이다. 그러므로 근원적으로는 "자족하게 모여 살던" 인간들이지만 일단 국가 공동체를 구성하게 될 때는 "먼저 황극을 세우고 난 뒤에" 여타 공동체적 범주와

44 왕권을 이같이 강건하게 높여야 한다는 이론은 그의 토지론에서도 잘 나타나 있다: 나라 안의 전지(田地)는 모두 왕전(王田)이니 그 사주(私主)가 있는 것도 주인(主人)이라고 적어서는 안 된다. 모름지기 그 이름을 시점(時占)이라 고칠 것이며 그 전부(佃夫)는 시작(時作)이라 해야 한다. 그리고 사주(私主)가 없는 것은 속히 회수(回收)해서 왕전(王田)으로 만들고 백성을 뽑아 경작도록 하여 9분의 1세를 하면 태아(太阿)의 칼자루를 차츰 걷어잡게 될 것이다. 이른바 한 치를 얻어도 왕의 치요, 한 자를 얻어도 왕의 자가 된다는 것이다. 내가 또한 이로 인해 생각건대, 입안(立案)의 법은 옛날에는 없는 것이었다. 큰 난리 큰 흉년이 일어난 뒤에 무릇 산림천택으로서 황폐된 땅을 토호(土豪) 세가(勢家)가 걸터 잡아 자기의 소유로 만들고는 자손에게 전해가니, 이것이 무슨 도리인가. 지금부터 입안의 법은 일체 엄금할 일이다. 무릇 그와 같은 땅은 죄다 공안(公案)을 내어, 혹 백성을 뽑아 경작도록 하여 9분의 1세를 바치게 할 것이요, 산림천택은 우형사(虞衡司)에 소속시켜 그 세(稅)를 알맞게 정한다면 거의 태아의 칼자루를 점차 회수할 수 있을 것이다(『경세유표』 6, 지관수제 전제고 6).

가치를 설정해야 한다는 것이 다산의 해석이었다. 그 황극이 신민(臣民)의 수(壽)·부(富)·강녕(康寧) 등을 비롯한 국가 공동체 전체의 모든 "권능과 기강"을 총람하고서, 국가 공동체를 책임지고 왕정으로 이끌어가야 한다는 것이 다산 왕정론의 구도였다. 그러한 구도야말로 "역에 태극이 있고 양의 4상과 64괘 384효가 모두 거기서 분출"하듯 하는 천지자연의 근본 이치를 따르는 것이라고 그는 확신하였다. 그것은 왕권이야말로 모든 신민, 모든 체제와 사실, 모든 가치적인 사상(事象)의 극(極) 즉 표준이 된다는 것이며 특히 지배층만이 아닌 만민을 다스리는 왕이 되어야 한다는 이론이었다. 그것은 이른바 '대천이물(代天理物)'이라는 오랜 명제에 새로운 해석을 가함으로써, 왕권은 철두철미 공공적(公共的)인 존재여야 한다는 사실을 새로 선언한 것이었다.

이제 천을 대신하여 인간을 다스리는 왕위(王位)는 그 예(禮) 질서에 있어서도 왕 아닌 자와는 다른 독특한 위상을 갖게 되었다.

> 인주(人主)는 존귀함의 근본이다. 그러므로 "임금의 서자(庶子)는 적(嫡)을 차지할 수 있다"[45]고 한 것이다. 이미 인주가 되었으면 종(宗)이 여기에 있으며 적(嫡)이 여기에 있으며 중(重)이 여기에 있다. 효종(孝宗)대왕이 봉림(鳳林)대군으로 잠저(潛邸)에 있을 때는 본디 인조(仁祖)의 서자였다. 그가 대통을 이어받았을 때는 곧 천(天)·지(地)와 신(神)·인(人)의 주인이 되었다. 그가 서자냐 적자냐 하는 것은 이미 선천(先天)에 속한다. 가령 소현(昭顯)세자에게 하늘이 수명을 주어서 왕위를 이을 수 있게 하고 난 뒤에 효종이 왕위를 잇게 되었다 하더라도 태비

45 『漢書』 67, 梅福傳. "諸侯奪宗 聖庶奪適."

(太妃)의 상복은 똑같이 3년이 마땅한 것이다. 왜 그러한가. 천자 제후의 예에서는 대통을 이어 왕위에 오르면 곧 종(宗)이며 적(適)이 된다. 적자(適子)에서 적자로 서로 이어받아 그 이름을 바르게 하는 것이다. 천·지, 신·인의 임금이면서도 서(庶)라고 이름할 수는 없는 것이다 (『喪禮外編』 3-17, 正體傳重辨).

실로 왕위, 왕권은 '선천'의 질서에 구애받지 않는 존귀하고도 엄중한 것이었다. 그러므로 천·지와 신·인의 주인인 왕권 앞에서는 가령 어떠한 인신(人臣)이라도 사당(私黨)을 결성한다든가 혹은 사권(私權)을 행사하는 일은 전혀 용납될 수 없었다.

다산은 「홍범」 편에서 사당(邪黨)의 뜻을 가진 "음붕(淫朋)"이라는 문자와 사당(私黨)을 만들어 이권(利權)을 차지한다는 뜻인 "비덕(比德)"이라는 문자를 두고서는 특히 의미 있는 해석을 붙여둔 것으로 보인다. 아마도 벌열 일당의 전횡을 강력하게 지척(指斥)하는 것으로 이해되는 대목을 실어두었던 것이다.

백성이 황극(皇極)을 향하여 모여드는 것은 마치 30개의 바퀴살이 함께 한 바퀴통을 향하고 있음과 같으며, 마치 백 가지 만 가지 개울과 냇물이 함께 바다를 향하고 있음과 같다. 사사로이 서로 향하여 모이는 것을 임금은 미워한다. 음붕(淫朋)이 서로 모여 혹 한 사람을 추대하여 장(長)으로 삼기도 하고, 비덕(比德)하여 서로 추켜세우며 한 사람을 추대하여 현자(賢者)라 하기도 한다. 같은 자들끼리 당(黨)을 지어 다른 자들을 내치며 사(私)를 업고서 공(公)을 해치면 그 나라는 반드시 어지럽게 된다. 어찌 (임금이) 극(極)을 세울 수 있겠는가. 대저 임금이 임금인 까닭

> 은 오복의 권능을 임금이 잡고 있기 때문이다. 이 권능이 아래로 옮겨 가면 황극이 곧 망해버린다. (臣下가) 음붕을 이끌고 비덕하기 때문에 임금의 권능이 아래로 옮겨가게 되는 것이다. (洪範에서) 이를 맨 첫 번째로 경계해둔 까닭이 여기에 있다(『상서고훈』 4-36, 「洪範」 五皇極).

왕권은 그와 같이 '비덕'하는 '음붕'을 제압하고 모든 권능과 기강을 총람하는 위상에 바로 서서 만민의 왕 노릇을 굳건히 수행해야 하는 것이었다. 그런데 왕권 본연의 직무는 또한 대신 이하 모든 신료를 제자리에 배치하고 그들을 독려하여 나라와 백성을 적극적으로 경영하고 다스리는 정치사업이었다. 적극적으로 만민을 다스리는 왕정을 실현하는 통치사업에 분발해야 하는 일이었다.

그런데 그러기 위해서는 왕의 통치사업을 분담하는 모든 신료들의 직사 수행 성적을 유루(遺漏) 없이 고찰하는 일 또한 왕권의 필수 업무에 속하는 것이었다. "전최(殿最)라는 것은 당(唐)·우(虞) 때에 고적(考績)이라 일컫던 것으로서 곧 왕자가 천을 대신하여 만물을 다스리는 큰 권한"이라는 것이 다산의 소신이었다.[46] 국가통치의 정점에 위치한 왕권이 통치의 직무를 분담하는 모든 신료의 복무 성적을 독려하고 고찰하며 그 결과를 가지고서 출척(黜陟)을 단행하는 일 또한 결코 빠뜨릴 수 없는 '대천이물'의 한 가지 절차라고 하는 인식이었다.

> 근년 간에 깨달은 바는 당요(唐堯) 우순(虞舜) 때의 나라 다스리던 법

46 『경세유표』 11-4, 賦貢制 5 鹽鐵考 下. 그는 『경세유표』의 서문에 밝혀둔 소위 '不可易'論(불가역론) 15개 항목에도, "고적(考績)하는 법을 엄하게 하고 고적(考績)하는 조목을 상세하게 하여, 당우(唐虞)시대의 옛 법대로 회복하는 것은 변동할 수 없다"고 하였다.

은 후세보다도 엄혹하고 치밀해서 물을 부어도 새지 않을 정도였다는 것입니다. … 공자는 매양 당(唐)·우(虞)의 세상을 가리켜 '희희호호(熙熙皞皞)'라고 하였습니다. 뒷사람들은 이를 순박하고 담백한 뜻이라고 풀이하지만, 전혀 그런 뜻이 아닙니다. '희희(熙熙)'란 밝다는 뜻이며 '호호(皞皞)'란 환하다는 뜻입니다. '희희호호'라는 것은 만사가 모두 잘 다스려져서 밝아지고 환해졌으므로 티끌 하나 털끝 하나만큼이라도 그 악(惡)을 감추거나 그 추(醜)한 것을 숨길 수가 없었다는 뜻입니다. 오늘날 흔히 밤이 낮같이 밝은 세상이라고들 하는데, 이는 곧 당·우 때를 두고 이른 말입니다. 그런데 어떻게 해서 이(밝고 환한 세상)를 이룩하게 되었는가를 살펴보면, 오직 고적(考績)이라는 한 가지 일로 말미암아 그렇게 되었습니다. … 대저 (『尙書』의) 「전(典)」이란 것은 나라를 경륜하는 법을, 「모(謨)」라는 것은 나라를 다스리는 계책을 말해둔 것입니다. 그 법과 그 계책으로는 고적 한 가지 일보다 앞서는 것이 없으니, 당·우의 지치(至治)는 이를 가지고서 이룩한 것입니다(『여유당전서』 1-20-13~14, 「上仲氏」).[47]

순임금의 고적에서는 비록 원훈대신(元勳大臣)이라 할지라도 관용하지 않았다. 사악(四嶽)은 주(周)나라의 이백(二伯)과 같으며 십이목(十二牧)은 주의 팔백(八伯)이요, 백규(百揆)는 대총재(大冢宰)였다. 후직(后稷)은 한(漢)나라의 대사농(大司農)이요, 사도(司徒)·사마(司馬)·사구(司寇)·질종(秩宗)은 주나라의 육경(六卿)이었다. 공공(共工)과 짐우(朕虞)는 후세에 합쳐져 사공(司空)이 된 것이요, 전악(典樂)은 주의 대사악(大司樂)이며 납

47 『상서(尙書)』의 「전(典)」은 「요전(堯典)」과 「순전(舜典)」, 「모(謨)」는 「대우모(大禹謨)」와 「고도모(皐陶謨)」를 가리킨다.

언(納言)은 한(漢)나라의 상서령(尙書令)이었다. 이들은 모두 대신으로서 상경(上卿)의 지위에 있는 자들이었다. 하물며 직(稷)·설(契)은 모두 선제(先帝)의 의친(懿親)이요, 우(禹)·익(益)은 모두 치수(治水)의 원훈(元勳)이었다. … 그런데도 오히려 3년마다 반드시 고적하였으며 3번 고적하고는 반드시 출척을 단행하여 일찍이 조금도 관대하게 대하지 않았다. 대체 무슨 까닭인가. 진실로 천공(天工)은 폐해서 비워둘 수가 없는 것이며 민사(民事)는 함부로 늦추어둘 수가 없는 일이기 때문이다. 우리나라의 법으로는 대관(大官)은 고사하고 무릇 경관(京官) 3품(品) 이상은 모두 하대부(下大夫)에 해당하는 자들인데도 아예 고적하는 법이 없다. 외관(外官)으로는 관찰사(觀察使)·절도사(節度使) 또한 고적하는 법이 없다. 그러므로 제 뜻대로 탐학(貪虐)하고 황음(荒淫) 무도한 짓을 하더라도 아무도 단속할 수가 없다. 드디어 모든 직사가 폐해지고 무너져서 만백성이 엎어지고 넘어져도 이를 구제할 약이 없고 이에 적용할 법도 없다(『상서고훈』 2-27~28, 三載考績).

여기서 '천공'은 '천(天)의 일'이라는 뜻이며 '민사'란 '백성 다스리는 일'을 뜻한다. 그런데 두 가지야말로 결코 폐해를 두거나 늦추어둘 수 없이 적극적으로 추진하고 수행해야 하는 일인 까닭은 진실로 왕권은 천을 대신해서 만백성을 다스리는 위상에 있는 자이기 때문이다. 천을 대신하여 만백성을 다스리는 일인 것이므로 여기서 고적이란 것은 결코 왕의 사사(私事)가 아니요, 그 자체가 천공이며 민사를 추진하는 공적인 일이었다. 원훈대신이라 하여 고적에서 관용함은 이미 왕의 사의(私意)를 발동시키는 일로 떨어지는 것이었다. 왕권이 철저한 공천하(公天下)의 직무를 수행할 때에야 비로소 왕정의 지치(至治)를 실현할 수 있었던 것이라는 해석이다.

그런데 고적은 대신 이하 신료가 왕에게 자신의 공적을 보고하는 일로 끝나는 것이 아니었다. 그것은 다시 왕 자신이 직접 현지를 순행하여 민사의 현장을 고찰하고 확인하고서야 끝내는 일로 되어있었다.

> 고적과 순수(巡狩)는 서로 떨어질 수 없는 관계로 이루어진 제도이다. 고적이 아니면 반드시 순수를 할 필요는 없고, 순수가 아니면 고적을 할 수가 없다. … 그런데 순수의 예(禮)는 반드시 왕이 친히 행하였다. 하(夏)나라 법 또한 그러하였다. 그러므로 하나라 속언에 "우리 임금이 유람하지 않으면 우리들이 어떻게 쉬며, 우리 임금이 즐기지 않으면 우리가 어떻게 도움을 받으리오"라고 한 것이다. 주(周)나라 법도 마찬가지였다. … 순수의 예는 본래 고적으로 인하여 생겨난 것이다. 제후들은 네 번 조회 와서 자기들의 직사를 술회하고 천자가 한 번 순수하면서 그들의 공적을 고찰하는데, 제후가 상주(上奏)한 것을 가지고서 그 허실(虛實)을 고찰하는 것이다. 순수의 법이 없다면 반드시 거짓으로 모람(冒濫)하게 공적을 상주하는 일이 있게 될 것이다. 이른바 "임금이 이렇게 하지 않으면 (臣僚들이) 부화뇌동하여 날로 없는 공적을 상주할 것입니다"라고 한 것이다. … 한(漢)나라에 이르러 군수(郡守)와 자사(刺史)가 소관 지역을 순행(巡行)하는 예가 생겨나자, 천왕(天王)이 순수하던 예는 드디어 없어지고 적막하게 되었다. 이것이 고금의 변천이다. 임금의 위세가 더욱 높게 되자 백성의 고통은 더욱 깊이 맺히게 되었다. 그래서 당·우의 치세를 다시는 회복할 수가 없이 되었다(『상서고훈』 2-28~29, 三載考績).

왕이 만백성을 상대로 직접 통치할 수는 없으므로 일단 중(中)·외

(外)의 신료를 선발하여 그들이 왕명을 받들어 왕법(王法)대로 통치하도록 위임함이 당연한 일이었다. 그런데 이 경우에도 '위임'만 하면 왕정이 실현되는 것이 아니라 하였다. '위임'하고 나서도 왕은 순수라고 하는 '예'를 통하여 만백성의 삶의 현장을 직접 확인함으로써 모든 신료의 근무 성적을 고찰해야만 하는 것이었다. 이는 이념상으로는 왕이 만백성을 직접 통치하는 형세를 취함을 이른 것이었다. 그런데 한나라 이래 안으로는 재상에게, 밖으로는 군수·자사에게 위임하여 민사(民事)를 처리하게 하고 임금은 궁궐 속에만 웅거하여 그 '위세'만 더욱 높게 유지하면서 민사와는 거리를 두게 되자 "백성의 고통은 더욱 깊이 맺히게" 되고 말았다.[48] 소위 재상 위임통치의 형태를 가지고서는 결코 왕정을 회복할 수 없다고 하는 다산의 통치체제론이 여기서 다시 확인된다. 고적과 순수는 결코 어느 한쪽을 폐해서는 안 되는, 왕정 실현의 현장을 검증하는 관건이라는 해석이다.

다산의 왕권은 천공과 민사를 매개하고 주재하면서 대신 이하 모든 신민을 독려하여 책성(責成)토록 이끌어가는 강력 무비한 권능을 행사

---

48 특히 한나라 이래 순수(巡狩)의 예(禮)를 폐하고 재상(宰相) 위임(委任)의 통치체제를 취함에 따라 다시는 지치(至治)를 실현할 수 없어지게 되었다는 사실에 관해서는 다음을 참조할 것이다; 주나라 도(道)가 이미 쇠퇴하자 전장(典章)이 모두 없어지게 되었으니 춘추(春秋) 이래로는 고적(考績)에 관한 말이 완전히 없어지고 말았다. 한나라 고조(高祖)가 굴기하여 천자(天子)가 되고서는, 보필하는 신하들을 오만하게 흘겨보고 훈구(勳舊)들을 시기하였다. 이에 소하(蕭何)·조참(曹參) 이하 대신(大臣)들이 하는 일 없이 무리 지어 드나들면서 감히 한 마디도 말하지 못하니, 천공(天工)을 폐하여 비워두고는 구차하게 목숨을 보전하였다. 위상(魏相)·병길(丙吉) 등은 스스로 일컫기를 "음양을 다스리고 사시(四時)를 순조로이 한다"고 하면서 한 손가락도 움직이지 않고는 한갓 큰 복록(福祿)만을 향유하였다. 그런데 임금 또한 이런 무리들과 어울려 즐기면서 태만하고 오만한 짓을 하게 되었다. (大臣을) 공경하고 예대(禮待)한다고 이름하였으되 그들을 독려하여 책성(責成)토록 하지는 않았다. 이에 모든 법도가 풀어지고 만 가지 폐막이 뒤엉켜 일어나게 되었다. 그런데도 대신이 된 자는 바야흐로 자기의 속을 반성해보아 조그만 잘못도 없다고 여기면서, "나에게 무슨 죄가 있는가"라고 한다(『상서고훈』 2-39, 來禹汝亦昌言).

하는 존재였다. 그런데 그것은 또한 철두철미 공적인 존재이므로, 그 자신 결코 만민과는 격절된 채 아득한 위상에 앉아 자신의 존귀한 '위세'를 과시하는 자는 아니었다. 따라서 그와 같은 왕정을 실현하기 위한 법제는 철두철미 공천하(公天下)의 왕법으로 정립되지 않으면 안 되었다.

이제 왕정을 실현할 왕법은 어떻게 해서 제정할 수 있는가. 이는 왕권을 중심으로 하는 정치적 결단을 통하는 길 이외에는 기대할 수 없는 것이었다. 먼저 왕의 통치권과 마찬가지로 법 또한 근원적으로는 백성의 일상의 편의를 위해 제정한 것이라 함이 다산의 소신이었다.

> 이정(里正)이 백성의 여망을 따라 법을 제정하여 당정(黨正)에게 올리고, 당정은 백성의 여망을 따라 법을 제정하여 주장(州長)에게 올리며, 주장은 국군(國君)에게 올리고 국군은 황왕(皇王)에게 올리니, 그러므로 법은 모두 백성에게 편의한 것이었다(『여유당전서』 1-10-4~5, 原牧).

그러나 그러한 입법 과정은 그야말로 이념상의 일이었다. 현실적으로는 역시 왕과 중신(重臣)들이 협찬하여 진실과 성의를 다해서 왕정의 실현을 기약하고 만드는 것이라 하였다.

> 하후씨(夏后氏)의 예(禮)는 하후씨 혼자 만든 것이 아니었다. 곧 요(堯)·순(舜)·우(禹)·직(稷)·설(契)·익(益)·고요(皐陶) 등이 정신을 모으고 정성과 지혜를 다해서 만세(萬歲)를 위해 입법한 것이었다(『경세유표』 引).
>
> 우공(禹貢)의 제도를 세우는 일은 곧 천지가 생기고 개벽됨을 이어받아 성왕이 경륜(經綸)을 세우고 기강(紀綱)을 베풂으로써 천지와 더불

어 다시 시작하는 큰 법제를 수립한 것이다. 이때에는 반드시 순·우가 동일한 목표를 세우고 또한 직·설·고요·익 등이 한자리에 모여앉아 서로 협찬하고 토의하여 전등(田等)과 부등(賦等)과 공액(貢額)과 공로(貢路)를 제정하였으며, 오복(五服)의 제도를 세우고 육부(六府)의 정사를 밝히되 모두 9주(州)로 제도를 삼아 천연(天然)으로 만들고 철(鐵)로 주성(鑄成)한 것처럼 튼튼하게 하여 이 금석(金石) 같은 법전을 수립하게 되었다(『상서고훈』 2-4, 肇十有二州).[49]

요·순·우는 바로 성왕이요, 직·설·익·고요 등은 또한 그 성왕에 버금가는 현신(賢臣)들이었다. 곧 성왕과 그에 짝하는 현능한 대신들이 왕정을 실현할 명백한 의도로 정성을 다해 자세히 논의하고 협찬함으로써 왕법을 제정할 수 있었던 것이다.

그런데 그러한 성왕과 현신이 출현하지 않은 현실에서는 왕정 실현의 법제를 제정할 길이란 없는 것인가. 현실적으로 다산은 아마도 현왕(賢王)과 현신의 출현을 기다려서야 왕법이 제정되고 왕정이 실현되리라는 것을 기대하고 있었음에 틀림없다. 자신의 정전제론 입법을 두고서도, "반드시 수백 년을 두고 흔들리지 않아서, 차츰차츰 회수하고 차례대로 시행한 다음이라야 선왕의 법을 회복할 수 있을 것이다"[50]라고 다짐하였다는 사실이 그것을 증언한다.

---

49 우공(禹貢)은 『상서(商書)』 하서(夏書)의 한 편명. 하나라 우(禹)임금 때 전등(田等)을 고찰하여 공부(貢賦)의 물목(物目)과 액수 및 납부의 노정(路程) 등을 규정하였다는 내용이다. 또 오복(五服)은 왕기(王畿)를 중심으로 500리마다 명칭을 달리하여 편성한 통치구역이니, 전(甸)·후(侯)·수(綏)·요(要)·황복(荒服)의 다섯이다. 육부(六府)는 토목기용(土木器用)을 맡은 육관(六官)이다.

50 『경세유표』 5, 전제 1 정전론 3.

현왕과 현상의 출현을 기다리는 것이 순리이기는 하지만, 역시 왕법의 제정과 실행은 결국 현재의 법에 얽매인 문제가 아니라 정치적 결행에 속하는 문제였다. 그러니 그것은 아무래도 왕권이 중심이 되어 의도적으로 적극 추진하지 않으면 결코 진행될 수 없는 정치사업이라는 것이 다산의 해석이었다.

> 바야흐로 (정전제의) 공전(公田)을 창립할 때에는 온 나라가 소란해질 것이다. 우매한 백성들이란 사공(事功)의 성취된 결과는 함께 누릴 수 있지만, 당초부터 계획을 함께할 수는 없는 것이니, 온 나라가 소란해질 것이다. 그러나 왕의 한마음은 만 가지 교화(教化)의 근본이다. 진실로 위대한 결단이 확고하여 영조(英祖)가 균역법(均役法)을 세우던 일과 같이한다면 어찌 성공치 못하리라고 걱정할 것인가. 영조의 말씀에 "나라가 비록 망하더라도 균역은 하지 않을 수 없다" 하였으니, 아아, 이는 왕자의 정대한 말이었다. 순(舜)이 말하기를 "능히 힘을 분발해서 왕의 일을 밝힐 자가 있거든 총재(冢宰) 자리에 앉혀서 모든 일을 밝히고 온 백성을 사랑하도록 하라" 하였다. … 아래에 있는 신하로서 능히 분발하고 협찬함이 있은 다음이라야 공전의 법을 세울 수가 있다. 그 규모와 절목이 모름지기 치밀하고 조리가 정연하게 갖추어진 다음이라야 이에 시행하여도 폐단이 없을 것이다(『경세유표』 1-17, 地官 戶曹 제1 經田司).
>
> 경계(經界)하는 것은 천지를 새로 이룩하는 큰일이니, 그 예를 엄중하게 하지 않을 수 없다. 옛날에 법령의 발포를 모두 종묘(宗廟)에서 한 것은 감히 함부로 하지 않는다는 뜻을 보인 것이다. 하물며 우리나라의 일은 조금이라도 경장(更張)하는 것이 있으면 삼사(三司)의 뭇 신하가 반드시 입을 다투어 논쟁하고 발언이 뜰에 가득하여 의견이 분분하니, 먼

저 성상(聖上)의 뜻을 확정함이 마땅하다. 이에 한두 대신과 나랏일을 의논할 만한 자를 불러서 그 논의를 든든하게 정한 다음, 위로 종묘에 고하고 아래로 만백성에게 알린다. 그러면 신민(臣民)으로서 보는 자도, 선왕의 혼령을 속이기는 어려우니 이 일은 반드시 시행될 것으로 다 알게 될 것이다. 그런 다음에 문무백관에게 거듭 타이르기를, "무릇 옛 법대로 따를 일이요 고치지 못한다고 말하는 것은 정원(政院)이 그 소장(疏狀)을 바로 물이나 불에 던져 버려라. 오직 반포한 조례에 혹 불편한 점이 있거나 더러 편리한 것이 있어 채용할 만한 것이라면 내가 기꺼이 듣겠으니 각자 모두 아뢰어라" 한다. 이같이 하면 백성의 뜻이 안정되고 나랏일도 막히지 않을 것이다. 대저 요·순이 요·순으로 된 까닭은 그 역량이 넓고 큰 때문이었다. … 경계를 바로잡고자 한다면 다만 임금의 역량이 넓고 클 뿐 아니라, 분발해서 시작해야만 이에 일을 해낼 수가 있다(『경세유표』 7-28~29, 전제 9 정전의 1).

한 왕의 법은 만세토록 길이 힘입는 것인데, 한때의 작은 소동을 견디지 못하여 만세의 큰 혼란을 확청(廓淸)치 못한다면 성인이 경세(經世)하는 큰 의도가 아니다. 비록 세입(歲入)이 감소되어 탁지(度支)가 근심하더라도 우려할 것이 아니며, 비록 세입이 증대되어 소민(小民)들이 비방할지라도 돌아볼 것이 아니다. 한 왕의 법은 금석같이 굳건히 확정하고 형척(衡尺)같이 공평히 해야 하는 것이다(『경세유표』 8-23, 전제 11 정전의 3).

왕권이 원래의 위상을 되찾아 왕정을 실현할 왕법을 만든다는 것은, 조선 후기 정치 현실의 경우 향원(鄕愿)의 행태로 버티고 있는 벌열의 전횡을 지양하고서 널리 인재를 등용한다는 뜻을 포함하였다. 그것은 곧 현능한 신료들을 널리 등용하는 길을 트는 새로운 정치적 결행이었다. 그리고 무엇보다도 비리와 인습으로 일관해온 구래의 지배체제를 지양하고 새로운 시대의 길로 들어서는 정치개혁의 실현이었다.

그런데 다산에 따르면 그 같은 정치적 결단을 통하여 성취되는 새로운 통치체제는 결국 천도(天道)·천명(天命)과 군주 자신과 '백성'의 삼자(三者)를 관통하는 하나의 도(道)의 구현이라는 구도를 이루고 있었다.

> 임금[正祖]께서 물으셨다. "하(夏)나라 은(殷)나라의 일은 비록 선(善)하지만 구체적 증거가 없고, 공자 맹자의 말씀은 비록 선하지만 그들은 존귀하지 않았다. 두 경우 다 사람들이 믿지 않았으므로 따르지 않은 것이다. 그런즉 구체적 증거도 있고 존귀할 수도 있는 방도는 어디서 구할 수 있는 것인가."[51] 신(臣)은 다음과 같이 대답하였다. "증거가 없다는 경우는 그만두고라도, 존귀하지 않았다는 것이야 어찌 선(善)의 죄(罪)이겠습니까. 군자(君子)의 학(學)이란 이 선을 공부하는 것입니다. 선을 가지고 표준을 삼으면 증거가 있게 되는 것이니, 공(孔)·맹(孟)을 믿을 수도 있고 따를 수도 있게 되는 것입니다." 임금께서 물으셨다. "앞에서 이미 증거가 없으므로 백성이 믿지 않는다 함을 말

51 상고(上古)시대의 예(禮)는 비록 선(善)하지만 증거할 만한 것이 없으니, 증거할 만한 것이 없기 때문에 믿지 않으며 믿지 않기 때문에 백성이 따르지 않는다. (聖人) 재하자(在下者)의 경우는 그 예(禮)가 비록 선(善)하지만 (그의 지위가) 높지 않으니, 높지 않기 때문에 믿지 않으며 믿지 않기 때문에 백성이 따르지 않는다. 그러므로 군자(君子)의 도는 자기 몸에 근본을 둔 것으로서 여러 서민(庶民)들의 경험으로 증거가 되고, 삼왕(三王)에 상고해도 틀리지 않으며, 천지(天地)에 세워도 어긋나지 않고, 귀신(鬼神)에 질정(質正)해도 의심이 없으며, 백세(百世)를 두고 성인(聖人)을 기다려도 의혹되지 않는다(『中庸』 29章)는 내용을 두고 낸 책제(策題)이다.

해놓고 여기서는 다시 '어긋나지 않으므로 의심하지 않는다'라고 말한 것은 무슨 까닭인가." 신은 대답하였다. "도(道)를 실행하는 근본은 백성이 따라주는 데에 있으며, 백성이 따르는 것은 그들이 믿는 데에 있습니다. '어긋나지 않으므로 의심하지 않는다'는 것은 명백히 백성이 이 도에 대하여 믿고 따른다는 뜻입니다." 이덕조(李德操=李檗)가 말하였다. "성인(聖人)이 증거를 귀하게 여기는 것은 그것이 있어야만 백성이 믿기 때문이다. 진실로 백성이 믿는다면 증거가 없더라도 무슨 해로움이 있을 것인가. 자기 자신에 근본을 둔 것이 백성에게 증거됨으로써 천명(天命)의 도(道)가 되었다면 삼왕(三王)에 상고하고 천지에 내세워도 순(順)할 것이다. 그런즉 증거가 없더라도 그 도는 스스로 한결같은 것이다. 어찌 반드시 증거에 급급해야 하겠는가. 그렇지 않다면 저 삼왕들은 대체 어디서 근원하여 도를 내어놓았겠는가. 역시 불과 자기 자신에 근본을 두고 백성에게 증거된 것일 뿐이다. 그러므로 이 도는 천명의 도가 되는 것이며 귀신에 대질하거나 성인을 기다려 물어보아도 한결같은 것이다"(『중용강의』 1-58, 子曰吾說夏禮절).

중용(中庸)의 학(學)은 천명에 근본을 둔 것이요 계신(戒愼)과 공구(恐懼)로써 지속하는 것이며 항구(恒久) 불식(不息)을 가지고서 이룩하는 것이니, 옛날의 이른바 지용(祗庸)의 가르침이다. 고요(皐陶)의 학(學)은 순수하여 잡박함이 없으니 9덕(德)이 유상(有常)하다. 이미 (임금에게) 중용의 설을 진술하고서 이어 말하기를 "조심하고 두려워하면서 천의 일을 대신하소서"라고 한다. 가르침을 말할 때는 천서(天敍)[천(天)의 질서]라 하고 예(禮)를 말할 때는 천질(天秩)[천(天)의 등급]이라 하며 상(賞)은 천명(天命)이라 하고 벌(罰)은 천토(天討)라고 한다. 이에 이르러서는 곧바로 "천의 보고 듣는 바는 우리 하민(下民)의 보고 듣는 바를 따릅니다"라 하고, 다시 이르기를 "천이 상 주고 벌줌에는 귀(貴)·천(賤)에 차등을 두지 않습니다"라고 함으로써 인주(人主)가 공경하는 마음을 일으키도록 한다. 이는 지금의 이른바 계신 공구요, 옛날의 소위 지용의 덕이다(『상서고훈』 2-37, 「皐陶謨」 天聰明自我民聰明절).[52]

다산에게서 왕의 직무는 어디까지나 천의 일[天工]을 대행하는 것이요, 그것은 천과 민 사이에 위치한 왕 자신의 '공경하는 마음'에 근본을 둔 구도로 구현되고 있었다. 천이 지공무사(至公無私)한 존재이듯이 왕도 특정 계층의 대변자가 아닌 만민의 군주가 되어야 한다는 뜻이 거기에 내포된 것으로 보인다. 또한, 그것은 아마도 왕정은 천 앞에서 왕이 민과 더불어 함께하는 것이라고 하는, 왕정의 새로운 의미를 거기 붙여둔 것으로도 해석할 수 있을 것이다.

그러나 무엇보다도 다산이 여기서 역설하고자 한 것은, 비록 성왕이나 성인 재하자(在下者)가 아닌 경우라도, "선(善)을 가지고 표준으로 삼으면 증거가 있게" 된다는 것이며, 그래서 "어긋나지 않으므로 (백성이) 의심하지 않는다"는 것이며, 또한 "자기 자신에 근본을 둔 것"이지만 백성이 이를 믿어줌에 따라 "천명의 도"가 될 수 있다는 새로운 이론이었던 것으로 이해된다. 이는 곧 왕정 실현의 새로운 가능성을 이론적

52 여기서 9덕(德)이란, "너그러우면서도 장엄함, 유순하면서도 꼿꼿함, 삼가면서도 공손함, 다스리면서도 공경함, 익숙하면서도 굳셈, 곧으면서도 온화함, 간략하면서도 방정함, 굳세면서도 독실함, 강하면서도 의(義)로움"의 9항목이다(『尙書』, 「虞書」 皐陶謨). 그에 관한 다산의 다음과 같은 해설을 참조하라; 구덕(九德)이란 다른 것이 아니라 곧 중용(中庸)의 덕(德)이다. 중용의 덕은 요(堯)·순(舜) 이래로 태학(太學)에서 가르쳐 온 것이다. … 희로애락(喜怒哀樂)을 발하되 모두 중화(中和)의 절도에 맞도록 함이 9덕의 중화이다. 계신(戒愼)하고 공구(恐懼)하되 아무도 보고 듣지 않는 가운데서도 힘써서 잠시도 떠나지 않고 강하고 꿋꿋하게 공력을 들여 항구히 지켜 나가는 것이 지용(祗庸)의 옛 뜻이다(『상서고훈』 6-40, 「立政」 迪知忱恂于九德之行).

으로 점검하고, 그것을 다산 자신이 하나의 소신으로 간직하게 되었다는 사실을 말하는 것으로 해석된다.

다시 다산이 고요(皐陶)의 말을 빌려 왕자 본연의 지켜야 하는 도리라고 위에서 해설해둔 명제들은 또 다른 각도에서 검토할 필요가 있다. 즉 "조심하고 두려워하면서 천의 일을 대신"해야 한다는 것, "천의 보고 듣는 바는 우리 하민(下民)의 보고 듣는 바를" 따른다는 것, "천이 상 주고 벌줌에는 귀·천에 차등을 두지 않"는다는 명제들이 그것이다. 다산은 이들 명제가 결국은 임금으로 하여금 "공경하는 마음을 일으키도록" 하는 것이라고 해석해두었다. 그 같은 해석은 어떠한 역사적 의미를 갖는가.

다산은 "만물이 일본(一本)"이기 때문에 천지 간에 포열(布列)해 있는 귀신들도 결국은 "천명을 받들고 인사(人事)를 도운다"고 하였다.[53] 여기서 천명을 받들어 인사를 실행하는 주체는, 위에서 살펴본 대로 '군자의 도'를 실현하는 왕자로 설정되어 있음을 주의할 일이다. "만물이 일본"이기는 하지만, 아니 그렇기 때문에, 천명보다도 백성보다도 왕정을 성취하는 주체가 되는 것은 왕자 자신의 적극적 통치행위라고 하는 사실을 그는 거듭 강조하고 있었던 것으로 이해된다.

그런데 그것은 다만 "조심하고 두려워하면서 천의 일을 대신"하는, "선을 가시고 표준"을 삼는 성사를 행할 때만, 그래서 백성의 여망(輿望)에 "어긋나지 않으므로 (백성이) 의심하지 않는" 때에만 비로소 "천명의 도"를 세우고 왕정도 실현할 수 있게 된다는 이론을 개발한 것으로 풀

53 『중용강의보』 1-58, 子曰吾說夏禮. "天之明神 司天司地 昭布森列 以奉天命 以佑人事 亦萬物一本之明驗."

이된다. 그는 다시 말하였다.

> 『중용』 한 책은 비록 천명에 근본을 두고는 있지만, 그 도는 모두 인도(人道)이다. 윗글에서는 "성(誠)한 것은 천의 도요, 성(誠)하려고 하는 것은 인(人)의 도이다"라고 하였다. 그러나 그것은 역시 불과 "혹은 태어나서 이[道]를 알고 혹은 배워서 이를 안다"는 등급일 뿐이다. (그것을 가지고) 드디어 천과 인의 일로(이어서 근본적 차이가 있는 것으로) 구분하는 것은 맞지 않다(『중용강의보』 1-60).[54]

즉 다산은 하필 옛 성왕(聖王)이 아니더라도 그들이 남겨둔 경전의 바른 뜻을 깨우쳐내고 체현하면, 즉 인도(人道)를 깨쳐 밝히 닦아 나간다면 궁극적으로는 천도를 이 세상에 실현할 수 있다는 확신을 갖고 있었다. 그것을 체현하는 주체가 곧 왕권이라고 그는 말하였다.

> 천도(天道)는 말하지 않지만 군자(君子)는 그것을 믿는다. 천도는 움직이지 않지만, 군자는 그것을 공경한다. 그러므로 군자가 말을 하지 아니하여도 백성은 그것을 믿으며, 군자가 드러내지 않더라도 백성은 그것을 공경한다. 이 뜻은 지극히 정미(精微)한 것이다(『중용강의보』 1-63).
>
> 도(道)는 천(天)에서 나오는데, 군자에게서 중심을 이루고, 화민(化民)으로 끝맺는다(같은 곳).

---

54 인용 가운데의 인용은 모두 『중용』 20장의 내용이다. 특히 두 번째의 것은, 성인(聖人)은 태어나서 그대로 도(道)를 알고 현인(賢人)은 배워서 그것을 알게 되는 차이가 있지만, 그러나 다 알고 나면 마찬가지가 된다는 뜻이다.

말하지 않고 움직이지도 않는 천도를 믿으며 공경하는 자, 그것은 아무래도 왕정을 결행하고야 말겠다는 간절한 신념을 체득한 현군(賢君)이지 않으면 안 되는 것이었다. 현군이기 때문에, 그리도 믿지 않고 따르지 않던 백성이 드디어 믿고 공경하게 하는 '정미한' 이치까지 따라 실행시킬 수 있는 것이었다. 물론 거기에는, 현군을 보필하는 현신이 협찬함이 순리일 터이다. 현군은 현능한 신료를 등용할 줄 아는 자이기 때문이다.

가령 『논어』에는, 공자가 "나의 도(道)는 일관(一貫)하는 것"이라고 말하자, 증자(曾子)는 곧 그 뜻을 깨치고 문인에게, "부자(夫子)의 도는 충서(忠恕)일 뿐"이라고 해석한 대목이 나온다. 후세의 유자(儒者)들은 그것이 바로 공자가 도의 전수(傳授)를 말해준 대목이라고 논단하게 되었다. 그러나 다산은, "이는 결코 전도(傳道)의 요결(要訣)이 아니다. 유가(儒家)에는 전도법(傳道法)이 없다"[55]는 단안을 내렸다.

물론 다산도 이른바 '전도'라는 것이 역사상에 있었다는 사실 자체를 근본적으로 부정하지는 않는다. 이른바 요·순·우가 주고받았다는 '인심(人心)·도심(道心)'과 '윤집궐중(允執厥中)'에 관한 문자를 두고서는, "원래 '윤집궐중'이란 것은 요·순·우가 덕(德)을 간직하고서 도(道)를 전(傳)한 요지(要旨)이며 '인심' '도심'은 오제(五帝) 이래 (인간의) 심성(心性)을 성찰(省察)하는 비결(秘訣)"이라는 해석을 내려두고 있었다.[56]

---

55 『논어고금주』 2-20, 吾道一以貫之章.

56 『梅氏書平』 4-20~21, 閻氏古文疏證百一抄. "原夫允執厥中者 堯舜禹秉德傳道之要旨 人心道心 五帝以來省心察性之玄訣也."
그리고 『상서(尙書)』에는, "인심(人心)은 위태롭고 도심(道心)은 은미하니, 오직 정(精)하게 하고 한결같아야 진실로 그 중도(中道)를 잡을 것이다; 人心惟危 道心惟微 惟精惟一 允執厥中"(「大禹謨」)이라는 말이 있는데, 『논어』에는 요(堯)가 순(舜)에게 '윤집기중(允執其中)'이란 말을 전하고 순(舜) 또한 이 말을 우(禹)에게 전한 것으로 되어있다

앞의 사례에서 공자는 결코 자기의 도가 무엇인지를 직접 말하지는 않았다. 정작 그 도가 '충서'라고 각득(覺得)한 것은 증자 자신이었다. 뒤의 사례에서도 요·순이 순·우에 전한 것은 직접 왕도(王道)란 것이 무엇이라고 가리켜 보인 것이 아니었다. 단지 그것을 어떻게 이해하거나 간직한다는 '요지'일 뿐이었다.

여기서 살펴볼 수 있듯이, 다산이 말하고자 하였던 것은 "그 중도를 잡는다"는 식으로 도의 본체를 잡는 '요지'를 전할 수는 있어도, 도의 본체 그 자체는 결코 전할 수가 없다는 뜻으로 이해된다. 오제 이래 요·순·우는 물론이요 다산의 현재까지도 자기 자신의 심성을 성찰하는 주체는 모두 인간 각자이며, 따라서 심성을 성찰하여 도를 깨치는 것도 인간 각자의 일에 속하는 일이었다. 무릇 '도'라는 것은 결코 후세의 유자들이 말하는 소위 '도통(道統)'이라는 것으로 전수하는 것이 아니라, 스스로 각득할 수밖에 없는 것이라고 하는 소신을 다산은 밝혀두고 있었다.

다산은 어째서 온 세상 유자들이 널리 신봉하는 전도법을 부정하고서, 도는 스스로 깨치는 것이라는 단안을 내리게 되었는가. 그리고 그는 어찌하여 '공경'하는 마음으로 인도(人道)를 간절하게 닦으면 구경에는 천도와 합치한다는 신념을 거듭 밝히고 있었던 것인가. 그는 우선, '도통(道統)'과 '세도(世道)'를 자담한다고 외쳐 대면서도 현실 문제

(「堯曰」 편). 「大禹謨」 편은 소위 '위고문(僞古文)'이라는 것이지만, 다산은 그 속에 단편으로라도 수용된 정당한 경문(經文)은 그대로 긍정해야 한다고 하였다.
또 가령 황종희(黃宗羲)의 경우 '인심'·'도심'이란 개념이 『순자(荀子)』 「해폐(解蔽)」 편에서 『도경(道經)』을 인용하여 "人心之危 道心之微 危微之幾 唯明君子而後能知之"라고 해둔 문자에서 나왔다 하여 '도심(道心)'이란 것을 부정하고 말았으나, 다산은 『순자(荀子)』라도 그 가운데의 정당한 말은 수용해야 한다고 하였다(『梅氏書平』, 같은 곳).

는 도외시한 채 당쟁을 이끌고서 '명철보신'으로 일관하는 집권당 '산림(山林)'과 공경대신들의 '향원(鄕愿)'식 행태를 강렬히 지척(指斥)하고 있었던 것으로 해석된다.[57]

그런데 그러한 지척이라고만 해석하면 과연 적절하고도 충분한 설명이 되는가. 다산은 어째서 '전도법'이란 것을 부정하며, 또한 인도(人道)는 결국 천도(天道)와 통한다는 간절한 신념을 거듭 밝히고 있었는가. 이미 살펴봤듯이, 다산은 "도가 상실된 지 천 년"이 지난 조선 후기에 와서 '인정(仁政)이란 것은 정전(井田)'이며 자신의 정전제론이 곧 '선왕(先王)의 본법(本法)'이라는 사실을 스스로 깨치고 확신하게 되었다. 곧 천년 후에도 독자적인 도의 각득이 가능함을 그는 확신하였던 것이다.

다산은 주자학 왕정론으로 왕정을 실현할 수 있다는 데는 부정적이었다. 주자학적 도통의 전수와는 전혀 별개로, 왕정의 요체는 조선 후

57 이른바 '산림(山林)'의 정치적 행태를 두고 다산은 여러 곳에서 신랄한 비판을 가하였는데, 다음도 그 가운데의 하나이다; 지금의 학자(學者)는 청평(淸平)한 세상에서도 산림으로 은둔하여 산건(山巾)과 야복(野服)으로 묵묵히 앉아 고요한 가운데에서 존심양성(存心養性)한다. 임금이 불러도 나오지 않고 백성이 곤궁하여도 구제하지 않는다. 그에게 관직을 주어 직사를 맡길 때도 군사(軍事)나 빈객(賓客), 재부(財賦)라든가 송옥(訟獄)의 직임을 내리면, 대신(大臣)은 예(禮)가 아니라고 규탄하고 언관(言官)은 현자(賢者)를 만홀히 대한다고 떠들면서, 오직 경연(經筵)의 시강직(侍講職)이야말로 알맞은 직과(職窠)라고 한다. 조정(朝廷)은 그를 도사(道士)로 대우하고 도민(都民)은 마치 이인(異人)처럼 바라보아, 그 벼슬이 경상(卿相)에 이르러도 오히려 산림이라고 부른다. 참으로 그 까닭을 찾아보면 대개 그 학술이 옛날의 경우와 크게 다르기 때문이다. 옛 학술은 힘쓰는 데가 일을 실행함에 있었기로 일의 실행을 가지고서 치심(治心)하는 일로 삼았는데, 지금의 학술은 힘쓰는 데가 양심(養心)에 있기 때문에 양심(養心)하는 짓을 가지고 일을 폐하게 된 것이다(『孟子要義』 2-27, 牛山之木章).
조선 후기의 '산림'과 그 정치적 참여 문제에 관해서는 李佑成, 1975, 「李朝 유교정치와 '山林'의 존재」, 成大 『동양학학술회의논문집』(1982, 『韓國의 歷史像』, 창작과비평사 재수록) 참조. 또한 조선 후기 집권당의 도통(道統) 전수론(傳授論)과 그 정치적 의미에 관해서는 金俊錫, 1988, 「17세기 기호주자학의 동향」, 『손보기교수정년기념 한국사학논총』 참조.

기의 현실에서도 스스로 각득할 수 있다는 확신이 있었다. '선왕의 본법'을 깨친 것으로 확신하는 자신의 왕정론을 가지고서 왕정을 실현할 수 있다는 데에도 물론 그는 긍정적이었다.

다산은 드디어 "나라를 망치고 말" 현실의 위기를 타개하기 위해서는 천명(天命)과 왕사(王事)와 화민(化民)을 '일본(一本)'으로 관통하여 깨치고 결행하게 되는 현군의 출현을 간절히 대망하였던 것으로 해석된다. 그러한 대망과 함께, "마치 신명이 있어 묵묵히 깨우쳐주는 듯"한 깨침을 얻어 그 자신 또한 천명과 왕사와 화민이 '일본'인 새로운 법제를 초안함으로써 새로운 역사시대를 예비하게 되기를 또한 간절히 생각하고 있었던 것으로 이해된다.

5. 맺음말

객관적으로 보아 다산의 경세론은 조선 후기 실학을 대표하며, 한국의 중세 해체기 통치론의 문제의식을 대변하는 것이었다. 그래서 다산의 경전 해석은 새로운 역사시대를 창출하고자 하는 강렬한 문제의식을 내포하고 있었으며, 주자학으로 대표되는 신유학 즉 성리학의 경전 해석에 대해서 강한 의의(疑義)를 제기하였던 것으로 이해된다.

그런데 중세 해체기의 왕권론이 마치 천(天)의 운행과 같이 강력 무비하고 엄정해야 한다는 내용이고 보니 그것은 혹 시대 역행적인 이론은 아니었는가. 동시에 중세 해체기의 국가체제 개혁론이 엄중한 일률적 국가공동체의 재구성론으로 귀결되고, 또한 가령 그 토지론(土地論)이 현실의 실상과는 이질적인 국유제론(國有制論)으로 귀착되고 있었다는 현상도 시대를 역행하는 한갓 이념론에 불과한 것은 아니었는가.

다산에게서 왕권의 현 실태는 결코 만민의 군주로서 군건한 통치권을 행사하는 존재가 아니었다. 현실의 왕권은 오히려 호강(豪强)한 '향원(鄕愿)'인 벌열들로 더불어 '조종의 법제'라는 것에 의탁함으로써 자신의 지위를 보존해가는, 군(君)·신(臣)이 다 함께 '향원'의 행태를 벗어나지 못한 존재에 불과하였다. "후세의 임금들은 덕(德)이 부족하여 천(天)을 받들어 도(道)를 행할 수 없기 때문에 감히 거실(巨室)들을 다스리지 못하고, 오직 구차하게 그대로 따라서 목전의 무사하기만을 취해"온다고 하지 않았는가.

아마도 다산 왕권론의 핵심 되는 주제는 그 같은 현 실태를 개혁하여 왕권 원래의 위상을 회복함으로써 왕정을 실현하는 길로 새로운 방향을 틀게 하고자 하는 것이 아니었는가 한다. 그런데 왕정을 실현할 공적(公的)이고도 강력한 왕권을 추구하면서, 또한 국가의 공동체적 조직을 강화한다든가 혹은 궁극적으로 토지의 국유제를 실현한다든가 하는 개혁의 방향을 추구하고 있었음은 무슨 까닭인가.

그것은 아마도 첫째, 사회구성의 기본 단위가 가문이라든가 국가 등의 공동체로 존속되어 온 오랜 역사성에서 기인하는 것이며, 둘째, 유교 고경(古經)의 공동체적 생활 이념의 재해석에서 기인하였던 것으로 이해된다. 다산의 시대에는 국가 전체의 공동체적 결속은 산산조각으로 무너져 가는 대신, 호강한 벌열 가문을 중심으로 하는 중간 지배층의 횡침과 농단으로 인하여, 국가도 왕권도 백성도 각기 제자리에 서지 못하고 쇠잔해가는 실태를 보였다. 다산의 왕권론은 이를 원형으로 회복시킨다는 데에 문제의식의 근저가 있었던 것으로 해석된다. 사권(私權)과 사익(私益)의 추구가 온 세상에 범람하고 있으므로, 이제 그것을 돌려 공익(公益)을 실현하는 강력한 공권력(公權力)으로 회복시킨다는 데에 그의 왕권론의 본질이 있었다. 그리고 그 역사적·객관적 의미는, 천을 대신하는 만민의 군주로서의 위상을 회복할 것을 주장함으로써 중세를 지양하는 방향을 취하게 되었다는 데에서 찾을 수 있을 것이다.

그런데 하필이면 다산은 현실의식에서 출발하여 고경(古經)의 뜻을 풀이하면서도 삼대(三代)의 왕권 원래의 위상을 회복한다는 시도를 계속하고 있었는가. 그것은 삼대로의 복고(復古)를 의도한 것은 아니었는가. 그러나 그러한 의도 여하를 막론하고 그의 왕권론은, 이미 상품화폐경제가 크게 진전된 시대의 영악스러워진 인간들을 그 통치 대상으로 하고 있었다. 인간은 모두 각자 천(天)과 직통해 있는 심(心)을 본체로 간직한 존재로 정립되고 있었다. 인간이 근원적으로 지닌 욕구는 정당한 것이며, 그 심체(心體)의 주체적·자율적 운용을 통하여 사회적 성장의 능력을 구비한 존재로 긍정되고 있었다. 그들을 통치하여 왕정을 실현하는 왕권이 결코 문자 그대로 '복고'할 수는 없었다.

각자 원초적 욕심을 지닌 주체적 인간들의 소유관계, 생산관계를 국가 공동체 속에 재편성하여 왕정을 실현해야 하므로 다산의 왕권은 강력 무비하고도 지공무사(至公無私)해야 하는 것이었다. 그의 왕권론이 삼대의 통치체제를 회복하고자 하는 간절한 시도로 일관하는 것은 대신(大臣)으로부터 현리(縣吏)에 이르는 현 실태 호강자(豪强者)들의 극단한 농단과 비리의 행태를 지양하기 위한 객관적이면서도 명명백백한 근본 표준을 추구하는 이론이었던 것이다. 왕권은 천의 운행과 유비되는 것으로서, 이 세상 만민과 만사가 각기 제자리에 위치하여 조금의 차착도 없이 운행토록 하는 극(極)이며 표준으로 정립되어야 한다는 이론이었다. 그의 왕권론의 핵심 이념으로 제시한 황극론(皇極論)은 그와 같은 객관적 표준을 정립한다는 의의를 지닌다.

그러한 왕권을 통하여 각자 의욕을 지닌 자율적 인간들을 국가 공동체에 조화롭게 재편성·재배치함으로써 실현할 왕정은 삼대의 그것에 못지않은 새로운 이상적인 시대로 창출될 수 있을 것이라는 데서 다산 경세론의 진보성을 발견할 수 있는 것으로 이해된다.

물론 다산의 왕권론은 그의 왕정론의 일환으로 고안된 것이었다. 그의 왕정론은 불변의 '천리(天理)'에 근거하고 '천지(天地)의 도수(度數)'와 부합하는 체제로 고안한 것이었다. 그 객관적 기준이 된 것은 물론 성왕(聖王)·성인(聖人)의 뜻이 담긴 유교 고경(古經)의 원리를 다산 자신이 창의적으로 재해석한 것이었다. 그것은 구경의 왕정론으로 고안한 것이므로 결코 질곡으로 가득 찬 현 실태에 구애받음에 따라 '천리' 본연의 모습을 상실해서는 안 되는 것이었다.

그런데 여기서 천리라든가 성왕의 뜻은 양측적(兩側的) 의미가 있는 것이었다. 그 하나는 현 실태의 비리와 무질서를 극복하기 위한 지공무사(至公無私)하면서도 보편타당한 새로운 기준을 제시해준다는 의의, 즉 객관적으로는 중세를 지양한다는 의의를 지니는 것이었다. 또 다른 하나는 가령 그의 혁명론의 경우가 그렇듯이, 그 세계관이 유구한 유교적 문화전통과 깊이 연관되고 있는 것이어서, 인간 자신의 주체적이며 객관적인 판단을 최후의 기준으로 삼고서 현 실태의 개혁을 시도하기란 결코 쉽지 않은 구도로 되어있었다는 사실이다. 이러한 측면은 그의 개혁론의 객관적 결행을 어렵게 하는 제약 조건으로 작용하였던 것으로 이해된다.

이제 다산의 왕권론의 현실적 의미는 어떠한 것이었다고 해석할 수 있는가. 왕권론·왕정론은 결과적으로는 현실에서 결코 실현되지 못하고 말았다. 그의 왕권론은 당시에 과연 어떠한 현실성을 지니고 있었는가. 그리고 다산 자신은 그 현실성을 어떻게 생각하고 있었는가.

가령 왕자(王者)의 지위에 있지 못하여 제례(制禮) 작악(作樂)이라든가 도(道)의 실현을 자담할 수는 없다 하더라도 스스로 깨친 자신의 '옛 도'만은 전하고자 하였던 '성인재하자(聖人在下者)' 즉 공자의 '자탄(自歎)'을 상기하면서, 다산이 정조(正祖) 임금의 책문(策問)에 답한 내용을 고찰해볼 필요가 있다. 이는 근원적으로는 유배 이전의 글이지만, 결국은 다산이 만년에 확인하고 정리한 내용이다.

> 임금께서 물으셨다. "'지금의 세상에 태어나서 옛 도(道)를 회복함'이 불가하다고 한다면, 학문을 하더라도 반드시 성인(聖人)이 될 것은 아니며 정치를 하더라도 반드시 삼대(三代)를 기약해서는 안 된다는 것인가."[58] 신(臣)은 대답하였다. "왕위(王位)를 얻어 도를 실행한 것은 순(舜)·주공(周公)입니다. 왕위를 얻지 못해서 도를 실행하지 못한 경우는 공자입니다. 앞글의 순·주공을 말한 절(節)은 곧 성인이 예(禮)를 논하고 법을 제정하며 문자를 상고한 자취입니다. 아랫글의 (공자가) 요·순을 조술(祖述)하였다는 절은 곧 성인이라면 예를 논하고 법을 제정하며 문자를 상고할 수 있다는 근거를 말한 것입니다. 성인이라는 점은 동일하지만, 유독 천명(天命)을 받고 받지 못하였음이 다른 것입

58 『중용』 28장의 "어리석으면서도 자기 의견을 쓰기를 좋아하며, 천(賤)하면서 자기 마음대로 하기를 좋아하고, 지금의 세상에 태어나서 옛 도(道)를 회복하려고 한다면, 이와 같은 자는 재앙이 그 몸에 미친다", "천자(天子)가 아니면 예(禮)를 논의하지 못하며 법을 제정하지 못하며 문자를 상고하지 못한다"는 공자의 말과, 30장의 "중니(仲尼)는 요(堯)·순(舜)을 조술(祖述)하시고 문(文)·무(武)를 헌장(憲章)으로 삼으셨다"는 문자를 두고 낸 책제(策題)이다.

> 니다. "지금의 세상에 태어나서 옛 도를 회복한다"는 것은 왕위를 갖지 못한 자가 행할 수는 없는 일입니다. 그러니 이는 어찌 공자가 자탄한 경우가 아니겠습니까. 그러므로 공자는 학문하기를 즐겨 게으르지 않으면서 홀로 자신을 선(善)하게 하여 옛 도를 회복한 것입니다. 공자가 (堯舜을) 조술하고 (文武를) 헌장(憲章)으로 삼으신 것은 온 세상을 선하게 하고자 하는 의욕으로 옛 도의 회복을 실행하고자 하였으되 그것을 수행(遂行)하지 못하였기 때문입니다. 그런즉 "지금의 세상에 태어나서 옛 도를 회복하려 함"을 경계한 것은 위태로운 나라에 벼슬하거나 어지러운 조정에 서게 된 경우에 대해서 말한 것입니다. 홀로 자신을 선하게 한 것으로 말하자면야 공자는 이미 (堯舜을) 조술하고 (文武를) 헌장으로 하였던 것입니다(『中庸講義』 1-55, 子曰愚而好自用절).

후세에 나서 옛 도를 회복함이 불가하다고 경계한 것은 "위태로운 나라에 벼슬하여 어지러운 조정에 서게 된" 공자와 같은 경우에 해당하는 것이라 함이 다산의 확고한 소신이었다. 다산 자신 또한 위태롭고 어지러운 세태의 조정에 서게 되었음은 아마도 마찬가지라고 생각하였던 것으로 이해된다. 그러나 다산은 그렇게 절망적이지는 않았다. 아마도 그는 정조 임금과 같은 현군을 만나서는 나라를 중흥할 수도 있으며, 더 나아가서는 왕정도 실현할 수 있음을 확신하고 있었던 것으로 이해된다. 그렇다면 현재로서 현군이 출현해 있지 않은 경우에는 어떻게 해야만 하는 것이었는가.

주지하듯이 다산은 환갑을 맞자 자신을 정리하는 「자찬 묘지명(墓誌銘)」을 써두었는데, 특히 자신의 왕정론을 두고서는 서로 엇갈리는 전망의 말을 남겨놓았다.

> (이는) 모두 다 성인의 경전(經傳)에다 근본을 두고 시의(時宜)에 적합하도록 힘써 두었으니, 없어져 버리지 않는다면 혹 취해서 쓸 사람이 있을 것이다(壙中本).
> 육경(六經) 사서(四書)를 가지고서는 수기(修己)를 하도록 하고 일표(一表) 이서(二書)를 가지고서는 천하 국가를 다스리도록 해두었으니, 본(本)·말(末)을 구비해놓았다 할 것이다. 그러나 알아주는 사람은 적고 꾸짖는 사람은 많아서 천명(天命)이 허락해주지 않는다면, 한 무더기 불을 질러 태워버림이 좋을 것이다(集中本).

다산은 자신이 깨쳐낸 왕정론이야말로 가장 바르고 실현 가능한 것이라는 확신이 있었으며, 그것이 전해지기를 희구하고 있었다. 그것은 만민의 군주로서의 강력한 왕권이 중심이 되어 적극적으로 국가를 중흥하고 왕정을 추구해야 한다는 것이었다. 그리고 왕정을 실현하는 가장 바르고 큰길은 현왕(賢王)과 현신(賢臣)의 제회(際會)라고 그는 확신하고 있었다. 현군이 출현한다면 왕권론을 중심으로 하는 자신의 왕정론을 "혹 취해서" 쓰게 될 날이 있을 것으로 그는 기대하고 있었다.

객관적으로 보아 중세사회 해체기에서 그 같은 현군의 출현을 대망(待望)한 사실의 역사적 의미는 무엇인가. 삼대가 지난 후로는 지배층의 사욕과 비리가 관철되고, 마침내는 "터럭 한끝에 이르기까지 병들지 않은 것이 없는" 상태로 되고 말았다는 것이 그의 현실 인식이었다. 그래서 그의 현군 대망론은, 역사적으로 적체되어 온 지배체제의 비리를 근원적으로 개혁함으로써 새로운 역사시대를 창출할 왕자의 출현을 고대한다는 의미를 지닌다.

그런데 그가 대망한 왕권으로 말하자면, 그 공권력이 절대 무비로 강화되는 것이지 왕 개인의 위세가 드높아진다는 것은 아니었다. 더구나 간절하게 천리(天理)와 민망(民望)을 따르는 자인 것이므로 그 자의성(恣意性)은 극도로 배제되기 마련이었다. 그래서 그것은 전제(專制)군주의 형상과도 거리가 먼 존재였다. 그러면서도 명백한 객관적 표준에 근거하여 제정해둔 왕법(王法)을 전국 일률로 적용함으로써 이상적인 왕정의 실현을 추구하면서, 만민의 군주로서 모든 신민(臣民)의 사회관계를 독려하고 책성시켜 나가는 일, 즉 새로운 역사시대의 창출에 스스로 가장 분발하는 것이 그의 왕자상(王者像)이었다.

그것은 물론 현 실태에 구애되지 않고서 정립한 하나의 이념적인 이론이었다. 그런데 그래도 굳이 역사상에서 그에 가까운 군주상을 찾아볼 수는 없는 것인가. 아마도 크게 다르기는 하지만 그래도 가장 현명한 계몽적(啓蒙的) 절대군주(絶對君主)를 떠올려 볼 수는 있지 않을까 생각해본다. 그것이 실학을 대표하는 현군론(賢君論)의 현실적 의미였다.

나아가 다산의 왕정론·왕권론의 역사적 의미는 무엇이라고 해석할 수 있는가. "세도(世道)의 변천은 무상하고 왕의 일욕(逸欲)은 무한한 것"[59]이라고 함이 다산 자신의 역사와 현실에 대한 인식이었다. 삼대가 지난 후로 왕정이 실현된 적이 없었다는 역사적 현실은 그 같은 왕정이 결코 쉽사리 실현되지는 않을 것이라는 예감을 갖게 해주었다. 그러나 다산은 당장에 실현되지 않을 도리(道理)라 하여 그것의 궁극적 추구 자체마저 그만두는 학인(學人)은 아니었다.

그가 자신이 깨쳐낸 왕정론을 '선왕(先王)의 본법(本法)'이라고 확신하였다는 사실의 의미, 그것은 결코 사승(師承)으로 전수(傳受)한 것이 아

59 『경세유표』 1, 天官 吏曹 1.

니라 자신이 각득(覺得)한 것임을 확신하고 있었다는 사실의 의의를 여기서 다시금 되새겨볼 필요가 있다. 그는 그 '본법'의 진정한 근원과 형상과 의미를 찾아내기 위해서 온갖 정성과 노력을 기울이고 있었다. 왕권 하나를 두고 보더라도 그는 그 생성의 근원에서부터 혁명론에서 변법을 통한 중흥론에 이르기까지, 그리고 그것이 천리라든가 천지의 운행, 나아가서는 만민과 만물과 만사에 이르기까지 갖게 되는 온갖 관계와 형태를 점검하며 개발하고 있었다.

가령 주자학적 통치론과는 매우 이질적인, 왕정은 왕권이 중심이 되어 추진할 수밖에 없다는 이론 자체는 무엇을 뜻하는가. 중세적 지배체제의 특징이자 조선 후기 현실의 가장 큰 병폐로 되어있는 할거적 농단의 행태를 극복하기 위해서는 만민의 군주로서의 왕권으로 공권력을 귀일시키고, 왕권을 통하여 새로운 역사 창출의 돌파구를 마련한다는 이론을 그는 깨쳐내었던 것이다.

가령 왕정을 구현할 왕법(王法)의 근원은 천지의 정리(正理)를 따르며 천리(天理)를 깨쳐낸 현군(賢君)·현신(賢臣)의 뜻을 따라 제정한다는 것이지만, 그것을 다시 인간의 주체적 판단과 그 관계를 기준으로 하여 검증하는 다른 논의의 절차는 아직도 전혀 마련되어 있지 않다는 사실을 주의할 필요가 있다. 그러므로 만민의 군주로서 제정한다는 그 왕법이 아직도 어디까지나 현군·현신의 견해가 관철되는 전제적 특성을 지양하지는 못하였다. 부득이한 경우 혁명설까지 고안해낸 다산이지만, 그 통치론 내지 왕권론의 특성은 아직도 천리라는 초월적인 것에 근원을 둔다든가 혹은 현명한 통치자의 결단이라고 하는 결국은 자의적(恣意的)인 것에 크게 기대하는, 전제주의적 속성의 틀을 결코 벗어나지는 못한 것으로 이해된다.

그런 의미에서 다산의 왕권론은 한국사에서 항구적으로 왕조체제를 이끌어온 전제적 왕권의 특질을 아직도 온전히는 지양하지 못한 이론이라고 이해된다. 그럼에도 불구하고 거기에는 벌열 재상으로부터 현리(縣吏)들에 이르기까지 온갖 지배층이 자행하는 중세 해체기의 다극적(多極的) 농단 체제를 극복하기 위한 일극론(一極論)으로서의 독자적 왕권론이 가장 집약된 형태로 전개되어 있다. 그것은 그의 국가체제 개혁론 전체를 관통하는 새로운 이론으로 개발한 것이었다. 그리고 그것은 소수 지배층만이 아니라 이제 만민을 상대하는 존재이며 더구나 만민의 표준이 되는 존재로 정립되어야 한다는 데에서, 혹 전제성(專制性)과 같은 오랜 인습을 지양하게 될 길을 스스로 예비하고 있었던 것으로 해석된다. 동시에 그 같은 인습으로 적체되어 온 비리를 근본적으로 돌파하고 지양할 이론을 그의 경세론에서 가장 다양한 방향으로 고안하고 있었던 것으로 이해된다.

다산 실학의 경세론은 우리 역사상 아마도 가장 다양하고 풍부한 내용으로 가다듬어진 통치론이며, 그래서 고전(古典)으로서의 무한한 학술적 의미와 가치를 오늘의 우리에게 유산으로 남겨주게 되었다고 이해할 수 있을 것이다.

제4장

『경세유표』에 드러난 다산 경세론의 역사적 성격

1. 머리말

1822년(임오)에 환갑을 맞은 다산 정약용은 자신의 일생을 회고하면서 「자찬묘지명」을 지어두었다.[1] 거기에는 필생의 기본 저술에 대한 언급이 있다.

> 육경(六經)·사서(四書)를 가지고서는 수기(修己)를 하도록 하고 일표(一表)·이서(二書)를 가지고서는 천하국가를 다스리도록 해두었으니, 본(本)·말(末)을 구비해놓았다 할 것이다(집중본).

> (이는) 모두 다 성인(聖人)의 경전(經傳)에다 근본을 두고 시의(時宜)에 적합하도록 힘써 두었으니, 없어져 버리지 않는다면 혹 취해서 쓸 사람이 있을 것이다(광중본).

'1표·2서'로 대표되는 다산의 경세론(經世論)이 '6경·4서'라는 경학(經學)의 새로운 연구를 바탕으로 하고서 저술되었다는 것은 주지하는 사실이다. 그는 이상적인 국가체제론을 집약해둔 『경세유표(經世遺表)』의 저술 취지 또한 그 서문에서 밝혀놓았다. "관제(官制), 군현제(郡縣制),

1 「자찬묘지명」(壙中本)은 『여유당전서』 제1집, 16-1~2에, 「자찬묘지명」(集中本)은 동 16-2~19에 걸쳐 실려있다.

전제(田制), 부역(賦役), 공시(貢市), 창저(倉儲), 군제(軍制), 과거제(科擧制), 해세(海稅), 상세(商稅), 마정(馬政), 선법(船法) 등 나라를 경영하는 모든 제도에 대해서 현재의 운용에 구애받음이 없이 기본 골격을 세우고 요목을 베풀어, 이를 가지고 우리 구방(舊邦)을 새롭게 해보겠다고 생각한 것이다."[2] 현 실태에 구애받지 않고 국가의 근간 제도를 거의 전면적으로 개혁하여 새로운 국가체제를 고안하였다는 뜻이다. 그와 같은 변법론적(變法論的) 개혁을 통하여 그가 구현하고자 시도한 것이 요순(堯舜) 삼대(三代)의 '왕정(王政)'이었다.

『경세유표』가 '왕정'이라는 이상적인 국가체제를 구현하려는 내용의 저술이다 보니, 19세기 조선(朝鮮)의 현실에서 활용되기는 어려웠다. 그런데 개항(開港) 후의 조선 왕국이 제국주의 열강의 각축으로 큰 위난에 부딪히게 되자, 이에 고종(高宗) 임금이 '부국강병에 뜻을 두어' '『여유당집』을 들여오라는 명령을 내리고는 개연히 (정약용과) 시대를 함께하지 못함을 한탄하였다'고 하지만, 이미 시세는 너무 급박해지고 있었다. 또 국가 존망의 위기가 더욱 깊어가는 난국 속에서도 뜻있는 인사들이 회사를 설립하고 『경세유표』를 간행할 움직임을 보이자, 1908년 이건방(李建芳)은 서문을 써서 큰 기대와 확신을 피력한 적이 있다. 즉 서양인 몽테스키외의 『법의 정신』이라든가 루소의 『민약론』처럼 『경세유표』가 '널리 유포되고 강론하는 자가 많아짐에 따라 … 정사(政事)에 시행되어 질서와 예전(典禮)의 근본을 밝히게 된다면, 그것이 겨우 한 나라의 법이 될 뿐 아니라 천하 후세의 법이 될 것임도 의

2 『경세유표』, 引.

심할 바 없다'는 요지였다.[3]

그러나 세상은 가파르게 변하였고, 『경세유표』의 개혁론이 실현될 기회는 영구히 사라지고 말았다. 이 저술이 비로소 완간되고 유포된 것도 1930년대 중반 조선학(朝鮮學) 운동에서의 일이었다. 이제 다산의 '왕정론'은 단지 학술 연구의 대상으로만 남겨지게 되었다.

그런데 『경세유표』는 워낙 국가체제 자체의 근본적 개혁을 서술해둔 책이어서, 광복 후 실학에 관한 연구가 크게 진전되면서도 이 책을 직접 대상으로 한 연구는 드물었다. 그런 가운데 1950년대 말 홍이섭(洪以燮)의 선구적 연구가 나와 다산(茶山) 실학의 개혁론 전반을 점검하는 성과를 거두었다.[4] 그러고도 한동안 본격적 연구는 나오지 않았다. 다만 조선 후기 실학을 논의하는 다수의 연구들이 『경세유표』의 개혁론을 곁들여 주목하지 않을 수 없는 편이었다. 필자도 조선 후기 실학의 경세론이 '왕정'의 실현을 간구하고 있었다는 사실에 주목하면서 『경세유표』의 국가개혁론을 다소 고찰해본 일이 있다.[5] 그런데 근년 간에는 이 저술을 직접 대상으로 하는 연구가 더러 나오게 되었다. 가령 이유진(李裕鎭)의 「정약용 경세유표의 연구」,[6] 김현수(金賢秀)의 「다산 정약용의 국가례 고찰-『경세유표』를 중심으로」,[7] 김기승의 「다산 정약용의 부국강병형 국가개혁 사상-『경세유표』를 중심으로」[8] 등이 그것이다.

---

3 金泰永, 2011, 「실학연구의 어제와 오늘」, 『한국사 시민강좌』 제48집 참조.

4 洪以燮, 1959, 『丁若鏞의 政治經濟思想研究』, 한국연구도서관.

5 金泰永, 1990, 「다산의 국가개혁론 서설」, 『(碧史 李佑成 교수 정년기념논총)민족사의 전개와 그 문화』; 1998, 『실학의 국가개혁론』, 서울대학교출판부.

6 『한국사상사학』 14집(2000) 수록.

7 『한국철학논집』 12호(2003) 수록.

8 『한국사학보』 19집(2005) 수록.

최근 필자는 다산학술문화재단이 추진하는 다산의 저작 전체의 정본화(定本化) 작업에 참여하여 『경세유표』를 교감(較勘)하면서 이를 더 자세히 읽을 기회를 가질 수 있었다. 그래서 다산이 삼대 '왕정'의 회복이라는 원대한 포부로 우리의 '낡은' 국가체제를 전면적으로 개혁한다는 구체적 의도하에 이를 저술하였다는 사실을 다시금 확신하게 되었다.

그런 확신에 서서 위의 연구들을 검토해볼 때, 적지 않은 시각의 차이를 발견하게 되었다. 먼저 이유진·김현수의 경우는 철학 쪽에서 접근한 연구로서, 주로 이론적인 면을 중복적으로 부연해가면서 따지고 있는 편이다. 그러다 보니, 『경세유표』가 지닌 국가개혁론의 역사적 독자성이 거의 드러나지 못하고 말았다. 한편 김기승의 연구는, '실학파의 국가개혁론'이 "국가'개혁' 혹은 '혁신'이라는 점에 중점을 두고 근대적 지향성을 강조하느냐," 혹은 "위기에 처한 왕조체제를 정비 보완하는 '재조(再造)'라는 측면을 강조하느냐"는 두 가지 문제의식에서 출발하였다고 진단한다. 그리고 '정약용의 국가개혁론의 근대성 문제'에 특히 주목한다. 그런데 현재의 실학 연구가 '근대성 문제'를 추구한다거나 혹은 '국가 재조'를 강조하는 그런 수준에 머물러 있지는 않다. 그것은 이미 낡은 문제의식에 속하는 것으로 이해된다.

조선 후기 실학의 경세론은 지리멸렬한 현 실태를 개혁하기 위해, 그 현 실태 지배체제를 지탱하는 '조종의 법제'와 '주자학적 통치이념'이라는 두 가지 틀에서 벗어나야 한다는 데 크게 착안하였다. 그 가운데서도 가장 특별한 경우가 다산이었다. 우선 '조종의 법제'에 대한 다산의 견지를 일별해본다.

다산에 따르면 삼대가 지난 이후 무릇 수천 년 동안 시행해온 역대의 통치법제란 것은 모두가 근본적으로 잘못 제정되고 인습된 것들이다.

> 삼대 때 우(禹)·탕(湯)·문(文)·무(武)가 나라를 이룩하여 표준을 세우고 예악(禮樂)을 제정하여 금석(金石) 같은 법전(法典)을 물려주니, 현명한 신하와 훌륭한 보필들이 뒤의 임금에게 고하기를, "어기지 말고 잊지 말아서, 모두 다 옛 법을 따라 하소서"라고 하였다. 그런데 후세에는 세상이 어지러운 때를 타서 우뚝 일어선 자가, 천명(天命)은 아직 정돈되지 않고 인심(人心)도 복속되지 않은 상태에서 호강(豪强)한 자들의 원망을 살까 염려해서 드디어, 쇠란(衰亂)한 세상을 오래 거치면서 겹겹이 쌓여 벌써 곪아 터질 종창(腫瘡)을 이루고 있는 폐법(弊法)들을 그대로 따라 쓰게 되었다(『경세유표』 11-21, 賦貢制 6 力役之征).

삼대가 지난 이후 무릇 '조종의 법제'란 것은 워낙 모두가 '폐법'의 인습에 불과하다. 그러니 치세를 이룩하고 왕정을 실현하려면 '우·탕·문·무'와 같은 성왕(聖王)의 법제를 다시 마련하는 길이 있을 뿐이다. 그러나 집권층의 이해관계로 인해 누적적으로 인습이 이루어진 '조종의 법제'는 결코 개혁할 수 없다는 것이 다산의 역사인식이다. 그는 드디어 현 실태 법제를 끌고 간다면 '반드시' 나라가 망할 것이라고 단언한다.

> 우리나라의 법이란 것은 대개가 고려(高麗)의 옛것을 인순한 것이요, 세종(世宗) 때 이르러 다소 손익(損益)을 가하였으나, 한 번 임진왜란을 겪은 후로는 백 가지 법도가 무너져 모든 일이 어지럽게 되었다. … 그윽이 생각건대 터럭 한끝에 이르기까지 병들지 않은 것이 없으니, 지금에 와서 개혁하지 않는다면 반드시 나라가 망하고 말 것이다(『경세유표』 引).

'나라가 망하고 말' 위난에 처한 '우리 구방(舊邦)'을 다시 치세(治世)로 돌이키고 '왕정'을 구현하고자 할 때, 이제 다산이 준거 삼을 만한 법제는 어떠한 것이었는가. "(삼대의) 전장(典章) 법도(法度)는 주(周)나라에 이르러 크게 정비되고 진선진미(盡善盡美)해져 더하거나 덜어낼 것이 없게 되었다. 왕자(王者)가 새로 일어나는 경우 반드시 일체 『주례(周禮)』를 준수하게 될 것이다"[9]라고 함이 다산의 확신이다. 그의 『경세유표』는 곧 『주례』를 준거 삼아 저술하였던 것이다.

한편 주자학적 통치이념에 대한 다산의 이해는 어떠하였는가. 왜란과 호란 이후의 조선 지배층이 오랜 당쟁의 과정을 통해 주자학을 유일의 통치이념으로 더더욱 강화하는 노선에서 타 당파를 배제하고 영구 집권을 획책해갔다는 것은 주지하는 사실이다.

그런데 조선 후기의 실학은 다소간에 '탈성리학적' 성향을 지니게 되었다. 다산 실학의 경우는 더욱 그러하였다. 삼대 이후 다시는 '왕정'을 회복할 수 없게 된 까닭은 성인의 경전에 대한 해석이 근본적으로 잘못되었기 때문이라고 다산은 확신한다.

> "(『尙書』「禹貢」에서) 전(田)이라 한 것은 전지(田地)에서 내는 것이요, 부(賦)라고 한 것은 다른 재화(財貨)를 거두는 것이었다." (그런데도 鄭玄 이래) "고금의 모든 주석가들이 모두 부(賦)를 전세(田稅)라고 해석하여 한 사람도 감히 이의를 제기하는 자가 없었다"(『상서고훈』 3-3~6, 厥土惟白壤).

---

9 『논어고금주』 1-35, 子張問, 十世可知也. "진실로 삼대(三代)의 치세(治世)를 회복하고자 한다면 이 책[즉 『주례』]이 아니고는 착수할 곳이 없다"(『여유당전서』 제1집 20-15 「答仲氏」)고도 하였다.

물론 주자학도 여기서 예외일 수가 없다. 그러니 주자학을 '치국(治國)'의 통치이념으로 준수한다는 것은 성인이 말한 경전의 원리에 어긋난 통치를 인습하는 일에 속한다. 가령 삼대 왕정의 기초라고 하는 정전제(井田制)를 두고 보더라도, 주자(朱子)의 경우 이는 결코 실행할 수 없는 것이라 이해하였다. 그러나 다산은 정전제가 아니면 왕정은 결코 회복할 수 없는 것이라는 확신 아래, 『경세유표』에서도 가장 큰 지면을 할애하여 이를 서술하였다.

또 가령 주자 성리학에 따르면 인간의 본질은 곧 '성(性)'인데, '성'은 도덕적 원리인 인(仁)·의(義)·예(禮)·지(智)를 원래부터 갖추고 있다. '성'은 형체가 없는 '이(理)'이므로 그 실체를 볼 수는 없지만, 측은지심(惻隱之心)에 근거하여 인(仁)이 있음을 알 수 있고, 수오지심(羞惡之心)에 근거하여 의(義)가 있음을 알 수 있다. 그러므로 인간은 '타고난 마음을 잘 보존하여 성품을 잘 함양(涵養)'하는 일[存心養性]이 일생 최대의 과제이다. 군주의 통치 또한 존심양성을 통해서 '무위이치(無爲而治)'하는 경지에 도달하는 것이 이상적이다.

그러나 다산 실학의 경우, 인·의·예·지는 인간이 원래 타고나는 도덕적 성품이 아니다. 그것은 모두 인간이 자애(慈愛)롭거나 의(義)로운 일을 실행[行事]함으로써 구현되는 사회적 도덕 가치이다. 군주의 통치 또한 맹렬히 분발하여 만민을 적소에 배치하고 적극적으로 이끌어가는 정치적 실행을 통해서만 치세(治世)를 실현할 수가 있다.[10]

『경세유표』는, '조종의 법제'와 '주자학적 통치이념'을 양대 기제로 하여 인습해온 현 실태 지배체제에 대한 다산 실학의 개혁론을 가장

10 이는 본론에서 더 자세히 고찰할 것이다.

크게 집약해둔 저술이다. 즉 조선 후기의 현실에 바탕을 두면서도 성인의 경전 원리를 살려내고 『주례』를 준거 삼아 현 실태 국가체제를 개혁하여 '왕정'을 회복하고자 고안한 저술이 『경세유표』이다. 그것은 삼대 왕정을 기필코 구현할 수 있다는 신념에서 구상한 원대한 개혁론인 까닭에, 유사 이래 처음 보는 변법론적 성격을 띠게 되었다.

이 연구는 『경세유표』의 경세론이 갖는 역사적 성격을 밝히고 간추려 서술하는 데 주안점을 두고자 한다. 서지학적 고찰은 여기서 사상한다.

2. 유배 이전 다산의 현실 인식

이른바 '신유교난(辛酉教難)'에 연루되어 1801년 3월 상순 유배지 장기(長鬐)에 도착한 다산은 자신의 평상시 공부를 돌이켜 보는 시를 지은 바 있다.

> …하늘 아래 일이란 것은 모두 다 알 작정으로, 온 세상 책이란 것은 모두 다 읽기로 생각했다네.[11]

그는 또 강진(康津)으로 이배(移配)된 후 자제(子弟)에게 당부하는 글에서는 다음과 같이 덧붙인다.

11 『여유당전서』 제1집 4-7, 「自笑」. "妄要盡知天下事 遂思窮覽域中書."

이 세상에 뜻을 둔 사람은 한때의 재해(災害) 때문에 드디어 청운(青雲)의 뜻까지 꺾어서는 안 된다. 사나이의 가슴 속에는 항상 가을 매가 하늘로 치솟듯 하는 기상을 지니고서 건곤(乾坤)이 눈 안에 들고 우주(宇宙)가 손바닥 안에 있듯이 생각하고 있어야 옳다. 나는 나이 스무 살 때쯤 해서는 우주 사이의 일을 모두 취해다가 일제히 펼쳐보고 일제히 정돈하고 싶었는데, 30~40세가 되어도 그러한 뜻이 쇠퇴하지는 않았다(『여유당전서』 제1집 18-13, 「贐學游家誡」).

"가을 매가 하늘로 치솟듯 하는 기상"이라든가 "건곤이 눈 안에 들고 우주가 손바닥 안에 있듯" 하다는 느낌은 물론 그 자신의 타고난 재능에다 어려서부터 지속해온 알찬 공부의 온축에서 연유하는 것이었다. 그만큼 그는 세상사에 대해서 큰 의욕과 용솟음치는 힘을 지니고 있었다.

이미 사환 이전부터 국왕의 지우(知遇)를 얻게 된 그는 이윽고 문과(文科) 후로는 초계문신(抄啓文臣) 등의 직책을 띠고 오래 근신(近臣)으로 종사하였으니, 아마도 『고금도서집성(古今圖書集成)』[12]과 같이 '내부(內府)'에 비치된 장서(藏書)들까지를 많이 독파하기에 이른 것으로 이해된다.[13]

---

12 이 거질의 책을 들여온 것은 정조 3년(1779)이요(『정조실록』, 정조 3년 2월 庚申 참조), 다산의 글 가운데는 이 책을 보게 되었다는 기록이 여럿 있다.

13 포의(布衣) 때부터 지우(知遇)를 입었는데, 정조(正祖)대왕의 총애와 가장(嘉奬)이 동렬(同列)의 경우보다도 특출하였다. 앞뒤로 상사(賞賜) 받은 서적(書籍)·내구마(內廐馬)·문피(文皮) 및 진귀하고 기이한 물건은 이루 다 말할 수 없을 정도다. 기밀(機密)에 참여하여 소회가 있으면 필찰(筆札)로 조목조목 진술하도록 하여 모두 즉석에서 들어주셨다. 항상 규장각(奎章閣)·홍문관(弘文館)에 있으면서 서적을 교정(校正)하였는데, … 무릇 내부(內府)의 비장된 전적(典籍)이라도 각감(閣監)을 통하여 보기를 청하면 허락해주셨으니, 모두 특이한 예우였다(『여유당전서』 제1집 16-2, 「자찬묘지명(광중본)」).

그런데 그는 '이 세상의 책'이란 책은 다 읽고 그만두는 정도에서 그치지는 않았다. 그는 젊어서부터 이미, 현 실태의 인습적 비리를 근원적으로 극복하기 위한 개혁론들을 많이 저술하고 있었다. 『여유당전서』 제1집에 수록된 소위 책(策)·문(問)·의(議)·원(原)·논(論)·변(辨) 등 수다한 논문들의 다수가 그에 해당한다.

유배 이전 다산의 개혁론들은 내용이 극히 다양하지만 아직도 단편적인 발상의 단계에 머물러 있었다. 그런데 그 모든 개혁론들을 관통하는 가장 큰 특징을 찾자면, 곧 현 실태 지배체제에 대한 근원적인 회의(懷疑)에서 출발하여 근본적 변화를 지향하고 있었다는 사실이라 할 수 있다. 즉 통치권 성립의 근원적 근거를 검토하고, 민의(民意)에 어긋나는 통치권은 혁명할 수 있는가의 문제를 고찰하며, 토지의 공유(共有)와 공산적(共産的) 생산관계를 제시한다든가, 혹은 향리(鄉吏)의 중간 농단을 근원적으로 척결할 제도를 검토하고, 더 나아가 국가 행정력을 동원하여 여러 산업기술의 발전을 제고하고 관리하는 등, 획기적인 개혁론들이었다. 아마도 "우주 사이의 일을 모두 취해다가 일제히 펼쳐보고 일제히 정돈"해보고자 하는 용솟음치는 의욕으로 인해서, 그의 현실 인식은 누구보다도 더 근원적으로 투철할 수 있었고, 그래서 한층 더 생동하는 현장감을 띨 수 있었던 것으로 보인다.

유배 이전에 제시한 다산의 개혁론들 또한 어느 실학자보다도 더 다각적이요 더 근원적이며 급진적인 성격을 띤 편이었다. 그러니 그것은 기본적으로 다산 자신의 자신감 넘치는 소양과 의욕에서 나온 구상으로 이해해야 할 것이다. 그런데 그와 같은 근원적인 개혁적 사유(思惟)의 틀을 가지게 된 근저에는 또한 유래를 달리하는 두 가지 사유체계의 영향이 있었던 것으로 보인다. 그 하나는 다산이 15세부터 성호 이익의 저서를 읽고 '사숙(私淑)'하면서 새로운 사유의 빛을 접하게 된 것이요, 다른 하나는 서학(西學)의 공부를 통해 인간과 자연을 분리해서 관찰하는 사유를 수용하게 된 것이 아닌가 한다.

우선 성호를 '사숙'하게 된 후로 다산이 새로운 안목(眼目)을 갖추게 되었다는 사실을 다산은 그의 '지기(知己)'인 중씨(仲氏)에게 토로한다. "성옹(星翁)의 저작은 거의 1백 권에 가깝습니다. 스스로 생각해보면 우리들이 천지(天地)의 위대함과 일월(日月)의 광명함을 알 수 있게 된 것은 모두 이 선생님의 힘이었습니다."[14]

그런데 그들 형제가 '천지의 웅대함과 일월의 광명함'을 깨우치게 된 구체적 내용은 여기서 간단히 짐작할 수가 없다. 가령 성호에서는, 민(民)이 군(君)보다 본질적으로 앞서는 존재이며, 사회적 소유관계로 보더라도 민이 왕(王)보다 앞서는 존재라고 하는 근본적 사유가 드러나고 있음이 확인된다.[15] 다산의 발상 역시 비슷하다. "천(天)이 군(君)·목(牧)을 세운 것은 본래 그들로 하여금 목민(牧民)하도록 하기 위함이다."[16]

또 가령 "경서(經書)를 연구함은 장차 세상에 치용(致用)하기 위해서이다. … 그런데도 오늘날에는 경술(經術)과 시무(時務)가 판연히 두 가지 일로 되어버렸다"[17]고 성호는 단언한다. 학문을 통해 깨달은 이치는

---

14 『여유당전서』 제1집, 20-22, 「上仲氏 辛未冬(1811)」.

15 나라가 나라로 되기 위해서는 임금이 있고 백성이 있어야 하는데, 임금과 백성은 모두 사람이다. 그러나 혹 백성만 있고 임금은 없을 수가 있지만, 백성 없는 임금은 있지 않았다(『성호사설』 19, 「得民得人」); 사람이 있으면 이에 토지가 있으니, 토지는 모두 백성의 전지(田地)이다. 성왕(聖王)이 정전제를 시행하여 백성에게 배분하였다는 것은, 백성이 왕(王)의 전지를 받았다는 것이 아니다. 왕이 백성 소유의 전지를 경계(經界)하여 그 쟁탈을 금지한 것이었다(『맹자질서』 등문공 下 8章).

16 『여유당전서』 제1집 11-8, 職官論 2.

17 『성호사설』 20, 誦詩.

'시무'라는 경세론으로 새롭게 응용하지 않으면 안 된다는 것이 성호 학풍의 실천론적 특색이다.

또 성호는 서양인이 제작한 시헌력(時憲曆)이 이전의 어떤 역법(曆法)보다도 획기적으로 정확하게 된 사실을 접하고, 드디어 문명진보론을 확신하게 된 것으로 보인다. "무릇 기수(器數)의 법은 후대로 내려올수록 더 정교해진다. 비록 성인의 지혜라도 또한 미진한 곳이 있으므로, 후대의 사람이 그것을 토대로 하여 더욱 보충 연구하면 시대가 내려올수록 더욱 정교해지게 마련이다."[18] 성호의 학풍이 그만큼 개방적이며 진보적일 수 있었던 것은 그 자신 진리의 탐구와 그 치용(致用)에 그만큼 극진한 공력을 쌓고 있음에서 기인하는 것으로 이해된다.

다산의 경우 또한, 산업기술은 적극적 개발을 통해서 크게 발전시킬 수 있는 것이라고 확신하게 되었다. "사람이 많이 모여 살면 모여 살수록 그 기예(技藝)는 더욱 정밀해지고, 시대가 내려오면 내려올수록 그 기예는 더욱 공교해진다." "이용후생(利用厚生)에 필요한 것과 백공(百工)의 기예의 재능은 뒤에 개발된 제도를 가서 배우지 않으면 몽매 고루함을 타파하고 이익과 은택을 일으킬 수 없을 것이다."[19] 즉 물질문명(物質文明)에는 경험의 축적을 통한 진보 발전이 일어난다는 소신이 확고하였으므로, 그는 소위 이용후생학을 대대적으로 수용하고 더더욱 그 이론을 개발하기에 이르렀다.

그런데 경학의 원리를 현실적 경세론으로 치용(致用)하기 위해서는 현 실태를 규정하고 있는 법제를 개혁하지 않으면 안 된다. "후세에 이

18 『성호사설』 2, 曆象.

19 『여유당전서』 제1집 11-10~12, 기예론 1~3.

르러서는 입법(立法)하는 일이 가장 시급한데, 입법하는 것은 백성을 살리기 위함이다"[20]라는 것이 성호의 소신이다. 곧 현 실태의 질곡을 개혁할 '변법(變法)'의 절박성을 말한 것이다.

실상 성호 학풍의 가장 큰 특징은 변법론(變法論)에서 찾을 수 있다. 그래서 소위 '선왕(先王)의 법제(法制)'라는 것도 때로는 변통해야 한다는 근본적인 신념을 피력하고 있었다.

> 선왕의 법제는 실로 준수하지 않아서는 안 되는 것이지만, 때에 따라서는 변혁하지 않아서는 안 된다. 그러므로 비록 성인이라도 시대를 따라 (법제를) 줄이거나 더하지 않을 수 없었다. … 선왕의 정사(政事)가 모두 아름답지 않은 것은 아니었지만, 시대가 내려오고 습속이 달라졌는데도 어찌 굳게 지켜 변통할 줄을 몰라서야 될 것인가(『맹자질서』, 「離婁」 上篇 首章).

여기서 '선왕' 즉 삼대의 성왕(聖王)들이 세운 법제라든가 정사(政事)조차 때로는 변통하지 않으면 안 되는 까닭은 무엇인가. "무엇을 도(道)라고 하는가. 그 요체는 천하에 궁한 백성이 없도록 하는 바로 그것이다"[21]라고 성호는 단언한다. 시대와 습속이 변하면 성왕이 세운 법제조차도 변통하여 현 실태를 혁신할 정사를 펴야 한다. 그것이 곧 '도'의 운용이라고 그는 확신한다. 다산의 소신 또한 마찬가지다.

---

20 『성호사설』 14, 異端.

21 『성호사설』 7, 拯救. 조선 성리학은 성리학 자체를 곧 도학(道學)이라고 말한다. 그런데 그 '도학'은 이 세상 '궁한 백성'의 현실은 도외시한 채, 이념 속의 '도'라는 것을 추구하면서 현재의 지배체제에 복무하는 행태를 취하고 있었다.

은(殷)나라 사람이 하(夏)를 이어받아서는 법제를 줄이거나 더하는 것이 없을 수 없었으며, 주(周)나라 사람이 은을 이어서도 또한 줄이거나 더하는 것이 없을 수 없었다. 왜냐하면 세도(世道)란 것은 강하(江河)의 흐름과 같아서, 한 번 정해져 만세토록 변하지 않는다는 것은 이치로 보아 그럴 수가 없다(『경세유표』 引).

성인이 만든 법제라도 때로는 개혁해야 하는데 하물며 비리와 인습으로 적체된 현 실태 지배구조의 폐법(弊法)이야 더 말할 것이 있겠는가. 만백성에 대한 주구적 수탈을 자행하는 현 실태 지배체제를 근본적으로 개혁하지 않고서는 결코 새로운 역사시대로 진입할 수 없다고 하는 소신이야말로 양자가 가장 공감하는, 절박한 현실 인식이었던 것으로 이해된다.

우선 성호의 변법론은 주로 당시의 현실에서 그래도 실현 가능하다고 판단한 수준의 개혁론들을 제시하는 편이었다.[22] 그리고 다산의 경우는 더 현실적으로 내려와, "오늘날의 법을 따라서 우리 백성을 다스리는"(자찬묘지명) 방편론으로서 『목민심서』를 저술하게 되었다. 물론 그에 앞서 그는, 이 땅에서 왕정을 구현하고자 하는 『경세유표』를 먼저 저술하였다.

한편 다산은 일찍이 서학(西學)을 접하면서 거기 심취하게 되었다고,

22 가령 "전제(田制)는 정전(井田)보다 더 좋은 것이 없다"(『성호사설』 10, 田制)고 하여, 왕정의 실현을 위한 정전제(井田制)를 성호 역시 이상으로 삼고 있었다. 그러나 그는 부강자(富强者)의 소유지(所有地)를 빼앗아 빈약자들에게 나누어줄 수가 없다는 현실의 세력 관계를 직시한다. 그래서 농민의 자립적 자경지(自耕地)인 영업전(永業田)만은 결코 매매를 허락하지 않는 영업전론[限田論]이 그래도 가장 실현 가능한 전제(田制)라고 제시하였다(『성호전집』 45-33, 論田制; 『藿憂錄』 均田論).

뒷날 국왕 정조에게 자술한 대목이 있다.

> 대개 (그것을) 일찍이 마음속으로 좋아하여 사모했고, 또 일찍이 이를 거론하여 남에게 자랑하였습니다. 그것이 일찍이 본원(本源) 심술(心術)의 바탕에 기름이 스며들고 물이 젖어 들며 뿌리가 내리고 가지가 얽히듯 하는데도 스스로 깨닫지 못했습니다(『여유당전서』 제1집 9-43, 「辨謗辭同副承旨疏」).

이는 물론 '약관(弱冠) 초기'라는 한때의 일이요, 그것이 결국 '상륜패리(傷倫悖理)'의 사설(邪說)임을 깨닫고는 곧 폐기하고 말았음을 같은 곳에서 그는 역설하였다.

그런데 서학에 대한 심취가 그의 '약관 초기'에 일어났으며 그에 대한 이해가 '남에게 자랑할' 정도로 깊었다는 사실은 중요한 의미를 지닌다. 바로 가치관·세계관이 형성되는 젊은 나이에 지대한 영향을 받았음을 시사하는 대목이기 때문이다.

성리학에 따르면 '천명(天命)으로 부여받은 성(性)'이 인간의 본질인데, 이 '성'은 사물의 경우 역시 그 본질인 '물리(物理)'를 이룬다. 그런데 그것은 '천명'에 따라 공통으로 부여받은 것이므로 근원적으로 "만물은 일체(一體)요, 내(內)·외(外)의 구별이 없다."[23] 그러나 다산은 오랜 경전의 연구 끝에 드디어, "천(天)의 영명(靈明)함을 직통으로 부여받은 심(心)"이야말로 인간의 본체라고 확신한다.

---

23 『주자대전』 32-12, 「答張敬夫問目」.

형체가 없는 심(心)[精神]이 인간의 본체이니 곧 이른바 허령불매(虛靈不昧)한 것이다. … 이 형체가 없는 본체는 혈육(血肉)에 속한 것이 아니어서, 모든 형상을 포괄하고 모든 이치를 깨달을 수 있으며 능히 사랑하고 능히 미워하기도 하는 것이니, 인간이 생겨나는 시초에 천(天)이 인간에게 부여한 것이다(『대학강의』 2-3, 傳 7장).

다산에 따르면, 인간이 '천명으로 부여받은 성'이란 것은 심의 속성으로서의 '기호(嗜好)'를 일컫는데, 단지 인간의 성은 선을 좋아하고 악을 미워하는 속성을 지닌다. 그리고 인간을 포함한 만물은 모두 상제(上帝)의 '조화(造化)'에 따라 생겨난 존재들이므로 '만물이 일본(一本)'이기는 하지만[24] 만물은 결코 '일체'가 아니다. 곧 인간과 자연은 결코 연속적인 존재가 아니요, 천이 부여한 허령(虛靈)한 '심(心)'의 자율성과 주체성을 타고난 인간만이 만물을 향용(享用)하는 주인(主人)이다.

무릇 삶과 죽음이 있는 천하의 만물은 다만 3등급이 있다. 초목(草木)은 생명은 있지만 지각(知覺)이 없다. 금수(禽獸)는 지각은 있지만 영명(靈明)이 없다. 인간의 '대체(大體)[즉 심(心)]'로 말하자면, 생명을 가지고 태어나매 이미 지각이 있고 다시 영명의 신묘한 운용이 있다. 그러므로 만물을 포괄하여 빠뜨리지 않고, 만리(萬理)를 추구하여 모두 깨칠 수 있으며, 덕(德)을 좋아하고 악(惡)을 부끄러이 여긴다. … 우러러 하늘을 보면 일월성신(日月星辰)이 삼연(森然)히 저기 벌여 있고 구부려 땅을 살펴보면 초목금수(草木禽獸)가 정연히 여기에 있는데, 그 모두는

24 『春秋考徵』 4-24, 禘郊之訟.

> 다 인간을 비추어주고 따뜻하게 해주며 길러주고 섬겨주는 것들이다. 그러니 이 세상의 주인(主人) 노릇하는 자는 인간이 아니고 누구인가. 천은 인간으로 하여금 이 세상을 집으로 삼아 선(善)을 행하도록 해두었으며, 일월성신 초목조수(草木鳥獸)는 이 집의 공봉(供奉)이 되도록 해두었다(『논어고금주』 9-13, 子曰性相近也).

여기서 다산이 인간과 자연을 분리시켜 인간만을 주체적 존재로 생각하는 사유체계는 근원적으로 서학의 학습을 통해서 형성된 것이라고 함이 이 방면 연구자들의 일반적 견해이다.[25] 그런데 자연을 인간과 분리된 것으로 인식할 수 있을 때 비로소 인간은 그 자연을 대상화할 수 있다. 그래야만 인간이 그 개별 사물의 이치를 객관적으로 파악할 수 있고, 그래서 인간 자신에 유용하게 활용할 수 있다. 그것은 세계관의 큰 변화를 뜻하며, 인간의 역사와 문명에 대한 인식에 일대 전기(轉機)가 일어났음을 시사하는 것으로도 이해된다.

그와 같은 다산의 새로운 세계관의 형성이 꼭 서학을 통해 이루어졌는지는 결코 확단할 수가 없다. 그러나 '약관의 초기'에 그것을 학습하고 깊이 심취했다고 자술한 사실로 보아, 거기서 심대한 영향을 받았다는 정황은 인정할 수밖에 없다.

25 琴章泰, 2002, 「다산의 心 개념과 마테오릿치의 영혼론」, 『종교와 문화』 8, 서울대 종교문제연구소; 나일수, 2002, 「다산 실학의 서학적 배경」, 『茶山學』 3, 다산학술문화재단.

3. 새로운 경학 공부

1801년 천 리 밖으로 유배 간 다산이 할 수 있는 일은 학문 이외의 다른 것이 있을 수 없었다. 그는 그동안 벼슬살이하느라 못다 한 경전의 참다운 공부에 착수하였다.

> 마융(馬融)과 정현(鄭玄)은 비록 유자(儒者)라고는 하지만, 권력이 당세에 막중하여 외당(外堂)에서는 제자들과 더불어 학문을 강론하면서 내당(內堂)에서는 음악과 기생을 두고 즐겼다. 그 화려하고 사치스러움이 이와 같았으니 당연히 경전을 연구함이 정밀하지 못했을 것이다. 그 뒤에 공안국(孔安國)과 가규(賈逵) 등 여러 사람도 모두 유림의 현달한 자들이었으나 심기(心氣)가 정밀하지 못하였으므로 논의한 바가 대부분 밝지 못하다. 이에 (나는) 비로소 곤궁한 뒤에야 저서(著書)할 수 있다는 것을 알게 되었다. 반드시 매우 총명한 선비가 지극히 곤궁한 지경을 만나 사람들과 수레의 시끄러운 소리가 없는 곳에서 종일토록 외롭게 있은 뒤에야 경례(經禮)의 정미(精微)한 뜻을 비로소 터득할 수 있는 것이다. 천하에 이처럼 공교로움이 있겠느냐. 고경(古經)을 고찰하면서 정현과 가규의 학설을 대비해보건대, 거의 조목조목이 잘못되었다. 독서의 어려움이 이와 같은 것이다(『여유당전서』 제1집 21-2, 「答二兒」).

"우주 사이의 일을 모두 취해다가 일제히 펴보고 일제히 정돈하고 싶어 하는" 그로서는 경학의 연구에서야말로 가장 본령을 찾고 기회를 맞은 셈이었다. 본격적으로 시작한 경학 연구에서 그는 역대의 어떠한 주석에도 구애되지 않고, "고성인(古聖人)의 본지(本旨)"를 깨달아내기에 진력하였다.[26] 가령 진시황의 '분서갱유' 때 없어져 버렸다는 육경(六經) 가운데의 『악경(樂經)』조차 『주례』 등에 산견되는 단편들을 끌어모아 복원하기를 시도하였다.

> 『악서(樂書)』 12권은 그사이에 다 보셨으리라 생각합니다. 율려(律呂)의 도수(度數)에 대해서는 제7권에서 논했는데, 반드시 당(唐)·우(虞)의 본법(本法)에 만의 하나도 어긋날 우려가 없을 것입니다. 5천 년 전 율려의 학문이 오늘에야 그 혼(魂)을 되찾게 되었으니, 이것은 제가 마음으로 체득할 수 있었던 것이 아닙니다. 수년 이래 밤낮으로 사색하고 산가지[算籌]를 잡고 늘어놓으면서 심혈(心血)을 계속 기울이던 중, 어느 날 아침 영대(靈臺: 마음자리)에 빛이 일어나는 것을 갑자기 깨달았습니다. 그리하여 삼기(三紀)·육평(六平)·차삼(差三)·구오(具五)의 법이 환연히 밝게 눈앞에 늘어서게 되었습니다. 이에 붓을 잡고 써낸 것이 바로 제7권입니다. 이것이 어떻게 사람의 힘으로 얻을 수 있는 것이겠습니까(『여유당전서』 제1집 20-28, 「答仲氏」).

그와 같이 심혈의 노력을 기울인 끝에 드디어 1816년에는 6경(經)·4서(書)의 연찬을 일단 끝낼 수 있었다.[27]

> 내가 해상(海上)으로 유배되어 가서 생각하기를 "소시(少時)에는 학문에

26 『여유당전서』 제1집 16-1, 「자찬묘지명(壙中本)」.

27 병자(1816) 6월 17일부로 된 「기이아(寄二兒)」라는 편지에서, 유일한 지기(知己)인 그의 중형(仲兄)이 작고하였음을 애통해하면서, "경집(經集) 240책을 새로 장정하여 책상 위에 놓아두었는데, 내가 이제 그것을 불살라 버려야 한단 말이냐"라고 애통해한다.

뜻을 두었으나 20년 동안 세로(世路)에 빠져 다시 선왕(先王)의 대도(大道)가 있는 줄을 알지 못하였는데, 지금 여가를 얻게 되었다" 하고, 드디어 흔연히 스스로 경하하였다. 그래서 육경(六經)·사서(四書)를 가져다가 침잠하여 탐구하고, 한(漢)·위(魏) 이래 명(明)·청(淸)에 이르는 제유(諸儒)의 학설로서 경전(經典)에 보익이 될 만한 것들을 널리 수집하고 두루 고증하여 오류를 바로잡고 취사(取捨)함으로써 일가(一家)의 입언(立言)을 갖추게 되었다. … 처음에 내가, 『역(易)』을 익히고 『예(禮)』를 연구하여 모든 경서에까지 미쳐 갔는데, 한 가지를 깨달을 적마다 마치 신명(神明)의 묵묵한 깨우쳐 줌이 있는 듯하여 남에게 말할 수 없는 것이 많았다. 형님 약전(若銓)이 흑산 바다에서 한 편이 이루어질 적마다 보시고는 말하기를, "네가 이 경지에 이르게 된 것은 너 스스로도 알지 못했을 것이다. 오호라, 도가 천 년 동안 없어져 갖가지로 가려졌는데, 네가 헤쳐내고 끌어내어 그 가려진 것들을 환하게 풀어낸 것이 어찌 네가 할 수 있는 일이겠느냐" 하였다(『여유당전서』 제1집 16-12~17, 「자찬묘지명(집중본)」).

그런데 다산의 과업은 여기서 끝날 수가 없었다. 그의 경학 연구에 드러나는 가장 큰 깨달음의 하나는 무릇 인간이란 것은 사회적 존재이며 따라서 이 세상 모든 가치 있는 것들은 그 일을 실행(實行)함[行事]으로써 창출할 수 있다는 신념이었다.

실상 다산은 정조 재세 시의 어문(御問)에 대한 대책에서도 이미, "인(仁)·의(義)·예(禮)·지(智)의 이름은 그 일을 실행한 후에 이루어지는 것"[28]이라는 해석을 제시하고 있었다. '행사(行事)'를 통해서야 '인·의·

28 『중용강의보』 1-38, 天下之達道五. "仁義禮智之名 成於行事之後."

예·지' 같은 도덕 가치가 창출된다는 발상은 이미 유배 이전부터 가지고 있었던 것으로 보인다. 그런데 그러한 가치가 어디까지나 사회적으로 창출되는 것이라는 이론으로 체계화한 것은 후일의 새로운 경학 공부를 통해서 정립된 것이 아닌가 한다. 가령 성리학이 이 세상 인간의 기본 과제라고 극히 중시하는 '존심양성(存心養性)'의 명제를 두고서도, 심성(心性)이 발동하기 이전 고요한 상태 그대로의 본심(本心)을 간직하고 본성(本性)을 함양하는 '정존(靜存)·정양(靜養)'을 위주로 하는 성리학적 관점을 비판하면서 다산은 다음과 같이 논단한다.

> 맹자(孟子)가 말한바 '존심(存心)'이란 것은 매양 일을 실행할[行事] 적에 사욕(私欲)을 버리고 천명(天命)에 따르며 악(惡)을 버리고 선(善)을 좇아 이 미미하여 장차 없어지려고 하는 한 점 도심(道心)을 보존하는 것이다. … '양성(養性)' 또한 그러하다. 맹자가 말한 '양성'이란 것은, 오늘 하나 착한 일을 실행하고 내일 하나 착한 일을 실행하여 의(義)를 모으고 선을 쌓아, 자신의 선을 좋아하고 악을 부끄러이 여기는 본성을 길러, 호연지기(浩然之氣)를 가득 채워 줄어들지 않게 하는 것이다(『맹자요의』 1-37, 盡其心者知其性).

여기서 "사욕을 버리고 천명에 따르며 악을 버리고 선을 좇아" 실행하는 것이라든가 혹은 "오늘 하나 착한 일을 실행하고 내일 하나 착한 일을 실행하여 의를 모으고 선을 쌓아" 가는 행위는 모두가 그 같은 일을 실행하는 '행사'에 속한다. 그런데 그 같은 실행은 또한 모두가 다른 사람과의 사이에서 행하는 '사회적 실행'임을 주의해야 한다. 즉 다산은 '존심·양성' 자체부터가 '사회적 실행'을 통해서야 제대로 성취되는 것이라는 확신에 선다.

다시 인간의 사회관계에서 실현되는 인·의·예·지와 같은 도덕적 가치도 인간이 자신의 판단에 따라 주체적으로 실행할 때 창출되는 것이라고 그는 확신한다.

> 인·의·예·지의 이름은 본래 우리 인간이 그 일을 실행한 결과로 얻어지는 것이다. 결코 그 모두는 심(心)에 부여된 현묘한 이(理)가 아니다. 인간이 천(天)으로부터 받은 것은 다만 여기서 인자할 수도, 의로울 수도, 예의스러울 수도, 지혜로울 수도 있는 영명(靈明)함이다. 만약 천이 인·의·예·지 네 가지 알갱이를 인간의 성품 가운데에 부여해놓았다고 한다면, 그것은 사실이 아니다(『중용강의보』 1-2, 天命之謂性).

즉 천부적으로 부여받은 본연의 '성즉리(性卽理)'를 내심으로 잘 함양하면 인·의·예·지를 발현할 수 있다는 성리학 이론을 지양하고, 어디까지나 구체적 실천[行事]을 통해서만 그러한 도덕 가치를 구현할 수 있다는 새로운 이론을 그는 끼치고 있었다.

다산에 따르면, 부자(父子)·형제(兄弟)·군신(君臣)·붕우(朋友)로부터 천하 만민(萬民)에 이르기까지 모두가 '인륜(人倫)의 유(類)'이다. 그러니 "천하의 모든 일은 인륜을 벗어나는 것이 없다."[29]

> 인간 세상에서 이루어지는 만선(萬善)·만악(萬惡)은 모두가 인간과 인간이 상접(相接)하는 데서 일어난다. 인간과 인간이 상접하면서 그 본

29 『논어고금주』 6-5, 司馬牛問仁.

분(本分)을 다하는 것을 일러 인(仁)이라 한다. 인(仁)은 2인(人)이다. 아비 잘 섬기는 것을 효(孝)라 하는데 이는 자식과 아비 2인의 관계다. … 군(君)·신(臣)도 2인이요, 부(夫)·부(婦)도 2인, 장(長)·유(幼)도 2인, 민(民)·목(牧)도 2인이다. 어버이를 사랑하고 백성을 사랑함 모두가 인(仁) 아닌 것이 없다(『大學公議』 1-40, 君子有絜矩之道).

인간이 자기의 심(心)의 영명한 능력을 따라 자각하고 '실행'함으로써야 인(仁)과 가치를 실현할 수 있다는 것은 곧 개별 인간의 사회적 능력·책임·의무가 그만큼 크다는 것을 전제한다. 인간의 사회적 주체성이 그만큼 큰 것이라는 해석이다. 그런데 그 같은 인은 모두가 인간과 인간 사이에서, 즉 사회적으로 실현되는 가치이다. 즉 인간이 가치적인 것을 이룩하면서 성취되는 능력·책임·의무는 모두가 사회관계 속에서 실현된다는 해석이다. 사료는 정작 2인 사이에서 그런 가치적인 것이 실현된다고 하였지만, 그것은 최소 단위를 예시(例示)한 것에 불과하다. '군·신'이라든가 '민·목'의 예에서 드러나듯 다중(多衆)이 '상접'하는 사회관계 속에서 가치적인 것이 실현된다. 어디까지나 사회적 인간을 전제하고 있다.

그의 학문은 결코 경학의 연구로만 끝날 수가 없는 것이었다.

천도(天道)는 지극히 강건하여 한순간도 쉬지 않는다. 일(日)·월(月)이 운행하매 한(寒)·서(暑)가 변천한다. 거기 따라 초목(草木) 금수(禽獸) 등 생명을 가지고 꿈틀거리며 움직이는 것들이 태어나고 양육되며 성장하고 성취된다. 성인(聖人)은 천도(天道)를 법(法)받아 힘써 분발 노력하여 빛나는 공업(功業)을 이룩하면서 싫증이 날 지경으로 부지런하여,

편안할 겨를이 없었다. 그렇게 해서 예(禮)·악(樂)·형(刑)·정(政)을 닦아 시행하고, 그렇게 해서 전장(典章)·법도(法度)를 밝혀 정립하였다(『易學緖言』 2-1, 易簡而天下之理得).

공자께서 자로(子路)·염구(冉求) 등에게는 늘 정사(政事)에 관한 일을 가지고 인품(人品)을 논하였고 안자(顔子)가 도(道)를 물음에도 반드시 나라 다스리는 것으로 대답했으며, 문인(門人) 각자의 뜻을 말하라고 할 때도 역시 정사(政事)하는 일에서 대답을 구하였다. 이로 볼 때 공자의 도(道)는 그 용(用)이 경세(經世)인 것임을 알 수 있다. 무릇 장구(章句)에 얽매이고 은일(隱逸)이라 자칭하며 사공(事功)에 힘쓰려고 하지 않는 자들은 다 공자의 무리가 아니다(『여유당전서』 제1집 17-40, 「爲盤山丁修七贈言」).

여기서 천도를 법받아 "예·악·형·정을 시행하고 전장·법도를 정립한" 성인이란 곧 요·순·우·탕·문·무·주공 등의 성왕(聖王)을 가리킨다. 곧 천도를 법받은 성인이 분발하여 부지런히 시행한 궁극의 과업은 곧 경세(經世)의 사업이었다. '공자의 도' 또한 궁극적으로는 '경세'하는 일로 귀착된다.

다산의 경학 공부는 경세론의 저술이라는 과제를 결코 외면할 수 없었다. 실상 그의 경학 공부 자체가 경세론과의 관련 속에서 전개되고 있었다. 가령 『중용』의 "백공(百工)이 모여들게 하면 재용(財用)이 풍족해진다"는 대목을 해석하면서도 그는 다음과 같이 부연한다.

백공이 모여들게 한다는 것은 그 정교(精巧)한 자를 선발하여 급료를 더해주면 사방의 기술에 정교한 자들이 풍문을 듣고 모여들어 백공의 공방(工房)에 거처하기를 원한다는 뜻이다. 농기구가 편리해지면

> 힘을 적게 들여도 곡식이 많아질 것이요, 직기(織器)가 편리해지면 힘을 적게 들여도 포백(布帛)이 풍족해질 것이요, 배와 수레의 제도가 편리해지면 힘을 적게 들여도 먼 곳으로 유통되는 물자가 지체되지 않을 것이다. … 이러한 방식들이 "백공을 모여들게 하면 재용이 풍족해진다"는 내용이다.
>
> 우리나라 풍속으로는 목수라든가 대장장이가 나무를 다듬고 쇠붙이 다루는 법을 좀 알고 있으면 관장(官長)이 불러다 사역을 시키고는 삯은 주지 않고 매질만 빈번하다. 그러므로 팔뚝을 잘라버리고 손가락을 쪼개버리면서 그 자손들에게 타일러 금지시키니, 다시 공장(工匠)이란 것이 있을 수 있겠는가. 농구(農具)라든가 직기(織機), 배와 수레 등이 아직도 원시시대의 옛 제도를 지키고 있으니, 전야(田野)는 날로 황폐해지고 재용은 날로 줄어든다. 한 번 수해(水害)나 한재(旱災)를 만나면 하늘을 원망할 뿐이요, 백성은 근심으로 가득하고 나라는 가난해져도 도무지 어찌할 도리가 없다(『중용강의보』 1-40, 凡爲天下國家有九經).

다산의 경우 군사(軍事)라든가 산업(產業) 분야에서 물질을 다루고 생산하는 기예·기술의 체계는 사람이 많이 모여 살수록, 그리고 시대가 내려올수록 점점 더 발전한다는 소신에 서 있었다 함은 앞에서 살펴본 그대로다. 그런데 조선 사회의 현실은 어떠한가. 무슨 기술을 조금 지니고 있기만 해도 오히려 주구적 수탈의 대상으로 찍히고 마는 형편이니, 기술의 발전은커녕 오히려 퇴보가 일어날 수밖에 없는 현실을 그는 직시한다.

다산에 따르면, 국가가 정치를 잘못하여 백성이 굶주려 죽게 되는 것은 곧 '살인'에 해당한다. "칼로 죽이든 정치로 죽이든 마찬가지 살인"이라면서, "살인을 즐겨 하지 않는 자가 세상을 통일한다"고 한 『맹자』의 말을 두고, 다산의 해석은 더 단호하다.

> 왕정을 시행치 않아 풍년에도 거두어들이지 않고 흉년에도 창고를 열어 나눌 줄을 알지 못한다면, 이는 살인을 즐겨 하는 자이다. 정전법(井田法)을 시행치 않아 백성이 위로는 부모를 섬기기에 부족하고 구부려 처자(妻子)를 양육하기에도 부족하다면, 이는 살인을 즐겨 하는 자이다(『맹자요의』 1-7, 梁襄王望之不似).

그의 역사적 현실 인식은 그만큼 절실한 것이었다. '정전제를 바탕으로 하는 왕정'의 구현은 결코 그만둘 수 없는 현실적 과업으로, 그에게 박두해 있었다.

4. 『경세유표』의 저술

다산은 경학 공부를 일단락 지은 1817년부터 먼저 『경세유표』를 저술하였다. 또 다음 해에는 해배(解配)되어 고향으로 돌아와 『목민심서(牧民心書)』를 저술하였다.

실상 『경세유표』의 원래 제명은 『방례초본(邦禮艸本)』이었으나, 다산이 환갑을 맞아 지은 「자찬묘지명」에서 『경세유표』로 고쳐 말하였다.

> 『경세유표』는 48권인데 미졸업(未卒業)이요, 『목민심서』는 48권이며 『흠흠신서(欽欽新書)』는 30권이다(『여유당전서』 16-18, 「자찬묘지명(集中本)」).

이때 『경세유표』는 아직도 미완성이었지만, 다산은 이 책이 장차 왕정을 실현할 국가 제도의 원형(原型)이 될 것을 믿어 의심치 않았다. 가령 삼대 왕정의 기초였다고 하는 정전제(井田制)를 두고서도, 그는 자신이 고안한 제도야말로 '선왕(先王) 본법(本法)'이라고 확신하였다.

> 성인의 여러 경서를 보건대, 내가 참작해서 변통하고자 하는 것이 원래 선왕의 본법이었다.[30]

그래서 그는 정전제를 논의하면서도, "경계(經界)하는 일은 천지(天地)를 거듭 이룩하는[重刱] 큰일"이요, "지금 선왕(先王)의 대도(大道)를 좇아 만세(萬世)토록 준행할 큰 경법(經法)을 세운다"고 단언하였다.[31]

그러한 '선왕의 대도'를 구현할 왕정론(王政論)의 제도적 고안에는 그가 이제까지 심혈을 기울인 경학 공부의 온축이야말로 곧바로 그 이념적·이론적 뒷받침이 되는 것이었다. 경전의 연구를 통해서 깨달은 독자적인 견해가 확고하기 때문에, 이제까지의 어느 누구와도 다른 독자적 '왕정'의 실현 구도를 고안할 수 있었다.

> 살피건대, 폐법(弊法)과 학정(虐政)이 일어나게 된 것은 모두가 경전의 뜻을 밝혀 알지 못한 데에서 말미암았다. 그러므로 치국(治國)의 요체는 경전의 뜻을 밝히는 일보다 먼저 해야 할 것이 없다(『경세유표』 10-16, 지관수제 賦貢制 2).

---

30 『경세유표』 5-2, 전제 1 井田論 1. "…原是先王之本法."

31 『경세유표』 7-30, 31, 전제 9, 井田議 1.

가령 그가 심혈을 기울여 '경전의 뜻'을 밝혀낸 바로는, 정전제의 정지(井地)는 농사짓는 농민에게만 배분한다. 그리고 여타 산업 분야는 철저한 분업(分業)을 실시한다.

> 선왕의 뜻은 천하 백성에게 모두 고르게 전지(田地)를 얻도록 하려는 것이 아니라, 천하 백성이 모두 고르게 직(職)을 갖도록 하려는 것이었다. 직을 농사로 받는 자는 전지를 다스리고, 직을 공장(工匠) 일로 받은 자는 기구(器具)를 다스리며, 장사꾼은 물화(物貨)를, 목자(牧者)는 가축을, 우자(虞者)는 재목(材木)을, 빈씨(嬪氏)는 베 짜기를 맡아서, 각자 그 직으로써 먹을 것을 얻도록 했다(『경세유표』 6-16, 田制 5).

> 지금 우리나라에는 사(士)·농(農)·공(工)·상(商)이 뒤섞여서 구분이 없는데, 다만 한 마을에 사민(四民)이 섞여 살 뿐 아니라 또한 한 사람의 몸으로도 네 가지 업을 겸행한다. 이것이 한 가지 기예(技藝)도 성취하지 못하고 온갖 일에 법도가 없게 되는 까닭이다(『경세유표』 8-7, 전제 10 井田議 2).

다산은 정전제를 전제로 하고서, 모든 신민(臣民)을 상대로 그 현실적 자질과 능력에 따라 사(士)·농(農)·상(商)·공(工)·포(圃)·목(牧)·우(虞)·빈(嬪)·주(走)의 9직(職)으로 분업(分業)도록 고안한다.[32] 그래서 모

32 『경세유표』 8-35 전제 12 井田議 4. "民職有九 一曰士 二曰農 三曰商 四曰工 五曰圃 六曰牧 七曰虞 八曰嬪 九曰走." 『주례』의 경우와는 달리 '사(士)'를 포함한 이 9직론은, 정전제론을 마무리 짓고 정전(井田) 농부(農夫)를 군대(軍隊)로 편제하는 자리에서 내놓은, 아마도 다산의 지론인 듯하다. 다산에 의하면, "사(士)는 치인(治人)의 직사를 맡으니, 위로는 천자(天子) 제후(諸侯)로부터 아래로는 부사(府史) 서도(胥徒)에 이르기까지 모두가 사(士)의 유(類)이다"(경세유표 6-16 田制 5).

든 신민은 각기 한 분야에만 전업(專業)도록 한다. 그런데 여기서 전업적(專業的) 분업은 각 분야의 사회적 협업(協業)을, 그래서 결국 전 국가적 규모의 협업을 전제하고서 국가적으로 조직된 것임을 주의해야 할 것이다. 옛 성인은 "9직으로써 만민에게 권하여 각자 서로 도우면서 먹는 것을 얻도록 했을 따름이다."[33] "9직으로 나누어짐은 천(天)의 이(理)이다. 위에서 비록 시키지 않더라도 백성들이 스스로 나누어질 것이다"[34]라고 그는 확신한다.

그 같은 전업적 분업을 통해서 역량과 기술이 발전한다. "전치(專治)하는 공부가 없기 때문에 일을 익힘이 정밀하지 못하고, 구임(久任)하는 법을 폐기하였기 때문에 치적(治績)이 이룩되지 않는다"고 그는 확신한다.[35] 또 가령 정전 농민이 자기 전지를 '영업전(永業田)'으로 배분받아 열성을 다해 가꾸어 가듯,[36] 모든 산업 역군들은 각자 자기의 직을 항구적으로 담당해 자기 책임하에 자영하여 공적을 이룩하도록 한다.

그 같은 전 국가적 분업을 전제하고서 그는 부렴(賦斂) 제도를 고안한다. 즉 전지(田地)를 대상으로 부과하는 전조(田租)와 그 이외의 여러 경제·산업 부문을 대상으로 부과하는 부렴의 두 가지를 국가재정의 양대 원천으로 삼는다는 이론이다.

33 『경세유표』 6-20, 田制 5.

34 『경세유표』 10-13, 賦貢制 1, 九賦論.

35 『여유당전서』 제1집 8-36, 「人才策」.

36 농민은 그 전지가 영업전(永業田)이 된 줄을 안 뒤라야 돌자갈을 추려내고 잡초를 제거하며, 밭도랑을 단속하고 거름을 많이 주게 될 것이다. 만약 규정을 따라 3년마다 바꿔 가면서 농사지어야 함을 알게 된다면, 누가 그 같은 일을 즐겨 하겠는가(『경세유표』 5-33, 田制 3).

왕정을 실현하려면 전조(田租)와 부렴(賦斂)보다 큰 것이 없다. 그러므로 요임금의 법은 전조와 부렴 두 가지를 각각 9등으로 정립하였으니, 이것이 왕자(王者)의 대본(大本)이었다. 전지(田地)의 경계(經界)가 분명해진 후에야 세율(稅率)이 균평해지고 호적(戶籍)이 명확해진 후에야 부렴이 균평해질 수 있다. 이 두 가지는 왕자가 밤낮으로 노심(勞心)하면서 반드시 그 실제를 찾아내고자 한 것이었다(『경세유표』 13-12, 호적법).

부렴 제도를 확립하기 위해서는 전국 호구(戶口)의 실수(實數)를 파악하는 것이 필수 과제인데, 정전제의 실행은 곧 그 과제를 성취하는 필수 바탕이 된다. 다산은 호적제도를 논하면서도, 모든 호구를 유루 없이 다 수괄하는 '핵법(覈法)'과 현재의 습속을 따라 책정된 수를 대강 파악하는 '관법(寬法)'이 있음을 소개한다. 그러고는, "내가 방전(邦典: 『경세유표』)을 서술할 때는 핵법 쓰기를 논의하였으니 이는 나라를 다스리는 대도(大道)인 것이요, 지금 목민서(牧民書)에서는 관법 쓰기를 주장하니 이는 습속에 순응하는 작은 규정이다"[37]라고 명백하게 선을 그었다.

전지와 호구라는 양대 국세(國勢)를 바탕으로 하고서 국가의 산업 제 분야를 남김없이 개발해야만 부렴 제도를 실행할 수 있다. 서두에서 말한 바와 같이, 이 '부렴' 제도는 삼대가 지난 이후 까마득히 잊혀 어떤 학자도 깨쳐내지 못한 것인데, 다산은 『상서』「우공(禹貢)」 편을 새로 해석하여 그 원천을 재발견하였다. 그리고 『주례』의 9직에서 그 시행을 확인한다.[38]

37 『목민심서』 6-1, 戶典六條, 戶籍.

38 "무릇 자신이 직사(職事)를 맡은 자는 각기 그 직(職)으로 얻은 것을 바친다. 농부는 곡물을 바치고 포자(圃者)는 채소를, 공자(工者)는 기물(器物)을, 상자(商者)는 재물을, 목

다산은 '부렴'의 제도가 무너진 후로 산업 제 분야의 분업 또한 쇠퇴하고, 오직 농민들에게만 수탈이 집중되자 국가 산업 전반이 피폐해졌다고 고찰한다.

> 후세의 군주들은 천지(天地)의 도(道)에 밝지 못하여, 하늘이 주는 재물이나 땅에서 나오는 이익을 이어받을 줄을 알지 못한다. 초목(草木)을 기르지도 않고 조수(鳥獸)를 길들이지도 않으며, 금·은·동·철·옥석(玉石) 등의 재보(財寶)를 채굴하지도 않는다(『경세유표』 10-41, 부공제 4 山澤之賦).

> (삼대에는) 천하의 모든 큰 산과 숲, 큰 못과 하천은 왕공(王公)이 주인이 되어, 거기서 생산되는 산물을 거두었던 까닭에 국가가 풍족하였다. 백성은 모두 전지 100묘씩을 받아, 가을에 곡식이 익어도 세(稅)가 없고 오직 공전(公田)을 가꾸어 1/10세(稅)에 당했던 까닭에 백성도 풍족하였다. 지금인즉 산림(山林) 천택(川澤)을 버려두고 수세(收稅)하지 않으면서 오직 힘써 농사짓는 백성만 벗기고 족친다[是剝是椎]. 그래서 공사(公私) 간에 쓰임이 모자라고 상하(上下)가 아울러 곤란을 겪는데, 오직 탐관오리와 토호(土豪) 간민(奸民)이 중간에서 그 이(利)를 독차지한다(『경세유표』 2-27, 冬官工曹 澤虞寺).

자(牧者)는 가축을, 빈자(嬪者)는 포물(布物)을, 형자(衡者)는 산물(山物)을, 우자(虞者)는 택물(澤物)을 바치고 직사가 없는 자는 부포(夫布)만 바친다"는 『주례』의 규정이 곧 「우공」의 부렴(賦斂)을 가리키는 것이라고 해석한다(『경세유표』 10-9, 賦貢制 1, 九賦論). 여기서 '직사가 없는 자'라는 것은 소위 '신첩(臣妾)', '한민(閒民)', 혹은 '주(走)'라고도 일컫는데, 노비와 같은 노역(勞役) 종사자이다.

부렴에서 면제된 자들은 게으르고 소업(所業)이 없으면서도 모두가 구차하게 투생(偸生)하지만, 부세를 바치는 자들은 슬피 울며 떠돌아 다니다가 죽어 없어진다. 그래서 농부는 적어지고 노는 자들이 많아지며, 천한 자가 적어지고 귀한 자가 많아진다. 전야(田野)는 개간되지 않고 재화는 흥기하지 못한다. 나라가 이같이 되고서야 능히 다스릴 수는 없다(『경세유표』 10-2, 부공제 1 九賦論).

다산은 역대 중국과 우리나라의 부렴 제도를 구체적으로 고찰하고서, 국가 행정력을 동원해 국내의 모든 산업 분야를 적극적으로 개발하고 민간에도 권장하는 한편, 거기서 응분의 부렴을 징수함으로써 국가적·사회적 분업을 통해 만백성이 분발하고 부유해지며, 국가 재정 또한 폭넓게 확충되기를 기획한다.

우선 농업 자체에 대해서도 다산은 대대적 진흥책을 제시한다. 그는 『경세유표』를 저술한 다음 해에 『목민심서』를 저술하였기로, 전자에서 미처 다 서술하지 못한 내용을 후자에 추가로 서술해둔 부분들이 있게 되었는데, 농업(農業)을 6과(科)로 나누어 권장한다는 내용이 그 적실한 사례이다.

무릇 권농(勸農)의 정사는 6과(科)로 나누어 각기 그 직(職)을 주고 그 성적을 고과하여 공적(功績)이 좋은 자를 등용함으로써 백성의 생업을 권장할 것이다. … 전공(田農)이 한 과요(9곡(穀)을 생산한다), 원전(園廛)이 한 과이며(백과(百果)를 심는다), 포휴(圃畦)가 한 과요(백채(百菜)를 심는다), 빈공(嬪功)이 한 과이며(포백(布帛)을 생산한다), 우형(虞衡)이 한 과요(백재(百材)를 심는다), 축목(畜牧)이 한 과가 되니(육축(六畜)을 사육한다), 공(工)·

상(商)·신첩(臣妾)을 합하면 의당 9직이 된다(『목민심서』 7-12~13, 戶典六條 勸農).[39]

『주례』의 직제로는 '원포(園圃)'가 하나의 '과'로 되어있지만, 다산은 이를 '원전(園廛)과 포휴(圃畦)'의 두 분야로 나누어 설정하였다. 아마도 과물(果物)과 채소(菜蔬)는 별도의 분야로 나누고 각기 전담하여 진흥토록 하는 것이 현 실정에 맞는다고 생각한 것으로 이해된다.

가령 사포서(司圃署)는 "원포(園圃)와 소채(蔬菜)에 관한 일을 맡는다"고 『경국대전』에도 규정되어 있다. 그러나 사포서의 실상은 왕실(王室)에 채소를 공급한다는 명목으로 전국의 거의 모든 군현으로부터 공납(貢納)을 받으면서 막대한 폐단을 자행하는 기구로 작동하고 있었다. 다산은 이를 재탄생시켜 전국의 과물(果物) 생산을 새로운 차원에서 진흥시키기로 기획한다.

심고 가꾸는 정사 또한 국용(國用)을 넉넉히 하고 백성의 살림을 돕는 일이다. 봉산·황주의 배, 가평·양주의 밤, 청산·보은의 대추, 풍기·순창의 감, 강진·장흥의 귤과 유자와 치자 등은 모두 마땅히 법을 정해서 심도록 권장할 것이다. 그래서 혹 널리 심어 숲을 이루고 능히 천(千)이나 만주(萬株)에 이르도록 한 자는 사포서(司圃署)에 보고토록 하고, 그 허실(虛實)을 조사한 다음 추천하여 서반(西班) 말직(末職)에 보임토록 한다. 묘당(廟堂)에서 불러 시험하되 능히 농서(農書)를 환하게 알고 그 땅에 알맞은 작물(作物)을 가려서 농포(農圃)를 경영할 만한 자

39 여기서 9직(職)은 『경세유표』의 경우와 다소 달라서 '사(士)'가 들어있지 않다.

는 사포서 관직에 승진하여 보임시킨다. 그렇게 하면 10년을 지나지 않아 나라 안의 진귀한 과일을 이웃 나라에 판매하여 재용(財用)을 넉넉히 하기에 족하게 될 것이다(『경세유표』 1-17~18, 地官戶曹 司圃署).

또 가령 병조(兵曹) 소속으로 양마(養馬)를 전담하는 목어사(牧圉司)의 신설을 주목할 필요가 있다. 종래에는 사복시(司僕寺)에서 주관하는 각 목장(牧場)에서 양마하는 것으로 되어있으나, 실상은 유명무실하였다. 다산이 관찰하기로는, "큰 군현(郡縣)이라도 그 경계 안에서 말 10필(匹)을 볼 수가 없고, 혹 있더라도 모두 과하마(果下馬)처럼 작은 종류여서 전마(戰馬)로 될 만한 것이 없다."[40] 전마의 확보를 위해서도 양마는 국가 행정력을 동원하여 급속히 착수해야 하는 정책 산업이다.

제도(諸道)의 부민(富民) 가운데 해도(海島)나 산장(山莊)을 가진 자로서 말을 사육할 만한 곳이 있다면 우리[圉]를 설치해서 양마(養馬)하도록 하되, 관(官)에서 준마(駿馬)를 주어서 교미시켜 번식토록 한다. 말을 길러서 천(千) 필이 된 자에게는 준마 10필을 선발해서 본사(本司)에 납부토록 하고 그 나머지는 사매(私賣)함을 허락한다. 그리고 그 사람은 본사 관직에 바로 제수하였다가 법에 따라 천전(遷轉)하도록 함을 그만두어서는 안 된다. … 우리나라 사람들은 "북방(北方)은 일찍 추워지므로 양마할 수가 없다"고 하지만, 달단(韃靼)의 말이 북새(北塞)에서 매매되는 것에는 의문을 갖지 않는다. 또 "남방은 비습(卑濕)해서 양마할 수 없다"고 하면서도, 비룡마(飛龍馬)가 탐라(耽羅)에서 생산되는 것에는 의

40 『경세유표』 2-4, 牧圉司.

문을 갖지 않는다. 서로 통하지 못함이 이와 같으니, 목어(牧圉)의 일을 관장하는 기관을 설치하지 않을 수 없다(『경세유표』 2-4, 夏官兵曹 牧圉司).

목마(牧馬)에 관한 그의 안목도 결코 국내의 현상에 국한되지 않는다. 남으로는 제주(濟州)에서 북으로는 몽고(蒙古)에까지 이르는 광범위한 것이었다. 그런데 농업 6과를 비롯한 모든 산업 분야의 진흥책은 국가 중앙 기관인 6조(曹)의 각 담당 부서가 기획하고 운용한다. 그래서 『경세유표』에는 6조의 속사(屬司)들이 120으로 증가하게 되었다. 가령 호조의 평부사(平賦司)는 전국의 부렴(賦斂)을, 판적사(版籍司)는 호적(戶籍)을, 경전사(經田司)는 정전(井田) 제도를 관장한다. 또 형조 소속의 장서원(掌胥院)은 전국의 이서(吏胥)들을 감찰하는 부서요, 양형사(量衡司)는 새로운 도량형을 관장한다. 그리고 공조의 산우시(山虞寺)는 전국의 산림(山林)을, 임형시(林衡寺)는 그 임목(林木)을, 택우시(澤虞寺)는 하천과 제방을 관장한다. 이용감(利用監)은 외국의 선진 기술을 수용하고 활용하며, 전환서(典圜署)는 금·은·동의 9등급 주전(鑄錢)을, 전함사(典艦司)는 전국 일률의 9등급 선박의 제작을 전담하는 부서로서, 모두 신설되는 기관들이다. 신설 기관을 여럿 둔 것은 행정력의 확대와 분업을 실현하기 위함이다.

그런데 또한 다산의 새로운 산업 진흥책을 구체적으로 집행하는 현장은 대부분이 지방의 각 군현(郡縣) 단위이며, 그 진흥의 추진력도 각 군현의 현지에서 왕권을 대행하는 수령의 행정력임을 주의해야 한다. 전지와 호구를 유루 없이 파악한 바탕 위에서, 농업을 비롯한 모든 산업 분야에 걸쳐 지상·지하의 모든 자원을 개발하고 진흥하는 것도 각 군현 현지이며, 정전제와 부공제를 시행함으로써 왕정 구현의 최전선을 담당할 관장(官長)이 곧 지방 각지의 수령들이다. 그래서 다산은 지방 행정체계의 대대적 혁신을 고안하지 않을 수 없었다. 그는 전국의 지세에 따라 종래의 8도(道)를 12성(省)으로 재편성하고, 다시 전국의 346군현을 줄여 전지(田地)·호구(戶口)를 합산한 비중에 따라 314의 주(州)·군(郡)·현(縣)으로 개편한다는 개혁안을 제시하였다.

또한 무엇보다도 모든 통치행정과 문화창달의 중심지로서 왕궁(王宮)을 필두로 하여 전조(前朝)·후시(後市)와 육향(六鄕)·육수(六遂)를 포괄하는 수도권의 정비에 특별한 관심을 두었다.

『경세유표』에 드러난 모든 분야의 산업 진흥책은 모두가 통치행정의 연장으로 접속되어 있음이 큰 특징이다. 어떠한 산업·경제 분야도 아직은 국가의 진흥책과는 별도의 독자적 성격을 갖추고서 작동하지는 못한다. 그것은 곧 국가 행정력을 통해서 전국의 지상자원은 물론이요, 지하자원에 이르기까지 전 국토를 종합적으로 개발하고, 동시에 모든 인민을 생산자로 귀착시키고자 하는 기획이다. 그리고 현실적으로 토호·향리라든가 혹은 그들과 결탁한 중앙 세가(勢家)의 수중에서 농단되고 있는 각종 이권(利權)을 국가의 행정적 관리 아래 통합 운용하고자 하는 곡진한 의도를 반영한 것이기도 하다.

그런데 다산은 산업·경제 분야뿐 아니라 『주례』를 기준 삼아 각급의 학교 교육을 '지관(地官) 호조(戶曹)'의 관할로 소속시키도록 한다. 그러한 고안은 단지 국가 기구를 고전에 근거를 둔 제도로 정립한다는 의미도 있지만, 이제부터는 국가기구를 올바르게 편제함으로써 적극적으로 작동하도록 고안한 것이었다. 현 실태를 초극하기 위해 성인(聖人)의 경전을 원용하는 해법이다.

그러나 물론 『경세유표』의 변법적 개혁론이 조선 왕국의 현실을 떠나 『주례』만을 더 우선하여 기준 삼지는 않았다. 그 전형적인 사례 또한 교육제도에서 잘 드러난다.

> 『주례』의 백성 교육하는 법제는 (王城의) 육향(六鄕)에 그치고 육향 이외에는 결코 백성을 가르친다는 말이 없다. … 상(庠)·서(序)·학교(學·校)에는 전야(田野)의 농민이 섞여있지 못하도록 하고, 오직 농사를 힘껏 짓는 것으로 본업을 삼아 각자가 항산(恒産)을 가져 사사로운 마음이 일어나지 않도록 했으니, 이는 선왕(先王)의 지극한 다스림이었다. … 그러나 지금 (그 제도를) 갑자기 회복할 수는 없다. 또 (王城의) 육부(六部)에는 민호(民戶)가 매우 적으니, 이제 성(城) 밖에 사는 자들을 육수(六遂)라고 이름 지어 육부에 소속게 하고 그들을 가르치는 법 역시 육부와 동일하게 한다. 그리고 밖으로 군현(郡縣)에 이르기까지 또한 모두 가르침을 베풀어서 사(士)를 뽑도록 한다. 이것이 선왕의 법제는 아니지만, 오직 고금을 참작해서 임시로 알맞게 하는 정사이다(『경세유표』 13-15, 지관수제 敎民之法).

그래서 지방 각 "군현에서 백성을 교육하는 법식"은 서울보다도 간략하기는 하지만 "역시 100가(家)를 1취(聚)로 하고 9취를 1방(坊)으로 삼아 1방마다 교장(敎長) 3인씩을 둔다." "교장 1인마다 학도(學徒) 4인씩을 영솔하는데, 법(法)을 읽고 수업하는 것과 고과(考課)하고 승출(升黜)하는 법식은 모두 향(鄕)·수(遂)의 제도를 참조한다"고 규정하였다.[41] 다산은 『주례』의 규정과는 전혀 별도로 각 지방 군현 농민의 자제들에

---

41 『경세유표』 13-23, 지관수제, 敎民之法.

게도 교육의 기회를 개방하는 역사적 변통을 가하였다.

그리고 군사·산업 분야와 같은 이용후생의 기술은 날로 진보한다는 소신에 따라, 중국의 선진 산업기술을 도입하는 이용감(利用監)이라는 새로운 기구를 개설하여 부국강병(富國强兵)을 도모하도록 해둔 것도, 『주례』와는 상관없이 고안한 제도이다.

> 모든 농기(農器)·직기(織機)·병기(兵器)·화기(火器)·풍선(風扇)·물총으로부터 천문(天文)·역법(曆法)에 소용되는 의기(儀器)·측기(測器) 따위 모든 실용에 관계되는 기구는 전습(傳習)하지 않음이 없도록 하여 돌아와 본감(本監)에 바친다. 본감에서는 솜씨 있는 공장(工匠)들을 모아 그 법을 상고하여 시험 삼아 제조토록 한다. 그래서 성과가 있는 경우, 제조(提調)와 공조판서(工曹判書)가 그 기술과 제조물을 고찰하여 혹 감목관(監牧官)이나 찰방(察訪)을 제수하고 혹은 현령(縣令)이나 군수(郡守)로 제수한다. 그리고 큰 공이 있는 자는 승격시켜 남(南)·북한부사(北漢副使)로 삼으며 혹은 그 자손을 녹용(錄用)한다. 이같이 하면 10년을 지나지 않아 반드시 성과가 나타날 것이며, 나라가 부유해지고 군사도 강해져서 다시는 천하의 비웃음을 사지 않게 될 것이다(『경세유표』 2-28~29, 동관공조 利用監).

그리고 이용감에서 수용하여 제대로 확립하기에 이른 여러 산업 기술은 이제 각기 전임(專任)으로 분담하는 당해 행정기구들에 의해 전국적으로 보급되고, 각기 당해 군현의 현지에서 실제 생산과 제조에 널리 활용한다는 고안을 두었다. 선진 외국의 산업기술일수록 국가의 행정력을 통하여 수용하고 확보하며 전국적으로 보급하여 실제 산업에서 활용한다는 원대한 계획이다.

특히 이들 모든 산업 분야를 분담하여 진흥하는 역군들에게는 그 성과를 고과(考科)하여 우수자에게 관직을 수여한다는 유인책을 두고 있는 것도 큰 특징이다. 인간이 본연으로 가진 부욕(富欲)과 귀욕(貴欲)을 충족시켜 주는 통로를 열어둠으로써 모든 산업 분야의 획기적 발전을 기획한다는 고안이다. 산업뿐 아니라 행정 분야에서도 각기 담당 관원들이 당해 직사를 추진하여 치적을 발휘하게 하는 최대의 요결로서 다산은 면밀한 고적(考績) 제도를 고안해두었다.

요컨대 다산은 주공(周公)이 저술하여 왕정을 이룩했다고 하는 『주례』를 원리적 기준으로 삼으면서도 어디까지나 조선 왕국의 현실을 충분히 고려하고 개혁하여 왕정을 구현한다는 뚜렷한 목표로 『경세유표』를 저술하였다. 곧 "주공이 『주례』를 제작할 때 (夏나라 殷나라) 이대(二代)의 경우를 비추어 보아 그 폐단스런 것을 덜어내고 미비한 곳을 보충하였다"[42]는 해석에 보이는 대로, 새로운 시대를 구현하고자 하는 정신을 그는 전승하고 있었던 것이다.

5. 『경세유표』에 드러난 경세론의 역사적 성격

현실의 비리(非理)가 아무리 크다 할지라도 그 모두를 한꺼번에 다 개혁하기는 어려운 일이었다. 다산의 『목민심서』는 현지의 수령들이 우선 만백성의 현실적 안정을 도모하는 데 힘쓰도록 고안한 저술이었

42 『논어고금주』 1-53, 子曰周監於二代.

다. 왕정의 실현은 엄연히 새로운 이상적인 시대를 창출하는 획기적 정치사업이므로 역시 장구한 세월에 걸쳐서 성취될 수 있는 것임을 그는 『경세유표』에서 분명히 말해두었다.

『경세유표』의 개혁론은 크게 보아 두 가지 차원의 변법론적 과업을 설정하여 서술하고 있다. 그 하나는 끝없이 만연해온 지배층의 인습과 비리를 극복하기 위해 국가체제 자체를 새로운 차원의 기준에 따라 혁신한다는 과업이다. 다른 하나는 지배층의 수탈로 인해 저생산(低生産) 비효율(非效率)의 지리멸렬한 행태를 면치 못하고 있는 모든 산업 분야의 생산력을 최대한으로 제고시킨다는 과업이다. 그리고 이 두 가지를 실현하기 위해 행정·경제의 제 분야에다 분업적 전치(專治)의 원칙을 도입함으로써 모든 신민(臣民)을 자립적 자영(自營)의 주체로 거듭나게 한다는 고안을 두었다.

1) 새로운 시대 창출의 의도

다산에 따르면, 주공(周公)이 『주례』를 제정하여 왕정을 이룩할 수 있었으나, 전국(戰國)시대의 말기에 이미 왕자(王者)의 교화는 쇠퇴했다. 더구나 진시황(秦始皇)과 항우(項羽)가 전적(典籍)을 불살라 버린 후로는 삼대의 왕정은 "천상(天上)과 같이 아득하게 되고 말았다." 그래서 드디어 "2000년 동안 긴 밤이 드리워져 다시는 새벽이 오지 않게 되었다."[43] 도중에 한(漢)나라 "정현(鄭玄) 등이 노력하여 옛 경서(經書)의 훈고(訓詁)는 통하게 되었으나, (왕정의) 법제를 제작한 실제와는 극히 멀고 틀린 곳이 많았다. 후세 사람들은 이 주해(註解)를 가지고서 경서를

43 『논어고금주』 1-53, 子曰周監於二代.

해석하면서 다시 연구하지는 않고, 드디어 선왕(先王)의 법제는 지금으로서 시행할 수가 없다고 말한다."[44]

그런데 다산 자신이 경전의 공부를 통해 깨친 바로는 옛 성왕의 법제로서 지금 전해오는 것은 "「요전(堯典)」[45]·「고요모(皐陶謨)」·「우공(禹貢)」의 3편과 『주례』 6편"이 남아있다.[46] 그리고 "도(道)의 큰 근원은 요(堯)·순(舜)에서 일어나 하(夏)나라·은(殷)나라를 거쳐 『주례』로 흘러 들어가고 공문(孔門)에서 끝나면서 『중용(中庸)』·『대학(大學)』 두 책으로 집약되기에 이르렀다."[47]

다산이 심혈을 기울여 고경(古經)을 공부한 끝에 깨쳐낸 것은 요순 삼대 왕정의 법제 원래의 모습 그것이었다. 가령 앞에서 살펴본바, 자신이 고안한 정전제(井田制)를 두고서도, "원래 선왕(先王)의 본법(本法)이었다"고 하는 확고한 신념을 가질 수 있었다.

더구나 다산 실학은 성호(星湖)의 경세치용(經世致用)의 학풍에서 출발하였지만, 드디어는 이용후생(利用厚生)의 학풍까지를 널리 종합하고 더욱 개발함으로써 조선 후기의 실학을 성숙한 모습으로 집대성하였다. 그래서 『경세유표』는 우리나라에서 천지개벽 이래 처음 시도하는 획기적인 정치사업으로서 변법적 국가개혁론을 내용으로 하게 되었다.

더구나 우리 동방(東方)은 천지개벽 이래 그 산림·천택·구릉(丘陵)·원

44 『경세유표』 7-28, 전제 9 井田議 1.

45 다산의 『상서(尙書)』 이해로는 「요전(堯典)」 속에 「순전(舜典)」이 포괄되어 있음을 주의할 것이다.

46 『경세유표』 7-27~28, 전제 9 정전의 1.

47 『상서고훈』 2-25, 帝曰夔命汝典樂.

습(原隰)이 본래의 바탕 그대로 오늘날에 이르렀으니, 혼돈(混沌)이 트이지 않았고 원래의 대도(大道)가 흩어지지도 않았다. 지금 이 큰 사업[즉 정전제의 시행]은 수인(燧人)·염제(炎帝)가 만물의 도리를 개통해서 만사를 이룩하던[開物成務] 시초의 일이며, 황제(黃帝)와 요·순이 구획하고 경리(經理)하던 정사(政事)이다(『경세유표』 7-37, 전제 9 井田議 1).

정전제론을 바탕으로 하는 다산의 『경세유표』는, 옛날 중국의 '황제와 요·순'이 처음으로 구현하였던 왕정의 원리에 다시 서학(西學)을 통한 과학기술까지 종합함으로써 새로운 차원의 왕정론으로 고안해낸 저술이었다.

『경세유표』가 여타 실학자들의 경세론과 질적인 차이를 보이는 지표는 무엇보다도 산업·경제의 개발과 진흥이라든가 혹은 만민을 9직으로 나누어 각자 자기 직분을 분업적으로 전치(專治)하도록 편성 배치하는 새로운 정치사업에 국가 통치·행정의 주된 관심을 집중하였다는 사실에서 찾을 수 있다. 구래의 통치·행정이 주로 힘써 농사짓는 농민을 상대로 '벗기고 족치는[是剝是椎]' 억압과 수탈의 기능을 자행해왔음에 비해, 다산의 왕정론은 국가가 선도하여 전국의 부존자원과 관련 산업경제를 개발·진흥하고 만백성의 동참을 권장하는 방향으로 일대 전환을 보이기에 이르렀다는 큰 특징을 갖는다.

그래서 다산의 왕정론에서는 국가 재정과 민생 전체가 모두 유족하게 되고, 각 분야에 종사하는 모든 인간이 각기 자기 직사의 수행을 통해서 독자적인 존재 의의를 발휘하는 길로 접어들게 된다. 가령 왕공귀족으로부터 부사·서도에 이르는 '사(士)'의 경우, 이전에는 오히려 수탈적·기생적(寄生的) 존재에 불과했음에 비하여 이제는 만민을 선도

하여 각 행정·산업 분야의 적소에 배치하고 만민의 생산활동을 적극적으로 권장하는, 각자가 객관적으로 의미 있는 직사를 수행하는 존재로 거듭나게 된다. 또 가령 9직 가운데의 목(牧)이라든가 빈(嬪)의 경우, 종래에는 곡농(穀農) 위주 농사의 여가에 자급자족을 위해 겨우 돌보는 부업(副業) 정도의 비중을 차지할 뿐이었으나, 이제는 9직의 하나인 전업적(專業的) 분과를 맡아 전 국가·사회와 협업 관계에 서는, 자립적 자영업으로서의 객관적 존재 의의를 발휘하게 된다.

이는 다산의 왕정론이 새로운 역사시대를 지향하는 새로운 국가론(國家論)으로 고안되었다는 사실을 드러내는 강력한 지표가 될 것이다.

9직으로 나뉘어 종사하는 만백성이 모두 자기 직사의 전업적 자영을 통해 역량을 발휘하면서 전 국가·사회적으로 협업 관계에 설 때, 이제 전국의 모든 자원이 개발되고 모든 생산력이 한껏 향상된다. 다산의 왕정론은 비리와 인습으로 찌든 현 실태를 극복하고 새로운 차원의 역사시대를 창출하고자 하는 강렬한 의식의 소산이었다.

2) 새로운 객관적 기준의 정립

다산 실학은 고경전(古經典)의 원리를 궁극적으로 탐구하여 이를 우리 현 실태를 혁신하고 지양할 새로운 법제로 구체화함으로써 왕정을 실현한다는 것이었다. 그것은 옛 성왕(聖王)이 결집해둔 근원적인 원리를 현실에 다시 살려내어 활용한다는 구상이다. 그는 '정전(井田)' 자체가 왕정의 표준(標準)이며 기준(基準)을 마련하는 것이라고 인식한다.

> 정전법(井田法)을 가지고서야 왕정을 구현할 수 있다는 것은 마치 규구(規矩)를 가지고서야 방(方)·원(圓)을 만들며 6률(律)로써야 궁음(宮

音)·상음(商音)을 바로잡을 수 있음과 같다. 전정(田政)이 먼저 바로잡힌 연후에야 예(禮)·악(樂)·병(兵)·형(刑)의 천만 가지 일들이 모두 조리(條理)를 갖추게 된다(『맹자요의』 1-49, 離婁之明).

그런데 그와 같은 기준·표준은 어디까지나 '수리(數理)'를 따라야 한다. 그는 관직을 제도화하거나 혹은 이용후생의 기술을 논하면서도, 반드시 수리를 따라야 함을 역설한다.

상고(上古) 적에는 만물의 도리를 개통해서 만사를 이룩하고 기구를 제작하여 이용함에 있어서도 모름지기 물리(物理)에 밝고 수리(數理)에 통달하여 소재의 곡(曲)·직(直)과 방면(方面)·형세(形勢)를 환히 알아 백공(百工)을 부릴 수 있는 자라야 이 직책을 맡을 수 있었다(『상서고훈』 2-22, 帝曰疇若予工).

백공의 교묘한 기술은 모두가 수리에 근본을 둔 것이다. 반드시 구(句)·고(股)·현(弦)과 예각(銳角)·둔각(鈍角)의 서로 맞먹어 들고 서로 차이 나는 근본 이치에 밝은 다음이라야 이에 그 법식을 깨칠 수 있다. 진실로 스승에게 배우고 익혀 오랜 세월 노력을 들이지 않고서는 끝내 그 기술을 꿰뚫어낼 수가 없는 것이다(『경세유표』 2-28, 동관공조 利用監).

그래서 가장 기초가 되는 도량형(度量衡)부터 근본적으로 다시 제정하여 전국 일률(一律)로 통일하지 않으면 안 된다.

도량형의 무법(無法)이 우리나라보다 심한 데가 없다. 한 성(城) 안이라도 저자마다 같지 않고, 한 고을 안이라도 마을마다 같지 않으며, 한

마을 안에서도 집마다 같지 않고, 한 집안에서도 거두고 내는 것이 같지 않으니, 그것이 끼치는 폐단은 이루 다 말할 수가 없다. 이서(吏胥)가 이를 인연하여 농간을 부리고, 장사꾼은 의심나고 현혹되어 물자를 유통시키지 못한다. 묘당(廟堂)에 있는 신하는 시가(時價)를 듣지만 사방의 실정을 알 수가 없고, 일을 맡은 신하는 수입을 헤아려 지출할 수가 없으며, 감수(監守)하는 신하는 문부(文簿)를 살펴서 실수(實數)를 책임 지울 수 없다. … 나는 이르건대 한 관청을 세워 오로지 이 일을 관장토록 해야 한다. 무릇 6부(部)·12성(省)의 도량형으로서 털끝만큼이라도 어긋남이 있거나 조금이라도 저울눈에 어김이 있는 경우는 바로 극률(極律)을 써서, 그 사람은 죽이고 그 재물은 몰수하며 그 관원은 처벌해야 한다. 법령을 선포하여 온 나라 백성에게 모두 이보다 엄중한 법금이 없음을 알도록 해야 한다. 그런 후에야 법제를 논의할 수 있으며 경용(經用)을 정할 수 있을 것이다(『경세유표』 2-22, 추관형조 5 刑官之屬 量衡司).

또한 가령 15두(斗)를 1석(石)으로 하는 구래의 습속은 근거가 애매하므로 10진법을 따라 개혁해야 함을 역설한다. "무릇 산수(算數)의 승제(乘除)는 모두 다 10·10을 율로 삼아야 그 비율이 명백하다. … 마땅히 양형사(量衡司)에서 동두(銅斗)를 만들어 8도에 반포할 것이요, 관두(官斗)·사두(私斗)·시두(市斗)·이두(里斗)가 털끝만큼도 어긋나지 않아야 이에 왕제(王制)라 할 수 있을 것이다."[48]

수리에 바탕을 둔 객관적 기준의 정립은 가령 군사적 활용을 위한

48 『경세유표』 8-9, 전제 10 井田議 2.

각종의 수레[車]와 선박(船舶)의 제작에도 적용되어야 한다. 수레와 선박의 제작과 관리를 전담하는 중앙 기관으로서 각기 전궤사(典軌司)와 전함사(典艦司)를 설치한다. 가령 전궤사는 중국의 선진적 수레 제도를 배워 와서 기술이 익숙해지면 전국 동궤(同軌)의 수레를 제작도록 하되, "무릇 공사(公私) 간에 소용되는 수레는 모두 여기서 제작할 것이다. 그 공비(工費)를 계산해서 수레의 값을 일정하게 정하여 백성들이 값을 바치고 수레를 사가도록 할 것이요, 혹 사사로이 만드는 것은 엄금한다"라고 규정한다.[49] 전함사(典艦司)의 경우는 어떠한가.

> 내가 배 만드는 것을 보니, 척도(尺度)를 쓰지도 않고 다만 눈어림으로 제작한다. 재목이 고르지도 않으므로 재목에 따라 배 모양이 다르게 된다. 혹 바닥은 짧으면서 뱃전은 길고, … 혹 몸통은 큰데 돛대는 짧다. … 혹 키를 들어도 뱃머리가 돌려지지 않고 혹 돛을 펼쳐도 노가 앞으로 나아가지 않는다. 혹 한 척이 우연히 법도에 얼추 맞게 만들어져 능히 달리고 능히 무거운 짐을 이겨내는 경우에는 이에 괴이쩍게 여기면서, "저 배는 저와 같은데 이 배는 어째서 이와 같은가" 하고 탓한다. 아아, 배는 말[馬]이 아니다. 어찌 능히 날래고 둔함이 있을 것이며 건장하고 잔약함이 있겠는가. … 배 만드는 법은 이용감(利用監)이 북쪽으로부터 배워올 수 없는 것이며, 또 북학(北學)에 의존할 수 있는 것도 아니다. 중국 배와 왜국(倭國) 배로서 우리나라 연안에 표착하는 것이 해마다 10여 척이나 되고 유구(琉球)와 여송(呂宋) 배 또한 가끔 표착하는데, 그 제도와 모양이 기묘하며 정밀하고 견고하여

49 『경세유표』 2-34, 동관공조 典軌司.

능히 풍파에 출몰하면서도 파손되거나 침몰하지 않는다. 이 배들이 표착하는 즉시, 이용감 낭관(郎官)과 함께 솜씨 있는 공장(工匠)으로서 분수(分數)에 정통한 자를 파견하여 합동으로 대조 점검하도록 한다. 여러 가지 부품과 체제의 길고 짧음과 넓고 좁음과 뾰쪽하고 뭉툭함과 높고 낮음을 모두 상세하게 관찰해서 그 치수를 기록한다. 그리고 거기 소용되는 재료 및 유회(油灰)와 배의 틈을 메우는 방법과 양쪽 날개에 판자를 붙이는 제도는 모두 그 규정과 방식을 물어보고 그 효과를 알아본다. 그래서 우리가 스스로 모방해 만들어서 털끝만큼도 어긋남이 없게 된다면, 이가 곧 북(北)으로 중국에서 배워옴과 같다. 이에 그 비례를 가지고 크고 작은 여러 배에다 풀이해 나누어 9등으로 되게 한다. 대선(大船)에 3등급이 있고, 중선(中船)에 3등급이 있으며, 소선(小船)에도 3등급이 있어, 그 길고 짧음과 넓고 좁음과 뾰쪽하고 뭉툭함과 높고 낮음의 차등을 모두 비례적으로 체감(遞減)한다. … 모든 공사(公私) 간에 쓰는 조선(漕船)과 병선(兵船), 상인(商人)들의 배는 모두 9등급 안에서 한 가지 비례를 적용하도록 한다. 그 체재(體裁)가 9등급으로 정한 제도에 맞지 않는 것은 본사(本司)에서 고찰하여 잡아다가 그 배는 파괴해버리고 그 사람은 죄를 줄 것이다(『경세유표』 2-36, 동관공조 典艦司).

수레의 제도는 북으로 중국에서 배우고, 선박 제조술은 남방으로 일본(日本)·유구(琉球)의 선진 기술을 도입함으로써 규격화하여 제작한다는 다산의 구상은 매우 개방적인 것으로 해석된다. 그것은 하필 중국만이 아니라 동서남북의 어느 것이건 산업기술의 객관적 존재 의의를 인정하고, 국가의 행정력을 통해서 새로이 학습하고 창출한다는 극히 적극적인 구상이다. 일체의 사조(私造)를 허용치 않는다는 것은 물론 지리멸렬한 현 실태를 지양하기 위한 고안이지만, 당분간은 당해 산업기술의 수준을 격단으로 고양시킬 수 있는 지름길인 것으로 해석된다. 말하자면 낡은 시대를 지양하고, 왕정이라는 새로운 차원의 역사시대에 맞는 새로운 차원의 제도와 기술로 혁신하기 위한 근본이 되는 제일적(齊一的) 기준을 정립하고자 하는 의미를 지닌 것으로 해석된다.

그런 원칙과 기준의 설정 가운데 여기서 반드시 짚고 넘어가야 할 사안이 또 있다. 『경세유표』의 서문 가운데 '변동해서는 안 된다[不可易]'고 밝혀놓은 15개 항목이 곧 그것이다. 다산은 가령 정전(井田) 제도·고적(考績) 제도라든가 이용감의 설치 운용과 같은 사안들을 15개 항목으로 나열하고, 이는 결코 함부로 변동시켜서는 안 된다는 원칙을 밝혀놓았다. 그런데 그 첫 항목인즉 "오직 (중앙) 관직을 120으로 한정하고 6조(曹)에서 각기 20관서씩을 거느리도록 하는 것은 변동해서는 안 된다"[50]고 하는 내용이다.

『경세유표』가 준거 삼은 『주례』「소재(小宰)」의 본문에는 천(天)·지(地)·춘(春)·하(夏)·추(秋)·동(冬)의 각 관(官)이 각기 60씩의 속관을 거느리는 것으로 명기되어 있는데, 다산은 이를 두고 "주공(周公)이 예(禮)를 제작하면서 반드시 360으로 큰 한계를 정하고 가감(加減)하지 못하도록 하였으니, 진실로 사물에 정수(定數)가 없으면 난(亂)의 근본이 되기 때문이다"라고 해석하였다.[51]

50 "唯限官於一百二十 使六曹各領二十 斯不可易也."

51 『경세유표』 1-1, 천관이조. 그런데 다산은, "『주례』는 천자(天子)의 예(禮)이고 우리나라는 번국(藩國)이므로 제도가 모름지기 작아야 한다" 하여 120으로 한정하였다.

다산은 새로운 시대를 창출할 통치법제를 초하면서도 주공과 같은 성인이 고안하였다는 '수리'를 새롭게 해석하여 응용하였다. 그뿐만 아니라 그 같은 '수리'는 관직 제도와 정전 제도를 관통하는 '원리'로도 활용하고 있음이 드러난다.

> 천(天)이 방(方)과 원(圓)의 이치를 만들었으니, 무릇 원은 6으로써 1을 에워싸고, 방은 8로써 1을 에워싼다. 그러므로 성인이 이를 본받아 관직 제도에 6관(官)을 설치해서 한 임금을 받들고, 전지(田地) 제도에 8부(夫)를 두어서 공전(公田)을 경치(耕治)토록 하였다. 또한 관직은 위에 있는 까닭에 그 수리(數理)에 원(圓)을 썼고, 전지(田地)는 아래에 있는 까닭에 그 수리에 방(方)을 썼다. 이것이 천지와 음양의 바른 이치이며 신성한 제왕의 큰 법이었다. 이를 어기는 것은 천리(天理)를 거스름이 되고 이와 배치되는 것은 법이 아니니, 사의(私意)로 변통할 수가 없는 것이다(『경세유표』 7-27, 전제 9 井田議1).[52]

앞서 백공의 제작 기술에 '구·고·현과 예각·둔각'의 정밀한 '수리'가 필수적이라고 한 것은 이른바 과학적 '수리'를 말한 것일 테지만, 여기서 '6관·8부'의 경우는 고경(古經)의 원리에서 유추한 것이다. 즉 다산에서는 고경의 '수리'와 과학적 '수리'가 연속되고 있음을 살펴볼 수 있다.

---

52 이른바 '천(天) 6·지(地) 8'이라는 '수리'는 『주례』, 春官宗伯, 大司樂 조에도 "그 음악이 6번 변하면 천신(天神)이 모두 내려오니, 예(禮)를 올릴 수 있다." "그 음악이 8번 변하면 지기(地祇)가 모두 나오니, 예(禮)를 올릴 수 있다"는 등으로 보인다.

다산의 경우, "천하의 이(理)는 하나이다."[53] 그는 아직도 인간이 순응하지 않으면 안 되는 '천리'를 근원적으로 전제하는 사유체계를 지니고 있었다. 따라서 왕정의 실현이라고 하는 현실 개혁론의 제도적 설계 또한 '천리를 거스르는' 방향으로는 결코 나아갈 수 없었는데, 그 천리는 어디까지나 선험적인 것이었다.

다산에서는 기본 텍스트가 유학 경전이었다. 그의 현실개혁의 이념이 유학의 '원리'를 바탕으로 한 것이었음은 더 말할 필요가 없다. 다산의 현실은 부정되어야 할 행태로 너무나 팽만해 있는 것이었다. 그리고 그의 변법론은 당장에 적용할 현실 위주의 고안이 아니었다. 그는 자신의 학술이 추구해낼 수 있는 한, 가장 이념적이며 표준적인 기준의 개혁론을 구상하기에 이르렀다.

3) 국가 위주의 분업적 협업론

『경세유표』가 고안한 정전제론은 여타 실학자들의 균전론적 발상과는 거리가 멀다. 다산의 정전제론은 역농자(力農者)를 길러서 농업생산을 증대하고 그것을 통해서 9직으로 나누어진 만민을 부양하도록 함으로써 만민이 각자의 직사에 전업(專業)도록 한다는 것이요, 결코 균산(均産)을 실현코자 하는 '균전론'적인 것이 아니었다. 오히려 그의 정전제론은 국가 위주의 '조세(租稅)와 부렴(賦斂)을 바로잡기 위한' 고안이었다. 즉 어디까지나 국가 위주의 산업 정책이요, 국가 위주의 인간 배치라고 해야 할 것이다.

---

53 『경세유표』 5-2, 전제 1, 정전론 1. "天下之理一也."

전지(田地)를 나누는 법은 그 중점이 전지를 경치(耕治)하는 데 있는 것이지 전산(田産)을 마련해주는 데 있지 않다. 누가 식구 수를 헤아려 전지를 나눈다고 하는가. 항오(行伍)와 같이 편성하고 굳센 병졸을 선발하듯 하되, 그 노동 인원의 많고 적음과 힘의 강약을 헤아려, 강한 자에게는 상등지(上等地)를 주고 약한 자에게는 하등지를 주는 것이다. … 선왕(先王)이 그 능력을 헤아려 전지를 주는 것은 마치 재능을 헤아려 관직을 줌과 같다. 부모·처자 등 양육할 식솔이 많더라도 진실로 재능이 없으면 이 관직을 제수할 수 없고, 부모·처자 등 양육할 식솔이 많더라도 진실로 굳센 힘이 없다면 이 전지를 줄 수가 없다. … 양육할 식솔의 많고 적음은 선왕의 묻는 바가 아니었다. 적임자를 얻어서 전지를 맡기매 그가 힘을 다해 경작하면 곡식이 많이 날 것이요, 곡식이 많이 나면 민식(民食)이 풍족해지고, 민식이 풍족해지면 피(疲)·병(病)·쇠(衰)·유(幼)한 자와 공(工)·상(商)·우(虞)·형(衡)·목(牧)·포(圃)·빈자(嬪者)가 모두 그 가운데서 즐거이 양식을 얻을 수 있을 것이다. 이것이 바로 성인(聖人)의 뜻이었다. … 정전법(井田法)은 먼저 전지의 총수(總數)를 계산하고 힘이 굳센 자를 엄선해서 이랑을 헤아려 전지를 주는데, 전지가 다하면 이것으로 그치고 다시는 다른 생각을 두지 않는다. 이것이 요(堯)·순(舜)과 삼왕(三王)의 법이었다(『경세유표』 6-4, 지관수제 전제 4).

요(堯)·우(禹)가 전지를 구획하여 정전제를 만든 까닭은 백성의 전산(田産)을 균평케 해주기 위함이 아니라, 나라의 조세(租稅)와 부렴(賦斂)을 바로잡기 위함이었다. … 억조창생(億兆蒼生)은 임목처럼 빽빽이 수가 많으니 비록 자모(慈母)라도 하나하나 다 젖을 먹일 수는 없다. 오직 백성에게서 수취(收取)하는 것이 일정하게 한도가 있으면 백성은 바로 편하게 여기는 것이다. 그러므로 성인은 조세와 부렴을 바로잡는 데 힘썼지 전산을 균평히 해주는 데 힘쓰지 않았다. 다만 9직으로써 만민에게 권하여 각자 서로 도와 이바지해 가면서 먹고 살도록 했을 따름이다(『경세유표』 6-20, 지관수제 전제 5).

정전제를 기초로 하는 국가 위주의 산업 편성, 균평한 조(租)·부(賦) 정책은 종래 성리학적 산업 정책의 경우는 물론이려니와 여타 실학자들의 일반적 지론인 균산적(均産的) 개혁론과도 질적인 차이를 보인다. 국가는 제도를 따라 행정적 편성과 운용을 기할 뿐이요, 개별 민호는 각기의 소임과 역량에 따라 전업적 분업에 자영적(自營的)으로 분발하면서 상호 협업적으로 먹고살도록 조직된다.

그런데 다산은 또 정전제를 기준으로 해서 거기에다 인간을 배치코자 한다. 조선 후기에는 이미 도시 근교를 중심으로 상업적 농업이 활발히 전개되고, 더구나 상품화폐경제가 자못 번성하여 전국에 1000곳 이상의 장시(場市)가 열리며, 서울을 중심으로 소위 도고(都賈)라고 하는 과점적 상단(商團)이 번잡하게 출몰하는 형세에 이르렀다는 사실을 고려하면, 토지 기준의 인간 배치론은 다소 특이한 고안이라고 할 수 있다.

선왕의 법은 전지(田地)를 위주로 했는데 후세의 법은 인구(人口)를 위주로 했다. 전지는 땅에 붙어서 이동할 수 없기 때문에 그 수가 일정하다. 그러나 인구는 사람에게서 기인하므로 그 번성함과 쇠함이 일정치 않으니, 그 수를 알기가 어렵다(『경세유표』 6-18, 지관수제 田制 5).

촌리(村里)를 만듦에는 전지를 가지고서 묶는데 무릇 4정(井)을 1촌(村), 4촌을 1리(里), 4리를 1방(坊), 4방은 1부(部)로 만든다. 촌에는 1감(監)을, 이에는 1윤(尹)을, 방에는 1로(老)를, 부에는 1정(正)을 각기 두고, 인의(仁義)로 인도하여 공전(公田)을 경치(耕治)토록 하고 효제(孝悌)로 깨우쳐서 사전(私田)을 경작게 한다. 그 경전(耕田)과 파종을 감독하고 모내기와 김매기를 독려하며 베고 타작함을 살피고 방아 찧고 키질하는 것을 신중하게 하여, 들에서 거두어다 공창(公倉)에 바치도록 한다(같은 책 8-6~7, 전제 10 井田議 2).

이 현(縣)의 농민은 저 현의 전지를 경작할 수 없다. 혹 그 농민의 촌리(村里)가 오직 저쪽 전지에만 의존하는 경우에는 그 농민을 이사(移徙)시켜 저쪽 전지를 경작도록 한다. … 무릇 이 현의 농민이 저 현에서 경작하는 것을 일체 엄금하여, 비록 시점(時占)이라도 그대로 시작(時作)으로 만들어서 법을 범하지 못하도록 한다. 이 경지를 경작하려는 자는 마땅히 이 현에 옮겨와 살게 하되, 판적(版籍)에 편입한 뒤에라야 이에 금하지 않는다(같은 책 8-6, 전제 10 井田議 2).

공(工)·상(商) 두 가지 백성의 경우는 불가불 읍성(邑城) 가운데 모여 살도록 함으로써 관중(管仲)이 제(齊)나라 다스리던 법을 따르지 않을 수 없다(같은 책 8-7, 전제 10 井田議 2).

전지(田地) 위주로 인간을 파악하고 배치하는 방식은 현재의 전적(典籍)과 호적(戶籍)이 너무나 부실한 상태에 있는 실상을 극복하기 위한 고안이었다.[54] 전적과 호적이라는 기본 국세(國勢)조차 정확히 파악

54 전지(田地) 경계(經界)를 바로잡지 못해서 숨기고 누락된 것이 반수(半數)나 되니, 소위

하지 않고서는 무슨 왕정을 논의할 수 있겠는가. 그리고 그 같은 재배치·재편성은 장차 정전제가 시행되면서 점차 국가의 행정절차를 통해서 구현될 사안이다. 그래서 현 실태의 혼란스러운 통치체제를 제일적(齊一的)으로 극복한다는 적극적 의미를 갖는다.

그러나 그 같은 배치는 또한 구조적으로 각 개인의 살림살이에까지 국가 통치권의 개입을 허용하도록 한다는 것임을 주의해야 한다. '이 현의 농민이 저 현에서 경작하는 것을 일체로 금한다'는 규정 또한 개인의 경제활동을 국가 통제 아래 묶는다는 고안이다. 특히 공(工)·상(商)의 두 가는 지역적·시간적 이동이 빈번하기 마련인데, 그 자유로운 활동을 가로막고 읍성(邑城) 안에 주거를 한정한다는 원칙은 바로 가혹한 통제 규정으로 작용하기 마련이다. 그는 각 지방 장시(場市)의 상업 활동조차 재물을 축내고 분란을 일으키는 장본이라 하여, "대읍(大邑)에는 두세 개만 남겨두고 소읍(小邑)에는 한 곳만 남겨둔다면 풍속이 반드시 순화되고 송사(訟事)와 옥사(獄事)도 반드시 간소해질 것"이라 한다.[55]

만민이 9직으로 나뉘어 각기의 직사에 전업적으로 종사한다는 고안도 실상 개별 인간의 자기 이익을 위한 것이라기보다는 국가 공동체를 위한 협업적 분업의 배치라고 하는 성격이 더 우선적이다. 정전 농민을 두고 그는 말한다.

몇 결(結)이라고 되어있는 것은 실수(實數)가 아니다. 호적(戶籍)을 밝혀내지 않아서 가리고 모록(冒錄)한 것이 점차 불어나니 소위 몇 호(戶)라고 하는 것이 모두 허명(虛名)이다. 은결(隱結)을 전안(田案)에 올리고 진결(陳結)을 덜어낸 다음에야 실지 결수(結數)를 알 수 있으며, 누호(漏戶)를 잡아내고 허명(虛名)은 삭제한 다음에야 실지 호수(戶數)를 알 수 있다. 이 두 가지 정사(政事)를 거행치 않으면 온갖 일이 모두 막혀서 그 사이에 손 하나 쓸 수가 없다(『經世遺表』 4-9, 천관수제 郡縣分等).

55 『여유당전서』 제1집 20-19, 「上仲氏」.

> 공전(公田)에다 거름하지 않고는 사전(私田)에 감히 거름할 수 없고 공전을 갈지 않고서는 감히 사전을 갈 수 없다. 공전을 고무래질하지 않고서는 감히 사전에다 고무래질해서 흙덩이를 깰 수 없다. 공전에다 물 대지 않고서는 사전에 감히 물 댈 수 없고, 공전에 파종하지 않고서는 사전에 감히 파종할 수 없다. 공전에다 모내기하지 않고서는 사전에 감히 모낼 수 없고, 공전을 김매지 않고는 사전을 감히 김맬 수 없으며 공전을 수확하지 않고서는 사전을 감히 수확할 수 없다. 정전법(井田法)은 부세를 거두어들이는 데 균평하게 할 뿐만 아니라, 또한 백성에게 충순(忠順)함을 가르치는 것이기도 하다. 평소에 농사일을 하면서 모두 국가의 것을 먼저 하고 사리(私利)를 뒤로 할 줄을 알게 된다면, 변란(變亂)이 일어나는 날에 반드시 힘입을 수 있을 것이다. 그 훈계하고 교도하는 것이 어찌 입과 혀로써 능히 미칠 수 있는 것이겠는가(『경세유표』 8-8, 전제 10 정전의 2).

다산은 인간이 본래 타고난다는 정상적인 부욕(富欲)과 귀욕(貴欲)을 긍정한다. 그런데 그의 정전제를 기초로 하는 산업행정론은 또한 필연적으로 인간의 부욕 성취 활동을 다소 규제하는 규정을 설정하였다. 이는 주체성과 자율성을 긍정하는 그의 인간관과도 모순되는 이론이다.

무릇 그와 같은 철저한 국가 관리 규정과 제도는 비리로 가득 찬 현실태를 극복하여 한 단계 고양한다는 긍정적 의미를 지닌다. 그러나 결국에는 당해 주민들의 산업 활동은 물론 그것과 연관된 사회 각 부면의 자유로운 발전을 가로막는 장애로도 작용하기 마련이라는 것을 여기서 고려해야 할 것이다.

4) 중간 농단의 철저한 극복

다산의 시대인 중세 후기에는 할거적 중간 농단이 사회 각 부문, 층절마다 자행되고 있었다. 다산에 따르면, 현행의 소위 '조종의 법제'라든가 그 운용행태 자체가 지배층의 사익(私益)에 복무하도록 구조화해 있는 폐법(弊法)이요 악습(惡習)이다. 그러한 폐법을 운용하는 최대 수익자는 곧 '호강(豪强)'한 벌열(閥閱)층이라는 것이 그의 관찰이다.

> 혹 하나라도 깨달은 견해가 있어 경장(更張)하기를 시험해보고자 하면, 원로대신(元老大臣)으로서 침중(沈重)하여 덕(德)이 있는 듯한 자가 반드시 한마디 말로써 천천히 억압하기를, "조종(祖宗)의 법제(法制)는 반드시 경장할 것이 아니다"라고 한다. 그러면 호강(豪强)하여 권세를 업고 사(私)만 알지 공(公)은 모르는 자가 반드시 따라 되뇌기를, "노야(老爺)의 태산(泰山) 교악(喬嶽) 같은 덕망이 국가를 진정할 만하다"라고 한다. 그러나 실상 향원(鄉愿)의 거짓 덕이요, 선(善)을 좋아하는 마음은 한 점도 없는 것이다(『경세유표』 11-21, 부공제 6 力役之征).

그렇게 '조종의 법제'라는 것을 묵수하면서 사익을 추구하는 '원로대신'과 거기 동조하는 '호강'한 자들이란 누구인가. 주지하듯이 오랜 당쟁의 과정에서 드디어 권세를 독점하기에 이른 '벌열가(閥閱家)'라는 것이 다산의 관찰이다. 정조(正祖) 임금의 관찰 또한 마찬가지다

> 2백여 년에 걸쳐 과거(科擧)를 통해 벼슬한 사람들을 보면 점차 향외(鄉外)에는 해당되지 않고, 심지어 근일(近日)에 와서는 도성(都城) 밖에 사는 사람들에마저 미치지 못하고 있는 실정이다. 내가 단속하며 신

칙했건만 내 뜻을 제대로 받드는 실효를 거두지 못하고 있다(『정조실록』, 정조 19년 11월 丁未).

권세를 독점하는 벌열과 훈(勳)·척(戚)은 사익을 위한 국토의 농단 또한 능사로 여긴다.

입안(立案)이란 무엇인가. 거친 산·첩첩 봉우리·먼 갯벌·작은 섬들은 천지개벽 이래 국가 대장(臺帳)에 올라본 적이 없는 것인데, 문벌(門閥) 높은 집에서 스스로 문권(文券)을 만들어 이를 차지하고서는 입안이라 한다. 풀 한 포기·나무 한 그루·고기 한 마리·게 한 마리도 모두 내 것이라 하여 앉아서 세(稅)를 거두어들인다. 나뭇길도 끊어지고 도끼질도 엄중히 금지된다. 고기잡이 통발은 국가 대장에 실리지 않고, 염분(塩盆)은 사사로운 취렴(聚斂)에 바닥이 난다. 혹은 공신(功臣)·척신(戚臣)의 먼 후손들이 매양 민전(民田)을 잡아서 사패지(賜牌地)라 칭하는데, 구릉을 포함하고 벌판까지 뻗쳐있는 것을 모두 내 땅이라 하여 마음대로 강탈해도 아무도 말을 못 한다. 소민(小民)들은 파산하여 드디어 쇠잔하고 멸망한다(『목민심서』 10-38, 형전 6조 禁暴).

중앙의 고위 관직을 대물려 독점하는 그들은 또한 각 지방 이서(吏胥)층과도 체결하고 있다.

하읍(下邑)의 소리(小吏)로서 재상(宰相)과 체결하지 않은 자가 없으니, 재상의 편지가 내리기라도 하면 기세가 올라 그 편지를 팔아 위세를 펼쳐 위아래에 과시하는데, 수령은 위축되어 감히 가벼운 형벌도

가하지 못하고 백성들은 겁이 나서 감히 그 비행을 말하지 못하니, 권위가 생겨 멋대로 침학한다. 헤아려 보면 고을 안에 이런 무리가 5, 6명을 밑돌지 않는다. … 그런데 감사(監司)가 군현(郡縣)을 순찰할 적이면 가는 곳마다 반드시 이 5, 6명을 불러 좋은 안색으로 대해주고 음식을 하사하는데, 이런 접대를 받은 자들이 물러나서는 하늘도 땅도 두려워하지 않고 악행을 저지른다(『여유당전서』 제1집 19-15~16, 「與金公厚」).

다산은 각 도의 감사야말로 '큰 도적'이므로 이 "큰 도적들을 제거하지 않으면 백성이 다 죽게 된다"고도 단언한다.[56] "관장(官長)이 향리(鄕吏)와 함께 장사를 하며 향리를 놓아 간악한 짓을 시키니, 온갖 질고 때문에 백성들이 편히 살 수 없다. 법 아닌 법이 달마다 생겨나서 이제는 일일이 셀 수조차 없을 지경이다"라고도 관찰한다.[57]

다산이 관찰한 바로는, 경저리(京邸吏)·영저리(營邸吏)·향리 등 중·외 이서(吏胥)층의 중간 농단은 모두가 조정의 귀신(貴臣)을 비롯한 양반 관원들과 결탁함으로써 구조화한 행태로 자행된다.

수십 년 이래 문·무 귀신(貴臣)들이 남몰래 저리(邸吏) 자리를 사서 그 하인들에게 맡기고는 앉아서 그 이익을 거두어들인다. 그래서 진짜 저리는 당(堂) 위에 앉았는데 가짜 저리가 당 아래 엎드려 있다. … 또 모든 저리는 당해 지역 수령의 집에 뇌물을 보내고 역가(役價)를

56 『여유당전서』 제1집 12-11~12, 「監司論」.

57 『여유당전서』 제1집 19-15, 「與金公厚」.

> 증액(增額)도록 요청하는데, 뇌물이 5이면 역가도 5가 늘어나고 뇌물이 10이면 역가 또한 10이 늘어난다. 수령은 한때 뇌물을 먹을 뿐이지만 저리는 무궁한 이(利)를 누린다. … 수십 년 이래 한 도(道)를 안찰하는 신하가 망령되이 스스로 존대하게 여겨서 감영(監營)에서 소용하는 여러 물품들을 모두 공물(貢物)로 설정하고 여러 고을 영저리를 공인(貢人)으로 차임하여 책임지고 바치도록 하면서 본 값은 10에 1도 쳐주지 않는다. 그 대신 영저리의 소원이면 극진히 따르지 않는 것이 없어, 그들의 한없는 욕심을 채워주고 제 허물을 속죄한다. … 또 감사(監司)가 휘하 수령들의 치적(治績)을 고찰함에는 모두 영속(營屬)들을 부리는데, 이들은 모두 영저리의 일가친척이다. 그러므로 두루 함께 화응(和應)하면서 한 덩어리로 뭉치니 … 영저리가 흘겨보면 백에 하나도 온전한 수령이 없다. 수령은 그렇게 되는 줄을 알기 때문에 두려워 벌벌 떨면서, 그들이 원하는 대로 따를 뿐이다(『경세유표』 2-21, 추관형조 掌胥院).

더 나아가 중앙의 귀신(貴臣)·재상 등과는 별도로 각 지방 향리들이 독자로 자행하는 농단 또한 한절이 없다.

> 오늘날 국가에 가장 긴급한 것은 전정(田政)이다. … 강진(康津) 고을은 누락된 전결(田結)이 가장 적다고 일컫는 곳이다. 그런데 전안(田案)에 등록된 전지(田地)가 6천여(千餘) 결(結)이고, 누결(漏結)이 거의 2천 결이나 된다. 이는 공가(公家)에서 4분의 3을 취하고 현리(縣吏)가 4분의 1을 갖는 것이다. 비록 옛 노(魯)나라 계씨(季氏)가 공실(公室)을 4등분했다 하지만 어찌 이보다 더할 수야 있었겠는가. 해남(海南)은 강진과

비교하면 지역은 더욱 작은데 누결은 오히려 더 많다. 나주(羅州)인즉 누결이 원안(元案)에 기재된 결수보다 더 많다(『경세유표』 1-15, 經田司).

이는 소위 전결의 수 자체를 농단하는 현상으로서 전정(田政)의 한 부분에 불과하다. 대동미(大同米)·삼수미(三手米)·전세(田稅) 등을 징수하는 행태에서는 이와는 별다른 온갖 농단이 또 등장한다. 그리고 전정 아닌 군정(軍政)이라든가 환정(還政)에서는 또 별다른 차원의 협잡과 농단이 어지러이 등장한다. 그래서 "지금 호남(湖南) 일로(一路)에는 우려할 만한 것이 두 가지 있다. 그 하나는 민란(民亂)이요, 다른 하나는 이서(吏胥)의 탐학(貪虐)"[58]이라고 함이 다산의 관찰이다.

'호남 일로'뿐만이 아니었다. 소위 고을마다 각기 다른 '법(法)'이 난무하는 '읍각부동(邑各不同)'의 행태가 벌어지고 있었다.

지금 우리나라는 조종(祖宗)이 마련한 법전(法典) 이외에 감사(監司)가 증액(增額)하고 현령(縣令)이 증액하고 이서(吏胥)가 증액하고 하례(下隸)가 증액하고 이정(里正)이 증액하여 명령이 여러 갈래로 나오니, 박을 쪼개듯 제 뜻대로 하여 어지럽게 기강이 없으며 법도가 날로 무너진다. 한 번이라도 개혁하려는 논의가 아래에서 일어나면 문득, "조종(祖宗)이 마련한 법은 가볍게 고칠 수 없다"고 한다. … 그러나 국가에서 옛 법에 따라 이럭저럭 하는 것은, 실상 고려 말기의 폐정(弊政)과 연산군(燕山君) 때의 여독(餘毒)과 임진왜란 직후에 임시로 조처했던 제

---

58 『여유당전서』 제1집 19-15, 「與金公厚」. 다산이 이 편지를 쓴 것은 기사(己巳)년(순조 9; 1809)인데, 그로부터 50년여 만에 소위 3정의 문란으로 임술민란(壬戌民亂, 1862)이 터졌다는 사실도 참조할 만하다.

도에 관계된 것이 많고, 나머지는 모두 수령과 서리(胥吏)와 하례가 제멋대로 마련한 것들이다. 어찌해서 조종의 옛 법이라 이르는가. 사람들이 흔히 "고을마다 같지 않다"고 하는데, 대저 고을마다 같지 않다는 것은 놀랄 만한 말이다. 한 임금이 위에 있는데 어찌 감히 고을마다 같지 않다고 하는 것인가. … 한 나라는 한 군(軍)과 같아서, 대장(大將)은 5영(營)을, 영은 부(部)를, 부는 사(司)를, 사는 초(哨)를, 초는 기(旗)를, 기는 대(隊)를, 대는 오(伍)를 통솔하는 것이다. 한 군(軍)이 있는데 초관(哨官)이 제멋대로 한 제도를 마련해서 그 초에 시행하고, 기총(旗摠)이 제멋대로 한 영(令)을 내어서 그 기에 시행하되, 혹 너그러이 "초마다 같지 않다" 하고, 혹 예사로 여기면서 "기마다 법이 다르다" 한다면, 군사를 패몰시키고 나라를 엎어버리지 않을 자가 있겠는가. '고을마다 각기 같지 않다'는 것은 난망(亂亡)하는 술책이니, 국사(國事)를 도모하는 자가 예사로 여길 바가 아니다(『경세유표』 7-11~12, 田制 7).

그 같은 할거적 농단이 자행되는 어지러운 현 실태를 지양하기 위해서도 국가는 군사(軍事) 조직과 같이 일사불란한 통치조직을 구축하지 않으면 안 된다. 그러나 국가를 왕정으로 이끌어갈 법제를 정립하면서 실제로 모든 신민을 군사 조직으로 묶어서 군법(軍法)을 시행할 수는 없는 일이다. 또 그같이 분야마다 층절마다 자행되는 온갖 농단의 행태들을 쫓아다니면서 일일이 점검하고 금령을 세워 진압할 수도 없는 노릇이다.

그래서 다산은 전지(田地)를 비롯한 국토 전체와 거기 사는 전국의 호구(戶口) 전체를 유루 없이 파악하고 그 모두를 철저한 공공(公共)의 공정(公正)한 관리 아래 운용한다는 새로운 차원의 법제들을 고안한 것이다. 온 세상에 통용할 수 있는 객관적 원칙의 새로운 법제를 세워 이를 보편적으로 관철시킨다는 내용이다. 가령 훈(勳)·척(戚)의 '입안(立案)'과 같은 사가(私家)의 할거적 국토 점거는 근원적으로 차단된다. "한 자 한 치의 토지가 모두 왕전(王田) 아닌 것이 없다"[59]는 상태로 이행하고자 한다. 또 가령 지품(地品)에 따라 단위 지적(地積)을 달리하는 조선 특유의 결부법(結負法)을 버리고 모든 지적을 동일하게 파악하는 경묘법(頃畝法)을 채택한 바탕 위에서 정전제(井田制)를 시행한다면 전정(田政) 전체의 내용이 구조적으로 투명해진다는 생각이다.

> 성인은 규구(規矩)로써 방원(方圓)을 바로잡고, 6률(律)로써 5음(音)을 바로잡고, 정전(井田)으로써 1/9세(稅)를 바로잡았다. 이것을 표준[楷]으로 하고, 모범[模]으로 하고, 법식[型]으로 하고, 규범[範]으로 해서 전야(田野)에 있는 어리석은 백성에게 그 전지(田地)의 구획이 법(法)에 맞게 되어있음을 알도록 한 것일 뿐이다. 어찌 반드시 산을 무너뜨려 구렁을 메우고 고개를 깎아 늪을 메워서 천하의 땅을 다 정전(井田)으로 만든 다음이라야 마음에 쾌하게 여겼겠는가. … 이에 정(井)이 아닌 것도 또한 정의 내용이 되게 헤아려, 10정이 통(通)으로 되고 10통이 성(成)으로 되며 10성이 종(終)으로 되고 10종이 동(同)으로 되게 하였다. 이것을 표준으로 삼아 벼와 꼴을 거두고 수레를 부과하며 이것을 표준 삼아 도(都)와 비(鄙)를 만들고 이것으로써 표준하여 후(侯)를 봉(封)하고 백(伯)을 세웠으니, 이것이 요순(堯舜)과 삼왕(三王)의 법이었다(『경세유표』 5-3, 전제 1 정전론 2).

59 『상서고훈』 4-35, 「洪範」, 五皇極.

또 가령 10진법의 객관적 수리에 따른 전국 일률의 도량형(度量衡) 제도를 정립한다는 것도 그같이 객관적으로 명명백백한 표준을 세우는 일이다. 그래야만 은밀히 자행되는 부정과 농단을 근원적으로 차단할 수가 있다. 가령 이서(吏胥)층의 부정과 농단의 단초가 공무를 수행하는데도 일정한 항산(恒産)이 보장되지 않는 사실에서 기인하는 것이므로, 그들에게는 정상적인 늠록(廩祿)을 책정하는 일이 당연하다. 그는 "향리(鄕吏)의 액수를 정해두고 그들이 세습하는 법을 금해서 그들의 간활(奸猾)을 막는다"[60]는 규정을 두고도 있지만, 이는 오히려 말단 금제(禁制)에 속하는 일이었다.

다산에 따르면 "이서(吏胥)가 본디부터 간사한 것이 아니라 그들을 간사하게 만드는 것은 법이다." 양반 관원의 풍상(風尙)이 등용의 관문에서부터 고관대작에 이르도록 구체적 실무에는 아예 등한하도록 구조화해 있기 때문이다.

> 시부(詩賦)로써 시험을 보이고 씨족(氏族)을 가려 선발하며 경력의 청화(淸華)로운가를 보아 고과(考科)하고 당론(黨論)이 준급한가를 고려하여 관질(官秩)을 승진시킨다. (그러니 관원들이) 백성 다스리는 일을 두고서는, "이는 비천(鄙賤)한 일이다" 하고는, 이서(吏胥)에게 맡겨 그들로 하여금 백성을 다스리게 한다. 그러고는 때때로 한 번씩 와서 엄한 위엄과 가혹한 형벌을 가하면서, "간사한 이서는 마땅히 징계해야 한다" 하니, 이는 손[客]이 와서 주인(主人)에게 심한 모욕을 가하는 셈이다. 이서 또한 하늘을 쳐다보고 갓끈이 끊어지도록 크게 웃으면서,

60 『경세유표』 서(序)에 나열해둔 소위 15 '불가역(不可易)' 항목의 하나이다.

"백성이 너에게 무슨 관계가 있기에 이 호통이냐"라고 한다. 이서들의 간사함을 징계할 수 있겠는가(『여유당전서』 제1집 12-10, 「奸吏論」).

그러니 무릇 공직을 맡는 '사(士)'에 대한 교육과 과거제도야말로 근본적 혁신이 필수적이다. 다산에 따르면, "원래 선왕(先王)이 사람을 가르치는 법에는 3대 항목이 있으니, 첫째는 덕(德)이요 둘째는 행(行)이며 셋째는 예(藝)이다."[61] 그리고 선발된 사(士)를 가르치는 데에도 '덕(德: 知·仁·聖·義·忠·和), 행(行: 孝·友·睦·婣·任·恤), 도(道: 詩·書·禮·樂·易·春秋), 예(藝: 禮·樂·射·御·書·數)'라는 교육 과정을 제도화한다.[62] 일상 도덕 위주의 교육과정이다. 그리고 소정의 교육과정을 이수한 사들을 각 지역이 천거하고, 이들을 중앙에 모아 과거를 보인다. 즉 과(科)·천(薦) 합일의 제도를 고안한다. 그리고 보임된 관원들은 엄정한 객관적 고적(考績) 제도를 통해 승출(陞黜)을 거치도록 제도화하기에 이르렀다.

5) 왕권 중심의 제도적 통치론[63]

주자(朱子)에 따르면 천하만사는 "어느 것 하나 군주(君主)의 심(心)에 근본하지 않음이 없으므로" '군주의 일심(一心)'이야말로 '천하의 대본(大本)'이다.[64] 그러므로 군주의 심덕(心德)의 함양이야말로 '덕치(德治)'를 실현하는 지름길이다. 조선 성리학의 통치론 또한 마찬가지였음은

61 『대학공의』 1-7, 在明明德.

62 『경세유표』 13-17, 教民之法.

63 이 항목은 金泰永, 2000, 「다산 경세론에서의 왕권론」, 『다산학 창간호』, 다산학술문화재단을 참조하고, 다소 부연한다.

64 『주자대전』 11-24~42, 戊申封事.

더 말할 필요가 없다.

그런데 군주의 심덕 함양에는 그것을 밖으로부터 규율할 법제 따위가 있을 수 없다. 군주의 심성(心性) 함양을 위한 보좌 기구로 경연(經筵)과 같은 제도를 활용하지만, 함양의 주체는 어디까지나 군주 자신의 일심이다.

다산 역시 "군주의 일심은 만화(萬化)의 근본이 된다"고 이해한다.[65] 그러나 한편으로 군주의 그 '일심'은 반드시 믿을 것이 못 된다는 생각이다.

> 세도(世道)의 변천은 무상하고 왕의 일욕(逸欲)은 무한한 것이다. 입법(立法)의 시초에 자질구레하고 산만하여 천성(天成)의 철주(鐵鑄) 같은 형상이 없다면 수세(數世)를 지나지 않아 (법을) 더하고 줄이며 없애고 일으키게 될 것이다. 기강이 문란해져 단서조차 찾을 길이 없어질 것이요, 조금이라도 살피지 않는다면 반드시 토붕와해하고 말 것이다(『경세유표』 1-1, 天官 吏曹 1).

그러므로 '무한한 일욕'을 가진 군주라 할지라도 결코 함부로 일탈할 수 없는 엄밀한 객관적 법제의 정립이야말로 왕정을 구현하는 데에는 필수 장치이다. '천지(天地)를 거듭 창신하는 큰일'인 정전제와 같은 구체적 제도의 정립이 그래서 불가피하다. 여기서 전지(田地)는 외물(外物)이다. 그것을 구획해서 배분하고 경치토록 독려하며 부(賦)·세(稅)를 균평하게 징수하는 데에는 반드시 구체적 법제의 규정이 있어야 한다.

---

65 『경세유표』 1-17, 지관호조, 經田司.

그래서 구체적 '사공(事功)'을 구현할 수 있는 변법(變法)이 필수적이다.

왕정은 반드시 변법을 통해서 명명백백한 객관적 기준에 따른 법제를 수립하고 그것을 준수하는 제일적(齊一的) 통치를 통해서만 비로소 기대할 수가 있다. 그리고 그것을 일사불란하게 추동(推動)하는 원동력은 왕권을 통해서 발휘할 수밖에 없다는 것이 다산의 소신이다.

군주의 일심이 '천하의 대본'이라고 하는 명제는 군주권의 초월적 위상을 말해주는 대목이기도 하다. 성리학에서도 물론 왕권의 절대성을 긍정한다. 그러나 이념적 차원에서는 그러하지만, 현실에서는 소위 '재상위임(宰相委任)'의 통치체제를 선호한다. 군주의 직무는 그 일심을 닦고 높은 안목을 길러 대신(大臣)[宰相]으로 적합한 자를 엄선하여 보임하고, 그에게 국정을 '위임'하여 백관(百官)을 선임 통치하도록 함이 성리학의 기본 통치체제론인 것임은 주지하는 바와 같다. 실상 군주는 세습하는 지위이므로, 반드시 대대로 현능한 자가 나오기는 어려운 일이었다. 그러므로 오랜 선별을 거쳐 이미 현능한 자격을 인정받은 대신을 선발하여 그에게 국정을 통솔하도록 '위임'하는 제도야말로, 전제군주 1인의 자의(恣意)에 맡기는 경우보다는 더 개선된 편이라 할 수 있다.

그러나 다산은 그러한 '위임' 제도에 찬동하지 않는다. 그는 현실상, 대신으로부터 아래로 이서(吏胥)에 이르기까지 무릇 국가 직사를 맡은 자로서 자기 직무에 정성 다해 분발하는 자는 아무도 없다는 사태를 직시한다.

> 후세의 대신이란 자들은 자존(自尊) 자중(自重)함이 태심하여 임금이 경영코자 하는 일이 있으면 낭관(郎官)을 보내어 편리한가 아니한가를 살피게 하고, 혹은 수령에게 통지하여 그것이 이로운가 해로운가

를 회보(回報)토록 한다. 그런데 낭관이나 수령이란 자들 또한 자존 자중하여, 이서(吏胥)를 파견해 그 경획(經劃)을 대행토록 한다. 무릇 간활한 이서들 또한 일생 동안 부드러운 옷에 기름진 음식을 먹는 자들이라, 자신이 직접 나서 고된 일에 복무하지는 않고, 닭 잡고 돼지를 구워 이정(里正)의 집에 취해 누워 있으면서 뇌물 꿰미를 보고 문부(文簿)를 정리한다. 이것이 천하의 공통된 우환이다(『경세유표』 6-21, 田制 5).

그는 왕의 직사(職事) 자체가 "천(天)의 사업을 대신하여 다스리는 것[代理天工]"임을 강조한다. 그런 관념의 연원이야 오래된 터이지만,[66] 다산의 경우 '천의 사업'은 군주 자신이 직접 '대리'해야지 결코 타인에게 위임할 수 없다고 하는 체계적인 이해에 선다. 그는 유교 본래의 '덕정(德政)'이라는 개념을 두고서도 군주가 선도해야 한다고 강조한다. 일찍이 공자는 덕정을 '북신(北辰)'의 운행에 비유한 바 있는데,[67] 이에 대한 다산의 해석을 들어본다.

북신(北辰)은 곧 북극(北極)으로서 천추(天樞)이니, 성점(星點)이 없으므로 신(辰)이라 한다. 남극(南極) 역시 천추이다. … '거기소(居其所)'란 것은 북극 한 점이 바로 자오선(子午線)의 중심에 당(當)하여 진남(眞南)·진북(眞北)의 위상에 있음을 뜻한다. '공(共)'이란 '함께한다[同]'는 뜻이다. … 북극이 자오선의 바른 위치에서 천추를 돌고 있으니, 하늘에 가득

66 『상서』, 「고요모」의 "天工人其代之(天의 일을 人이 代理한다)"라는 문자에서 연원하며, 성리학에서도 널리 원용하는 것임은 주지하는 바와 같다.

67 "子曰 爲政以德 譬如北辰 居其所 而衆星共之"(『논어』 爲政)라는 글을 두고, 주자(朱子)는 '북신(北辰)'을 '북극성'으로, '공(共)'을 '향(向)'으로 해석하여, "북극성이 제자리에 위치하면 중성(衆星)이 북극성을 향(向)한다"는 뜻이라 하였다.

찬 여러 별들이 북극과 더불어 함께 회전하면서 한 별도 감히 거역할 수가 없고 한 별도 혹시 뒤처질 수가 없다. 이것이 이른바 '뭇별이 함께한다'는 것이다. 임금 자신이 바른 위상에 있으면서 정치를 덕(德)으로 하면 백관(百官) 만민(萬民)이 따르고 복종하지 않는 자가 없어[百官萬民 罔不率從] 모두 임금과 함께 동화(同和)할 것이다. 이는 바로 북신·중성(衆星)의 경우와 부계(符契)처럼 꼭 들어맞는다(『논어고금주』 1-19~21, 爲政以德).

여기서 '북신'은 뭇별들의 하나인 '북극성'이 아니라 자오선의 축(軸)을 이루는 천추라는 해석이다. 북신은 천추로서의 바른 위상을 차지하여 뭇별들을 거느리고, 뭇별들과 함께 공공(公共)의 운행을 계속한다. 왕권 또한 만민의 표준이 되는 바른 위상에 처하여 덕을 갖추고서 지공무사(至公無私)한 공공의 권능을 행사해야만 이에 백관과 만민이 '따르고 복종하지 않는 자가 없이' 각기 제자리를 차지하여 '동화'하는 조화를 이루어낼 수가 있다. 왕권은 그만큼 강력무비한 권한과 함께 그에 상응하는 막대한 책무도 담당해야 하는 공공의 존재라는 해석이다.

왕권의 통치행위가 적극적이어야 한다는 다산의 이론은 순(舜)임금의 소위 '무위이치(無爲而治)'에 관한 논의에서 가장 적실하다. 『논어』의 "'무위이치'한 이는 순임금일 것이다"라는 공자의 말씀을 두고 주자는, "(공자가) '무위이치'라고 말한 것은, (순임금 같은) 성인은 덕이 융성하여 백성이 저절로 교화되므로, 성인의 작위(作爲)를 기다리지 않고도 치세가 이루어졌음을 말한 것이다"라고 해석하였다. 조선 성리학이 이 해석을 따르고 있음은 더 말할 나위가 없다.

그러나 다산에 따르면, 적극적 통치행위가 없어도 치세가 이루어졌다고 함은 경전을 잘못 해석한 것이다.

> 순(舜)이 (堯임금의 직무를) 섭정(攝政)하는 때에 사공(事功)에 분발하였다는 사실은 『상서(尙書)』의 전(典)[堯典·舜典]에 갖추어 실려있다. 그가 (즉위하여) 스스로 관직을 임명하고 난 이후 『상서』에 그런 기록이 없는 것은 통치의 제도가 이룩되고 정해져서 법제를 따라 운용되기[治成制定 按法而行之] 때문에 다시 기록하지 않은 것이다. 어찌 '무위(無爲)'하면서도 그렇게 되었을 것인가. 3년마다 (백관을) 1차씩 고적(考績)하고 3차 고적에 1차 출척(黜陟)을 단행하며, 5년마다 한 번씩 순수(巡狩)를 나가고 해마다 사시(四時)로 뭇 제후(諸侯)들의 조회를 받는데, 그들의 일을 살피고 아뢰는 말을 들으며 공적을 시험해야 한다. 그러기를 해마다 해야 하고 법제를 따라 집행해야 하니 이미 분분하게 일이 많지 않은가. 뭇 신하와 백관은 모두 그 직무를 맡아 분주한데 순임금만이 홀로 '무위'하고 있었을 것인가. 고적하는 일은 반드시 친히 하고 순수 나가는 일도 반드시 친히 하며 형륙(刑戮)은 반드시 보고를 받고 교훈(敎訓)은 반드시 먼저 내리는데, 순임금이 어떻게 '무위'할 수 있었겠는가. … 지금 통치의 도리를 논하는 자들은 모두 임금을 이끌어 단정히 손을 접고 침묵을 지키면서 아무 일도 하는 것이 없도록 하니, 온갖 법도가 무너져도 이를 정비할 수 없으며 만 가지 기틀이 허물어져도 이를 골라 다스릴 수가 없다. 10년이 지나지 않아 온 천하가 부패하고 화란이 잇따르며 조잔하고 피폐해져 떨치지 못하더라도 마침내 이를 깨닫지 못한다. 이는 모두 '무위'의 설 때문에 그르쳐지는 것이다(『논어고금주』 8-1~2, 無爲而治).

왕정의 실현은 왕권이 주체가 되어 적극적으로 통치행위를 실행함으로써 비로소 가능하다는, 그의 '행사(行事)'주의의 깊은 소신이 드러난다.

그런데 여기서 순임금의 적극적 통치행위는 모두 '법제를 따라' 운용하는 것이었다는 해석을 주의할 필요가 있다. '고적·순수·형륙' 등의 통치행위는 결코 임의로, 혹은 자의적으로 행하는 것이 아니었다. 모두 '법제를 따라' '반드시' 실행하는 것이었음이 명백하다. 그러니 순임금의 왕권은 결코 전제적인 것이 아니라, '법제를 따라' 운용하는 제도적 왕권이었다는 것이 다산의 해석이다.

그는 또한 「홍범(洪範)」에 나오는바 사당(邪黨)의 뜻을 가진 '음붕(淫朋)'이라는 문자와 또 사당(私黨)을 만들어 이권(利權)을 차지한다는 뜻인 '비덕(比德)'이라는 문자를 두고서 특히 의미 있는 해석을 붙인다.

> 백성이 황극(皇極)을 향하여 모여드는 것은 마치 30개의 바큇살이 함께 한 바퀴통을 향하고 있음과 같으며, 마치 백 개울과 만 냇물이 함께 바다를 향하고 있음과 같다. (신하들이) 사사로이 서로 향하고 모이는 것을 임금은 미워한다. 음붕(淫朋)이 서로 모여 혹 한 사람을 추대하여 장(長)으로 삼기도 하고, 비덕(比德)하여 서로 추켜세우며 한 사람을 추대하여 현자(賢者)라 하기도 한다. 같은 자들끼리 당(黨)을 지어 다른 자들을 내치며 사(私)를 업고서 공(公)을 해치면 그 나라는 반드시 어지럽게 된다. … (「홍범」에서) 이를 맨 첫 번째로 경계해둔 까닭이 여기에 있다(『상서고훈』 4-36, 「홍범」 五皇極).

왕권은 그와 같은 사당(私黨)의 발호를 단호히 억제하고, 모든 신

(臣)·민(民)을 이끌고서 모든 권능과 기강을 총람하는 위상에 바로 서서 만민의 왕 노릇을 굳건히 수행해야 하는 공공적(公共的)인 것임을 그는 강조한다. 그래야만 '천의 사업을 대리'할 수 있다.

왕권은 '천의 운행'처럼 모든 신·민이 각기 분담한 직사에 조금의 사심(私心)도 없이 충실하게 매진토록 제일적(齊一的)으로 통합 조정하는 주체 역할을 다해야 한다는 것이 그의 소신이다. 여기서 '천의 사업'이라든가 '천의 운행'이라는 명제가 시사하듯, 그것은 신·민과 별개로 용립(聳立)되어 있는 존재가 아니요, 백관과 만민을 거느리면서도 더불어 '동화(同和)'하는, 제도적·공공적 왕권으로 고안되고 있음을 확인할 수 있다.

그런데 그렇게 강력한 권한을 행사하는 제도적·공공적 왕권은 어떠한 역사적 의미를 지니는가. 그것은 중외를 막론하고 소위 '조종의 법제'라고 하는 행태에 가탁하면서 실제로는 할거적 전횡(專橫)을 일삼는 벌열을 비롯한 각 계층 지배 세력의 중간 농단을 단호히 극복하기 위한 공공적 제도왕권으로서의 의미를 지닌다. 즉 중앙의 벌열로부터 지방 향리들에 이르기까지 무릇 유력층에 의해 자행되는 중층적·다극적 중간 농단의 행태를 극복하기 위해서는 국가 통치권을 왕권의 한 극(極)에다 집중해야 한다는 이론이다. 그래서 소수 지배 계층에만 들앉혀져 그들의 이익을 위해 복무하는 존재가 아니라, 이제는 만백성을 상대하여 왕정을 실현해가는 '황극(皇極)'으로서의 왕권, 개혁 주체로서의 왕권이 다시 탄생해야 한다는 개혁론으로서의 의미가 있다.

그 같은 개혁 주체로서의 왕권은, 새로운 통치 사업을 분담하는 모든 신료들의 직사 수행을 고찰하는 고적(考績)을 통해서도 구조적으로 발휘된다. 물론 '조종의 법제'인 『경국대전』에도 신료의 근무성적을

'전최(殿最)'하는 고과(考課)의 항목이 없지는 않았다. 그러나 그것은 단지 당하관(堂下官)에만 적용하는 규정일 뿐이었다. 더구나 그것은 실상 단한(單寒)한 관원만을 단속하는 인습으로 운용되고 있었다. 그러나 다산에 따르면, "전최라는 것은 당(唐)·우(虞) 때에 고적이라 일컫던 것으로서 곧 왕자가 천을 대신하여 만물을 다스리는 큰 권한이다."[68]

> 대저 (『상서』의) 「전(典)」이란 것은 나라를 경륜하는 법을, 「모(謨)」라는 것은 나라를 다스리는 계책을 말해둔 것입니다. 그 법과 그 계책으로는 고적 한 가지 일보다 더 앞선 것이 없으니, 당(唐)·우(虞)의 지치(至治)는 이를 가지고서 이룩한 것입니다(『여유당전서』 제1집 20-14, 「上仲氏」).[69]

다산이 정립해둔 고적론(考績論)에 따르면, 어떠한 원훈대신(元勳大臣)이라도 무릇 직사를 맡은 경우라면 결코 고적에서 예외가 될 수 없으며, 털끝만큼의 관용적인 대우조차 받을 수가 없다. 그 까닭은, "진실로 천의 사업은 버려둘 수가 없는 것이며, 민생은 고달프도록 해둘 수가 없는 것이기 때문이다."[70]

여기서 '천의 사업'은 '민생'을 살려내는 일과 결코 별개의 것이 아니다. 오히려 민생을 살려내는 직사야말로 천을 대신하는 왕의 책무이다. 천은 지공무사하다. 그뿐 아니라 천의 운행은 강건(剛健)하여 한순간의 쉼도 없다. 천을 대리하는 왕 또한 어떤 강대한 원훈대신일지라도 결코 분외의 특권은 용납할 수가 없고, 빈약한 소민(小民)이라 하여

---

68 『경세유표』 11-4, 부공제 5, 鹽鐵考 下.

69 『상서』의 「전(典)」은 「요전」과 「순전」, 「모(謨)」는 「대우모」와 「고요모」를 가리킨다.

70 『경세유표』 4-11, 考績之法. "誠以天工不可以瘝曠也 民生不可以困悴也."

분외의 사은(私恩)을 베풀 수는 없다. 모든 신민을 이끌고서 강건한 통치를 지속해야 한다. 새로운 시대를 열고 이끌어갈 변혁 주체로서의 왕권은 그만큼 제일적(齊一的)으로 엄정하며 강건해야 한다는 뜻이다.

6. 맺음말

소위 '조종의 법제'라는 것의 운용 실상이 결국 지배층의 중층적 다극적 농단을 허용하는 행태로 구조화해 있으며 따라서 국가체제는 일종의 수탈기구로 작동하고 있다는 비판적 현실 인식은 조선 후기 실학의 경세론에 와서야 체계화하였던 것으로 보인다. 그 같은 현실 인식을 체계적인 학풍으로 전개시키면서 실학적 시각의 왕정론을 가장 먼저 주창한 이는 반계 유형원이었다. 그의 실학 역시 옛 성인이 남긴 경전의 공부를 통해 탐색한 삼대 왕정의 원리를 현실적으로 펼쳐냄으로써 새로운 역사시대를 창출하고자 하는 국가체제 개혁론이었다.[71] 그의 경세론은 의도가 원대하고 이론이 탁월하기로는 한국사상 처음 보는 개혁론이라고 당로자들도 인정하게 되었지만, 그것을 활용하는 자는 아무도 없었다.

반계로부터 60년 후에 등장한 성호 이익(1681~1763) 또한 변법을 통한 왕정의 구현을 추구하였다. 그런데 그는 고답적인 왕정론 자체보다는 당시의 현실에서 그래도 좀 더 실현 가능성이 높다고 판단되는 수준의 개혁론들을 제시하였다. 학문의 현실적 '치용(致用)'을 중시하는 그의

71 金泰永, 2009, 「반계 유형원의 변법론적 실학풍」, 『한국실학연구』 18, 한국실학학회.

학풍과도 관련 있는 방향이었다. 물론 성호의 개혁론조차 이를 채택하여 현실에 활용하고자 시도하는 당로자는 어느 누구도 없었다.

그로부터 80년 뒤에 태어난 다산 정약용(1762~1836)은 현 실태 지배체제에 대한 근원적인 회의에서 출발하여 보다 원대한 근본적 변화를 지향하기에 이르렀다. 그는 성호학(星湖學)과 서학(西學)의 영향을 받으면서 더 개방적인 학풍을 확립하고, 이용후생학까지를 아울러 극진히 개발하기에 이르렀다. 그래서 경학(經學)과 경세론(經世論) 양면에서 실학을 집대성하였다. 그는 고경(古經)의 묘리(妙理)를 끝까지 추구하여, 가령 삼대 왕정의 기초였다는 정전제(井田制) '본법(本法)'의 원리를 독자적으로 탐색해낸다든가 혹은 진(秦)나라 분서갱유에서 회신되고 말았다는 『악경(樂經)』의 복원에까지 심혈을 기울였다. 그의 경학은 유학사상(儒學史上) 전에 없는 최고 수준을 성취하였다. 또 그렇게 깨달은 고경의 원리를 펼쳐내어 보다 원대한 목표 아래 보다 구조적으로 저술한 『경세유표』 역시 한국 전근대 경세론의 최고 수준을 집약한 것으로 평가된다.

『경세유표』가 여타 실학자들의 경세론과 질적인 차이를 보이는 지표로는, 무엇보다도 산업·경제의 개발과 진흥이라든가 혹은 만민을 9직(職)으로 나누어 각자 자기 직분을 분업적으로 전치(專治)하도록 편성 배치하는 새로운 정치 사업에 국가 통치·행정의 주된 관심을 두었다는 사실에서 찾을 수 있다. 백성을 '벗기고 족치는' 수탈 위주의 통치·행정이 아니라 국토를 효율적으로 관리하고 만민으로 하여금 각 자원·산업의 개발·진흥 직책을 나누어 맡아 분발하게 함으로써 국가와 만민이 다 함께 유족하게 되는 국가체제를 구현하고자 한다. 다산은 자기의 왕정론을 곧 새로운 역사시대를 지향하고 창출할 새로운 국가론(國家論)으로 고안하기에 이르렀다는 사실을 잘 말해준다.

그런데 그와 같이 새로운 왕정의 실현은 워낙 장구한 시일이 필요하기 마련이었다. 가령 현실적으로 '사주(私主)'가 있는 전국의 전지(田地)에 '선왕의 본법' 그대로 정전 제도를 실시할 수는 없었다. 그래서 국가가 매입(買入) 등의 여러 방법을 동원함으로써 우선 '공전(公田)'만이라도 '왕토(王土)'로 확보하고서 정전제를 시행해간다는 과정을 두게 되었다. 그러면서도 다산은 확신한다. "반드시 수백 년 흔들림 없이 지속하여, 차츰차츰 회수(回收)하고 차례대로 시행한 다음이라야 이에 선왕(先王)의 법을 회복할 수 있을 것이다."[72]

그런데 고경의 원리를 깨쳐내고 『주례』를 준거 삼아 저술한 『경세유표』의 변법론은 혹 너무나 복고적(復古的) 성격인 것은 아닐까. 유교[儒學] 자체가 워낙 복고적 성격을 지닌 것이므로 그 경전의 원리를 탐구해서 정립한 다산의 경세론 또한 다분히 복고적인 면을 지닌다. 그는 말한다. "천하의 이(理)는 하나이다. 지금 사람이 행할 수 없는 것은 요순(堯舜) 삼왕(三王)도 반드시 할 수가 없었고, 요순 삼왕이 할 수 있었던 것은 지금 사람도 반드시 행할 수 있다. 어찌 의심을 둘 것인가."[73] 다산의 경세론에는 실제로 검증되지 않은 '이(理)'를 논한 대목이 더러 있다. 성인(聖人)의 도(道)에 대한 믿음이 그만큼 깊었기 때문이다.

그런데 다산은 또한 그가 탐구한 경전의 원리를 그대로 따라 『경세유표』를 저술한 것은 아니었다. 어디까지나 현실을 바탕으로 하고서 그 위에다 고경의 원리를 끌어 활용하였다. 거기서 때로 검증되지 않은 '이'를 논한 것은, 현 실태 인습과 비리를 초극하기 위해 '성인'의 경

72 『경세유표』 5-4, 전제 1, 井田論.

73 『경세유표』 5-2, 전제 1, 井田論 1.

전 원리를 원용한 해법이었다.

『경세유표』는 국가체제의 변법을 통해 왕정을 구현하고자 하는 것이므로, 개혁론의 거의 전 분야가 국가 행정력의 동원과 깊이 연속되어 있다. 살펴본바 정전 농민은 사사(私事)보다도 어디까지나 공사(公事)를 우선해야 한다. 가령 공(工)·상인(商人)은 읍성(邑城) 안에서만, 그것도 지역에 따라 수(數)를 정하여 일정하게만 영업도록 한다. 금·은·동과 같은 주요 광산의 개발은 개인에게 허용되지 않는다. 전국의 모든 선박은 전함사(典艦司)에서만 9등급으로 제작한다. 그는 인간을 자율적·주체적 존재로 이해하지만, 그가 고안한 9직의 인간들은 결코 자유로운 영업을 통해서 부욕(富欲)을 독자적으로 역량껏 추구할 기회를 온전히 보장받지는 못한다. 그는 개인보다도 공동체를 우선시하는 국가개혁론을 제시하였다.

다산의 변법론은 조선 후기의 현 실태에 극단으로 난무하는 온갖 비리와 인습을 제일적(齊一的)으로 극복하기 위한, 한층 더 고차원의 국가개혁론이었다. 다산 실학 자체가 유교[儒學] 본연의 원리와 이념을 추구하므로 그의 변법론 또한 유교 본래의 덕치(德治) 이념을 외면하는 편은 아니었다. 그러나 그는 또한 법치(法治)를 매우 강조하는 편이었다. 제일적 법치를 통해야만 인습과 비리의 현 실태를 극복할 수 있기 때문이다. 여기서 법치의 강조 또한 새로운 차원의 통치론에 속한다.

다산의 9직론에서는 공직을 맡는 '사(士)'를 위시하여 9직 종사자들 모두가 자기 직사를 전업적(專業的)으로 자영(自營)하게 된다. 자기 직사를 자영할 때 열성을 다하기 마련이요, 그래서 기술이 발전하고 생산성이 높아질 뿐 아니라 아름다운 인간 품성까지 길러진다. 더구나 다산은 인간의 자율적 주체성을 긍정하고 그 사회적 실천 능력이 크다는 소신이 있다. 인간 사회의 모든 가치 있는 것은 모두 그 일을 실행함으로써 구현된다는 그의 독특한 '행사주의(行事主義)'는 그 같은 인간의 자율적 주체성을 전제한다. 자율적·주체적 인간이어야만 자기 직사를 자기 책임하에 전업적으로 자영하면서 사회적 협업 관계 또한 제대로 수행할 수 있다.

그런데 이제 9직으로 편성 배치된 인간 각자의 사회적 실행 능력이 커질수록 국가의 정치적 간여는 축소되기 마련이다. 국가는 개혁을 통해 이들 자영적 생산자들에게 항산의 터전을 마련해줌으로써 만백성이 사회적으로 진출하고 성취하도록 하는 길을 편성 배치하고, 국가는 행정적 관리 기능을 행사하는 방향으로 자체의 기능을 조정하게 될 것이다. 앞에서 살펴본 것처럼 '정전제를 만든 까닭은 백성의 전산(田産)을 균평하게 해주기 위함이 아니라 나라의 조세(租稅)와 부렴(賦斂)을 바로잡기 위함이었다.' '전지(田地)를 나누는 법은 그 중점이 전지를 경치(耕治)하는 데 있는 것이지 전산을 마련해주는 데 있지 않다'는 원칙이 그 전형적 사례이다. 그래서 그 같은 원칙을 두고 소위 '정치와 경제의 분리', 혹은 '도덕과 정치의 분리'라는 '근대성'의 함의를 드러낸 것이라고 해석하는 연구도 나와 있다.[74] 새로운 안목에서 제시한 경청할 만한 이론이다.

---

74 "국가질서 가운데서 민생(民生)의 상호 제 관계를 자기 합리성에 바탕한 독자적 정재(定在)로서 승인하고 국가의 역할·기능을 그에 대한 공정한 부세 수취의 관계로 제한함으로써, 이른바 경제(經濟)와 정치(政治)의 근대적 분리로의 지향성을 적어도 논리적인 수준에서 확보하였다"는 것이 "다산 정전제론의 기본적인 역사적 의의"라고 한다(李榮薰, 1996, 「다산의 정전제개혁론과 왕토주의」, 『민족문화』 19, 민족문화추진회); "다산의 사유체계에 있어서 도덕·윤리와 정치·법령은, 나아가 사회와 국가는 분리되고 있었다. 바로 이 점이야말로 우리가 인간 사유의 발달사에서 보편적으로 발견할 수 있는 근대성의 핵심적 요소이다"(李榮薰, 2002, 「18~19세기 소농사회와 실학」, 『한국실학연구』 4, 한국실학학회).

그런데 여기서는 무엇보다도 만민을 전업적 9직으로 배치한다는 것 자체가 실상 국가 공동체를 위주로 하는 분업적 협업의 편성 형태임을 살펴야 할 것이다. 정전 농민은 각자의 사전(私田)보다도 항상 공전(公田)의 협치(協治)를 우선 수행하는 충순(忠順)한 습성을 쌓아, '변란(變亂)이 일어나는 날'에는 국가를 위해 큰 힘을 발휘하게 마련이다. 다산의 국가개혁론에서 교육제도라든가 산업 진흥책이 모두 통치행정의 연장선에 접속되는 것으로 구조화해 있다는 사실 또한 주의할 사안이다. 정전제를 시행하는 최하 행정단위에서도 공동체의 윤리 도덕을 지속해서 가르치고 단속하도록 조직되어 있음을 볼 수 있다.

> (네 계절) 첫 달 초하루에 이윤(里尹)은 그 이(里)의 백성을 모아 효(孝)·제(悌)·충(忠)·신(信)을 가르치는데, 법(法)을 한 차례 읽고 향약(鄕約)을 한 차례 타이르면 듣는 자는 모두 절한다. 허물 있는 자는 벌주고 행의(行誼) 있는 자는 상을 주는데, 그해 마지막에는 가장 착한 사람 1인과 가장 허물 많은 자 1인을 뽑아서 현령(縣令)이 상과 벌을 주도록 한다. … 살피건대 이미 부유해진 다음에는 가르치는 것이 옛 도(道)이다. 정전제가 이미 이룩되었으니, 효·제의 뜻을 깨우치는 것이 왕자(王者)의 정사이다(『경세유표』 8-39, 전제 12 정전의 4).

16정(井) 1리(里) 공동체 이장(里長)의 지휘 아래 매 계절 초하루마다 공동체의 법과 향약을 강론하고, 공동체적 윤리도덕에 비추어 선행·악행을 구별하여 상·벌을 내린다. 그리고 그것을 왕권 대행의 국가행정 단위로 접속시켜 시행한다. 그것은 곧 단위 공동체의 총체로서 국가공동체의 윤리도덕을 강론하며 실천하고 독려하는 행사이다. 정전 농민은 지속적으로 국가의 정치적·도덕적 교화와 단속 아래 놓여있다. 하필 이장과 현령의 '벌'이 아니더라도, 그 교화와 단속을 벗어나기는 어렵다. 정전제 자체가 개개인의 생업이 걸린 단위 공동체인 것이다.

더 나아가 다산은 경학 연구를 통해서도, 정치와 도덕적 교화가 결코 두 가지로 나뉘지 않는다는 소신을 직접 말한다.

> 왕정(王政)은 백성의 전산(田産)을 제도화하는 일보다 중요한 것이 없으니, 뽕나무 심고 가축 기르는 일을 가르쳐 처자(妻子)를 이끌어 부모를 봉양토록 하는 것이다. 만약 늙은이를 선발하여 일일히 혜양(惠養)하려고 한다면, 힘이 모자랄 뿐 아니라 또한 은혜롭기는 하지만 정치할 줄은 모르는 짓이다. 그래서 분전(分田) 제산(制産)이 본래 백성으로 하여금 그들의 부모를 봉양토록 하는 일임을 알 수 있으니, 효제(孝悌)의 가르침이 그 가운데서 자연히 행하여지는 것이다. 누가 정치와 교화에 두 가지 길이 있다고 하는가(『맹자요의』 1-51, 伯夷辟紂).

다산은 무엇보다도 현 실태 지배체제의 할거적·중층적 중간 농단과 그로 인해 자행되는 온갖 인습과 비리를 지양하기 위해, 그의 왕정론에서는 국가의 공공성(公共性)을 극단으로 강화하고자 한다. 동시에 현 실태의 지리멸렬성을 지양하기 위해 행정적·경제적 효율성을 최대한 제고하고자 한다. 그는 왕권을 두고서도 '천(天)의 사업을 대신한다'고 강조한다. 천의 운행처럼 강건(剛健)하고도 엄정(嚴正)해야 한다는 뜻이다. 그래서 『경세유표』에는 소위 '천리(天理)'라는 이념적인 것과 현실의 인간 실태 사이의 괴리 관계가 적지 않게 노출된다. 다산 실학도 현실과 이상이라는 양 측면의 갈등 관계를 온전히 해소하기는 어려웠던 것이다.

『경세유표』는 우리나라 전근대 역사에서 국가체제의 구성과 운용에 관한 제도적 원형(原型)들을 전반적·종합적으로 정리해놓았다. 그 원형들을 더 곡진하게 설명하기 위해 중국의 역사적 사례들까지 무수히 원용하였다. 무릇 국가라는 공동체를 운용하면서 그 주민들 각자가 각기의 실질을 살려 성취할 수 있는 다양한 길들을 곡진히 모색하고 제시하되, 이상적인 면에서부터 현실적인 면에 이르기까지의 모든 사례를 탐구함으로써 전근대 국가체제의 최후의 원형을 집대성해 놓기에 이르렀다. 그 최후의 원형은 이미 새 시대를 지향하는 다수 기준을 포괄하면서 새로운 국가론(國家論)으로서의 의미를 갖추게 된 것으로 평가된다.

제5장

다산의 국가 산업행정체계 개혁론

1. 머리말

유교(儒學) 경전(經傳)을 기본 텍스트로 하는 조선 후기의 실학(實學)은 왕정(王政)이라는 이상적인 국가체제를 실현하는 데 주된 목표를 두고 추구하는 학풍(學風)이었다. 다산 정약용은 실학의 집대성자로 일컬어지는 전형적인 국가개혁론자였다. 그가 구상한 이상적인 국가체제는 우선 정확한 국세(國勢)의 파악을 토대로 하고서야 실현할 수 있다는 것이지만, 현실은 전혀 그렇지 못하였다.

> 전지(田地) 경계(經界)를 바로잡지 못해서 숨기고 누락된 것이 반수(半數)나 되니, 소위 몇 결(結)이라고 되어있는 것은 실수(實數)가 아니다. 호적(戶籍)을 밝혀내지 않아서 가리고 모록(冒錄)한 것이 점차 불어나니 소위 몇 호(戶)라고 하는 것이 모두 허명(虛名)이다. 은결(隱結)을 전안(田案)에 올리고 진결(陳結)을 덜어낸 다음에야 실지 결수(結數)를 알 수 있으며, 누호(漏戶)를 잡아내고 허명은 삭제한 다음에야 실지 호수(戶數)를 알 수 있다. 이 두 가지 정사(政事)를 거행치 않으면 온갖 일이 모두 막혀서 그사이에 손 하나 쓸 수가 없다(『經世遺表』 4-9, 天官修制 郡縣分等).

그래서 그의 국가개혁론의 기초가 되는 정전제론(井田制論)은 전지(田地)를 기준으로 하고 거기에 호구(戶口)를 배치함으로써 전지와 호구를 유루 없이 파악한다는 원칙을 세워두고 있음이 특징이다.[1] 기초부터가 그러니, 그의 개혁론은 정치제도·행정조직을 비롯한 국가체제 전체를 전반적으로 새롭게 편성한다는 복잡한 내용을 이루게 되었다.

이 연구는 그 가운데 산업행정체제(産業行政體制)의 개혁이라는 측면에 국한해서 검토하고자 한다. 다산 실학은 지나간 시대와는 다른 새로운 이상적인 국가체제를 창출하려는 것이므로 산업 여러 분야의 개발 또한 우선적으로 국가정책을 통해서 행정적으로 성취하고자 하는 것으로 이해된다. 산업과 기술(技術)의 개발뿐 아니라 각 지역의 특성에 맞는 산업 여러 분야의 새로운 편성과 인력의 배치 또한 주로 국가행정력을 통해서 성취하고자 하는 것이 다산 실학의 큰 특징이다. 가령 정전제(井田制)의 시행과 전농(田農) 6과(科)의 분립, 더욱이 모든 주민의 9직(職) 분업론(分業論) 등에서 짐작할 수 있듯이 그것은 곧 차원을 달리하는 새로운 '산업사회'로 국가체제를 개조한다는 고안이라 할 수 있다. 그래서 그의 산업행정체제 개혁론은 전체 국가행정 개혁론 가운데에서 핵심적인 위치를 차지하는 것으로 이해된다.

구래의 국가라는 것은 주로 수탈기구(收奪機構)였으며 그 행정이라는 것이 결코 수탈행정(收奪行政)의 범주를 벗어나지 못하였다. 그러나 다산의 새로운 왕정론(王政論)에서는 중앙의 각 분야 산업행정기구를 별도로 설치하고, 각기 새로운 산업기술의 수용과 개발을 통해서 모든 분야의 산업생산력을 극대화해 발전시키고, 다시 이를 전국의 지역행

---

1 정지(井地)를 기초단위로 하고서 호구(戶口)를 배치하며 지방행정 조직을 편성한다는 원칙이다. "此縣之民 不得耕彼縣之田 或其村里 惟仰彼田者 徙其民以就田 … 制其村里以田束之 凡四井爲村 四村爲里 四里爲坊 四坊爲部 村置一監 里置一尹 坊置一老 部置一正"(『經世遺表』 8-6, 田制 10 井田議 2).

정 단위에 널리 전파하여 적극적으로 편성·배치·개발토록 함으로써 결국 국가를 부유하게 하고 신민(臣民)의 삶을 극히 풍요롭게 만든다는 의도적인 개혁론을 제기하였다. 물론 그 모든 개혁의 근원이며 추진력으로서 왕권(王權)의 본질부터 새롭게 정립해야 함을 전제하고 있다.[2]

그의 산업행정체제 개혁론은 물론 19세기 초 조선 왕국의 현실을 바탕으로 하고서 구상한 것이지만, 당장에 모두를 실현하고자 하는 것이 아니었다. 궁극적으로는 장차 정전제(井田制)를 기초로 하는 국가체제 전체의 개혁을 기다려서야 온전히 실현될 수 있는 이상론(理想論)임을 주의해야 할 것이다.

2. 산업·기술 개발론

다산이 살던 19세기 초 조선 왕국에는 대도시를 중심으로 이미 상업적 농업이 자못 번성하고 있었다.

> 서울의 안팎이라든가 번화한 큰 도시에서는 파밭·마늘밭·배추밭·오이밭이 10묘(畝)의 땅에서 수만 전(數萬錢)의 돈을 헤아린다. 서로(西路)의 담배밭, 북로(北路)의 삼밭, 한산(韓山)의 모시밭, 전주(全州)의 생강밭, 강진(康津)의 고구마밭, 황주(黃州)의 지황(地黃)밭은 상상등(上上等)의 수전(水田)과 비교해도 그 이(利)가 10배나 된다. 근년 이래로는 인삼(人蔘) 또한 밭에다 심는데, 그 남는 이익을 따지자면 혹 천 배나 만

2 金泰永, 2000, 「茶山 經世論에서의 王權論」, 『茶山學』 창간호, 다산학술문화재단 참조.

> 배가 된다. 이는 전지(田地)의 등급을 가지고서는 논할 수가 없는 것들이다. 비록 항상 심는 것으로 말하더라도 홍화(紅花)와 대청(大靑)은 그 이(利)가 심히 많다. 오직 목면(木綿)밭만이 오곡(五穀)보다도 배의 이(利)가 있을 뿐이 아닌 것이다(같은 책 8-17, 田制 11 井田議 3).

조선 후기에는 사회 제 분야의 분화와 분업(分業)이 점차로 활발히 진행되고 있으며, 도시 인구의 증가 현상 또한 점차 커지고 있었다. 사료는 각 지역에 적의한 농산물이 경쟁적으로 개발되면서 특산화(特産化)하고 있음을 말해준다. 그런데 이들 특산물은 모두가 집약적(集約的) 영농(營農)을 통해서 일반 곡물 농업보다는 강한 시장 경쟁력을 갖추게 된 것들이다. 특산물의 개발과 그것의 집약적 경영은 모두가 영농자(營農者)들의 자기 책임 아래서 자발적으로 이루어진 것이었다. 수도인 서울을 비롯한 대도시의 상업적 농업은 국가 행정력을 통해서 진흥시킨 것이 아님에도 이미 그와 같이 자율적인 번영의 길을 걷고 있었다.

그런데 대도시 중심의 상업적 농업을 제외한 여타 지역의 일반 산업은 어떠한 상태를 유지하고 있었는가.

> 내가 오랫동안 민간에 있으면서 보니 농가에서는 채소를 전혀 심지 않아, 파 한 뿌리·부추 한 단도 사지 않으면 얻을 수가 없다. 처음에는 시골 풍속이 고루하고 서툴러 채소 심을 줄을 모른다고 여겼다. 오래 살펴보니 대체로 농가에는 채소 심을 땅이 없고 여가도 없어서 농사와 겸해서 재배할 수가 없는 것이다. 마당으로 남새밭으로 번갈아 써서 땅에는 빈 곳이 없고, 동시에 여러 가지 일을 해야 하므로 사람은 한가한 날이 없다. 농(農)·상(桑) 두 글자는 예로부터 아울러 일

컬어져 오는 것이지만, 그 실상을 살펴보면 농사짓는 자는 양잠하지 않고 양잠하는 자는 농사짓지 않는다. 진실로 수령(守令) 된 자가 농민에게 양잠(養蠶)을 권장할 것 같으면 농민은 반드시 이를 괴롭게 여길 것이며 실효도 거두지 못할 것이다. 하물며 면화(綿花)가 이미 널리 보급되어 있고 비단옷이 급한 것도 아닌데 어찌 농민이 뽕나무 심기를 원하겠는가. 닭과 돼지란 곡식과 채소를 해치는 것이고, 염소와 돼지를 기르자면 지게미와 겨가 필요하다. 농가에서는 밭 갈고 김매는 일에 힘을 다 쏟고 어느 겨를에 채소를 가꿀 것이며, 소 먹이는 데에도 힘에 부치는데 어느 겨를에 돼지를 칠 수 있겠는가. 백성의 수령 된 자가 만약 한(漢)나라·위(魏)나라의 옛 방식을 따라 백성에게 목축을 권장한다면 백성은 괴로워하고 근심하며 수령의 오활함을 원망치 않는 자가 없을 것이다(『牧民心書』 7-11, 戶典六條 勸農).

이 사료는 19세기 초의 조선 농민 사이에서 경지(耕地)의 점유 분화(分化)가 거의 한계 수준으로 극단화하고 있는 사정을 전한다. 한 뙈기 마당을 남새밭으로도 활용하지 않으면 안 될 정도로 좁은 땅밖에 차지한 것이 없다. 밭갈이 소를 기르느라고 지게미와 겨를 다 들이고는 힘에 부쳐 다시 돼지를 칠 수가 없는 정도이다. 곡식 농사는 목숨을 부지하는 식량 문제에 직결된 것이므로 이에 모든 정성과 노력을 다 기울이고 보니, 채소 한 다발 따로 재배할 여력도 땅도 없는 것이다. 그것은 곧 모든 가족 노동력을 총동원하여 곡식 농사에 매달린다는 뜻이다. 그런데 하물며 양잠을 말할 수 있겠는가. 자고로 아울러 일컬어져 온 '농사와 양잠[農桑]'이란 것은 이미 '한나라·위나라' 시대의 '옛 방식'이다. 현재의 실정으로는 양잠은 고사하고 돼지나 양을 칠 수도 없고 채소조차 재배할 엄두를 내지 못한다. 그저 근소한 농지에 온 가족 노동력을 다 기울여 우선 밥이나 먹고 살기 위한 곡물 농사에 매진하는 수밖에 없게 되어있다.

그래서 다산은, '권농(勸農)의 행정'에서 "여러 가지 업(業)을 잡되이 권장하는 것은 선왕(先王)의 법이 아니라"고 하면서, 농민들이 각기 한 가지 산업에만 전업(專業)하도록 행정적으로 배치할 것을 말한다.[3] 그리고 소농민 경영의 영세성뿐 아니라 그 생산관계의 수탈성 또한 시급히 개혁하지 않고서는 어떠한 산업 분야도 '원시성(原始性)'을 벗어날 수 없음을 그는 강조한다.

> 시험 삼아 남방(南方) 사정을 논해본다. 수전(水田)에다 종자 10두(斗)를 뿌리면 대개 곡식 20포(苞)를 수확한다. 그중 10포는 전주(田主)에게 바치고, 2포는 종자(種子)와 세(稅)로 들어가며, 2포는 환자곡(還上穀)으로, 2포는 잡부(雜賦)(자잘한 명목은 지금 다 기록할 수도 없다)로 각각 들어가니, 농부가 먹는 것은 많아도 3~4포에 불과하다. 선왕(先王)은 10분의 1을 징수했는데 지금은 10분의 7~8을 내야 한다. 백성이 어떻게 마음잡고 살겠는가(『牧民心書』 1-14, 戶典六條 平賦司).
>
> 우리나라 풍속에는 목수(木手)라든가 야장(冶匠)이 나무를 다듬고 쇠 불리는 법을 좀 알고 있으면 관장(官長)이 사역을 시키되 삯은 주지 않고 매질만 빈번하다. 그러므로 팔뚝을 잘라버리고 손가락을 쪼개어 버리면서 그 자손들에게 타일러 금지시킨다. 다시 공장(工匠) 일하는 자들이 있을 수 있겠는가. 농구(農具)라든가 직기(織機), 배와 수

3 『목민심서』 7-11, 勸農. "勸農之政 宜先授職 不分其職 雜勸諸業 非先王之法也."

> 레 등이 아직도 원시시대의 옛 제도를 지키고 있으니, 전야(田野)는 날로 황폐해지고 재용(財用)은 날로 줄어든다. 한 번 수해(水害)나 한재(旱災)를 만나면 하늘을 원망할 뿐이요, 백성은 근심으로 가득하고 나라는 가난해져도 도무지 어찌할 도리가 없다(『中庸講義補』 1-40, 凡爲天下國家有九經節).

위의 사료는 10두락지(斗落地)를 경작하는 병작(並作) 소농(小農)의 처지를 말한 것이다. 이 시기의 조선에서는 병작농(並作農)이 전세(田稅)까지 부담하면서 부지런히 힘써야 병작지(並作地)를 겨우 확보할 수 있을 정도로 차지(借地) 경쟁이 치열한 상태로 진입해 있었다. 10두락지의 병작지라면 결코 지나치게 작은 영세농(零細農)이라고는 할 수 없는 경작지를 확보한 셈이었다. 그런데 가족 노동력까지 다 동원해서 부지런히 영농하더라도 결코 항구적 존립을 도모하기에는 어려운 작은 수익밖에 남는 것이 없다. 전주에게 절반을 바쳐야 하는 데다 환자(還上)와 잡부(雜賦)가 너무 과중한 부담을 지우고 있기 때문이다. 여기서 특히 환자와 잡부의 부담은 전국적으로 향리(鄕吏)들의 할거적 농단에서 기인하는 바가 매우 큰 것임은 널리 알려진 그대로다. 그같이 가혹한 수탈 관계를 개혁하지 않고서는 농민들이 '마음잡고 살기'는 참으로 어려울 수밖에 없다. "지금 호남(湖南) 일로(一路)에서 우려할 만한 것이 두 가지 있다. 그 하나는 민란(民亂)이요, 다른 하나는 이서(吏胥)의 탐학(貪虐)"[4]이라고 함이 다산의 관찰이었다.

4 『與猶堂全書』 제1집 19-15, 「與金公厚」. "今湖南一路 有可憂者二 其一民騷也 其一吏貪也."

아래의 사료는 각 지역 단위마다 수공업(手工業)은 물론이려니와 농기(農器)와 직기(織機)와 주(舟)·거(車)의 제도를 개발하여 민생(民生)을 유족(裕足)하게 할 책임을 맡은 수령 등의 '관장(官長)'이 그 본무(本務)는 유기(遺棄)해버리고 오히려 수공업자에 대한 침학과 수탈을 일삼고 있으므로, 어떠한 산업 분야도 결코 발전할 수 없다는 현실을 전하는 내용이다. 사례를 목수와 대장장이의 수공업 기술로 들고 있지만, 농업과 직포 등 현재의 필수적인 산업 분야의 기구와 기술의 자발적 개발은 전혀 기대할 수가 없는 실정이다. 하물며 새로운 산업 분야의 개발과 그 기술의 발전이란 것을 말할 수 있겠는가.

직접생산자에 대한 침학과 수탈 또한 하필 수령 같은 '관장'만의 능사가 아님은 더 말할 필요가 없다. 실제로는 각 도의 감사(監司)야말로 '큰 도적'이므로 이 "큰 도적을 제거하지 않으면 백성이 다 죽게 된다"는 것이 다산의 관찰이었다.[5] 더 나아가 "하읍(下邑)의 소리(小吏)로서 재상(宰相)과 체결하지 않은 자가 없다"고도 하지 않는가.[6] 이 시기에는 중앙의 재상으로부터 지방의 감사·수령과 그 아래의 관속(官屬)인 향리에 이르기까지 무릇 국가 지배층과 그 하수인을 통틀어 각계각층 모든 분자의 할거적 농단과 수탈이야말로 생산기술과 유통부문을 포함하는 전체 산업 분야의 발전을 가장 결정적으로 저해(沮害)하는 항구적 조건으로 되어있었다. 가령 조선 후기 새로운 상품화폐경제의 발전을 저해하는 구조적 현상을 예로 들어보기로 한다.

---

5 『與猶堂全書』 제1집 12-11~12, 「監司論」. "…若是者 庸詎非大盜也與哉 大盜也已 君子曰 大盜不去 民盡劉."

6 『여유당전서』 제1집 19-15, 「與金公厚」. "下邑小吏 無不締交宰相."

> 저점(邸店)이란 무엇인가. 오늘날의 이른바 선상(船商) 객주(客主)가 그것이다. 포구에 배가 닿는 곳이면 어디나 호민(豪民)이 점포를 차려놓고 무릇 장삿배가 와서 정박하면 그 물화(物貨)를 주관하면서 감히 이동(移動)을 못 하게 하고 스스로 거간꾼이 되어 임의로 그 값을 올렸다 내렸다 조종한다. … 창원(昌原) 마산포, 진주(晋州) 가산포 등에 있는 저점의 수익은 수천 수만 양(兩)이나 된다. 갯마을의 호민들이 다투어 점거하고 서로 작당하여 상대편과 분란을 일으킨다. 뇌물을 싣고 서울로 올라가서는 재상들과 결탁하고 감사에게 청(請)을 넣어 인허장(認許狀)을 얻어내어 그 권세를 믿고 횡포를 자행하여도 수령이 규제할 수가 없다. 그들이 선상들을 벗겨 먹는 일이 어찌 끝이 있겠는가. 연해의 여러 갯마을에서도 또한 모두 수령에게 뇌물을 바치고 인허장을 얻어낸다. 수령이 이미 뇌물을 먹었으니 그들의 횡포를 어찌 금할 수 있을 것인가(『목민심서』 6-34, 戶典 平賦 下).

중앙의 재상과 지방의 감사와 수령과 현지의 지배층인 호민이 결탁하여 자행하는 중층적 농단은 결코 일과성의 우연한 현상이 아니다. 그것은 구조적인 결탁이었다. 그 농단과 수탈 또한 결코 선상(船商)들만을 결딴내고 그치는 것이 아니었다. 결국은 그 선상들에게 화물을 공급하는 광범한 직접생산자들에게까지 역효과를 미칠 수밖에 없는 구조적인 연계를 지니는 것이었다.

그런데 인간은 어차피 사회적 연계를 지으며 국가를 이루고서 살아갈 수밖에 없는 존재이다. 그러므로 지배층의 할거적 수탈과 농단은 반드시 개혁되지 않으면 안 되는 것이며, 각종 산업의 진흥은 그만둘 수 없는 것이요, 그 기술과 기기(機器)의 개발 또한 의도적으로 착수하지 않으면 안 되는 것이다.

그렇다면 상업적 농업의 경우는 어떻게 자발적 개발이 이루어질 수 있었는가. 그 또한 지배층의 중간 수탈과 농단에서 예외가 되는 현상은 아니었던 것으로 해석된다. 장기적인 안목에서 고려한다면, 그런 중간 농단과 침탈을 받으면서도 그것을 견뎌내면서 상업적 농업은 더디게나마 성장과 발전을 계속하고 있었던 것으로 해석된다. 그러나 그 농단과 침탈 아래서의 성장과 발전이란 것은 너무나 큰 구조적 장애를 안고 있었다. 그 장애는 때로는 성장과 발전의 계기 자체를 근저적으로 침해하는 한계요인으로 작용할 수 있었다.

> 남쪽 해변의 예닐곱 고을에는 모두 귤과 유자가 생산되는데, 거기 딸린 여러 섬에는 그 생산이 더욱 풍성하다. 그런데 수십 년 이래 날마다 쇠퇴하고 달마다 줄어든다. … 그 까닭을 물으니 다음과 같이 말한다. 매년 중추(仲秋)가 되면 저졸(邸卒)이 이서(吏胥)의 대장(臺帳)을 가지고 나와 그 과일의 개수를 세고 나무둥치에 표시를 해두었다가 과일이 누렇게 익으면 비로소 와서 따가는데, 혹 바람에 몇 개 떨어진 것이 있으면 곧 추궁하여 보충하게 하고 그렇게 하지 못할 것 같으면 그 값을 징수한다. 광주리째 가지고 가면서 돈 한 푼 주지 않는다. 저졸을 대접하느라 닭을 삶고 돼지를 잡게 되니 그 비용이 많이 들고 이웃이 떠들썩하게 모두 이 집을 나무라면서 들어간 비용을 이 집에서 받아낸다. 이에 몰래 그 나무에다 구멍을 뚫고 호초(胡椒)를 집어넣어 나무가 저절로 말라 죽으면 대장에서 빠지게 된다. 그루터기에서 움이 돋으면 잘라버리고 씨가 떨어져 싹이 나면 보이는 대로 뽑아버리니, 이것이 귤과 유자가 없어지는 까닭이다. 근래에 듣기로는 제주(濟州) 또한 이 폐단이 있

다 하니, 이같이 해서 그치지 않는다면 몇십 년 안 가서 우리나라에 귤과 유자가 없어질 것이다(『牧民心書』 11-23, 工典六條 山林).

사료에 나타난 귤과 유자의 예는 실학의 산업 진흥론이 어떤 한계상황을 대변하고 있다는 사실을 증언한다. 즉 귤과 유자는 희귀 과물(果物)로서 남방에서만 생산할 수 있는 특산(特産)이다. 그러므로 이는 개발만 잘하면 분명히 경쟁력을 갖춘 상업적 농업의 종목이 될 수 있었다. 그래서 이 사례는, 민간에서 산업 개발의 욕구가 있다 할지라도 이를 현재의 인습적 수탈행정 체계의 할거적 농단 아래 그대로 방치해둔다면, 그 개발과 진흥은 아예 불가능한 것이라는 현실을 증언한다. 그러나 개발과 진흥을 통해서는 여러 산업 분야의 자발적인 증산 의욕을 크게 고취할 수 있으며, 그래서 국가와 민간이 다 함께 부유해질 수 있다는 적극적인 전망을 가지고서 그는 자기 나름의 개혁론을 제시하게 되었다.

다산은 『목민심서』를 통해서 구체적 현실을 점검하고, 『경세유표』를 통해서는 전반적인 국가개혁론을 제기하였다. 그것은 결코 지배층의 할거적 농단과 수탈을 금압하는 법령을 만들고 행정제도를 개선하는 정도의 소극적 개혁론을 제시한 것이 아니었다. 그는 국가체제 자체를 획기적으로 개혁함으로써 여러 산업 분야의 증산 의욕을 불러일으킬 수 있으며, 그래서 국가와 민생이 다 함께 부유해질 수 있다는 적극적인 개혁론을 제시하였던 것이다. 가령 그 같은 한 사례를 '목양(牧羊)'의 경우에서 살펴보자면 다음과 같다.

중국 사람이 "조선에는 양(羊)이 없다"고 하는데, 양이 없는 것이 아니라 양을 치지 않는 것이다. … 오직 외방 고을에서 각기 창고 뜰에다

> 10여 마리씩 기르는데, 창노(倉奴)로 하여금 스스로 기르도록 할 뿐이다. 그의 부지런하고 게으름이라든가 양의 수가 줄어들고 늘어남은 수령이나 감사가 살피거나 묻지 않는다. 양 한 마리가 늘어나면 창노에게는 1년 동안 해롭고, 두 마리가 불어나면 2년 동안 해가 된다. 양이 번식할 이치가 있겠는가. 이제 마땅히 목축을 맡은 관서(官署)를 다시 설치하고 목인(牧人) 수십 명을 증원한 다음, 근교(近郊)로 나누어 보내 양 치는 일에 전념하도록 할 것이다. … 연말에는 그 실적을 글로 써서 아뢰도록 하고, 본서(本署)에서 그 부지런하고 게으름을 고찰한 다음 호조(戶曹)에 보고한다. 그래서 공이 있는 자에게는 서반(西班) 말직(末職)에 참여할 수 있도록 한다면, 10년이 지나지 않아 조선에도 양이 많아질 것이다(『경세유표』 2-11, 地官戶曹 司畜署).

사축서(司畜署)는 원래 『경국대전』에서부터 『속대전』에까지 명칭이 등재되어 있으나, 그 후 어느 때인가부터 없어진 관서였다. 관서가 없어질 뿐만 아니라, 원래부터 사육해온 양도 관(官)이 그 사육의 방법을 방기하고 보니, 이제는 종양(種羊)조차 끊어져 가는 실정이 되고 말았다. 여기서 다산이 개혁하고자 하는 것은 "목축을 맡은 관서를 다시 설치"하여 목양장(牧羊場)을 설치하며 목인(牧人)을 설정하여 목양(牧羊)에만 전념토록 함으로써 목양 산업을 근본적으로 개발하는 일이다. 그리고 우수한 성적을 올리는 자에게는 관직을 수여하는 유인(誘引)을 도입한다는 것이다. 즉 국가 행정기관이 주도하여 민간인 축산 기술자를 양성하고 그들로 하여금 전업(專業)하여 적극적으로 개발토록 함으로써 목축 산업을 크게 진흥시킨다는 내용이다. 목양은 한 가지 사례에 불과하지만, 실로 국가를 부강하게 만들고 민생을 넉넉하게 하는 길은 곧 국가 행정력을 동원하는 적극적 개발을 통해서 여러 산업 분야를 진흥시키는 방법이라고 하는 것이었다.

> 백공(百工)의 기예(技藝)가 정밀하게 되면 무릇 궁실(宮室)과 기용(器用)을 제조하는 데서부터 성곽(城郭) 주선(舟船) 거여(車輿)의 제도에 이르기까지 모두 견고하고 편리하게 될 것이다. 진실로 그 법을 모두 개발하여 역행(力行)한다면 나라는 부유해질 것이요 군대는 강성해질 것이며 백성은 살기가 넉넉해져 장수하게 될 것이다. 그런데도 바야흐로 익히 바라보기만 하고 도모하지는 않으면서, 누가 차제(車制)를 거론하면 "우리나라는 산천(山川)이 험악하다"고 말하고, 누가 목양(牧羊)을 거론하면 "조선에는 양이 없다"고 말하며, 누가 말먹이로는 죽(粥)이 맞지 않다고 하면 "풍토(風土)가 각기 다르다"고 말한다(『여유당전서』 제1집 11-11, 「技藝論」 2).

다산은 무엇보다도 구래의 지리멸렬한 상태로 방기되어 있는 산업과 기술, 그리고 오랜 인습에 얽매여 있는 고정관념을 깨뜨리고, 모든 산업 분야를 국가기관이 주도하여 적극적으로 개발해야 한다는 개혁론을 제기하였다. 지금까지의 국가기관은 오히려 중간 농단과 할거적 침탈을 일삼는, 모든 산업 발전의 제1차적 장애 기구로 작용해왔으나, 이제부터는 모든 산업 분야를 적극적으로 개발하는 주무(主務)의 행정기관으로 다시 탄생시키지 않으면 안 된다는 것이었다.[7]

---

7 다산의 국가개혁론 가운데에는 이와 같이 국가기관의 새로운 조직과 편성·배치에 관한 내용이 매우 중요한 부분을 이루고 있는데, 이는 별도의 고찰을 요하는 과제이다.

그런데 국가 행정체계의 쇄신을 통해서 의도적으로 적극적 개발을 추진한다면 과연 여러 산업 분야의 생산력 수준이 획기적으로 발전할 수 있다는 생각은 어떻게 얻어진 것인가. 다산에 따르면 인간의 도덕적 심성은 어떤 개발을 통해서 성취하기란 힘든 것이지만, 사회의 산업기술 수준은 적극적 개발을 통해서 크게 발전시킬 수 있는 것이라고 한다. 다 아는바, "사람이 많이 모여 살면 모여 살수록 그 기예는 더욱 정밀해지고, 시대가 내려오면 내려올수록 그 기예는 더욱 공교해진다"[8]는 것이 다산의 소신이었다.

다산이 그와 같은 신념을 가지게 된 배경은 아마도 두 가지 사실에서 기인하는 것으로 짐작된다. 그 하나는 앞서 각 지역 특산(特産) 작물(作物)의 개발 사례에서처럼 새로운 경쟁력을 갖춘 영농 형태가 현실적으로 전개되는 객관적 사실에서 기인하는 것으로 이해된다. 그와 같이 경쟁력을 갖춘 상업적 농업은 이미 "전지(田地)의 등급을 가지고는 말할 수가 없는" 새로운 현상들을 구현하고 있었다. 즉 '전지의 등급'이라는 자연조건을 극복하지 못하고 거기 의존해오던 구래의 농업 수준으로부터 이제는 남북 각지에서 그것 가지고는 설명할 수 없는, 특산물의 개발과 그것의 집약적 경영이라는 새로운 영농(營農) 현실을 창출해내고 있었다. 자연에 대한 의존 상태로부터 이제는 자연을 적극적·다각적으로 활용하여 도시 인구의 수요에 적극적으로 대응하는 집약적 농업 개발이 현실화하고 있었다. 새로운 기술의 개발과 새로운 영농법의 결합으로 당해 분야의 농업 수준이 크게 발전하고 있음을 그는

8 『여유당전서』 제1집 11-10, 「技藝論」 1. "人彌聚則其技藝彌精 世彌降則其技藝彌工 此勢之所不得不然者也."

주시하고 있었던 것으로 이해된다.

그리고 다른 하나는 중국(中國)을 중심으로 하는 해외의 선진적 기술 수준을 알게 됨에서 기인하는 것으로 이해된다. 가령 무기를 두고 말하자면 서양의 홍이포(紅夷砲)에 대해서도 그는 이미 그 위력을 듣고 있었다.

> 이른바 홍이포라는 것은 그 속력과 파괴력이 대단히 맹렬하여 전고(前古)에는 비할 것이 없는데, 중국과 일본에서는 이를 사용한 지가 이미 오래다. 만약 불행하여 백 년 후에 남·북에 경보(警報)가 있으면 반드시 이를 가지고 올 것이다. 그러면 손을 마주 잡고 땅에 엎드려서 성(城)을 받들어 바치지 않을 자가 있겠는가. 그럼에도 불구하고 (우리는) 활고자[彄]가 벗겨진 활을 당기고 살촉도 없는 화살을 활시위에 물리되, 과녁을 백 보(百步) 밖에 세워놓고서 온 힘을 다해 맞히기를 요구한다. 그래서 맞힌 사람은 녹(祿)을 얻고 맞히지 못한 사람은 녹을 잃게 되는데, 이것을 가지고 절세(絶世)의 묘기(妙技)라 한다. 이 어찌 사리를 분간하지 못하는 막막한 짓이 아니겠는가(『여유당전서』 제1집 11-10, 「軍器論 2」).

이른바 '지리상의 발견'이라든가 혹은 산업혁명과 같은 사정을 아직 자세하게 알지 못하는 처지이지만, 중국에 드나드는 사행(使行)을 통해서 서양의 기술 수준을 견문하고 그 새로운 변화 현상에 대해 주목하지 않을 수 없었다. 그래서 우리가 직접 서양과 통교할 수는 없다 할지라도, "지금 병기(兵器)나 화기(火器)는 모두 새로운 제도이다. 일본의 조총(鳥銃)도 지금은 구식(舊式)이다. … 지금의 급무는 북쪽으로 중국에 가서 배우는 데에 있다"[9]는 사실을 그는 매우 중시한다. 일본과 유구(琉球)가 중국에 드나들면서 그 새로운 산업기술을 배우고 활용함에 따라 "민생은 유족해지고 군대는 강해지는" 현상을 그는 주목한다.[10] "중국의 새로운 법식과 교묘한 제도는 날로 더하고 달마다 늘어나 이미 수백 년 이전의 중국이 아닌데, 우리는 막연하게 지내면서 물어보지도 않고 오직 옛것만을 편안히 여기니, 어찌 이다지도 게으르단 말인가"[11] 하고 우려한다.

산업과 기술에 대한 다산의 신념은 그와 같이 국내외의 산업·기술의 실제 수준이 이전보다 크게 발전하고 있다는 현실에 기초하였다. 그의 산업행정체계 개혁론은 우선 그같이 선진적으로 발전한 국내외의 산업·기술 수준을 현실적 토대로 수용하면서, 국가 행정력에 의한 정책적·의도적 조직과 개발을 통해서 모든 분야의 생산력을 격단으로 발전시킴으로써 새로운 왕정(王政)의 산업정책으로 정립하고 전개하고자 하는 것으로 해석된다. 그것은 곧 국가 행정력을 동원하는 정책적·의도적 개발을 통해 모든 산업 분야의 생산력을 비약적으로 발전시킴으로써 새 시대를 창출하고자 하는 것이었다.

---

9 『경세유표』 2-28, 冬官工曹 利用監. "今兵器火器 皆是新制 日本鳥銃 今爲古調 … 今之急務 在於北學中原."

10 『여유당전서』 제1집 11-11~12, 「기예론」 3.

11 『여유당전서』 제1집 11-11, 「기예론」 1.

3. 전담 개발 행정론

다산이 제도적으로는 『주례(周禮)』를 기준으로 하는 국가개혁의 기본 법제를 구상하면서 사상적으로 『상서(尙書)』를 많이 참작하였다 함은 다 아는 사실이다. 새로운 이상적인 왕정(王政)을 창출하고자 하는 개혁론을 구상하면서도 그는 유자(儒者)였기 때문에 결국 유교의 옛 경전에서 그 기준과 근거를 구할 수밖에 없었다. 그런데 이미 그의 개혁론은 "시대가 내려오면 내려올수록 그 기예는 더욱 공교해진다"고 하여 산업·기술은 발전하는 것이라는 신념에 튼튼히 입각해 있었다. 비록 옛 경전에서 기준과 근거를 구한다 할지라도 그의 산업행정론은 어디까지나 현실의 기초 위에 서서 현실적으로 개발 가능한 것이라면 극대화하여 발전시킨다는 새로운 편성과 배치의 원칙으로 일관하는 것이었다. 그래서 등장한 원칙이 곧 모든 산업 분야를 의도적으로 개발하되, 분업적(分業的)으로 전담(專擔)시키고 책임지고서 성취토록 조직한다는 것이었다. 이제 그 사례들을 몇 가지 살펴보기로 한다.

먼저 산업 진흥의 기초인 전지(田地)·호적(戶籍)·부세(賦稅)를 전담하여 관장하는 기구로서 경전사(經田司)·판적사(版籍司)·평부사(平賦司)라는 별도의 기구를 설치하여 운용한다. 토지와 호적은 정전제를 기초로 하여 편성·배치·관리한다. 그리고 부세제도는 정전제도에서의 공전세(公田稅)뿐 아니라 새로이 개발하는 모든 산업 분야를 대상으로 소위 '9부(賦)를 제정(制定)'하여 징수함으로써 국가의 재용(財用)을 넉넉하게 하면서도 백성의 부담을 균평하게 한다.[12]

12 『경세유표』 1-13~14, 地官戶曹 平賦司.

호조 소속으로 사축서(司畜署)를 다시 설치하여 목축을 전담시킨다는 것은 앞에서 살펴본 바와 같다. 사포서(司圃署)의 경우도 마찬가지다.

> 심고 가꾸는 정사 또한 국용(國用)을 넉넉히 하고 백성의 살림을 돕는 일이다. 봉산·황주의 배, 가평·양주의 밤, 청산·보은의 대추, 풍기·순창의 감, 강진·장흥의 귤과 유자와 치자 등은 모두 마땅히 법을 정해서 심도록 권장할 것이다. 그래서 혹 널리 심어 숲을 이루고 능히 천(千)이나 만(萬) 주(株)에 이르도록 한 자는 사포서에 보고토록 하고, 그 허실을 조사한 다음 추천하여 서반(西班) 말직(末職)에 보임토록 한다. 묘당(廟堂)에서 불러 시험하되 능히 농서(農書)를 환하게 알고 그 땅에 알맞은 작물을 가려서 농포(農圃)를 경영할 만한 자는, 사포서 관직에 승진하여 보임시킨다. 그렇게 하면 10년을 지나지 않아 나라 안의 진귀한 과일을 이웃 나라에 판매하여 재용(財用)을 넉넉히 하기에 족하게 될 것이다(『경세유표』 1-17~18, 地官戶曹 司圃署).

사포서는 "원포(園圃)와 소채(蔬菜)에 관한 일을 맡는다"고 『경국대전』에 등재되어 있으면서도 실상 왕실에 채소를 공급한다는 명목 아래 현실에서는 전국 거의 모든 군현으로부터 공납(貢納)을 받으면서 막대한 피해를 끼치는 기구였다.[13] 다산은 이 기구를 전국의 과물(果物) 생산을 격단으로 진흥시킬 새로운 행정기관으로 재탄생시키고자 하는 것이다. 각 지역의 특산물을 개발하고 그것을 적극적으로 발전시키는 원동력을 관직이라는 유인(誘因)의 설정을 통해서 유도해내고자 하는 것도

13 『정조실록』, 정조 2년 7월 정미 기타.

흥미롭다. 앞에서 살펴본 상업적 농업의 발전이 새로운 부(富)의 획득이라는 유인을 통해서 자발적으로 질주하고 있었다는 사실과 통하는 대목이다. 그리고 각 지역의 특산 과물(果物) 산업이라면, 연암(燕巖) 박지원(朴趾源)의 「허생전(許生傳)」의 도고(都賈) 현상이 가리키는 그대로 이미 그 자체 발전의 길을 스스로 예비해가고 있었다는 사실 또한 여기서 참조해야 할 것이다. 다산이 여기서 외국에 대한 과물 수출까지 구상하고 있었다는 사실도 주목할 만한 것으로 이해된다.

그리고 다산은 다시 광산(鑛山)의 개발을 전담하는 사광서(司礦署)를 신설하여 금(金)·은(銀)·동(銅)·철(鐵)의 광산을 적극적으로 개발하고, 중국으로부터 그 제련술을 배워 와서 이를 전국에 보급한다고 하였다.[14]

또 가령 병조(兵曹) 소속 기관으로서는 양마(養馬)를 전담하는 목어사(牧圉司)의 신설을 주목할 필요가 있다. 종래에는 사복시(司僕寺)에서 주관하는 각 목장에서 양마(養馬)한다는 것으로 되어있으나, 실상은 유명무실하였다. 다산의 시대에는 "큰 군현이라도 그 경계 안에서 말 10필(匹)을 볼 수가 없고, 혹 있더라도 모두 과하마(果下馬)처럼 자그마한 종류여서 전마(戰馬)로 될 만한 것이 없다"[15]는 실정이었다. 전마의 확보를 위해서도 양마는 국가 주관하에 급속히 개발하지 않을 수 없는 정책 산업이었다.

> 목어사(牧圉司)는 8도의 목어(牧圉) 행정을 총관한다. 또 제도(諸道)의 부민(富民) 가운데 해도(海島)나 산장(山莊)을 가진 자로서 말을 사육할 만

14 『경세유표』 1-18, 司礦署.

15 『경세유표』 2-4, 牧圉司. "今大郡大縣 其四境之內 有馬十匹者不可得見 其或有之者 皆果下小種 無以爲戎馬 國之及政 莫馬若也."

> 한 곳이 있다면 우리[圉]를 설치해서 양마(養馬)하도록 하되, 관(官)에서 준마(駿馬)를 주어서 교미시켜 번식시키도록 한다. 말을 길러서 천(千) 필이 된 자에게는 준마 10필을 선발해서 본사(本司)에 납부토록 하고 그 나머지는 사매(私賣)함을 허락한다. 그리고 그 사람은 본사 관직에 바로 제수하였다가 법에 따라 천전(遷轉)하도록 함을 그만두어서는 안 된다. … 우리나라 사람들은 "북방(北方)은 일찍 추워지므로 양마할 수가 없다"고 하지만, 달단(韃靼)의 말이 북새(北塞)에서 매매되는 것에는 의문을 갖지 않는다. 또 "남방은 비습(卑濕)해서 양마할 수 없다"고 하면서도, 비룡마(飛龍馬)가 탐라(耽羅)에서 생산되는 것에는 의문을 갖지 않는다. 서로 통하지 못함이 이와 같으니, 목어(牧圉)의 일을 관장하는 기관을 설치하지 않을 수 없다(『경세유표』 2-4, 夏官兵曹 牧圉司).

목마(牧馬)에 관한 그의 안목은 결코 국내의 현상에 국한되지 않는다. 남으로는 제주에서 북으로는 몽고에까지 이르는 광범위한 것이었다. 일본과 유구의 사례를 거론하며 '북으로 중국에서 배운다'는 원칙을 천명함에서 알 수 있듯이, 그는 상대적으로 매우 개방적인 자세를 견지하고 있었다.

나아가 공조(工曹) 소속의 기관으로는 전국 산악의 식목(植木)과 금벌(禁伐) 행정을 맡는 산우시(山虞寺), 임목(林木)과 초피(貂皮)·인삼(人蔘) 등의 관리를 맡는 임형시(林衡寺), 저수지와 하천의 관리를 맡는 택우시(澤虞寺)와 천형시(川衡寺)를 설치하여 각기 당해 분야를 전담시키되, 새로운 분야를 개발하고 기술을 발전시키며 그 부세의 수취까지를 담당토록 한다고 하였다. 그리고 기와와 벽돌 제조를 전담하는 견와서(甄瓦

署), 각종의 직조(織造)를 담당하는 직염국(織染局), 제지(製紙) 산업을 담당하는 조지서(造紙署) 등은 특히 이용감(利用監)이 중국으로부터 수용하는 새로운 산업기술을 더욱 연구하고 개발하여 확고한 활용 단계로까지 확보한 다음 그 기술을 전국적으로 널리 보편화한다고 하였다. 가령 직염국의 경우를 살펴보면 다음과 같다.

> 우리나라에서 소위 직조(織造)한다는 것은 명주와 베에 불과하다. 비단·무늬비단·양모로 된 베는 아직 짤 줄을 모르고, 해마다 금은(金銀)으로 연경(燕京)에서 이를 무역해온다. 이미 공력(工力)을 갖추지 못하면서도 또 검소함을 숭상하지도 못하고 한갓 귀중한 보물만 허비함은 좋은 계책이 아니다. … 마땅히 이용감(利用監)에서 북으로 중국의 법을 배워서 좋은 법식을 본국(本局)에 알리도록 할 것이다. 본국에서는 공인(工人)을 모집하여 직조해서 왕실용으로 공상하며 또 그 방법을 제도(諸道)에 반포해서 만백성에게 가르친다. 이에 비단과 무늬비단은 모두 국내에서 가져다 쓰게 될 것이요, 금은을 산출하는 여러 산에서도 (침학(侵虐)으로 인한) 슬픈 빛이 없어질 것이다. 이는 국책(國策) 가운데의 지극히 귀중한 것이다(『경세유표』 2-38~39, 冬官工曹 織染局).

이용감에서 사람을 파견하여 중국의 선진 직조 기술을 익혀오도록 한 다음, 이를 직염국이 주관하는 모범(模範) 직조의 단계에서 온전히 우리의 것으로 수용하고, 다시 이 기술을 전국적으로 보급시켜 전국의 직조 산업을 보편적으로 발전시킨다는 구상이다. 그것은 다산이 외국의 선진 산업기술을 수용하여 우리의 것으로 개발하고자 하는 전형적 형태의 하나이다. 중국의 비단이 워낙 고래의 선진 산업임은 다 아는 바와 같다. 그런데 이 시기 조선의 명주(明紬)라든가 면포(綿布) 직조 기술이 과연 그러한 선진 기술을 수용할 단계로까지 발전하고 있었던 것인가. 이 시기 조선의 면포 산업은 가내부업(家內副業)으로서 널리 보편화하였을 뿐 아니라 지역적 특성에 따라 이미 전업(專業) 생산의 단계로까지 발전하고 있었다. 직염국은 그러한 현실을 바탕으로 하면서도, 더 적극적으로 외국의 선진 직조기술까지 수용하고 활용함으로써 직조 산업을 세계적 수준으로까지 보편적으로 발전시키는 주관 행정기구로서의 새로운 기능을 수행하고자 하는 것이었다.

이제 선진 산업기술의 전습(傳習)을 전담한다는 이용감(利用監)은 어떠한 의미가 있는 것인가.

> 진실로 기예(技藝)가 정교한 자에게 그 늠록(廩祿)을 더해주면, 사방의 기교(機巧)한 사람들이 장차 풍문을 듣고서 모여올 것이다. 농기구가 편리하면 힘을 적게 들여도 곡식은 많아지고, 직기(織機)가 편리하면 힘을 적게 들여도 포백(布帛)은 족하게 된다. 배와 수레의 제도가 편리하면 힘을 적게 들여도 먼 지방 물화가 정체되지 않으며, 인중(引重)·기중(起重)의 법이 편리하면 힘을 적게 들여도 대사(臺榭)·제방(堤防)이 튼튼하게 될 것이다. … 모든 농기(農器)·직기(織機)·병기(兵器)·화기(火器)·풍선(風扇)·물총으로부터 천문(天文) 역법(曆法)에 소용되는 의기(儀器)·측기(測器) 따위 모든 실용(實用)에 관계되는 기구는 전습(傳習)하지 않음이 없도록 하여 돌아와 본감(本監)에 바친다. 본감에서는 솜씨 있는 공장(工匠)들을 모아다 그 법을 상고하여 시험 삼아 제조토록 한다. 그래서 성과가 있는 경우, 제조(提調)와 공조판서(工曹判書)가 그 기술과 제조물을 고찰하여 혹 감목관(監牧官)이나 찰방(察訪)을 제수하고 혹은

현령(縣令)이나 군수(郡守)로 제수한다. 그리고 큰 공이 있는 자는 승격시켜 남(南)·북한부사(北漢副使)로 삼으며 혹은 그 자손을 녹용(錄用)한다. 이같이 하면 10년을 지나지 않아 반드시 성과가 나타날 것이며, 나라가 부유해지고 군사도 강해져서 다시는 천하의 비웃음을 사지 않게 될 것이다(『경세유표』 2-28~29, 冬官工曹 利用監).

이미 직염국의 경우에서 살핀 대로, 인재를 파견하여 중국의 선진 산업기술을 전습(傳習)해오게 한 다음, 이용감은 이 기술을 다시 선발된 공장(工匠)들에게 온전히 전수(傳受)시켜 모범(模範)을 제조토록 함으로써 그 산업기술을 우리 것으로 확고히 수용한다는 계획이었다. 그 제조 혹은 제작에서 큰 성과를 올리는 자에게는 관직을 수여한다는 유인(誘因)도 설정해두었다. 큰 성과를 쌓은 자에게는 인간이 본연으로 가진 부욕(富欲)과 귀욕(貴欲)을 충족시켜 준다는 것이었다. 그러한 욕구의 충족을 위한 경쟁 관계를 유발함으로써 산업기술의 정교한 개발과 그로 인한 생산력의 항구적 발전을 계획하고 있었던 것이다.

그리고 이용감에서 온전히 수용하여 확립하기에 이른 여러 산업기술은 이제 각기 전임(專任)으로 분담하는 당해 행정기구들에 의해 전국적으로 보급되고, 각 현지에서 실제 생산과 제조에 널리 활용한다는 구상은 이미 몇몇 사례에서 살펴본 그대로이다. 선진 외국의 산업기술일수록 국가의 산업행정을 통하여 수용하고 확보하며 전국적으로 보급하여 실제 산업에서 활용한다는 구상이었다.

다산의 산업행정 개혁론은 또한 물화의 신속한 유통과 상업의 원활한 발전, 그리고 군사적 활용을 위한 각종의 수레[車]와 선척(船隻)의 운행에 관한 구상을 포함한다. 그것은 이미 상품화폐경제의 단계로 들어

선 지 오래인 이 시기의 객관적 실제적 요청을 반영하고 있는 것이었다. 각종 지도(地圖)라든가 지리서(地理書)의 제작이 빈번하게 일어나고 있음도 그러한 실제적 요청을 반영하는 것이었다. 그래서 다산은 각기 전궤사(典軌司)와 전함사(典艦司)를 설치하여 수레와 선박의 제작과 관리를 전담하는 중앙 행정기관으로 삼는다고 하였다. 가령 전궤사는 중국의 수레 제도를 배워 와서 기술이 익숙해지면 전국 동궤(同軌)의 수레를 제작하도록 하되, "무릇 공사(公私) 간에 소용되는 수레는 모두 여기서 제작할 것이다. 그 공비(工費)를 계산해서 수레의 값을 일정하게 정하여 백성들이 값을 바치고 수레를 사 가도록 할 것이요, 혹 사사로이 만드는 것은 엄금한다"라고 하였다.[16] 그리고 전함사의 경우는 다음과 같다.

> 내가 배 만드는 것을 보니, 척도(尺度)를 쓰지도 않고 다만 눈어림으로 한다. 재목이 고르지도 않으므로 재목에 따라 배 모양이 다르게 된다. 혹 바닥은 짧으면서 뱃전은 길고, 혹 바닥은 좁은데 보[梁]는 넓으며, 혹 몸통은 작은데 키는 길고, 혹 몸통은 큰데 돛대는 짧다. 그래서 뱃머리와 꼬리가 서로 맞지 않아 등과 배가 결핏하면 서로 당겨져서, 혹 키를 들어도 뱃머리가 돌려지지 않고 혹 돛을 펼쳐도 노가 앞으로 나아가지 않는다. 혹 한 척이 우연히 법도에 얼추 맞게 만들어져 능히 달리고 능히 무거운 짐을 이겨내는 경우가 있으면 이에 괴이쩍게 여기면서, "저 배는 저와 같은데 이 배는 어째서 이와 같은가" 하고 탓한다. 아아, 배는 말[馬]이 아니다. 어찌 능히 날래

16 『경세유표』 2-34, 동관공조 典軌司.

고 둔함이 있을 것이며 건장하고 잔약함이 있겠는가. … 배 만드는 법은 이용감이 북쪽으로부터 배워 올 수 없는 것이며, 또 북학(北學)에 의존할 수 있는 것도 아니다. 중국 배와 왜국(倭國) 배로서 우리나라 연안에 표착하는 것이 해마다 10여 척이나 되고 유구(琉球)와 여송(呂宋) 배 또한 가끔 표착하는데, 그 제도와 모양이 기묘하고 정밀하며 견고하여 능히 풍파에 출몰하면서도 파손되거나 침몰되지 않는다. 이 배들이 표착하는 즉시, 이용감 낭관(郎官)과 함께 솜씨 있는 공장(工匠)으로서 분수(分數)에 정통한 자를 파견하여 합동으로 대조 점검하도록 한다. 여러 가지 부품과 체제의 길고 짧음과 넓고 좁음과 뾰쪽하고 뭉툭함과 높고 낮음을 모두 상세하게 관찰해서 그 치수를 기록한다. 그리고 거기 소용되는 재료 및 유회(油灰)와 배의 틈을 메우는 방법과 양쪽 날개에 판자를 붙이는 제도는 모두 그 규정과 방식을 물어보고 그 효과를 알아본다. 그래서 우리가 스스로 모방해 만들어서 털끝만큼도 어긋남이 없게 된다면, 이가 곧 북(北)으로 중국에서 배워 옴과 같다. 이에 그 비례(比例)를 가지고서 크고 작은 여러 배에다 풀이해 나누어 9등으로 되게 한다. 대선(大船)에 3등급이 있고, 중선(中船)에 3등급이 있으며, 소선(小船)에도 3등급이 있어, 그 길고 짧음과 넓고 좁음과 뾰쪽하고 뭉툭함과 높고 낮음의 차등을 모두 비례적으로 체감(遞減)한다. … 모든 공(公)·사(私) 간에 쓰는 조선(漕船)과 병선(兵船), 상인(商人)들의 배는 모두 9등급 안에서 한 가지 비례를 적용하도록 한다. 그 체재(體裁)가 9등급으로 정한 제도에 맞지 않는 것은 본사(本司)에서 고찰하여 잡아다가 그 배는 파괴해버리고 그 사람은 죄를 줄 것이다. 이는 참으로 고쳐서는 안 되는 법이다(『경세유표』 2-36, 동관공조 典艦司).

수레의 제도는 북으로 중국에서 배우고, 선박 제조술은 남방으로 일본·유구(琉球)의 선진 기술을 도입함으로써 규격화하여 제작한다는 다산의 구상은 매우 획기적인 개혁론인 것으로 해석된다. 그것은 산업기술의 객관적 존재 의의를 국가의 행정적 조정을 통해서 새로이 창출하고 부여한다는 극히 적극적인 구상이다. 일체의 사조(私造)를 허용치 않는다는 것은 산업기술의 수준을 격단으로 고양시킬 수 있는 지름길인 것으로 해석된다. 그것은 전제(田制)로서의 정전제(井田制)가 음악에서의 황종척(黃鍾尺)과 같이 필수적 기준이라고 함과 동일한 논리였다. 가령 각 군현(郡縣) 단위 수탈기구로서의 '민고(民庫)'라는 것은 전국적으로 없는 곳이 없되 그 방식은 "읍각부동(邑各不同)"이라는 것이 이 시기의 실태였다. 또 가령 "도량형(度量衡)의 무법(無法)"으로 말하자면 "한 성(城) 안이라도 저자[市]마다 같지 않고, 한 고을 안이라도 마을마다 같지 않으며, 한 마을 안에서도 집집마다 같지 않다"고 하는 형편이었다.[17]

국가 규정에 따라 명명백백한 표준(標準)을 세우고, 국가 행정력을 통해서 전국 통일의 명명백백한 규격화를 성취하는 일이야말로 지리멸렬한 인습의 할거적(割據的) 현 실태를 근원적으로 극복하는 가장 확고한 개혁안이었던 것이다.

객관적으로 명명백백한 표준의 확립은 점차 번성의 길로 들어서고 있는 상품화폐경제를 원활히 발전시키기 위해서도 필수적인 행정 조치였다. 그래서 전환서(典圜署)를 설치하고 여기서 금(金)·은(銀)·동(銅)의 주전(鑄錢)을 전담 주조(鑄造)하여 이를 널리 통행하도록 하며, 양형

17 『경세유표』 2-22, 秋官刑曹 量衡司.

사(量衡司)를 설치하고 전국의 도량형을 전담하여 엄격히 통일적으로 제작하고 운행시키도록 하며, 다시 권계사(券契司)를 설치하여 토지·노비·가옥의 문권(文券)을 종합적으로 관리한다는 개혁안을 제시하였다. 새로운 시대의 사회적 인간관계를 정립하기 위한 필수적인 기본 매개(媒介)·규제(規制)의 도구를 행정적으로 창출하고 정비해두려는 구상인 것으로 해석된다.

4. 전업 구임 책성론

다산은 인재를 선발·임용하는 요체로서, "재능(才能)을 헤아려 직책을 부여하며 오롯이 맡겨서 공적(功績)을 이룩하도록 한다"[18]는 원칙을 매우 중시한다. "그 대의(大意)는 모두 두 가지로 귀결된다. 여러 가지 일을 겹쳐 맡겨서는 안 되며, 잡기(雜歧)라도 편벽되이 폐지해서는 안 된다"고도 한다. 계속해서 그는 말한다.

> 전문(專門)으로 다스리는 직책이 없기 때문에 일을 익힘이 정밀하지 못하고, 오래 맡기는 법이 없으므로 치적(治績)을 이룩하지 못함이 이와 같다. 그러므로 우리나라 사대부들은 낮은 직계에서 청현(淸顯)한 관직을 지내고, 높아져서는 권요직(權要職)에 앉아있으면서도 방만하여 무엇이 어떤 일인지도 모르는 자가 대부분이다. 다만 이서(吏胥)들은 규정상 전임(專任)하고 구임(久任)하도록 되어있어 체제와 사례에

---

18 『여유당전서』 제1집 8-42, 「人才策」. "量才授職 專任責功."

익숙하여 환히 알고 일을 행함에 숙련되어 있다. 비록 강명(剛明)하고 재간 있는 관원일지라도 그들에게 물어보지 않을 수가 없다. 그래서 그들의 권력이 세어지고 간위(奸僞)가 날로 심해진다. 세상에서 '이서지국(吏胥之國)'이라 일컫게 된 것이 바로 그 때문이다. 지금 마땅히 관제(官制)를 적이 변통하여 안으로는 작은 부서의 낮은 관직에서부터 쓸데없는 자들을 도태하고 하나만을 두어 전임토록 하는 한편, 문(文)·무(武)의 장관(長官)들도 각기 한 사람을 뽑아 구임시켜서 치적(治績)을 책임지고 이룩하도록 하며, 밖으로는 감사(監司)·수령(守令)도 명성과 치적이 있는 사람을 선발하여 그 연한을 오래 맡긴다면, 인재가 모자라지 않고 백성이 그 혜택을 입을 것이다(『여유당전서』 제1집 8-39~40, 「人才策」).

인재를 뽑는 과정에서부터 재능(才能) 있는 적임자를 선발해 맡겨야 하며, 여러 직무를 책임지게 하지 말 것이며, 또 나라를 다스리자면 특수한 '잡기(雜歧)'라도 함부로 폐지해서는 안 된다는 원칙이다. 관직을 수행시키는 가장 요긴한 원칙은, 오롯이 맡기고[專任] 오래 맡겨서[久任] 책임지고 공적을 이룩하도록 한다[責成]는 세 가지라고 하였다.

그런데 그러한 원칙은 나라를 다스리는 문·무의 인재를 선임하는 데에만 적용되는 것이 아니다. 더 기초가 되는 여러 산업 분야의 개발과 편성과 인력의 배치도 마찬가지라는 것이 다산의 지론이었다. 그의 국가개혁론의 기초가 되는 정전제론(井田制論)에서는 다음과 같은 여러 원칙을 들었다.

선왕(先王)이 능력을 헤아려 전지(田地)를 준 것은 마치 재능을 헤아려 관직을 주는 것과 같다(『경세유표』 6-4, 地官修制 田制 4).

선왕의 뜻은 천하 백성에게 모두 고르게 전지를 얻도록 하려는 것이 아니라, 천하 백성이 모두 고르게 직(職)을 갖도록 하려는 것이었다. 직을 농사로 받는 자는 전지를 다스리고, 직을 공장(工匠) 일로 받은 자는 기구(器具)를 다스리며, 장사꾼은 물화(物貨)를, 목자(牧者)는 가축을, 우자(虞者)는 재목(材木)을, 빈씨(嬪氏)는 베 짜기를 맡아서, 각자 그 직으로써 먹을 것을 얻도록 했다. … 성인(聖人)은 조(租)·부(賦)를 바로잡는 데 힘썼지 전산(田産)을 균평히 해주는 데 힘쓰지 않았다. 다만 9직으로써 만민에게 권하여 각자 서로 도우면서 먹는 것을 얻도록 했을 따름이다(같은 책 6-16·20, 田制 5).

지금 우리나라에는 사(士)·농(農)·공(工)·상(商)이 뒤섞여서 구분이 없는데, 다만 한 마을에 사민(四民)이 섞여 살 뿐 아니라 또한 한 사람의 몸으로도 네 가지 업을 겸행한다. 이것이 한 가지 기예(技藝)도 성취되지 못하고 온갖 일에 법도가 없게 되는 까닭이다. … 오직 공·상 두 가지 백성은 불가불 읍성(邑城) 가운데 모여 살도록 함으로써 관중(管仲)이 제(齊)나라 다스리던 법을 따르지 않을 수 없다(같은 책 8-7, 田制 10 井田議 2).

하휴(何休)는 "기름진 땅과 메마른 땅을 3년마다 한 번씩 주인이 바뀌도록 한다" 하였으나, 이 또한 시행하지 못할 정사이다. 농민은 그 전지가 영업전(永業田)이 된 줄을 안 뒤라야 돌자갈을 추려내고 잡초를 제거하며 밭도랑을 단속하고 거름을 많이 주게 될 것이다. 만약 규정을 따라 3년마다 바뀌 가면서 농사지어야 함을 알게 된다면, 누가 그 같은 일을 즐겨 하겠는가(같은 책 5-33, 田制 3).

정전제론에 나타난 전지 배분과 관리의 원칙은 전지를 경작할 능력을 갖춘 적임자 농민에게만 그 능력에 걸맞은 전지를 준다는 것, 모든 생산자는 국가가 배정하는 9직 가운데 한 가지씩을 맡아 거기에만 전업하면서 각자가 서로 이바지하면서 먹고 산다는 것, 분업(分業)을 통해서야 '법도'가 서고 '기예'가 발전함으로써 생산성을 제고할 수 있다는 것, 또한 상·공업을 전업으로 받는 자들의 주거(住居)와 영업은 국가적 편성에 따라 읍성 안으로 제한 배치되어야 한다는 것, 그리고 농민 각 가호(家戶)가 받는 정지(井地)도 영업전으로 해둠으로써 그것을 항구적으로 관리하면서 생산성을 발전시키도록 유인한다는 것 등이 확인된다. 요컨대 국가 행정력의 관리 아래 모든 산업을 조직하고 편성하며 배치하고 관리한다는 원칙으로 일관하고 있음을 볼 수 있다.

그래서 정전제론에 등장하는 모든 직접생산자는 각자의 편의와 사익(私益)을 우선적으로 추구하는 존재라고는 할 수가 없다. '영업전'의 영농이라는 명제에서 유추되는 대로, 자율적·자립적 직접생산자로 정립되는 것임에는 틀림이 없다. 그런데 그는 또한 어디까지나 왕정(王政)이라는 이상을 추구하는 국가가 제정한 기준에 따라 국가 행정력의 통솔하에 편성 배치되어 새로운 산업 역군으로 정립되는 자율적 존재임을 주의할 필요가 있다. 여기서 자립적 영농 주체로서의 산업 역군은 국가 행정력의 규제와 함께 그 지원(支援) 또한 받게 되지만, 동시에 산업의 자율적 자영(自營)을 통해 국가에 이바지하게도 되는 존재이다. 자립적 생산 지반을 갖추고 역사적으로 성장함으로써 드디어 주체적 인간 존재로 정립될 것으로 해석된다.

그것은 지리멸렬한 구래의 인습을 타파하고 돌파하기 위한 국가개혁론의 일부로 제시한 것이었다. 가령 오래고도 기괴(奇怪)한 습속 그대로를 되풀이하고 있는 현실의 농사 실태를 참작할 필요가 있다.

> 지극히 어리석은 자는 백성이요 지극히 정밀한 것은 농사의 이치이다. 반드시 사리에 밝고 물정에 통달한 군자(君子)가 있어 백성을 위해 농사(農師)가 되어 그들을 가르치고 훈도하여 토양에 알맞은 곡식을 분별하고 농기구의 사용을 편리하게 함으로써 그들이 미치지 못한 점을 도와준 후에라야 백성이 할 일을 알게 되고 농사짓는 것이 농법(農法)에 맞게 된다. 우리나라 백성은 옛날부터 지금까지 그들 제멋대로 농사를 지어왔다. 군자의 가르침을 들어본 적이 없다. 그렇기 때문에 종자를 선택함에 정밀하지 못하고 종자를 보관함에 조심성이 없으며 파종을 하는 데도 일정한 법도가 없다. … 기기괴괴한 짓이 곳곳마다 습속을 이루고 있으니, 작은 걱정이 아니다(『목민심서』 7-1~2, 戶典六條 勸農).

그같이 '기기괴괴한 습속'을 극복하기 위해서 다산은 새로운 국가 기준을 세우고 국가 행정력을 동원함으로써 국가의 산업 전반을 의도적으로 새로이 개발하고 적극적으로 진흥시키고자 한다. 그는 모든 산업 분야에도 전업(專業)과 구임(久任)의 원칙을 적용한다. 즉 모든 신민(臣民)을 상대로 그 현실적 자질과 능력에 따라 사(士)·농(農)·상(商)·공(工)·포(圃)·목(牧)·우(虞)·빈(嬪)·주(走)의 9직으로 나누어 맡기되, 각기 한 가지씩에만 전업(專業)하도록 하며 동시에 각자가 자기의 직을 항구적 직업으로 맡아서 책임지고 공적을 이루어내도록 한다고 하였다.[19]

---

19 『경세유표』 8-35, 田制 12 井田議 4. "民職有九 一曰士 二曰農 三曰商 四曰工 五曰圃 六

"백성이 9직으로 나누어짐은 천리(天理)이다. 비록 위에서 시키지 않더라도 백성은 스스로 나누어질 것이다"라고도 확신한다.[20] 사회관계의 전개에 따라 각 직업의 사회적 분화와 전업화는 필연적으로 진전될 형세라고 하는 소신을 피력한 것으로 해석된다.

9직 가운데 '사(士)'는 상하 여러 종류의 치민직(治民職)을 분담하는 것이며 '주(走)'는 잡역 담당자를 가리킨다. 상(商)·공(工) 또한 국가의 행정적 관리에 따라 각기 읍성 안에서 영업하도록 배치된다는 것은 앞에서 살펴본 바이다. 여기서는 이제 농업 분야의 경우에만 국한해서 개혁론의 내용을 좀 더 구체적으로 고찰하기로 한다.

다산이 『경세유표』를 저술한 것은 1817년이요, 『목민심서』를 저술한 것은 그다음 해였다. 그래서 『경세유표』에서 미처 다 서술하지 못한 내용을 『목민심서』에 추가로 서술해둔 부분들이 있게 되었는데, 농업을 6과(科)로 나누어 권장한다는 내용이 그 적실한 사례이다. 다산은 『주례(周禮)』 각 편의 내용과 그 후 역대(歷代)의 역사적 사례들을 고찰하고 나서 자기 나름으로 고안한 농업 6과의 진흥책을 개진한다. 여기서 농업 6과의 구분은 각 군현을 단위로 하는 것이며, 그 진흥의 추진력도 각 군현이라는 현지에서 왕권(王權)을 대행하는 수령의 행정력임

曰牧 七曰虞 八曰嬪 九曰走(閒民無業者 受雇行走)." 그런데 다산의 이 분류는 『周禮』 天官冢宰 第一 大宰之職에 나오는 9직(職), 즉 삼농(三農: 9穀의 생산)·원포(園圃: 과일 채소의 재배)·우형(虞衡: 山澤의 재목 재배)·수목(藪牧: 鳥獸의 사육)·백공(百工: 金·玉 등 8材의 精鍊)·상고(商賈: 물화 유통)·빈부(嬪婦: 織造)·신첩(臣妾: 疏材의 聚斂)·한민(閒民: 잡역)의 경우와는 다소 다른, 다산 독자의 9직론이다. 『주례』의 9직을 다산은 자세히 해설하고 있는데, 그 신첩(臣妾)은 노비(奴婢)에, 그리고 한민(閒民)은 일용잡역(日用雜役) 종사자 즉 '주(走)'로 비정하였다(『경세유표』 10-10, 賦貢制 1 九賦論).

20 『경세유표』 10-13, 賦貢制 1 九賦論. "民分九職 天之理也 上雖不令 民自分也."

을 주의할 일이다.[21]

> 무릇 권농(勸農)의 정사는 6과로 나누어 각기 그 직(職)을 주고 그 성적을 고과(考課)하여 공적(功績)이 좋은 자를 등용함으로써 백성의 생업을 권장할 것이다. … 전농(田農)이 한 과요(9곡(穀)을 생산한다), 원전(園廛)이 한 과이며(백과(百果)를 심는다), 포휴(圃畦)가 한 과요(백채(百菜)를 심는다), 빈공(嬪功)이 한 과이며(포백(布帛)을 생산한다), 우형(虞衡)이 한 과요(백재(百材)를 심는다), 축목(畜牧)이 한 과가 되니(육축(六畜)을 사육한다), 공(工)·상(商)·신첩(臣妾)을 합하면 의당 9직이 된다(『목민심서』 7-12~13, 戶典六條 勸農).

원래 『주례』의 직제로는 '원포(園圃)'가 하나의 '과'로 되어있는 것이지만, 다산은 이를 '원전(園廛)과 포휴(圃畦)'의 2과로 나누어 설정한다. 아마도 과물(果物)과 채소(菜蔬)는 별도의 분야를 세워 각기 전담하여 재배토록 하는 것이 실정에 맞는 것이라는 생각에서인 것으로 이해된다.[22]

위와 같이 각 군현의 수령은 그 경내의 농민들에게 농업 6과를 각기 전업적(專業的)으로 분담시킬 뿐 아니라, 농민 각자의 업(業)을 다시 여러 항목으로 세분하고 혹은 그 재배 과정을 여럿으로 세분하여 힘써 영농

---

21 다산은 지방 행정조직을 12성(省)·314군현(郡縣) 정도로 나눈다. 그의 개혁론에는 '8도(道)' 혹은 '12성(省)'이라는 표현이 섞여 등장하는데, 이는 물론 '성(省)'으로 통일되어 나아갈 것이다. 또 '읍성(邑城)'이란 것은 각 군현의 읍성을 말한다.

22 그리고 『경세유표』에서 그 자신이 구상한 9직 가운데의 '주(走)'는 "업(業)이 없는 한민(閒民)으로서 남의 고가(雇價)를 받고 잡역에 종사한다"는 품팔이꾼을 가리키는 것인데, 여기서는 그것 대신에 '신첩(臣妾)'을 설정해두고 있음도 주목된다. 아마도 해체 단계에 놓여있는 노비(奴婢) 제도의 귀추를 생각하고서, 그리고 농민층의 분화에 따라 도시 노동자의 수가 점차 증대하고 있는 객관적 현실을 감안함에서인 것으로 이해된다.

하도록 권장한다. 권장의 방법은 곧 농민 각자가 각기 쌓는 실적(實績)을 고찰하여 평가하는 고과(考課)를 통해서 책성(責成)토록 하는 것이다.

> 그 고과하는 방법은 다음과 같다. 전농(田農)에 9항목이 있으니 첫째는 갈아엎기요, 둘째는 거름내기요, 셋째는 파종이요, 넷째는 써레질이요, 다섯째는 모내기요, 여섯째는 김매기요, 일곱째는 수확이요, 여덟째는 제방(堤防)이요, 아홉째는 관개(灌漑)이다. 이상의 9가지 일로 그 성적을 고찰하는데, 밭농사를 고과하는 경우에는 부종(附種)을 모내기에, 밭도랑 치기를 제방에, 진전(陳田) 개간을 관개에 각각 해당시킨다.
>
> 원전(園廛)에 9가지 항목이 있으니 대추·밤·배·감·매실·살구·복숭아·오얏·호도로 9과(果)를 삼아 그 성적을 고과하되, 나머지 여러 과일은 각각 토산(土産)에 따라 혹 출입(出入)이 있을 수 있다. 능금·빈파(頻婆)[사과]·앵두·석류·귤·치자·모과 등은 그 토의(土宜)에 따를 것이다.
>
> 포사(圃師)에 9가지 항목이 있으니 파·부추·마늘·생강·오이·박·배추·겨자·무로 9가지 채소를 삼아 그 성적을 고과하되, 그 나머지 여러 채소는 비슷한 종류에 포함시키기도 하고 혹은 토의에 따라 출입이 있을 수 있다.
>
> … 무릇 채소나 과일 등속은 반드시 교통이 편리한 큰 고을이나 도시의 성곽을 끼고 있는 땅이라야 심고 재배하기에 마땅하다. 거름을 쉽게 얻을 수 있으며 판매가 용이하기 때문이다. 외진 마을 궁벽한 곳에다 이런 것들을 심어서 어찌하겠는가. 도회지 사람들은 좋은 채소와 진귀한 과일을 먹을 수 있지만 시골 사람들은 그럴 수가 없는

것이다. 수령이 원포(園圃)를 권장하려면 반드시 원사(園師)·포사(圃師)를 모집하여 그들로 하여금 읍내에 살도록 한다. 성곽을 끼고 있는 땅을 주어 채소를 재배토록 하고, 또 공지(空地)를 구하여 구과(九果)를 심도록 한다. 소읍(小邑)에는 9인, 중읍(中邑)에는 18인, 대읍(大邑)에는 27인을 모집하여 각자에게 땅을 주고 일하는 데 드는 비용을 보조해주며, 별도로 군관(軍官) 2인을 차출하여 원감(園監)·포감(圃監)으로 삼을 것이요, 공적의 고과를 규정대로 한다.

… 축목(畜牧)에 9가지 항목이 있으니, 말·소·염소·돼지·당나귀·닭·거위·오리, 그리고 연못에 기르는 물고기의 9종으로 그 성적을 고과한다.

… 축목도 역시 그러하다. 소를 치는 자에게는 산을 주고 염소를 치는 자에게는 섬을 주며 돼지 치는 자에게는 읍성 부근의 땅을 주어 우리[圈]를 만들게 하거나 혹은 작은 섬을 주기도 한다. 닭을 치는 자에게는 노는 땅을 주어 구덩이를 파게 하고 울타리와 덮개를 만들어 농사에 해가 없도록 한다. 거위와 오리를 치는 자에게는 개울이나 도랑이 있는 땅을 주고, 양어(養魚)하는 자에게는 못이나 늪이 있는 땅을 준다.

… 부공(婦功)도 역시 그렇게 한다. 9인이나 27인을 모집하여 관전(官田)을 주고 토의(土宜)를 살펴 오로지 9재(材)를 재배토록 하되, 공적의 고과는 규정대로 한다(『목민심서』 7-13~4, 戶典六條 勸農).

각 군현의 수령은 경내의 산업 실정을 종합 고찰하여 국토를 가장 효율적으로 배분 활용할 것이며, 각 분야에 재능을 가진 적임자를 현실에 알맞은 인원만큼 모집하여 적재적소로 배치함으로써 그들의 자발성을 최대한으로 이끌어내야 할 것이다. 특히 훌륭한 실적을 쌓은 자를 객관적 기준에 따라 엄선(嚴選)하여 상부로 보고하는 일에도 힘을 기울여야 한다.

> 여러 향(鄕), 여러 이(里)에서 각각 상농가(上農家)를 뽑는다. 대략 1정(井)의 8가(家) 중에서 3, 4가를 선발하되 상족(上族)·중족(中族)·하족(下族)에 구애됨이 없이 오직 농사에 힘써 100묘(畝)를 온전히 받아 농사 짓는 자라야 선발에 참여시킨다. 전지 100정마다 1인의 농정(農正)을 두고 그 공능(功能)을 상고하여 현령(縣令)에게 보고하면 현령은 이를 받아 9등의 등급을 매기기를 고과법(考課法)과 같이 한다.…
> 무릇 공적을 고과하여 가장 우수한 자에게는 그 고을에서 진기한 물건으로 상을 주고 그 고을의 직임(職任)을 준다. 감사(監司)는 여러 고을의 고과표를 모아 그 우열을 비교하여 3인을 선발하고 이를 전조(銓曹)에 추천한다. 전조에서는 각 도(道)의 추천장을 모아 그 우열을 비교하고 직업을 참작하여 매양 3분의 2를 취하여 초사(初仕)로 보임하되, 농(農)·빈(嬪)·우(虞)·형(衡)은 이조(吏曹)에서 경전원외랑(經田員外郞)에 보임하고, 원포(園圃)·축목(畜牧)은 병조(兵曹)에서 무원원외랑(武院員外郞)에 보임한다. 벼슬한 지 만 2년이 되면 동반(東班) 소속은 나아가 찰방(察訪)·감목(監牧)이 되게 하고 서반(西班) 소속은 나아가 보장(堡將)·성장(城將)이 되게 한다. 그렇게 하면 여섯 분야의 직업이 백성의 항구적인 산업이 되어 10년이 지나지 않아 온갖 곡식 과일 채소가 다 먹을 수 없을 만큼 많아질 것이다. 재목이 다 쓸 수 없을 만큼 많아질 것이요, 물감이 다 물들일 수 없을 만큼 많아질 것이며 가축(家畜)과 어물(魚物)이 나라 안에 가득하게 될 것이다. 나라를 부유하게 하

고 백성을 넉넉하게 하는 정사가 이보다 더 큰 것이 있겠는가(『목민심서』 7-13~14, 戶典六條 勸農).

각 군현의 수령은 당해 지역의 적의하고 유용한 산업 분야를 가능한 한 유루 없이 적극적으로 개발할 책임을 진다. 농업 6과에 관한 한 직종상의 분업(分業)이 일어나고 그 분업적 전치(專治)에 따라 각기의 산업 기술이 가일층 발전할 것임은 충분히 예상되는 일이다. 게다가 분야별로 우수한 영농가(營農家)를 장려하는 유인(誘引)이 설정되고, 다시 각 군현, 도(道) 단위로 최우수 영농가를 선발하여 중앙에 추천하면 이(吏)·병조(兵曹)에서 그들을 문(文)·무(武)의 관직으로 등용한다는 구상은 어디서도 찾아볼 수 없는 획기적인 개혁안이라 할 수 있다.

조선 후기의 실학(實學)은 인간 본연의 욕구(欲求)를 긍정하는 방향으로 전개되고 있음이 특징이다. 특히 다산은 인간을 사회적 존재로 규정하고, 모든 가치 있는 것은 사회적 실천을 통해서 성취된다는 이른바 '행사(行事)'주의의 신봉자이다. 그는 사회적 인간의 기본적 욕구로 귀욕(貴欲)과 부욕(富欲) 두 가지를 긍정하였다. 그 같은 전제 위에 그는 다시 전에 없던 경쟁의 원리를 도입함으로써 기본적 욕구 충족을 위한 개별 인간들의 분발력(奮發力)을 극단으로 유발하고자 고안한 것이다.

살펴본 바와 같이 농업의 모든 분야를 전업적으로 새로이 배치 권장하되 그 최우수 영농가를 관직으로 유인하는 제도를 도입함으로써 자발적 경쟁력을 유발한다면, 각 분야의 생산력이 저변으로부터 크게 발전할 것임에는 의심의 여지가 없다. 그리고 농업 각 분야가 남김없이 다 개발됨에 따라 산업 전반적으로 연관된 상호 발전이 이루어지고, 국가 전체로 보아 소위 고용의 극대화를 달성할 수도 있을 것으로 예상된다.

그야말로 만민이 각기 제자리를 얻어[各得其所] 제 능력을 발휘할 수 있는 직업을 항구적으로 전업하며[專業과 久任] 자신의 직역(職役)을 자기가 책임지고 성취하도록 하는[責成] 국가 행정조직이 항구적으로 작동한다면 산업 분야에서 왕정의 실현은 그리 멀지 않으리라고 기대된다. 그래서 국가적 생산력이 격단으로 더 고양될 수 있을 뿐 아니라, 사회적 분업 관계를 통해서 전체 국가체제가 하나의 공동체로서 유기적으로 운용될 수 있을 것이다. 분야마다 증산(增産)이 성취되고, 부민(富民)과 부국(富國)의 효과가 동시에 실현될 것으로 기대할 수 있을 것이다. 그야말로 왕정의 산업경제적 지반을 튼튼히 확보할 수 있을 것으로 기대된다.

그런데 다산이 9직론을 전개한 것은 국가의 산업 분야를 유루 없이 다 개발한다는 데에만 뜻을 둔 것이 아니었다. 모든 산업 분야를 개발하고 그 모두에서 '부(賦)'를 거둠으로써 국가 재정 또한 크게 유족하게 한다는 데에도 큰 뜻이 있었다. 가령 "지금은 산림(山林) 천택(川澤)을 버려두고 수세(收稅)하지 않으면서 오직 농사짓는 백성만 벗기고 족친다. 그래서 공사(公私) 간에 쓰임이 모자라고 상하가 아울러 곤란을 받는데, 오직 탐관오리와 토호(土豪) 간민(奸民)이 중간에서 그 이(利)를 독차지한다"[23]는 실태의 지적에서 보이는 바와 같다. 그래서 그는 가령 공조(工曹) 소속으로서 전국의 산림(山林) 행정을 관장하는 산우시(山虞寺)라는 중앙의 산업기구를 신설하고서 그 기능을 규정한다.

23 『경세유표』 2-27, 冬官工曹 澤虞寺.

국가 제도로는 사산참군(四山參軍)이란 것이 있어 오직 서울의 사산(四山)을 관장한다 하는데, 그 제도가 미비(未備)하다. 12성(省)의 명산(名山) 대악(大嶽)의 예에 따라 모든 산들을 문적(文籍)에 기록하여, 그 방위와 구역을 분별하며 그 토의(土宜)를 구별하고 그 식목(植木)하는 일을 관장하며 그 금벌(禁伐)을 살피고 그 부세(賦稅)를 거두어 국용(國用)을 돕는다(『경세유표』 2-25, 冬官工曹 山虞寺).

신설하는 것이든 혹은 개편하는 것이든 중앙 소속의 산업행정기구가 당해 분야의 산업을 개발하고 기술을 수용하여 이를 전국적으로 전파하고 관리하면서 부세를 거두는 기능을 수행함은 다산의 국가 산업행정체계 개혁론의 전형적 사례이다. 그는 경전의 새로운 해석을 통해서, 원래 선왕의 법에는 '전(田)'과 '부(賦)'가 각기 다른 수세(收稅) 항목으로 양립하고 있었음을 강조한다. '부'는 전지를 다스리는 농민이 아닌, 여타 직업을 맡은 자들이 각기 자기의 소산물(所産物)을 바치는 세(稅)의 항목을 총칭한다.

전등(田等)과 부등(賦等)이 이미 서로 다른 것인즉 전(田)은 전지(田地)에서 내는 것이고 부(賦)는 별도로 거두는 것이었다. 각각 하나씩의 법을 이루고 있었는데, 선유(先儒)가 경전을 해석하면서 매양 그 부(賦)를 전지에서 내는 것이라고 했다. 잘못된 해석과 그릇된 뜻으로 이리저리 얽어 둘러서 이치에 합당하지 않음이 많다. … 전법(田法)과 부법(賦法)을 두 가지로 양립시켜 국가 재용의 근원으로 삼았는데, 경서(經書)의 뜻이 한번 어두워지자 (선왕(先王)의) 전장(典章)도 드디어 무너져 버렸다. 국가를 경영하는 자가 나라를 건설하고 표준을 세우는 시초에 아예 부법(賦法)을 다스리지 않는다. 그래서 그 폐단은 징렴(徵斂)에 한도가 없어져서 만백성에게 해독을 끼치게 되었다. 아아, 경서(經書)를 쉽게 말할 수 있겠는가(『경세유표』 10-3, 賦貢制 1 九賦論).

무릇 몸에 직사(職事)가 있는 자는 각기 그 직사를 닦아서 가지게 된 것을 바친다. 농자(農者)는 곡식을 바치고 포자(圃者)는 채소를 바치며 공장(工匠)은 기물(器物)을 바치고 상자(商者)는 보화(寶貨)를 바치며 목자(牧者)는 축산물을 바치고 빈자(嬪者)는 베를 바치며 형자(衡者)는 산물(山物)을 바치고 우자(虞者)는 택물(澤物)을 바친다. 그리고 직사가 없는 자는 다만 부포(夫布)를 바친다(『경세유표』 10-9, 賦貢制 1 九賦論).

그러고 보면 다산의 9직론은 국가의 산업 여러 분야를 다각도로 균형 있게 개발하는 길일 뿐 아니라, 동시에 국가의 재정 수입을 다양한 항목의 설정을 통해 크게 늘림으로써 새로운 왕정을 실현하는 물질적 기초를 확고히 확보코자 하는 뜻을 깊숙이 간직하고 있었다.

5. 작동의 점검: 고적론

이미 누누이 살폈듯이 각 지역 산업의 여러 분야를 그 지역 실정에 맞게 나누어 조정하며 적정 인력을 배치하고 개발하여 격단의 증산(增産)을 성취함으로써 부민(富民)과 부국(富國)의 실효를 거두도록 감독하고 추진하는 것은 각 지역의 지방행정을 책임진 수령이다. 왕권을 대행하는 수령이 책임지고 현지의 이장(里長)과 농정(農正)을 지휘하여, 경내 직접생산자들이 각기 분담한 산업 역군으로서 얼마나 부지런하고 게으르며 어떤 성적을 쌓는지를 점검하고 평가한다. 수령의 평가는 감사를 경유하여 중앙으로 보고된다. 군현 단위마다 적절한 여러 가지 산업의 개발과 분임(分任), 권장과 점검과 평가의 모든 과정을 책임지고서 영농가들을 독려하여 그들의 생산 의욕을 항구적으로 고취하는 자가 곧 행정관으로서의 수령인 것이다.

그런데 그 수령 된 자가 왕권의 대행(代行)을 제대로 수행하는지 여부는 다시 누가 점검하게 되는가. 물론 조선 왕국에도 형식상으로는 직속 상관이 그 예하 관원의 고과를 담당한다는 규정은 있었다. 가령 수령의 고과는 감사가 맡는다는 규정이다. 그런데 그 실상은 그냥 설정되어 있는 형식에 불과한 것이었다.

> 아, 교화(敎化)가 행해지지 않고 예속(禮俗)이 이루어지지 않으며, 전야(田野)가 제대로 개간되지 않고 산(山)·택(澤)에서 생산되는 이익이 일어나지 않으며, 재목과 육축(六畜)이 번성하지 못하고 성곽(城郭)과 공해(公廨)가 퇴락하지 않음이 없으며, 온갖 공장(工匠)의 기술이 완둔(頑鈍)하지 않음이 없고 도적이 벌떼처럼 일어나며, 환곡(還穀)을 사고파는 것이 어지러워 생민의 초췌함이 날로 심해지는데, 수령 된 자는 베개를 높이 베고 병을 요양하고 있다가, 고적(考績)할 때에 이르러서는 좋은 평가의 문자를 얻고 남몰래 스스로 기뻐하고 있으니, 국가에 무슨 도움이 될 것인가(『여유당전서』 제1집 9-33, 「考績議」).

그렇다면 '국가에 도움이 되는' 고적이란 어떠한 것인가. 주지하듯이 『상서(尙書)』에는 「요전(堯典)」·「고요모(皐陶謨)」 등의 편(篇)이 있다. 그런데 "대저 '전(典)'이란 것은 나라를 통치하는 법(法)이요, '모(謨)'라는 것은 나라를 다스리는 계책인데, 그 법과 그 계책 가운데는 고적 한 가지보다 앞서는 것이 없으니, 요(堯)·순(舜)이 지치(至治)를 이룩하게 된 것도 이를 가지고서다"라는 것이 다산의 소신이다. "이로 보건대 요·순의 통치법과 정치 계책으로서 고적을 벗어난 다른 것이 있을 수 있는가"라고도 한다.[24] 고적이야말로 요·순이 지치를 이룩할 수 있었던 가장 요체인 것이라고 그는 확신하게 되었다. 그래서 왕정의 실현을 기획하는 『경세유표』에서 그는 중앙과 외방의 통치행정(統治行政) 편제(編制)를 일단 마무리하고 나서 그 끝에다 「고적법(考績法)」을 서술함으로써 그 통치행정의 작동을 총체적으로 점검하는 항목, 즉 '책성(責成)'의 추진 방법을 마련해두고자 하였다.

> 순(舜)임금이 고적(考績)함에서는 비록 원훈대신(元勳大臣)이라도 관대하게 처리하지 않았다. … 더구나 우(禹)와 익(益)은 모두 선제(先帝)의 원훈(元勳)이요, 직(稷)과 설(契)은 모두 선제의 의친(懿親)이었다. 그 존귀하고 대단함이 어떠했겠는가. 하물며 이들 수십 인은 모두 신성(神聖)하고 크게 지혜로우며 학문이 순수하고 공적이 크게 드러났으니, 임금은 다만 신임함이 당연한 것이요, 그 부지런하고 게으름과 훌륭하고 훌륭치 못함을 고찰해서 대신(大臣)을 공경하는 체통을 상하지 않도록 함이 마땅하다. 그런데도 오히려 3년마다 그들을 고적하고 세 차례 고적해서는 반드시 출척(黜陟)하여, 일찍이 머리털만큼도 너그럽게 용서하지 않았음은 대체 무슨 까닭인가. 진실로 천(天)의 직사(職事)[天工]는 폐기할 수가 없는 것이며, 민생(民生)은 고달프도록 버려

24 『여유당전서』 제1집 20-14~15, 「上仲氏」.

둘 수가 없는 것이기 때문이다. 그런데 지금 우리나라의 법으로는 대관(大官)은 고사하고 무릇 경관(京官) 가운데의 3품 이상으로서 하대부(下大夫)라 일컬어야 하는 자에게도 도무지 고적하지 않는다. 또 외관(外官)으로서는 관찰사(觀察使)와 절도사(節度使)에 대해서도 고적하는 법이 없다. 그러니 제 마음대로 탐학(貪虐)하고 한절 없이 황음(荒淫)해도 감히 묻는 사람이 없다. 드디어 온갖 법도가 무너지고 만백성이 곤궁해져도 구제할 만한 약이 없고 시행할 만한 법이 없게 되었다. 당(唐)·우(虞)의 제도와 비교한다면 너무 어긋나는 것이 아닌가(『경세유표』 4-10~11, 天官修制 考績之法).

왕의 직무는 곧 '천의 직사[天工]'를 대신하는 것이므로, 어떤 고귀한 신분·고귀한 관직자에 대해서도 왕이 맡긴 직사의 책성(責成)을 추궁하는 고적법을 시행하지 않을 수 없다. 고적법을 시행하되, 반드시 관직을 위임받은 본인이 자신의 실적을 서장(書狀)으로 문서화하여 제출하고, 다시 차례에 따라 왕 앞에서 말로써 아뢰어 점검받도록 함이 최선의 방법이라고 그는 확신한다. "요·순 시대에 지치(至治)를 실현할 수 있었던 까닭은 그 묘리(妙理)가 오로지 관원들로 하여금 공적을 아뢰도록[奏績] 하여 그 실적을 고과[考績]하는 데 있었다"는 것이 그의 경전해석에서 얻은 결론이었다.[25]

그래서 다산은 삼공(三公) 이하 중·외의 모든 관원은 반드시 자기의 공적을 서장으로 써내어 다른 (상위) 기관의 고과를 받도록 한 후, 이를

25 『경세유표』 4-12, 天官修制 考績之法. "唐虞之所以做至治者 其妙專在於奏績考績." 『尙書古訓』 2-37~45, 皐陶謨에서도 동일한 소신이 피력되어 있다.

나중에 임금 앞에서 스스로 아뢰도록 하여 다시 고적을 받도록 하고, 그 후 다시 다른 관원이 실지(實地)에서 그 구체적인 항목들을 감찰하도록 하는 면밀한 제도를 고안하였다. 이제 여기서는 산업행정 분야와 관련되는 몇 가지만을 검토하기로 한다.

가령 사헌부(司憲府) 관원이 임금 앞에 나아가 아뢰는 서장의 내용에는, 이조판서 모(某)가 뇌물을 받고 수령 자리를 팔았음을 논한 일, 혹은 어느 곳 수령이 모종의 부정을 저지른 일을 논박(論駁)한 일 등이 포괄된다. 또 가령 장서원(掌胥院) 관원의 서장 내용에는 어느 곳 수령이 정원 외의 향리(鄕吏)를 더 증손(增員)했음을 적발하고 그를 파직하도록 주청(奏請)한 일, 혹은 아무 고을 저리(邸吏)가 수령에게 뇌물을 바치고 몰래 그 역가(役價)의 증액을 요청했음을 밝혀낸 일 등을 포괄한다. 이용감(利用監)·전궤사(典軌司)·견와서(甄瓦署) 등의 서장을 예로 들자면, 지혜를 짜내어 어떤 교묘한 산업기구를 만들어서 이용후생하는 데 이바지한 일 등이 있으면 이는 응당 그의 공로로 포함시키도록 한다.

고적(考績) 가운데서는 외관직(外官職)의 경우가 더 엄밀하고, 그중에서도 수령의 경우를 가장 엄밀하게 시행하도록 제도화하였다. 위에 언급한 것처럼 수령은 이미 중앙의 여러 관서(官署)로부터 감독과 감시를 받도록 고적법에 따라 연관이 조직되어 있다. 그런데 그것과는 별도로 수령은, 조정에서 규정한 율기(律己) 6조목·봉공(奉公) 6조목·애민(愛民) 6조목과 이(吏)·호(戶)·예(禮)·병(兵)·형(刑)·공전(工典)에서의 각기 6조목을 합쳐 도합 54조목을 삼가 준행(遵行)하여 그 가운데의 성적이 좋은 27조목(3×9=27)을 갖추어 감사(監司)에게 보고한다. 그 가운데 몇 조목을 예로 들면 다음과 같다.

셋째는 향리를 단속하는 일이다. 백성의 수령 노릇을 하고자 함에는 향리의 단속이 있을 뿐이다. 향리와 조예(皂隸)의 수는 규정된 액수와 장서원(掌胥院)의 조례(條例)를 삼가 준행하여, 넘지 않도록 함이 마땅하다. 혹 벗어나는 자는 죄가 있다(吏典 6조).

다섯째는 농정(農政)에 관한 일이다. 농사를 책임 지우고 권장함이 수령직을 맡은 자의 정사이다. 나무를 심고 가축을 기르는 일은 더욱 힘쓸 것이다. 뽕나무·산뽕나무·닥나무·옻나무·느릅나무·버드나무·가래나무·오동나무와 온갖 과일, 온갖 목재 및 육축(六畜)을 사양(飼養)하는 정사는 모두 애초부터 힘써야 하는 일이다(호전 6조).

넷째는 말[馬]을 기르는 일이다. 부민(富民)에게는 마땅히 집집마다 말 한 필씩을 기르도록 한다. 혹 사사로 목장을 일으키고 말을 길러서 번식시키는 자가 있으면 이를 상주(上奏)해서 동반(東班) 정직(正職)으로 보임토록 주선한다. 또 공영 목장(牧場)이 있는 경우는 더욱 힘을 기울일 것이다(병전 6조).

다섯째는 도량형에 관한 일이다. 척도(尺度)·두곡(斗斛)·권형(權衡)은 모두 관(官)에서 제조하여 분급한다. 사사로이 제조하는 자는 사전(私錢) 주조(鑄造)와 동률(同律)로 처벌한다(형전 6조).

다섯째는 도로에 관한 일이다. 도로를 닦음에는 숫돌같이 판판하게 해야 한다. 비록 마을 골목의 작은 길이라도 평평하게 다듬어서 수레가 다니기에 편리하도록 할 것이다. 교량도 때맞추어 수선해야 한다(공전 6조).[26]

26 이 몇 조목의 예는 모두 『경세유표』 4-22~23, 「고적법」에 들어있는 내용들이다.

감사는 그 예하 수령들의 실적을 고찰한 다음 각기 9조목씩을 뽑아서 9등급으로 고적하여 조정에 상주(上奏)한다. 이에 감사가 상주한 계본(啓本)과 수령이 주적(奏績)한 서장(書狀)이 아울러 조정에 도착하면, 조정에서는 이를 아울러 이조(吏曹)에 회부한다. 그러고는 해마다 올린 고적을 3년마다 종합하여 대비(大比)하는데, 수령은 이미 체대(遞代)되었거나 체대되지 않았거나를 막론하고 모두 서울로 올라와서 임금의 소접(召接)을 기다려, 주적한 서장을 임금 앞에서 직접 구두로 아뢴다. 소접이 끝나면 이에 3년마다 암행어사(暗行御史)를 12성(省)으로 각기 나누어 파견해서 각각 수령들의 실적과 죄상(罪狀)의 허(虛)·실(實)을 대조·고찰·점검하도록 한다.

지난 3년간 수령이 보고한 27조목의 주적과 그것을 토대로 감사가 고적해서 9등급으로 상주한 문서 모두가 비밀리에 파견한 어사(御史)의 손에 다 들어있으니, 이에 각자의 "공적과 죄상의 허·실"은 어사의 점검 과정에서 여지없이 모두 탄로 나기 마련이다. 수령이 만약 거짓 공적을 주적하고 감사가 만약 수령의 없는 공적을 거짓으로 꾸며 상주했다면, 본죄(本罪) 이외에 또한 임금을 속인 죄가 덧붙여진다. 그래서 더더욱 도저히 용서받을 수 없는 죄인으로 될 것이다. 그러므로 이 같은 고적 제도 아래서는 어떤 수령도 "벌벌 떨면서" 두려워하지 않을 자가 없을 것이라고 다산은 확신한다. 그래서 "이 법을 시행한다면 태평(太平)의 치세(治世)를 조석(朝夕) 사이에 기대할 수 있을 것이다. 요·순이 요·순의 지치(至治)를 이룩할 수 있게 된 것도 고적하는 한 가지 일에서 벗어나지 않는다"[27]고 그는 대망(待望)해 마지않았다.

---

27 『경세유표』 4-28, 天官修制 考績法. "此法若行 太平之治 可朝暮俟也 堯舜之所以爲堯舜

6. 맺음말

다산의 산업행정체계 개혁론은 중세 말기 지배층의 할거적 농단과 중간 수탈로 인해서 지리멸렬한 고식적 행태로 방치된 여러 산업 분야를 국가 행정력의 동원을 통해 획기적으로 개발·진흥시킴으로써 새로운 역사 창출의 바탕으로 삼으려고 하는 내용을 집약적으로 개진한 것으로 해석된다. 그것은 결코 구래의 산업 여러 분야를 확대 개발하고 크게 진흥한다는 정도에 그치는 것이 아니었다. 9직론이라든가 농정 6과론에서 살펴볼 수 있듯이, 가능한 한에서의 모든 산업 분야를 모두 새로운 계획 아래 국가 행정력을 통해서 의도적으로, 그리고 극대화하여 개발 진흥코자 한다. 또한 외국으로부터 최신의 산업기술을 수용함으로써 국내 산업을 한 단계 발전시키면서 이를 민간에 널리 보급하여 개발 진흥토록 하는 개혁론이라는 사실을 주의해야 할 것이다.

그런데 다산이 구상한 것처럼 19세기 초 조선 왕국의 현실에서 과연 그러한 산업 여러 분야의 새로운 개발과 재편성, 재배치가 가능한 일이었는가. 이 문제는 여기서 즉각 해답을 내놓아야 하는 것은 물론 아니다. 다산의 산업개혁론은 궁극적인 왕정의 실현을 목표로 하고서 구상한 전반적인 국가체제 개혁론의 한 부분이었다. 가령 그는 정전제를 두고서도 반드시 "수백 년을 동요됨이 없이 견지하면서" 차례차례 점차로 시행하여야만 "이에 선왕의 법을 회복할 수 있을 것"이라 하였다.[28] 산업개혁론 또한 마찬가지일 수밖에 없는 것이다. 그러므로 농정

之治 不外乎考績一事."

28 『경세유표』 5-4, 田制 1 井田論 3. "井田之法 … 必持之數百年不撓 收之有漸 行之有序 而後乃可以復先王之法."

6과의 권장을 설명하면서도, 지금의 수령이 이를 현실에서 구체적으로 추진하라는 것이 아니요,『경세유표』 전제론(田制論)에서 결락된 부분을 보충하는 것이라는 말을 그는 덧붙여 두었다.

그러나 다산의 산업 개발론은 또한 당시의 역사적·현실적 의미를 충분히 지니는 것이었다는 사실 또한 여기서 간과해서는 안 된다. 앞에서 살펴본 것처럼 국내에서도 도시 중심의 상업적 농업은 이미 전업적 개발 영농의 단계로 접어들어 있었다. 중국을 비롯한 외국의 산업 기술은 이미 전일에 비할 바 아니게 크게 발전했으므로 우리가 배워서 활용하지 않으면 국가적 낭패를 면할 수 없는 지경으로 객관적 정세가 변하고 있었다. 서양의 선진적 기술 수준도 견문을 통해서 부분적으로 인식하게 되었다. 그뿐 아니라 조선(造船) 기술은 중국보다도 일본을 위시한 남방 국가들이 더 앞서 있다고 하는 객관적 현실을 알게 되었다. 적극적인 개발과 진흥을 통해서는 다방면에서 큰 성과와 실효를 거둘 수 있을 것이라는 신념을 가질 수도 있는 상황이 조성되어 가고 있었다.

그런데도 국내의 산업행정은, 개발이라든가 진흥은 고사하고 구조적 농단과 주구적(誅求的) 수탈의 지리멸렬한 인습에 빠져 헤어날 줄을 모르고 있었다. 남방의 귤(橘)과 유자(柚子)의 주구적 수탈 사례에서 보는 바와 같이, 개발이 아니라 장애가 되고 저해 요인으로 작용하는 것이 국가행정이라는 것이었다.

19세기 초 조선 왕국의 산업행정 실태를 살펴보면, 의도적인 개혁을 통해서 새로운 개발 진흥책을 쓰는 방향으로 전환하지 않는다면, 외국의 침략이 아니더라도 민란이 일어나 국가 자체가 패망하고 말 것이라는, 어떤 한계상황에 놓여있는 것으로 다산은 진단하게 되었다. "지금에 와서 (법제를) 개혁하지 않는다면 나라가 망하고 말 것"이라는 절박한 심정을 그는 『경세유표』의 서문에 직서(直敍)해두었다. 산업행정의 의도적 개혁은 피할 수 없는 과제였다.

다산의 정전제론은 농민이 능력에 따라 받는 정지(井地)를 영업전(永業田)으로 길이 보유·관리·경작하도록 한다는 구상이었다. 정지가 영업전으로 된다면 가령 목축(牧畜)이라든가 임업(林業)을 그 직(職)으로 받는 자 또한 마찬가지로 그 목장(牧場)이라든가 산야(山野)를 영구적인 산업장으로 보유·관리·영업하도록 조직되어 있음이 틀림없다. 그것은 곧 전국의 전토(田土)를 전국 산업 역군들의 영업전적(永業田的) 산업장으로 영구 보유케 한다는 구상이다.

가령 어느 농민이 이제는 "파 한 뿌리·부추 한 단"조차 재배할 땅뙈기가 없음을 한탄할 필요 없이, 자기 능력에 가까운 산업 분야에 배치되어 기본 경지(耕地: 產業場)를 차지하게 된다. 이것이 우선 농민들이 항심(恒心)을 가지고 자기 산업에 전업적으로 매진토록 하는 기본 요건이다. 모든 농민이 자기의 영구(永久) 산업장(產業場)을 보유하면서 분업적으로 전업(專業)함에 따라 항심에다 열의(熱意)를 더해서 영농에 전념할 수 있게 된다. 그래서 경험의 축적을 통한 기술의 개발이 일어날 수 있으며, 드디어 어느 시점에 가서는 생산기술의 큰 발전이 일어날 것을 기대할 수 있다.

가령 채소(菜蔬) 재배자가 국가 행정력의 뒷받침을 통해 최신·최선의 산업기술을 전수받고는 이를 항구적 전업으로 삼아 정성을 다해 계속 영농하면서 경험을 쌓고 기술을 개발하여 드디어 자신의 산업이 크게 번영함에 따라 관직으로도 진출하게 된다면, 이는 그의 가업(家業)이 번성하는 일일 뿐 아니라 국가의 채소 산업 또한 크게 번성하는 첩

경이다. 그리고 전업적 기술은 이윽고 인접 분야와도 상호 이전하고 침투하면서 국가의 산업 전반에도 생산기술이 확대 발전할 것이다. 그리고 고적법(考績法)이라는 추진책을 통해서 간단없이 점검하고 독책(督責)함으로써 그 모든 과정은 간단없이 연속적으로 작동되어 갈 것이다. 그래서 민부(民富)와 국부(國富)가 유족해짐에 따라 이에 왕정을 실현할 기초가 항구적으로 튼튼히 확보된다.

여기서 자립적 영농 주체로서의 산업 역군 또한 역사적으로 성장하게 된다는 사실을 간과해서는 안 된다. 국가 행정력을 통한 산업 진흥책은 그 산업 전사들에게 여러 가지 규제와 함께 각자 자율적 자영체(自營體)로 성장할 자립의 지반을 제공한다. 그래서 가령 농민은 경지(耕地)도 얻게 되지만 그 경작을 통해서 국가에 곡물을 이바지하게 된다. 자립적 생산 지반을 갖춘 영농 주체로 정립된다는 것은 곧 사회적으로는 주체적 인간 존재로 역사적 진화를 실현한다는 의미를 지닌다.

매우 낙관적인 예상으로 점철되어 있지만, 여기까지가 구래의 수탈 행정을 극복하고 개발과 진흥의 산업행정체계로 전환한다는 다산의 개혁론의 구상인 듯하다.

다산이 산업 여러 분야의 우수한 실적을 올리기 위해 관직이라는 유인을 설정한 것은, 인간은 사회적 존재로서 부욕(富欲)과 귀욕(貴欲)이라는 본연의 두 가지 욕구를 가진다는 확신에 근거를 둔 고안이다. 그것은 그의 개인적 확신일 뿐 아니라, 당시 공공연히 자행되었던 매관매직의 행태를 참작하고 그것을 돌이켜 긍정적인 방향으로 유인하는 선에서 성안한 것으로도 이해된다. 그는 정전제론에서도, 정전 구획의 초기 단계에서 지역마다 표준 되는 정지(井地)를 솔선해서 만드는 "재

물이 많고 재간이 있는" 자에게는 관직을 수여한다는 유인을 설정하고 있었다.[29]

그런데 다산에 따르면 가령 전지는 농민의 영업전으로 경치(耕治)하도록 배치한 것이지만, 그 궁극의 관리는 역시 국가의 공적 영역에 속하는 것으로 되어있음이 특징이다. 결코 사적 소유물로서 배타 독점적으로 관리되거나 처분할 수 있는 데까지 허용하고 있지는 않다. 아마도 인간이 가진 본원적 욕구로서의 귀욕도 어디까지나 왕권이 허용하는 한도 내에서 허용될 수밖에 없듯이, 본원적 욕구로서 부욕의 추구 또한 국가 전체의 조화로운 운영을 위한 한도 안에서 조절되어야 한다고 생각한 듯하다.

다산에 따르면 이 세계에서는, 개인에 의한 사적(私的) 소유라든가 사적 지배 이념의 실현보다는 국가적 혹은 공공적(公共的) 이념의 실현이 언제나 우선해야 하며, 그만큼 큰 비중을 차지해야 하는 것으로 사유되고 있었다. 유학 경전의 이념을 따라 그 또한, 왕의 직무란 것은 곧 '천(天)을 대리(代理)'하는 것으로 인식하고 있었다. 앞에서 살펴본 것처럼 아무리 고귀한 관직자일지라도 결코 고적에서 관대(寬待)할 수 없는 이유가 곧 "천의 직사[天工]는 폐기할 수 없는 것이며, 민생은 고달프도록 버려둘 수가 없는 것이기 때문"이라고 하지 않았는가.

스스로 분발하여 "천의 운행의 굳건함"처럼 모든 신민(臣民)을 이끌고서 왕정의 실현을 위해 간단없이 결단하고 매진하는 개혁주체(改革主體)로서의 왕권(王權)으로 구현되어 있음이 큰 특징이다. "도(道)는 천(天)에서 발원하여 군자(君子)에게서 중화(中和)를 이루고 화민(化民)으로 끝

29 『경세유표』 7-36, 전제 9 정전의 1.

난다"[30]는 것이 그의 소신이었다. 왕이란 곧 모든 '군자'의 표상이며 표준이다. 그렇기에 '황극(皇極)'이란 명제를 쓰지 않는가. 왕은 천도(天道)를 이어받아 중화(中和)라고 하는 '대본(大本)과 달도(達道)' 즉 체(體)·용(用)으로 터득하고 풀어내어 결국에는 만백성을 교화시킴으로써 왕정을 실현해야 하는 책무를 지니는 존재이다. 그래서 다산 개혁론에서 왕권의 본질로 말하자면, 성리학적 왕권론에서와 같이 대신에게 국정을 위임한 채 공수단좌(拱手端坐)하고서 자기 일심(一心)의 수양에 주력하면서 '무위이치(無爲而治)'하는 존재가 아니라, 스스로 분발하여 "천의 운행의 굳건함"처럼 모든 신민(臣民)을 이끌고 왕정의 실현을 위해 간단없이 결단하고 매진하는 개혁주체(改革主體)로서의 왕권으로 구현되어 있음이 큰 특징이다.[31]

'천(天)이 맡긴 직무'를 관리하는 지상(地上)의 왕으로서는 개인의 사욕(私欲) 추구를 결코 무한정으로 긍정할 수는 없는 것으로 해석된다. 소위 "보이지 않는 손"에 의한 제 산업 분야의 발전과 전개를 기대한다는 생각과는 근본적으로 다른 사유체계로 이해된다.[32] 다산은 원칙적으로 국가 행정력에 의한 의도적인 개발과 조직·편성·배치를 기획하고 있으며, 국가 산업 제도와 '전(田)'·'부(賦)' 제도의 올바른 운용을 통해서 왕정을 실현하는 데 궁극의 목표를 두고 있는 것으로 해석된다. 이미 살펴본 것처럼 그의 9직론은 국가의 산업 여러 분야를 유루 없이 개발하는 것일 뿐 아니라, 전지(田地)에만 의존하는 구래의 수세(收稅)

30 『中庸講義補』 1-63, 德輶如毛節. "道出乎天 中於君子 終於化民."

31 김태영, 2000, 앞의 논문 참조.

32 이는 소위 산업자본(産業資本)의 성장이 미미함으로 인하여 산업(産業) 여러 분야에 아직도 국가 행정력의 간여가 불가피하다는 이론과는 근본 발상부터가 이질적(異質的)인 것이 아닌가 하고 이해된다.

제도를 개혁하여 여타 모든 산업 분야에서도 '부'를 거두어들임으로써 국가 재용(財用)을 넉넉히 한다는 데에 큰 뜻을 두었다. "요(堯)·우(禹)가 전지를 구획하여 정전제를 만든 까닭은 백성의 산업을 균평케 해주기 위함이 아니라, 나라의 조(租)·부(賦)를 바로잡기 위함이었다"[33]는 것이 그의 확신이다.

> 전지(田地)를 나누는 법은 그 중점이 전지를 경치(耕治)하는 데 있는 것이지 산업을 마련해주는 데 있지 않다. 누가 식구 수를 헤아려 전지를 나눈다고 하였는가. 항오(行伍)와 같이 편성하고 굳센 병졸을 선발하듯 하되, 그 노동 인원의 많고 적음과 힘의 강약을 헤아려, 강한 자에게는 상등지(上等地)를 주고 약한 자에게는 하등지(下等地)를 준다. … 선왕(先王)이 그 능력을 헤아려 전지를 주는 것은 마치 재능을 헤아려 관직을 주는 것과 같다. 부모·처자 등 양육할 식솔이 많더라도 진실로 재능이 없다면 이 관직을 제수할 수 없고, 부모·처자 등 양육할 식솔이 많더라도 진실로 굳센 힘이 없다면 이 전지를 줄 수가 없다. … 양육할 식솔의 많고 적음은 선왕의 묻는 바가 아니었다. 적임자를 얻어서 전지를 맡기매 그가 힘을 다해 경작하면 곡식이 많이 날 것이요, 곡식이 많이 나면 민식(民食)이 풍족해지고, 민식이 풍족해지면 피(疲)·병(病)·쇠(衰)·유(幼)한 자와 공(工)·상(商)·우(虞)·형(衡)·목(牧)·포(圃)·빈(嬪)하는 자가 모두 그 가운데에서 즐거이 먹음을 얻을 수 있을 것이다. 이것이 바로 성인(聖人)의 뜻이었다(『경세유표』 6-4, 地官修制 田制 4).

33 『경세유표』 6-20, 田制 5.

다산 실학에 따르면 국가는 개인의 사생활에 대해서는 간여하지 않지만, 동시에 개인을 사적으로 보호하는 제도 또한 결코 긍정하려고 하지 않는다. "억조창생은 수풀처럼 무수하므로 비록 자모(慈母)일지라도 하나하나 젖 먹이듯 할 수는 없다. 오직 백성에게서 수취하는 것에 일정한 제도가 있으면 백성은 바로 편하게 여기기 마련이다. 그러므로 성인은 조(租)·부(賦)를 바로잡는 데 힘썼지 산업을 균평히 해주는 데 힘쓰지 않았다. 오직 9직으로써 만민에게 권하여 각자 서로 도와 이바지해 가면서 먹고 살도록 했을 따름이다"는 것이 그의 소신이다.[34]

여기서 다산이 구상하는 농민상(農民像)은 전업적(專業的) 자영농이다. 마찬가지로 모든 산업 역군들은 전업적으로 자영하는 존재이다. 그리고 그들 모두는 이미 외국무역으로 뒷받침되는 상품화폐경제 시대로 진입한 단계의 자영적 산업 역군들이지만, 동시에 국가의 산업행정 체계에 따라 편성 배치되어 국가 산업의 일익을 담당하고 수행하는 존재이다. 그들의 주거라든가 생산활동은 국가에 의해 크게 통제된다.[35] 또 가령 수레는 모두 전궤사(典軌司)의 주관하에 전국 통일의 '동궤(同軌)' 제도를 시행하되 결코 사조(私造)를 허용치 않으며, 선박은 모두 전함사(典艦司)의 주도하에 전국 통일의 '9등급' 제도를 채택하되 조금이라도 틀리는 규격은 결코 용서하지 않는다는 지론도 극히 주목할 만하

---

34 『경세유표』 6-20, 田制 5.

35 무릇 이 현(縣)의 농민이 저 현(縣)에서 경작하는 것을 일체 엄금하여, 비록 시점(時占)이라도 그대로 시작(時作)으로 만들어서 법을 범하지 못하도록 한다. 이 경지를 경작하려는 자는 마땅히 이 현(縣)에 옮겨와 살게 하되, 판적(版籍)에 편입한 뒤에라야 이에 금하지 않는다. … 공(工)·상(商) 두 가지 백성의 경우는 불가불 읍성(邑城) 가운데 모여 살도록 함으로써 관중(管仲)이 제(齊)나라 다스리던 법을 따르지 않을 수 없다(『경세유표』 8-6·7, 田制 10 井田議 2).

다. 다산 실학은 국가 위주 개혁론으로서의 성격, 더 나아가 국가주의적 성격이 매우 강하다는 것을 알 수 있다.

다산의 산업행정 개혁론에서도 각 분야의 산업 역군은 직접생산자인 민간인이 주력으로 되어있다. 그런데 여러 산업 분야를 개발하고 진흥하는 추진력은 왜 하필 국가행정을 통해서 발동시키고자 하는 것인가. 19세기 초의 산업경제 정세로 말하자면, 민간 부문의 성장이 다소 있기는 하였으나 산업 개발을 구체적으로 추진할 새로운 사회계층의 성장은 아직도 너무 미미한 상태에 머물고 있었다. 반면에 소위 봉건적 반동(反動)은 도처에서, 층절마다 횡행하고 있었다.

> 입안(立案)이란 무엇인가. 거친 산·첩첩 봉우리·먼 갯벌·작은 섬들은 천지개벽 이래 국가 대장(臺帳)에 올라본 적이 없는 것인데, 문벌(門閥) 높은 집에서 스스로 문권(文券)을 만들어 이를 차지하고서는 입안이라 한다. 풀 한 포기·나무 한 그루·고기 한 마리·게 한 마리도 모두 내 것이라 하여 앉아서 세(稅)를 거두어 들인다. 나뭇길도 끊어지고 도끼질도 엄중히 금지된다. 고기잡이 통발은 국가 대장에 실리지 않고, 염분(塩盆)은 사사로운 취렴(聚斂)에 바닥이 난다. 혹은 공신(功臣)·척신(戚臣)의 먼 후손들이 매양 민전(民田)을 잡아서 사패지(賜牌地)라 칭하는데, 구릉을 포함하고 벌판까지 뻗쳐있는 것을 모두 내 땅이라 하여 마음대로 강탈하여도 아무도 말을 못 한다. 소민(小民)들은 파산하여 드디어 쇠잔하고 멸망한다(『목민심서』 10-38, 刑典六條 禁暴).
>
> 오늘날 국가에 가장 긴급한 것은 전정(田政)이다. 내가 오랜 시일 전야(田野)에 살면서 전정의 문란함을 직접 보고 참으로 눈물 흘리고 싶을 때가 많았다. 강진(康津) 고을은 누락된 전결(田結)이 가장 적다고 일컫

는 곳이다. 그런데 전안(田案)에 등록된 전지(田地)가 6천여(千餘) 결(結)이고, 누결(漏結)이 거의 2천 결이나 된다. 이는 공가(公家)에서 4분의 3을 취하고 현리(縣吏)가 4분의 1을 갖는 것이다. 비록 옛 노(魯)나라 계씨(季氏)가 공실(公室)을 4등분했다 하지만 어찌 이보다 더할 수야 있었겠는가. 해남(海南)은 강진과 비교하면 지역은 더욱 작은데 누결(漏結)은 오히려 더 많다. 나주(羅州)인즉 누결이 원안(元案)에 기재된 결수보다 더 많다. 천하에 이런 일이 있을 수 있겠는가(『경세유표』 1-15, 地官戶曹 2 經田司).

도처에 산재하는 할거적 농단의 사회 세력들은 결코 소홀히 대하거나 혹은 무시할 수 있는 존재들이 아니다. 이 시기 벌열(閥閱)을 이루고 영구집권을 획책하는 것이 '문벌 높은 집'이며 '공신·척신의 먼 후손'임은 이미 널리 아는 그대로다. 이제 이들까지를 통합하고 전체적으로 결속하여 새로운 왕정 실현의 추진력으로 동원할 수 있는 자는 누구일 것인가. 다산은 강력한 왕권의 존재야말로 필수 불가결한 것이라고 이해한다.

국가개혁의 경우와 마찬가지로 국가 산업 행정체계 개혁의 추진 주체 또한 궁극적으로 왕권 이외의 존재는 생각할 수가 없다. 요순의 지치(至治)를 실현할 가장 긴요한 점검 수단으로서의 고적(考績) 제도에서도 그 궁극의 발원력은 왕권 이외의 것일 수가 없음이 명백하다. 구체적으로는 물론 왕권을 정점으로 하는 관료 행정체계를 통해서 추진되고 실현될 것이다. 그런데 현실의 통치행정 실태는 어떠한 상황에 머물러 있는가. 가령 역사적으로 오랫동안 쌓여온 폐법(弊法)들을 곧 '조종(祖宗)의 법제(法制)'라고 표방하고서 독점적으로 정권을 농단해온 현실 집권당의 행태를 그는 직시한다.

> 삼대(三代) 때 우(禹) 탕(湯) 문(文)·무(武)가 나라를 이룩하여 표준을 세우고 예악(禮樂)을 제정하여 금석(金石) 같은 법전(法典)을 물려주니, 현명한 신하와 훌륭한 보필들이 뒤의 임금에게 고하기를, "어기지 말고 잊지 말아서, 모두 다 옛 법을 따라 하소서"라고 하였다. 그런데 후세에는 세상이 어지러울 때를 타서 우뚝 일어선 자가, 천명(天命)은 아직 정돈되지 않고 인심(人心)도 복속되지 않은 상태에서 호강(豪强)한 자들의 원망을 살까 염려해서 드디어, 쇠란(衰亂)한 세상을 오래 거치면서 겹겹이 쌓여 벌써 곪아 터질 종창(腫瘡)을 이루고 있는 폐법(弊法)들을 그대로 따라 쓰게 되었다. 혹 하나라도 깨달은 견해가 있어 경장(更張)하기를 시험해보고자 하면, 원로대신(元老大臣)으로서 침중(沈重)하여 덕(德)이 있는 듯한 자가 반드시 한 마디 말로써 천천히 억압하기를, "조종(祖宗)의 법제(法制)는 반드시 경장할 것이 아니다"라고 한다. 그러면 호강(豪强)하여 권세를 업고 사(私)만 알지 공(公)은 모르는 자가 반드시 따라 되뇌기를, "노야(老爺)의 태산(泰山) 교악(喬嶽) 같은 덕망이 국가를 진정할 만하다"라고 한다. 그러나 실상 향원(鄕愿)의 거짓 덕(德)이요, 선(善)을 좋아하는 마음은 한 점도 없는 것이다(『경세유표』 11-21, 賦貢制 6 力役之征).

다산에 있어서 산업행정체계 개혁론은 산업경제의 개발과 진흥이라는 독자적인 과제로서 추구될 수 있는 것이 아니라 결국 왕권과 정치라고 하는 통치의 문제로 귀결된다. 그 역시 결국에는 한국사의 항구적인 큰 특질을 이루는, '통치'의 문제라는 장벽 앞에 맞닥뜨리지 않을 수 없었던 것이다. 그런데 통치의 궁극적 원천으로서의 왕권은 위의 사료에서와 같이 고립무원의 형세를 면치 못하고 있었다. 더 본질적으로는 왕권 자체가 이미 집권당의 수장(首長) 노릇 이외의 기능을 상실한 지 오래되기도 한 터였다. 왕정은 대체 어떻게 실현할 수 있을 것인가.

제6장

다산 정약용의 정전제론

1. 머리말

다산 정약용의 정전제론(井田制論)은 유교(儒敎) 문화권의 개혁적 경세론 가운데서도 가장 독자적 성격의 토지론이라는 위상을 지닌다. 특히 조선 후기의 실학에서, 더 나아가서는 중세 후기 동아시아 유교 문화권에서도 정전제론은 다산만의 독자적 지론인 것으로 살펴진다.

다산은 오랜 유배 생활을 통해 유교의 기본 경전인 6경·4서의 묘리를 끝까지 추구한 끝에 독자적으로 깨달은 원리를 각기 주석(註釋)으로 갖추어 저술하고, 진(秦)나라 분서갱유에서 회신되고 말았다는 『악경(樂經)』의 복원에까지 심혈을 기울였다. 그는 유학사상 전에 없는 새로운 차원의 경학(經學) 수준을 성취할 수 있었다.

다산은 경학 연구를 통해서, 옛 성인(聖人)들의 경전(經傳)에 대한 해석이 삼대 이후로는 크게 잘못되어 다시는 왕정(王政)을 구현할 수 없게 되었다는 역사적 인식에 도달하였다. 그는 자신이 깨달은 경전의 원리를 풀어내어, 조선 후기의 현실을 바탕으로 하는 새로운 차원의 경세론인 『경세유표』를 저술하였다.

그런데 『경세유표』 가운데서도 다산이 가장 큰 지면을 할애하여 서술한 내용이 곧 '정전제'론이라는 사실은 주의를 요한다. 그만큼 주요한 비중을 두어 서술한 것으로 해석되기 때문이다.

왕정(王政)은 경계(經界)하는 일보다 큰 것이 없다. 경계를 바로잡지 않으면 호구(戶口)가 분명치 못하고, 경계를 바로잡지 않으면 부역(賦役)이 균평치 못하며, 경계를 바로잡지 않으면 교화(敎化)가 일어나지 못하고, 경계를 바로잡지 않으면 병비(兵備)를 부쳐 운용할 수가 없으며, 경계를 바로잡지 않으면 간활(奸猾)이 그치지 않고, 경계를 바로잡지 않으면 사송(詞訟)이 날로 번잡해진다. 만 가지 병통과 천 가지 폐막이 시끄럽고 어지러워져 동쪽을 두드리고 서쪽에 부딪쳐서 다스릴 수가 없게 된다. 왕정은 '경계'하는 일보다 큰 것이 없다.[1]

다산은 여기서 '경계'라는 말을, 경전의 원뜻을 따라 '정전제'의 시행을 위해 "전지(田地)의 계한(界限)을 경획(經劃)"한다는 뜻으로 사용한다.[2] 그는 또한 『맹자』를 따라 '인정(仁政)'은 곧 '정전'이라고도 확신한다. "인정이란 것은 정전이다. 맹자가 이르기를 '비록 요순(堯舜)일지라도 정전제를 시행하지 않았더라면 천하를 다스리지 못했을 것'이라고 하였다. 이는 성문(聖門)에서 서로 전해오는, 요체를 아는 말이었다."[3] 대체 정전제의 본질적 실체가 어떠한 것이길래, 그것이 곧 '인정'이요, '왕정'을 일으키기 위해서는 필수 불가결한 기준이며 법도가 된다고 역설하는가.

---

1 『경세유표』 7-37, 地官修制, 田制 9 井田議 1. "王政莫大於經界也 經界不正 則戶口不淸 經界不正 則賦役不均 經界不正 則教化不興 經界不正 則兵備無寄 經界不正 則奸猾不息 經界不正 則詞訟日繁 萬病千瘼 棼然淆亂 東撞西觸 莫可摞理 王政莫大於經界也."

2 요(堯)·순(舜)이 합모(合謀)하여 이에 하천 준설 사업을 시작했으며 순(舜)·우(禹)가 합모하여 견(畎)·회(澮)의 역사를 마무리하였다. 그러한 후에 중국의 전지가 모두 정지(井地)로 되고 경계(經界)가 크게 바로잡혔다(『상서고훈』 2-41, 皐陶謨. "堯舜合謀 爰始濬川之工 舜禹合謀 以既畎澮之役 夫然後中邦之田 悉爲井地 而經界大正矣").

3 『경세유표』 7-27, 地官修制, 田制 9 井田議 1. "仁政者井田也 孟子謂 雖堯舜不行井田 則無以治天下 此聖門相傳知要之言也."

그런데 다산의 정전제론은 단지 정전제도의 시행이라는 한 가지 사안으로서만 끝나는 이론이 아니었다는 사실을 주의하지 않으면 안 된다. 그의 정전제론은, 정전제를 통해 주곡(主穀) 생산의 농업경제를 확립한 기초 위에, 다시 부공제(賦貢制)를 실시함으로써 여타 경제·산업을 아울러 개발·진흥하고, 양자에 전국 만민을 9직(職)으로 나누어 배치함으로써 거국적인 분업적 협업 관계를 연계지어 운행토록 한다는, 그의 원대한 왕정론(王政論)을 구현하기 위한 사회경제론의 전제가 되는 토지·농업론이다.

다산의 정전제론에 따르면, 정전제의 시행으로 전국의 전지를 유루없이 다 파악하게 되지만, 정작 정전 농민은 주곡 위주의 곡물 생산만을 전업적으로 담당한다. 실상 정전제의 운용에서 공전(公田)의 경작과 수확을 살펴보면, 수전(水田)의 경우는 보편적으로 벼를 심고 이를 수취하지만, 한전(旱田)의 경우는 재배 작물의 종류가 다양한데도 그 '조속(耡粟)'으로는 "오직 벼[稻]·피[稷]·콩[菽]·보리[麥]의 4종 이외에는 거두어들이지 않는다."[4] 즉 공전의 경작과 수확은 주곡 작물로 한정함이 명백한 것이다.

더구나 정전제에서 전지를 배분받는 것은 정전 농민뿐이다. "농사짓는 자는 전지를 얻고, 농사짓지 않는 자는 전지를 얻지 못한다."[5] 그렇다면 정전 농민 이외의 여타 백성은 어떻게 생계를 해결하는가.

다산에 따르면, 삼대의 왕정에서는 정전제의 공전에서 거두는 전조(田租) 이외에 다시 여타 산업에서 거두는 '부공(賦貢)'이 있어, 이 두 가

---

4 『경세유표』 8-17, 地官修制, 田制 11 井田議 3. "但其耡粟 不可雜收諸物 惟稻·稷·菽·麥 四種之外 勿許收斂."

5 『경세유표』 6-16, 地官修制, 田制 5. "農者得田 不爲農者不得田."

지가 국가의 양대 재정원(財政源)을 이루고 있었다.

그러나 삼대가 지난 이후로는 부공 제도가 폐기되고 오직 곡물 생산 위주의 농업만을 국가 경제의 주축으로 삼다 보니, 특히 분업이 발달할 수 없었다. 그리고 분업이 발달하지 않으면 생산기술의 발전이 전반적으로 미숙하다는 사실을 다산은 크게 각성한다. "지금 우리나라에는 사·농·공·상이 뒤섞여 구분이 없는데, 다만 한 마을에 4민(民)이 섞여 살 뿐 아니라 또한 한 사람의 몸으로도 4업(業)을 겸행한다. 이것이 한 가지 기예(技藝)도 성취하지 못하고 온갖 일에 법도가 없게 되는 까닭이다."[6]

그래서 다산은 부공 제도를 실시하면서 전국 만민을 9직(職)으로 나누어 분업시키고자 한다. "9직을 나누어 받아 각자 생업에 종사하는 자는 직공(職貢)을 바친다. 직공으로는 농자의 경우 곡식을 바치고 공자(工者)는 기물(器物)을 바치며 상자(商者)는 재화를, 우자(虞者)는 재목을, 빈자(嬪者)는 실[絲]을 바치고, 무직자(無職者)는 다만 부포(夫布)만 바치고 직공은 면제한다. 이것이 선왕(先王)의 법이었다."[7]

정전제·부공제의 바탕 위에 전국 만민을 9직으로 편성 배치하는 균직론적(均職論的) 국가정책은 삼대 이후 까마득히 망각되어 온 것인데, 다산은 그 역사적 실체를 오랜 경학 공부를 통해서 깨칠 수 있었다. 그래서 그는 드디어 이전의 어떠한 경세론과도 차원을 달리하는 자신의 독자적인 변법적 경세론을 펼칠 수 있게 되었다.

그런데 다산의 9직론에 따르면, 각 직종 종사자들은 자기 직사를 전업

6 『경세유표』 8-7, 地官修制, 田制 10 井田議 2. "今我邦士農工賈 混雜無別 不唯一村之中 四民雜處 抑亦一身之內 四業兼治 此所以一藝無成 百事無法."

7 『경세유표』 10-16, 地官修制 賦貢制 2. "其分受九職 各爲生業者 出職貢 職貢者 農者納粟 工者納器 商者納貨 虞者納材 嬪者納絲 無職之民 但納夫布 免其職貢 此先王之法也."

적(專業的)으로 수행한다. 그래서 가령 '공·상·우·빈'은 필경 정전 농민으로부터 양식을 구입하지 않으면 안 된다. 정전 농민 역시 목재를 구해서 집을 지으며 비단을 사서 옷을 해 입고 잔치를 벌이기 마련이다. 결국 전국의 만백성은 자기 직사에 전업적으로 종사하면서 모두가 타 직사 종사자들과 분업적 협업 관계로 연계되지 않을 수 없다. 그것은 선택적인 것이 아니라 필수적·구조적 연계를 갖는 형태로 구조화한다.

정전제도는, 그와 같이 전 국가의 사회경제체제가 구조적 연관을 유지하면서 '왕정'을 구현하는 데 가장 주요한 기초이며 토대가 되는 법제이다. 실상 동아시아 유교문화권에서 정전제론은 영구한 이념적 토지론으로 행세해왔지만, 정작 그것을 현실적 차원에서 구체적 경세론으로 추구한 경우는 거의 없었다. 소위 신유학을 탄생시킨 송(宋)나라 유자(儒者)들이 그 시행을 논의한 적이 있다고 하지만, 그것도 사적(私的)인 구상에 그치고 말았을 뿐이요, 국가정책으로 추구하거나 기획한 적은 없었다.

정전제론이 이념상으로만 논의되어 온 반면, 현실적으로 추구하는 토지론은 대체로 '균전론(均田論)'으로 귀결되었다. 가령 고려 말의 개혁파 사류가 전제(田制)개혁을 단행하면서, "전국의 전지를 모두 다 취해서 국가로 귀속시키고는 백성의 수를 헤아려 전지를 나누어 줌[計民授田]으로써 옛날의 올바른 전제를 회복하고자 하였다"[8]는 말에서도 '균전론'은 반드시 추구해야 하는 토지론이었음이 드러난다.

또 가령 16세기의 기묘명현(己卯名賢)이 소위 지치(至治)를 실현하기

---

8 『삼봉집』 7, 「朝鮮經國典 上」 賦典 經理. "蓋欲盡取境內之田 屬之公家 計民授田 以復古者田制之正."

위한 정치개혁을 추진할 때는 균전론의 시행을 목전에서 기대할 정도로 구체적인 논의를 진척하기에 이르렀다.[9] '지치'라는 이상적인 통치 형태를 실현할 토지제도로는 결코 비켜 갈 수 없는 것이 균전론이었던 것이다.

조선 후기의 실학에 이르러서도, 반계 유형원과 성호 이익은 '공전론(公田論)' 또는 '영업전론(永業田論)' 등의 형태로 균전론적 이념을 끝까지 추구하고 있었다. 실학에서도 균전론은 항구적으로 추구해야 할 이념적 토지론이었다.

실학을 집대성하였다는 다산의 경우도 처음에는 한때 균전론을 말한 적이 있다. 그러나 유배기의 오랜 경학 공부를 통한 깨우침에 따라 그는 마침내 '정전제론'을 궁극적인 것으로 확신하기에 이르렀다. 정전제론은 중세 후기 유교 문화권의 동아시아 역사에서 다산 혼자만이 구체적으로 추구한 독자적인 토지론으로 이해된다. 독자적인 만큼 당시의 역사적 현실과 좀처럼 연결되기 어려운 특수한 성격을 지닌 것으로도 살펴진다.

주지하듯이 한국의 근대는 서양식 자본주의적 근대로 정착하기에 이르렀다. 자본주의는 무엇보다도 토지의 사적(私的) 소유를 전제로 한다. 그런데 다산의 시대인 조선 후기는 곧 중세 후기로, 토지의 사적(私的) 소유관계가 크게 진척되어 지주-전호의 병작제(竝作制)가 대세를 이루고 있었다. 보기에 따라서는 소위 자본주의의 맹아가 형성되는 것으로 기대할 수도 있는 형세였다.

그럼에도 불구하고 다산은 토지를 국유로 귀일시킴으로써 '왕정'을

9 金泰永, 1989, 「조선 전기의 균전·한전론」, 『국사관논총』 5 참조.

회복할 사회경제적 기초를 확립하고자 하는 정전제론을 주장하기에 이르렀다. 특수한 독자적 주장이었다. 토지 사유가 대세로 되어있는 조선 후기의 '현실'과 왕정의 실현을 위한 사회경제적 토대로 고안한 정전제론이라는 다산 실학(實學)의 '이상'을 어떻게 통일적으로 설명할 수 있을까.

그런데 다산의 정전제론을 제외하고서는 조선 후기의 실학, 더 나아가 조선 후기의 역사를 정면에서 논의하기는 어렵게 되어있다. 그만큼 조선 후기의 역사에서 차지하는 다산 실학의 학술사적 비중이 크기 때문이다.

먼저 조선 후기의 농업사를 오랫동안 독자적으로 연구해온 김용섭(金容燮) 교수는 다산의 정전제론을, 김 교수 자신의 독특한 지론인 '내재적 발전에 의한 자본주의 맹아' 형태로서의 '경영형 부농' 즉 '독립자영농'과 결부해 설명한다. 그는 다산 정전제론의 지향점을 다음과 같이 요약한다. "한마디로 말하여 농업생산에 있어서의 기본적 생산수단인 토지—국유화를 거쳐서 재배분된—의 사적(私的) 소유와 그 사적 또는 독립적인 경영을 강조하고 그것을 기축으로 하여 농업생산력 전반을 향상시키려는 점이었다."[10]

그런데 다산의 정전제론에서 정전 농민이 배분받는 '사전(私田)'이 과연 '국유화를 거쳐서 재분배된' 사적 소유지가 되는지에 관해서는 구체적 검증이 없다. 이른바 '독립자영농'이란 것은 서양의 경우, '사적 소유지'를 전제로 형성된 자본주의 지향의 영농 실체이다. 그런데 다산 정전제론에서의 '사전'은 '사적 소유지'와는 상관이 없는 개념이다.

---

10 金容燮, 1975, 『한국근대농업사연구』 上, 일조각, 125쪽.

다산의 '사전'은 결국 모두가 국유지로 귀속되어야 한다는 것이 다산의 지론으로 해석되기 때문이다.

다음으로 다산의 정전제론을 형식상 정식으로 고찰하는 논문을 쓴 것은 박찬승(朴贊勝) 교수의 경우가 아닌가 한다.[11] 그는 여기서 김용섭 교수의 독립자영농설을 일단 부정한다. 그리고 다산 정전제론의 핵심을 세 가지로 설명한다. 첫째, 토지의 사적 소유와 그에 기초한 지주-전호 관계를 타파하는 것, 둘째, 낙후되어있는 농업생산력을 증진시키는 것, 셋째, 부세(賦稅)제도를 근본적으로 개혁하는 것이라 하였다. 그리고 이 부세제도의 개혁 내용 가운데, 정전제의 시행에서 수취하는 노동력 형태의 전조(田租) 이외에 다시 부공(賦貢)제도의 시행에 따르는 옥속(屋粟)·이포(里布)·부포(夫布) 등의 수취를 언급하고 있음이 특징이다. 그러나 단지 언급으로만 그치고 있는 편이다.

지주-전호제의 타파, 농업생산력의 증진, 그리고 부세제도의 개혁은 물론 다산 정전제론의 역사적 의의를 설명하는 중요한 요소인 셈이다. 그런데 그 같은 효과는 꼭 정전제를 통해야만 기대할 수 있는 것은 아니다. 조선 후기 실학자들이 흔히 일컫는 '균전론'이나 '한전론(限田論)'의 개혁을 통해서도 대체로 성취할 수 있는 효과들이다.

더구나 다산의 정전제론은 그 같은 효과보다도 훨씬 더 큰 사회경제적 변동을 수반하면서 왕정 구현의 기본 토대로 작동한다는 깊은 함의를 이 논문은 거의 간과한 듯하다. 실상 여기서 언급한 옥속·이포·부포라는 것은 다산이 말하는 '부공(賦貢)' 가운데 극히 미세한 부분일 따름이다. 다산의 '부공제'는 그보다는 산림·천택·해산(海産) 등 종래 방

11 朴贊勝, 1986, 「정약용의 정전제론 고찰」, 『역사학보』 110.

치되다시피 해온 전국의 각종 자원·산업을 개발하는 것이 그 본질이요, 그래서 수다한 9직 종사자들로부터 수취하는 직공(職貢) 전체가 모두 '부공'의 일종이라는 사실을 주의하지 않으면 안 된다. 그러므로 다산의 정전제론은 부공제·9직 분업론을 작동시킬 확고한 토대가 된다는 사실을 전제하고, 이를 정면에서 추구해야 하는 것으로 보인다.

그리고 더 진척된 시각의 정전제론 연구는 이영훈 교수에 의해서 성취되었다.[12] 그는 종래의 평판적 연구 수준을 지양하고자 하는 주목할 만한 논의들을 제기하였다. 즉 사적 토지소유관계의 현실을 전제하고자 하는 순속주의(順俗主義), 그러면서도 산만해진 군주 지배 주권(主權)의 통합적 운용을 추구하는 '왕토주의(王土主義)', 그리고 정치와 경제를 분리하여 운행시키고자 하는 '근대지향성' 등의 함의를 다산의 정전제론에서 유추해내고, 이를 그 특징이라고 설명한다.

그 가운데 정전제의 시행 사실과 관련된 쟁점은 하나이다. 이미 대세로 되어있는 사적(私的) 토지소유관계와 병작제(竝作制)의 현실은 결코 무시하거나 거역할 수 없기 때문에, 다산 또한 '시속에 순응하는[순속(順俗)]' 견지를 취하였다고 하는 논지이다. 그래서 다산은 토지의 사적 소유와 병작제를 승인한 전제 위에서 정전제의 시행을 추구하였다고 이 교수는 주장한다. "요컨대 그의 개혁론에서 당시의 대토지 소유와 병작제는 현실로서 전제되어 있으며, 오히려 그들 농촌 유력자를 개혁의 한편의 주체로 삼아 그들의 자발적 참여로 개혁이 성공하기를 기대하였다."

다산의 정전제론은 그의 왕정론의 기본 토대가 된다는 사실을 고려

12 李榮薰, 1996,「다산의 정전제개혁론과 王土主義」,『민족문화』19.

할 때, 그가 과연 '시속에 순응하는' 방향으로, 토지 '사유'를 전제하고서 정전제의 시행을 추구했는가에 대해서는 큰 의문이 제기된다. 다산의 '왕정론'은 과연 '순속주의'를 통해서도 구현할 수 있는 것인가. 그 의문을 해결할 단적인 사례는 다산의 호적법(戶籍法) 논의에서 드러난다. 즉 다산은, 호적제도에는 전국의 모든 호구를 유루 없이 수괄하는 '핵법(覈法)'과 현재의 습속을 따라 이미 책정된 수를 조정하는 '관법(寬法)'이 있음을 소개한 뒤, 후자를 '습속에 순응하는 작은 규정'일 뿐이라고 명백하게 선을 긋는다.

> 내가 방전(邦典: 즉 『경세유표』)을 서술할 때는 핵법(覈法) 쓰기를 논의하였으니 이는 나라를 다스리는 대도[爲邦之大道]인 것이요, 지금 목민서[즉 『목민심서』]에서는 관법(寬法) 쓰기를 주장하니 이는 습속에 순응하는 작은 규정[順俗之小規]이다.[13]

다산은 또 토지의 비옥도에 따라 실적(實績)을 달리 파악하는 우리나라 구래의 결부법(結負法)은 반드시 간위(奸僞)가 개재하기 마련이므로 이를 고쳐 절대 면적을 파악하는 경묘법(頃畝法)으로 변경하자는 논의를 전개하면서도, 이 논의를 억누르고서 '시속에 순응'하여 우리의 옛것을 그대로 지켜나가야 한다는 소위 '원로숙덕지신(元老宿德之臣)'의 억지 논리를 자못 길게 인용한다. 조롱거리로 삼는 것이다.

---

13 『목민심서』 6-1, 戶典六條 戶籍. "余於邦典之議 議用覈法(詳見戶籍考) 此爲邦之大道也 今於牧民之譜 議用寬法 此順俗之小規也."

> 중국은 경묘법을 사용함에 비해 우리나라가 결부법을 사용하는 것은, 중국의 경우 수레[車]를 이용하되 우리나라는 등짐[擔]을 이용하고, 중국은 의자[椅]에 앉되 우리나라는 땅에 자리를 깔고 앉으며, 중국은 친영(親迎)하되 우리나라는 숙부(宿婦)하는 것과 같다. 각기 그 습속을 편안하게 여겨서 변경할 수 없는 것이다. 성인(聖人)이 나라를 다스리는 것도 그 습속을 따라 순응토록 하는 것이니, 옛 습속을 변경하여 어지럽게 고치는 것은 바로 백성을 흔들어 어지럽게 만드는 짓이다.[14]

정전의 법제를 마련하고 그 시행을 추진하는 데는 실로 수다한 어려움이 가로막고 있다는 사실을 다산 또한 모를 리 없다. 그러나 그는 그 모든 난관을 돌파하고서도 정전제를 시행하고자 한다. 그러면서 다시 확인한다. "지금 선왕의 대도(大道)를 좇아 만세(萬世)토록 준행할 큰 경법(經法)을 세운다."[15] "한 임금의 법제는 만세에 이르도록 길이 힘입는 것인데, 한때의 조그마한 시끄러움을 견디지 못하여 만세의 큰 어지러움을 청산해버리지 못한다면 성인이 세상을 경영하는 넓은 도량이 아니다."[16]

필자는 물론 조선 후기의 토지 사유제 및 그에 기초한 병작제의 현실을 전제하고서 다산이 정전제의 시행을 추구하였다는 위의 논지에

---

14 『여유당전서』 제1집 12-23, 「田結辨」. "中國以頃畝 吾東以結負 如中國利車 吾東利擔 中國坐椅 吾東席地 中國親迎 吾東宿婦 各安其俗 不可變也 聖人爲治 亦因其俗而順之 變古之俗 紛更之爲 是撓民而使之亂."

15 『경세유표』 7-31, 地官修制, 田制 9 井田議 1. "今也遵先王之大道 立萬世之大經."

16 『경세유표』 8-23, 地官修制, 田制 11 井田議 3. "一王之法 萬世永賴 不耐一時之小騷 未淸萬世之巨亂 非聖人經世之弘量也."

는 찬동하지 않는다. 다산은 궁극적으로 삼대 성왕들이 구현하였다는 정전제의 '본법(本法)' 그대로를 살려, 이를 조선 후기의 현실에서 시행하고자 한다.[17]

이제 다산의 정전제론을 정면에서, 더 종합적으로 논의해보기로 한다.

2. 사환 시기 다산의 토지론

1) 「농책」의 균전론

정조(正祖)는 거의 해마다 연말이나 연초에 '권농(勸農)'의 윤음을 내려 신료들의 견해를 수렴하곤 했는데, 다산이 「농책(農策)」이란 이름의 대책을 제시한 것은 정조 14년(1790)이었다.

> 백성의 근본을 확립시키는 일로 말하자면 역시 오직 균전(均田)이란 두 글자에 달려있습니다. 아, 정전제를 시행하여 조경(助耕)토록 하는 법은 지금 세상에서는 거론할 수 없습니다. 그러나 밭두둑의 형세에 따라 기름지고 메마른 토지의 등급을 헤아려 전지의 많고 적음을 제한하고 빈부의 격차를 균평하게 하는 것은 역시 오직 손으로 판도(版圖)를 잡고 묵묵히 신묘한 기략(機略)을 어떻게 운용하느냐에 달려있습니다. 그렇게 한 다음에야 민구(民口)의 실총(實總)을 파악할 수 있고, 군사는 국가를 위해 죽을 마음을 갖도록 하며, 천하의 농부들이 모두

17 金泰永, 1998, 『실학의 국가개혁론』, 서울대학교출판부의 Ⅳ-1 「王土歸一論」 참조.

즐거이 들에서 농사짓기를 원할 것입니다.[18]

즉 '지금 세상에' 정전제는 시행할 수 없으므로, 균전제를 실시함으로써 빈·부의 격차를 해소하여 균평해지도록 조정해야 한다. 그래야만 균전의 혜택을 분점하기 위해 이제까지 은닉하였던 호구들이 다 나와 등록할 것이요, 균전의 혜택으로 먹고살 수 있게 된 군사는 이에 국가를 위해 사력을 다할 것이며, 균전의 혜택으로 자기 전지를 자영함에 따라 이전보다 큰 소득을 얻게 된 농부들은 더 즐거이 농사일에 힘쓰게 될 것이라는 논지다.

이 「농책」에 드러난 농민들의 사회적 성향이 자못 흥미롭다. 지금까지 병작제에서와 같은 고달픈 삶을 살아가는 농민으로서는 국가 호적에서 은루하기가 십상이며, 국가의 덕을 본 일도 없는 농민군은 유사시에도 결코 사력을 다하지는 않을 것이라는 함의를, 다산은 드러내어 묘사하고 있다.

다산은 이 「농책」을 통해서, 무릇 만백성을 국가가 자기 백성으로 순치시키는 길은 반드시 균전과 같이 '덕 되는 정사'를 베풂으로써 가능하다는 뜻을 펼쳐 보인다. 여기서 백성은 이미 임금의 명령에 그냥 순종하는 '어진 백성'으로서의 존재가 아니요, 이해관계에 민감하게

18 『여유당전서』 1집 9-16, 「農策」. "若夫立民之本 亦惟在均田二字 噫 井地助耕之法 雖不可與論於今世 因阡陌之勢 量肥瘠之品 制其多寡 平其富貧 亦惟手握版圖 默運神機之在何如耳 如是然後 民口可得其實總 兵力可得其死心 而天下之農 擧熙熙然願耕其野矣." 이 「농책(農策)」은 국왕(國王)의 '책문(策問)'을 조목별로 나누어 다산 자신의 대책을 서술해둔 것인데 그의 문집에는 작성 연대가 드러나 있지 않다. 그러나 당해 '책문'은 『홍재전서(弘齋全書)』 50-36~40에 '농(農)'이란 책제(策題)로 실려있으며, '抄啓文臣 科試三試 及上齋生應製'라는 부제가 있는데, '경술년(庚戌年)'(정조 14년〈1790〉)조에 들어있다. 다산 29세 때였다.

반응하는 살아있는 존재이다. 그러니 그들을 통합적으로 다스리기 위해서는 군주 또한 '균전'이라는 적극적 통치행위를 의도적으로 결단해야 한다고 함이 다산의 견해인 것으로 해석된다.

다산은 사환(仕宦)기의 것으로 보이는 「원정(原政)」이란 논문에서도 '정치란 치우친 것을 바로잡는 것'이라며 '균전론'을 역설하는 말로 그 첫머리를 시작한다.[19] 역시 군주의 적극적·의도적 통치행위가 필수적이라는 함의를 읽어낼 수 있다.

2) 「응지논농정소(應旨論農政疏)」에 드러난 수취제 대책

다산은 정조 22년(1798; 戊午) 곡산도호부사(谷山都護府使)로 재직 시 역시 국왕의 윤음에 응하는 「농정소(農政疏)」를 올려 '편농(便農)·후농(厚農)·상농(上農)'의 세 가지 대책을 제시하였다. 「농책」을 올린 지 8년 만인데, 그 사이 국왕의 근신으로서 많은 공부와 경력을 쌓은 후 지방 수령직을 수행하고 있는 37세 때의 일이다.

먼저 '편농'에서는 농작 시 묘(苗)의 간격 조절, 우량 종자의 선택, 농기구 개량, 물레[紡車]의 활용, 수리(水利) 시설의 확충을 논하였다. '후농'에서는 환자(還上)제도의 개선, 화전(火田) 금지와 과수(果樹) 재배의 권장, 농서(農書)의 보급, 도량형의 통일, 담배 재배의 제한을 논하였다. 그리고 '상농'에서는 우선 과거(科擧)제도의 개혁을 논하면서, 각 군현

---

19 정(政)이란 것은 바로잡는다[正]는 뜻이다. 똑같은 우리 백성인데 누구는 토지의 이택(利澤)을 겸병(兼竝)하여 부유하게 살고, 누구는 토지의 이택을 받지 못하여 빈한하게 살 것인가. 그 때문에 토지를 헤아려 백성들에게 균분(均分)하여 빈(貧)·부(富)를 바로잡으니 이를 일러 정(政)이라 한다; 『여유당전서』 1집 10-1, 「原政」. "政也者 正也 均吾民也 何使之竝地之利而富厚 何使之阻地之澤而貧薄 爲之計地與民而均分焉 以正之謂之政."

별로 선비들을 선발하여 영시(營試)에 응하게 하고 그 합격자를 회시(會試)에 나아가도록 제도화함으로써 놀고먹는 선비가 농업으로 전업(轉業)하도록 유도할 것이요, 사사로이 채굴하는 금점(金店)을 폐지하는 등으로 말업(末業)을 억제할 것이며, 특히 군역(軍役)의 대가로 바치는 군포(軍布)를 각 군현마다 자치적으로 호포(戶布)라는 공동 부담으로 전환시킬 계책을 논하였다.

이는 국왕의 윤음에 응하여 제시한 「농정소」인데도 환자제도의 개선이라든가 놀고먹는 양반 자제들을 농업으로 전업하도록 유도하는 계책을 서술하고, 양민의 군역 부담을 논하면서 각 군현마다 자치적으로 공동 부담하도록 한다는 종합적 개혁론을 제시하고 있음이 주목된다. 농민에 대한 국가 수취제도의 개선책을 적극적으로 개진한 것이다.

특히 여기서 양역의 공동 부담론은 이른바 삼정(三政) 가운데 군정(軍政)의 문란 현상을 군현마다 호포(戶布)로 공동 부담하도록 개혁한다는 계책인데, 그 내용 가운데는 정전제도를 언급한 대목이 들어있다.

> 양역(良役)을 변통하지 않으면 백성은 끝내 보전하기 어렵습니다. 호포(戶布)를 말하는 자도 있고 구전(口錢)을 말하는 자도 있으나, 지금 갑자기 행하면 백성이 장차 소란해질 것이니 지난해 관서(關西)의 일에서 징험할 수 있습니다. 옛날 장횡거(張橫渠)는 "정전법은 행할 수 있다"라고 하였으나, 주자(朱子)는 말하기를 "만약 그것을 행하고자 하면 반드시 기회가 있어야 하니, 평세(平世)에는 진실로 행하기가 어렵다"라고 하였습니다. 지금 호포를 시행하기 어려운 것은 정전법과 다름이 없습니다. 그러나 방법이 있게 조치하고 점차적으로 시행하면 백성이 놀라지 않고 일을 성사시킬 수 있습니다. 지금 해서(海西)에는 군포계(軍布契)가 있

> 고 역근전(役根田)이 있는데, 첨정(簽丁)은 다만 차명(借名)만 할 뿐이어서 납포(納布)는 곧 이(里) 단위로 공동 수취함과 같습니다. … 신은 생각건대, 지금부터 양역은 당해 고을에 일임하고 경영(京營)에 예속시키지 말아서, 이른바 포보(砲保)·금보(禁保) 등의 명색은 단지 본읍(本邑)으로 하여금 편의대로 개혁하도록 하고, 도안(都案)을 고치고 사정(査正)하는 법식을 고치는 것은 일체 혁파하고, 다만 양역의 원래 총수(總數)에 따라 당해 고을로 하여금 관례를 살펴 액수(額數)를 상고해서, 훈련도감에는 몇 필, 금위영에는 몇 필을 해마다 납부하고, 첨정·충오(充伍)의 일은 경사(京司)와 병영(兵營)이 모두 구관(句管)하지 않도록 하면, 10년을 지나지 않아서 신포(身布)가 모두 이포(里布)로 될 것입니다. 이미 '이포'가 되면 그것을 호포로 만드는 일은 한 번 굴리면 되는 일이니, 국용(國用)에는 조금도 손해가 없고 민생의 질고(疾苦)는 사라질 것입니다.[20]

즉 호포제도는 양법인데도 이를 갑자기 시행하기 어려운 것은 정전법의 경우와 다름이 없지만, 호포제를 법식에 맞게 조치하고 점차적으로 시행하면 백성이 놀라지 않고 일을 성사시킬 수 있다고 전제한다. 혹 정전법도 '법식에 맞게 조치하고 점차적으로 시행'한다면, 드디어 이를 시행할 수 있다는 이해에 도달한 것인가.

---

20 『여유당전서』 1집 9-54, 「應旨論農政疏[戊午 在谷山]」. "良役不變 則民卒莫保 有言戶布者 有言口錢者 今猝行之 民將胥動 往歲關西事可驗 昔張橫渠謂井田可行 朱子曰若欲行之 須有機會 平世則誠爲難行 今戶布之難行 無異井田 然處之有術 行之以漸 則民不駭而事可擧矣 今海西有軍布之契 有役根之田 簽丁只是借名 納布便同里斂 旣非虛伍 官亦不禁 臣謂自今良役 一任該邑 勿隷京營 所謂砲保禁保等名色 只令本邑便宜沿革 改都案改查正之法 一切革罷 只照良役元摠 令該邑按例考數 都監歲納幾疋 禁營歲納幾疋 而簽丁充伍之事 京司兵營 竝勿句管 則不出十年 身布俱成里布 旣成里布 則以之爲戶布 一轉移也 在國用一毫無損 而民生之疾苦去矣."

호포법을 시행하는 구체적 방법은 현재 해서(海西) 지역에서 시행하고 있는 '군포계'나 '역근전'의 경우처럼 이(里) 단위 공동 부담 방식의 이포(里布)제도로 전환하고, 이를 각 군현 단위별로 운용하는 형태로 제도화함으로써 양역, 즉 군정(軍政) 문제를 해결할 수 있다고 다산은 전망한다. 즉 고통스러운 개인의 부담으로 인습해온 양역의 신포(身布) 부담 문제, 즉 말썽 많은 '군정'의 문제를 공동 부담 형태로 전환함으로써 그 궁극적 해결책을 추구하고 있음이 특징이다.

그리고 이 「농정소」의 호포론(戶布論)은 다음 해에 저술한 그의 「전론(田論)」 가운데 '호포론'으로 연결되는 것임을 주의해야 할 것이다.

한편 다산이 「농정소」를 올린 무렵, 국왕 정조의 토지론을 일별할 필요가 있다. 한마디로 개인의 토지 소유를 제한하는 제도는 결코 실행할 수 없다는 것이 정조 임금의 확고한 소신이었다.

> 삼대의 제도를 회복하려면 응당 먼저 정전제부터 시행해야 하겠지만 정전제는 이미 회복할 수 없게 되었다. 균전법·한전법 또한 옛 제도에 가깝다고 할 수 있는데, 당(唐)나라 초기에 비로소 구분전(口分田)·세업전(世業田)의 법제를 세웠지만 곧이어 겸병자(兼竝者)들의 탈점하는 바 되고 말았다. 전제(田制)는 갑자기 변경할 수 없는 것임이 이와 같다. 지금의 급선무로는 양전(量田)을 다시 하는 것이 중요하다. 그러나 그마저 고을마다 적임자를 얻지 못하면 차라리 다시 양전하지 않느니만 못할 것이다.[21]

21 『정조실록』, 정조 24년 2월 乙巳. "欲復三代之制 當先井田 而井田旣不可復矣 均田·限田亦可謂近古 唐初始立口分·世業之法 旋爲兼竝者所占 田制之不可猝變 類如此 目下先務改量爲上 但邑不得人 則不如不改量."

전제는 갑자기 변통할 수 없다는 국왕 정조의 견지가 위와 같이 확고하다는 사실을 다산이 모르고 있었을 것 같지는 않다. 그런데 국왕이 한전론·균전론은 형세상 결코 시행할 수 없다는 확고한 견지를 표명한 바로 그 해에, 다산은 마치 선언하듯이, 정조의 경우와 전혀 다른 「전론(田論)」을 저술하였다.

3) 여전제론

다산의 「여전제론(閭田制論)」은 그의 「전론」[22]에 실려있는 토지론이다. 널리 알려져 있듯이 필사본인 정본 『여유당집』 소재 「전론」에는 다산 자신의 필치인 듯한 다음과 같은 두주(頭註)가 붙어있다.

> 이는 기미(己未) 연간[38세 때]에 지은 것인데, 만년의 소론(所論)과는 같지가 않지만, 지금 역시 기록해둔다. 『서경(書經)』에 이르기를 "임금이 이 5복(福)을 거두어 크게 그 서민들에게 베풀어 준다" 하였으니, 이것이 그 대의(大義)이다.[23]

여기서 '기미'는 정조 23년(1799년)이다. 다산이 스스로 「전론」의 '대의'라고 말한 "임금이 이 5복을 거두어 크게 그 서민들에게 베풀어 준다"는 대목은 곧 『서경』, 「홍범(洪範)」의 문자인데, 다산은 이를 끌어다 자신의 지론이 '왕토'사상임을 드러낸 것이다. 그러한 「전론」은 그의

---

22 『여유당전서』 1집 11-3~7, 「田論」 1~7.

23 "此是己未間所作[三十八歲時] 與晩來所論不同 今亦錄之 書曰 皇斂時五福 用敷錫厥庶民 斯大義也." 주지하듯, 이 부분이 1936년 간행의 신조선사본(新朝鮮社本)에서는 누락되었다.

만년의 소신인 정전제론과는 전혀 다른 내용이지만, 그 '대의'에서는 상호 어긋나지 않는다 했으니, 만년의 정전제론 역시 '왕토사상'의 견지로 일관하고 있음을 알 수 있다.

다산은 이해 2월 곡산도호부사로서 중국 사신을 영위(迎慰)하는 소임으로 50일 동안 황주(黃州)에 머물러 있었다. 그 중간인 3월에는 본도(本道)를 안렴(按廉)하라는 밀지(密旨)를 받았다. 4월 24일 경관직(京官職)인 병조참지(兵曹參知)로 제수되고, 상경 도중 동부승지(同副承旨)를 제수받았다가, 5월 5일 형조참의(刑曹參議)로 제수되었다. 그런데 6월에 서교(西敎)에 연루되었다는 대간(臺諫)의 상언이 조정에서 잇달아 일어났다. 이에 다산 자신도 사환을 그만두겠다는 확고한 심정으로 '형조참의 사직 상소'를 올렸으며,[24] 이윽고 7월 26일에 체직되었다. 그러고는 특별 교지에 따라 당분간 국왕의 '세서례(洗書禮)' 때 어제시(御製詩)에 화답하는 시를 짓거나 혹 연회에 참여한 적도 있었다.[25]

그런데 다산은 바로 전해에 제진한 「응지농정소」에서, 그리고 이 해(정조 23: 기미)에 저술한 「전론」에서 다 함께 호포제(戶布制)의 시행이 양법임을 거듭 강조한다. 아마도 양역(良役)의 근본적 변통책을 모색하는 과정을 통해서, 그의 본심은 토지-농업에 대해서도 더 근본적인 개혁론을 모색하는 단계에 이른 것으로 이해된다.[26]

---

24 『여유당전서』 1집 9-46~48, 「辭刑曹參議疏(己未六月卄二日 閔命爀疏出之翼日)」. "엎드려 생각하건대 신이 의당 벼슬을 그만두어야 했던 때가 오랩니다. 수없이 남에게 배척을 받아 더욱 위태롭게 되어, 벼슬에 오른 지 11년 동안에 일찍이 하루도 조정에서 편할 날이 없었습니다"라는 말로부터 시작한다.

25 다산은 다음 해인 정조 24년(1800: 庚申) 봄에 초천(苕川)으로 귀향하였는데, 곧이어 교서(校書)의 일로 소명(召命)이 있기는 하였다. 그런데 6월에 정조(正祖)가 승하하였다.

26 그런데 기미년(己未年) 4월에 경관직(京官職)으로 제수된 이후의 다산은 「전론(田論)」과 같은 개혁론을 저작할 겨를이 없었던 것으로 이해된다. 다산의 「응지농정소(應旨農

주지하듯이 다산의 「전론」은 자신의 이전 토지론과도 매우 다른, 강력한 변법적 개혁론이다. 「전론」은 7편으로 구성되어 있는데, 요지를 절록(節錄)하면 다음과 같다.

(1) 하늘이 이 백성을 내고 그들을 위해 먼저 전지(田地)를 두어서 그들로 하여금 먹고살게 하고, 또 그들을 위해 군·목(君牧)을 세워 백성의 부모가 되게 하여, 백성의 전산(田産)을 균평히 제도화하여 다 함께 살도록 하였다[均制其産而竝活之]. 지금 국중의 전지는 대략 80만 결(結)이요, 백성은 대략 8백만 구(口)인데, 시험 삼아 10구를 1호로 잡아 본다면 매 1호마다 전지 1결씩을 얻은 다음에야 그 전산이 균평해진다. 그럼에도 불구하고 조정에서는 균산(均産) 정책을 펴지 않고 있으니, 이는 군·목 모두의 잘못이다.

(2) 농사짓는 사람은 전지를 얻고 농사짓지 않는 사람은 전지를 얻지 못한다[農者得田 不爲農者不得田]. 농사짓지 않는 자들도 전지를 가질 수 있게 하는 균전·한전론 등은 모두 잘못된 토지론이다.

(3) 농사짓는 자만이 전지를 얻도록 하기 위해서는 여전제(閭田制)를 시행해야 한다. 대략 30가(家)를 1려(閭), 3려를 1리(里), 5리를 1방(坊), 5방을 1읍(邑)으로 한다. 여(閭)에는 여장(閭長)을 두고 무릇 1려의 전지는 1려의 사람들로 하여금 다 함께 경치(耕治)토록 한다.

여장은 여민의 노역(勞役) 일수(日數)를 장부[日役之簿]에 기록해둔다. 그

政疏)」의 제진(戊午)과 「전론」의 저술(己未) 사이의 기미년(己未年)이라면, 그가 경관직(京官職)으로 제수받기 이전인 1799년 1월에서 4월까지요, 특히 황주영위사(黃州迎慰使)로 가기 전 1·2월의 기간이 비교적 한가한 시기였다. 그래서 아마도 아직 곡산부사(谷山府使)로 재직하는 기미년의 1·2월 사이에 「전론」을 저술한 것이 아닌가 한다.

래서 추수 때는 오곡의 곡물을 모두 여장의 집에 운반해두고 이를 나누는데, 먼저 공가(公家)의 세(稅)를 바치고, 그다음은 여장의 녹(祿)을 바치며, 그 나머지를 가지고 일역(日役) 장부에 따라 배분한다. 노력(努力)을 많이 한 사람은 양곡을 많이 얻고 노력이 많지 않은 사람은 양곡을 적게 얻으니, 농민 모두가 힘을 다하기 마련이다. 모두 그 힘을 다하면 전지가 더 개발되고 생산력도 증대할 것이요, 생산력이 증대하면 백성의 재산이 풍부해지고, 백성의 재산이 풍부해지면 풍속이 순후해지고 효·제(孝悌)가 행하여지게 될 것이다.

(4) 백성들의 이동을 자유롭게 허용하면, 전지와 거주 인력의 비례가 자연 조절되어 10년이 지나지 않아 전국 전지가 균평해질 것이다.

(5) 농사짓지 않는 공장(工匠)은 그가 제작하는 기구로써 곡식을 바꾸고, 상인은 그의 화물로써 곡식을 바꾸어 먹고 산다. 사(士)는 전업하여 공장(工匠)이 되거나 상업을 하는 사람도 있을 것이고, 주경야독하는 사람도 있을 것이며, 부민(富民)의 자제를 가르쳐주고 생활하는 사람도 있을 것이다. 실리(實理)를 강구하고 토지의 적성을 분별하며 수리(水利)를 일으키고 농기구를 만들어서 인력(人力)을 덜게 하고, 곡식을 심고 가꾸는 일과 목축(牧畜)의 방법을 가르쳐서 농민을 돕는 사람도 있을 것이다. 이들은 공로가 크므로, 1일의 역사(役事)를 10일로 기록하고 10일의 역사를 100일로 기록하여 그 양곡을 분배해주는 것이 옳다.

(6) 현재의 병작제 아래서는 국가는 가난해져 지탱할 수가 없고 민산(民産)은 부족하기 마련이다. 대략 1/10세를 기준으로 하여 풍년·흉년에 따라 전세(田稅)가 변동되지 않도록 전세액(田稅額)을 일정하게 고정시키는 정액제를 운용하되, 큰 흉년에만 전세분(田稅分)을 국가가 대

여(貸與)했다가 풍년에 회수하는 제도를 쓴다.

(7) 여(閭) 단위 병·농 일치의 군사제도를 시행한다. 여장을 초관(哨官), 이장을 파총(把摠), 방장을 천총(千摠)으로 편제하여 현령(縣令)의 통제 아래 둔다. 종래에는 사람들이 스스로 전지를 가지고서 각자 사사로운 것으로 여겼기 때문에 기강이 서지 않고 명령도 시행되지 않았다. 그러나 이제는 10식구의 생명이 여장에게 달렸으므로, 농민들이 1년 내내 분주하게 다니면서 여장의 절제를 받게 되니, 이들로써 군사를 삼으면 전진과 후퇴에 군율(軍律)이 서기 마련이다.

대략 1려의 백성을 3등분하여 한 부분은 호정(戶丁)을 내어 대오(隊伍)를 편성하도록 하고, 두 부분은 호포(戶布)를 내어 군수(軍需)에 응하게 하면, 군정(軍政)의 폐단은 없어질 것이다.

이상 다산의 여전제론은 우선 현실상 널리 발달해 있는 사적 토지 소유관계를 전면적으로 부정하면서, "농사짓는 사람은 전지를 얻고 농사짓지 않는 사람은 전지를 얻지 못한다"는 원리를 적용한다. 여기서 다산은, 농사짓는 농민만이 전지를 경작한다는 원칙을 실현함으로써 사회적 분업론을 도입하고자 한다. 즉 농민이 아닌 백성의 경우, 가령 공(工)·상(商)은 각자의 직업에서 얻는 이익으로 식량을 바꾸어 생활한다. 특히 놀고먹는 사(士)의 경우는 농민의 자제 교육을 담당하든가 실업(實業)으로 전업하거나 혹은 농사와 같은 실생활에 활용되는 학리(學理)를 연구함으로써 생계를 해결토록 구상한다. 말하자면 사회적 분업의 진척을 통한 다양한 생계 해결 방법을 제시한 것이다. 따라서 모든 주민이 전지를 얻도록 하는 '균전론' 따위는 이제 마땅히 폐기되어야 한다.

실상 다산은 이미 사환 초기부터 분업론(分業論)을 역설하고 있었다.

"전치(專治)하는 공부가 없기 때문에 일을 익힘이 정밀하지 못하고, 오래 맡겨 이룩하도록 하는 법이 폐기되었기 때문에 공적이 이룩되지 않는다."[27] 그와 같이 모든 직사를 전업적(專業的)으로 분업시키고 오래 맡겨 실적을 이룩하도록 하는 '구임(久任)'의 이론을 다산은 이 여전제론에서도 활용하고 있는 것이다.

또한 여(閭) 단위의 공동 노동을 통한 공동 생산제도를 세우면서도 노동 일수에 따른 가호별 수확물 분배 원칙을 설정함으로써 생산력의 증대를 성취하고자 하는 방안도 주목된다. 무릇 공동 노동·공동 생산의 제도는 무책임으로 귀착하기 십상인데, 그것을 노동 일수에 따른 분배의 원칙을 관철함으로써 극복하고자 하는 것이다.

여기서 여전제의 시행 단위는 '여'라고 하는 주민 공동체이다. 각 여는 결국 왕권 대행자인 수령(守令)의 지휘 아래 놓여있지만, 정작 여 단위의 농업노동이나 군사조직은 어디까지나 여장이 지휘하는 주민 공동체의 자치로 집행되고, 어떠한 이서(吏胥)의 간섭도 배제한다. 그 같은 주민 자치를 통해서, 당시에 이미 시속적 행태로는 해결 가망이 없던 전정(田政)과 군정(軍政)의 폐단을 해결하고자 하는 길을 모색하고 있었던 것으로 해석된다. 주목할 만한 착안이다.

그런데 여전제론은 그 설치나 관리(管理)의 절차 등에 관한 구체적 절목을 마련하지 않은, 아직도 이념적 수준의 원론(原論) 제시에 불과하다. 그렇지만 균전·한전론의 극복, 전업적 분업제도의 보편적 도입,

---

27 『여유당전서』 제1집 8-39, 「人才策」. "專治之工蔑 而肄習不精 久任之法廢 而績用不成." 다산의 시문집에는 이 대책(對策) 역시 작성 연대가 실려있지 않다. 그런데 당해 '책문'은 『홍재전서』 50-28~29에 '인재(人才)'라는 제목으로, '경술년'(정조 14년〈1790〉)조에 들어있다. 다산 29세 때이다.

생산력의 제고, '전정·군정'에 크게 드러난 현실적 폐단에 대한 근본적 해결책의 모색 등에 관한 새로운 논의는 매우 이채롭다. 이들 과제는 모두 유배기의 새로운 경학 공부를 통해 더욱 정밀하게 이론화하며, 드디어 정전제론 가운데로 용해되어 드러나는 것으로 해석된다.

3. 다산의 정전제 이론

이른바 신유옥사(辛酉獄事: 1801)에 연루되어 천 리 밖 남쪽 바닷가로 유배 간 다산은 우선 경학(經學)의 연구에 전념하였다. 그는 선유(先儒)의 어떠한 주석(註釋)에도 구애받지 않고, 경전(經傳)에 담긴 '옛 성인(聖人)의 본지(本旨)'를 깨달아내기에 진력하였다.[28] 그는 실로 심혈의 노력을 기울인 끝에 드디어 1816년에는 6경·4서에 관한 구체적이며 독자적인 주석을 일단 끝낼 수 있었다.

> 처음에 내가 『역(易)』을 익히고 『예(禮)』를 연구하여 모든 경서(經書)에까지 미쳐 갔는데, 한 가지를 깨달을 때마다 마치 신명(神明)이 말없이 깨우쳐 줌이 있는 듯하여 남에게 고할 수 없는 것들이 많았다. 형님 약전(若銓)이 흑산도 바다 가운데 있었는데, 한 편이 이루어질 적마다 그가 보고서는 말하였다. "네가 이 경지에 이르게 된 것은 너 스스로도 알지 못할 것이다. 오호라, 도(道)가 천 년 동안 없어져 갖가지로 가려졌는데, 헤쳐내고 끊어내어 그 가려진 것들을 환하게 밝혀내었

28 『여유당전서』 제1집 16-2, 「自撰墓誌銘(광중본)」. "精研妙悟 多得古聖人本旨."

으니, 어찌 네가 할 수 있는 일이겠느냐."[29]

다산은 그와 같은 경학 공부를 통해서 다시 확인한다.

> 고법(古法) 가운데 지금에 남은 것은 오직 「요전(堯典)」·「고요모(皐陶謨)」·「우공(禹貢)」 3편과 『주례(周禮)』 6편뿐이다. 나는 이 9편을 정밀하게 연구하고 깊이 생각했는데, 대개 다년간 실적(實績)을 고과(考科)하고 공적을 상주(上奏)하는 법과 토지제도를 바로잡고 부공(賦貢)을 균평히 부과하는 제도의 각종 조례는 엄혹하고 준열하였다. 종핵(綜核)한 것이 치밀하여 물 한 방울 새지 않고 머리카락 하나 흐트러지지 않는 것이었다.[30]

다산은 주로 그 가운데 「우공」과 『주례』의 연구를 통해서 '정전제'와 '부공제'의 이론을 깨쳐내고, 다시 『맹자(孟子)』의 연구를 통해서 정전제의 이론을 보강하면서 그 현실적 시행을 확신하기에 이른 것으로 해석된다.

다산은 조선 후기의 현실에서 왜 꼭 정전제를 시행하지 않으면 안 된다고 역설하는가. 그 하나는 그가 유배지인 호남 지역의 실상을 직접 목도하고 깨우친바, 지리멸렬한 현 실태 '전정(田政)'의 비리와 인습을 그대로 두고서는 결코 나라가 온전할 수 없다는 위기의식 때문으

---

29 『여유당전서』 제1집 16-17, 「自撰墓誌銘(집중본)」.

30 『경세유표』 7-27~28, 地官修制, 田制 9 井田議 1. "古法之存於今者 唯有堯典·皐陶謨·禹貢三篇及周禮六篇而已 臣於此九篇 研精覃思 蓋有年所 其考績·奏績之法 正土·平賦之制 種種條例 嚴酷栗烈 綜核縝密 一滴不漏 一髮不差." 다산의 『상서(尙書)』 연구로는 「요전」이 「순전(舜典)」까지를 포괄하고 있다.

로 해석된다. 다산은 "지금에 와서 (법제를) 개혁하지 않는다면 나라가 망하고 말 것"이라는 절박한 심정을 『경세유표』의 서문에 밝혀놓았다. 다른 하나는 옛 성인의 경전 공부를 통해 정전제의 실현 가능성을 확신하고, 정전제야말로 '왕정' 구현의 필수 불가결한 기초가 된다는 것을 확인하기에 이르렀기 때문으로 이해된다. 그리고 이왕 '왕정'을 추구할 바에야, "나라를 경영하는 모든 제도에 대해서 현재의 운용에 구애받음이 없이" 최선의 법제를 모색하는 것이라고, 역시 『경세유표』의 서문에 밝혀놓았다.

또한 다산이 정전제론을 확고한 지론으로 펼치게 된 배경에는 그가 오랜 경학 공부를 통해 정립한 '인간 존재'에 관한 새로운 깨달음이 뒷받침하고 있었다는 사실을 간과해서는 안 된다. 다산에 따르면, 인간의 '본체(本體)'를 이루는 것은 각자가 타고나는 '심(心)'인데, 그 '심'은 이 세상 모든 사리(事理)를 다 깨칠 수 있으며 타자를 사랑하고 미워할 수도 있다. 또한 그 '심'은 천부적으로 '자주권(自主權)'을 지닌 것이어서, 가령 선(善)과 악(惡)을 선별적으로 가려서 실행하는 능력을 지닌다. 인의예지(仁義禮智)와 같은 도덕적 가치를 비롯한 이 세상 모든 가치 있는 것들은 모두 그 '심'의 판단에 따라 인간이 주체적으로 선택하여 실행함[행사(行事)]으로써 실현된다. 그것은 곧 개별 인간의 능력·책임·의무가 그만큼 크다는 것을 뜻한다.

더 나아가 인간은 본래 잘살려는 부욕(富欲)과 귀하게 되려는 귀욕(貴欲) 등의 가치를 추구하는 욕구를 갖고 태어난 존재이다. 그러므로 인간의 자기실현을 위한 정당한 욕구는 긍정하지 않으면 안 된다. 오히려 그같이 사회적 가치를 추구하는 각자의 욕구야말로 인간 본연의 모습이요, 사회 발전의 원동력이라고 다산은 확신한다.

그런데 정전제론을 비롯한 다산의 경세론을 실현하기 위해서는, 그와 같이 책임과 이권을 동시에 추구하는 인간 존재가 반드시 필요하다. '자주권'을 갖추고 자기실현의 욕구를 추구하는 인간이어야만 각자가 맡은 직사를 자기 책임 아래 전업적(專業的)으로 수행하면서 국가적 협업 관계를 이룩해낼 수도 있기 때문이다. 그와 같은 새로운 인간관을 '탄생'시키면서 다산은 그의 정전제론을 정립한 것이다.

1) 다산의 독자적 정전 구획론

다산의 정전제론에 따르면, 정전제야말로 객관적으로 명명백백한 표준에 따라 제정하고 운용하는 것이므로 만백성이 승복하고 신뢰할 수 있는 토지·조세제도로는 오직 이 정전제가 있을 뿐이다. 더구나 그것은 '왕정'을 구현하기 위해서는 필수 불가결한 표준 척도가 된다.

> 1/9세(稅)란 것은 천원지방(天圓地方)의 바른 이치이니, 1/9보다 무거우면 백성이 지탱할 수 없고, 1/9보다 가벼우면 나라의 재정이 넉넉할 수 없다. 옛적에는 1/9로 해서 상·하가 다 편했는데, 한(漢)나라 이래로 1/9보다 가볍게 했다. 그러나 부역(賦役)이 번거로워져 징렴(徵斂)에 한도가 없고 호활한 자들이 겸병(兼竝)을 자행하니, 농민들은 초췌해지게 되었다. 농민에게서 징수하는 것을 모두 합하면 10분의 7이나 8이 되지 않는 경우가 드물었다. 만약 1/9세를 회복하고 1/9세 이외의 잡세를 모두 제거한다면, 백성 가운데 춤추지 않을 자가 있겠는가. 1/9세법을 시행코자 한다면, 반드시 평원의 비옥한 땅을 잡아 정전(井田)으로 구획하되, 정정방방(正正方方)하기는 구(矩)로써 잰 듯하고 경위선(經緯線)을 치기는 바둑판같이 하여, 만백성에게 명백히 보이면

서 말하기를 "1/9의 비율은 이와 같다"고 한다. 드디어 이 비율을 가지고 황종(黃鍾) 같은 표준 척도로 삼아 여러 전지의 세율을 바로잡는데, 무릇 넓적한 것·타원형인 것·세모진 것·굽은 것들도 모두 한결같이 이 비율을 가지고 표준으로 삼게 한다. 정전을 만든 까닭은 그래서인 것이다.[31]

여기서 다산이 깨쳐서 정립한 정전제 구획의 특징은 곧 표준형 '정전'만을 정방형으로 만든다는 것이다. 흔히 '정전제'라고 하면, 전국의 모든 전지를 9구(900묘)의 정방형 정전으로 구획하여 가운데의 1구(100묘)를 공전(公田)으로 삼고 나머지 8구의 각 100묘씩을 사전(私田)으로 배치하여, 사전 8구 농부의 공동 노동으로 공전을 경치(耕治)함으로써 1/9세 형태의 조속(耡粟)을 거둔다는 것으로 알려져 왔다.[32]

그런데 다산에 따르면, 평원 광야에는 될수록 정방형의 정자형(井字型) 정전을 다수 구획하겠지만, 정작 전국의 모든 전지를 그렇게 구획할 수는 없다. '정자형'으로 구획하는 전지는 어디까지나 토지와 그 세율이 명명백백하게 1/9법인 것임을 만백성에게 현시할 표준 정지(井地)인 것이다.

성인(聖人)은 규구(規矩)로써 방원(方圓)을 바로잡고, 6률(律)로써 5음(音)을 바로잡고, 정전으로써 1/9세를 바로잡았다. 이것을 표준[楷]으로

31 『경세유표』 권 7-28, 地官修制, 田制 9 井田議 1.

32 사방 1리가 1정이요 1정은 900묘인데 그 가운데가 공전이 된다. 8가가 각기 100묘씩을 사전으로 삼고 함께 공전을 경치하되, 공전의 일을 끝내고서야 감히 사전을 경치할 수가 있다; 『孟子』 滕文公. "方里而井 井九百畝 其中爲公田 八家皆私百畝 同養公田 公事畢 然後敢治私事."

하고, 모범[模]으로 하고, 법식[型]으로 하고, 규범[範]으로 해서 전야(田野)에 있는 어리석은 백성에게 그 전지의 구획이 법에 맞게 되어있음을 알도록 한 것일 뿐이다. 어찌 반드시 산을 무너뜨려 구렁을 메우고 고개를 깎아 늪을 메워서 천하의 땅을 다 정전으로 만든 다음에야 마음에 쾌하게 여겼겠는가. 정(井)으로 만들 만한 곳은 '정'으로 만들고, '정'을 만들 수 없는 곳도 … 하나같이 '정전'하는 그 비율을 적용하여 승제(乘除) 절보(折補)하여 … 이에 '정' 모양이 아닌 것도 또한 '정'의 내용이 되게 계산한다. … 이것이 곧 요·순과 삼왕(三王)의 법이었다.[33]

정전법은 오직 평평하고 기름진 땅에다 때로 1정을 구획한 다음 법의 비율을 세워서 만민에게 보이고, 1/9로 하는 큰 법을 정했을 뿐이다. 혹 1'정'이 따로 있기도 하고 혹 여러 '정'이 서로 잇달아 있기도 하다. 혹 평원광야에는 10정이 서로 잇달아 있을 수도 있다. 그런데 소위 10정을 통(通)으로 삼고 100정을 성(成)으로 삼는다는 내용도 언덕이나 평지에 1정, 2정 흩어져 있는 것들을 합산해서 그 수효에 충당한 것이다. 그뿐 아니라 웅덩이진 땅, 묵은 땅, 집 곁의 공터 등의 한 고랑 되는 전지라도 비뚤어진 것, 타원형인 것, 뾰족한 것, 뭉툭한 것들의 길고 짧은 곳을 (내용상으로) 끊고 보태고 해서 100묘로 묶기도 한다. 그리하여 100묘의 전지 9개가 되면 묶어서 1정으로 하고, 10정이 되면 묶어서 1통으로 하며, 10통이 되면 묶어서 1성으로 하였다. 사리를 미루어 보아도 반드시 그러하며, 경문(經文)을 숙독해도 깨달을 수 있다.[34]

---

33 『경세유표』 권 5-3, 地官修制, 田制 1 井田論 2.

34 『경세유표』 권 5-8, 地官修制, 田制 1 井田論 3.

즉 표준 정지(井地)만은 반드시 정방형으로 구획하지만, 전국적으로는 표준 '정지'를 구획할 수 있는 광활한 평원이 그리 많지 않다. 실상 전국의 전지는 크기와 모양이 천차만별인데, 아무리 비뚤어지고 비탈진 전지라도 모두 표준 정지의 내용을 갖추도록 면적을 헤아려, '승제(乘除)하고 끊어내고 보충하여', '정'이 아닌 것도 또한 '정'의 내용이 되도록 계산하여 구획한다면, 곧 전국 전지를 모두 표준 정전의 내용을 갖춘 것으로 구획할 수 있다는 것이 다산의 확신이다.

단 이 경우에도 '공전'은 가능한 한 모두 정방형으로 구획한다.[35] 그러기 위해서는 한 단위 정전 안의 '공전'과 그것을 공동 경치하는 바탕으로서의 '사전'을 공간적으로 분리하여 설치할 수도 있다. "혹 몇 리(里) 안에 큰 전지 하나가 있어 1정(井)을 구획할 만한데 그 부근 사방에는 온통 작은 논배미들이어서 '공전'으로 만들 만한 것이 없으면 1정(井) 9부(畉)를 모두 공전으로 만들고, 그 부근 전지에 배당한 '사전' 72부로 하여금 매 8부(畉)마다 각각 공전 1부(畉)씩을 경치하도록 한다."[36]

그러나 그 같은 변통조차 허용되지 않는 아주 험악한 지세(地勢)에서는 '공전'조차 부득이 정방형으로 만들 수가 없다. "혹 지세가 기울어서 변통할 수가 없고 부근의 사방에도 평평하고 넓은 전지가 없는 곳은 비록 공전이라도 반듯하게 하지 못한다. 다만 그 가운데 서로 연하

35 『경세유표』 8-1, 地官修制, 田制 10 井田議 2. "凡公田 皆四角正方 其有倚斜不正者 改作其罶(무릇 공전은 그 사각(四角)이 모두 정방(正方)하도록 한다. 기울어지고 바르지 못한 경우는 그 배미를 고쳐 만든다)."

36 『경세유표』 8-2, 地官修制, 田制 10 井田議 2. "或其數里之內 有一大田可畫一井 其附近四嚮 都是小罶 無可以爲公田者 一井九畉 都作公田 取附近田七十二畉 使其八畉 各治公田一畉."

여 있는 큰 논배미 하나를 골라 그 실제 면적을 계산해서 공전 1부(畉)[즉 100묘]를 만든다. 그리고 남은 묘는 떼어내어 사전으로 만들고 그 두렁을 고쳐 짓는다.[37]

다산은 정전제론에서 인습의 결부법(結負法)을 폐기하고 일체 경묘법(頃畝法)을 채용하기로 결단한다. 결부법은 토지의 등급을 6등으로 나누고[田分六等] 각 등급에 따라 결(結)의 실적(實積)을 달리 파악하는 것이므로, 양전(量田)할 때마다 이서(吏胥)의 농간이 개재하기 마련이어서 결코 공평한 파악을 기할 수 없는 제도이다. 그래서 이제 절대 면적인 6평방척(尺)을 1보(步)로, 100보를 1묘(畝)로, 100묘를 1경(頃)으로 파악하는 경묘법을 사용하기로 한다.

그 같은 독자적 '정지' 구획의 고안을 두고 다산은 새삼 확인한다. "성인(聖人)의 경전(經傳)에 드러난 여러 글들을 살펴보건대, 내가 참작해서 변통하고자 하는 것이 원래 선왕(先王)의 본법(本法)이었다."[38]

2) '공전'의 확보와 정전제 시행론

다산의 정전제론은 전국의 전지에 '사주(私主)'가 있는 조선 후기의 현실에서 고안한 것이었다. "옛날에는 천자와 제후가 전지의 주인이었으나 지금에는 온 백성이 전지의 주인이 되었으니, 이것이 (정전제를) 도모하기 어려운 점이다. 반드시 수백 년을 두고 흔들리지 않아, 차츰차츰 (王土로) 회수(回收)하고 차례대로 시행한 다음이라야 선왕의 법을 회

37 『경세유표』 8-2, 地官修制, 田制 10 井田議 2. "其或地勢傾仄 無可變通 而附近四嚮 亦無平衍之田者 雖公田 不能正方 但於其中 畫取大畓之相連者 算其實積 以作一畉 其有賸畝者 割去之 以作私田 改作其匡."

38 『경세유표』 5-2, 地官修制, 田制 1 井田論 1. "及觀聖經諸文 乃臣之所欲參酌而變通之者 原是先王之本法."

복할 수 있을 것이다."[39]

그런데 정전제를 '선왕의 법' 그대로 온전히 회복하는 데는 혹 '수백 년'이 소요되겠지만, 정전제 자체를 '수백 년' 기다렸다 시행한다는 것은 전혀 현실성이 없는 일이다. 현 실태의 토지제도와 그 토대 위에서 운용되는 '전정(田政)'의 실태는 바로 나라를 망하게 하는 장본으로 절박하게 박두해 있기 때문이다. 그래서 다산은 우선 전국 각 정전 가운데 '공전'만이라도 반드시 '왕토'로 확보한 후 정전제를 시행하기로 기획한다. 이 경우 공전 1구역은 그것과 결합된 사전 8구역 농부들의 공동 노동으로 경치하는 것이지만, 사전 8구역 내부의 생산관계는 병작제를 위주로 하는 구래의 형태를 그대로 둔 상태에서 정전제의 시행을 시작할 수밖에 없다.

> 선왕의 뜻은 천하 백성들로 하여금 모두 균평히 전지를 얻도록 하려는 것이 아니라 곧 천하 백성들로 하여금 균평히 직(職)을 얻도록 하려는 것이었다. 직을 농사로 얻은 자는 전지를 다스리고 직을 공(工)으로 얻은 자는 기물(器物)을 다스리며, 상자(商者)는 재화를, 목자(牧者)는 가축을, 우자(虞者)는 재목을, 빈자(嬪者)는 직포(織布)를 맡아 각자 그 직사의 수행을 통해 양식을 얻도록 했다. 다만 농을 직사로 하는 자가 가장 많았으므로 선왕이 중하게 여겼던 것이다. … 후세에 정전법을 논하는 자들은 선왕의 법이 본래 이와 같다는 것을 생각지도 않은 채, 매양 농사짓는 자인가 아닌가를 불문하고 온 천하 사람들로 하여금 균평하게 구분전(口分田)을 얻도록 하고자 하니, 이것이 과연 어느 시대

39 『경세유표』 5-4, 地官修制, 田制 1 井田論 3.

의 무슨 법이며 어느 성인이 제정하여 어느 책에 기록되어 있는 것인가. 오활한 선비의 잘못된 셈법을 가지고 선성(先聖)·선왕(先王)의 몸에다 덮어씌우면서 "정전법은 시행할 수 없다"라고 하니, 어찌 난감하지 않은가. 천하의 전지를 다 빼앗아 농부들에게 배분한다면 이는 고법(古法)이다. 그렇게 하지 못할 경우, 천하의 전지를 헤아려 우선 그 가운데의 1/9을 취하여 공전(公田)을 만든다면 이 역시 '고법'의 반(半)은 된다. 계획을 이렇게 내지 않고 먼저 아래 백성의 살림을 엿보아 부유한 자의 것을 줄여서 가난한 자에게 더해주고자 하니, 이는 유익함이 없는 헛된 일이다. 가령 농사짓지 않는 백성이 하나라도 전지를 갖는다면 벌써 '고법'이 아닌데, 균평하게 해서 장차 무엇하겠는가.[40]

지금 나라 안의 전지가 사전(私田) 아닌 것이 없으니 어떻게 할 것인가. 장차 큰일을 하려고 하는데 어찌 자잘한 절차를 다 돌보겠는가. 무릇 정전(井田)으로 구획할 만한 땅은 (당해 사전 주인이) 좋아하고 하지 않고를 불문하고 구획해서 정지(井地)로 만든 다음, 이에 값을 물어보아 '공전' 1구는 관(官)에서 그 값을 내는데 대체로 후하게 쳐준다. '사전' 8구는 그 시점(時占)[무릇 전지는 모두가 왕전(王田)이다. 사주(私主)를 전주(田主)라고 일컬어서는 안 되므로, '시점'이라고 칭한다. 아래도 이와 같으니, 보는 이는 상찰할 것이다]에게 물어보아, 그 8구가 모두 1가(家)의 전지라면 그대로 두어 분

40 『경세유표』 6-16, 地官修制, 田制 5. "先王之意 非欲使天下之民 均皆得田 乃欲使天下之民 均皆受職 受職以農者治田 受職以工者治器 商者治貨 牧者治獸 虞者治材 嬪者治織 使各以其職得食 特職農者最多 先王重之而已 … 後世論井田之法者 不思先王之法 本自如此 每欲使天下之人 不問其農與不農 均得其口分之田 是果何代何法 何聖所制 何書所記乎 忽以迂儒之謬算 冒之於先聖先王之身曰 法不可行 豈不難哉 盡天下而奪之田 以頒農夫則古法也 如不能然 盡天下而算其田 姑取九分之一 以作公田 亦古法之半也 不出於此而先窺下民之產業 欲損富而益貧者 是無益之虛務也 使不農之民 一或有田 則已非古法均之將何爲哉."

> 산 경작하는 일이 없도록 하고, 다만 '시점'으로 하여금 8농부를 엄선하여 8구를 나누어 맡기되 1부가 2구를 얻지 못하게 한다면, 이것이 곧 '정전'이다. 이에 이들 8부가 함께 '공전' 경치하기를 일체 고법(古法)과 같이 하며, 가을에 '공전'의 곡식을 수확해서 공가(公家)에다 바치도록 하고, (공가가) 다시는 조세·잡요(雜徭) 따위로 이들 8농부를 침책하지 않는다면, 이것이 곧 1/9법이다.[41]

즉 원래 선왕의 의도는 천하 만백성에게 전지를 골고루 배분하는 '균전'의 원리를 실행하고자 하는 것이 결코 아니요, 천하 만백성이 균평하게 각기의 직사를 갖도록 하는 균직(均職)의 원리를 실현함에 있었다. 그래서 만백성은 각자 자기 직사의 수행을 통해 획득한 재화를 가지고 농민이 생산한 양식과 교환해서 먹고살도록 했다는 것이 오랜 경학 공부를 통해 깨달은 다산의 국가이론이다.

이 이론에 따르면, 곡물 농업에 종사하는 농민이 주민의 대다수를 차지하며 또 그 농업이 국가의 주산업이므로 선왕이 매우 중시하고, 특히 정전제를 정립하여 전국 모든 산업의 표준으로 삼아 운용하기에 이르렀다. 그러나 곡물 농사만 가지고서는 국가경제를 경영하고 유지

---

41 『경세유표』 7-35, 地官修制, 田制 9 井田議 1. 그런데 사전(私田) 8구는 실상 8명 이상 여러 농부의 경작지인 경우가 일반적이므로 다산은 그에 대한 세칙도 규정해둔다. "사전 8구의 전지가 본래 여러 사람의 경작지여서 정지(井地)로 구획할 때 혹 한 모퉁이가 정지(井地)로 편입되거나 혹 한 모퉁이가 모자람이 있는 경우에는 혹 팔아서 반듯한 모양을 이루게 하고 혹은 사들여서 완전한 구역을 만들게 하는데, 공정히 의논해서 평균값을 쳐준다. 한 구역의 절반은 갑(甲)의 전지이고 절반은 을(乙)의 전지인데 갑·을이 다 가난하여 상대편 것을 사들여 합칠 수 없다면, 두 사람이 함께 경작하도록 허여한다. 무릇 사전을 농사짓는 8부(夫)는 반드시 집안에 건장한 남자 3인이 있어야 이에 전지를 배분받는다. 두 집마다 소 1마리가 있어야 이에 짝을 지어 밭갈이할 수 있다. 혹 소가 없는 경우는 관(官)에서 소를 사서 주고 별도로 그 세(稅)를 거둔다."

할 수 없는 것이 객관적 현실이다. 그래서 '공·상·목·우·빈'과 같은 여타 여러 직사 종사자들이 있게 마련인데, 다산은 옛 경전의 원리를 따라 9직(職)을 설정한다. 그리고 주곡 농업인 정전제 이외에 부공제(賦貢制)를 운용하여 여타 산업 분야 또한 새로 개발 진흥함으로써 국가의 경제·산업 분야를 대폭 확충하고 항산(恒産)의 일터를 다수 창출하여 9직 종사자들에게 배분한다.[42]

그런데 국가의 경제·산업 분야를 9직으로 분업시키는 한편, 특히 농사짓는 농민에게만 전지를 배분한다는 원칙을 정립하고 보니, 전통적으로 오랜 이념적 숙원으로 행세해온 소위 '균전론'의 절실성이 크게 해소된다. 또한 균전론의 절실성이 해소된다면 정전제의 실현 가능성은 그만큼 더 커지기 마련이다.

실상 지금까지 정전제를 결코 시행할 수 없다는 주장 가운데는 인구수에 헤아려 전지를 배분해야 한다는 '균전'의 이론이 가장 큰 장애물로 행세해왔다. 이제 다산은 그 같은 이론을 단연코 지양한다.

> 정전제를 감히 다시 논의하지도 못하게 된 것은 오로지 식구 수를 헤아려 전지를 나눈다[計口分田]는 네 글자에서 연유한다.[43]

그런데 9직 분업론을 통해서 균전론의 절실함이 이론상으로는 크게 해소된다 하더라도 아직 삼대의 정전제를 '고법' 그대로 시행하기에는 너무나 큰 어려움이 가로놓여 있다. 전국 전지의 절대다수가 개별 전

---

42 이에 관해서는 다음의 제5장에서 자세히 서술한다.

43 『경세유표』 6-4, 地官修制, 田制 4. "井田之不敢復議 專由計口分田四字."

주(田主)가 있는 민전(民田)으로 뒤덮여 있고, 그 '민전'을 다수 점거하고 행세하는 자일수록 현실의 정치사회적 권세까지 갖는 유세층이기 때문이다.[44]

그 같은 유세층인 '전주'들이 전횡하는 현실에서는 결코 정전제를 '고법'의 원리 그대로 시행할 수가 없다. 다산이 그래도 우선 '고법의 반'이나마 정전제의 시행에 착수하기로 한 것은 그같이 부득이한 형세 때문이었다. 즉 전국 각지의 전지 가운데 1/9을 취하여 '공전'을 만들고, 공전 1구역마다 부근의 사전 8구역씩을 결합시킨다. 무릇 정전제라는 것은, 공전 1구역에 사전 8구역을 결합시켜 하나의 정지(井地)를 만들고, 사전의 농부들로 하여금 공전을 공동 경치토록 하여, 그 공전의 수확물만을 국가에 바치는 것을 본질로 하는 제도이다. 한 정지의 9구역 가운데에서 '공전' 1구역 소출만을 국가가 수취하는 것이므로 1/9법이 된다. 그리고 나머지 8구역의 사전 수확물은 전부를 그 경작자가 각기 차지하고, 그 외에는 "돈 한 푼, 곡식 한 톨도 다시 징색하지 않는다."[45]

그래서 다산은 말한다. "1/9법이 아니라면 원래 반드시 정전을 만

---

44 『목민심서』 10-38, 형전6조 禁暴. "입안(立案)이란 무엇인가. 거친 산·첩첩 봉우리·먼 갯벌·작은 섬들은 천지개벽 이래 국가 대장(臺帳)에 올라본 적이 없는 것들인데, 문벌(門閥) 높은 집에서 스스로 문권(文券)을 만들어 이를 차지하고서는 입안이라 한다. 풀 한 포기·나무 한 그루·고기 한 마리·게 한 마리도 모두 내 것이라 하여 앉아서 세(稅)를 거두어들인다. 나뭇길도 끊어지고 도끼질도 엄중히 금지된다. 고기잡이 통발은 국가 대장(臺帳)에 실리지 않고, 염분(鹽盆)은 사사로운 취렴(聚斂)에 바닥이 난다. 혹은 공신(功臣)·척신(戚臣)의 먼 후손들이 매양 민전(民田)을 잡아서 사패지(賜牌地)라 칭하는데, 구릉을 포함하고 벌판까지 뻗쳐있는 것을 모두 내 땅이라 하여 마음대로 강탈하여도 아무도 말을 못 한다. 소민(小民)들은 파산하여 드디어 쇠잔하고 멸망한다."

45 『경세유표』 7-33, 地官修制, 田制 9 井田議 1. "收其耡粟 納于漕倉 一錢一粒 無復徵索." 이는 정전제의 시행과 관련해서는 결코 다른 징색이 없다는 뜻이다. 실상 미세한 부담이지만 정전 농민을 포함하는 모든 주민이 부공(賦貢)을 바친다는 사실은 '부공제론'에 가서 설명할 것이다.

들 것도 없다. 본래 1/9법을 시행하고자 하는 까닭에 정전을 만든 것이다."[46]

그런데 전국적으로 구획하는 각 정지(井地)마다 그 '공전'을 '왕토'로 확보하기 위해서는 막대한 경비를 요한다. 다산은 다음의 몇 가지 방법을 동원함으로써 이 과제를 해결하고자 한다. (1) 전국의 국가 창고에 보관 중인 유고전(留庫錢)을 다 동원하여 공전을 매입한다. (2) 중앙의 고관대작, 4군문(軍門) 대장(大將), 4도(都)의 유수(留守), 8도의 감사·병사·수사 및 전국 큰 고을들의 수령 등 재정이 넉넉한 관원들의 봉록(俸祿)을 대략 2/10 정도 회수하여 공전 구입에 충당한다. (3) 금·은·동의 광산을 관(官)이 채굴하여 공전 매입 비용으로 활용한다. (4) 전국의 '전지를 많이 가진 사민(士民)' 즉 사전을 많이 소유한 지주층이 솔선 기증하는 '원납전(願納田)'을 접수하여 모두 공전으로 확보한다.

다산은 이 가운데서 특히 '전지를 많이 가진 사민의 원납전'이 상당히 큰 비중을 차지할 것으로 기대한다. 그 까닭은, 정전제 아래에서는 '돈 한 푼, 곡식 한 톨' 과외(科外)의 침책이 없어지므로, 그들이 지주지(地主地), 즉 '민전'의 일부를 기증하고 그 나머지만 가지고서도 오히려 점차 전지를 더 늘려갈 수 있다는 전망이 서기 때문이요, 특히 온갖 비리의 횡렴(橫斂)을 자행하는 "현리(縣吏)들의 도둑질하는 소굴이 깨져버리는 판이니, 그 같은 설치(雪恥)와 분풀이"를 위해서라도 원납(願納)에 적극 응할 것이라는 판단이 서기 때문이다.[47]

46 『경세유표』 5-32, 地官修制, 田制 3. "若非九一 則井田原不必作 本以九一之故 爲井田."

47 『경세유표』 7-33~34, 地官修制, 田制 9 井田議 1.

3) 사전의 배분 원칙

다산 정전제론의 '사전(私田)'의 배분 원칙은 전지 생산성을 최대한으로 높일 수 있는 방법을 제시한다.

> 전지를 배분하는 법은 전지를 경치(耕治)하는 데 그 중점을 두는 것이지 전산(田産)을 마련해주는 데 있지 않다. 누가 식구 수를 헤아려 전지를 나누어준다고 하는가. 항오(行伍)와 같이 편성하고 굳센 병졸을 선발하듯 하되, 그 노동 인원의 많고 적음과 힘의 강약을 헤아려, 강한 자에게는 상등지(上等地)를 주고 약한 자에게는 하등지를 주는 것이다. 누가 식구 수를 헤아려 전지를 나누어준다고 하는가. 한갓 백성의 전산을 마련해주는 데 마음을 썼다면, 으레 식구가 적고 힘도 약한 자는 상등 전지를 얻어 그 노고를 적게 들이도록 하고, 식구가 많고 힘도 강한 자는 하등 전지를 얻어 그 근로를 나누어야 함이 마땅할 터인데, 지금 그 법이 이와 같이 상반되니 그 뜻이 전지를 경치하는 데 있는 것이요 백성의 전산을 마련해주는 데 있지 않음이 명백하지 않은가. … 양육할 식솔의 많고 적음은 선왕의 묻는 바가 아니었다. 적임자를 얻어서 전지를 맡기매 그가 힘을 다해 경작하면 곡식이 많이 날 것이요, 곡식이 많이 나면 백성의 식량이 풍족해지고, 백성의 식량이 풍족해지면 피(疲)·병(病)·쇠(衰)·유(幼)한 자와 공(工)·상(商)·우(虞)·형(衡)·목(牧)·포(圃)·빈(嬪)이 모두 그 가운데서 즐거이 양식을 얻을 수 있을 것이다. 이것이 바로 성인(聖人)의 뜻이다. 10명의 농부를 보고 슬퍼하며 "이들은 나의 10명의 자식이다"라고 하고, 100명의 농부를 보고 슬퍼하며 "이들은 나의 100명의 자식이다"라고 하면서 간절하게 그 식구를 계산하고 조목조목 그 전지를 쪼갠 다

음 각자 전산을 얻어 양육되도록 하고자 한다면, 비록 요·순이 마음을 다하고 우·직이 힘을 다해도 이 일은 마침내 이루어내지 못할 것이다. 정전법은 먼저 전지의 총수를 계산하고 힘이 굳센 자를 엄선하여 이랑을 헤아려 전지를 주는데, 전지가 다하면 이것으로 그치고 다시는 다른 생각을 두지 않는다. 이것이 요·순과 삼왕의 법이었다. 지금 정전을 논의하는 자들은 매양 "사람은 많고 전지는 적다" 하는데, 이는 사리에 아주 어두운 말이니 타파하지 않을 수 없다.[48]

(後漢의) 하유(何休)는 "기름진 땅과 메마른 땅을 3년마다 한 번씩 주인을 바꾸어 농사짓도록 한다"라고 하였으나, 이 또한 시행하지 못할 정사이다. 농민은 그 전지가 영업전(永業田)이 된 줄을 안 뒤라야 돌자갈을 추려내고 잡초를 제거하며 밭도랑을 단속하고 거름을 많이 주게 될 것이다. 만약 규정을 따라 3년마다 바꿔가면서 농사지어야 한다는 것을 알게 된다면, 누가 그 같은 일을 즐겨 하겠는가. 천하의 전지를 황폐하게 만드는 것은 반드시 이 법일 것이다.[49]

---

48 『경세유표』 6-4, 地官修制, 田制 4. "分田之法 重在治田 不在制産 孰云計口而分田乎 編之如部伍 選之如勁卒 計其額之多寡 程其力之强弱 强者得上地 弱者得下地 孰云計口而分田乎 苟徒以制産爲心 人少力弱者 宜得上地 以省其勞 人多力强者 宜得下地 以分其勤 今其法若是相反 則意在治田 不在制産 不旣明乎 … 養之衆寡 非先王之攸問也 得人以任之 盡力而治之 則出穀多 出穀多則民食足 民食足則疲者病者衰者穉者工者商者虞者衡者牧者圃者嬪者 皆得怡怡然得食於其中 此聖人之志也 見十氓爲之悱惻曰 是予之十子也 見百氓爲之悱惻曰 是予之百子也 切切然算其口 條條然析其田 使各得其産而受養 則雖堯舜竭心 禹稷殫力 卒無以成此事矣 井田之法 當先算田總 於是嚴選强力者 計畝以授之 田盡而止 不復爲意 此堯舜三王之法也 今之議井田者 每云 人多而田少 此大蔀也 不可以不破也."

49 『경세유표』 5-33, 地官修制, 田制 3. "何休謂 肥田瘠田 三年一換主易居 此亦行不得之政也 民以此田知之爲永業 然後除其磽礫 去其荼蓼 謹其畎遂 厚其糞壤 若知三年之後 按例換易 其誰肯爲是乎 荒天下之田者 必此法也."

다산의 정전제론은, 결코 전지를 균평히 배분함으로써 만백성이 전지를 얻도록 한다는 것이 아니다. 오히려 전지를 효율적으로 배분하여 농부들이 큰 수확을 올리도록 함을 중시하는 원리를 따른다. 그는 "선왕이 경작 능력을 헤아려 전지를 배분하는 것은 마치 재능을 헤아려 관직을 주는 것과 같다"[50]라고 확인한다. 관직을 수행하거나 정전을 경치함에서도 모두 능력에 따른 과제를 배치함으로써 각자가 그 직사를 가장 효율적으로 실현하여 큰 실적을 이루어내도록 편성한다는 고안이다. 큰 재능을 가진 자일수록 고위 관직을 맡듯이, 많은 노동 인원과 큰 역량을 가진 농가에는 그 역량을 제대로 발휘할 수 있는 상등의 전지를 배분하고, 역량이 약한 자에게는 하등지를 배분한다. 또 "8인의 식구에 5, 6인의 경작 능력을 가진 자에게만 100묘를 배분하고, 1부(夫) 1부(婦)로서 100묘를 경치할 수 없는 자에게는 25묘를 배분한다"[51]는 원칙도 마찬가지다. 능력에 따른 직사의 배분을 통해서야 생산성을 제대로 고양시킬 수 있는 것이다.

앞에서 살펴본 것처럼 다산은 젊어서부터, 전업적(專業的) 분업과 구임(久任)을 통해서 자기 일을 자기 책임으로 추진하기 때문에 생산성이 높아지고 공적을 이룩할 수 있다는 소신에 차 있었다. 유배기에 경학 공부가 깊어지면서 그 같은 소신은 더 철저해진 것으로 보인다.

정전 농민은 각자 배당받은 '사전'을 자기의 항구적 생산 기지로 삼아 자기 힘으로 자영(自營)하는 방식으로 해야 가장 큰 실적을 낼 수 있다. 자기 전지의 토양부터 정성 들여 개량하고 거름 주면서 항심을 갖고 지

---

50 『경세유표』 6-4, 地官修制, 田制 4. "先王之量力以授田 如量能以授官."

51 『경세유표』 5-30, 地官修制, 田制 3. "八口之家 有五六人可任其力者 乃授百畝 其或一夫一婦難治百畝者 授二十五畝也."

속적으로 가꾸어야만 토지생산성을 최대한 유지할 수 있다. 자기가 맡은 일을 전업적·항구적으로 자영하는 경우야말로 자기 계획에 따라 자기 책임 아래 자기 직사를 주체적으로 추구할 수 있는 최선의 형태이다.

다산은 여기서 농업 생산성이 증대할수록 '민식(民食)이 풍부해지고,' 풍부해진 '민식'의 효과는 필경 여타 9직 종사자에게도 파급되기 마련이라는 조직적 연계론을 펼친다. 국가적 분업은 국가적 협업과 상호 연계되어 작동하기 마련이며, 상호 연계의 정도가 높아질수록 상호 수요(需要)의 증대가 일어나고 증산(增産)의 효과도 커진다는 사실을 말하는 것으로 풀이된다.

4) 정전의 구획 과정

공전·사전의 편성 원칙을 정립한 다음, 호조 경전사(經田司)의 추진에 따라 이에 전국적으로 정전의 구획에 착수한다. 정전의 구획 단계부터는 결부법을 폐기하고 온전히 경묘법(頃畝法)을 채용한다.

정전의 구획은 각 군현 단위로 추진한다. "황종(黃鍾)과 같이 표준으로 삼아 백성에게 보여주는 정전은 3리(里)에 1정(井)[인구가 조밀한 곳]을 만들거나 5리에 1정[마을이 드문 곳]을 만들더라도 부족함이 없다. 그러나 정전은 본디 좋은 법이니, 표준 정전을 본보기 삼아 그 설정을 더욱 확대함으로써 1/9의 조법(助法)을 더욱 명백히 이해시키도록 하는 것은 그만둘 수 없다. 그런데 표준으로 만드는 정전은 백성이 비록 좋아하지 않더라도 관(官)에서 누르고 시행함이 마땅하고, 더욱 확대하는 정전은 백성이 좋아하지 않는다면 반드시 강제할 필요는 없다."[52]

---

52 『경세유표』 7-35~36, 地官修制, 田制 9 井田議 1.

표준 정전은 경전어사(經田御史)[경전사(經田司) 낭관(郎官)이 외방으로 나가면 경전어사가 된다]가 주관해서 구획한다. 더욱 확대하는 정전은 당해 군현의 재물이 많고 재간이 있거나 혹은 그 덕망과 위세가 족히 한 고을을 화목하게 할 수 있는 사람을 뽑아 이를 구획하도록 위임한다.[53] 경전사에서는 9품인 감역(監役) 혹은 참군(參軍) 몇 자리를 제수하여 이들을 대우하고, 군현 전체의 일반 정전을 구획하도록 한다. 정전의 구획을 마치고 나면, 그 공적에 따라 이들을 일반 관직으로 보임하여 승진토록 한다.

정전의 구획 과정에서 그 한 모퉁이를 매매하거나 절반씩을 함께 농사짓도록 하며, 백성을 부리고 재물을 소비하는 일에 관해서는 관(官)이 일체 관여하지 않는다. 재물을 소비해야 하는 일이 있으면 이들 감역이나 참군의 친척과 친구 중에 반드시 서로 도와 그 아름다움을 이루도록 하는 자가 있을 것이다.

감역과 참군에게는 수종(隨從)이 있어야 하는데, 서사(書史) 1인, 하례(下隸) 2인을 각기 본 마을에서 뽑아 스스로 따르도록 한다.

5) 저습지의 개간

조선 왕국에서는 16세기부터 시냇물을 가로막아 관개수(灌漑水)를 끌어대는, 소위 보(洑)의 보급과 함께 연해 지역을 막아 '언전(堰田)'을 개발하는 저습지(低濕地) 개간이 큰 진전을 보였다. 그리고 왜란 후의 조선 후기에도 주로 궁방(宮房)과 같은 특수 세력가들이 서해안의 저습

53 이서층(吏胥層)의 참여는 원천적으로 배제하는데, 농간의 여지를 차단하기 위함이다.

지에 둑을 쌓고 개간함으로써 농장을 널리 개설해왔다.[54]

조선 전기부터 농업의 중심은 이미 수전(水田)농업으로 이행하고 있었으며, 조선 후기에는 더더욱 그러하였다. 따라서 개간의 주된 관심은 자연히 지세가 낮고 물을 끌어다 대기 쉬운 저습지를 대상으로 하게 되었으며, 특히 연해지의 언전 개발이 주목을 끌었다. 양자는 모두 수전(水田)을 대대적으로 확보할 수 있는 큰 개간 사업이었다.

다산 역시 축언(築堰)·축보(築洑)의 토건(土建) 기술에 구체적 설명을 곁들여 가면서 저습지 개간을 장려한다. 그가 이 같은 새로운 전지의 확보에 적극적 관심을 보이는 까닭은 공전(公田)의 확보와 정전제의 점차적인 확대 실시를 추구하고자 함에 있다. 그는 사환 시기에 이미 기중기(起重機)를 제작하여 큰 돌을 옮기는 데 많은 편의를 제공함으로써 화성(華城)의 성곽 쌓는 역사에 크게 기여한 일이 있다. 이제 바닷물이 드나드는 연해지 어귀의 급속한 조류를 차단하고 둑을 쌓기 위해서는 반드시 큰 돌을 옮겨다 놓아야 하는 절실한 필요성에 부닥치게 되니, 정전제론에서도 다시 기중기의 사용을 자세히 권면한다.

> 정전의 구획을 이미 끝내고도 나라 재정에 여유가 있다면, 무릇 둑을 쌓을 만한 곳이 있으면 둑을 쌓아 조수(潮水)를 막고 무릇 도랑을 만들 만한 곳에는 도랑을 파고 물을 끌어대서 수전(水田)을 만들어 별도의 군전(軍田)으로 삼는다. 역시 100묘를 1부(畉)로, 9부를 1정(井)으로 하여 그 1/9세를 거두어 공가(公家)에 바치고, 8부가 농사지어 사려(師旅)

54 李泰鎭, 1986, 『한국사회사연구』, 지식산업사의 제7장 「16세기 川防(洑)灌漑의 발달」 및 제8장 「16세기 연해지역의 堰田 개발」; 양선아, 2010, 『조선후기 간척의 전개와 개간의 정치』, 서울대학교 대학원 박사학위 청구논문 참조.

에 대비한다. 사가(私家)에서 둑을 쌓거나 도랑을 개설하는 것은 엄금한다.…

우리나라는 삼면이 바다로 둘러싸여 있고 동서는 천 리가 못 되니, 바닷가 갈래 진 항구 안에 둑을 쌓아 개간하는 일은 그만둘 수 없다. 그러나 토속(土俗)이 거칠어서 일하는 것이 성글고, 또 인중(引重)·기중(起重)하는 법을 모른다. 그래서 기초를 쌓는 데에 쓰는 것이 모두 주먹만 한 작은 돌멩이이고 그 둑을 만드는 데에 쓴 것은 모두 모래 섞인 진흙이나 거친 흙이어서 가래로 쳐올릴 뿐이고 다시 절굿공이로 다지지를 않으며, 또 바람을 막아 바닷물의 힘을 줄이는 법을 몰라서 바람과 바닷물이 사납게 몰아치면 복구하는 대로 따라서 무너져버린다. 재물을 천만금 허비하여도 끝내 푸른 바다가 되어버리니, 내려오는 습속이 서로 경계하여 맹세코 둑을 쌓지 않는다. 속담에, "둑을 막는 자식은 자식이 없는 것만 같지 못하다" 하는데 또한 지당한 말이다.

또 그 일을 일으키는 자가 비록 권세 있는 집이나 호부한 씨족이라도 사가(私家)의 힘으로는 끝내 군색한 바가 있어, 아홉 길 산을 쌓다가 한 삼태기의 흙이 모자라 성공하지 못함과 같은 일이 많다. 그리고 삯도 주지 않고 많은 민부(民夫)를 역정(役丁)으로 징발하므로 원망이 일어나니, 금령을 엄하게 세워 감히 사사로이 쌓아 스스로 이(利)를 취하지 못하도록 하지 않을 수 없다. 경전사(經田司)에서 기예와 능력 있는 선비를 특별히 선발하여 감역과 참군으로 삼고, 먼저 인중·기중하는 법을 가르쳐 돌을 실어 나르는 데에 편리하도록 한다. 그리고 돌을 실어 나를 곳에 먼저 차도를 닦아 숫돌처럼 판판하게 하고, 이에 전거(田車)를 만들어서 돌을 실어 나르도록 한다. 돌을 캐는 곳에 기중기 1대를 설치하고, 돌을 앉히는 곳에도 기중기 1대를 설치한다. 또 항구에다 쪽배 한 척을 두는데 그 뱃머리에도 기중기 1대를 설치한다.

석공이 돌을 떼어내면 기중기로 들어서 수레 위에 실으며, 수레가 항구에 가면 기중기로 들어서 배 위에다 싣는다. 배가 물 복판에 이르면 또 기중기로 들어서 제자리에 꽂히게 하는데, 바로 꽂히지 않았으면 다시 기중기로 들어서 의도한 대로 제자리에 꽂는다. 물이 깊고 조수가 사나운 곳에는 천근이나 되는 무게의 큰 돌로 기초를 하는데, 그렇지 않은 곳은 800근·600근·400근 무게의 돌이라도 안 될 것이 없다. (속칭 건장한 인부 한 짐이 100근 정도 된다고 한다) …

또 바람을 탄 바닷물의 형세가 멀리 큰 바다에서 바로 둑 면을 쏘아붙이면 장성(長城)도 무너질 판인데, 진흙덩이야 말해서 무엇 하겠는가. 무릇 둑을 쌓고자 하는 자는 먼저 둑 허리[언요(堰腰): 물이 깊은 곳이다]를 정하고, 둑 허리에서 5, 6보 거리쯤 되는, 바닷물이 밀려오는 어귀에다 먼저 한대(捍臺)를 쌓는데, 한대라는 것은 삼각대(三角臺)이다. 그 한 모서리가 바로 바닷물의 파도를 받는데, 파도가 이 모서리를 치면 그 형세가 두 가닥으로 갈라지면서 좌우로 비껴나게 되는데, 이렇게 되면 그 사나운 형세가 줄어든다. 한대의 크고 작음은 파도의 순함과 사나움에 따를 것이며 둑의 길거나 짧음에는 일정한 제도가 없다. 한대를 쌓는 기초에는 2천 근짜리 큰 돌을 씀이 마땅한데, 기중기가 아니면 엄두를 낼 수 없다. 이 경우 기중기에 활차(滑車)[도르래]와 고륜(鼓輪)을 설치할 것이니, 구형(鉤衡)[갈고리 막대기]만으로는 일으킬 수 없기 때문이다.

한대 쌓기를 마쳤으면 이에 둑의 기초를 쌓는데, 그 둑도 활줄같이 똑바르게 함은 불가하다. 모름지기 경절(磬折)한 모양으로 만들어서 그 뾰족한 모서리가 둑 허리로 되도록 하며, 한대와 더불어 서로 바르게 한다. 그리하여 뾰족한 모서리에서 비스듬하게 꺾이면서 좌우로 날개가 되어 각각 산밑에 닿으면 파도를 받는 것이 사납지 않아서, 부딪쳐 부서지는 병통은 영구히 없을 것이다.[55]

둑을 막아 확보한 저습지의 새로 개간한 전지에다 정전제를 실시하는 것은 더 말할 필요가 없다. 그리고 될수록 많은 공전을 확보한 후, 이를 점차 매매 등의 교환 방식을 통해 읍성(邑城) 가까운 지역의 전지로 옮겨 설치하고, 각 군현 수비군의 군전(軍田)으로 활용토록 한다.

다산은 냇물을 막는 보(洑)를 만들어 저습지를 개간하고 정전제를 시행하는 법식도 덧붙여 권장해놓았다.[56]

6) '왕토' 확대책

다산에 따르면, "삼대 때에는 왕이 오복(五福)의 권한을 잡고 있었다. 그래서 '한 자의 땅[尺土], 한 치의 나무[寸木]'도 왕의 물건 아닌 것이 없었다."[57] 그런데 유세층의 민전(民田)이 전국에 범람하는 당시로서는 정전제를 시행하기 위해 우선 '공전'만이라도 '왕토'로 확보하기가 힘든

55 『경세유표』 8-33~34, 地官修制, 田制 12 井田議 4.

56 『경세유표』 8-34, 地官修制, 田制 12 井田議 4. "도랑을 파는 역사(役事)는 여울 막는 일[방언으로는 보(洑)라 이른다]을 반드시 먼저 해야"라고 하는데, 이때에도 "기중기를 이용해서 큰 돌을 가져다 사용함이 마땅하다." 또 지세(地勢)의 높고 낮음을 판별하는 데도 반드시 수평척(水平尺)을 써서 측량한 다음 물길을 정할 것이다. 무릇 도랑을 파서 전지에 관개(灌漑)하는 자는 모두 토호(土豪)와 세족(勢族)이 관의 위세를 업고 백성을 부려서 자기 이익으로 삼아 왔다. "지금은 관(官)에서 역정(役丁)을 징발해서 이 일을 수행하는데, 이(利)가 많은 경우는 1/4을 거두어 공전(公田)으로 만들고 이(利)가 적은 경우는 1/10을 거두어 공전으로 만든다. 이에 정전(井田) 구획을 법대로 하여 부근 8부(畉)에 공전 농사를 법대로 돕도록 함으로써 1/9세를 거두는 것도 모두 위에 말한 법식대로 한다."

57 『경세유표』 13-9, 地官修制, 戶籍法.

형세였다.

다산은 현실에서 정전을 구획하면서도 무릇 전국의 전지 가운데 '왕토'로 전환할 가능성이 있는 것부터 모두를 점차 '왕토'로 편입하기로 추진한다. 그리고 현실적으로 소위 '사주(私主)'가 있는 전지라도 또한 점차로 회수해서 결국은 전국 전지 전부를 '왕토'로 확보해야 한다는 소신이 철저하다.

다산은 먼저 중국의 역사를 고찰하면서, 가령 한(漢)나라 임금들이 백성에게 전지를 거듭거듭 하사한 사례를 들고는, "은혜롭기는 하지만 정치할 줄은 모른다"고 비판한다.[58] 또한 송(宋)나라에서 일단 관전(官田)으로 확보한 전지를 다시 다른 백성에게 팔아넘긴 사례를 크게 지탄한다. 어떤 경우든 모처럼 국가로 귀속한 전지를 다시 사인(私人)의 소유로 되돌리는 것은 결코 올바른 정책이 아니요, 귀속하는 전지마다 모름지기 정전법을 시행함으로써 점차 정전제를 전국적으로 확대해가야 한다는 원칙을 거듭 확인한다.[59]

그런데 우리나라 전정(田政)의 현실에 대해서 다산은 자신의 유배지를 중심으로 하는 구체적 관찰을 통해 더할 수 없이 심각한 상태를 폭로한다. 그는 우선 "형체가 없는 기름지고 메마름을 기준 삼아" 전지의 등급을 나누고 등급에 따라 전지의 실적을 달리 파악하는 결부법은 양

---

58 『경세유표』 6-23, 地官修制, 田制 5, 官田別考.

59 『경세유표』 6-24, 地官修制, 田制 5, 官田別考. "소위 관전(官田)이란 유배자의 것을 몰입하거나 사망한 자의 절호전에 속한 경우가 많다. 그것을 몰입함은 괜찮지만 그것이 어찌 팔아넘길 물건이겠는가. 정전으로 구획하여 9부의 전지로 만들고 이에 부근의 민전(民田) 72부를 구획해서 모두 81부를 만든 다음, 사전 8부의 농부에게 공전 1부를 농사짓도록 하면 이가 의연한 삼고(三古)적 정전법이다. … 이런 계획을 내지 않고 개인에게 팔아넘겨, 겨우 있는 관전을 또 사전으로 빠져들게 하니, 뜻있는 임금이 이와 같이 하겠는가. 아, 애석하다."

전(量田) 단계에서부터 "뇌물이 가만히 오가서 온갖 간사한 짓이 생겨나므로 비록 우(禹)·직(稷)으로 하여금 감독하게 하더라도 결코 그 간사함을 밝혀낼 수가 없을 것이다. 법에는 '20년마다 다시 양전한다'고 되어있으나, 지금 100년에 이르도록 다시 양전하지 않음은 무슨 까닭인가. 다시 양전하게 되면 향리들의 농간이 일어나고 향리의 농간이 일어나면 백성의 저주가 일어나며, 백성의 저주가 일어나면 관원에 대한 비방이 일어나서 죄벌(罪罰)이 따르게 된다. 그러므로 다시 양전하는 것은 오직 향리만 원할 뿐, 백성과 관원은 모두 원하지 않는다. 또 은결(隱結)이 탄로 날까 봐 향리도 꺼린다"[60]는 실태를 직시한다.

그래서 다산은 조선 후기 전정의 현 실태로서는 명명백백한 객관적 기준의 토지·조세제도가 절대적으로 필요하다는 사실을 새삼 확인한다. 그리고 무엇보다도 아득한 인습적 고식책에 젖어 적극적 실행이 전혀 없는 통치행정을 비판한다.

> 우리나라는 청렴함이 너무 지나쳐, 무릇 바람으로 뽑힌 나무는 썩도록 버려두고[봉산(封山)의 큰 소나무 천, 만 주가 바람에 뽑히더라도 법으로 썩도록 버려둔다], 무릇 호절전(戶絶田)은 묵히도록 버려둔다. 나라가 어찌 가난해지지 않겠는가. 지금부터 호절전은 마땅히 정지(井地)로 구획해서 군전(軍田)으로 만들고, 1/9세를 거두어 군량미로 보충하도록 하면 '묵힌다'거나 '개간한다'는 말이 없어질 것이다.[61]

---

60 『경세유표』 6-29, 地官修制, 田制考 6, 邦田議. "吾東以結負經田 此致察於無形之肥瘠也 賄賂潛行 變詐百出 雖使禹稷監量 無以昭其奸矣 法曰二十年改量 而今至百年未改量 斯何故也 改量則吏奸舞 吏奸舞則民詛興 民詛興則官謗作而罪罰隨之 故改量者 唯吏願之 民與官皆不肯 又恐隱結被覈 吏亦憚之 此所以百年未改量也."

61 『경세유표』 7-23, 地官修制, 田制 8. "我邦之法 廉潔太過 凡風拔之木 朽而棄之(封山大松

더 적극적으로 다산은, 무릇 전국의 전지 가운데서 '왕토'로 확보할 기회가 생길 때마다 당연히 관(官)이 선도하여 접수하고, 다시 거기에 정전 1/9법을 적용함으로써 '한 자 한 치'라도 왕토를 넓히고 정전제의 시행을 확대한다는 방침을 거듭 촉구한다.

그는 『경국대전』에 이른바 '자경무세지(自耕無稅地)'[62]로 등재되어 있는 마전(馬田)·원전(院田)·진부전(津夫田)·빙부전(氷夫田)·수릉군전(守陵軍田) 등에 대해서도 이제부터는 정전제를 시행하도록 고안한다. "(이들은) 바로 전지를 하사하여 자경(自耕)해 먹도록 하고 따로 세를 받지 않는 것들인데, 옳은 제도가 아니다. 만약 정전제도를 시행한다면 이들 여러 전지는 모두 9부(畉) 안에다 묶고 1/9조(耡)를 징수해서 왕세(王稅)로 충당함이 마땅하고, 전지를 더 주어서 그 모자람을 보충해줄 것이다."[63]

그리고 잡다한 명목으로 전국에 걸쳐 분산 배치된 『경국대전』 체제의 여러 전지에 대해서도 모두 정전제를 시행하도록 촉구한다.

> 여러 기관에 분속되어 있는 채전(菜田)과 내수사전(內需司田), 혜민서전(惠民署田) 같은 것 또한 모두가 왕전이다. 왕자가 전지를 매입하고 백성을 뽑아 경작하게 해서 그 5/10를 거두는 것은 예가 아니다. 이런 전지는 모두 100묘씩으로 구획하고 부근에 있는 민전 800묘씩을 붙

千萬株風拔者 法皆朽之) 凡戶絶之田 陳而棄之 國安得不貧乎 自今戶絶之田 宜晝之爲井以作軍田 收其九一 以補軍食 則曰陳曰起 無所言也."

62 공공 기능인 역마(驛馬)의 사육비·국립 여관인 원(院)의 운영비·국립 도선(渡船) 운영비·동서 빙고(氷庫)의 얼음 채취와 관리비·왕릉 수호 관리비로 충당하도록 일정한 전지를 설정해두고, 이를 역리(驛吏)·원주(院主)·진부(津夫)·빙부(氷夫)·수릉군(守陵軍)이 자경(自耕)해 먹고 살면서 당해 기능을 수행하는 대신, 국가에 대해서는 세(稅)를 내지 않는다(『경국대전』, 호전 「諸田」).

63 『경세유표』 권 7-24, 地官修制, 田制 8.

여서 그 농부들이 조력해서 이 100묘를 경작하도록 하면 이것이 정전이다. 그 1/9을 징수해서 내수사에 납부하면 또한 마땅하지 않겠는가. … 아록전(衙祿田)이란 수령의 늠전(廩田)이요, 공수전(公須田)이란 수령의 주전(廚田)이다. 이 또한 100묘씩 구획하고 부근에 있는 민전 800묘씩을 붙여서 이 전지의 농사를 돕도록 하고 그 1/9을 징수해서 관름(官廩)으로 함이 마땅하다. … 도전(渡田)이란 진부(津夫)의 전지이고 급주전(急走田)이란 역부(驛夫)의 전지이다. 이런 따위는 비록 사전(賜田)에 해당하지만 오히려 공전을 돕도록 함이 마땅하다. 그 사전(賜田)을 받아서 사전(私田)으로 하고, 가까운 곳의 공전 농사를 돕도록 하여 또한 1/9세를 거두도록 하는 규례는 그만둘 수가 없다. … 역위전(驛位田)과 목위전(牧位田)은 모두가 왕전이다. 왕전의 천맥(阡陌)이 서로 잇달았으니 묶어서 9부(畉)로 만든 다음, 역부와 목자에게 공전 농사를 돕고 스스로 그 8을 나누어 먹도록 하면 또한 좋지 않겠는가. 그렇게 한다면 원전(原田) 800묘마다 100묘씩을 증가시킨 다음이라야 그 1부의 먹는 것이 옛날보다 줄어듦이 없게 된다.[64]

그리고 전국의 전지는 '한 자, 한 치'라도 왕토 아닌 것이 없으니, 비록 현실상 '민전(民田)'으로 되어있는 것일지라도 이제부터는 전안(田案)에다 아예 '사주(私主)' 등의 명칭을 기재해서는 안 된다는 원칙을 밝힌다. 다산의 강렬한 '왕토'사상을 드러내 보이는 대목이다.

나라 안의 전지는 모두가 왕전(王田)이다. 그 사주(私主)가 있는 것도 '주

64 『경세유표』 7-24, 地官修制, 田制 8.

(主)'라고 기록해서는 안 된다. 모름지기 그 명칭을 '시점(時占)'이라 고치고 그 전부(佃夫)는 '시작(時作)'이라고만 해야 한다. 사주가 없는 경우는 모름지기 속히 환수해서 '왕전'으로 만들고 백성을 모집해 경작해서 1/9세를 바치도록 하면 태아(太阿)의 칼자루를 차츰차츰 돌려 잡게 될 것이니, 이른바 "1촌(寸)을 얻어도 왕촌(王寸)이 되고 1척(尺)을 얻어도 역시 왕척(王尺)이 된다[得寸王寸 得尺亦王尺也]"는 것이다. 이로 인해 내가 또 생각해보건대, 입안(立案)의 법은 전고(前古)에 없던 것이다. 큰 난리라든가 큰 흉년이 일어난 뒤에 무릇 산림천택의 황폐해진 땅을 토호·세가들이 사사로이 '입안'을 내어 차지하고는 자기의 소유로 삼아 자손 대대로 전해 가니, 이것이 무슨 도리인가. 지금부터 '입안'의 법은 일체 엄금하고, 무릇 이와 같은 땅에는 모두 공안(公案)을 내어 혹 백성을 모집해서 경작도록 하고 1/9세를 바치게 하며, 산림천택은 산우시(山虞寺)와 임형시(林衡寺)에 소속시켜 일정한 세를 받도록 한다면 태아(太阿)의 칼자루를 점차 회복할 수 있을 것이다.[65]

다산에 따르면 우선 '공전'만이라도 왕토로 확보하고서 시행하고자 하는 현재의 정전제는 어디까지나 과도적 제도이다. 그는 결국 전국의 모든 전지를 '왕토'로 회복한 바탕 위에서 '절반' 정도가 아닌 온전한 '고법(古法)' 정전제를 보편적으로 시행한다는 원칙을 간단없이 추구하

65 『경세유표』 6-36, 地官修制, 田制考 6 邦田議. "臣又按 域中之田 皆王田也 其有私主者 不可以書主 宜改錫其名曰時占 其佃夫曰時作而已 其無私主者 亟宜收之爲王田 募民耕作 使輸九一 太阿之柄 稍稍收攬 所謂得寸王寸 得尺亦王尺也 臣又因是而思之 立案之法 前古所無 大亂大荒之後 凡山林川澤荒廢之地 土豪勢家 私出立案 據爲己有 傳之子孫 斯何義也 自今立案之法 一切嚴禁 凡如此之地 悉出公案 或募民耕作 輸其九一 其山林川澤 屬之於虞衡司 酌定其稅 庶幾太阿之柄 以漸而收復也."

였던 것이다.

7) 어린도의 작성

정전제를 제대로 시행하기 위해서는 다시 전국적으로 구획한 정지(井地)의 '공·사전'의 실태가 객관적으로 일목요연하게 드러나도록 세밀하게 그려놓은 '전지의 지도' 즉 어린도(魚鱗圖)를 작성하는 일이 필수 과제이다.[66]

어린도 또한 군현별로 작성한다. 제대로 된 어린도의 작성을 통해서 전국의 농토는 한 점의 은닉이 없이 전부 파악할 수 있게 된다.

> 이에 어린도(魚鱗圖)를 작성하는데, 대략 사방 1리(里)마다 어린도 1폭을 작성한다. 작은 마을은 어린도가 1, 2폭에 불과하고, 큰 마을은 혹 10여 폭에 이르기도 한다. … 어린도란 것은 전지의 모양이 바른 것·기울어진 것·뾰쪽한 것·뭉툭한 것·작은 것·큰 것·긴 것·짧은 것들이 환하게 눈앞에 드러나기 때문에, 털끝만큼도 속일 수가 없다. 비록 매우 어리석은 현령(縣令)이라 하더라도 속임을 당하지 않을 것이다. 반드시 정전 1/9법이 아니더라도 이 어린도가 없어서는 안 된다. … 무릇 어린도는 먼저 냇물[川]이 강[河]으로 흘러 들어가는 입구에서 작성하기 시작하여 산(山) 밑에 이르러 끝낸다. 또한 반드시 남·북의 자오선(子午線)을 표준으로 삼아 작성한다.[67]

---

66 『경세유표』 7-23, 地官修制, 田制 8. "故堯舜三王之法 不可不遵 十遵其十則大善 如不能然 十遵二三 猶能爲小康 … 又唯魚鱗圖 不可以不作也."

67 『경세유표』 8-4~5, 地官修制, 田制 10, 井田議 2. 『경세유표』 8-4~5, 地官修制, 田制 10, 井田議 2.

이에 옛 법을 따라 도장(圖帳)을 만든다. 경위선을 그어서 실제 면적을 고르게 하고, 도랑과 두렁을 선으로 그어서 본디 모양을 살린다.[68] 어린도의 도본을 만들었으면 전적(典籍)을 만들어 이에 경계를 정리해야만 각 전지가 몇 휴(畦)인가를 알 수 있다. … 이에 경계를 정리하는데, 열수(洌水) 이남은 남쪽에서 북으로, 열수 이북은 북쪽에서 남으로 진행하되, 열수 이남은 서쪽에서 동쪽으로, 열수 이북은 동쪽에서 서쪽으로 차례 지어 진행한다. … 지금 왕경(王京)이 열수 가에 있으니, 그 남쪽의 경우는 남으로부터 북쪽으로 진행함이 서울로 향하는 방향이 되고, 그 북쪽의 경우는 북에서 남쪽으로 진행함이 서울로 향하는 것이다. 남쪽에서 북으로 진행하는 것은 서쪽에서 일을 시작하고, 북쪽에서 남쪽으로 진행하는 것은 동쪽에서 일을 시작하게 되는데, 문부(文簿)를 기록할 때에 모두 오른편에서 왼편으로 하기 때문이다.[69]

68 『경세유표』 9-14~15, 地官修制, 田制別考 2, 魚鱗圖說. "어린도를 만들려면, 먼저 1현(縣)을 잡아서 그 사방을 계산하고 자오(子午)[남북]의 방위를 바룬 다음 경위선을 그어 총도(總圖)를 만든다. 그런 다음 한 향(鄕)[즉 面이다]을 잡아 자오의 방위를 바루고 경위선을 그어 그 향의 총도를 만들며, 다음에는 한 촌(村)[즉 里이다]을 잡아서 자오의 방위를 바루고 경위선을 그어 그 촌의 총도를 만들고, 그다음에는 한 휴(畦) 되는 땅[25묘 즉 10마지기이다]을 잡아서 사방 50보(步)마다 도본 1폭(幅)을 만드는데[길이가 50보이고 폭도 50보이다], 이 또한 자오 방위를 바루고 경위선을 그어 분도(分圖)를 만든다. 1휴(畦)란 것은 1부(畉)의 1/4이고[1부는 길이가 100보, 너비도 100보이다], 1부는 옛날의 100묘 되는 전지이며[1井의 1/9이다], 1정(井)이란 9부를 합친 것인데, 소위 사방 1리(里)가 정(井)이라는 것이다. 1현(縣)의 도면(圖面)은 10리마다 1구(區)로 해서 경위선을 그으며, 산천(山川)·원습(原隰)·촌리(村里)의 형태를 그린다. 1향의 도면은 1리를 1구로 하여 산천·원습·촌리를 그린다[1里란 길이 300보, 너비 300보로서, 옛날 사방 1리를 정(井)으로 한다는 것이요, 마을을 이르는 것이 아니다]. 1촌의 도면은 1휴를 1구로 하며, 전답·도랑·두렁·가옥·울타리·수목 따위의 경계를 그린다. 1휴의 도면은 1무를 1구로 해서 전답·도랑·두렁·가옥·울타리·수목 따위의 경계를 그린다[1畝는 길이 10보, 너비 10보인데, 1휴는 25묘이다]."

69 『경세유표』 9-16, 地官修制, 田制別考 2, 魚鱗圖說.

어린도를 마련하면서 반드시 정남·정북을 가리키는 자오선을 표준 삼아 작성하는 까닭에 대해서 다산은 다음과 같이 설명한다.

> 옛 제도에는 육향(六鄕)·육수(六遂)를 설치해서 왕궁을 호위하였는데, 왕궁이 이미 자오선을 바로잡아 지키고 있으니 육향·육수의 제도 역시 자오선을 바로잡아 지키고 있었음을 알 수 있다. … 무릇 성인(聖人)이 만든 법은 모두 정밀한 이치가 있으니 함부로 바꿀 수가 없는 것이다. 지금 전지의 경계를 마련하면서 비록 사방 모서리에다 기둥을 세우고 돈대를 쌓아서 표시해두지만, 세월이 오래되면 무너져 옮겨짐이 없지 않을 터요, 이에 백성들이 어울려 간사한 짓으로 경계를 혼란시키게 된다. 진실로 자오(子午)·묘유(卯酉)의 방향을 표준 삼아 본래의 일정한 방위를 설정해두지 않는다면, 이미 비스듬히 기울어진 모양새를 더듬어서는 그 원형을 바로잡기가 어렵다. 그러므로 자오·묘유의 방향을 엄정하게 표준 삼아 털끝만큼이라도 오차가 일어나지 않도록 해야 한다. 비록 그렇지만, 지세가 좁은 곳에는 그 지세대로 한다면 반듯하게 할 수 있는데 자오선으로 방위를 바로잡는다면 반듯하게 되지 않는 곳이 있을 것이다. 그런데도 바로잡고자 한다면 남는 땅은 끊어버리게 되어 일이 번거로워지고 의혹을 사게 된다. 무릇 이 같은 경우는 그 지세를 따라 휴(畦)를 만들고 그 방향을 살펴서 전안(田案)에 기록할 뿐이다.[70]

즉 어린도의 작성은 왕경(王京)의 영건(營建)과 동일한 방향을 설정하

70 『경세유표』 9-16~7, 地官修制, 田制別考 2, 魚鱗圖說.

고자 하는 것이요, 또한 오랜 시일이 지난 후에라도 원래 작성한 어린도의 원 방향을 쉽사리 찾아 확정하고자 하는 것이다. 그것은 자오선을 기준으로 삼아 전국의 국토를 정남·정북을 가리키는 방향으로 바르게 파악한다는 옛 성현의 경전 해석에 배경을 둔 이론이다.[71]

다산의 정전제론은 이 어린도의 작성 과정을 구체적으로 설명하고서 일단락을 짓는다. 그런데 모든 어린도는 도편(圖片)마다 그 구체적 내용을 유권적으로 설명해주는 '도설(圖說)'로서의 '전적(田籍)'을 반드시 기재하도록 설계되어 있다.[72]

---

71 『경세유표』 9-31~2, 地官修制, 田制別考 3 魚鱗圖說. "『주례』 육관(六官)에는 그 첫 장마다 '왕(王)이 나라를 세우면서 방위를 분별해서 위치를 바르게 하며 국도(國都)를 분별하고 전야(田野)를 경계(經界)하여 관직을 설치하고 나누어 맡겨 백성의 표준을 세운다[唯王建國 辨方正位 體國經野 設官分職 以爲民極]'라고 하였다. '방위를 분별해서 위치를 바르게 한다'는 것은 자오(子午)의 방향을 분별해서 남북의 방위를 바르게 해서 국도(國道)를 영건한다는 것이다. '국도(國都)를 분별하고 전야(田野)를 경계(經界)한다'는 것은 이미 자오(子午)의 방위를 바르게 하고는 이에 그 국도(國都) 한가운데를 분변해서 왕궁(王宮)을 만든 다음, 조정(朝廷)은 앞쪽에, 저자[市]는 뒤쪽에, 좌우(左右)로는 6향(鄕)이 둘씩 둘씩 서로 마주 향하게 함이니, 국도가 9구역이 된다. '체(體)'라는 것은 '분변한다[辨]'는 뜻이다. 6향이 이미 이루어졌으면 그 바깥은 6수(遂)가 되어 6향의 좌우에 있다. 국도(國道)로부터 100리 안을 원교(遠郊)라 이르고, 200리 안은 방전(邦甸), 300리 안은 가초(家稍), 400리 안은 방현(邦縣: 小都가 있는 곳이다), 500리 안은 방도(邦都: 大都가 있는 곳이다)라 하니, 이것이 이른바 '방기천리(邦畿千里)'라 하는 것이다. 대저 왕궁이 한가운데에 있으면서 이미 자오의 방위를 바르게 하고 있으니, 6향·6수는 사다리에 사다리가 붙은 것 같아서 부득불 동일한 자오 방위를 바르게 하지 않을 수 없으며, 또한 6수의 전지와 원교의 전지, 나아가서는 전(甸)·초(稍)·현(縣)·도(都)의 전지가 모두 자오의 방위를 바르게 하지 않을 수 없으니, 이는 부득불 그렇게 되는 형세요, 다시 물을 필요가 없는 것이다."

72 도설(圖說)이란 매 도편(圖片)에 그려진 내용을 설명해주는 내용이다. 다산은 다음과 같은 '도설식(圖說式)'의 사례를 제시한다(『경세유표』 9-19, 地官修制, 田制別考 2, 魚鱗圖說).

"圖說式
첫째 줄: 南始鄕[面의 명칭] 東一里 柳天坪 天字 제1畓 25畝
둘째 줄: 甲字 3腷[배미] 3斗落 稅額 10負
셋째 줄: 乙字 6腷 3두락 세액 12負
넷째 줄: 丙字 5腷 3두락 세액 8負
다섯째 줄: 이상 14腷 10두락의 稅總 30負를 이번에 제5등으로 정한다.
여섯째 줄: 동쪽 경계는 柳川水인데 5칸짜리 집채만 한 바윗돌이 있다.

그런데 이 '전적'에는 '전주(田主)'라든가 '전객(佃客)'의 성명을 전혀 기재하지 않도록 고안하고 있음이 특징이다. 그 까닭은 전국의 모든 전지가 '왕전(王田)'이기 때문이다. 따라서 모든 '전적'은 곧 '왕적(王籍)'이다.

> 혹자는 말한다. "명색이 '전적(田籍)'이라면서 '전주(田主)·전객(佃客)'의 성명이 없음은 무슨 까닭인가." 답은 다음과 같다. "이는 왕전(王田)이요, 사전(私田)이 아니다. 어찌 '전주·전객'의 이름을 올릴 수 있겠는가. '전주·전객'이란 것은 시월(時月)로 변하는데, 그것을 왕적(王籍)에다 기록하여 장차 어디다 쓸 것인가. 다만 소위 '전주'라는 자는 사사로이 권계(券契)를 만들어서 상호 간에 대조하고 증거할 뿐이다."[73]

그래서 다산은 전지의 매매와 같은 사실관계의 변동은 아예 '사권(私券)'이라는 형태의 문권을 통해서 증명하도록 고안해둔다. 물론 '사권'일지라도 그 위조 등을 방지하기 위해서는 반드시 당해 군현 수령의 명의로 이를 발행하도록 함으로써 관(官)의 인준 절차를 거치도록 규정해놓는다.[74]

일곱째 줄: 서쪽 경계는 天字 제2畓이다.
여덟째 줄: 남쪽 경계는 본 전지의 남쪽 町田 8畝이다.
아홉째 줄: 북쪽 경계는 玄字 제7畓이다."

73 『경세유표』 9-19, 地官修制, 田制別考 2, 魚鱗圖說.

74 그 사권식(私券式)은 다음과 같다(『경세유표』 9-19, 地官修制, 田制別考 2, 魚鱗圖說).
"行縣令은 考驗하노라.
本縣 남시향 동일리 柳川坪의 天字 第一畓의 乙字 六嵧 4斗落의 稅額은 4負인데 本價는 돈 40兩이다. 실정이 交易하기를 원하여 本主 李泰根과 買者 金尙文 양자가 呈文을 내었기로 이에 의거해 문권을 만들어 일후의 증거로 삼도록 한다.
嘉慶 10년 乙丑 10월 15일 (打印) 行縣令 (花押) 田監 崔聖昌 (署名) 田吏 安得杓(署名)."
한편 이 '사권'의 발급과 관련해 다산이 따로 중앙의 형조(刑曹) 소속으로 '권계사(券契司)'를 새로 설립한다고 해둔 사실이 주목된다. "지금 중국의 법으로는 무릇 매매(賣買)

4. 정전제의 시행

1) 정전 농민의 군현 단위 정주(定住)

다산의 정전제론은 정전제의 시행 단위를 전국의 각 군현으로 규정한다. 정전의 구획을 각 군현 단위로 시행할 뿐 아니라 그 경작 또한 각 군현 단위로 제한한다. 심지어 1가(家)의 식구 수까지도 8인 정도로 한정한다는 구상이다.

4-1)-(1) 『주례(周禮)』「소사도(小司徒)」는 그 인민에게 균평하게 하되, 상등 전지를 주는 집은 식구가 7인, 중등 전지를 주는 집은 식구가 6인, 하등 전지를 주는 집은 식구가 5인이었다. 1가(家)는 식구 7인이 법의 한도였다. 또 『맹자』에는 "8식구가 되는 집이 굶주림이 없을 만하다"라고 했으니, 1가의 식구가 8인을 넘지는 않았던 것이다. 옛적에는 1부(夫)

라는 일이 있으면 홍계(紅契)를 요구하는데, 홍계란 인권(印券)이다. 우리나라는 궁실(宮室)·전원(田園)·노비(奴婢) 등의 매매를 모두 사사로이 문서를 만들고 사사로이 말을 만들어서, 일찍이 법사(法司)를 경유하는 일이 없다. 그러다가 사기(詐欺)가 탄로 나고 쟁송(爭訟)이 일어난 후에야 비로소 법사(法司)에 가져오는데, 법사인들 어떻게 알 것인가. 지금 마땅히 철(鐵)로써 작은 판(板)을 만들어 오직 연(年)·월(月)·일(日)의 몇 글자 및 '권계사제준(券契司題準)'이란 글자를 쓰고, 그 매매하는 사람의 성명 및 물건의 명목 등을 쓸 자리는 모두 공란(空欄)으로 두어서 메우지 않는다. 그리고 그 위·아래는 용(龍)의 머리나 구름 기운을 가늘게 새겨 위조하지 못하도록 한 다음, 단단한 종이에다 찍어내어, 매양 매매하는 일이 있거나 혹 자녀에게 분급하는 일이 있으면 모두 본사(本司)에 와서 문권(文券)을 청구하며, 관(官)에서는 글자를 써서 메우고 인(印)을 눌러 발급하는 한편, 별도 문권에다 기록해서 본사에 비치할 것이며, 그 물건값의 1/100을 관에다 바치도록 할 것이다. 해마다 문권 수만 장을 여러 성(省)에 나누어 주어서 서울과 지방이 모두 동일하게 한다. 무릇 송사(訟事)하는 자가 있으면 먼저 그 권계(券契)를 상고하여 만약 관에서 발급한 문권이 아니면 곧 접수치 아니하고 그 재물은 관에서 몰수한다. 이 또한 왕자(王者)가 만민을 어거하는 대권(大權)이다"(『경세유표』 2-23, 秋官刑曹, 刑官之屬).

위의 전답 매매에 관한 '사권식(私券式)' 또한 필시 이 '권계사(券契司)'에서 발행하는 '권계(券契)'와 연계될 터이지만, 다산은 아직 그에 대해서는 언급하지 않고 있다.

1부(婦)를 여부(餘夫)라 일컬었는데 여부는 전지 25묘를 받았으니 1가 8식구는 100묘인 것이요, 8식구는 1가의 높은 비율이었다. 나는 이르건대 1가는 8식구를 넘지 않도록 함이 또한 마땅하다고 생각한다.[75]

4-1)-(2) 무릇 이 현(縣)의 농민이 저 현에서 경작하는 것은 일체 엄금하여, 비록 시점(時占)이라도 그대로 시작(時作)으로 만들어 법을 범하지 못하도록 한다. 이 경지를 경작하고자 하는 자는 마땅히 이 현에 옮겨와 살면서 호적에 편입한 뒤에라야 이에 금하지 않는다.

촌리(村里)를 제정함에는 전지(田地)를 가지고서 묶는다. 무릇 4정(井)을 1촌(村), 4촌을 1리(里), 4리를 1방(坊)으로, 4방은 1부(部)로 만든다. 촌에는 1감(監)을, 이에는 1윤(尹)을, 방에는 1로(老)를, 부에는 1정(正)을 각기 설치하고, 인의(仁義)로 인도하여 공전(公田)을 경치토록 하고 효제(孝悌)로 깨우쳐서 사전(私田)을 경작하게 한다. 그 경전과 파종을 감독하고 모내기와 김매기를 독려하며 베고 타작함을 살피고 방아 찧고 키질하는 것을 신중하게 하여, 들에서 거두어다 공창(公倉)에 바치도록 한다.[76]

여기서 정전 농민의 경작지와 거주지를 군현 단위로 일치하도록 한정하는 것은 모든 협잡과 농단을 방지하기 위해 명명백백한 계한(界限)을 설정하는 일인 것으로 해석된다. 그래야만 책임의 소재가 분명하

75 『경세유표』 13-6, 地官修制, 戶籍法. "臣謹按『周禮』「小司徒」 均其人民 上地家七人 中地家六人 下地家五人 一家七人 法所極也『孟子』曰 八口之家 可以無飢 則一家八口 無以踰也 古者一夫一婦謂之餘夫 而餘夫受二十五畝 則八口百畝也 八口者 一家之高率 臣謂戶籍 一家無得踰八口 抑所宜也."

76 『경세유표』 8-6~7, 地官修制, 田制 10, 井田議 2. "凡此縣之民 耕於彼縣者 一切嚴禁 雖其時占 仍爲時作 毋得犯法 欲耕此田 宜移居此縣 編于版籍 然後乃無禁也 制其村里 以田束之 凡四井爲村 四村爲里 四里爲坊 四坊爲部 村置一監 里置一尹 坊置一老 部置一正 導之以仁義 以治公田 申之以孝悌 以治私田 監其耕播 董其秧耘 察其刈穫 謹其舂簸 斂之於野 以輸公倉."

고, 가령 이서(吏胥)층의 농간을 근원적으로 차단할 수 있기 때문이다.

다산은 유세층이 자행하는 다극적·중층적 중간 농단을 근절하기 위해 국가의 공공성(公共性)을 극단으로 강화하는 한편, 모든 인적·물적 관계에서도 명명백백한 한계를 설정하고자 한다. 무엇보다도 정전을 구획하는 '경계(經界)'야말로 가장 보편적이면서 가장 명명백백하면서도 가장 보편적인 한계의 설정 사례이다.

전국의 도량형을 10진법으로 통일해서 운용하는 것도 명명백백한 객관적 기준에 따른 한계를 설정함으로써 오랜 인습으로 자행되어 온 온갖 농간과 협잡을 근원적으로 해소하고자 하는 일이다. 가령 왕성(王城)을 중심으로 하는 수도권의 영건에서도 남·북을 가리키는 자오선을 기준 삼아 전조(前朝)·후시(後市)와 육향(六鄕)·육수(六遂)를 설정하고, 이와 정확히 상응하도록 전국 정전제의 어린도(魚鱗圖) 또한 자오선을 기준 삼아 작성하는 일도 그러한 사례에 속한다.

그렇다 하더라도 정전 농민의 경작지와 거주지를 반드시 동일한 군현으로 제한하고, 그 1가의 식구를 8인으로 한정하도록 한다는 것은 매우 놀라운 제한 규정의 설정이 아닐 수 없다. 다산의 인간관 자체는 개별 인간의 '자주성'을 긍정하고 있으면서도, 개별 인간의 생산활동은 국가행정이 규정하는 한계 속에 묶어둔다는 설정 자체가 상호 모순되는 일이기도 하다. 심지어 그는, 이동과 왕래가 빈번하기 마련인 공(工)·상(商) 두 가지 직종에 대해서는 읍성(邑城) 안에서만 거주하고 영업하도록 제한한다는 규정을 두고 있다.[77]

물론 다산 또한 구래의 지역주의적·할거주의적 폐쇄성은 단연코 극

---

77 『경세유표』 8-7, 地官修制, 田制 10, 井田議 2. "若夫工·商二民 不可不聚之於邑城之中."

복하지 않으면 안 된다는 규정을 설정하고 있다.

> 행상(行商)은 관(關)에서 세를 받고, 좌고(坐賈)는 시(市)에서 세를 받는다. 행상의 이익이 좌고보다도 큰데, 만약 좌고에게서만 세를 받고 행상에게서는 세를 받지 않는다면 백성의 부담이 균평치 못하다. 그러므로 선왕의 법에서는 '관'과 '시'를 반드시 아울러 거론하였다. 그러나 천리를 다니면서 행상하는 자가 '관'마다 세를 바친다면 견딜 수 없을 것이다. 그러므로 이미 (한 관에서) 세를 받으면 이에 새절(璽節)을 만들어 주어서 온 천하를 돌아다니더라도 두 번 다시 막힘이 없도록 했으니, 이는 선왕의 양법(良法)이다. 후세에는 걸음마다 가로막고 구색(求索)하기에 한도가 없으니, 이는 '새절'의 법이 없기 때문이다. 선왕의 법을 어찌 본받지 않을 것인가.[78]

지역별 혹은 계층별 기준을 달리하여 할거적으로 침책하는 것은 구래의 폐쇄적 인간관계에서 유래한 인습이다. 다산은 통상(通商)에서의 그 같은 구래의 폐쇄성을 극복하기 위해, 전국 어느 곳에서나 공통으로 통용하는 통행증[새절(璽節)] 제도의 시행을 고안한다.

그런데 다산은 또한 국가를 구성하는 대소의 각 단위가 상하 관계로 긴밀하게 통속되어야 한다는 전국적 통일성을 강조한다.

---

78 『경세유표』 10-29~30, 地官修制, 賦貢制 3. "臣謹案 關所以征於商也 市所以征於賈也 行商之利 大於坐賈 若征賈而不征商 則民役不均 此所以先王之法 關市必竝擧也 然適千里者 每關輸稅 則民不堪矣 故旣受其稅 乃爲璽節以賜之 使之周流天下 再無滯閼 此先王之良法也 後世步步攔住 求索無厭 以無璽節之法也 先王之法 胡不效之乎."

> 관직의 제도는 마땅히 통솔하는 데가 있어야 한다. 큰 강령이 작은 항목들을 거느리고 큰 줄기가 작은 가지들을 거느리도록 해야만 혈맥이 유통하고 호령에 막힘이 없게 된다. 만약 자잘한 것들이 각기 제멋대로 하여, 제 몸뚱이가 어느 관직에 매였는지도 모르고, 그 관직이 어느 관청에 예속하는지도 모르며, 그 관청이 어느 조(曹)에 예속하는지도 몰라서, 마치 장수 없는 졸개와 같이 각자 놀아나는 것은 한 임금이 표준을 세운[一土建極] 법제가 아니다.[79]

다산이 여기서 모든 관직자의 상하 통솔 관계를 극단으로 강조하는 것은 물론 현 실태 유세층의 할거적 농단 행태를 근본적으로 극복하고자 하는 새로운 국가체제론의 일환으로 해석된다. 비리와 인습의 지리멸렬한 현 실태를 극복하기 위해서는 국가의 공공성(公共性)을 극단으로 강화하는 길이 있을 뿐이라는 생각이다. '한 임금이 표준을 세운[一王建極] 법제'가 전국에 일률적으로 관철되어야 한다는 원칙이 그것이다.

그런데 국가 공공성의 극단한 강화와 위에서 말한 정전 농민의 거주지 제한이라든가 공·상인(工商人)의 읍성(邑城) 내 영업 제한 규정은 과연 통일적으로 설명할 수 있는 이론인가.

아마도 그 같은 한계의 설정은, 곧 구래의 할거적 수탈의 인습을 극복하기 위한 관리(管理) 단위로서 전국의 각 군현을 설정하고, 왕권을 대행하는 수령을 통해서 그 같은 인습의 극복을 추진하고자 하는 것이라고 살펴진다. 다산은 '왕정'을 구현하기 위한 통치행정을 펼치면서

79 『경세유표』 2-5, 夏官兵曹, 中衛司. "職官之制 宜有統有率 以宏綱統細目 以大幹統小枝 然後血脈流通 號令無滯 若零零瑣瑣 各自爲命 不知其身隷於何官 不知其官隷於何司 不知其司隷於何曹 一似無將之卒 各自逍遙 非一王建極之法制也."

도, 왕권 대행자로서의 수령이 파견되는 지방행정 기구인 각 군현(郡縣)을 기본 단위로 삼고서 전국의 인민과 토지와 경제·산업을 관리한다는 원칙을 설정하는 것으로 해석된다.

2) 정전 농부의 군역

정전 농부의 절대다수는 현상적으로 '왕전(王田)'이 아닌 민전(民田)을 경작해 먹고 사는 자들이므로, 엄중한 군역을 부담시키기는 어렵다. 그러나 역시 '왕토(王土)'에 사는 농민인 만큼 군역의 의무에서 제외될 수는 없다.

> 경계(經界)를 이미 끝냈다면 이에 8부(夫)를 편성해서 대오(隊伍)로 삼는다. 4정(井)이 1촌(村)이요 4촌이 1리(里)인데, 정(井)마다 8부이면 1리는 128인이다. 이를 10대(隊)로 편성하면 정졸(正卒) 100인, 화병(火兵) 10인, 대장(隊長) 10인, 기총(旗總) 5인, 교련관(教鍊官) 2인, 초관(哨官) 1인이 된다. … 옛날에는 전지가 모두 왕전(王田)이었으므로 왕이 건장하고 힘센 자를 선발해서 그 전지를 맡기고, 대사마(大司馬)로 하여금 춘·하·추·동으로 때맞추어 교열(教閱)하게 할 수 있었다. 지금은 전지가 모두 사전(私田)인데 진실로 옛 법을 쓴다면 백성이 장차, "왕이 나에게 덕 되게 한 것도 없으면서 어째서 나를 고달프게 하는가" 하고 서로 원망하고 욕하면서 즐겨 순종하지 않을 것이다. 장차 어찌하겠는가. 마땅히 군적(軍籍)에 편입해서 대오를 알게 하고 중동(中冬)에 그 본리(本里)에서 하루 동안 교열토록 해서 법의 큰 원칙을 알도록 할 뿐이다.[80]

80 『경세유표』 8-35-36, 地官修制, 田制 12, 井田議 4.

여기서 정전 농부의 군역 부담은, 1년에 '본리에서 하루 동안 교열' 함으로써 '법의 큰 원칙을 알도록 할 뿐'인 정도이므로, 겨우 형식만을 갖추는 편제에 불과하다. 결코 군사능력을 제대로 갖춘 형태라 할 수는 없다.

실상 다산의 시대는 화기(火器) 전술의 발달에 따라[81] 이전의 전국적 번상병(番上兵) 제도가 쇠퇴하고 점차 전문적인 병기를 조작하는 군사 체제로 이행하는 단계에 있었다. 그래서 다산은 수도권을 다시 구획하면서 왕성의 외곽에다 6향·6수의 제도를 설치하고, 그 6수 지역에다 군전(軍田)을 설치해서 왕성의 호위 군단으로서 강력한 3영(營)[도통영(都統營)(현재의 훈련도감)·좌어영(左禦營)(현재의 어영청)·우위영(右衛營)(현재의 금위영)]의 전문적 군사를 양성하도록 설정한다. 그리고 중경(中京: 개성)·서경(西京)이나 각 도의 감영(監營) 및 각 주·군·현에도 치소(治所)의 5리 내지 10리 이내에 군전(軍田)을 설치해서 전문적인 군사를 양성하기로 규정한다.

이들 중·외의 전문적 군사는 삼대의 경우처럼 모두 왕전(王田)을 경작해서 먹고 살기 때문에, 유사시에는 왕사(王事)에 동원되어 목숨 걸고 싸우는 엄중한 군역을 담당한다.

3) 정전(井田) 영농의 일상

다산의 정전제론에서 사전(私田)은, 1부 1부의 단혼 농가에는 25묘의 전지만을 배분하고, 경작 능력을 온전히 갖춘 농가라야만 100묘의

81 『경세유표』 2-28, 冬官工曹, 利用監. "今兵器火器 皆是新制 日本鳥銃 今爲古調 … 今之急務 在於北學中原."

온전한 1구역을 배분한다. 그 같은 배분 원칙은 각 농가가 기본적으로 각자의 가족노동력을 동원하여 사전을 직접 경작한다는 사실을 전제한다. 즉 정전농업은 기본적으로 자가노동력을 동원하는 자영(自營)의 형태임이 명백하다. 무릇 소경영에서는 '자영'이야말로 가장 큰 생산력을 발휘한다. 제 일을 자기 책임하에 직접 수행하는 경우이기 때문이다.

다산의 정전제론은 또한 역량이 큰 농가에 상등지를 배분함으로써 농업 생산성을 더욱 증대시키고자 한다. 그래서 '곡식이 많이 생산되면 백성의 식량이 풍족해지고, 식량이 풍족해지면' 식량 생산에 종사치 않는 여타 주민들 또한 '모두 그 가운데서 즐거이 양식을 얻을 수 있도록' 연계시키기로 설정한다.

다산의 정전제론은 객관적으로 명명백백한 표준의 토지제도와 수취제도를 운용한다. 그래서 명백히 공정한 '제도적 수취'가 시행되고 과외(科外)의 횡침이 근본적으로 없어진다. 그래야만 직접생산자가 자기 나름의 계획을 세우고 생산 의욕을 높여가면서 자기 직사를 추진할 수 있다.

그런데 그 같은 실상은 곧 부공제를 비롯한 여타 제 산업 분야의 운용에도 객관적 규범으로 널리 적용되어 가기 마련이다. 정전제와 부공제는 '쌍립(雙立)'적인 제도로 운용하는 것이기 때문이다.

더구나 정전제·부공제·9직론은 공통으로 정전농업을 비롯한 모든 경제·산업 분야를 전업적 분업과 협업의 관계로 연계시켜 작동하도록 고안되어 있다. 분업적 협업 관계로 연계시키되, 개별 생산자들은 모두가 자기 직사를 항구적으로 맡아 자영(自營)하면서 책임지고 공적을 이룩해내도록 설정되어 있다. 가령 정전 농민은 자기가 배분받은 사전(私田)을 곧 영업전으로 가꾸면서, 자기 책임하에 증산의 실적을 올림으로써 자기 이득을 늘릴 수 있다.

다산의 정전제론은 특히 전국 전지를 모두 정전제로 묶은 다음이라야 이에 상호 통속(統屬) 관계가 명백해지고 전체가 상호 연관 아래 빈틈없는 작동을 지속한다는 원칙을 펼친다.

> 무릇 다중(多衆)을 어거하는 법은 부(部)로 나누어 다스리는 방식보다 나은 것이 없다. 대장(大將)이 10만의 군을 통솔하면서도 진실로 '부'로 나누지 않는다면 오직 서로 짓밟아 죽임이 있을 뿐이다. 이에 법을 세워 10인을 1대(隊)로, 10대를 1초(哨)로, 5초를 1사(司)로, 5사를 1부(部)로, 5부를 1영(營)으로, 5영을 1군(軍)으로 한다. 그러면 10만 군 가운데의 병자(病者)·도자(逃者)·상자(傷者)·사자(死者)는 시각을 넘기지 않고 대장이 그 실상을 다 알게 된다. 그렇게 되는 것은 무슨 까닭인가. 1졸(卒)이라도 결원이 생기면 온전한 대(隊)를 이루지 못하므로 '대'에서 보고하고, 1대에 하자가 있으면 완전한 초(哨)를 이루지 못하므로 '초'에서 보고하고, 1초라도 모자람이 있으면 완전한 사(司)를 이루지 못하니 '사'에서 보고한다. 대장이 이를 듣고는 즉시 보충해서 완전한 부대가 되도록 하니, 이것이 천 리를 전전(轉戰)하면서도 군의 실제에 휴실(虧失)이 없게 되는 까닭이다. 전지(田地)의 경우도 마찬가지다. 100보를 1묘로 하고 100묘를 1부(畉)로, 9부(畉)를 1정(井)으로 삼고, 1정을 단속해서 공전을 경치하여 조속(耡粟)을 바치도록 한다. 그러면 1보라도 결손이 있으면 완전한 묘를 이룰 수가 없고 1묘라도 훼손이 있으면 완전한 부(畉)를 이룰 수가 없고 1부(畉)라도 병통이 생기면 완전한 정을 이룰 수가 없으며, 완전한 정을 이루지 못하면 공전을 경치하여 조속을 바칠 수가 없다. 형세상 그 사실을 즉시

보고하지 않을 수 없으며, 형세상 즉시 보완하지 않을 수가 없는 것이다. … 이에 4정(井)을 1읍(邑)으로, 4읍을 1구(丘)로 삼고, 1구를 단속해서 군사(軍士)를 일으키고 거마(車馬)를 부과한다. 1묘라도 결함이 생기면 1구의 장(長)이 군사를 일으킬 수가 없고 거마를 부과할 수가 없다. 해마다 그대로 끌어가면서 드디어 헌 부스럼처럼 견뎌낼 이치가 있겠는가.[82]

전국 전지와 인민을 총체적으로 파악하고 단속하면서 그들의 생산 활동을 빈틈없이 작동시킬 수 있는, 즉 전 국토에 대한 총체적 지배권으로서의 주권(主權)을 가장 효율적으로 행사할 수 있는 형태가 정전제도라는 것이 다산의 확신이다.

결국, 정전제는 만백성을 단속하여 모두가 각자의 단위 직사에 분발하여 진력하도록 조직하고 관리하는 최선의 통치 조직이다. 농민들은 각 정지(井地)의 영농(營農)생활에서 항시 어울려 공동 노력을 경주하도록 조직되어 있다. 1인이라도 정전 공동체를 함부로 떠날 수 없고, 태업조차 할 수가 없다. 여기서 정전 농민 1인은 한 개인에 불과하지만, 결코 타자와 무관하게 고립하여 존속하지 못한다. 모두가 타자와 필수 불가결하게 연계하도록 조직되어 있다.

82 『경세유표』 7-22~23, 地官修制, 田制 8. "凡馭衆之法 莫如部分 大將統十萬之軍 苟不部分 惟有相蹂躪以死而已 於是爲之法曰 十人爲一隊 十隊爲一哨 五哨爲一司 五司爲一部 五部爲一營 五營爲一軍 於是十萬之軍 其病者·逃者·傷者·死者 不踰時而大將咸得其實 若是者何也 一卒有闕 不成完隊 隊則告之 一隊有疵 不成完哨 哨則告之 一哨有欠 不成完司 司則告之 大將聞之 隨卽補之 俾成完隊 斯其所以千里轉戰 軍實無虧也 田亦如此 百步爲一畝 百畝爲一畉 九畉爲一井 一井團束 以治公田 以出糊粟 則一步有缺 不成完畝 一畝有毁 不成完畉 一畉有病 不成完井 不成完井 則不能治公田 不能出糊粟 其勢不得不隨卽告訴 其勢不得不隨卽補完 … 於是 四井爲一邑 四邑爲一丘 一丘團束 以起軍旅 以賦車馬 若一畝有缺 卽一丘之長 無以起軍旅 無以賦車馬 年年相仍 遂成漏瘡 有是理乎."

아마도 정전제에서의 그 같은 연계 관계의 정립은 다산의 부공제·9직론의 모든 분야와 층위에까지 구조적인 연계 관계를 정립시키기에 이를 것으로 해석된다. 앞에서 살펴본 것처럼, '한 임금이 표준을 세운[一王建極] 법제'는 전국을 통틀어 일률적으로 관통해야 한다는 것[4-1)]이야말로 다산 경세론의 기본 원칙이기 때문이다.

그래서 정전제의 농민을 비롯한 다산 경세론에서의 모든 인간은, 그 일상 자체가 다소간에 새로운 제도적 구속 아래 놓이게 된다. 사료에서 군대식 규율을 비유한 것 자체부터가 예사롭지 않다. 그것은 다산 자신의 소신인, 개별 인간은 '자주성'을 가진 존재라는 본질적 문제와도 저촉되는 면을 지닌다.

그런데 현 실태 지배체제의 오랜 인습적 농단 행태에서 잘 드러나듯, 인간관계에서 비리(非理)의 연계는 오히려 유세층이 만백성을 할박(割剝)하는 관계로 구조화된다는 사실에 주의하지 않으면 안 된다.

그 같은 인습의 할박 관계를 명명백백한 제도적 연계와 규율을 통해 구조적으로 해체하고, 자기 직사에 진력하는 농민들이 결코 과외(科外)의 침해를 받지 않도록 하는 새로운 경제·산업적 인간관계를 탄생시키고자 하는 것이 다산의 정전제론이라고 해석된다. 즉 국가적 규모의 공공적(公共的) 규율을 통해 지리멸렬한 현 실태의 다원적·다층적 비리와 인습을 극복하고자 하는 것이다.

4) 생산의 제도적 장려와 진흥

다산은 『경세유표』를 저술한 다음 해에 『목민심서』를 저술하였기로, 전자에서 미처 다 논하지 못한 개혁론을 후자에 덧붙여 서술한 부분이 있었다. 가령 「호전육조(戶典六條)」의 「권농(勸農)」의 경우가 그러하며,

특히 그 가운데 농업을 6과(科)로 나누어 권장한다는 내용이 적실한 사례이다.[83]

그런데 다산이 현상적으로 관찰한 현실의 영농 실태는 아직도 변화라는 것을 의식하지 못한 채 오랜 인습을 답보하고 있는 구태의연한 모습이다.

> 지극히 어리석은 자는 백성이요 지극히 정밀한 것은 농사의 이치이다. 반드시 사리에 밝고 물정에 통달한 군자(君子)가 있어 백성을 위해 농사(農師)가 되어 그들을 가르치고 훈도하여 토양에 알맞은 곡식을 분별하고 농기구의 사용을 편리하게 함으로써 그들이 미치지 못한 점을 도와준 후에라야 백성이 할 일을 알게 되고 농사짓는 것이 농법에 맞게 된다. 우리나라 백성은 옛날부터 지금까지 그들 제멋대로 농사를 지어왔다. 군자의 가르침을 들어본 적이 없다. 그렇기 때문에 종자를 선택함에 정밀하지 못하고 종자를 보관함에 조심성이 없으며 파종을 하는 데도 일정한 법도가 없다. … 기기괴괴한 짓이 곳곳마다 습속을 이루고 있으니, 작은 걱정이 아니다.[84]

다산 경세론이 착수하고자 하는 곳이 바로 그 같은 '기기괴괴한' 인

83 『목민심서』 7-12, 戶典六條, 勸農. "무릇 권농(勸農)의 정사는 모름지기 6과로 나누어 각기 그 직(職)을 주고 그 실적을 고과하여 성적이 좋은 자를 등용하여 백성의 생업을 권장할 것이다. 이는 오늘날 수령이 당장 시행하기를 요구하는 것은 아니다. 전정(田政)이 크게 바로잡히고 온갖 법도가 모두 옳게 되고 직공(職貢)이 법대로 시행되며 만백성이 각기 업을 가지게 되어, 나의 '전제고'[즉 『경세유표』의 정전제론]에서 논한 것처럼 된 뒤에라야 이를 가히 논의할 수 있다. 다만 이 항목을 덧붙여 '전제고'의 빠진 부분을 보충할 뿐이다."

84 『목민심서』 7-1~2, 戶典六條, 勸農.

습의 개혁에 있었다. 그는 새로운 원칙과 기준을 세우고 행정력을 동원함으로써 국가의 경제·산업 전반을 제도적으로 개발하고 진흥하고자 한다. '농사(農師)'와 같은 선각자의 가르침을 통해 새로운 이치를 깨우치게 함으로써 가능한 일이다.

그런데 한편 다산 당시의 조선 왕국에서는 대도시를 중심으로 이미 상업적 농업이 자못 번성하는 길로 접어들고 있었다.

> 서울 안팎이라든가 번화한 큰 도시에서는 파밭·마늘밭·배추밭·오이밭이 10묘의 땅에서 수만 전(錢)의 돈을 헤아린다. 서로(西路)의 담배밭·북로(北路)의 삼밭·한산의 모시밭·전주의 생강밭·강진의 고구마밭·황주의 지황(地黃)밭은 상상등(上上等)의 수전(水田)과 비교해도 그 이(利)가 10배나 된다. 근년 이래로는 인삼 또한 밭에다 심는데, 그 남는 이익을 따지자면 혹 천 배나 만 배가 된다. 이는 전지의 등급을 가지고서는 논할 수가 없는 현상들이다. 비록 항상 심는 것으로 말하더라도 홍화(紅花)와 대청(大靑)은 그 이(利)가 심히 많다. 오직 목면(木棉)밭만이 오곡(五穀)보다도 배의 이(利)가 있을 뿐이 아닌 것이다.[85]

조선 후기에는 사회 각 분야의 분화와 발전이 새로이 진행되고 있었는데, 도시 인구의 증가 현상 또한 그 한 가지였다. 사료는 각 지역에 적의한 농산물이 경쟁적으로 개발되면서 특산화하고 있음을 보여준다. 그런데 그 같은 특수 작물들은 모두가 집약적 영농을 통해서 종래의 곡물 생산 위주의 농업보다는 훨씬 강한 시장 경쟁력을 갖추고 부

---

85 『경세유표』 8-17, 地官修制, 田制 11, 井田議 3.

상한 것들이다. 그래서 이전처럼 상·중·하등으로 나뉘는 자연적 토질의 차이와 한계를 극복할 수 있게 되었다. 특산물의 개발과 그것의 집약적 경영은 모두가 영농자들이 경험을 통해서 자기 책임 아래 자발적 실행을 통해 자기 이익을 추구하는 현상들이다. 서울을 비롯한 대도시의 상업적 농업은 국가 행정력을 통해서 진흥시킨 것이 아님에도 불구하고 이미 그와 같이 자발적인 개발과 진흥의 길을 걷고 있었다는 사실은 주목할 만한 현상이다.

다산은 무엇보다도 현 실태의 '기기괴괴한 인습'을 극복하기 위해서는, 어느 특수 분야라든가 지역이 아니라 국가 전체의 각 분야 생산력을 다원적·다변적으로 개발하고 진흥해야 하며, 그러기 위해서는 국가 행정력의 제도적 동원이 반드시 필요함을 역설한다.

이미 군현별 정전의 구획 과정에 참여하여 공적을 쌓은 덕망가에게 관직을 수여한다는 규정은 앞서 살핀 바 있다. 다산은 정전제를 시행하면서도 농업을 전농(田農)[9곡 생산]·원전(園廛)[과일 생산]·포휴(圃畦)[채소 재배]·빈공(嬪功)[포백 직조]·우형(虞衡)[목재 생산]·축목(畜牧)[가축 사육]의 6과로 나누어 권장하고, 그 가운데 우수한 실적을 쌓은 '상농가(上農家)' 가운데서 최우수자를 선발하여 관직을 수여한다는 진흥책을 설정한다.

> 여러 향(鄕), 여러 이(里)에서 각각 상농가(上農家)를 뽑는다. 대략 1정(井)의 8가 중에서 3, 4가를 선발하되 상족(上族)·중족(中族)·하족(下族)에 구애됨이 없이 오직 농사에 힘써 100묘를 온전히 배분받아 농사짓는 자라야 선발에 참여시킨다. 전지 100정(井)마다 1인의 농정(農正)을 두고 그 공적과 능력을 상고하여 현령(縣令)에게 보고하면 현령

은 이를 받아 고과법(考課法)에 따라 9등의 등급으로 판정한다. … 무릇 공적을 고과하여 가장 우수한 자에게는 그 고을에서 진기한 물건으로 상을 주고 그 고을의 직임을 준다. 감사는 여러 고을의 고과표를 모아 그 우열을 비교하여 3인을 선발하고 이를 전조(銓曹)에 추천한다. 전조에서는 각 도의 추천장을 모아 그 우열을 비교하고 직업을 참작하여 매양 3분의 2를 취하여 초사(初仕)로 보임하되, 농(農)·빈(嬪)·우(虞)·형(衡)은 이조(吏曹)에서 경전원외랑(經田員外郎)에 보임하고, 원(園)·포(圃)·축목(畜牧)은 병조(兵曹)에서 무원원외랑(武院員外郎)에 보임한다. 벼슬한 지 만 2년이 되면 동반 소속은 나아가 찰방(察訪)·감목(監牧)이 되게 하고 서반 소속은 나아가 보장(堡將)·성장(城將)이 되게 한다. 그렇게 하면 (농업) 여섯 분야의 직사가 백성의 항구적 산업이 되어 10년이 지나지 않아 온갖 곡식·과일·채소가 다 먹을 수 없을 만큼 많아질 것이다. 재목이 다 쓸 수 없을 만큼 많아질 것이요, 물감이 다 물들일 수 없을 만큼 많아질 것이며 가축과 어물(魚物)이 나라 안에 가득하게 될 것이다. 나라를 부유하게 하고 백성을 넉넉하게 하는 정사가 이보다 더 큰 것이 있겠는가.[86]

다산이 여기서 우수 영농가에게 관직을 수여한다는 유인을 설정함으로써 전국 농민들의 분발을 유도하고자 하는 데에는, 앞서 살폈듯이 그가 오랜 경학(經學) 연구를 통해 터득한, 인간 존재에 대한 새로운 깨우침이 뒷받침하고 있다. 그것은 인간 각자가 자기 나름의 직사를 수행하는 가운데, 자기 책임 아래 자기 권익을 주장하면서 소위 부욕(富

86 『목민심서』 7-13~14, 戶典六條, 勸農.

欲)과 귀욕(貴欲) 등의 욕구를 추구하고자 하는 것이 인간 본연의 존재라는 소신이다.

다산의 정전제론은 그 같은 욕구의 충족을 위한 개별 인간들의 분발심을 유발하기 위해 일종의 '경쟁' 원리를 도입하고자 한다. 농민들의 분발심이 유발된다면 생산력이 저변으로부터 크게 발전할 것임에는 의심의 여지가 없다.

다산은 정전 농민뿐 아니라 각 직종에 종사하는 모든 생산자 또한 자기 직사를 모두 자신의 책임 아래 정성을 다해 가꾸는 길로 유도한다는 제도적 고안을 둔다. 가령 과물(果物)을 재배하는 농민의 사례를 들어본다.

원래 『경국대전』에는 "원포(園圃)와 소채(蔬菜)에 관한 일을 맡는다"고 하는 사포서(司圃署)란 기구가 설립되어 있다. 그런데 그 운용의 실상은 왕실에 채소를 공급한다는 명목 아래 전국적으로 공납을 받으면서 막대한 피해를 끼치고 있는 상태였다.[87] 다산은 이를 재탄생시켜 전국의 과물 생산을 격단으로 진흥시킬 새로운 기구로 활용하기로 한다.

> 심고 가꾸는 정사 또한 국용(國用)을 넉넉히 하고 백성의 살림을 돕는 일이다. 봉산·황주의 배, 가평·양주의 밤, 청산·보은의 대추, 풍기·순창의 감, 강진·장흥의 귤과 유자와 치자(梔子) 등속은 모두 마땅히 법을 정해서 심도록 권장할 것이다. 그래서 혹 널리 심어 숲을 이루고 능히 천, 만 주(株)에 이르도록 재배한 자는 사포서에 보고토록 하고, 그 허·실을 조사한 다음 추천하여 서반(西班) 말직에 보임토

87 『정조실록』, 정조 2년 7월 정미 기타.

> 록 한다. 묘당(廟堂)에서 불러 시험하되 능히 농서를 환하게 알고 그 땅에 알맞은 작물을 가려서 농포(農圃)를 경영할 만한 자는 사포서 관직에 승진하여 보임시킨다. 그렇게 하면 10년을 지나지 않아 나라 안의 진귀한 과일을 이웃 나라에 판매하여 재용을 넉넉히 하기에 족하게 될 것이다.[88]

구래의 국내 과물(果物) 생산 행태란 것은, 특산물일수록 오히려 주구적 수탈의 대상으로 지목되고 따라서 개발은커녕 오히려 폐기를 면치 못하기가 일쑤인 상태에 있었다.[89] 다산의 개혁론은 그 같은 주구적 수탈의 인습을 근본적으로 지양하고, 무엇보다도 자국의 물산 가운데에서 최우수한 것을 발굴하고 적극적으로 재개발한다는 새로운 산업 진흥책을 설정한다. 각 지역의 특산물을 적극적으로 개발하여 권장하고, 그 우수 생산자에게는 관직을 수여하는 유인책을 설정함으로써 드디어 각기 전업적(專業的) 자영직의 독자성을 확고히 갖추도록 유도한다. 그래야만 과물 생산이 국제적 교역 상품으로 진출할 수 있는 수준

88 『경세유표』 1-17~18, 地官戶曹, 司圃署.

89 『목민심서』 11-23, 工典六條, 山林. "남쪽 해변의 6, 7고을에는 모두 귤과 유자가 생산되는데, 거기 딸린 여러 섬에는 그 생산이 더욱 풍성하다. 그런데 수십 년 이래 날마다 쇠퇴하고 달마다 줄어든다. … 그 까닭을 물으니 다음과 같이 말한다. 매년 중추(仲秋)가 되면 저졸(邸卒)이 이서(吏胥)의 대장(臺帳)을 들고나와 그 과일의 개수를 세고 나무둥치에 표시를 해두었다가 과일이 누렇게 익으면 비로소 와서 따 가는데, 혹 바람에 몇 개 떨어진 것이 있으면 곧 추궁하여 보충하게 하고 그렇게 하지 못할 것 같으면 그 값을 징수한다. 광주리째 가지고 가면서 돈 한 푼 주지 않는다. 저졸을 대접하느라 닭을 삶고 돼지를 잡게 되니 그 비용이 많이 들고, 이웃이 떠들썩하게 모두 이 집을 나무라면서 들어간 비용을 이 집에서 받아낸다. 이에 몰래 그 나무에다 구멍을 뚫고 호초(胡椒)를 집어넣어 나무가 저절로 말라 죽으면 대장(臺帳)에서 빠지게 된다. 그루터기에서 움이 돋으면 잘라버리고 씨가 떨어져 싹이 나면 보이는 대로 뽑아버리니, 이것이 귤과 유자가 없어지는 까닭이다. 근래에 듣기로는 제주(濟州) 또한 이 폐단이 있다 하니, 이같이 해서 그치지 않는다면 수십 년 안 가서 우리나라에 귤과 유자가 없어질 것이다."

에 도달할 수 있고, 국용과 민생에도 크게 이바지할 수 있다.

또 가령 양마(養馬)를 담당하는 목어사(牧圉司)의 경우 또한 살펴볼 필요가 있다. 종래의 '양마'는 사복시(司僕寺)가 주관하는 각 '목장'에 맡겨져 왔으나, 실상은 유명무실하게 된 지 오래였다. 다산의 관찰로는, "큰 군현이라도 그 경계 안에서 말 10필을 볼 수가 없고, 혹 있더라도 모두 과하마(果下馬)처럼 작은 종류여서 전마(戰馬)로 쓸 만한 것이 없다."[90] '전마'의 확보를 위해서도 말[馬]의 사육은 급속히 진흥하지 않으면 안 되는 정책산업이다.

> 각 도의 부유한 백성 가운데 해도(海島)나 산장(山莊)을 가진 자로서 말을 사육할 만한 곳이 있다면 우리[圉]를 설치해서 양마(養馬)하도록 하되, 관(官)에서 준마(駿馬)를 주어서 교미시켜 번식하도록 한다. 말을 길러서 1000필이 된 자에게는 '준마' 10필을 선발해서 본사(本司)에 바치도록 하고 그 나머지는 사매(私賣)함을 허락한다. 그리고 그 사람은 본사 관직에 바로 제수하였다가 법에 따라 승진하도록 함을 그만두어서는 안 된다. … 우리나라 사람들은 "북방은 일찍 추워지므로 양마할 수가 없다"고 하지만, 달단(韃靼)의 말이 북새(北塞)에서 매매되는 것에는 의문을 갖지 않는다. 또 "남방은 비습(卑濕)해서 양마할 수 없다"고 하면서도, 비룡마(飛龍馬)가 탐라(耽羅)에서 생산되는 것에는 의문을 갖지 않는다. 서로 통하지 못함이 이와 같으니, 목어(牧圉)의 일을 관장하는 기관을 설치하지 않을 수 없다.[91]

90 『경세유표』 2-4, 夏官兵曹, 牧圉司.

91 위의 글.

'목마' 산업을 적극적으로 진흥한다는 이 고안은, 여타 모든 산업의 경우에도 본보기로 될 수 있는 획기적 발상이다. 즉 어떤 분야든지 '폐기' 상태로 방치해온 구래의 인습을 지양하되, 국가 행정력을 동원해서 당해 산업을 근본적으로 다시 진흥하고 국제적 기술 수준까지를 도입하면서 적극적으로 권장한다. 당해 산업의 역군이 자기의 직종에 전업적(專業的)으로 분발하면 부욕(富欲)을 실현할 수 있는 기회를 부여하고, 그 가운데 우수자에게는 관직까지 수여하는 유인책을 둔다는 고안이다.

이는 곧 국가가 정책적·제도적으로 우선해서 추진해야 하는 것이 이제 여러 경제·산업 분야의 획기적 개발과 진흥으로 전환해야 한다는 새로운 국가이론을 피력한 사례이다. 즉 주곡(主穀) 생산의 정전제 농업뿐만이 아니라, 모든 경제·산업의 새로운 편성과 배치를 국가 통치·행정의 주요 분야로 설정해야 한다. 구래의 생산관계에 인습해온 수탈적 비리를 근본적으로 척결해야 한다. 국가 행정력의 선도(先導) 아래 새로운 생산기술을 개발하고 도입함으로써 획기적 증산(增産)의 시대로 진입할 수 있도록 제도적으로 뒷받침해야 한다는 구상이다.

5) 국가와 개인

정전 1/9법의 시행은 객관적으로 명명백백한 토지·조세제도를 만백성이 직접 목도하고 확인할 수 있는 상태로 확립함으로써 이제까지 인습해온 모든 중간 농단과 수탈의 행태를 근본적으로 해소할 수 있다. 그런데 정작 정전제를 시행하면 구래의 결부법(結負法) 수취제에 비해 과연 국가와 농민 개개인의 수익이 증대할 것인가.

다산은 특히 구체적으로 기내(畿內)와 호남(湖南)의 사례를 들어가면서 "구례(舊例)와 지금 (새로운) 법을 시행하는 결과"를 비교 고찰하고서 논단한다.

> 결부법의 경우와 지금을 비교하면 공가(公家)의 세입(歲入)은 증익(增益)되는 것이 많은데도 백성은 오직 공전을 조경(助耕)할 뿐이요 다시 미곡을 바치지는 않는다. 그래서 국가와 백성이 함께 힘을 펴게 되는데, 오직 중간에서 속이고 숨기던 자들의 소굴[窩藪]이 온통 깨뜨려져 도망치고 숨을 데가 없이 되었다. 유약(有若)이 노(魯)나라 임금께 고하기를, "백성이 풍족하면 임금은 누구와 더불어 부족하겠습니까"라고 하였는데, 여기서 '누구'는 은연중 삼가(三家: 즉 孟孫·叔孫·季孫)를 가리킨 것이다. 지금 국가도 풍족해지고 백성도 풍족해지는데 오직 중간에서 도적질하던 자들만이 부족해질 뿐이다. 임금이 누구와 더불어 부족할 것인가.[92]

물론 정전제는 아직도 시행한 적이 없지만, 당해 지역의 전안(田案)에 등재된 경작지의 등급별 결부수(結負數)와 그것을 절대 면적으로 환산한 정지수(井地數)를 다산은 면밀하게 비교·대조·고찰한 결과, 그 같은 결론을 내린 것이다.

다산은 나주(羅州)의 경우, 결부법을 시행하는 현행 세수(稅收)는 32,000석(石)[48,000곡(斛)]임에 비해 정전제를 시행할 때는 공전(公田)의

92 『경세유표』 8-11, 地官修制, 田制 10, 井田議 2.

세수(稅收)가 47,407석[71,111곡]으로 증액된다는 결과를 산출해낸다.[93]

나주 한 고을만을 고찰하더라도 객관적으로 15,407석[23,111곡]이라는 세수의 증액이 일어난다는 사실을 그는 면밀히 계산한 수치로 제시한다. 이는 곧 국가가 '공전'의 소출만을 거두어 가는 명명백백한 정전제를 시행함에 따라 향리들의 중간 농단의 소굴이 원천적으로 소멸되어 더는 농간할 근거지가 없게 된 결과 일어나게 된 '세수'의 증대 현상이다.

그런데 이는 아직도 '공전'에서의 증액 현상만을 두고 말한 것이다. '사전'의 경우는 소출 전부를 온전히 경작자가 다 차지하게 되고 그 외에는 '돈 한 푼, 곡식 한 톨'도 더 부담이 없다. '사전'에서도 향리들의 농단·횡침의 근거가 원천적으로 소멸되었으니, 경작 농민 각자의 수익이 증대하는 것은 더 말할 필요가 없다. 그래서 다산은 "국가도 풍족해지고 백성도 풍족해진다"고 말한 것이다.

무릇 정전제라는 것은 근원적으로 1/9법을 철저히 시행하기 위한 제도임을 다산은 거듭 확인한다. "만약 1/9법이 아니라면 정전은 원래 반드시 만들 필요도 없다. 본래 1/9법인 까닭에 정전을 만든 것이다."[94]

---

93 『경세유표』 8-13, 地官修制, 田制 10 井田議 2. 그 계산 방식은 다음과 같다. "시험 삼아 나주(羅州) 한 곳을 논하자면 본 전답이 3만(萬) 결(結)인데, 그 잡하(雜下)를 제외하더라도 평년(平年)에 실제 납세하는 것이 2만 결이다. 결마다 세미(稅米) 24두[田稅·大同米·結錢과 雜費를 통계하면 대략 24斗이다]를 징수하면 그 쌀이 3만 2천 석[1石은 15斗]이니 즉 4만 8천 곡이다(1斛은 10斗). 지금 정조(井耡)하는 법을 쓰면 원전(原田)의 9분의 1을 잡아 공전(公田) 1천 111부(畉) 11묘(畝)를 얻게 된다[原田 2萬 結이 약 40萬 斗落이 되며, 公田 1畉는 대략 40斗落이니 그 수가 이와 같다]. 모두를 중중(中中)의 율로써 그 조속(耡粟)을 징수하면[1두락마다 곡식 40斗를 거두는 것이다] 그 조(租)가 177만 7,776두이다. 이것을 쌀로 만들면 그 쌀이 4만 7407석인데, 즉 7만 1,111곡이 된다. 전일과 비교하면 증가한 것이 2만 3,111곡(斛)이다[石으로 계산하면 증가한 것이 1만 5,407石이다]."

94 『경세유표』 5-32, 地官修制, 田制 3. "若非九一 則井田原不必作 本以九一之故 爲井田."

그런데 그 같은 결과는 곧 삼대(三代)가 지난 이후로는 일찍이 견문해 본 적이 없는 새로운 현실을 만백성이 실제로 목도하게 되는 획기적 현상이다. 그래서 정전제의 시행에 이르러서야 비로소 국가에 대한 만백성의 신뢰를 회복하게 하는 획기적 전기(轉機)가 마련될 것으로 해석된다. 그것은 곧 "임금이 나에게 덕 되게 하는 일도 있다"고 하는 현실에서 유래하는, 유사 이래 처음 보는 새로운 신뢰의 회복 계기이다. 이를 통해 인간관계의 본질 자체에 대한 신뢰가 보편적으로 변할 것으로 해석된다.

이미 서두에서 점검해본 그대로, "경계를 바로잡지 않으면 호구(戶口)와 부역(賦役)이 균평치 못하고 교화(敎化)가 일어날 수 없으며, 간활(奸猾)이 그치지 않고 사송(詞訟)이 날로 번잡해진다"고 한 다산의 소신이 바로 이 같은 결과적 현상의 뒷받침으로 반증된다.

그런데 정전 농민의 영농에는 또한, '공전'을 먼저 경치한 다음이라야 자기 '사전'을 가꿀 수 있다는 규정이 따른다.

> '공전'에다 거름하지 않고는 '사전'에 감히 거름할 수 없고 공전을 갈지 않고서는 감히 사전을 갈 수 없다. 공전을 고무래질하지 않고서는 감히 사전에다 고무래질해서 흙덩이를 깰 수 없다. 공전에다 물 대지 않고는 사전에 감히 물 댈 수 없고, 공전에 파종하지 않고서는 사전에 감히 파종할 수 없다. 공전에다 모내기하지 않고는 사전에 감히 모낼 수 없고, 공전을 김매지 않고는 사전을 감히 김맬 수 없으며, 공전을 수확하지 않고서는 사전을 감히 수확할 수 없다.
>
> 정전법은 부세를 거두어들이는 데 균평하게 할 뿐만 아니라, 또한 백성에게 충순(忠順)함을 가르치는 것이기도 하다. 평소에 농사일을 하면서 모두 국가의 것을 먼저 하고 사리(私利)를 뒤로 할 줄을 알게 된

> 다면, 변란(變亂)이 일어나는 날에 반드시 (국가가) 힘입을 수 있을 것이다. 그 훈계하고 교도하는 것이 어찌 입과 혀로써 능히 미칠 수 있는 것이겠는가.[95]

"평소에 농사일을 하면서 모두 국가의 것을 먼저 하고 사리(私利)를 뒤로" 하는 '선공후사'의 관행은, "임금이 나에게 덕 되게 하는 일도 있다"는 신뢰가 일어난다면 권장하지 않아도 정전 농민 스스로가 솔선할 것으로 이해된다. 또한 그러기 위해서는 농민들의 정지(井地)와 거주지가 군현 단위로 한정되는 것이 더 바람직하다. 정전 영농의 일상화를 통해서 상호 더욱 익숙해지기가 쉽기 때문이다.

더 나아가 정전 농민은 계절마다 국가공동체의 '법과 규약'을 공동으로 강론하는 단체 훈련을 받도록 조직된다.

> (네 계절) 첫 달 초하루에 이윤(里尹)은 그 이(里)의 백성을 모아 효제충신(孝悌忠信)을 가르치는데, 법을 한 차례 읽고 향약(鄕約)을 한 차례 타이르면 듣는 자는 모두 절한다. 허물 있는 자는 벌(罰)주고 행의(行誼)가 있는 자는 상(賞)을 주는데, 그해 마지막에는 가장 착한 사람 1인과 가장 허물 많은 자 1인을 뽑아서 현령(縣令)이 상과 벌을 주도록 한다. … 살피건대 이미 부유해진 다음에는 가르치는 것이 옛 도(道)이다. 정전제가 이미 이룩되었으니, 효제(孝悌)의 뜻을 깨우치도록 하는 것이 왕자(王者)의 정사이다(『경세유표』 8-39, 전제 12 정전의 4).[96]

---

95 『경세유표』 8-8, 地官修制, 田制 10, 井田議 2.

96 『경세유표』 8-39, 地官修制, 田制 12, 井田議 4.

정전 농민은 모두 16정(井)이 1리(里)인 '이윤'의 지휘 아래 계절마다 '효·제·충·신'의 윤리 도덕을 학습하고 국가공동체의 '법과 향약'을 강론하는데, 이윤은 그들의 일상적 실행을 관찰하여 선행·악행을 구별하고 상·벌을 내린다. 그리고 그 과정을 왕권 대행의 국가행정 단위인 현령(縣令)으로 접속시킨다. 그것은 곧 단위 공동체의 총체로서 국가공동체의 윤리 도덕을 각 지역의 촌락마다 일상으로 강론하며 실천하고 독려하는 행사이다.

그리고 정전 농민 각자가 가정을 꾸려가는 일은 개인의 사사로운 일에 속하지만, 거기서도 국가의 공공 도덕 가치를 익히고 실행하도록 다산은 권면한다.

> 왕정(王政)은 백성의 전산(田産)을 제도화하는 일보다 중요한 것이 없으니, 뽕나무 심고 가축 기르는 일을 가르쳐 처자(妻子)를 이끌어 부모를 봉양토록 하는 것이다. 만약 늙은이를 선발하여 일일이 혜양(惠養)하려고 한다면, 힘이 모자랄 뿐 아니라 또한 은혜롭기는 하지만 정치할 줄은 모르는 짓이다. 그래서 분전(分田) 제산(制産)이 본래 백성으로 하여금 그들의 부모를 봉양토록 하는 일임을 알 수 있으니, 효제(孝悌)의 가르침이 그 가운데서 자연히 행하여지는 것이다. 누가 정치와 교화에 두 가지 길이 있다고 하는가.[97]

다산의 정전제론은 결국, 농민의 개별 가호(家戶)에 대해서 항산(恒産)의 터전을 보장하고 생산노동에 진력하도록 독려할 뿐 아니라, 가호

97 『맹자요의』 1-51, 伯夷辟紂.

마다 자기의 부모를 섬기고 자녀를 양육하는 일에도 '효·제'의 덕목을 가르쳐 정성을 다하도록 권면한다. 농민들이 각기의 가정에서 '효·제'의 일을 일상으로 실행함으로써 국가의 공공적(公共的) 도덕 가치가 '자연히 행하여지도록' 뒷받침하는 바탕이 되는 것이 곧 정전제라고 다산은 확인한다.

그리고 왕정의 국가체제를 뒷받침하는 가장 중요한 기본 단위인 '가족과 가정'이야말로 궁극적으로 공공적 도덕을 익히고 실천하는, 보편적 가치 실현의 기본 단위로 건실하게 존속해야 한다는 것이 다산의 소신으로 확인된다. 정전제는 그 같은 가치 실현의 바탕이며 울타리가 되어야 한다는 생각이다.

5. 정전제를 기초로 하는 부공제·9직론

다산의 정전제론은 단지 주곡(主穀) 생산의 농업 부문을 정전제라는 새로운 제도로 전환한다는 농업 진흥책 차원의 고안이 결코 아니다. 다산이 오랜 경학 공부를 통해 깨친 바로는, 삼대의 왕정에서는 정전제의 '공전'에서 거두는 전조(田租)와, 여타 제 산업의 개발과 진흥을 통해서 거두는 부공(賦貢)이 있어, 이 '전조와 부공'의 두 가지가 '쌍립(雙立)'하여 국가의 양대 재정원을 이루고 있었다.

> (『尙書』, 「禹貢」에서) '전(田)'이라 한 것은 전지에서 내는 것이요, '부(賦)'라고 한 것은 다른 재화를 거두는 것이었다. … 「요전(堯典)」에 실려있는 요·순의 법례는 모두가 『주례』와 확실히 서로 합치하는데, 하필 부

> 렴(賦斂)의 법만이 양자가 크게 다를 것인가. 「우공」에서 '부'라고 한 것은 『주례』의 9부(賦)인 것이다. … (그런데도) 고금의 모든 주석가들이 모두 '부'를 전세(田稅)라고 해석하여 한 사람도 감히 이의를 제기하는 자가 없었다.[98]
>
> 「우공」이란 요·순의 법제였다. 요·순의 법제로는 그 '전'이 9등이고 그 '부'도 9등이었다. '전'이란 정지(井地)에서 곡식을 바치는 것이요, '부'란 부가(夫家)에서 재물을 거두는 것이었다. 『주례』, 「대사도」는 9등으로써 천하의 지정(地征)을 마련하고 9등으로써 천하의 재부(財賦)를 거두었는데, '지정'이란 것은 「우공」에서 말한 '전'이요 '재부'란 것은 「우공」에서 말한 '부'이다. '전' 하나와 '부' 하나의 두 가지를 쌍립(雙立)시켜 국가에서 경용(經用)하는 근본으로 삼고 임금이 민중을 어거하는 권한으로 삼았다. 진(秦)나라 이래 전적이 흩어져 없어지고 법제를 밝히지 못하였다. 그 희미하게 전해 들은 것도 정전에 관한 말이요, 9부(賦)·9공(貢)의 법제는 아득히 멀어져 끊어지고 말았다. 명목과 실물이 온통 없어졌는데 하물며 그 규모와 절목을 어디로 좇아 들을 수 있겠는가.[99]

부공(賦貢)은 결국 전농(田農) 이외의 제 산업의 개발과 진흥을 통해

---

98 『상서고훈』 3-4~6, 厥土惟白壤. "總之 田也者 田出也 賦也者 財斂也 … 唐虞之禮 載於堯典者 皆與周禮鑿鑿相合 何必賦斂之法 虞周懸殊 禹貢之厥賦 周禮之九賦也 … 古今諸家 竝以厥賦爲田稅 無有一人或敢異議者."

99 『경세유표』 10-1, 地官修制, 賦貢制 1, 九賦論. "臣伏以禹貢者 堯舜之法也 堯舜之法 厥田九等 厥賦九等 田者井地之出粟者也 賦者夫家之斂財者也 周禮大司徒 以九等制天下之地征 以九等斂天下之財賦 地征者 禹貢之所謂田也 財賦者 禹貢之所謂賦也 一田一賦 兩起雙立 爲有國經用之本 爲人主馭衆之權 自秦以來 典籍散亡 憲章無述 其依俙傳聞者 井田之說 其九賦九貢之法 漠然遂絶 名物都泯 況其規模節目 何從而得聞乎."

국가의 경제 분야를 크게 확장함으로써 만민의 항구적인 일터를 크게 확대하고 거기서 부(賦)와 공(貢)을 수취함으로써 국가 재정원을 확충하는 사업이다.

정전제와 부공제를 시행하면서 다산은 또한 삼대의 제도를 따라 전국의 만백성을 9가지의 전업(專業) 직종으로 분업시키기로 고안한다. 그는 애초 『경세유표』에서는 사(士)·농(農)·상(商)·공(工)·포(圃)·목(牧)·우(虞)·빈(嬪)·주(走)의 9직을 거론하였다.[100] 그런데 그는 다음 해에 『목민심서』를 저술하면서 새로, 전농(田農)[9곡 생산]·원전(園廛)[과일 생산]·포휴(圃畦)[채소 재배]·빈공(嬪功)[포백 직조]·우형(虞衡)[목재 생산]·축목(畜牧)[가축 사육]·공(工)·상(商)·신첩(臣妾)의 9직을 거론하였다.[101]

『경세유표』에 비하면 『목민심서』에서는 9직 가운데의 '사(士)'를 제외시키는 한편 '포(圃)' 1과(科)를 원전(園廛)과 포휴(圃畦)의 2과로 분립시켜 놓았음이 특징이다. 그렇게 분립시킨 데에는 까닭이 있어 보인다. 먼저 조선 후기에는 각 지역마다 도시화 현상이 다소간 일어남에

---

100 『경세유표』 권 8-35, 地官修制, 田制 12, 井田議 4. 여기서 '주(走)'는 '閒民無業者 受雇行走'(위의 글)라 하여 임노동자를 가리킨다.

101 "무릇 권농(勸農)의 정사는 모름지기 6과(科)로 나누어 각기 그 직(職)을 주고 그 실적을 고과하여 성적이 좋은 자를 등용하여 백성의 생업을 권장할 것이다. 이는 오늘날 수령이 당장 시행하기를 요구하는 것은 아니다. 전정(田政)이 크게 바로잡히고 온갖 법도가 모두 옳게 되고 직공(職貢)이 법대로 시행되며 만백성이 각기 업을 가지게 되어, 나의 '전제고'[즉 『경세유표』의 정전제론]에서 논한 것처럼 된 뒤에라야 이를 가히 논의할 수 있다. 다만 이 항목을 덧붙여 '전제고'의 빠진 부분을 보충할 뿐이다"(『목민심서』 7-12, 戶典六條, 勸農). 그런데 『경세유표』와 『목민심서』의 차이를 보면, 전자에 있는 '사(士)'를 빼는 대신 후자에서는 '포(圃)'를 '원전(園廛)·포휴(圃畦)'의 2과로 분업하였다. 과물(果物)과 채소(菜蔬)의 현실적 수요가 커졌으므로 각기 분업(分業)시킬 필요가 있었던 것으로 이해된다. 그리고 전자의 임노동 종사자인 '주(走)'를 후자에서는 '신첩(臣妾)'으로 대체하면서, "臣妾者 奴婢也"라 하였다(『경세유표』 10-11, 地官修制, 賦貢制 1, 九賦論). 9직 가운데 '신첩'을 거론한 것은, 노비 신분이 점차 임노동자로 변천하고 있는 현실에 대한 다산의 인식을 반영한 것으로 이해된다. 그래서 다산의 9직론은 『목민심서』의 경우를 그의 최후의 지론으로 이해할 수 있다.

따라 과일과 채소의 수요가 증대하는 객관적 사정이 있었기 때문에, 그런 분립을 설정한 것으로 이해된다. 그런데 조선 후기에 등장한 큰 사회문제이자 다산 또한 '여전제론'에서 이미 거론한 바 있는 '놀고먹는 사(士)' 계층을 어떤 경로를 통해서든 전업(轉業)시켜야 하는 문제를, 여기서 '원전과 포휴'라는 농업의 분과를 통해 다소나마 해결하고자 한 것으로 보인다. '사(士)' 계층으로서도 곡물 농업의 경우보다는 과일과 채소를 생산하는 '원전과 포휴'라는 '원예적(園藝的)' 농업의 농리(農理)를 강구하는 것이 그 적성에 더 가까운 것으로 이해된다.

그뿐 아니라 다산의 정전제는, '사전' 8구역 내부의 생산관계를 병작제(竝作制) 위주인 구래의 형태를 그대로 둔 상태에서 시행한 것이었다. 그래서 아직도 지주(地主)에게 수확물의 절반을 바치는 병작농(竝作農)들이 광범위하게 존속하고 있었다는 사실을 간과해서는 안 된다. 다산은 그 병작농들을 여기서 새로 분립되는 '원전과 포휴'라는 농업 분야로 전과(轉科)시킴으로써 오랜 병작 문제의 해결책을 시도하고자 한 것으로 보인다. 즉 새로 정립하는 영농의 다변화·다각화 정책을 통해 병작반수라는 숙폐(宿弊)의 해결책을 모색하였던 것으로 해석된다.

다산은 만백성이 각기의 전업적 직사에 종사하면서 모두가 자신의 직공(職貢)을 바치게 하는 것이 '선왕의 법'이었다는 사실을 강조한다.

> 살피건대 나쁜 법과 포학한 정사는 모두 경서(經書)의 뜻을 밝히지 못한 데에서 연유하였다. 그러므로 나라를 다스리는 요체는 경서의 뜻을 밝히는 일보다 먼저 할 것이 없다. … 한 지아비와 지어미로서 스스로 한 가정을 이룬 자는 부포(夫布)를 내고, 터를 잡아 집을 지으매 당연히 택

> 세(宅稅)를 바칠 자는 이포(里布)를 내며, 9직을 나누어 받아 각자 생업에 종사하는 자는 직공(職貢)을 바친다. 직공으로는 농자(農者)의 경우 곡식을 바치고 공자(工者)는 기물(器物)을 바치며 상자(商者)는 재화를, 우자(虞者)는 재목을, 빈자(嬪者)는 실[絲]을 바치고, 무직자는 다만 '부포'만 바치고 직공은 면제한다. 이것이 선왕의 법이었다.[102]

정전제의 바탕 위에 부공(賦貢) 제도를 운용하고 만민을 다시 9직의 전업적 분업으로 편성 배치하는 국가정책은 삼대 이후 경전(經傳)의 뜻을 알지 못하여 아예 망각되어 온 것인데, 그와 같은 역사적 실체를 다산은 오랜 경학 공부를 통해서 독자적으로 깨쳐낼 수 있었다. 그래서 그는 드디어 이전의 어떠한 경세론과도 차원을 달리하는 자신의 독자적인 변법적 경세론을 펼쳐낼 수 있었다.

더구나 우리나라는 유사 이래 곡농(穀農) 위주의 농업경제에 매달려 오다 보니 특히 분업(分業)이 발달할 수가 없고, 따라서 생산기술의 발전이 너무나 미미하다는 사실을 다산은 크게 각성한다. 서두에서 살핀 대로, "우리나라에는 사·농·공·상이 뒤섞여서 구분이 없고," "한 사람의 몸으로도 네 가지 업을 겸행"하므로, "한 가지 기예도 성취하지 못하고 온갖 일에 법도가 없게 된다"는 것이다.

다산에 따르면, 전업적(專業的) 분업을 통해서 갖가지 생산기술이 제

---

102 『경세유표』 10-16, 地官修制, 賦貢制 2. "臣謹按 弊法虐政之作 皆由於經旨不明 臣故曰 治國之要 莫先於明經也 … 其一夫一婦自成一家者出夫布 其受廛築室 應納宅稅者出里布 其分受九職 各爲生業者 出職貢 職貢者 農者納粟 工者納器 商者納貨 虞者納材 嬪者納絲 無職之民 但納夫布 免其職貢 此先王之法也." 여기서 '농자납속(農者納粟)'의 '속(粟)'은 '옥속(屋粟)'이라는 극히 미세한 부담을 뜻한다. 농민의 주된 부담은 공전(公田)의 조경(助耕) 노동이다.

대로 발달할 수 있고 모든 일이 독자적인 명목과 실제를 갖출 수 있게 된다. 부공제와 9직 분업론은 그와 같은 구래의 인습적 생산관계를 획기적으로 발전시킬 수 있는 통치행정의 개혁론에 해당한다.

다산은 정전제를 기초로 하고서야 '전조(田租)와 부렴(賦斂)'의 두 가지를 바로잡을 수 있다는 사실을 역설한다.

> 요(堯)·우(禹)가 전지를 구획해서 정전을 만든 까닭은 백성의 전산(田産)을 균평하게 해주기 위함이 아니라 나라의 조세(租稅)와 부렴(賦斂)을 바로잡기 위함이었다. 억조창생은 빽빽하고 무수하므로, 비록 자모(慈母)일지라도 하나하나 젖 먹이듯 할 수는 없다. 오직 백성에게서 수취(收取)하는 것에 일정한 제도가 있으면 백성은 바로 편하게 여길 것이다. 그러므로 성인(聖人)은 '조세와 부렴'을 바로잡는 데 힘썼지 전산을 균평히 해주는 데 힘쓰지 않았다. 다만 9직으로써 만민에게 권하여 각자 서로 도와 이바지하면서 먹고살도록 했을 따름이다.[103]

무릇 '조세와 부렴'을 수취하기 위해서는 그 수취의 '제도'를 바로잡아야만 과외(科外)의 횡침을 없앨 수 있다. 국가의 수취가 '일정한 제도'를 따라 시행되어야만 이에 직접생산자가 자기 나름의 계획을 세워 자기 일을 추진할 수 있고, 그에 따라 생산 의욕이 높아질 수도 있다.

그런데 국가적 수취가 명명백백한 '일정한 제도'를 따라 객관적으

103 『경세유표』 6-20, 地官修制, 田制 5. "堯禹之所以劃田爲井者 非爲均民之産業 乃爲正國之租·賦 億兆林蔥 雖慈母猶不能一一乳哺之 唯其取於民有制 則民斯便矣 故聖人務正租·賦 不務均産 惟以九職勸萬民 使各胥資 以得食而已."

로 집행된다는 사실은 무엇보다도 정전제도의 시행에서 명백하게 드러난다. 만백성은 그 '일정한 제도'의 운용을 일상으로 목도하게 된다. 정전제는 곧 '부공'의 수취 또한 '일정한 제도'를 따라 집행되도록 하는 객관적 규범이며 본보기로 작용하기 마련이다. 그리고 '조세와 부렴'의 수취제도가 바로잡힌 후에야 9직에 종사하는 만백성의 생산 활동이 더 '자주성'을 띠고 발전하면서 조화로운 협업 관계로도 연계될 수 있다.

다산의 부공제론은 아직도 그 절목까지를 구체적으로 다 정비해놓지는 못하였다. 그러나 그는 중국과 우리나라의 역대 제도를 개관하면서 부공제의 원칙만은 확고히 정립한다.

> 부(賦)라는 것은 요·순과 삼왕(三王)의 법이었지, 후세에 백성의 재물을 취렴하는 신하가 창설한 것이 아니었다. 우리나라에는 본래부터 '부'법이 없고 이른바 전세(田稅)라는 것도 또한 맥(貊)의 법에 가까워, 국용과 관용(官用)이 자연 부족하였다. 그래서 명목 없는 부세가 날마다 불어나고 모두 전결(田結)에다 징수하니, 옛날에는 맥의 법이었던 것이 지금에는 걸(桀)의 법으로 되어버렸다. … 선왕은 10분의 1을 징수했는데 지금은 10분의 7~8을 내야 하니, 백성이 무엇으로 살겠는가. 높고 큰 선박들이 해마다 수천 꿰미씩 이익을 남기고, 염전과 어장에서도 해마다 수백 꿰미씩 이익을 얻는데, 여기서 '부'를 징수하는 것을 어찌 학정(虐政)이라 이르겠는가. … 지금 모름지기 위로 「우공」과 『주례』의 본법(本法)을 상고하고, 아래로 한·당·송·명의 남긴 제도를 고찰해서, 9부(賦)를 제정하여 백성의 부담을 고르게 하는 것은 그만둘 수가 없다. 그래서 균역청을 별도 아문으로 세우고 명

> 칭을 평부사(平賦司)라 한다.[104]
>
> 평야는 오곡이 나는 곳이고 산림천택은 재용(財用)이 나오는 곳이므로 성왕이 중하게 여겼다. 요(堯)가 순(舜)을 시험하려고 대록(大麓)에 들여보냈으며, 익(益)을 우인(虞人)으로 삼아 위로는 산과 아래로는 못을 잘 다스려 큰 산·큰 숲·큰 냇물·큰 못 등을 도경(圖經)으로 만들었으므로 그 물산을 두루 알았고, 중등의 산과 작은 냇물을 3등으로 나누고 관리 수천 명을 배치하여 그 금령을 엄하게 하고 그 이(利)를 일으키며 그 공(貢)을 받아들이고 그 부(富)를 거두게 하였다. 그러므로 평전(平田) 평지의 부세는 아주 적게 받거나 때로는 받지 않아도 천하의 재물은 항상 풍족하고 국가의 경비는 모자람이 없었다. 후세의 임금들은 천지의 도(道)에 밝지 못하여 하늘이 주는 재물을 받거나 땅에서 나오는 이(利)를 일으킬 줄을 알지 못한다. 초목을 기르지도 않고 조수(鳥獸)를 길들이지도 않으며 금·은·동·철·옥석 따위 재보를 채굴하지도 않는다. … 백성이 어찌 곤궁하지 않겠으며 재물이 어찌 궁핍하지 않겠는가.[105]

'부공'의 항목 가운데에는 가령 부포(夫布)·이포(里布)·옥속(屋粟)의 경

---

104 『경세유표』 2-14, 地官戶曹, 平賦司. "賦者 堯舜三王之法 非後世聚斂之臣所自創也 我國本無賦法 所謂田稅 亦近貊法 國用官用 自然不足 於是無名之賦 日增月衍 皆以田結徵之 古之貊法 今桀法也 … 先王什一 今什七八 民何以聊生乎 峨舸則舶 歲得羨數千緡 鹽盆魚簇 歲得羨數百緡 徵賦於此 何謂虐乎 … 今宜上考禹貢·周禮之本法 下稽漢·唐·宋·明之遺制 定爲九賦 以平民役 斷不可已也 臣故曰均役廳 宜別立衙門 名之曰平賦司."

105 『경세유표』 10-41, 地官修制, 賦貢制 4, 山澤之賦. "臣謹案 野者 五穀之所生 山林川澤者 財用之所出 故聖王重焉 堯將試舜 納于大麓 益作朕虞 以若上下 其大山大林大川大澤 作爲圖經 周知物產 中山小川 分爲三等 乃置官數千餘人 以嚴其禁 以興其利 以納其貢 以收其賦 玆所以平田平地之稅 微薄時舍 而天下之財用恒足 國家之經費不匱也 後世人主 不明乎天地之道 不知承天財而出地利 草木則不養 鳥獸則不馴 金銀銅鐵玉石之寶則不採 … 民安得不困 財安得不詘哉."

우처럼 만백성에 해당되면서도 명목만 갖추는 경미한 것도 있지만,[106] 산림·천택·염전·어장이라든가 광산의 경우처럼 전국적 거대 자원들을 개발함으로써 막대한 수익을 올리고 따라서 국가의 중요한 재정원을 이루는 사업도 있다.

그리고 9직의 직사 종사자들로부터 거두는 직공(職貢)은 역대의 제도가 각기 다르지만 "선왕의 법제인 주(周)나라 제도로는 오직 늙은이·어린애·자식 없는 자·병든 자·왕실의 종친·귀한 자·현명한 자·능한 자만이 직공에서 제외될 뿐이요, 무릇 그 이외에는 모두 9직을 배분받아 이에 직공을 바쳤다." "9직 가운데는 신첩(臣妾)이 들어있는데, 신첩이란 것은 귀가(貴家)의 노비이다. 비록 그가 직공으로 바치는 것이 소재(疏材)에 불과하지만, 일찍이 직공이 없지는 않았다"는 사실을 확인한다.[107]

구래의 국가는 수천 년 동안 만백성이 먹고살 주곡(主穀) 작물 위주의 농업 생산에 매달리고 따라서 곡물에 대한 수취 행정을 중심으로 하는 경제정책으로 일관해왔다. 그래서 구체적으로 곡물 농업 위주의 농민들에게는 억압과 수탈이라는 인습적 행태를 자행해온 반면, 여타 산업 분야나 자원을 개발하고 진흥하는 과제는 거의 도외시되고 말았다는 역사적 사실을 다산은 직시한다.

(삼대에는) 무릇 천하의 모든 큰 산과 큰 숲·큰 못과 큰 하천은 모두 왕

106 주 102) 참조.

107 『경세유표』 13-6, 地官修制, 戶籍法. "歷代之法 旣各不同 則當折之以先王之法 周制 惟老者幼者窮者疾者親者貴者賢者能者 免征而已 凡在此外者 皆授九職 旣授九職 斯有職貢 幷其一家 蔭庇容護 非攸聞也 九職之中 臣妾居一 臣妾者 貴家之奴婢也 雖其所貢 不過乎疏材 未嘗無貢 … 臣謂周制不可改也." 여기서 '소재(疏材)'란 것은 섶·꼴·야채 등속의 미미한 종목이다(같은 책 10-42, 地官修制, 賦貢制 4, 山澤之賦).

> 공(王公)이 주인이 되어, 거기서 생산되는 물산과 재화를 거두었던 까닭에 국가가 풍족하였다. 백성은 모두 전지 100묘씩을 배분받아, 가을에 곡식이 익어도 세가 없고 오직 공전을 가꿈으로써 1/10세에 충당했던 까닭에 백성도 풍족하였다. 지금인즉 산림천택을 버려두고 세를 걷지 않으면서 오직 힘써 농사짓는 백성만을 벗기고 족친다[是剝是椎]. 그래서 공사(公私) 간에 쓰임이 모자라고 상하(上下)가 모두 곤란을 겪는데, 오직 탐관오리와 토호(土豪)·간민(奸民)이 중간에 걸터앉아 그 이(利)를 독차지한다.[108]

다산은 그 같은 인습을 단연코 개혁하고자 한다. 가령 목양(牧羊)의 사례를 적시하면 다음과 같다.

> 중국 사람이 "조선에는 양(羊)이 없다"고 하는데, 양이 없는 것이 아니라 양을 사육하지 않는 것이다. … 오직 외방 고을에서 각기 창고 뜰에다 10여 마리씩 기르는데, 창노(倉奴)로 하여금 스스로 사육하도록 할 뿐이다. 그의 부지런하고 게으름이라든가 양의 수가 줄어들고 늘어남은 수령이나 감사가 살피거나 묻지 않는다. 양 한 마리가 늘어나면 창노에게는 1년 동안 해롭고, 두 마리가 불어나면 2년 동안 해가 된다. 양이 번식할 이치가 있겠는가. 이제 마땅히 목축을 맡은 관서를 다시 설치하고 목인(牧人) 수십 명을 증원한 다음, 근교로 나누어

108 『경세유표』 2-27, 冬官工曹, 澤虞寺. "凡天下之大山大林大澤大川 皆王公爲之主 以收其貨賄 故公室豊足 百姓皆受田百畝 秋熟而無稅 唯治公田 以當什一 故百姓豊足 今也山林川澤 棄之不收 唯力田之民 是剝是椎 於是公私兩匱 上下俱困 唯貪官汚吏 土豪奸民 居其中間 專享其利."

> 보내 양 치는 일에 전념하도록 할 것이다. … 연말에는 그 실적을 글로 써서 아뢰도록 하고, 본서(本署)에서 그 부지런하고 게으름을 고찰한 다음 호조에 보고한다. 그래서 공이 있는 자에게는 서반(西班) 말직에 참여할 수 있도록 한다면, 10년이 지나지 않아 조선에도 양이 많아질 것이다.[109]

즉 지금까지의 국가나 그 관원들은 무릇 산업의 개발과 진흥에 대해서는 무지와 무관심으로 일관하였다. 유사 이래의 오랜 인습에 빠져있기 때문이다. 그 같은 인습을 극복하기 위해서는, 모든 산업 분야를 반드시 국가 행정력을 통해서 의도적으로 개발하고 작동시키지 않으면 안 되는 일이었다. 그래서 다산은 수령(守令)으로 하여금 반드시 각 분야의 전문 기술자를 모집하여 적극적으로 권장하고 추진하도록 주선한다. 더 나아가 분야별 실행의 공적을 고찰하여 포상하고, 더욱 우수한 자에게는 관직을 수여한다는 유인(誘因)을 설정함으로써 각 분야의 생산력을 극대화한다는 고안을 둔다. 가령 농업을 6과로 분업시켜 권장한다는 사례 역시 마찬가지다.[110]

> 원전(園廛)에 9가지 항목이 있으니 대추·밤·배·감·매실·살구·복숭아·오얏·호도로 9과(果)를 삼아 그 성적을 고과하되, 나머지 여러 과일은 각각 토산에 따라 혹 출입이 있을 수 있다. 능금·사과·앵두·석류·귤·치자·모과 등은 그 토의(土宜)에 따를 것이다.

109 『경세유표』 2-11, 地官戶曹, 司畜署.

110 농업을 6과로 분업시킨다는 이 항목 역시 『경세유표』에서 미처 다하지 못한 말을 『목민심서』에서 상술한다는 내용인 것임을 주의할 필요가 있다.

> 포휴(圃畦)에 9가지 항목이 있으니 파·부추·마늘·생강·오이·박·배추·겨자·무로 9가지 채소를 삼아 그 이룩한 실적을 고과하되, 그 나머지 여러 채소는 비슷한 종류에 포함시키기도 하고 혹은 토의(土宜)에 따라 출입이 있을 수 있다.
> … 무릇 채소나 과일 등속은 반드시 교통이 편리한 큰 고을이나 도시의 성곽을 끼고 있는 땅이라야 심고 재배하기에 마땅하다. 거름을 쉽게 얻을 수 있으며 판매가 용이하기 때문이다. 외진 마을 궁벽한 곳에다 이런 것들을 심어서 어찌하겠는가. 도회지 사람들은 좋은 채소와 진귀한 과일을 먹을 수 있지만, 시골 사람들은 그럴 수가 없는 것이다. 수령이 원포(園圃)를 권장하려면 반드시 원사(園師)·포사(圃師)를 모집하여 그들로 하여금 읍내에 살도록 주선한다. 성곽을 끼고 있는 땅을 주어 채소를 재배토록 하고, 또 공지(空地)를 구하여 9과(果)를 심도록 한다.[111]

이는 물론 농업 6과(科)의 몇 항목을 선별해본 사례에 불과한 것이지만 그 가운데에는 이미 정전제 농업에 종사하는 다수의 빈약한 병작농(竝作農)들을 '원전(園廛)과 포휴(圃畦)' 등 새로 정립하는 분과로 배치함으로써 유사 이래의 오랜 과업인 병작제(竝作制)의 근본적 해소를 시도할 수 있는 경우도 있다. 더구나 그 같은 새로운 배치는 당해 군현 수령의 관할에 속하는 사안이라는 사실도 참작할 필요가 있다.

다산은 농업뿐 아니라 무릇 전국적으로 개발과 진흥이 가능한 산업분야라면 모두를 중요한 국책 과제로 설정하여 각 지역 현지의 수령이

111 『목민심서』 7-13, 戶典六條, 勸農.

구체적으로 추진하도록 설정한다. 그에 따라 중앙 정부의 행정기구도 다수가 신설 혹은 개편된다.[112] 그만큼 개발해야 할 분야가 다원적·다각적이었던 것이다.

그런데 다산의 정전제론에서는 "농사짓는 자만이 전지를 얻고 농사짓지 않는 자는 전지를 얻지 못한다"라고 하였다.

> 지금 정전을 논의하는 자는 반드시 먼저 온 나라의 전결(田結)을 다 계산하고 또 온 나라의 인구수를 계산하여 비율을 세워 균분(均分)한다 하면서, "전결이 부족하다," "인구가 항상 넘친다"고 한다. 이에 말을 만들되, "상고(上古) 때에는 땅은 넓은데 사람은 적으니 정전을 할 수 있었지만, 후세에는 인구가 날로 번성해졌으므로 정전은 다시 회복할 수가 없다"고 한다. 아아, 그 또한 생각이 모자랄 뿐이다. 농부를 대장(臺帳)에 올리고 전지를 배분함은 졸오(卒伍)를 대장에 올리고 군(軍)에 배속함과 같다. 정전의 대장에서 제외된 자는 각자 자기 직(職)을 가지고 농부와 더불어 자기 생산물을 바꿈으로써 식량을 넉넉히 얻으니, 이것이 '민산을 제도화한다[制民産]'는 것이다. 어찌 일찍이 천하 백성으로 하여금 모두 다 100묘씩 되는 전지를 얻어 각자 스스로 먹을 것을 도모하도록 했겠는가.[113]
>
> 하물며 백성이란 서로 도와가면서 사는 자들이다. 밥이 비록 귀한 것이지만 천하 백성을 모두 농사로 귀착시키면 또한 곤핍해져서 죽게 될 뿐이다. 공장(工匠)이 쇠·나무·질그릇·기와·벽돌을 다듬어서 기구를

112 金泰永, 2011, 「『경세유표』에 드러난 茶山 경세론의 역사적 성격」, 『퇴계학보』 제129집, 퇴계학연구원 참조.

113 『경세유표』 5-4~5, 地官修制, 田制 1, 井田論 3.

> 만들지 않으면 백성은 죽게 되고, 상인이 재화를 유통시켜 유·무를 서로 옮겨 부족한 것을 보충하지 않으면 백성은 죽게 된다. 우인(虞人)이 산택(山澤)의 재목을 흥작하지 않으며, 목자(牧者)가 조수(鳥獸)를 번식시키지 않으며, 빈자(嬪者)가 명주실·삼·칡·모시실을 다듬어 의복을 돕지 않으면 백성은 죽게 된다. 이들 일을 하는 자는 모두 농사를 지을 수 없으며, 농사지을 수 없는 자에게는 전지도 줄 수 없는 것이다.[114]

익히 알 수 있듯이 전국의 만백성은 자기 직사에 전업적으로 진력하면서도 모두가 타 직사 종사자들과 분업적 협업 관계로 연계되지 않을 수 없다. 그것도 선택적·우연적인 것이 아니라 필수적·구조적 연계를 맺고 상부상조하지 않을 수 없다.

그 같은 연계는 모두가 정전제를 기초로 하는 국가의 경제·산업 정책에 따라 구조적으로 편성되고 전개되는 현상이다. 여기서 9직 상호간의 생산관계뿐 아니라 제도개혁을 위주로 하는 경세치용학(經世致用學)과 기술 개발을 위주로 하는 이용후생학(利用厚生學)이 모두 구조적 연관 아래 상호 보완적으로 결합하여 구현되지 않을 수 없다.

가령 정전법을 시행하기 위해서는 지세(地勢)에 따라 모양과 크기가 천차만별인 개별 땅뙈기들의 실적을 계산하여 정지(井地)로 묶어야 하는데, 당장 그 계산 과정에서부터 수리(數理)의 응용은 필수 불가결한 과제이다. 또 가령 바닷가나 강가의 저습지를 개간하기 위해서는 바위 같은

114 『경세유표』 5-4, 地官修制, 田制 1, 井田論 3. "況民者 胥資以生者也 飯雖貴 悉天下之民而歸於田 亦困而死而已矣 工不攻金攻木攻陶瓦塼埴 以出其器用 則有死已矣 商不通貨財遷有無 以濟其匱乏 則有死已矣 虞不作山澤之材 牧不蕃食鳥獸 嬪不治絲麻葛枲 以資其衣服 則有死已矣 若是者 皆不可以爲農 不可以爲農 則不可以授田."

큰 돌덩이를 옮겨다 기초를 놓아야 하는데, 거기에는 기중기의 동원이 필수적인 것은 앞에서 살펴본 그대로다. 가령 환곡제도를 운용하기 위해서는 곡식을 보관할 제대로 된 창고를 지어야 하는데, 그러기 위해서는 벽돌 굽는 기술을 배워 와서 널리 보급하지 않으면 안 된다.[115]

바로 여기서 『경세유표』를 중심으로 하는 다산의 경세론은 여타 실학자들의 경우와 질적인 차이가 드러난다. 가령 반계나 성호와 같은 변법론적 경세치용의 실학자라 할지라도 아직도 균전론(均田論)·한전론(限田論)을 추구하는 수준에 머무르고 있었다. 그들의 균전·한전론은 아직도 주곡(主穀) 생산 위주의 농업경제관의 소산으로서, 결국 현재 전국 인민의 수와 전지의 수를 헤아리고 양자를 어떠한 수치 관계로 재조정하는가의 과제를 핵심 내용으로 하는 것이었다.

그런데 다산은 그 같은 균전·한전론의 한계를 극복하고 만민 균직론(均職論)을 주창하기에 이르렀다. 즉 다산은 무엇보다도 정전제의 기초 위에 전 국가의 경제·산업 제 분야를 새로이 개발·진흥하고, 양자에 만백성을 9직으로 나누어 각자의 직사를 분업적으로 전치(專治)하도록 편성 배치한다. 분업적 전치에 따라 모든 분야의 생산력은 격단으로 발전하기 마련이다. 이제 전국의 모든 백성이 반드시 전지를 얻어 식량을 생산할 필요는 없다. 모두가 각자의 직사에 전업적으로 진력하면서도 "서로 도와가면서 이바지해 먹고 사는" 관계로 반드시 연계되기 마련이다.

---

115 다산 시기의 환곡(還穀)제도는 소위 3정(政)의 하나로서, 국가 수취 행정의 극단한 난맥상을 드러내는 대표적 행태로 운용되고 있었다. 그런데 환곡은 오래 묵힐 수가 없으므로 해마다 소위 반류(半留)·반분(半分)으로 운영함이 최선인데, 그러기 위해서는 장기간 곡식을 저장할 창고를 지어야 하고, 그런 창고는 반드시 벽돌을 겹겹이 깔고 둘러 지어야 하며, 벽돌 굽는 법은 중국으로부터 심(心)·역(力)을 다해 배워 와야 한다는 것이 다산의 해법이다(『경세유표』 12-38, 地官修制, 倉廩之儲 3).

그리고 국가 통치행정의 주된 관심 또한 오랜 염원인 균전·한전론의 실현을 추진하거나 농사짓는 백성만을 '벗기고 족치는' 인습적 차원을 지양할 수가 있다. 이제 국가는 전국 만백성 각자의 편익과 요망에 따라 상호 분업적 협업 관계로 조화로이 연계되도록 주선하고 조정하는 일을 주요 과업으로 삼게 된다. 또한 새로운 왕정 구현의 과업을 국가 통치행정의 중심 과제로 삼아 추진할 수 있을 것이다.

6. 다산 정전제론의 역사적 의미

1) 중층적·할거적 중간 농단의 극복

중세 후기에 처한 다산의 시대에는 오랜 전란과 당쟁(黨爭)을 거치면서, 중앙의 벌열(閥閱)로부터 각 지역의 향리에 이르기까지 지배층의 중층적·할거적 농단이 국가 구성의 모든 분야와 층절(層節)마다 자행되고 있었다. 각 도의 감사(監司)야말로 '큰 도적'이므로 이 "큰 도적을 제거하지 않으면 백성이 다 죽게 된다"고 다산은 단언한다.[116] "하읍(下邑)의 소리(小吏)로서 재상(宰相)과 체결하지 않은 자가 없다"[117]고도 관찰한다. 그 같은 '체결'을 통해 중간 농단은 더욱 공고해지고 항구화하기 마련이다. "지금 호남 일로(一路)에는 우려할 만한 것이 두 가지 있다. 그 하나는 민란(民亂)이요, 다른 하나는 이서(吏胥)의 탐학(貪虐)"[118]이라고 그는 크게 우

---

116 『여유당전서』 제1집 12-11~12, 「監司論」.

117 『여유당전서』 제1집 19-15, 「與金公厚」.

118 『여유당전서』 제1집 19-15, 「與金公厚」. 다산이 이 편지를 쓴 것은 기사년(순조 9; 1809)인데, 그로부터 50여 년 만에 소위 3정의 문란으로 임술민란(壬戌民亂, 1862)이 터졌다는 사실도 참조할 만하다.

려한다. 그같이 중·외의 유세층이 결탁하여 분야마다 층절마다 자행하는 온갖 농단의 행태는 일일이 좇아다니면서 점검할 수조차 없다.

오늘날 국가에 가장 긴급한 것은 전정(田政)이다. 내가 오랜 시일 전야(田野)에 살면서 '전정'의 문란함을 직접 보고 참으로 눈물 흘리고 싶을 때가 많았다. 강진(康津) 고을은 누락된 전결(田結)이 가장 적다고 일컫는 곳이다. 그런데 전안(田案)에 등록된 전지가 6,000여 결(結)이고, 누결(漏結)이 거의 2,000결이나 된다. 이는 공가(公家)에서 4분의 3을 취하고 현리(縣吏)가 4분의 1을 갖는 것이다. 비록 옛 노(魯)나라 계씨(季氏)가 공실(公室)을 4등분했다 하지만 어찌 이보다 더할 수야 있었겠는가. 해남(海南)은 강진과 비교하면 지역은 더욱 작은데 '누결'은 오히려 더 많다. 나주(羅州)인즉 전안에 기재된 결수보다 누결이 더 많다. 천하에 이런 일이 있을 수 있겠는가. 그러나 별도로 얼마의 전결을 지적해서 누결이라 한다면 그 해(害)됨이 그리 심하지는 않다. 지금은 그렇지 않다. 한 고을 전지를 통계한 다음 호부(豪富)한 민호(民戶)로서 세(稅)를 바치기에 염려 없는 자의 전지를 택해서 누결로 만들고 사사로이 돈과 쌀을 징수하는데 이를 방결(防結)이라 한다. 현리와 저리(邸吏)가 여기에 틈을 타서 이(利)를 노린다. 그리하여 전지 중에 하천(河川)이 되어버린 것, 유사(流沙)가 덮인 것, 예전부터 묵었거나 근래에 묵혀진 것 따위와 떠돌이·비렁뱅이·환·과·고·독·가난하고 병든 자 등 껍질을 벗기고 골수를 긁어내더라도 어쩔 수 없는 자들의 전지를 골라서 원안(元案)에 기재된 결수(結數)에 충당한다. 그리고 현리와 저리들은 늦은 겨울이나 이른 봄에 (소위 누결의) 징수를 마치고는 큰 배에다 실어서 혹 영남지방으로 보내거나 혹은 경강(京江)으로 보내어 그것을 팔아먹는다. 그런데 관(官)에서 거두어들이는 세는 10석(石)도 되지 않는다. 이에 사나운 아전과 교활한 포교를 검독(檢督)이란 이름으로 민간에 풀어놓아 세를 징수하는데, 받아낼 수 없는 자의 몫은 그의 이웃이나 마을에서 징수하고 친족이나 인아(姻婭)에게서도 징수한다. 방을 수색하며 목을 달아매고 결박한다. 솥과 가마를 들어내고 송아지와 돼지를 빼앗으니 온 동네가 시끄럽다. 우는 소리가 하늘에 진동하여 화기(和氣)를 해치고 인가는 쓸쓸해져 비참하다. 이들이 지나가면 열에 아홉 집은 텅 비게 되고, 추녀가 무너지며 벽이 부서지고 창문이 기울어진다. 그런데 검독이 빼앗아낸 것은 또 한 톨도 관(官)으로는 들어가지 않는다. … 그렇게 되면 일을 맡은 신하는 조정에다 아뢰기를, "백성의 버릇들이 간사하여 관망(觀望)하기만 일삼는다"라고 한다. 그러면 조정에서 공문을 띄워 크게 꾸짖으니 백성 단속이 더욱 엄중해지는데, 실상 백성들은 세를 바치고 나서 죽고 없어진 지가 벌써 한 달이 넘은 것이다. 어찌 원통하지 않은가.[119]

다산이 관찰하기로는 '조종의 법' 자체가 이미 국리민복(國利民福)과는 전혀 별개로 지배층의 사익(私益)을 위해 운용되는 것인데, 더구나 그 '조종의 법'과 전혀 관계없이 다시 생겨난 중간 농단 행태가 각 도(道), 각 군현, 각 촌리(村里)마다 횡행하기에 이르렀다.

지금 우리나라는 조종(祖宗)이 마련한 법전 이외에 감사(監司)가 법을 증액하고 현령(縣令)이 증액하고 이서(吏胥)가 증액하고 하례(下隷)가 증액하고 이정(里正)이 증액하여 명령이 여러 갈래로 나오니, 박을 쪼개

119 『경세유표』 1-15~16, 地官戶曹 2, 經田司.

> 듯 제 뜻대로 하여 어지럽게 기강이 없고 법도가 날로 무너진다. 한 번이라도 개혁하려는 논의가 아래에서 일어나면 문득, "조종이 마련한 법은 가볍게 고칠 수 없다"고 한다. … 그러나 국가에서 옛 법에 따라 이럭저럭 하는 것은, 실상 고려 말기의 폐정(弊政)과 연산군 때의 여독(餘毒)과 임진왜란 직후에 임시로 조처했던 제도에 관계된 것이 많고, 나머지는 모두 수령과 이서와 하례가 제멋대로 마련한 것들이다. 어찌해서 조종의 옛 법이라 이르는가. 사람들이 흔히, "고을마다 같지 않다"고 하는데, 대저 고을마다 같지 않다는 것은 놀랄 만한 말이다. 한 임금이 위에 있는데 어찌 감히 고을마다 같지 않다고 하는 것인가. … 한 나라는 한 군(軍)과 같아서, 대장(大將)은 5영(營)을, 영은 부(部)를, 부는 사(司)를, 사는 초(哨)를, 초는 기(旗)를, 기는 대(隊)를, 대는 오(伍)를 통솔하는 것이다. 한 군(軍)이 있는데 초관(哨官)이 제멋대로 한 제도를 마련해서 그 '초'에 시행하고, 기총(旗摠)이 제멋대로 한 영(令)을 내어서 그 '기'에 시행하되, 혹 너그러이 "초마다 같지 않다" 하고, 혹 예사로 여기면서 "기마다 법이 다르다" 한다면, 군사를 패몰시키고 나라를 엎어버리지 않을 자가 있겠는가. '고을마다 각기 같지 않다'는 것은 난망(亂亡)하는 술책이다.[120]

다산에 따르면, 현재 행세하는 '조종의 법제'와는 별도로 지배체제의 각 층절에서 생겨난 수탈의 행태들 또한 모두가 현 실태 지배층의 사익(私益)에 복무하도록 구조화한 폐단스러운 인습이다. 그 같은 인습의 대중없는 수탈 속에서 어떠한 민생인들 견뎌낼 수 있겠는가. 또한

120 『경세유표』 7-11~12, 地官修制, 田制 7.

민생이 견뎌낼 수 없다면, 나라인들 존속할 수 있을 터인가.

그런데 그 같이 지리멸렬한 현 실태를 극복할 수 있는 힘은 어디서 나올 수 있을 것인가. 소위 지배층이란 것들이 모두 사익에 복무하는 형세에서는 마치 군사 조직의 경우처럼 강력한 통치권을 제일적(齊一的)으로 행사하는 왕권(王權)의 존재가 필수적이다. 다산은 이미 오랜 경학(經學) 공부를 통해, 정전제야말로 그 같은 '제일적 주권'을 회복할 수 있는 바탕이 된다는 확신에 서게 되었다.

> 후세에는 사람들이 그 전지를 사유(私有)로 하고 왕은 촌토(寸土)도 없으니 왕이 백성에게 부(富)를 나누어 줄 수가 없고, 사가(私家)에서 제 교(敎)를 세우고 왕은 도(道)를 펴지 않으니 왕이 백성에게 덕(德)을 베풀 수가 없게 되었다. 공자가 치도(治道)를 논하면서 부(富)와 교(敎)를 말하였는데, 이 두 가지 권병(權柄)이 모두 이미 아랫사람에게 옮겼으니 나머지 일도 그렇지 않은 것이 없다. (왕이) 장차 어떻게 표준[極]을 세워 다스림을 베풀 것인가. 전지(田地)를 경계(經界)하는 일이야말로 먼저 힘써야 할 것이다.[121]

전국의 전지가 모두 사유로 되어있으므로, 왕권이 표준을 세우고 왕정(王政)을 실현할 바탕 자체가 없어지고 말았다. 그같이 지리멸렬한 현 실태를 극복하여 왕정을 구현하기 위해서는 '전지를 경계하는 일', 즉 '정전제'를 실현하는 일이야말로 최우선의 과제임을 그는 경학 공부를 통해 확고히 깨칠 수 있었다.

---

121 『상서고훈』 4-36, 洪範, 五皇極.

그래서 전국의 모든 '전지'와 '호구'를 유루 없이 파악하고 객관적으로 명명백백한 1/9법을 세워 만백성에게 직접 현시하면서 운용할 수 있는 정전제도야말로 왕정(王政)을 실현할 수 있는 필수 불가결한 '대본(大本)'이며 '표준'이 된다.

다산이 확인하기로는, 정전제를 시행하면 "국가와 백성이 함께 유족하게 되는데, 오직 중간에서 속이고 숨기던 자들의 소굴[窩藪]이 온통 깨뜨려져 도망치고 숨을 데가 없이 된다"[4-5)]. 그래서 삼대 이후 비로소 국가에 대한 백성의 신뢰 회복이 가능할 수도 있을 것이라는 전망이 서게 된다. 그는 다시 말한다.

> 대저 정전법과 왕정(王政)과의 관계는 규구(規矩)로 방원(方圓)을 만듦과 같으며 육률(六律)로 궁상(宮商)을 바로잡음과 같다. 전정(田政)을 먼저 바로잡은 연후에야 예악병형(禮樂兵刑)의 천 가지 만 가지 두서(頭緖)가 아울러 조리를 갖추게 된다.[122]

즉 정전제의 시행은 마치 만민이 지켜보는 가운데 직각 자[尺]를 가지고 직각사각형을 그을 수 있음과 같이 명백하다. 거기에는 어떠한 부정이나 협잡도 개재할 수가 없다. 그러므로 정전제의 시행을 통해 비로소, 수천 년 전정(田政)에 인습되어 온 유세층의 할거적 농단을 근원적으로 해소시킬 수 있다. 그리고 이제 비로소 '예·악·병·형'의 국가 통치행정 또한 '조리를 갖추어' 실행하는 길로 접어들 수 있게 되는

122 『맹자요의』 1-49, 離婁之明. "大抵井田之法在王政 如規矩之於方員 六律之於宮商 田政先正 然後禮樂兵刑 萬緖千頭 俱有條理."

것이라고, 다산은 확인한다.

2) 전 국토·인민에 대한 보편적 지배주권의 확립

토지의 사유가 대세인 상황에서, 공전(公田)을 왕토(王土)로 확보하여 우선 정전제를 시행하고, 결국에는 모든 전지를 '왕토'로 회복한다는 구상은 너무나 시대착오적인 발상이 아닐 터인가.

다산의 현실과 이상 사이의 모순이 가장 크게 드러나는 곳이 바로 이 대목이다. 그런데 인습과 비리로 끝없이 뒤얽힌 현 실태를 극복하기 위해서는 전국의 토지 지배권을 '왕권'으로 귀일시킴으로써 비로소 가능하다는 것이 다산의 확신이다. 그는 결국 전국 전지를 '왕토로 귀일'시킨다는 변법적 개혁을 통해 현 실태의 지리멸렬성을 초극하고자 한다.

다산 또한 원천적으로 전토(田土)는 그것을 개간한 농부 자신의 소유였다고 인식한다. "아득한 옛날에는 백성뿐이었다. 어찌 목(牧)이 있었겠는가."[123] 그러나 인간은 어차피 정치적 존재이다. 그래서 결국 황·왕(皇王)을 받들고 국가를 이루어 살기 마련이다. 그래서 왕정을 구현한 삼대에는 '척토(尺土)·촌목(寸木)'도 모두 왕의 소유 아닌 것이 없게 되었다고 확인한다.[124]

---

123 『여유당전서』 제1집 10-4, 「原牧」. "邃古之初民而已 豈有牧哉." 다산 이전의 성호(星湖)에서도, 민(民)이 왕(王)보다 본질적으로 앞서는 존재라고 하는 사유가 확고하였다. "나라가 나라로 되기 위해서는 임금이 있고 백성이 있어야 하는데, 임금과 백성은 모두 사람이다. 그러나 혹 백성만 있고 임금은 없을 수가 있지만, 백성 없는 임금은 있지 않았다"(『성호사설』 권 19, 得民得人); "사람이 있으면 이에 토지가 있으니, 토지는 모두 백성의 전지(田地)이다. 성왕(聖王)이 정전제를 시행하여 백성에게 배분하였다는 것은, 백성이 왕의 전지를 받았다는 것이 아니다. 왕이 백성 소유의 전지를 경계(經界)하여 그 쟁탈을 금지한 것이었다"(『맹자질서』, 滕文公 下, 8章).

124 『경세유표』 13-9, 地官修制, 戶籍法. "삼대(三代) 때에는 왕이 오복(五福)에 관한 권한을

그러나 바로 그 삼대 때에도 농사짓는 전지는 농부의 것이요, 이를 총체적으로 관리하는 자가 왕이었다. 결국 전지의 주인은 왕(王)과 전부(佃夫)의 양자라는 사실을 그는 확인한다.

> 전지에는 주인이 둘이 있으니, 그 하나는 임금이고 둘째는 전부(佃夫)이다. 『시경』에 이르기를, "온 천하가 왕의 땅 아닌 것이 없다" 하였으니, 왕이 그 주인이다. 또 이르기를, "우리 공전(公田)에 비가 내려서, 마침내 우리 사전(私田)에까지 미친다" 하였으니, '전부'가 그 주인이다. 양자 이외에 또 누가 감히 주인이 되겠는가. 지금 부강한 백성은 겸병(兼竝)하기를 마음대로 하여, 왕세(王稅) 이외에 사사로이 그 조(租)를 받으니, 이에 전지에는 주인이 셋으로 되었다. … 사문(私門)에 '조'를 바치는 것은, 비록 쌀 한 톨·콩 반쪽이라도 오히려 불의(不義)가 되는 것이다. 더구나 우리나라의 제도는 맥(貊)의 습속을 그대로 따라 현관(縣官)의 '세(稅)'는 대략 1/20을 취하니 삼대의 법보다 훨씬 더 어질지만, 어찌하여 '사문'에 바치는 '조'는 10에서 그 5를 취한단 말인가. 백성이 곤궁하고 국가가 빈약하여, 상하가 궤핍(匱乏)해진 것은 모두 그 때문이다.[125]

여기서 문제가 되는 것은 소위 '제3의 전지의 주인'으로 행세하는 '부강한 사문(私門)'의 존재이다. 그는 원래의 전주(田主)인 '전부(佃夫)와

잡고 있었다. 1척(尺)의 땅이나 1촌(寸) 되는 나무도 왕의 물건 아닌 것이 없었다. 그러므로 백성으로서 왕의 판적(版籍)에 들지 않으면 1척의 땅도 경작할 수가 없고 1촌 되는 나무도 사용할 수가 없었다. 그러므로 백성의 수효를 보고하는 자가 그 실수를 모두 다 파악할 수 있었다."

125 『여유당전서』 제1집 9-60, 「擬嚴禁湖南諸邑佃夫輸租之俗箚子」.

왕' 사이에 개재하면서도 '전부와 왕'을 침해하고 할박하는 장본인이다. 그것은 곧 공공(公共)을 침해하여 사익(私益)을 도모하는 존재이다. 그 같은 호강한 '사문'이 생겨난 것은 역사적으로 '삼대의 왕정'이 지나고 난 후, 즉 진(秦)나라 이후부터라고 다산은 확인한다.

> 주(周)나라 이전에는 한 자 한 치의 땅도 왕토(王土) 아닌 것이 없었다. 왕은 그 전지를 백성에게 주어서 전조(田租)를 거두고, 왕은 그 산을 백성에게 주고 그 숲을 백성에게 주며 그 천택을 백성에게 주고는 부공(賦貢)을 거두어 왕의 재용에 이바지하였다. 진(秦)나라 이후로는 왕이 한 자 한 치의 땅도 자기 소유로 차지한 것이 없기 때문에 민전(民田)에서 조세를 거두면 백성이 원망하고 민산(民山)에서 벌목을 하면 백성이 원망한다. 태아(太阿)의 칼자루가 거꾸로 잡혀 오래도록 돌이키지 못했으므로, 왕은 권한이 없어지고 백성은 (왕의) 덕을 모르게 되었다.[126]

그런데 '사문'으로 대표되는 유세층의 중간 농단이 오히려 왕권을 핍박하는 지경인 이 같은 상태로서는 결코 치세(治世)를 이룩하거나 왕정을 기약할 수 없다.

그러나 그 같은 '사문'의 권세는 이미 누적된 인습이며 굳어진 관행으로 행세하는 것이어서, 현재의 왕권으로도 결코 간단히 처치할 수

126 『목민심서』 11-18, 工典六條, 山林. "自周以上 尺地寸壤 莫非王土 王以其田授民 收其田租 王以其山授民 王以其林授民 王以其川澤授民 收其賦貢 以供王用 自秦以降 王無尺寸之地 以自封殖 就民田收租則民怨 就民山伐木則民怨 太阿倒柄 久假不還 王者無權 民不知德."

없는 역사적 현실성을 지닌 존재이다. 특히 조선 후기에는 당쟁이 항구화하면서 노론 중심의 1당 전횡이 항구화하기에 이르렀다. 성호 이익이, "현재는 문벌을 숭상하여 경상(卿相)의 자식은 반드시 경상이 된다"[127]고 말한 것은 그 같은 인습적 전횡의 구조적 현실성을 잘 지적한다. 그 결과 전통적으로 행세해온 전국의 유세층이 거의 몰락해갔으나 오로지 오랜 집권당인 '벌열(閥閱) 수십 가'만이 정권을 독점적으로 지배하면서 전횡하기에 이르렀다고 다산은 인식한다. 그들은 기득권을 유지하기 위해, 왕권의 인사 쇄신 노력에도 결코 동조하지 않는다. 정조(正祖) 임금의 탄식을 들어볼 필요가 있다.

> 우리나라로 말하면 방역(邦域) 안에 사는 사람들이 모두 한 집안의 가족이나 마찬가지인데, 원근을 어떻게 따질 수 있겠는가. 그런데 2백여 년에 걸쳐 과거(科擧)를 통해 벼슬한 사람들을 보면 점차 향외(鄕外)에는 해당되지 않았고, 심지어 근일에 와서는 도성(都城) 밖에 사는 사람들마저 미치지 못하고 있는 실정이다. 내가 단속하며 신칙했건만, 내 뜻을 제대로 받드는 실효를 거두지 못하고 있다.[128]

그런데 그 같은 '벌열'의 전횡 행태는 소위 '조종의 법제'라는 것을 빙자하면서 재생산되고 있었다는 엄연한 사실을 직시할 필요가 있다.

---

127 『성호사설』 권7, 人事門, 侈俗.

128 『정조실록』, 정조 19년 11월 신미. 그러한 벌열이 주류를 이루는 조정(朝廷) 사대부들의 탐욕을 두고도 정조(正祖) 임금은 장탄식을 금치 못한다. "옛날의 사대부들은 명예와 절조를 갈고 닦았으며, 더욱이 재리(財利)에 대해서는 마치 자신을 더럽히는 것처럼 보았다. 그런데 지금인즉 위로는 조정의 관료들로부터 아래로는 벼슬 없는 선비들에 이르기까지 다투어 쏠리는 바가 조그마한 이익에 있다. 입에 담기가 정말 부끄럽다"(『日得錄』 권18, 訓語 5).

> 혹 하나라도 깨달은 견해가 있어 경장(更張)하기를 시험해보고자 하면, 원로대신(元老大臣)으로서 침중하여 덕(德)이 있는 듯한 자가 반드시 한마디 말로써 천천히 억압하기를, "조종의 법제는 반드시 경장할 것이 아니다"라고 한다. 그러면 호강하여 권세를 업고 사(私)만 알지 공(公)은 모르는 자가 반드시 따라 되뇌기를, "노야(老爺)의 태산교악(泰山喬嶽) 같은 덕망이 국가를 진정할 만하다"라고 한다. 그러나 실상 향원(鄉愿)의 거짓 덕(德)이요, 선(善)을 좋아하는 마음은 한 점도 없는 것이다.[129]

새로운 인재를 등용하여 현실 정책을 혁신할 길도 없고, 소위 '조종의 법제'라는 것을 혁신하고자 하는 조그만 '경장'조차 시도할 수가 없는 것이 다산의 현실이다. 이제 그의 개혁론과 같은 변법적 경세론을 구현할 수 있는 길은 대체 어떻게 개척할 수 있을 것인가.

벌열이 전횡하는 현 실태 지배체제에서는 대신(大臣)으로부터 아래로 이서(吏胥)에 이르기까지 무릇 국가 직사를 맡은 자로서 자기 직무에 정성을 다해 분발하는 자는 아무도 없다는 엄연한 사태를 다산은 직시한다.

> 후세의 대신(大臣)이란 자들은 자존자중(自尊自重)함이 태심하여, 임금이 경영코자 하는 일이 있으면 낭관(郎官)을 보내어 편리한가 아니한가를 살피게 하고, 혹은 수령에게 통지하여 그것이 이로운가 해

---

129 『경세유표』 11-21, 地官修制, 賦貢制, 力役之征. "或有一得之見 欲試更張之術 則元老大臣 沈厚似有德者 必以一言徐壓之曰 祖宗法制 不須更張 則其豪右負勢 知私而不知公者 必從而誦之曰 老爺泰山喬嶽 可以鎮國 其實鄉愿僞德 無一點樂善之心者也."

로운가를 회보(回報)토록 한다. 그런데 낭관이나 수령이란 자들 또한 자존자중하여, 이서(吏胥)를 파견해 그 경획(經劃)을 대행토록 한다. 무릇 간활한 이서들 또한 일생 동안 부드러운 옷에 기름진 음식을 먹는 자들인지라, 자신이 직접 나서서 고된 일에 복무하지는 않고, 닭 잡고 돼지를 구워 이정(里正)의 집에 취해 누워 있으면서 뇌물 꿰미를 보고 문부(文簿)를 정리한다. 이것이 천하의 공통된 우환이다.[130]

다산에 따르면, 만백성을 다스리는 왕의 직사는 "천(天)의 사업을 대신해서 다스리는 것[대리천공(代理天工)]이다." 그런 관념의 연원이야 오래된 터이지만,[131] 다산의 경우 '천의 사업'은 군주 자신이 직접 '천을 대신해 다스려야' 하는 것이지, 가령 대신과 같은 타인에게 결코 위임해서는 안 되는 것이라고 하는 체계적인 이해에 선다.

다산은 유교 본래의 '덕치(德治)'라는 개념을 두고서도 군주가 친히 선도(先導)해야 하는 것이라고 강조한다. 그 대표적 사례가 순(舜)임금의 소위 '무위이치(無爲而治)'에 관한 논의에서 잘 드러난다. 『논어』의 "'무위이치'한 이는 순임금일 것이다"라는 공자의 말씀을 두고 주자(朱子)는, "(공자가) '무위이치'라고 말한 것은, (순임금 같은) 성인(聖人)은 덕(德)이 융성하여 백성이 저절로 교화되므로, 성인의 작위(作爲)를 기다리지 않고도 치세가 이루어졌음을 말한 것이다"라고 해석하였다. 조선

130 『경세유표』 6-21, 地官修制, 田制 5.

131 이 명제가 『서경(書經)』, 「고요모」의 "天工人其代之(天의 일을 人이 代理한다)"라는 문자에서 연원하며, 성리학에서도 널리 원용하는 것임은 주지하는 바와 같다.

성리학이 이 해석을 따르고 있음은 더 말할 나위가 없다.

그러나 다산에 따르면, 적극적 통치행위가 없어도 치세가 이루어졌다고 함은 경전을 잘못 해석한 것이다.

> '순'임금이 ('요'임금의 직무를) 섭정(攝政)하는 때에 사공(事功)에 분발하였다는 사실은 『상서』의 전(典)[「요전」·「순전」]에 갖추어 실려있다. 그가 (즉위하여) 스스로 관직을 임명하고 난 이후 『상서』에 그런 기록이 없는 것은 통치가 이룩되고 제도가 정해져서 법제를 따라 운용하기[치성제정(治成制定) 안법이행지(按法而行之)] 때문에 다시 기록하지 않은 것이다. 어찌 '무위'하면서도 그렇게 되었을 것인가. 3년마다 (백관을) 1차씩 고적(考績)하고 3차 고적에 1차 출척(黜陟)을 단행하며, 5년마다 한 번씩 순수(巡狩)를 나가고 해마다 사시로 뭇 제후(諸侯)들의 조회를 받는데, 그들의 일을 살피고 아뢰는 말을 들으며 공적을 시험해야 한다. 그러기를 해마다 해야 하고 법제를 따라 집행해야 하니 이미 분분하게 일이 많지 않은가. 뭇 신하와 백관은 모두 그 직무를 맡아 분주한데 순임금만이 홀로 '무위'하고 있었을 것인가. 고적하는 일은 반드시 친히 하고 순수 나가는 일도 반드시 친히 하며 형륙(刑戮)은 반드시 보고를 받고 교훈(敎訓)은 반드시 먼저 내리는데, 순임금이 어떻게 '무위'할 수 있었겠는가. … 지금 통치의 도리를 논하는 자들은 모두 임금을 이끌어 단정히 손을 접고 침묵을 지키면서 아무 일도 하는 것이 없도록 하니, 온갖 법도가 무너져도 이를 정비할 수 없으며 만 가지 기틀이 허물어져도 이를 골라 다스릴 수가 없다. 10년이 지나지 않아 온 천하가 부패하고 화란이 잇따르며 조잔하고 피폐해져 떨치지 못하더라도 마침내 이를 깨닫지 못한다. 이는 모두 '무위'의 설 때문에

그르쳐지는 것이다.[132]

왕정의 실현은 왕권이 주체가 되어 적극적으로 통치행위를 실행함으로써 비로소 가능한 것이라는 소신이 잘 드러난다. 그래서 다산은, 옛 성왕들의 통치행위는 '하늘의 운행과 같이 굳건하였다'는 확신에 선다. "『역』에 이르기를 '천의 운행은 굳건하다'고 하였다. 밝고 밝은 요·순이 천과 함께 굳건하여 일찍이 잠깐 동안의 휴식도 갖지 못했다. 또한 우(禹)·직(稷)·설(契)·익(益)·고요(皐陶) 등도 아울러 맹렬하게 분발하여 임금의 팔다리와 눈 귀 노릇을 다하였다."[133]

성왕과 현신 상하가 모두 휴식조차 가질 수 없이 맹렬하게 분발함으로써 비로소 왕정을 구현해낼 수 있었다고 하는, 다산 자신의 행사주의(行事主義)적 사유가 잘 드러나는 대목이다.

그런데 여기서 순임금의 적극적 통치행위는 모두 '법제를 따라' 운용하는 것이었다는 해석을 주의할 필요가 있다. '고적·순수·형륙' 등의 통치행위는 결코 임의적으로, 혹은 자의적으로 행하는 것이 아니었다. 모두 '법제를 따라' '반드시' 실행하는 것이었음이 명백하다. 그러니 순임금의 왕권은 결코 전제적인 것이 아니라, '법제를 따라' 운용하는 제도적 왕권이었다는 것이 다산의 해석이다.

그러나 다산의 현실로 돌아와 보면, 요·순 시대의 성군·현신이 없는 것은 더 말할 필요가 없고, 왕정을 구현할 법제 또한 어디서도 기약할 수조차 없다. 현실에서 행세하는 것은 모두 국가를 빙자해 전횡하

132 『논어고금주』 8-1~2, 無爲而治.

133 『경세유표』 引. "易曰天行健 明明堯舜 與天同健 曾不能有須臾之息 竝其禹稷契益皐陶之等 亦奮迅猛烈 以作帝股肱耳目."

는 호강한 벌열이요, 그 사익(私益)을 위해 가탁하는 소위 '조종의 법제'라는 악법 폐습이다.

이는 현실의 '법'과 조정의 '신료'들을 거느리는 일상적 통치행위를 통해서 극복할 수 있는 형세가 결코 아니다. 정치적 결단을 통해서 현실태를 초극(超克)하는 길이 있을 뿐이다. 그래서 다산은 일찍이 유교문화권에서조차 아무도 구체적으로 거론해본 적이 없는 정전제론이라는 변법적 개혁론을 제기한 것이다.

다산의 정전제론은 전국 모든 정지(井地)의 '공전'은 반드시 '왕토'로 확보하고, 또한 '공전'은 반드시 정방형으로 구획한다. 그래서 전국의 모든 '공전'은 곧 '왕전(王田)'이라는 사실을 널리 현시하고자 한다. 앞에서 살펴본 것처럼, 이 정전을 '표준[楷]으로 하고, 모범[模]으로 하고, 법식[型]으로 하고, 규범[範]으로 해서 전야(田野)에 있는 어리석은 백성에게 그 전지의 구획이 법에 맞게 되어있음을 알도록' 하는 것인데, '이것이 요·순과 삼왕(三王)의 법이었다'[3-1)].

이제 정전제의 시행에 따라, 왕의 통치권이 전 국토에 유루 없이 보편적으로 현재(顯在)하고 실존(實存)하는 것임을 전국 만백성에게 널리 현시하기에 이른다. '왕토'로서의 '공전'은 전국 모든 정지에 실존하지만, 그것은 1/9조(耡)에 해당하는 정전 농민들의 협업적 공동 경치(耕治)만을 요할 뿐이요, "그 외에는 돈 한 푼, 곡식 한 톨도 다시는 징색함이 없다."

왕권은 종래와 같이 인습적 수탈을 자행하는 존재가 아니라, 이제 통치의 표준인 '인정(仁政)'으로서의 '정전' 제도를 확립하고 '공전'이라는 '왕전'의 경치만을 요하는 법제를 준수하면서 털끝만큼도 과외의 징렴을 가하지 않는다. 일체의 중간 농단을 근절함으로써 지금까지 주구적 수탈에 짓눌려 온 민생을 살려내고 이끌어주는, '황극(皇

極)'으로서의 표준적 존재요,[134] 만백성이 우러러야 하는 대상임을 현시하게 된다.

정전제의 시행에서 왕권은, 정전 구획 과정에서 공을 세운 자, 여타 모든 산업 분야에서 적극적 진흥을 통해서 우수한 실적을 쌓은 자들에게 응분의 상을 내리고 관직을 수여한다. 통치체제의 정점에 용립해 있는 왕권이 전국 모든 신민을 직접 상대하면서 어거한다는 사실을 현시하는 것이다. 또한 현재로는 민간 사주(私主)가 있는 전국의 전지일지라도, 기회 있을 때마다 회수함으로써 결국은 '태아의 칼자루'를 온전히 돌려 잡는 방향의 토지정책을 끊임없이 추구한다. 그래서 "1촌(寸)을 얻어도 왕촌(王寸)이 되고 1척(尺)을 얻어도 역시 왕척(王尺)이 된다." 그리고 지금까지 권세층인 세가·토호들의 '입안(立案)'이라는 농단에 맡겨져 여러 갈래로 분할 점거되어온 전국의 국토에 대해서도 앞으로는 사인(私人)의 입안을 일체 엄금하고, 무릇 이용 가능한 모든 토지는 '공안(公案)'을 내어 공익을 위한 항산의 터전으로 회

134 다산이 유배기의 경전 연구를 통해 깨친 바에 의하면, 왕권은 「홍범(洪範)」 9주(疇)의 한가운데에 있는 '황극(皇極)'에 해당한다. "황극이 9주(九疇)의 한가운데에 위치함은 공전이 (井田) 9부의 한가운데 있음과 같다. 사방(四方) 사유(四維)의 표준이 되기 때문에 그 극(極)을 세운다고 이른 것이다. … 인주(人主)가 권능(權能)과 기강(紀綱)을 총람(摠攬)하여 수중(手中)에 간직하고 있으므로 그것을 내불면 우로(雨露)가 되고 들이마시면 상설(霜雪)이 되니, (萬民의) 생사존망이 오직 임금을 순종해야 하는 것이므로 첫째로 수(壽)의 권병(權柄)이 황극에 달려있다 한 것이다. 척토촌지(尺土寸地)가 왕전(王田) 아닌 것이 없고 미관말직이라도 왕신(王臣) 아닌 것이 없으니 둘째로 부(富)의 권병이 황극에 달려있다 한 것이다. 휴양생식(休養生息)하는 것도 임금의 은혜며 구사(驅使) 노동(勞動)하는 것도 임금이 명하는 것이므로 셋째로 강녕(康寧)의 권병이 황극에 달려있다 한 것이다. … 무릇 이들 위복(威福)의 권병(權柄)은 임금이 잡고서 임금이 펼치는 것이므로 "이 오복(五福)을 거두어서 여러 백성에게 널리 펴 준다"고 한 것이다. … 『주례』 6편에는 각기 수장(首章)에 모두 "설관분직(設官分職)하여 백성의 극(極)이 된다" 하였는데, 이는 바로 임금이 그 극(極)[표준]을 세운다는 뜻이다. 『역(易)』에 태극(太極)이 있고 양의(兩儀) 4상(象)과 64괘(卦) 384효(爻)가 모두 거기서 분출하니, 마치 황극이 오복(五福)을 거두어 만민에게 널리 나누어 줌과 같은 것이다(『상서고훈』 4-35~6, 洪範, 五皇極).

복한다. 더 나아가 이제부터는 국가의 전안(田案)·전적(田籍)에 그 '사주(私主)'가 있는 경우라도 '주(主)'라고 기재해서는 안 된다. 그 까닭은 전국의 모든 전토가 모두 '왕전'이며 '왕토'이기 때문이라고 구체적으로 확인한다.

그런데 그렇게 강력한 권한을 행사하는 제도적·공공적(公共的) 왕권은 어떠한 역사적 의미를 지니는가. 그것은 중외를 막론하고 소위 '조종의 법제'라고 하는 행태에 가탁하면서 실제로는 할거적 전횡을 일삼는 벌열을 비롯한 각 유세층의 중간 농단을 단호히 발본색원하기 위한 공공적 제도왕권으로서의 의미를 지닌다. 즉 중앙의 벌열로부터 지방 향리들에 이르기까지 무릇 유세층에 의해 자행되는 중층적·다극적 중간 농단의 행태를 근원적으로 해소하기 위해서는 국가 통치권을 왕권이라는 한 극(極)에 집중해야 한다는 이론이다. 그래서 소수 지배 계층에만 들어 얹혀 그들의 이익을 위해 복무하는 군주로서의 존재가 아니라, 이제는 만백성을 상대하여 왕정을 실현해가는 '황극(皇極)'으로서의 왕권, 개혁 주체로서의 왕권이 다시 탄생해야 한다는 역사적 의미를 갖는다. 그래야만 어떠한 편당성(偏黨性)도 불식하고, 전국 만민의 공공(公共)의 왕자(王者)로서, 정전제를 비롯한 부공제·만민 균직론(均職論) 등의 개혁 과제들을 온전하게 추진할 수 있다.

다산은 아직도, "군주의 일심(一心)은 만화(萬化)의 근본이 된다"[135]는 소신을 지니고 있다. 그러나 또 한편으로 군주의 그 '일심'은 반드시 믿을 것은 못 된다는 생각이다.

---

135 『경세유표』 1-17, 地官戶曹, 經田司. "人主一心 爲萬化之本."

> 세도(世道)의 변천은 무상하고 왕의 일욕(逸欲)은 무한한 것이다. 입법(立法)의 시초에 자질구레하고 산만하여 천성(天成)의 철주(鐵鑄) 같은 형상을 세워두지 않는다면 수세(數世)를 지나지 않아 (법을) 더하고 줄이며 없애고 일으키게 될 것이다. 기강이 문란해져 단서조차 찾을 길이 없어질 것이요, 조금이라도 살피지 않는다면 반드시 토붕와해(土崩瓦解)하고 말 것이다.[136]

따라서 '무한한 일욕'을 가진 군주라 할지라도 결코 함부로 범할 수 없는 엄밀한 객관적 법제의 정립이야말로 왕정을 구현하는 데에는 필수 불가결한 장치이다. '천지를 거듭 창신하는 큰일'인 정전제와 같은 구체적 제도의 정립이 그래서 불가피하다. 여기서 전지는 외물(外物)이다. 그것을 구획해서 배분하고 경치하도록 독려하며 '조·부(租賦)'를 균평하게 징수하는 데는 반드시 구체적 법제의 규정이 있어야 한다. 그래서 구체적 '사공(事功)'을 구현할 수 있는 변법(變法)이 필수적이다.

왕정은 반드시 '변법'을 통해서 명명백백한 객관적 기준에 따른 법제를 정립하고 그것을 만백성에게 제일적(齊一的)으로 적용하는 엄격한 통치를 통해야만 비로소 기대할 수 있다. 그리고 그것을 일사불란하게 추동하는 원동력은, 결국 왕권을 통해서 발휘할 수밖에 없다는 것이 다산의 소신이다.

다산의 왕권은 그 자신이 솔선해 법제를 준수하면서 왕정의 구현을 추구하는 제도왕권의 속성을 지닌다. 왕권이 제도왕권이라면 그 왕권으로 귀일시키고자 하는 '왕토(王土)', '왕전(王田)'은 소유론적으로 어떠

---

136 『경세유표』 1-1, 天官吏曹 1.

한 속성을 지니는 것일까. 여기서 '왕토'와 '왕전' 역시 법제를 따라 운용되는 공공(公共)의 토지 이외의 것이 아님은 더 말할 필요가 없다. 게다가 굳이 '왕토', '왕전'이라는 칭호를 내세우는 것은, '황극'으로서의 왕권에 가탁함으로써 그 공공성(公共性)을 극대화하고 어떠한 사적(私的) 횡침도 단연코 배제하고자 하는 이론에서 기인한다. 따라서 현실적으로 널리 전개되고 있는 '사적(私的) 토지소유관계'와 그 개념은 결국 철저하게 부정되지 않을 수 없다. 다산의 '왕토'론은 역시 토지는 국유(國有) 내지 공유(公有)의 속성을 지니는 것이라는 이론을 왕권에 가탁해서 말하는 것으로 해석된다.

3) 국가 위주의 산업 편성·인간 배치

다산에 따르면, 국가는 경제·산업 제 분야를 가능한 한 다양하게 개발 진흥하고, 모든 분야에서의 생산력을 극단으로 고양함으로써 부강한 국가를 이룩하고자 한다. 9직의 각 분야에 종사하는 주민들 또한 각자의 직종을 전업적(專業的)으로 자영(自營)하면서 유족해지고 때로는 국가의 관직에도 진출할 수 있게 된다. 주민들 또한 자기실현의 길을 '자주적'으로 걷는 셈이다.

다산의 정전제는 "전지를 경치(耕治)하는 데 그 중점을 둔 것"이며 "국가의 조세와 부렴을 바로잡기 위한" 제도이다. 결코 만백성을 상대로 균전(均田)의 혜택을 베풀고자 하는 것이 아니다.

여기서 정전제를 기초로 하는 국가 위주의 산업 편성, 균평한 '조세와 부렴' 정책은 종래 성리학적 경제정책의 경우는 물론이려니와 실학자들의 일반적 지론인 균산적(均産的) 개혁론과도 큰 질적인 차이를 보인다. 국가는 제도를 따라 행정적 편성과 운용을 기할 뿐이요, 개별 민호는 각자 배분받은 직사를 전업적으로 자영(自營)하되 스스로 역량을 다해 상호 이바지하는 연계를 형성하고 부욕(富欲)과 귀욕(貴欲)을 추구하면서 자기실현을 다 하도록 구도화해 있다.

실제로 정전의 구획 과정이나 정전 농민의 군사 편제화 과정에서는 각 지역 주민 가운데 유력자가 자치적·주체적으로 참여해서 일을 처리한다. 이서(吏胥)층의 농간을 근원적으로 차단하기 위함이다. 국가는 만백성의 부욕과 귀욕의 추구에 장애가 되는 습속과 제도를 고치는 등의 편의를 제공할 뿐, 실제로 정전농업을 위시하여 산업 제 분야의 생산과 교환을 추진하고 부·귀를 추구하는 당사자는 만백성 자신이다. 그래서 이 같은 편성과 배치를 두고, '경제와 정치의 분리'라든가 '도덕과 정치의 분리'라는 소위 '근대성'의 함의를 지닌 것이라고 해석하는 연구가 나와 있다.[137] 이는 새로운 안목의 문제 제기로 이해된다.

그런데 다산의 왕정적 개혁론에서는, 정전제를 바탕으로 하는 농업 생산뿐 아니라 여타 모든 산업 분야가 국가 행정력을 발동함으로써 중·외(中外)의 행정체계를 따라 진흥하도록 구도화해 있다. 만민을 전업적 9직으로 배치한다는 것 자체가 실상 국가 공동체 위주의 분업적 협업 체계의 편성과 연계에 다름 아니다. 모든 경제·산업 정책은 기본적으로 국가의 정치적 진행책을 따라 행정적으로 처리된다.

---

137 "국가질서 가운데서 민생(民生)의 상호 제 관계를 자기 합리성에 바탕한 독자적 정재(定在)로서 승인하고 국가의 역할·기능을 그에 대한 공정한 부세 수취의 관계로 제한함으로써, 이른바 경제(經濟)와 정치(政治)의 근대적 분리로의 지향성을 적어도 논리적인 수준에서 확보하였다"는 것이 "다산 정전제론의 기본적인 역사적 의의"라고 한다(李榮薰, 1996, 앞의 논문); "다산의 사유체계에 있어서 도덕·윤리와 정치·법령은, 나아가 사회와 국가는 분리되고 있었다. 바로 이 점이야말로 우리가 인간 사유의 발달사에서 보편적으로 발견할 수 있는 근대성의 핵심적 요소이다"라고도 주장한다(李榮薰, 2002, 「18~19세기 소농사회와 실학」, 『한국실학연구』 4, 한국실학학회).

개인은 국가의 진흥책을 따라 분발하여 노력함으로써 드디어는 부욕과 귀욕을 실현하는 길로 들어설 수 있다. 개별 인간에 의한 독자적 산업·경제의 개발과 성취는 극히 부차적일 수밖에 없다. 그리고 그러한 개발과 성취가 있다 하더라도 그 결과는 '관직의 획득'으로 결말이 난다. 심지어 가장 활발한 움직임을 보이기 마련인 공·상(工商) 두 직종의 경우를 두고서도 '읍성(邑城) 안에서만' 거주하면서 영업하도록 제한해두었다는 사실을 상기해야 할 것이다. '정치와 분리된 경제' 분야의 독자적·궁극적 성취의 길이 과연 마련될 수 있을 것인가.

나아가 도덕과 정치가 과연 두 가지로 분립될 수 있을 것인가. 정전 농민은 공전(公田)의 공동 경치에 앞서 결코 자기의 사전(私田) 농사에 먼저 힘들일 수가 없다. 또 이윤(里尹)이 정전의 주민을 모아 '법'을 읽고 '향약'을 강론하고 '상·벌'을 시행하는 의식을 거행함으로써, 국가 공동체의 윤리 도덕을 갖고 최하 단위 주민 공동체의 결속을 일상적으로 도모한다[4-5)]. 그것은 곧 왕권을 정점으로 하는 국가 행정 단위의 공동체적 결속을 정기적으로 강론하는 교육·훈련 과정에 다름 아니다. 그런 교육과 훈련을 일상적으로 학습함으로써 드디어, 혹 변란이 일어나는 경우 정전 농민들은 몸 바쳐 국가를 위해 헌신할 수 있는 도덕성을 양성하게 되리라고, 다산 자신은 크게 기대한다.

더구나 정전제가 이미 시행되어 부유해진 다음에는, '효제(孝悌)의 뜻을 깨우치는 것이 왕자(王者)의 정사'라고 다산 자신이 말한다. 정전과 부공, 그리고 9직의 분업적 협업을 통해서 만백성은 어느 정도 자기 성취를 실현하지만, 그 보편적 귀결은 곧 모든 주민이 도덕적으로 인간다워지고 단란한 가정을 꾸려가는 데 있다. 이미 다산 자신이 정전제에 고유한 '분전(分田) 제산(制産)이 본래 백성들로 하여금 그들의 부모를 봉양토록 하는 일'이요, '효제(孝悌)의 가르침이 그 가운데서 자연히 행하여지도록' 한다고 하였다. '정치와 교화에는 두 가지 길'이 결코 없는 것이라고 단언해두기도 하였다[4-5)].

다산의 정전제론은 결국 개별 가호(家戶)마다 항산(恒産)의 터전을 보장받아 생산노동에 열성을 다함으로써 국가적 규모로 편성된 분업적 협업에 이바지할 뿐 아니라, 개별 가호마다 우러러 자기의 부모를 섬기고 구부려 자녀를 양육하는 일에도 정성을 다하는 가정을 꾸리도록 하는 것으로 귀결되는 경세론이다. 정전 농민들이 각기의 가정에서 '효·제'의 일을 일상으로 실행함으로써 국가의 공공적(公共的) 도덕 가치가 '자연히 행하여지도록' 뒷받침하는 제도가 곧 정전제라고 다산은 확인한다.

아마도 왕정의 국가체제를 뒷받침하는 가장 중요한 기본 단위로서의 '가족과 가정'이야말로 궁극적으로 보편적 도덕을 익히고 실천하는, 보편적 가치 실현의 기본 단위로 건실하게 존속해야 한다는 것이 다산의 소신인 것으로 살펴진다. 이른바 '정치와 도덕적 교화'는 상·하 어디에서도 결코 두 가지로 분리되지 않는 듯하다.

한국사에서도 '근대'라면 어느덧 서양식 자본주의적 근대 이외의 별다른 '근대'를 말하기는 어렵게 되었다. 그런데 그것은 어디까지나 결과론적 사실이다. 전근대 다산의 정전제론에서 그같이 결과론적 '근대성'을 찾아내어 그것을 마치 다산 실학의 특질인 양 내세우는 것이 과연 학구적 작업으로서 타당한지에 대해서는 강한 의문이 남는다. 그 같은 작업은 다산의 사유(思惟)를 포함한 한국 전근대의 모든 사상(史像)이 서양식 자본주의적 근대를 지향하고 있었다는 가설을 전제로 하기 때문이다.

4) 새로운 시대 창출의 전망

다산의 정전제론은 삼대 이후로는 동아시아 유교문화권에서조차 아무도 구체적으로 거론해본 적이 없는 독자적 왕정론의 기초 이론이다.

다산의 정전제론은 중국에서는 옛 성왕(聖王)의 시대에 시행된 적이 있었다고 하지만, 우리나라에서는 천지개벽 이후 처음으로 원대한 왕정을 구현하는 데 목표를 두고 추진하는 변혁적 경세론이다.

> 더구나 우리 동방은 천지개벽 이래 그 산림·천택·구릉(丘陵)·원습(原隰)이 본래의 바탕 그대로 오늘날에 이르렀으니, 혼돈(混沌)이 트이지 않았고 원래의 대도(大道)가 흩어지지도 않았다. 지금 이 큰 사업은 수인(燧人)·염제(炎帝)가 만물의 도리를 개통해서 만사를 이룩하던[開物成務] 시초의 일이며, 황제(黃帝)와 요·순이 구획하고 경리(經理)하던 정사이다.[138]

다산의 정전제론은 옛날 중국의 '황제와 요·순'이 처음으로 실현하였던 왕정의 원리와 기초를 우리나라에서 다시 구현하고자 하는 미증유의 획기적 개혁론이다.

그런데 이미 살펴봤듯이, 정전제는 그 제도가 객관적으로 명명백백한 표준과 법식을 따라 만백성이 목도하는 현실에서 운용되는 것이므로, 수천 년 이어져 온 전정(田政)에서의 인습적 중간 농단이 개입될 근거까지 근원적으로 해소시킨다. 그것도 대증(對症) 요법식의 방편적 처

138 『경세유표』 7-37, 地官修制, 田制 9, 井田議 1. "況我東方 自天地開闢以來 其山林川澤 丘陵原隰 皆以本質 遂至今日 混沌未鑿 大朴未散 今此大事 乃燧人炎帝 開物成務之始 黃帝堯舜 區畫經理之政."

방이 아니라, 농간의 '소굴[窩藪]' 자체를 원천적으로 깨뜨려 없애버린다. 그래서 정전제의 시행을 통해, 마치 불가피한 것처럼 수천 년 인습해온 오랜 관변(官邊)의 침학 행태를 근원적으로 타파할 수 있고, 이제 비로소 농민이 국가를 신뢰할 수 있는 근거가 확보된다. 다산은 그러한 현상을 "삼대의 왕정을 회복한다"는 말로 표현하지만, 객관적으로는 새로운 '시대' 창출의 계기가 되는 것으로 해석된다.

더구나 정전제는 그 자체로만 단일하게 시행되는 것이 아니라 부공제와 '쌍립'하여 전국의 경제와 산업 전 분야를 총체적으로 개발 진흥한다. 그리고 양자에 전국의 만백성을 9직으로 나누어 전업적으로 배치한다. 다산은 정전제·부공제 양자의 실행을 통해, 유사 이래 비로소 전국 만민의 호구(戶口)를 유루 없이 파악할 수 있다고 이해한다.

> 왕정은 전(田)·부(賦)보다도 더 큰 것이 없다. 그러므로 요(堯)임금의 법에는 전(田) 하나·부(賦) 하나의 두 가지를 9등으로 쌍립(雙立)시켰으니, 이것이 왕자(王者)의 대본(大本)이었다. 전지의 경계(經界)가 명백해진 후에라야 세율이 균평해질 수 있고, 호적이 분명해진 후에라야 부렴이 균평해질 수가 있다. 왕자(王者)가 밤낮으로 마음을 수고로이 하면서 반드시 이 두 가지의 실제를 얻고자 했던 까닭이 거기 있었다.[139]

이제 정전제·부공제가 제대로 작동할 때는, 삼대 선왕들의 왕정에서처럼 정전농업을 비롯한 국가의 모든 산업 분야가 각기 제 길을 따

139 『경세유표』 13-12, 地官修制, 戶籍法.

라 진흥될 것이요, 거기에 만백성이 9직으로 나뉘어 동참하면서 한 사람도 호적에서 탈루하지 않을 것이라는 소신을 다산은 갖는다. "전정(田政)과 부역(賦役)이 모두 선왕의 유의(遺意)를 따라 구현된다면, 이 백성들이 한 번 크게 변해서 도(道)에 이르는 기미를 가질 수 있게 될 것이요, 그렇게 된 후라야 이에 백성이 호적에서 탈루함을 금할 수 있을 것이다."[140]

그런데 전국의 '전지와 호구'를 유루 없이 총체적으로 파악한다는 것은 이전에 한 번도 실현해본 적이 없는,[141] 유사 이래 처음 보는 획기적 현상이다. 대체 전국의 '전지와 호구'의 실세를 파악하지도 못하고 무슨 '왕정'을 제대로 논의할 수 있을 것인가. 그런 면에서도 다산의 정전제론은 새로운 시대를 창출하고자 하는 근본적 전망을 바탕에 깔고 있는 것으로 풀이된다.

이제 정전제론을 기초로 하는 다산의 변혁적 경세론은 현 실태 국가의 전정(田政) 체제와 어떠한 차이를 보이는가.

조선왕조 일대를 통한 최대의 시폐(時弊) 개혁책이 대동법(大同法)이었다는 사실은 다 아는 바와 같다. 대동법은 각 지역의 잡다한 토공(土貢) 대신 전결(田結)을 기준 삼아 미곡(米穀)을 거두는 크게 개선된 개혁책이었다. 그런데 대동법은 그 기준인 '전결'의 책정·소유·생산관계가 이미 인습과 비리로 가득 찬 상태인 데다 중·외 국가기관의 제반 수요

140 『경세유표』 13-11, 地官修制, 戶籍法. "總之 田政賦役之政 咸得先王之遺意 使斯民有一變至道之幾 然後乃可以禁民漏籍 不然者 尹鐸之損其戶數 爲今日之仁政 不可以無漏爲法也."

141 앞서 살폈듯이 다산은, 남방(南方)의 경우 1/3 이상의 전지(田地)가 전안(田案)에서 빠져있는 것으로 관찰하였다. 성호 이익은 전국 호구(戶口)의 거의 절반이 '은루(隱漏)'하고 있는 것으로 추정한다. "以今觀之 隱漏殆半"(『성호사설』 권7, 黨長里長).

(需要) 또한 전혀 정비하지 못한 구래의 인습적 행태 그대로를 바탕으로 시행되었다. 그래서 대동법의 시행에도 불구하고 중·외의 각 기관은 만성적 재정 부족 상태에 허덕이게 되었고, 그 변통책으로 고을마다 생겨난 것이 소위 '민고(民庫)'라는 것이었다. 민고는 조선 후기에 생겨난 수다한 과외(科外)의 수탈 행태 가운데서도 단일 명목으로는 최대의 것이었다.

그런데 다산의 관찰에 따르면, "민고의 조규(條規)는 도(道)마다 각기 다르고 읍(邑)마다 각기 다르다." "민고를 혁파하지 않고서는 나라가 반드시 망한다."[142]

이미 대동법을 통해서도 전정(田政)의 개선책을 찾을 수 없는 데다, 거기 덧붙여 생겨난 민고라는 새로운 수탈 행태는 곧 나라를 망하게 하는 장본으로 등장하기에 이르렀다. 조선 왕국은 결코 전정(田政)의 인습적 폐단을 극복할 수 없었던 것이다.

실제로 1862년의 소위 임술민란(壬戌民亂)에 이르러 조선 왕국이 당면한 최대의 국정 현안은 의연 삼정(三政)[田政·軍政·還政]이라는 수취제의 문란 현상이었다. 누누이 살펴본 것처럼 오직 힘써 농사짓는 농민을 상대로 '벗기고 족치는' 억압과 수탈의 국가 통치책이 항구적으로 자행되었던 것이다. 그것이 소위 '조종의 법제'와 '주자학적 통치이념'이라는 두 가지 기치 아래 지탱해온 조선왕조의 정치·경제적 현주소였다.

다산은 민란 훨씬 이전부터 그것을 크게 우려하고 있었다. '지금 통

---

142 『경세유표』 7-12~13, 地官修制, 田制 7. "民庫規條 道各不同 邑各不同 … 民庫不革 國則必亡."

치법제를 개혁하지 않는다면 나라가 망하고 말 것'이라는 절박한 심경을 토로하고 있었다는 것도 이미 살펴본 그대로다.

그는 '억압과 수탈'의 수천 년 인습적 통치 행태를 단연코 극복하고자 한다. 그래서 오랜 경학 공부를 통해 독자적으로 탐구해낸 '왕정'의 기본 이론이 '선왕의 본법'으로 재정립한 정전제론이었다. 거기에 기초한 부공제론과 함께, 이 양자에 전국 만민을 9직의 전업적(專業的) 생산직으로 편성 배치한다는 균직론(均職論)이었다.

7. 맺음말

주자학적 통치이념의 기치 아래 소위 '조종의 법제'를 준봉한다는 전통 국가체제가 결국 지배층의 중층적·할거적 농단을 허용하는 행태로 운용되며, 따라서 국가는 일종의 수탈기구로 작동한다는 비판적 현실 인식은 조선 후기 실학의 경세론에 와서야 체계화하기에 이르렀다. 반계 유형원과 성호 이익은 그러한 학풍을 개척하고 확장시킨 대표적 실학자이다.

다산 정약용은 성호학(星湖學)과 서학(西學)의 영향을 받으면서 경세치용의 학풍을 개방적으로 확립하고, 이용후생학까지 아울러 점검하고 개발하기에 이르렀다. 더구나 그는 오랜 유배 생활을 통해 옛 성인(聖人)들이 남긴 경전(經傳)의 묘리를 끝까지 추구하여 누구도 도달하기 어려운 새로운 경학(經學)의 체계를 구축할 수 있었다. 아울러 '경전'의 원리를 풀어내어 응용함으로써 이 세상 현실에 왕정(王政)을 구현하고자 하는 극진한 경세론(經世論)을 펼칠 수 있었다. 그는 명실공히 실학의 경학과 경세론을 집대성하기에 이르렀다. 더 나아가, 동아시아 전체를 통틀어, 유학(儒學)의 실학적 전개가 다산에 이르러 극진한 수준을 가리키게 되었다. 바로 그 극진한 수준을 대표하는 이론이 곧 그의 정전제론으로 해석된다.

다산의 정전제론은 고전 유학에서 신유학[주자학]을 거쳐 실학에 이르기까지 무릇 유교 '경전'의 원리를 기본 삼아 전개시킨 수다한 경세론 가운데 가장 독자적 성격의 위상을 지닌 것으로 해석된다. 정전제를 거론한 경우야 더러 있었지만, 어느 누구도 다산처럼 구체적 연구를 통해 그 이론과 실행의 구체적 절목까지 서술해낸 이는 없었다.

다산은 실로 오랜 연구와 탐색 끝에 드디어, 자기가 깨친 정전제론이야말로 '원래 선왕의 본법(本法)'이었다는 확신에 도달하였다. 옛 성왕들이 실행한 정전제의 본질 자체를 깨쳐내기에 이르렀다는 확신이다.

다산이 정립한 정전제론은, 곧 표준형 '정전(井田)'만을 정방형으로 구획한다는 특징을 지닌다. 평원 광야에서는 정방형의 정자형(井字型) 정전을 다수 구획할 수 있지만, 정작 전국의 모든 전지를 그렇게 구획할 수는 없다. '정자형'으로 구획하는 전지는 어디까지나 토지와 그 세율이 명명백백하게 1/9법인 것임을 만백성에게 현시할 표준 정지(井地)를 제정하고자 함이다.

전국의 전지는 크기와 모양이 천차만별이므로, 아무리 비뚤어지고 비탈진 전지라도 모두 그 면적을 헤아려, '정(井)'이 아닌 것도 또한 '정'의 내용이 되도록 계산하여 표준 정지의 실질적 내용을 갖추도록 구획한다면, 곧 전국 전지를 모두 정전의 내용을 갖춘 것으로 구획할 수 있다고 다산은 확신한다.

옛 정전제는 전국 전지가 모두 '왕토(王土)'인 상태에서 구현한 것이었다. 그런데 다산의 현실로는 전국의 전지가 민전(民田)으로 되어있으므로, 그 모두를 당장 왕토로 확보할 수는 없다. 그래서 다산은 그 가운데서도 '공전(公田)'으로 구획하는 전지만은 반드시 '왕토'로 확보하고서 정전제의 시행에 착수하고자 한다. 이는 물론 '고법(古法)' 그대로는 아니지만, "고법의 반(半)은 된다"고 그는 확인한다. 그래서 처음에는 '공전' 1구[100묘(畝)]에 전주(田主)가 따로 있는 '민전'인 '사전(私田)' 8구[800묘]를 결합시켜, '사전' 8구의 농부가 '공전' 1구를 공동 경작하도록 조직한다. 그리고 수확할 때는 '공전'의 소출만을 국가가 수취하고, '사전'의 수확물은 그것을 경작한 농부가 전부를 제 몫으로 차지하도록 한다.

이 같은 형태로 시작한 정전제도는, 점차 여러 가지 절차와 방법을 동원하여 공전, 즉 '왕토(王土)'를 확장해감으로써 결국에는 삼대와 같은 전국의 전지를 모두 '왕전'으로 확보하고, '고법' 그대로의 온전한 제도를 운용하게 되리라고 다산은 확신한다.

한편 정전제는 그 제도가 만민이 객관적으로 확인할 수 있는 가운데서 명명백백한 표준과 법식을 따라 운용하는 것이므로, 수천 년 이어져 온 전정(田政)에서의 인습적 중간 농단이 개입될 근거 자체를 근원적으로 해소시킨다. 그것도 방편적 처방을 통해서가 아니라, 농간의 '소굴[窩藪]' 자체를 원천적으로 없애버린다.

그래서 마치 불가피한 것처럼 수천 년 인습해온 농단과 침학의 행태를 근원적으로 타파해버린 정전제의 시행을 통해서, 비로소 농민이 국가를 신뢰하는 단계로 진입할 수 있는 통로가 마련된다. 그것은 수천 년 역사에서 처음 보는 획기적 현상이다. 다산은 젊어서부터,

'임금이 백성에게 덕 되게 하는 일도 없으면서' 군역(軍役) 등으로 백성을 괴롭히는 현 실태를 비판적으로 관찰하였다. 그런데 이제는 '임금이 비로소 덕 되게 하는 일도 있다'는 확실한 현상이 일어난다. 이제 인간관계의 본질 자체에 대한 신뢰가 보편적으로 변할 것으로 해석된다.

그런데 다산의 정전제론은 그 자체를 독자적 경세론으로 정립한 것이 아니었다. 실상 정전제와 더불어 다산은, 역시 오랜 경학 공부를 통해, 삼대가 지난 후 수천 년 동안 역사에서 잊혀져 온 부공제(賦貢制)의 실체를 깨쳐내기에 이르렀다. 즉 주곡(主穀) 생산을 전담하는 정전제 농업을 확고한 기초로 하면서 그 기초 위에 여타 산업의 제 분야를 개발하고 진흥함으로써 전국적으로 수다한 항산의 터전을 마련하고 거기서 부공을 징수함으로써 국가재정을 풍족하게 하는 것이 '부공제'라고 그는 확인한다. 그리고 정전·부공의 양자에 만백성을 9직(職)으로 배치하여 각자 자기 직사를 전업적(專業的)으로 분업하도록 편성하고, 직사를 가진 만백성으로부터 직공(職貢)을 거둔다는 고안을 둔다. 다산의 정전제·부공제·9직론은 전 국가의 경제·산업이 분업적 협업이라는 연관 아래 구조적으로 작동하도록 정립한다. 그 같은 구조적 연관은 경제·산업 제 분야를 다원화·다변화하고 생산력을 격단으로 제고하기 마련이다. 더 나아가서는 '경세치용'의 제도개혁론과 '이용후생'의 기술개발론 또한 불가분의 구조적 연관 아래 상호 보완관계로 작동하도록 구조화하기 마련이다.

그 같은 구조적 경세론의 명명백백한 객관적 기준과 확고한 기초를 이루는 것이 다산의 정전제론이다. 그래서 정전제의 시행에 따라, 만백성이 일상으로 목도하고 확인하고 신뢰할 수 있는 명명백백한 객관적 규범이 무릇 국가와 만민이 접속하는 전체 행정·산업체계의 모든 분야와 층위에까지 보편적으로 파급되고 실행될 것으로 해석된다. '한 임금이 표준을 세운[一王建極] 법제'는 전국에 일률적으로 관통해야 한다는 것이 다산 경세론의 기본 원칙이기 때문이다. 그래서 이제 국가와 만민은 유사 이래 만연해온 인습적 중간 농단을 근본적으로 지양하고 새로운 시대를 창출한다는 전망을 가질 수 있게 된다.

그렇다면 다산의 전망으로는 가령 균전론(均田論)이라는 것을 이제 과연 극복할 수 있게 되는 것인가. 무릇 유교문화권의 농업경제 체제에서 균전론은 항구적 이념으로 추구해온 토지제도이다. 주곡(主穀) 생산 위주의 농업국가에서는 역사적으로 소수의 유세층이 다수 전지를 점거해왔으며, 그래서 언제나 인구에 비해 전지가 불충분하였기 때문이다.

그런데 다산의 왕정적 경세론은 정전제·부공제·9직 분업론이라는 다원적·다각적 경제·산업 진흥책을 개발한다. 가령 지금까지 주곡 생산에 매달려온 영세한 병작농(竝作農)의 경우, 이제 과일과 채소를 증산하기 위해 신설되는 '원전(園廛)과 포휴(圃畦)'의 직종으로 수령(守令)의 권면책에 따라 새로 진출할 수 있는 길이 열린다. 더 나아가 산림(山林), 천택(川澤), 해산(海産), 어염(魚塩) 등의 분야에서도 수다한 항산의 일터가 열리게 된다.

그리고 국가는 정전·부공·9직 분업론의 정립을 통해 모든 직종과 직사를 전 국가적 규모의 협업체계로 연계되도록 주선하고 추진한다. 실상 그 같은 협업적 연계는 각 분야 생산자 주민들이 자기 필요와 편익을 따라 더 적극적으로 나서서 추진하는 일이라고 다산은 확신한다. "9직으로 나누어짐은 천(天)의 이(理)이다. 위에서 비록 시키지 않더라도 백성들이 스스로 나누어질 것이다.” 곧 모든 생산자들이 유·무를 상통하는 분업적 협업 관계로 연계되는 길을 추구함에 따라 ‘서로 이바지하면서 먹고 사는’ 세상이 열린다는 소신이다. 그리고 이 단계에 이르러서는 구래의 주곡농업 위주의 단일 경제체제가, 주곡농업을 중심으로 하면서도 산업 다원화·다각화라는 개혁적 변천을 겪을 것으로 전망된다. 그래서 다산은 드디어 균전론의 차원을 지양하는 만민 균직론(均職論)을 주창할 수 있었던 것으로 풀이된다.[143]

국가는 드디어, 유사 이래 언제나 절박한 과제였던 주민의 생계 문제를 해결하고, 이제 더 차원 높은 왕정론의 구현에 매진할 수 있다. 가령 더 높은 도덕 가치를 추구하고 실현하도록 만민을 교화하는 과제가 그 하나의 사례이다. 앞에서 살펴봤듯이, 다산은 공자의 말씀을 인용해가면서 그러한 과제를 독려한다. “‘이미 부유해진 다음에는 가르치는 것’이 옛 도(道)이다. 정전제가 이미 이룩되었으니, 효제(孝悌)의 뜻을 깨우치도록 하는 것이 왕자(王者)의 정사이다”[4-5)].

다산의 왕정론에서 군주는 마치 ‘천(天)의 운행처럼 굳건’하면서도 잠시의 정식(停息)도 없이 분발하여 모든 통치행정을 몸소 보살피고 추진하는 주체로 정립되어 있다. 그의 정전제 또한 “만백성을 단속하여 모두가 각자의 직사에 분발하여 진력하도록 조직하고 관리하는 최선의 통치 조직이다”[4-3)]. 정전제를 기초로 하는 다산의 개혁적 경세론에서는 군주와 정전 농민이 다 함께 자기 직사에 분발하고 진력한다.

그런데 정전 농민을 비롯해 각 분야의 산업 현장에 나선 인간들은,

143 중국의 소위 태평천국(1851~1864)이 가장 이상적인 토지론이라고 제시한 소위 ‘천조전묘제도(天朝田畝制度)’가 아직도 ‘남녀 평등의 균전론(均田論)’을 핵심으로 하고 있었다는 사실을 참조할 것이다.

그 일상 자체가 다각도로 새로운 제도적 구속을 받는 것으로 설정된다. 그것은 무릇 인간이란 모두가 '자주성'을 갖추고 태어나는 존재라는 다산 자신의 인간관 자체와도 모순되는 일이 아닌가. 그런데 그것은, 수천 년 누적되어 온 현 실태의 엄혹하고도 지리멸렬한 다원적·다층적 비리와 인습을, 국가적 규모의 공공적(公共的) 규율을 통해 극복하고자 하는 '제도적 구속'으로 해석된다.

더 나아가, 여기서 인간들이 그토록 분발하고 진력하는 것은 그들 자신의 '자주적' 판단에 따른 일상의 '욕구'를 실현함으로써 새로운 가치 있는 것을 창출하고자 하는 과정으로도 해석된다. 다산에 따르면, 성인(聖人)의 다스림은 원래 "천하의 백성으로 하여금 사람마다 그 어버이를 사랑하고 어른을 어른으로 섬김으로써 각자가 그 인(仁)을 성취하도록 하는 것이다."[144] 다산의 정전제론을 두고 본다면, 정전 본래의 '분전(分田) 제산(制産)'이 결국은 가정마다 "효·제(孝悌)의 가르침을 깨우쳐" "우러러 부모를 봉양하고 구부려 처자를 양육"하도록 하는 데로 귀결하는 것이다[4-5)].

그런데 다산은 자신의 정전제론을 비롯한 그 같은 개혁적 경세론이 현실적으로 과연 실현 가능한 것이라고 확신하고 있었는가. 현실성이 없는 경세론이라면 어찌 실학(實學)이라 할 수 있을 것인가.

다산의 경우, 이왕 왕정론을 고안할 바에야 '현재의 제도에 구애됨이 없이' 최선의 이론을 구성한다는 것이 『경세유표』의 서문에서 밝혀 둔 그 자신의 구상이다. 다산은 다시 말한다. "천하의 이(理)는 하나이

144 『논어고금주』 6-36, 「如有王者必世而後仁」. "堯舜率天下以仁 … 皆欲使天下之民 人人親其親長其長 而各成其仁也."

다. 지금 사람이 행할 수 없는 것은 요순(堯舜) 삼왕(三王)도 반드시 할 수가 없었고, 요순 삼왕이 할 수 있었던 것은 지금 사람도 반드시 행할 수 있다. 어찌 의심을 둘 것인가."[145]

성인(聖人)의 도(道)에 대한 믿음, 그리고 변법적 개혁을 통해 왕정을 구현하고자 하는 다산의 간구(懇求)가 그만큼 깊었던 것으로 해석된다. 그러한 간구는 역시 『경세유표』의 서문에도 부분적으로나마 드러나 있다. "영조(英祖)가 균역법(均役法)을 제정할 때, 가로막는 자가 있었다. 영조가 말하였다. '나라가 비록 망한다고 할지라도 이 법을 개혁하지 않아서는 안 된다.' 아아, 이는 대성인(大聖人)의 정대한 말씀이다. 시속의 군주가 애쓴다 해서 꺼낼 수 있는 말이 아니다."

물론 이 사례는 극히 단편적인 것에 불과하다. 왕정론이라는 원대한 국가개혁론을 결코 일개 균역법 따위로 비교할 수가 없다. 그러나 현명한 군주와 현명한 신하가 만나 구체적으로 검토하고 논의한다면, 다산의 개혁론도 그 시행의 가능성을 전혀 도외시할 것만은 아니라고 이해된다. 이미 정전제의 착수를 위한 '공전'의 확보 과정에서 다산은 각 군현마다 '전지를 많이 가진 사민(士民)'층의 '원납전(願納田)'에 큰 기대를 걸고 있었다. 각지의 유력한 '사민'층인 그들은, 정전제가 시행되면 수천 년 인습의 중간 농단을 근원적으로 깨뜨려버릴 수 있다는 큰 기대 아래, '왕토'인 '공전'을 조성하는 일에 그들의 전지를 바쳐 적극적으로 참여한다고 하였다. 또한 각 군현 단위 정전의 구획 과정에서도 그 지역의 덕망 있는 유력한 인사들이 기꺼이 참여하여 소위 '일반 정

---

145 『경세유표』 5-2, 地官修制, 田制 1, 井田論 1. "天下之理一也 今人之所必不能 亦堯舜三王之所不能 堯舜三王之所已能 亦今人之所必能 豈有疑哉."

전'의 구획을 수행한다고 하였다. 그뿐만 아니라 현 실태 지배체제의 인습적 비리로 짓눌려 온 만백성이 자기 편익을 추구하기 위하여 '난리'를 일으켜서라도 현 체제를 개혁해보고자 하는 결곡한 열망을 바탕으로 다산의 개혁적 경세론이 전개되었다는 객관적 사실을 결코 간과해서는 안 될 것이다.

실상 무엇보다도 정전제를 채택하고 시행하는 결정적 계기는 군주를 비롯한 당로자(當路者)들의 적극적 관심 여부에 달려있었다. 그런데 19세기 조선 왕국의 '척신(戚臣) 정치'에서는, '나라가 망할' 각오의 통렬한 책임을 안고 국가개혁을 추진하고자 하는 당로자는 결코 있을 수 없는 일이었다. 그러니 그 당로자의 눈에 들 만한 개혁론을 제시하지 못한 책임에서는 다산 자신도 비켜서지 못한다고 해야 할 것인가.

그리고 민란과 외침이 연속되기에 이르렀다. 망국(亡國) 이전에는 다산의 왕정론을 강론해보고자 하는 시도조차 거의 없었다. 정전제를 기초로 하는 다산의 왕정적 경세론은 결국 한국 중세 후기의 낡은 역사 속에서 새로운 시대를 지향하고자 하는 국가론(國家論)이라는 역사적 의의만으로 남겨질 수밖에 없었다.

다산의 정전제론은, 동아시아 유교 문화권의 선진적 국가 경제론들을 두루 다 검토한 후, 드디어 정전제의 기초 위에 부공제를 실시하고 양자에다 만민을 9직으로 편성 배치한다는 균직론을 제시한다. 그래서 모든 주민을 분업적 협업으로 연계시킨다는 최선의 사회경제론을 성립하기에 이르렀다. 비록 현실적 실현을 보지는 못했을지라도 그것은 전근대의 다양한 토지 개혁론과 그에 기초하여 운용할 왕정론에 관한 모든 이론을 비판적으로 점검하고, 드디어 가장 이상적이라고 판단한 최후의 원형(原型)을 모색하여 정립해놓기에 이르렀다.

그런데 그 최후의 원형은 이미 새 시대를 창출하고자 하는 중세 후기의 다양한 열망들을 집약한 새로운 기준들을 허다하게 포괄하고 있다. 그런 면에서도 그것은 새로운 국가론으로서 더할 수 없이 큰 역사적 의의를 지닌다.

제7장

다산의 통치법제와 통치이념론

1. 머리말

다산 정약용의 실학은 자신이 깨쳐낸 경학(經學)의 원리와 수준을 기울여 이 땅에서 삼대(三代)의 경우와 같은 '왕정(王政)'을 구현하고자 하였다. '왕정'을 구현하기 위한 기본 통치법제로서 그는 『경세유표』를 초안하였다.

『경세유표』에서 가장 역점을 두어 서술한 부분은 그의 왕정론의 사회경제적 기초를 규정하는 정전제론(井田制論)이다. 주지하듯이 정전제론은 동아시아 유교문화권에서 '균전(均田)'의 이념을 실현할 가장 이상적인 토지론으로 오래 논의해온 것이었다. 그런데 다산의 경우 경전(經傳)의 새로운 해석을 통해, 그 같은 '균전' 이념을 포괄하면서도 지양하고, 이미 오래 잊힌 정전제론을 다시 구체적으로 추구하여 왕정을 구현할 가장 독자적인 토지론으로 정립하였다는 사실을 주의할 필요가 있다.

그는 종래 도외시되어 온 국내 산업의 제 분야를 새로운 차원에서 다원적·다각적으로 개발 진흥함으로써 드디어 주곡(主穀)농업 일변 의존적인 국가경제 수준을 지양한다는 새로운 경세론(經世論)을 확립할 수 있었다. 이에 그는 전국 만민을 '9직(職)'으로 나누어 배치함으로써 만민 '균직론(均職論)'을 실현한다는 전망 위에서, 드디어 '균전론'을 포괄하면서도 지양하는 독자적 정전제론을 소신껏 추구할 수 있었다. 그리고 이 정전제론이라는 사회경제적 바탕 위에서 그는 자신의 왕정론

을 소신 있게 펼칠 수 있었다.[1]

한편, 다산이 오랜 경학(經學) 공부를 통해 깨쳐낸 천(天)과 인간의 심성(心性)에 관한 이론은 드디어 이기론(理氣論)이라는 성리학의 본체론 자체를 부정하고 새로운 인간관을 정립하였다는 사실 또한 주의하지 않으면 안 된다. 다산에 따르면, 천(天)의 영명한 능력을 직통으로 부여받은 심(心)이야말로 인간의 실체이다. 인간의 '심'은 세상 모든 이치를 깨쳐 알고 추구하는 능력과 도덕적 선악을 판별하여 선택하고 추구하는 자주권을 천부적으로 갖추고 있다. 따라서 인간은 그 자신 권한과 책임을 동시에 인식하고 담당하는 주체적 존재이다. 다산의 왕정론은 그 같은 주체적 인간들이 각기 제 위상을 차지하여 제 몫을 수행하는 조화로운 세상과 나라를 만들고자 하는 데 목표를 두고 있다.

그러므로 왕정의 구현을 위해 정립한 『경세유표』의 통치법제는 새로운 천(天) 및 인간 심성론을 전제로 하는 다산의 새로운 통치이념을 아울러 고찰하지 않고서는 결코 그 온전한 이해에 도달하기가 어려운 것으로 판명된다.

그런데 또한 여기 반드시 덧붙여 고려해야 할 사안이 있다. 즉 다산 실학의 경우 다소간에 '근대(近代)'라고 하는 엄연한 세계사적 실체와 결코 무관하게 이해하기는 이미 어렵게 되어있다는 객관적 사실이 그것이다. 여기서 '근대'란 것은 물론 서양식 근대 자본주의 체제를 전제하는 개념이다. 그런데 스스로 '근대'라는 것을 성취하지 못한 한국 학계에서는, 마침 중세 후기 실학을 집대성한 다산에게서 이 '근대적' 속

1 김태영, 2012, 「다산의 정전제론」, 『다산 정약용 연구』, 사람의무늬.

성을 발굴하는 작업이야말로 다산학의 본질을 풀어내기라도 하는 듯한 연구 동향을 한편에 드러내고 있다.

다산이 구성해낸 왕정론적 통치법제와 그 이념은 과연 그 같은 '근대적'인 방향을 추구하고 있었는가.

2. 다산의 새로운 통치법제론

다산은 삼대가 지난 이후로 제정된 통치법제란 것은 모두가 '폐법(弊法)'의 누적에 지나지 않는 것이라고 이해한다.

> 삼대 때 우(禹)·탕(湯)·문(文)·무(武)가 나라를 이룩하여 표준을 세우고 예악(禮樂)을 제정하여 금석(金石) 같은 법전(法典)을 드리우니, 현능한 신하와 훌륭한 보필들이 뒤의 임금에게 고하기를, "어기지 말고 잊지 말아서 모두 다 옛 법을 따라 하소서" 하였다. 그런데 후세에는 세상이 어지러울 때를 타서 우뚝 일어선 자가, 천명(天命)은 아직 정돈되지 않고 인심(人心)도 복속되지 않은 상태에서 호강(豪强)한 자들의 원망을 살까 염려해서 드디어, 쇠란(衰亂)한 세상을 오래 거치면서 겹겹이 쌓여 벌써 곪아 터질 종창(腫瘡)을 이루고 있는 폐법(弊法)들을 그대로 따라 법제로 쓰게 되었다.[2]

2 『經世遺表』 11卷(『與全』 5集, 11卷, 21). "三代之時, 禹·湯·文·武, 建邦立極, 制禮作樂, 以垂金石之典, 則賢臣良弼, 告于嗣君曰: '不愆不忘, 率由舊章.' 後世乘亂崛起者, 天命未定, 人心未服, 恐取豪右之怨, 遂因衰亂之弊, 陳陳相仍, 已成漏瘡者."

조선 왕국의 경우를 두고서는 구체적으로 다음과 같이 말한다.

> 우리나라의 법제란 것은 대개가 고려의 옛 법을 그대로 따른 것이요, 세종 때 이르러 다소 손익(損益)을 가하였으나, 한 번 임진왜란을 겪은 후로는 백 가지 법도가 무너져 모든 일이 어지럽게 되었다. 군문(軍門)을 자꾸 증설하여 국가 재정이 탕진되고, 전제(田制)가 문란해져 부세(賦稅)의 징수가 편중되기에 이르렀다. … 탐학한 풍습이 크게 일어나 생민이 초췌하게 되었다. 가만히 생각건대 터럭 한끝에 이르기까지 병들지 않은 것이 없으니, 지금에 와서 (법제를) 개혁하지 않는다면 반드시 나라가 망하고 말 것이다.[3]

현 실태를 규정하고 있는 소위 '조종의 법제'를 그대로 두고서는 '반드시 나라가 망하고 말' 것이라는 위구심을 다산은 토로한다. 그 위난의 조선 왕국을 다시 치세(治世)로 돌이키고 '왕정'을 구현하고자 할 때, 다산은 이제 어떠한 통치 원리와 법제를 준거 삼고자 하였는가. 역시 오랜 경학 공부를 통해 그가 도달한 견해는 다음과 같다.

> 삼가 살피건대, 폐법과 학정(虐政)이 일어나게 된 것은 모두가 경전(經傳)의 뜻을 밝혀 알지 못한 데에서 말미암았다. 그러므로 치국의 요체는 경전의 뜻을 밝히는 일보다 먼저 해야 할 것이 없다.[4]

---

3 『經世遺表』, 「引」(『與全』 5集, 1卷, 3). "我邦之法, 多因高麗之舊, 至世宗朝, 小有損益. 一自壬辰倭寇以後, 百度墮壞, 庶事搶攘. 軍門累增, 國用蕩竭, 田疇紊亂, 賦斂偏辟. … 貪風大作, 生民憔悴. 竊嘗思之, 蓋一毛一髮, 無非病耳. 及今不改, 其必亡國而後已."

4 『經世遺表』 10卷(『與全』 5集, 10卷, 16). "臣謹案, 弊法虐政之作, 皆由於經旨不明, 臣故曰, 治國之要, 莫先於明經也."

> (삼대의) 전장(典章) 법도(法度)는 주(周)나라에 이르러 크게 정비되고 진선진미해져 더하거나 덜어낼 것이 없게 되었다. 왕자(王者)가 새로 일어나는 경우 반드시 일체 『주례(周禮)』를 준수하게 될 것이다.[5]

그는 드디어, 옛 성인(聖人)들이 남긴 경전의 원리를 밝혀낸 기초 위에 『주례』를 준거 삼아 『경세유표』를 초안하기에 이르렀다.

그런데 다산은 『주례』의 법제들을 조선 후기의 현실에 결코 그대로 적용할 수 없었다. 역사적 현실이 크게 달라졌기 때문이다.[6] 그러므로 그는, 『주례』를 준거 삼기는 하지만 역사적 현실에 상응하는 새로운 통치법제를 독자적으로 정립하지 않으면 안 되는 처지였다. 새로운 통치법제는 어떻게 제정해야 하는가.

먼저 젊은 사환기에 제시한 「원목(原牧)」이란 글에서, 백성의 일상의 편익을 위해 아래로부터 위로 올라가는 방식으로 통치법제가 제정되어야 한다는 원칙을 그가 제시한 바 있음은 다 아는 사실이다.

> 이정(里正)이 백성의 여망을 따라 법을 제정하여 당정(黨正)에게 올리고, 당정은 백성의 여망을 따라 법을 제정하여 주장(州長)에게 올리며, 주장은 국군(國君)에게 올리고 국군은 황왕(皇王)에게 올리니, 그러므로

---

5 『論語古今注』 1卷(『與全』 2集, 7卷, 35). "典章法度, 至周而大備, 盡善盡美, 無可損益. 有王者興, 必一遵周禮."

6 가령 삼대 왕정의 기초였다고 하는 정전제(井田制)를 두고 말하면, 『주례』에는 "乃經土地, 而井牧其田野, 九夫爲井, 四井爲邑."(「地官·小司徒」) 등의 극히 단편적 문자로만 드러나 있다. 그러나 다산의 경우는 『상서(尙書)』라든가 『맹자(孟子)』를 비롯한 여러 경전에 단편으로 남아있는 정전제의 원리를 참작하여 가장 온전한 제도를 정립함으로써 현실 개혁의 기초로 삼고자 하였다. 그래서, 『경세유표』에서도 가장 큰 비중을 두어 서술한 것이 정전제론이다. 김태영, 2012, 앞의 글 참조.

> 법은 모두 백성에게 편의한 것이었다.[7]

'백성의 여망을 따라' 법이 제정되어야 한다는 논지는 실로 다산 실학이 함축하고 있는 이념의 한 극(極)을 표현하는 개념으로 판단된다. 실상 다산은 유배 후의 오랜 경학 공부를 통해서 결과적으로 위와는 다른 통치법제 제정론을 말하기에 이르렀지만, 무릇 '백성의 여망을 따른' 법제의 제정 이념은 그의 만년에도 끝까지 견지하는 한 가닥 소신이었던 것으로 살펴진다. 무엇보다 "천리(天理)에 비추어보아도 합당하고 인간의 실정[人情]에 시행해 보아도 화협(和協)하는 것을 일러 예(禮)라고 한다"[8]면서 『주례』를 모범으로 하는 『방례(邦禮)』를 초안한 것이 『경세유표』였다는 사실이 그것을 증거한다. 여기서 '천리'는 그가 '성인의 경전'에 대한 오랜 공부를 통해서 터득한바 세상천지를 관통한다는 '원리'요, '인정'이란 곧 현실의 '백성의 여망' 이외의 다른 것이 결코 아님을 확인할 수 있다. "천(天)이 듣고 보는 것은 우리 백성들의 듣고 보는 데 따른다"라고 하는 것이 그의 소신이다.[9]

그런데 앞에서 말한 대로 현실을 규정하는 '법제'란 것은 워낙 '폐법'의 범주를 벗어나지 못하는 것임에도 불구하고, 다산의 현실에서 소위 '조종의 법제'는 결코 변통할 수 없는 것으로 구조화해 있었다.

> 혹 하나라도 깨달은 견해가 있어 경장하기를 시험해보고자 하면, 원

---

7 『詩文集』, 「原牧」(『與全』 1集, 10卷, 5). "里正從民望而制之法, 上之黨正, 黨正從民望而制之法, 上之州長, 州上之國君, 國君上之皇王, 故其法皆便民."

8 『經世遺表』, 「引」(『與全』 5集, 1卷, 1). "揆諸天理而合, 錯諸人情而協者, 謂之禮."

9 『書·皐陶謨』의 "天聰明, 自我民聰明"이란 문자를 두고 다산은 "天之視聽, 自我下民"이라 해석하였다. 『尙書古訓』 2卷(『與全』 2集, 23卷, 37).

> 로대신으로서 침중(沈重)하여 덕(德)이 있는 듯한 자가 반드시 한마디 말로써 천천히 억압하기를, "조종의 법제는 반드시 경장해야 하는 것이 아니다"라고 한다. 그러면 호강(豪强)하여 권세를 업고 사(私)만 알지 공(公)은 모르는 자가 반드시 따라 되뇌기를, "노야(老爺)의 태산교악(泰山喬嶽) 같은 덕망이 국가를 진정할 만하다"라고 한다. 그러나 실상 향원(鄕愿)의 거짓 덕(德)이요, 선(善)을 좋아하는 마음은 한 점도 없는 것이다.[10]

여기서 '원로대신'과 그에 동조하는 '호강'한 자들이란 대체 어떠한 존재들인가. 주지하듯이 오랜 당쟁의 과정을 통해 마침내 영구 집권의 정치적 지반을 구축한 노론당 중심의 '벌열가' 이외의 다른 자들이 아니라 함이 다산의 지론이다. 가령 "공경 재상의 자제는 반드시 공경 재상이 된다"[11]라고 하는 성호(星湖)의 관찰에서 유추되는 바와 같이, '조종의 법제'라는 것을 지켜 현 실태를 길이 유지하는 행태야말로 그들 '벌열가'의 사익(私益)에 직결되는 일이었던 것이다.

여기서 개혁적 통치법제의 제정과 그 실현은 결국 현재의 '조종의 법제'하에서는 결코 착수조차 해볼 수 없는 사안임이 명백히 드러난다. 그러므로 그것은 '법'의 운용을 통해서가 아니라 결국 정치적 결단을 통해 그나마 착수해볼 수 있는 과제에 속한다. 그리고 그 같은 정치적 결단을 기대해볼 수 있는 주체는 결국 왕권(王權) 이외의 다른 존재

10 『經世遺表』 11卷(『與全』 5集, 11卷, 21). "或有一得之見, 欲試更張之術, 則元老大臣, 沈厚似有德者, 必以一言徐壓之曰'祖宗法制, 不須更張', 則其豪右負勢, 知私而不知公者, 必從而誦之曰 '老爺泰山喬嶽, 可以鎭國', 其實鄕愿僞德, 無一點樂善之心者也."

11 『성호사설』, 7권, 인사문, 侈俗.

가 결코 있을 수 없다는 사실이 드러난다.[12]

그런데 그 같은 개혁법제의 제정에는 실로 수다한 반발이 일어날 것을 다산인들 어찌 모르겠는가. 그러나 그는 단언한다. "한 임금의 법제는 만세토록 길이 힘입는 것인데, 한때의 조그마한 시끄러움을 견디지 못하여 만세까지 끌어갈 큰 혼란을 청산해버리지 못한다면 성인(聖人)이 세상을 경영하는 넓은 도량이 아니다. 비록 세입(歲入)이 감소되어 재정을 맡은 관원이 근심하더라도 우려할 것이 아니며, 비록 세입이 증대함에 따라 소민(小民)들이 비방할지라도 돌아볼 일이 아니다. 한 왕의 법은 금석(金石)같이 굳건히 획정하고 형척(衡尺)같이 공평해야 하는 것이다."[13]

'만세토록' 운용할 왕정의 법제 제정에 착수하는 왕권은 그만큼 변혁 주체로서의 확고한 소신과 결단을 갖지 않으면 안 된다. 그 같은 사정은 다산 자신이 정전법의 제정을 서술하는 대목에서 이미 예상해둔 바였다.

> 바야흐로 (정전제의) 공전(公田)을 창립할 때에는 온 나라가 소란해질 것이다. 우매한 백성들이란 사공(事功)의 성취된 결과는 함께 누릴 수 있지만, 당초부터 계획을 함께 할 수는 없는 것이니, 온 나라가 소란해질 것이다. 그러나 왕(王)의 한마음은 만 가지 교화의 근본이다. 진실로 위대한 결단이 확고하여 영조(英祖)께서 균역법(均役法)

12 김태영, 2000, 「다산 경세론에서의 왕권론」, 『다산학』 창간호, 다산학술문화재단 참조.

13 『經世遺表』 8卷(『與全』 5集, 8卷, 23). "一王之法, 萬世永賴, 不耐一時之小騷, 未淸萬世之巨亂, 非聖人經世之弘量也. 設令歲入有減, 度支憂歎, 不可恤也, 設令歲入有增, 小民謗訕, 不可顧也. 一王之法, 不可不畫之如金石, 平之如衡尺."

을 세우던 일과 같이한다면 어찌 성공치 못하리라고 걱정할 것인가. 영조의 말씀에 "나라가 비록 망하더라도 균역은 하지 않을 수 없다" 하셨다. 아아, 이는 왕자(王者)의 정대한 말이었다. 순(舜)이 말하기를 "능히 힘을 분발해서 왕의 일을 밝힐 자가 있거든 총재(冢宰) 자리에 앉혀서 모든 일을 밝히고 온 백성을 사랑하도록 하라" 하였다. … 아래에 있는 신하로서 능히 분발하고 협찬하는 자가 있은 다음이라야 공전의 법을 세울 수가 있다. 그 규모와 절목이 모름지기 치밀하고 조리가 정연하게 갖추어진 다음이라야 이에 시행하여도 폐단이 없을 것이다.[14]

다산은 현명한 왕자(王者)의 등극을 대망하고 있었다. 그러나 그 같은 현명한 왕뿐만 아니라 다시 '아래에 있는 신하로서 능히 분발하고 협찬하는 자가 있은 다음이라야' 이에 새로운 개혁법제를 세울 수가 있다. 그런데 이 경우 '분발하고 협찬하는' 신하는 결코 다수가 나오기는 어렵다.

우공(禹貢)의 제도를 세우는 일은 곧 천지(天地)가 생기고 개벽됨을 이어받아 성왕(聖王)이 경륜을 세우고 기강을 베풂으로써 천지와 더불어 다시 시작하는 큰 법제를 정립한 것이다. 이때에는 반드시 순(舜)·우(禹)가 동일한 목표를 세우고 또한 직(稷)·설(契)·고요(皐陶)·익(益) 등

14 『經世遺表』 1卷(『與全』 5集, 1卷, 17). "方公田之創立也, 一國其騷騷矣. 愚民可與享成, 不可與慮始, 一國其騷騷矣. 然人主一心, 爲萬化之本. 誠使聖斷, 赫然如英考之於均役, 則何患不成? 英考之言曰: '國雖亡, 均役不可不爲.' 嗚呼! 此王者之大言也. 帝曰: '有能奮庸, 熙帝之載, 使宅百揆, 亮采惠疇.' … 在下之臣, 有能奮發協贊, 而後公田之法可立也. 其規模節目, 尙須細密使條理森爽, 然後乃可以行之無弊."

> 이 한자리에 모여앉아 서로 협찬하고 토의하여 전등(田等)과 부등(賦等)과 공액(貢額)과 공로(貢路)를 제정하였다. … 천연(天然)으로 만들고 철(鐵)로 주성(鑄成)한 것처럼 튼튼하게 하여 이 금석(金石) 같은 법전을 정립하게 되었다.[15]

요·순·우는 바로 성왕(聖王)이요, 직·설·고요·익 등은 그 성왕에 버금가는 현신들이다. 곧 성왕과 그들을 보필할 현능한 대신(大臣)들이 왕정을 실현할 명백한 의도로 정성을 다해 논의하고 협찬함으로써 만세토록 시행할 튼튼한 통치법제를 제정할 수 있다.

그러나 조선 후기의 현실에서 그러한 '성왕과 현신'의 출현을 기대하기는 극히 어려운 일이었다. 결국 자신이 오랫동안 구축한 경학 공부의 온축을 바탕으로 다산은 스스로, 홀로 '왕정'을 실현할 새로운 개혁법제를 초안하지 않을 수 없었다.

> 우(禹)와 직(稷)이 토지를 다스릴 적에 피부의 털이 닳아 없어지고 손발에 굳은살이 박였다. 썰매를 타고 나막신을 끌며 산을 넘고 구렁을 건너 9년 동안 밖에 있으면서 집 문 앞을 3번 지나쳤으나 들어가 보지 못하였다. 그런 후에야 견(畎)·회(澮)를 파서 냇물에 이르게 하고, 냇물을 파서 사해(四海)에 이르게 함으로써 그 일을 마칠 수가 있었다. 요(堯)임금 때를 당하여 현인과 성인이 대단히 많았으니 그 여러 신

---

15 『尙書古訓』 2卷(『與全』 2集, 23卷, 4). "〈禹貢〉 立制, 是聖王繼天造, 開天荒, 立經陳紀, 與天地更始之大法. 必於是時, 舜·禹同德, 而稷·契·皐·益, 一堂同會, 相與都兪吁咈, 以之定田等·定賦等·定貢額·定貢路. … 天成鐵鑄, 爲此金石之典." 우공(禹貢)은 『상서(尙書)』 하서(夏書)의 한 편명. 하(夏)나라 우(禹)임금 때 전등(田等)을 고찰하여 공부(貢賦)의 물목(物目)과 액수 및 납부의 노정(路程) 등을 규정하였다는 내용이다.

> 료의 뭇 집사(執事)와 좌우의 많은 올바른 사람들이 길을 나누어 사방으로 나아가 위와 같이 겨를 없어 함을 분담할 자가 어찌 없었겠는가. 그러나 진실로 천하를 하나로 관통할 큰 법제는 한 사람의 솜씨에서 나와야 한다. 한 사람의 솜씨에서 나와야만 그것이 이룩하는 일마다 균제(均齊) 방정(方正)하여 못[釘]을 끊고 쇠를 절단한 것처럼 어긋나거나 기울어지는 병통이 없기 마련이다.[16]

그와 같이 '천하를 하나로 관통할 큰 법제'를 세우는 역사적 사례를 다산은 따로 옛 경전의 연구를 통해서도 다시 확인해둔 바가 있다.

> 제명(帝命)이라 함은 무엇인가. 고인(古人)이 천(天)을 섬김에는 모두 정성으로 믿고 정성으로 두려워하였다. 후세의 왕위를 다투는 자들이 빙자하고 가탁하여 천을 내세움과 같은 것이 아니었다. 여기 경건한 마음으로 밝게 섬김으로써 상제(上帝)의 뜻을 헤아리고 능히 몸소 그 은밀한 훈계를 받들어 천명(天命)을 깨달아내는 이가 있으니, 제왕이 되려는 자는 이 사람을 얻지 못하면 감히 나라를 다스릴 수 없으며, 조고(祖考)의 통서(統緖)를 이어받는 자도 이 사람을 얻은 연후에야 능히 통치를 이룩하여 중흥을 도모할 수 있고, 혁명의 때를 만난 자도 이 사람을 얻은 연후에야 능히 천명을 받아 창업할 수가 있었다. 그러므로 … 탕(湯)은 이윤(伊尹)을 얻고서야 하(夏)나라를 대신하여 통치

16 『經世遺表』 6卷(『與全』 5集, 6卷, 21). "禹·稷之治田也, 皮膚生毛, 手足胼胝, 乘橇曳梮, 踰山越壑, 九年在外, 三過其門而不得入. 然後能濬畎·澮距川, 濬川距四海, 以畢其功. 當堯之時, 賢聖蔚興, 其群臣百執事, 左右衆正之人, 亦豈無分路四出, 頒其弗暇者哉? 誠以一天下之模範, 當出一人之手, 出於一人之手, 然後其所作爲均齊方正, 斬釘截鐵, 無參差欹側之病耳."

할 수 있었고, 문왕·무왕은 상보(尙父)를 얻고서야 상융(商戎)을 쓰러뜨릴 수 있었다. 그것은 그의 지모(智謀)와 재술(才術)이 천하무적이어서가 아니요, 그 신명(神明)스러운 충심(衷心)이 능히 천명을 헤아려낼 수가 있었기 때문이다. 그러므로 그를 세워서 스승으로 삼고 그의 말을 들어서 그대로 따랐던 것이다. 그러므로 바야흐로 군대를 출동시켜 죄 있는 자를 정벌하되 감히 크게 드러내어 말하기를 "상제의 명으로 죽이는 것이니, 정벌하지 않을 수가 없다"라고 한다. 상제를 거짓으로 속여 빌미 삼아 스스로 말하는 것이 아니요, 상제의 밝은 명령을 들었기 때문이다.[17]

진(秦)나라 이후로는 사악한 말들이 세상에 넘쳐나 바른길이 막히게 되었다. 오방(五方)·후토(后土)에 사당을 세워 사특한 귀신에게 아첨하고, 하고자 하는 일이 있으면 맹렬하게 일어나 움켜잡고는 우러러 천명에 물어보지도 않으며, 강자가 약자를 삼키고 힘으로 굴복시키며 위엄으로 제압하니, 천(天) 또한 그대로 두고서 다스리지도 않는다. 안목이 이 같은 데에 익숙해져 있으니, 어떻게 옛날의 제명(帝命)을 믿을 수 있을 것인가.[18]

그런데 다산은 자신의 '신명스런 충심이 능히 천명을 헤아려낼 수'

17 『梅氏書平』 4卷(『與全』 2集, 32卷, 8). "帝命者, 何? 古人事天, 皆誠信而忱畏之, 非如後世爭王之人, 憑依假託而稱天也. 厥有虔心昭事之人, 格于上帝, 能躬承密訓, 灼知天命, 爲帝王者, 不得此人, 不敢以爲國. 承祖考之緖者, 得此人然後, 能致治以中興, 値鼎革之際者, 得此人然後, 能受命而肇業. 故 … 湯得伊尹, 以代夏政, 文·武得尙父, 以殪商戎, 非其智謀·才術無敵於天下也. 乃其神明之衷, 能格知天命, 故立之爲師, 詢其言而順之. 故方其出師而伐罪也, 敢爲大言曰: '帝命殛之, 不敢不征.' 此非矯誣上帝, 憑空自言得帝之明命也."

18 『梅氏書平』 4卷(『與全』 2集, 32卷, 8). "自秦以降, 邪說充塞, 正路榛莽, 祠五方祠后土, 以媚邪神. 事有可欲, 卽鷙發以攫之, 不必仰質於天命. 弱肉强呑, 力服而威制, 天亦縱之而不理也. 眼貫於此, 何以信古之帝命乎?"

도 있는 경지로까지 깊어졌다고 생각하기에 이른 것일까.

실상 유배기의 다산은 그 오래되고 고독한 경학 연구에서, "정밀한 탐구와 신묘한 깨달음을 통해 옛 성인의 본뜻을 많이 깨쳐낼 수" 있었음을 「자찬묘지명」에서 회상하고 있다.[19] 그의 경학 연구는 암묵리에 '신명(神明)의 도움'이 있었던 것으로 자신이 확인한다.

> 처음에 내가 『역(易)』을 익히고 『예(禮)』를 탐구하여 모든 경서(經書)에까지 미쳐 갔는데, 한 가지를 깨달을 적마다 마치 신명(神明)의 묵묵한 깨우쳐 주심이 있는 듯하여 남에게 말할 수 없는 것이 많았다. 형님 약전(若銓)이 흑산 바다에 있으면서, 한 편이 이루어질 적마다 보시고는 말하기를, "네가 이 경지에 이르게 된 것은 너 스스로도 알지 못했을 것이다. 오호라, 도(道)가 천 년 동안 없어져 갖가지로 가려졌는데, 네가 헤쳐내고 끌어내어 그 가려진 것들을 환하게 풀어내었으니 어찌 네가 할 수 있는 일이겠느냐" 하였다.[20]

여기서 "신명의 묵묵한 깨우쳐 줌"이란 내용의 실체는 무엇을 가리키는 것일까. 자신의 공부가 넉넉히 깊고도 숙성하여 이미 스스로 깨우칠 경지에 이른 다음이라야 비로소 일어날 수 있는, 직관으로 관통하는 깨달음[覺得] 이외의 현상은 아닐 것이다.

가령 삼대 왕정의 기초였다는 정전제를 두고서 그는, 자신이 새로

---

19 『詩文集』, 「自撰墓誌銘[壙中本]」(『與全』 1集, 16卷, 2). "精妍妙悟, 多得古聖人本旨."

20 『詩文集』, 「自撰墓誌銘[集中本]」(『與全』 1集, 16卷, 17). 始鏞玩《易》研《禮》, 以及諸經, 每一悟解, 若有神明默牖, 多不可告於人者. 其兄銓在黑山海中, 每一編成, 見之曰: "汝之所以至此, 汝不能自知也. 嗚呼! 道喪千載, 蒙之以百蔀, 披之剔之, 豁其翳薈, 豈汝之所能爲哉?"

고안한 제도야말로 '선왕(先王)의 본법(本法)'임을 단언한다. "성인의 여러 경서(經書)를 보건대, 내가 참작해서 변통하고자 하는 것이 원래 선왕의 본법이었다."[21] 그러므로 "(정전제를) 경계(經界)하는 정사(政事)는 천지를 거듭 새로이 이룩하는[重刱] 큰일"이요, "지금 선왕(先王)의 대도(大道)를 좇아 만세토록 준행할 큰 경법(經法)을 세운다"라고 그는 확신하기에 이르렀다.[22]

3. 새로운 통치법제의 이념

1) 다산의 천인관(天人觀)

다산에 따르면, 천리(天理)와 인정(人情)은 결코 고금이 다르지 않다.[23] 그런데도 그는 독자적으로 『방례』를 다시 초안해야 하는 까닭을 밝힌다.

> 하후씨(夏后氏)의 예(禮)는 하후씨 혼자 만든 것이 아니었다. 곧 요·순·우·직·설·익 등이 정신을 모으고 정성과 지혜를 다하여 만세를 위해 입법한 것이었다. 그 한 조목, 한 사례인들 어찌 다른 사람이 바꿀 수가 있는 것이겠는가. 그러나 은(殷)나라 사람들이 하(夏)를 대신하게

---

21 『經世遺表』 5卷(『與全』 5集, 5卷, 2). "及觀聖經諸文, 乃臣之所欲參酌而變通之者, 原是先王之本法."

22 『經世遺表』 7卷(『與全』 5集, 7卷, 30). "經理之政, 天地重刱之大事也. … 今也遵先王之大道, 立萬世之大經." 이 같은 논의의 전말에 대해서는 김태영, 2011, 「『경세유표』에 드러난 다산 경세론의 역사적 성격」, 『퇴계학보』 제129집, 퇴계학연구원 참조.

23 『尚書古訓』 4卷(『與全』 2集, 25卷, 13). "天理人情, 古今不殊."

> 되자 (하나라 법제를) 줄이고 더하지 않을 수 없었고, 주(周)나라 사람들이 은을 대신하게 되자 (은나라 법제를) 줄이고 더하지 않을 수 없었다. 어째서 그러한가. 세도(世道)란 것은 강하(江河)의 밀고 움직여 감과 같아서, 한번 정해져 만세토록 불변한다는 것은 이치상 그럴 수가 없기 때문이다.[24]

여기서 '줄이고 더한다[損益]' 함은 이전 왕조 통치법제의 일정 부분을 개혁한다는 뜻이다. 시대에 따라 역사적 현실이 달라지므로, 거기에 맞는 새로운 법제의 제정은 불가피하다는 뜻이다.

그런데 삼대 이후로는 '성인의 경전'에 대한 해석이 근본적으로 잘못되었는데, 잘못된 해석은 '폐단스러운 법제와 사나운 통치'로 드러났을 뿐만 아니라, '천(天)과 인간'에 대한 이해 역시 근본적 오류를 벗어날 수 없게 해왔다는 것이 다산의 소신이다. 실상 조선 후기의 실학 가운데서도 가장 두드러지게 드러나는 다산 실학의 특징은 그가 새로운 독자적 천인관(天人觀)을 확립하였다는 사실에서 찾을 수 있다. 무엇보다도 성리학의 본체론인 이기론(理氣論)과 거기서 유추된 '성이 곧 이[性卽理]'라고 하는 인간 심성론 자체를 그는 자신의 새로운 천인관에 따라 부정하기에 이르렀다. 실로 이 새로운 천인관이야말로 그가 새로운 통치법제를 초안하는 이념적 기초가 되었던 것으로 이해된다.

성리학에 따르면 인간의 본질은 '천명(天命)으로 부여받은 성(性)'이

---

24 『經世遺表』, 「引」(『與全』 5集, 7卷, 30). "夏后氏之禮, 非夏后氏之所獨制也, 卽堯·舜·禹·稷·契·益·皐陶之等, 所聚精會神, 竭誠殫智, 爲萬世立法程者也. 其一條一例, 豈人之所能易哉? 然殷人代夏, 不能不有所損益. 周人代殷, 不能不有所損益. 何則? 世道如江河之推移, 一定而萬世不動, 非理之所能然也."

요, 사물의 경우는 '물리(物理)'이다. 그런데 인성과 물리는 천명에 따라 공통으로 부여받는 것이므로 인간과 자연은 본질적으로 연속되어 있고, 근원적으로는 만물이 일체(一體)이다. 인간의 심(心)이 만물을 인식할 수 있는 것은 곧 이(理)라는 본질적 속성을 공유하고 있기 때문이다.[25]

그러나 다산에 따르면, '인간이 태어날 때 천(天)으로부터 부여받는 심(心)'이야말로 인간의 '본체(本體)'이다. 이 심(心)은 형체가 없는 영명(靈明)한 실체로서 "모든 형상을 포괄하고 모든 이치를 깨달을 수 있으며 능히 사랑하고 미워할 수도 있는 것이다."[26] 그리고 인간이 '천명으로 부여받은 성'이란 것은 심(心)에 부여된 속성으로서의 '기호(嗜好)'를 일컫는데, 단지 인간의 성은 선을 좋아하고 악을 싫어하는 특성을 지닌다. 그러나 성은 결코 인간의 본체가 아니다.[27]

그런데 천명으로 타고난 "이 성이 없으면 우리 인간은 예로부터 아무도 능히 미세하고 조그마한 선(善)조차 지을 수 있는 자가 없다"[28]는 것이 다산의 인식이다. "인간의 인간다운 까닭은 그가 덕을 좋아하고 악을 부끄러이 여기기 때문이다. 이는 천명이요, 본성(本性)이다."[29]

---

25 『주자대전』 15-20, 經筵講義. "心之爲物, 實主於身, 具體則有仁義禮知之性. … 外而至於人, 則人之理, 不異於已也. 遠而至於物, 則物之理, 不異於人也. 是乃『書』所謂'降衷·『詩』所謂'秉彛, … 子思所謂'天命之性.' … 以其理之同, 故以一人之心, 而於天下萬物之理, 無不能知."

26 『大學講義』(『與全』 2集, 2卷, 3). "無形之心, 是吾本體, 卽所謂虛靈不昧者也. … 是能包括萬狀, 妙悟萬理, 能愛能惡者. 是我生之初, 天之所以賦於我者也."

27 『論語古今注』 9卷(『與全』 2集, 15卷, 9). "子曰, 性相近也."

28 『心經密驗』(『與全』 2集, 2卷, 28). "若無此性, 吾人從古以來, 無一人能作些微之小善者也."

29 『論語古今注』 9卷(『與全』 2集, 15卷, 17). "人之所以爲人者, 以其好德而恥惡. 此天命也, 此本性也."

그러나 무릇 '성'이란 것은 인간에게만 아니라 생명을 가진 만물에게도 부여되어 있다고 그는 말한다. "무릇 (생명을 지닌) 만물은 각기 하나씩의 성(性)을 갖추고 있으며 그 성에는 기호하는 것이 있어 생명을 유지토록 하니, 이것이 천명이다."[30]

그런데 천명의 성(性)으로 인해 인간이 선을 좋아하는 도덕 실현의 가능성을 지니고 있다 하더라도, 그가 자기 일상을 도덕적으로만 영위하지는 않는다는 사실 또한 주의하지 않으면 안 된다.

> 천(天)은 인간에게 자주지권(自主之權)을 부여하였다. 그가 선을 행하고자 하면 선을 행하게 하고 그가 악을 행하고자 하면 악을 행하도록 해두었다. 선이나 악으로 옮겨 다니는 것이 일정하지 않고 그 권한이 자기 자신에게 있는 것이어서, 금수(禽獸)가 정해진 생각을 하는 것과는 다르다. 그러므로 그가 선을 행하면 실로 그 자신의 공이 되고 그가 악을 행하면 실로 자신의 죄가 된다. 이는 심(心)의 권능(權能)이요 이른바 성(性)이 아니다.[31]

즉 인간 천성은 단지 악보다는 선을 좋아하는 경향성을 가질 뿐이요, 실상 선악의 어느 한쪽을 택하여 추구하는 실체는 역시 그의 심(心)이다. 즉 천(天)이 심에 부여해둔 '권능'인 '자주권'의 판단에 따라 인간은 선악의 어느 한쪽을 택하여 추구할 수 있다. 즉 인간은 그 심의 '자

---

30 『詩文集』, 「答李汝弘[丙子九月日]」(『與全』 1集, 19卷, 43). "凡物各具一性, 使有嗜好以濟其生, 此天命也."

31 『孟子要義』 1卷(『與全』 2集, 5卷, 34~35). "天之於人, 予之以自主之權, 使其欲善則爲善, 欲惡則爲惡, 游移不定, 其權在己, 不似禽獸之有定心. 故爲善則實爲己功, 爲惡則實爲己罪. 此心之權也, 非所謂性也."

유 의지'를 가진다.

그런데 인간의 심의 자주권은 어떠한 계기로 선악의 어느 한쪽을 택하게 되는 것일까.

> 인간은 정신과 형체가 묘합(妙合)하여 혼연히 하나가 된 존재이다. 그래서 그가 발하는 심(心)은 도의로 인하여 발현하는 경우가 있는데 이를 일러서 도심(道心)이라 하고, 형질(形質)로 인하여 발현하는 경우가 있는데 이를 인심(人心)이라 한다. 인간은 도심을 갖고 있으므로 선악을 명백히 구별하고 또한 덕을 좋아하고 악을 부끄러이 여기며 마침내 살신성인하기에도 이른다. 이것이 맹자(孟子)의 이른바 '성선(性善)'의 근본이다. 인간은 또한 인심을 갖고 있으므로 재물을 탐내고 색(色)을 좋아하며 안일함을 추구하고 존귀함을 바란다. 선을 따르기는 높은 산에 오르듯 어렵고, 악을 따르기는 산이 무너져 내리듯 쉽다.[32]

여기서 인간이 천으로부터 부여받은 '자주권'은 곧 선악의 어느 한쪽을 선택하여 추구하는 도덕적 '자주권'을 가리킴이 명백하다. 이미 인간의 인간다움은, 비록 '높은 산에 오르듯 어렵다' 하더라도 '천명의 본성'을 따라 덕을 쌓고 선을 행하는 것이라고 말해두지 않았는가. "인심(人心)은 곧 소체(小體. 즉 육신)를 좇아 발현하는 것이요, 도심은 곧 대

---

32 『論語古今注』 9卷(『與全』 2集, 15卷, 17). "人者妙合神形, 而混然爲一者也. 故其發之爲心者, 有因道義而發者, 謂之道心, 有因形質而發者, 謂之人心. 以其有道心, 故能明別善惡, 又能好德而恥惡, 終以至於殺身而成仁, 此孟子所謂性善之本也. 以其有人心, 故貪財好色, 懷安慕貴, 從善如登, 從惡如崩."

체(大體. 즉 영명한 심)를 좇아 발현하는 것"[33]이라 함이 다산의 이해이다.

그런데 인간의 인간다움이 '도심'을 좇아 선을 행함에 있다 하더라도 다산의 심에 대한 분석에 따르면, '인심과 도심'의 분류 이외에, 인간의 심이 가진 기능은 크게 보아 두 가지로 나누어진다.

> 동일한 심이지만 거기에는 원래 세 등급이 있다. 그 첫째는 영지(靈知)의 전체[靈知之全體]를 두고 심이라 하는 경우이니, "심의 기능은 생각하는 것이다"라거나 "먼저 그 심을 바르게 한다"라고 하는 유가 그것이다. 그 둘째는 감동 사려가 발현하는 것[感動思慮之所發]을 심이라 하는 경우이니, 이른바 '측은지심'이라든가 '비벽지심(非辟之心)'의 유가 그것이다. 그 셋째는 5장(臟) 가운데 혈기를 주관하는 기관을 일러 심이라 하니, 이른바 심에 7구멍이 있다는 유가 그것이다. 그 첫째·셋째는 유일무이한 것이다. 그런데 그 둘째를 두고 말하면, 넷이나 다섯도 될 수 있고 백(百)이나 천(千)이 될 수도 있다. … 다만 그 같은 백·천 가지의 심을 자세히 살펴 나누어 본다면 인심과 도심을 벗어나지 않으니, 인심이 아니면 도심이요 도심이 아니면 인심이다. 이는 공사(公私)가 나누어지는 곳이요, 선악이 판가름 나는 곳이다. 공자·안자·증자·자사·맹자가 살핀 바가 여기에 있고 요·순·우·탕이 경계한 바도 여기에 있다.[34]

---

33 『論語古今注』 2卷(『與全』 2集, 8卷, 17). "子曰, 士志於道."

34 『梅氏書平』 4卷(『與全』 2集, 32卷, 23). "同一心字, 原有三等, 其一, 以靈知之全體爲心, 若所謂心之官思及先正其心之類, 是也. 其二, 以感動思慮之所發爲心, 若所謂惻隱之心·非辟之心, 是也. 其三, 以五臟之中主血與氣者爲心, 若所謂心有七竅, 是也. 第一·第三, 有一無二, 若其第二之心, 可四可七可百可千 … 但此百千之心, 靜察其分, 不出乎人心·道心, 非人心, 則道心, 非道心, 則人心, 公私之攸分, 善惡之攸判. 孔·顏·曾·思·孟所察者在玆, 堯·舜·禹·湯所戒者在玆."

다산이 정확하게 말해두지는 않았지만, 여기서 '감동 사려의 심'은 실상 '영지의 전체로서의 심'에 근본을 두고서 발현하는 것으로 해석된다. 즉 세상 만사 만물을 '지각, 사유, 추리, 애증하는' '영명한 심체(心體)' 가운데 '인심과 도심'이라는 도덕심이 포괄된 것으로 해석된다. 다산 자신의 문자에서도 그것을 확인할 수 있다.

> 맹자는 측은지심 등의 4심이 (인·의·예·지) 4덕의 단초라 하였다. 그러나 4심은 모두 한 개의 영명한 심체(心體)[一箇靈明之體]에서 발현하는 것인데, 영명한 심체는 널리 만물에 대응하는 것이다. 그런데 그것이 발현하는 것을 헤아려 보면 어찌 반드시 4심뿐이겠는가. 맹자는 다만 그중의 4개를 들었을 따름이다. 혹 용(勇)이라든가 신(信)도 모두 그 일이 실행된 후에 그 이름을 얻게 되는데, 그것이 발현한 근원을 따져 보면 역시 이 심(즉 영명한 심)일 따름이다.[35]

즉 '측은·수오·사양·시비지심'을 포함하는 도덕심 또한 모두가 명백히 '한 개의 영명한 심체'에서 발현한다. '한 개의 영명한 심체'란 곧 '영지의 전체를 두고 일컫는 심'인 것임이 명백하다. 그런데 '영명한 심체'란 것은 또 어떠한 속성을 지니는가.

> 식(食)·색(色)·안일(安逸)에 대한 욕심은 모두가 형기(形氣: 즉 육신)로 말미암아 나오는 것이지만, 교만하거나 오만하고 스스로를 존대하다

35 『中庸講義補』(『與全』 2集, 4卷, 38). "孟子以惻隱等四心爲四德之端. 然四心摠發於一箇靈明之體. 靈明之體, 汎應萬物, 計其所發, 豈必四而已哉? 孟子特擧其四者而已. 或信·或勇, 亦皆成名於行事之後, 而原其所發, 亦發於此心而已."

> 고 여기는 죄악은 허령(虛靈)한 심체(心體)에서 나오는 것이다. 그러므로 허령한 심체는 악을 저지를 이(理)가 없다고 해서는 안 된다. 도학(道學)과 문장(文章)으로 스스로 존대하다고 여기는 자의 경우, 남이 그를 칭찬해주면 기뻐하고 헐뜯으면 노여워한다. 그것(기뻐하고 노여워함)이 형기와 무슨 관계가 있겠는가.[36]
>
> 지금 사람들은 혹 경의(經義)를 논하고 혹은 도리(道理)를 분석하면서 기를 세우고 성을 내어 서로 욕을 하고, 혹은 문장을 서로 시기하여 서로 해치기도 한다. 그 때문에 몸을 망치고 화를 당하여도 돌아볼 줄을 모르는데, 그 마음이 형기의 무슨 이로움을 바라고 하는 짓은 아니다.[37]

즉 인간은 일상적으로 '식·색·안일'과 같은 형이하의 욕구를 충족하고자 하는 존재이다. 그러나 동시에 그것과는 차원을 달리하는, '영명한 심체' 자체에서 발하는 정신적 욕구를 추구하는 존재이다. 심지어 "어떤 경우에는 크나큰 악(惡)이라든가 거대한 사특(邪慝)함 또한 자기의 심에서 일어난다."[38] 인간의 영명한 심은 세상 이치를 꿰뚫을 수 있는 한도가 무한정이니만큼, 거기서 생겨난 욕구 또한 무한정한 악을 저지르는 데까지 치달을 수도 있게 마련이다.

이처럼 인간의 심은 결코 선과 악을 추구하는 데만 국한되는 것이

---

36 『孟子要義』 1卷(『與全』 2集, 5卷, 35). "食色安逸之欲, 皆由形氣, 而凡驕傲自尊之罪, 是從虛靈邊出來, 不可曰虛靈之體, 無可惡之理也. 人有以道學·文章自尊者, 譽之則喜, 毁之則怒. 是於形氣有甚關係?"

37 『心經密驗』(『與全』 2集, 2卷, 27). "今人或爭經義, 或辨道理, 盛氣發怒, 罵詈相加, 或文章相猜, 横加忮害, 雖以此陷身嬰禍, 而莫之恤焉, 其心非求益於形氣也."

38 『心經密驗』(『與全』 2集, 2卷, 27). "亦或有大惡·巨慝, 起於自心."

아니다. 인간 심체가 천부적으로 타고난 '영명한(즉 靈知의)' 기능은 이 세상 만사 만물에 대응하는 무한정한 능력을 가진다. 전통적으로는 흔히 심성(心性)의 발현을 두고서도 측은지심 등의 4심을 말하지만, 실상은 4심 이외에도 수다한 경우가 있으니, 가령 "즐거움이나 용기라든가 신의 역시 인간의 심에 뿌리를 둔 것이다."[39] 또 전통적으로는 희(喜)·노(怒) 등의 7정(情)을 말하지만, "7정 이외에도 창피하거나 후회하고 원망하거나 한탄하고 강직하거나 해치고자 하고 삼가거나 태만한 여러 가지 정(情)이 있으니, 어찌 반드시 7정뿐일 것인가."[40]

가령 희·노·애·락의 발현과는 관계없이도 인간의 "심의 지각이나 사려(思慮)는 발현하여", "사물의 이치를 궁구할 수도 있고 그 의의(意義)를 생각해낼 수도 있으며 온 천하 사물의 변화를 헤아리고 논할 수도 있다."[41] 인간의 심의 기능은 그 활동이 신묘하여 사물의 이치를 궁극적으로 추구할 수 있다. 즉 일·월·성신(星辰)의 운행이라든가 천지(天地)·수화(水火)의 변화는 물론이요, 멀리는 만 리 바깥의 일과 아득히는 천고(千古) 이전의 일도 이 심을 통해서 그 궁극적인 데 이르기까지를 추구할 수 있다.[42] 그러니 인간의 심은 급기야 경학 공부를 통해 성인(聖人)의 뜻을 깨쳐내고, 그 깨친 원리를 응용하여 '왕정'을 실현하기 위한 통치법제를 마련하며, 다시 그 법제를 적용하여 현실을 개혁하고 왕정을 구현하는 일에도 무한정한 능력을 발휘할 수 있게 마련이다.

---

39 『詩文集』, 「答李汝弘[載毅]」(『與全』 1集, 19卷, 31).

40 『中庸講義補』(『與全』 2集, 4卷, 5). 喜怒哀樂未發節.

41 『中庸講義補』(『與全』 2集, 4卷, 5). 喜怒哀樂未發節.

42 『心經密驗』(『與全』 2集, 2卷, 37). "心之爲物, 活動神妙, 窮推物理, 卽日月星辰之運·天地水火之變, 遠而萬里之外, 邃而千古之上, 可以放遣此心任其窮."

인간 심체의 '영명성'에 관한 그와 같이 다양하고도 무한정한 가능성을 깨닫고 개척하였다는 사실이야말로 다산 실학의 독자적 진면목을 드러내 주는 중차대한 사례로 해석된다.

그런데 다산에 따르면, 그 같은 심성을 지닌 인간은 물론이려니와 세상 만물 또한 모두 상제(上帝) 즉 천(天)의 '조화(造化)'에 따라 각기 생명을 부여받아 생겨난 존재이다.[43] 그리고 천이 부여한 '영명한 심'과 그 '자주권'을 부여받은 인간만이 만물을 향용(享用)하는 주인이다.

> 무릇 삶과 죽음이 있는 천하의 만물에는 다만 3등급이 있다. 초목은 생명은 있지만 지각이 없다. 금수는 지각은 있지만 영명(靈明)이 없다. 인간의 '대체(大體: 즉 영명한 心)'로 말하자면, 생명을 가지고 태어남에 이미 지각이 있고 다시 영명의 신묘한 운용이 있다. 그러므로 만물을 포괄하여 빠뜨리지 않고, 모든 이치를 추구하여 모두 깨칠 수 있으며, 덕(德)을 좋아하고 악을 부끄러이 여긴다. … 우러러 하늘을 보면 일월성신(日月星辰)이 삼연(森然)히 저기 벌여 있고 구부려 땅을 살펴보면 초목금수(草木禽獸)가 정연히 여기에 있는데, 그 모두는 다 인간을 비추어주고 따뜻하게 해주며 길러주고 섬겨주는 것들이다. 그러니 이 세상의 주인 노릇하는 자는 인간이 아니고 누구인가. 천(天)은 인간으로 하여금 이 세상을 집으로 삼아 선을 행하도록 해두었으며, 일월성신 초목조수는 이 집에 이바지가 되도록 해두었다.[44]

---

43 『春秋考徵』(『與全』 2集, 36卷, 24). "上帝者, 何? 是於天地·神人之外, 造化天地·神人·萬物之類, 而宰制安養之者也."

44 『論語古今注』 9卷(『與全』 2集, 15卷, 11~14). "凡天下有生有死之物, 止有三等. 草木有生而無知, 禽獸有知而無靈, 人之大體, 既生既知, 復有靈明神妙之用, 故含萬物而不漏, 推萬理而盡悟, 好德恥惡 … 仰觀乎天, 則日月星辰森然在彼, 俯察乎地, 則草木禽獸秩然在此,

여기서 다산은 인간과 자연을 분리시켜 인간만이 이 세상의 주체적 존재라고 인식한다. 무엇보다도 인간만이 이 세상 모든 이치를 추구하여 깨칠 수 있는 능력을 태어나면서 갖추고 있다. 그래서 만사 만물의 이치를 각기 객관적으로 파악할 수 있고, 그 이치를 인간 자신에 유용하도록 활용할 수 있다. 그래서 초목, 금수와 같은 자연은 인간이 응당 향용(享用)할 수 있는 대상으로 된다.

이 같은 인식은, 조선 후기 실학의 인간관이 다산에 이르러 획기적 변화를 일으키게 되었으며, 역사와 문명을 포함하는 세계관 전반에 일대 전기(轉機)가 일어나게 되었음을 전해준다. 그 전기적 변화의 요체는 곧 천과 직통한다는 인간의 영명한 심의 무한한 가능성을 인식함에서 기인하는 것으로 해석된다.

그런데 천으로부터 품부한 인간의 영명한 심은 또한 천부적으로 다양한 욕구(欲求)를 갖추고 있다는 사실을 간과해서는 안 된다.

> 우리 인간의 영명한 심체 안에는 본래 원욕(願欲) 한 가닥이 있다. 이 욕심이 없다면 천하만사를 다 성취할 수가 없다. 오직 이익에 밝은 자는 욕심이 이록(利祿)으로 치닫고, 오직 의(義)에 밝은 자는 욕심이 도의로 치닫는다. 욕구가 극진함에 이르러서는 양쪽이 모두 살신성인하여도 후회가 없으니, 소위 탐부(貪夫)는 재물에 목숨을 걸고 열사(烈士)는 명성에 목숨을 바친다는 것이다. 나는 일찍이 일종의 색다른 사람을 보았는데, 그 심이 고요하고 욕구가 없어 능히 선을 할 수도

無非所以照人煖人養人事人者. 主此世者, 非人而誰? 天以世爲家, 令人行善, 而日月星辰·草木鳥獸, 爲是家之供奉."

> 악을 할 수도 없고 능히 문사(文詞)도 산업(産業)도 할 수가 없으니, 곧 천지간에 하나의 버려진 물건이었던 것이다. 인간이라면 욕구가 없어서야 되겠는가.[45]

인간이 스스로 무엇을 추구하여 실현하고자 하는 욕구는 천으로부터 품부한 영명한 심에서 발하는 것이므로 정당하다. 정당한 것이므로 긍정되어야 한다. 이 욕구론은 곧 인간이 살아가면서 만사(萬事) 만리(萬理)를 추구하는 원동력의 근저를 이룬다는 이론이다. 이는 또한 성리학의 도덕 정향적(定向的) 인간관을 지양하고자 하는 이론으로서의 의미를 지닌다.

다산은 인간이 태어나면서 가지게 되는 보편적 욕심으로는 귀욕(貴欲)과 부욕(富欲)이 있음을 말한다.[46] 두 가지 욕심은 인간이 가진 보편적인 욕심일 터이지만, 그 이외로도 무한한 영명성을 가진 인간의 심체가 추구할 수 있는 욕구의 분야와 심도는 무한정한 것으로 이해된다. 자기의 편의를 위해 이 세상 만물을 향용하는 능력 또한 두루 갖추고 태어난 존재가 인간일진대, 그 '원욕' 또한 시대와 상황에 따라 무한정으로 다양할 수 있기 마련이다.

가령 주지하듯, 다산은 성호(星湖)를 따라 물질문명에 관한 진보론적 소신을 견지하고 있었다. 그는 말한다. "지려(智慮)를 미루어 운용하는

45 『心經密驗』(『與全』 2集, 2卷, 39). "吾人靈體之內, 本有願欲一端. 若無此欲心, 卽天下萬事, 都無可做. 唯其喩於利者, 欲心從利祿上穿去, 其喩於義者, 欲心從道義上穿去. 欲之至極二者, 皆能殺身而無悔, 所謂貪夫殉財, 烈士殉名也. 余嘗見一種人, 其心泊然無欲, 不能爲善, 不能爲惡, 不能爲文詞, 不能爲産業. 直一天地間棄物, 人可以無慾哉?"

46 『詩文集』, 「自撰墓誌銘[集中本]」(『與全』 1集, 16卷, 17). "民生有欲, 曰富與貴. 君子在朝期乎貴, 小人在野期乎富."

것에도 한계가 있고, 교묘한 생각으로써 사리(事理)를 꿰뚫어내는 것에도 차례가 있다. 그러므로 아무리 성인(聖人)이라 하더라도 천 사람, 만 사람이 함께 의논한 것을 당해낼 수는 없고, 아무리 성인이라 하더라도 하루아침에 그 아름다운 덕(德)을 모조리 갖추어낼 수는 없다. 그러므로 사람이 많이 모여 살면 모여 살수록 그 기예(技藝)는 더욱 정밀해지고, 시대가 내려오면 올수록 그 기예는 더욱 공교해진다. … 이용후생에 필요한 것과 백공(百工) 기예의 능력 같은 경우는 뒤에 개발된 것을 가서 배우지 않는다면 몽매하고 고루함을 깨뜨리고 편리한 혜택을 일으킬 수가 없는 것이다."[47]

여기서 진보적 문명을 이룩해내기 위해서는 다수 인간의 사회적 협동이 필수적이라는 사실을 다산이 말하고 있음 또한 주목할 만한 일이다. 그리고 그와 같이 이용후생의 편리한 문명의 혜택을 극단으로 구현하는 데는 다른 무엇보다도 인간이 본래적으로 타고난, 사리(事理)를 추구하고자 하는 '원욕'이야말로 그 원동력이 된다.

더구나 다산은, 이 세상의 모든 가치 있는 것은 인간이 그 일을 실행함으로써 실현된다고 하는 확고한 소신을 편다. 곧 인간이 품부한 영명한 심의 주체적 결단과 실행이야말로 모든 가치와 도덕을 창출하는 원천이라고 하는 새로운 '행사'주의(行事主義)를 주창한다. 그것이 하필 인·의·예·지와 같은 도덕 가치를 실현하는 데에만 국한하는 일이겠는가. 가령 왕정의 실현이라는 궁극적 경세(經世)의 사업 또한 왕권을

47 『詩文集』, 「技藝論」 1~3(『與全』 1集, 11卷, 10~12). "智慮之所推運有限, 巧思之所穿鑿有漸, 故雖聖人不能當千萬人之所共議, 雖聖人不能一朝而盡其美. 故人彌聚則其技藝彌精, 世彌降則其技藝彌工. … 若夫利用厚生之所須, 百工技藝之能, 不往求其後出之制, 則未有能破蒙陋而興利澤者也."

중심으로 하는 위정자의 주체적·적극적 분발과 혁신이라는 '행사'를 통해서 비로소 가능해진다는 소신이다.[48] 이제 인간은 각자 자기의 심의 영명한 능력을 극진히 발현한다면, 이전보다도 더 나은 개인과 사회와 국가의 여러 분야 여러 사업을 단연코 한 차원 더 높은 수준으로 구성해낼 수 있을 것이다.

다산의 왕정론은 그와 같이 주체적 책임과 무한한 능력을 구비한 인간들이 열어갈 세상을 구현하고자 하는 새로운 경세론으로 정립되고 있었다.

2) 도덕적 인간론

그런데 다산의 새로운 천인관은 주로 인간 심·성의 도덕적 구현이라는 면을 중심으로 하고서 전개된다는 사실을 여기서 특히 주의하지 않으면 안 된다. 앞에서 살펴본 것처럼, '인간이 인간인 까닭은 덕을 좋아하고 악을 부끄러이 여김'에 있다는 것이요, 그것이야말로 곧 '천명'이며 '본성'이라고 하지 않았는가.

> 성(性)을 논하고 심(心)을 논하는 것은 장차 무엇에 쓰려는 것인가. 선(善)을 밝히는 것은 장차 몸을 성실히 하려는[誠身] 것이요, 성을 논하고 심을 논하는 것은 장차 일을 실행하려는[行事] 것이다. 맹자가 측은지심을 논한 것은 이 심을 확충함으로써 인(仁)이 온 천하에 덮이도록 하려는 것이었다.[49]

---

48 김태영, 2000, 앞의 논문 참조.

49 『詩文集』, 「答李汝弘」(『與全』 1集, 19卷, 30).

> 심은 본래 덕(德)을 갖춘 것이 아니요, 오직 곧바로 추진하는 속성이 있다. 능히 나의 올곧은 심[直心]을 실행한 경우, 이를 일러 덕이라 한다. 선을 실행한 후에야 덕의 이름이 생긴다. 실행하기 이전에 어찌 명덕(明德)이 있을 수 있겠는가.[50]

무릇 인간의 삶이란 것은 결코 '천명'을 떠날 수가 없다. 인간의 심·성 자체가 '천'으로부터 직접 부여된 것이기 때문이다. 인간이 자신의 영명한 심을 통해 그 본성을 논하는 것은 곧 타고난 본성의 도덕 지향성을 확인하고 더 확충하고자 함이요, 자신의 타고난 심의 추진력을 논하는 것은 그 본성을 더욱 크게 확충하여 더 큰 덕과 선을 실현함으로써 더 좋은 세상을 만들기 위함이다. 그러니 이 세상에 '왕정'을 구현하는 정치사업도 결국은 인간 각자가 그 본성과 심력(心力)을 확충함으로써 도덕적으로 더 성숙해지는 과정을 통해서 원활한 실현을 볼 수 있을 것이다.

그런데 다산은, 인간이 자신의 '본성과 심력'을 확충하는 길은, 성리학에서의 경우처럼 홀로 '존심양성(存心養性)'하는 방식을 통해서가 아니라, 어디까지나 다른 인간과의 관계를 통해서 성립하는 것이라고 확신한다.

> 우리의 도(道)는 무엇을 하고자 하는 것인가. 인간관계를 좋게 하고자 하는 것에 불과하다. 이에 예법을 만들어 선으로 인도하고 악을 막으

50 『大學公議』(『與全』 2集, 1卷, 8). "心本無德, 惟有直性, 能行吾之直心者, 斯謂之德. 行善而後, 德之名立焉, 不行之前, 豈有明德乎?"

> 며, 일동(一動)·일정(一靜)·일언(一言)·일묵(一默)·일사(一思)·일념(一念)에도 모두 법식(法式)과 금계(禁戒)를 두어 사람들로 하여금 나아가고 물러서게 한다. 그 글인즉 『시』·『서』·『역』·『춘추』의 천·만 가지 말들과 「경례」 300, 「곡례」 3000의 갖가지 항목들의 단락과 조각들로서 너무도 많아 모두를 다 탐구하고 익힐 수조차 없지만, 요컨대 그 귀추는 인간관계를 좋게 한다는 것에 불과하다.[51]

이는 공자가 직접 발언한 '우리의 도'에 대한 다산 자신의 해석이다. 공자가 말한 '우리의 도'란 결코 한 개인의 특수한 것을 일컬음이 아니요, 온 천하를 관통할 수 있는 보편적인 '도'를 가리킨다. 그래서 그 '도'의 내용은 다산의 해석 그대로, 『시』·『서』·『역』을 비롯한 여러 경전과 「경례」 300, 「곡례」 3000이라는 인간관계의 모든 측면에 이르기까지를 관통하는 보편성을 띠는 것이다.

그런데 다산은 '인간관계를 좋게' 하는 가장 크고도 바른길이 곧 '서(恕)'를 실현하는 것이라고 단언한다. '서'라는 것은 다산 도덕 실행론의 핵심 관건이다. 그는, 공자의 도가 '충서(忠恕)일 뿐'이라고 하는 증자(曾子)의 깨달음을 그대로 긍정하면서도, 이에 다시 덧붙인다. "서 한 가지는 상하를 관철하고 전후를 관철하며 좌우를 관철한다. 단지 자기가 하고자 하지 않는 것은 남에게도 하지 않는다는 것이니, 그 도(道)는 지극히 간약(簡約)하다. 그런데 '서' 한 글자를 풀어놓으면 온 우주에

51 『論語古今注』 7卷(『與全』 2集, 13卷, 43). "吾道何爲者也? 不過爲善於其際耳. 於是作爲禮法, 以道其善, 以遏其惡, 一動一靜, 一言一默, 一思一念, 皆有刑式禁戒, 俾民趨辟. 其文則《詩》·《書》·《易》·《春秋》, 旣千言萬語, 而經禮三百, 曲禮三千, 枝枝葉葉, 段段片片, 浩浩漫漫, 不可究學, 要其歸, 不過曰善於際也."

가득 찬다."[52] "내 심으로써 척도를 삼아 온 세상 사람들의 상호관계를 헤아려 보아 그 가지런하지 못함을 가지런하게 하고 그 균평치 못함을 균평하게 한다면 심신이 모두 바르게 될 것이다. 자기를 바르게 함으로써 남도 바르게 되도록 하니, 이것이 평천하(平天下)의 요법이다."[53] 곧 내 마음을 척도 삼아 남의 마음을 헤아려 실행하는 길이야말로 인간관계를 선하게 할 뿐 아니라 '평천하'라고 하는 거창한 정치사업을 실현할 수도 있는 요법이다.

다산은 다시 단언한다. "천이 인간의 선악을 살피는 것도 이같이 두 사람이 서로 더불어 관계하는 사이에서 정직한가 혹은 사특한가를 감시한다. 또한 식·색·안일을 추구하는 욕심을 주어서 두 사람 사이에 서로 다투거나 양보함을 징험해보고 부지런하고 게으름을 고찰해본다. 이로 본다면 옛 성인(聖人)이 천을 섬기는 학문[事天之學]은 인륜을 벗어나지 않으니, 곧 '서' 한 글자는 사람도 섬길 수 있고 천도 섬길 수 있는 것이다."[54]

여기서 '천을 섬긴다[事天]'는 명제는 다산 심성론에서 극히 중요한 의미를 지닌다. 성리학에서는 천을 '이법(理法)'으로 이해한다. 그러나 다산에 따르면 이(理)라는 것은 결코 실체가 아니요, 가령 옥돌이라든

---

52 『大學公議』(『與全』 2集, 1卷, 40). 「是以, 君子有絜矩之道也~此之謂絜矩之道」. "恕者, 仁之道也. 子貢問: "一言而有可以終身行之者乎?" 孔子曰: "其恕乎." 門人問一貫之旨, 曾子曰: "夫子之道, 忠恕而已." 一恕字以貫上下, 以貫前後, 以貫左右. 但曰'己所不欲, 勿施於人', 其爲道至簡至約, 只一恕字, 而放之則彌乎六合."

53 『大學公議』(『與全』 2集, 1卷, 41). "以心爲矩, 以絜六合之交際, 齊其不齊, 平其不平, 於是乎心與身皆正矣. 正己以正物, 此平天下之要法也."

54 『論語古今注』 7卷(『與全』 2集, 13卷, 43). "天之所以察人之善惡, 亦惟是二人相與之際, 監其淑慝, 而又予之以食色安逸之慾, 使於二人之際, 驗其爭讓, 考其勤怠. 由是言之, 古聖人事天之學, 不外乎人倫, 即此一'恕'字, 可以事人, 可以事天. 何故而小之也? 一者, 恕也."

가 나무의 '결'과 같은 어떤 실체의 속성을 가리킬 따름이다. 그러므로 "이(理)는 본래 무지하고, 또한 위엄이라든가 권능도 없다."[55] 그래서 다산은 인간에게 심·성을 부여한 근원으로서의 천이야말로 인간 도덕의 궁극적 원천이라고 확신한다. "군자의 학문은 어버이를 섬기는 데에서 시작하고 천을 섬기는 일로 끝난다"[56]라고도 확인한다.

무릇 이 세상 인간은 어차피 생래적 욕구를 추구하면서 살기 마련인데, 그러면서도 함부로 법(法)을 범하지 못하는 것은 위에 법을 집행하는 관원이 있고 죽음을 내릴 수도 있는 임금이 있기 때문이다. 그러나 인간 내심의 죄악은 이들 군장(君長)이 결코 관장할 수 있는 사안이 아니다. 그래서 의관을 정제하고 낯빛을 꾸미고서 "종신토록 거짓을 행하면서도 당세의 아름다운 명성을 잃지 않으며, 성깔을 부리고 악을 범하면서도 능히 후세의 우러름을 받을 수 있는 자들이 이 세상 도처에 있다"[57]라고 하였다.

그런데 다산의 천 즉 상제(上帝)는 어떤 존재인가. 인간과 만물을 '조화(造化)'한 궁극적 근원일 뿐 아니라 인간의 내면에 심·성을 부여하고 그 심·성을 간단없이 살펴 일깨워주는 궁극적 실체이다. "천명(天命)은 인간에게 생명을 부여하는 시초에 (선을 좋아하고 악을 싫어하는) 성(性)을 주었을 뿐만이 아니다. 원래 형체는 없지만 신묘하게 운용하는 신(神: 즉 靈明한 心)을 짝지어 부여했으므로, (性과 神이) 서로 더불어 상감(相感)한다. 그러므로 천이 인간에게 경고하는 경우에도 형체가 있는 이목(耳

55 『中庸自箴』(『與全』 2集, 3卷, 5). "理本無知, 亦無威能."

56 『中庸講義補』(『與全』 2集, 4卷, 22). "君子之學, 始於事親, 終於事天."

57 『中庸自箴』(『與全』 2集, 3卷, 4~5). 「是故, 君子戒愼乎其所不睹, 恐懼乎其所不聞」.

目)을 통해서가 아니라 매양 형체는 없지만 신묘하게 운용하는 도심(道心)을 통해서 타이르고 가르친다. 이것이 이른바 '천이 그 마음을 타일러 준다'는 것이니, 그 타이름을 순종한다면 천명을 받드는 자요, 그 타이름을 만만히 보고 어긴다면 천명을 거역하는 자이다."[58]

그래서 다산은 말한다. "천의 영명함이 인간의 심에 직통해 있으므로 아무리 은미한 일일지라도 살피고 비추지 않는 것이 없다. 이 방안에 와서 조림(照臨)하며 날마다 여기 있으면서 감림(監臨)한다. 인간이 진실로 이를 안다면 비록 대담한 자라 할지라도 경계하고 삼가며 두려워하지 않을 수 없을 것이다."[59]

다산의 상제천(上帝天)은 인간의 인간다운 '까닭'을 이루어 주는 도덕심의 궁극적 근원이다. 그리고 인간의 속마음을 타일러 도덕 행위를 하도록 권유하고, 더구나 한순간도 간단없이 그 도덕 행위를 '현장에 임하여 비추고 현장에 임하여 감독하는' 궁극적 심판자이다.

다산에 따르면 도덕적 선은 인간과 인간의 관계에서 선을 행함으로써 실현되는 것인데, 그 가운데 으뜸인 것은 부자(父子)와 같은 가장 가까운 인륜(人倫)의 선이다. 그래서 그는 "효제(孝悌)가 곧 인(仁)"이요, "인은 효제로부터 시작한다"라고 말한다.[60] "무릇 인륜을 제외하고는 지선(至善)이란 것은 없다"[61]라고도 한다. 그는 다시 덧붙인다.

> 천(天)이 인간의 선악을 살피는 바는 항상 인륜(人倫)에 있다. 인간이

---

58 같은 곳.

59 같은 곳.

60 『詩文集』, 「自撰墓誌銘 [集中本]」(『與全』 1集, 16卷, 15). "孝弟卽仁 … 仁自孝弟始."

61 『大學公議』(『與全』 2集, 1卷, 12). "凡人倫之外, 無至善也."

> 인륜을 선하게 한다면 천을 섬길 수 있다.[62]

인간이 천을 섬기는 일은 결코 바깥으로부터 주어진 의무가 아니다. 어디까지나 선을 좋아하는 본성을 인간 자신의 영명한 내심이 자발하여 추진하고 실현해내는 주체적 과제이다. 본성과 내심에서 자발하는 과제이므로, 어느 누구도 그것을 강제할 수는 없다.[63] 더구나 '천을 섬긴다'고 하지만, 그것도 '천을 섬기는데' 내심으로 독실해야 한다는 과제를 스스로 설정한 것일 뿐이요 소위 독실한 '신앙'의 경우와는 전혀 별개의 문제이다.[64]

그런데 다산은 다시 경세론적 과업에서도 천은 결코 외면할 수 있는 것이 아니라는 확고한 이론을 편다.

> 도(道)는 천(天)에서 나오는 것인데, 군자의 덕(德)으로 구현되고, 마침내는 만백성을 교화하고서 끝난다.[65]

인간의 심·성 자체가 천부의 것이므로 그 심·성을 통해 인식하고 추구하는 '도' 또한 천에서 발현하기 마련이다. 그런데 지성(至誠)을 다

---

62 『中庸自箴』(『與全』 2集, 3卷, 16). "行遠必自邇登高必自卑節."

63 그래서 다산의 "상제(上帝)는 치명적인 약점을 지니고 있다. 믿지 않으면 그뿐인 것이다"라는 논리가 성립한다. 성태용, 2004, 「다산 철학에 있어서 계시 없는 상제」, 『다산학』 5호, 다산학술문화재단.

64 다산의 상제천관(上帝天觀)을 두고 "신앙 쪽으로 흘러가지 않았다는 점에서" "유교적 유신론(有神論)"인 것으로 이해하고, "정약용이 요청한 유교적 유신론은 신을 위한 것이 아니라 인간을 위한 신앙"이라고 이해하는 연구가 있다. 김선희, 2008, 『중세 기독교적 세계관의 유교적 변용에 관한 연구』, 이화여자대학교 대학원 철학과 박사학위논문 참조.

65 『中庸講義補』(『與全』 2集, 4卷, 63). "道出乎天, 中於君子, 終於化民." 이는 다산이 『중용(中庸)』의 마지막을 해석하는 명제로 제시해둔 중요한 문자이다.

한 수신을 통해 그 도를 자신의 덕으로 구현하는 것은 군자의 과업이요, 군자의 통치를 통해 만백성이 스스로 다 교화되고 나서야 이에 '천'과 '인'의 과제가 모두 끝나게 되는 것이라고, 다산은 해석한다.

다산의 선(善)에 대한 추구는 천(天)과 밀접한 이념적 연관을 갖고 있지만, 결코 개별 인간의 독선으로 끝나는 것이 아니라 어디까지나 인간과 인간의 관계에서 실행되고 구현되는 것으로 구도화해 있다. 그런데 인간관계의 총체는 곧 국가 형태로 구현된다. 다산 경세론의 궁극 형태인 왕정론 또한 결국은 만백성을 다 교화하고서야 끝나는 공동체적 이념의 구도로 설정되었다는 사실을 여기서 확인할 수 있을 것이다.

4. 변법론의 탄생

무릇 인간 일반의 생활 실상은 도덕적 가치의 실현보다는 오히려 생명을 유지하고 복리를 추구하는 형이하의 일에 더 노력을 기울인다.

다산의 인간 심성론에서도 측은지심 등의 도덕심은 모두가 '영명한 심 전체'를 구성하는 일부분에 불과할 따름이다. 그런데도 그는 인간의 일상을, 또 심의 운용을 주로 도덕적인 면을 중심으로 논한다. '인간의 인간다운 소이(所以)는 그가 덕을 좋아하고 악을 부끄러이 여기기 때문'이라는 전제에 서기 때문이다. 그는 인간이 모두 도덕적 인간으로 성숙해지도록 간구하였다.

그러나 '인간이 인간다운 소이'가 어찌 도덕 가치의 추구라고 하는 일을 중심으로 하고서 전개되는 것이겠는가.

다산에 따르면 "천의 영명함이 인간의 심에 직통해 있다." 이는 천이 인간의 심을 살피고 비추어 도덕적 각성을 제기해주는 것이라고 다산은 해석하지만, 천의 영명함을 부여받은 인간의 심 또한 무한한 영명함을 지니고 있다. 다산에 따르면 인간의 심은 천부적으로 자주권을 타고난다. 그것은 주로 선악을 판별해서 그 어느 쪽을 취택할 것인지를 판단하고 추구하는 자주적 능력이라고 그는 설명하지만, 선악을 판별할 수 있는 능력은 필시 정사(正邪)라든가 미추(美醜)를 판별할 수도 있기 마련이다. 인간의 심은 "만물을 포괄하여 빠뜨리지 않고, 만리(萬理)를 추구하여 모두 깨칠 수 있는" 것이기 때문이다. 선악의 판별에 못지않게, 모든 사물을 포괄하여 판별하고 모든 이치를 추구하여 깨쳐낼 수 있는 영명성이야말로 인간의 심의 천부적 능력이다.

무릇 인간은 누구나 자기를 실현하고자 하는 천부의 '원욕'을 그 심체(心體) 속에 타고나는 존재이다. 그것은 부귀를 추구하거나 학문, 기예, 산업이라든가 정치 등 정신적·물질적 가치를 개발하고 개혁하는 원동력이 된다. 치세(治世)를 구현하는 일도 그 같은 원욕의 추구 이외의 과제가 결코 아닐 것이다.

그런데 인간의 그 영명한 심이 가령 인간관계에서 일어나는 비합리적이거나 부당한 사안들을 만난다면 어떤 기능으로 대응할 것인가. 아마도 그 부당성을 각성하고 비판하는 능력으로 운용될 것임이 틀림없다. 왜냐하면, 앞에서 살펴본 대로 인간의 심은 '사물의 이치를 궁구할 수도 있고 그 의의(意義)를 생각해낼 수도 있으며 온 천하 사물의 변화를 헤아리고 논할 수도 있는' 것이기 때문이다. 그래서 그것은 급기야 지리멸렬한 현 실태를 개혁할 새로운 통치법제를 정립할 수도 있다.

그 같은 가능성이 구성적으로 어우러지면 현 세계를 한층 더 높은 차원으로 이끌 수 있고, 드디어는 왕정을 구현하는 길을 열 수도 있다. 그 모든 것을 판별하고 추진하는 원동력은 곧 인간이 타고나는 영명한 심의 능력이다. 그것은 인간 각기의 자연적·사회적 대처 능력과 자율성이 그만큼 크고 다양하다는 다산의 인식을 잘 드러낸다. 인간이 타고난 심의 '영명함'에 관한 그와 같이 다양하고도 무한한 가능성을 깨치고 개발하였다는 사실에서야말로 다산 실학의 한 진면목을 발견할 수 있을 것이다.

그래서 다산의 왕정론에 등장하는 인간들 또한 더 진화한 실체를 드러낼 것으로 이해된다. 즉 모든 개별 인간은 자기 책임 아래 자기 직사를 자기가 주체가 되어 자영(自營)함에 따라 좀 더 이권을 추구하는 영악한 인간들로 진화하기 마련이다. 그래서 각 분야마다 산업기술의 교육이 필요하겠지만, 동시에 인간과 인간 사이를 조화롭게 연결해주는 인간관계론으로서의 사회교육 또한 필수적이다. 그 가운데 가장 중요한 것이 인간관계의 상하·전후·좌우를 관철하면서 모든 인간에 공통으로 적용되는 보편적 덕목으로서의 서(恕)를 널리 이해시키는 도덕교육이다.

그러나 그와 같은 사회교육·도덕교육에도 불구하고 결국 왕정론의 실현을 추동하는 기본 동력은 역시 개별 인간이 타고나는, 자기 욕구를 충족하고자 하는 천부의 욕심 그것이다. 다산의 이해로는, "인간이 이로움을 좇아가는 것은 마치 물이 아래로 흐름과 같고, 해로움을 피해가는 것은 마치 불이 습기를 피하는 것과 같다."[66] 생명체에 고유한, 그래서 극히 자연스러운 욕심이다.

---

66 『詩文集』, 「田論」 4(『與全』 1集, 11卷, 15).

그런데 왕정을 구현할 통치법제는 그와 같은 개별 인간의 욕구를 보편적으로 수렴할 수 있는 형태여야 한다. 가령 왕권조차 별다른 욕구를 추구해서는 안 된다.

> 세도(世道)의 변천은 무상하고 왕(王)의 일욕(逸欲)은 무한하다. 만약 입법(立法)하는 시초부터 자질구레하고 산만하여 천연으로 이룩된 철주(鐵鑄) 같은 형상이 없다면, 몇 대가 지나지 않아 (법을) 더하거나 줄이며 없애거나 일으키게 될 것이니, 기강은 문란해지고 단서조차 찾을 길이 없어져 조금만 살피지 않으면 반드시 토붕와해되고 말 것이다.[67]

왕정을 구현할 통치법제의 운용은 결코 국왕의 일심(一心)에 맡겨둘 수가 없는 일이요, 반드시 제도화하지 않으면 안 된다. 그리고 제도화를 위해서는 자연스러우면서도 명백한 객관적 기준을 정립하지 않으면 안 된다. 그러나 통치법제를 객관적으로 제도화한다고 해서 반드시 좋은 정치가 실현되는 것은 아니요, 그것을 적극적으로 구현하는 실행이 반드시 있어야만 결실을 볼 수 있는 것이다.

다산에 따르면, "성인(聖人)의 학술은 성기(成己)·성물(成物)을 벗어나지 않는다."[68] 그런데 "'성기'는 수신(修身)하는 것이요 '성물'은 백성을 교화하는 일이다."[69]

---

67 『經世遺表』 1卷(『與全』 5集, 1卷, 1). "世道之嬗變無常, 人主之逸慾無限, 若於立法之初, 破碎散漫, 無天成鐵鑄之象, 則不過數世, 增之減之, 廢之興之, 綱紀紊亂, 端緒莫尋, 小有不察, 必土崩而瓦解矣."

68 『中庸講義補』(『與全』 2集, 4卷, 50). "聖人之學, 不出於成己成物."

69 『大學公議』(『與全』 2集, 1卷, 15). "成己者, 修身也. 成物者, 化民也."

그는 자신의 경우를 들어 더 구체적으로 말한다. "먼 변방 귀양살이 18년 동안에 5경·4서를 잡고 되풀이 연구하여 수기(修己)의 학술을 익혔으나, 이윽고 생각해보니 수기의 학술은 학술의 반에 불과하다."[70] 그 나머지 '반'을 완수하기 위해 착수하여 수행해낸 것이 소위 '1표·2서'로 대표되는 그의 경세론 저술임은 다 아는 사실이다. 그리고 그는 다음과 같이 말해두었다. "6경·4서를 가지고는 수기하도록 하고 1표·2서를 가지고는 천하 국가를 다스리도록 해두었으니, 본말을 구비해 놓았다 할 것이다."[71]

그런데 다산의 이 같은 '수기·치인'론은 주자가 이미 「대학장구서(大學章句序)」에서부터 강조해둔 핵심 명제이다. 다산은 어떤 별다른 것을 말하고자 하는가.

『논어』에는 "무위(無爲)로 다스리신 이는 순(舜)일 것이다"라는 공자의 말이 있다.[72] 주자는 이를 두고, "'무위로 다스렸다'는 것은 성인(聖人)은 덕이 융성하므로, 작위하는 바를 기다리지 않고도 백성이 저절로 교화되었다는 뜻이다"라고 해석하였다.[73] 자연적 동화(同化)가 일어난다는 뜻이다.

그러나 다산은 해석을 달리한다. 아무리 '순'임금이라도 왕정을 실현하기 위해서는 왕권이 주체가 되어 적극적으로 통치행위를 실행함으로써 비로소 가능하였다고 그는 단언한다.[74] '무위'가 아니라 적극적

---

70 『牧民心書』 1卷(『與全』 5集, 16卷, 1).

71 『詩文集』, 「自撰墓誌銘[集中本]」(『與全』 1集, 16卷, 18).

72 『論語·衛靈公』. "子曰, 無爲而治者, 其舜也與."

73 『論語集註大全』(성균관대 대동문화연구원 간행 『經書』 수록) '無爲而治' 朱子註.

74 『論語古今注』 8卷(『與全』 2集, 14卷, 1~2). "無爲而治."

통치라고 하는 '정치' 행위가 있어야 한다는 뜻이다.[75]

또 가령 『중용』 '지성(至誠)'장의 경우는 더욱 주목할 만한 내용이 드러난다. 『중용』에는 성인(聖人)과 같이 "자기의 성(性)을 극진히 다할 수 있는 자는 남의 성, 나아가서는 물(物)의 성까지도 다하게 할 수 있다"는 문자가 있다.[76] 이에 대한 주자의 해석을 들어본다.

> 그 성(性)을 다한다는 것은 (나의) 덕(德)이 성실치 않음이 없기 때문에 인욕(人欲)의 사사로움이 없어, 자신에게 있는 천명을 살피고 행하여 크고 작음과 정밀하고 거침에 털끝만큼도 다하지 않음이 없다는 것이다. 인·물의 성 또한 나의 성이다. 다만 부여받은 바의 형기(形氣)가 같지 않기 때문에 서로 다름이 있을 따름이다.[77]

비록 타고난 '형기'의 차이 때문에 '나'와 '인·물'은 '서로 다름'이 있기는 하지만, 내가 품부한 '천명'으로서의 성(性)을 지극한 경지로까지 다한다면, '성이 곧 이[性卽理]'인 까닭에 '인·물의 성 또한 나의 성'인 것이므로, 그들 또한 필경 동화(同化)되기 마련이라는 해석이다.

그러나 다산은 전혀 다르게 풀이한다. 앞에서 살펴봤듯이, "무릇 (생

75 주자(朱子)의 '무위(無爲)'와는 달리 적극적 통치(統治)행위를 강조하는 다산의 문맥을 '정치(政治)'라는 개념으로 읽어낸 연구로는 배병삼, 1998, 「다산사상의 정치학적 해석」, 『다산의 사상과 그 현대적 의미』, 한국정신문화연구원; 백민정, 2007, 『정약용의 철학』, 이학사 참조.

76 『中庸』 22장. "惟天下至誠, 爲能盡其性, 能盡其性, 則能盡人之性, 能盡人之性, 則能盡物之性."

77 『中庸章句大全』 22장(위의 『經書』 수록). "朱子註: 盡其性者, 德無不實, 故無人欲之私, 而天命之在我者, 察之由之, 巨細精粗, 無毫髮之不盡也. 人·物之性, 亦我之性, 但以所賦形氣不同而有異耳."

명을 지닌) 만물은 각기 하나씩의 성(性)을 갖추고 있으며 그 성에는 기호하는 것이 있어 생명을 유지토록 하니, 이것이 천명(天命)이다"라는 다산의 해석을 염두에 두고서 이를 읽어야 할 것이다.

> 그 성(性)을 다한다는 것은 그가 천(天)으로부터 받은 본분(本分)을 다한다는 것이다. 스스로 수기(修己)해서 지선(至善)에 도달한다면 나의 본분을 다하는 것이다. 남을 다스려 지선에 도달하도록 한다면 각자가 그 (天으로부터 받은) 본분을 다하는 것인데, 그 공적은 나에게 있다. 산림천택(山林川澤)의 정사를 닦아 초목금수로 하여금 때맞춰 생육하여 요절(夭折)하거나 곯아 죽는 일이 없도록 하고, 교인(校人)은 말[馬]을 기르고 목인(牧人)은 가축을 기르며 농사(農師)는 5곡을 번식시키고 장사(場師)는 원포(園圃)를 가꾸어, 생명을 가진 동식물로 하여금 모두 각기 그 생육의 성(性)을 다하도록 한다면 물(物)이 각기 그 (天으로부터 받은) 본분을 다하는 것인데, 그 공적은 나에게 있다. 산림천택 농포축목(農圃畜牧)의 정사를 폐하면 만물의 생육에 요절과 횡란(橫亂)이 일어나 무성할 수가 없는 것이다.[78]

이에 따르면, 인간뿐 아니라 모든 동식물 또한 천이 부여해준 각기의 '성'을 지니는 독자적 존재이다. 그래서 인·물 각기가 '성을 다한다'는 것은 곧 각기 '천으로부터 받은 본분'을 다한다는 뜻이다. 그런데

---

78 『中庸自箴』(『與全』 2集, 3卷, 22). "盡其性者, 盡其所受於天之本分也. 自修而至於至善, 則我之本分盡矣. 治人而至於至善, 則人各盡其本分, 而其功在我矣. 修山林川澤之政, 使草木禽獸, 生育以時, 毋殀毋殰, 校人養馬, 牧人養牲, 農師殖五穀, 場師毓園圃, 使動植含生之物, 各盡其生育之性, 則物各盡其本分, 而其功在我矣. 山林·川澤·農圃·畜牧之政廢, 則萬物之生, 夭閼橫亂, 不能茂盛."

인간은 '지선'이라는 도덕적 경지에 도달하는 것이, 동식물은 각자 무성한 생육을 실현하는 것이 그 '본분'을 다하는 일이다. 또한 '지선'에 도달하거나 무성한 생육을 이룩하는 것은 어디까지나 그들 '인·물' 각각가 스스로 성취하는 '본분'의 일임을 주의해야 한다.

더구나 그 본분을 다하게 되는 길 또한, 성인인 나의 '성'이 '지선'의 경지에 도달하였기 때문에 그에 동화되어 '인간과 동식물'이 각기의 '본분'을 다하게 되는 것은 결코 아니라는 사실을 간과해서는 안 된다. 여기서 '인간과 동식물'이 각자의 '본분'을 다할 수 있도록 하는 길은, 곧 '산림천택의 정사[山林川澤之政]'라고 하는 '나'의 '정치'행위를 통해서, 그 지반을 조성하고 '횡란'을 제거해주는 관리의 기능을 다하는 일에 불과하다.

여기서 세상의 동식물을 길러 그 각기의 생육을 다하도록 하는 '공적' 또한 바로 그 생육의 '정치' 행위를 실행한 후에야 실현되는 것으로 되어있다. 즉 다산의 '정치' 또한 어디까지나 '행사(行事)'를 통해서 그 결실이 나타나는 구도, 즉 '행사'주의로 일관하고 있음이 명백하다.

그런데 여기서, 나와 인간과 동식물에 부여된 성이 각기 독자적인 것임을 인식하고 각기의 '성'을 다하여 '천으로부터 받은 본분'을 수행하도록 하는 '정사' 즉 구체적 '정치' 행위를 수행하는 주체는 무엇인가. 더 말할 필요도 없이 그것은 '천과 직통'하는 나의 영명한 심(心)이다. 즉 인간은 '천'으로부터 품부한 '심·성'을 통해 '정치' 행위를 실행함으로써 비로소 왕정도 실현할 수 있다. 그리고 '천과 직결'되는 인간의 심·성을 통해 왕정이라는 궁극적 '정치' 행위로 이행하고자 하는 법제 장치가 곧 『경세유표』라는 변법적 경세론으로 구체화하였던 것이다.

그런데 원래 새로운 왕조를 연 옛 성왕들은 반드시 새 시대를 구현할 '제1등의 도리'를 강구해서 새로운 통치법제를 정립한다는 것이 다산의 역사 해법이다.

> 성왕(聖王)이 천하를 얻었을 때는 오직 제1등 도리를 강구해서 오래도록 시행하여도 폐단이 없을 것들을 법으로 정립하였다.[79]

다산은 '선왕(先王)의 대도(大道)를 좇아 만세토록 준행할 큰 경법(經法)을 세운다'고 하는 자신의 『경세유표』를 두고서도 비슷한 취지를 밝혀두었다. "관직제도, 군현제도, 토지제도, 부역제도, 상업·무역제도, 환곡제도, 군사제도, 과거(科擧)제도, 해세(海稅), 마정(馬政), 선박(船舶)제도, 국도(國都)의 영건제도 등에 대해서 현재의 운용에 구애됨이 없이 기본 골격을 세우고 요목을 베풀어, 이를 가지고 우리 구방(舊邦)을 새롭게 하겠다고 생각한 것이다."[80]

여기서 "구방을 새롭게 한다"고 함은 주지하듯, 오랜 연원을 가진 중국 주(周)나라가 문왕에 이르러 그 국명(國命)을 유신하고 왕정을 구현하는 길로 들어서게 되었다는 역사적 전통에서 그 뜻을 취해온 것이다.[81] 문왕, 무왕을 거쳐 주공(周公)이 『주례』를 저작하고 이를 통해 왕정을 구현할 수 있었다는 전통을 따라, 그가 『주례』를 준거로 삼아 '방례'를 초한 것이 곧 『경세유표』이다.

---

79 『論語古今注』 1卷(『與全』 2集, 7卷, 36). "聖王之得天下也, 惟求第一等道理, 可以久行而無弊者, 爲之垂法而已."

80 『詩文集』, 「自撰墓誌銘[集中本]」(『與全』 1集, 16卷, 18).

81 『詩·大雅·文王之什』. "周雖舊邦, 其命維新."

그런데 『주례』를 준거로 삼는다 하더라도, 무릇 역사상으로는 그보다도 수천 년이 지난 후에, 문명 교류상으로는 이미 서학(西學)까지도 일부 접하게 된 19세기 초 조선 왕국의 현실 풍토에서 다산은 『경세유표』를 초하였다. 그래서 '폐법과 학정'의 인습으로 누적된 현 실태를 과감히 개혁하여 새로운 '왕정'의 법제를 정립하고자 하는 그로서는 새로운 '제1등 도리'를 독자적으로 강구하지 않을 수 없었다.

다산이 새로운 통치법제를 초하면서 의거한 이념은 물론 '옛 성인들의 경전의 원리'이다. 그 원리를 탐구해내는 과정에서 그는 "신명(神明)이 묵묵히 깨우쳐 주시는" 도움을 크게 받았다고 확신하였다. 그래서 그는 「묘지명」에서도 자신의 경세론을 두고, "모두 성인의 경전에 근본을 두고 현재의 실정에 부합하도록 힘썼으니, 없어져 버리지 않는다면 혹 이를 취택할 자가 있으리라"[82]라고 스스로 자신하였다.

가령 다산이 변법론적 '정치' 사업 가운데 큰 항목의 하나로서, 전국 만민을 9직이라는 전업적(專業的) 전문 직사로 배치한다는 고안을 여기서 다시 주목할 필요가 있다. 9직론은 『주례』에 보이는 것이지만, 다산은 이를 변용시켜 추구한다. 그가 새로 설정한 9직 가운데 사(士)의 경우, 중앙의 재상으로부터 말단의 이서(吏胥)·복례(僕隸)에 이르기까지를 모두 치민(治民)의 직사를 담당하는 것으로 재편한다. 그러기 위해서는 그들 모두가 응분의 교육을 이수하도록 하고, 동시에 응분의 사회경제적 처우를 받도록 제도화한다. 그는 이 '사'라는 치민의 직사를 통해서, 새로운 산업을 개발하고 왕정을 추진하는 과업뿐 아니라 오랜 질곡으로 인습해오는 사회신분제 문제라든가 유식(遊食)

82 『詩文集』, 「自撰墓誌銘[壙中本]」(『與全』 1集, 16卷, 2).

양반의 해소 방안 등 여러 사회경제적 현안들을 해결할 수 있을 것으로 전망하였다.[83]

다산은, 만민이 "9직으로 나누어짐은 천(天)의 이치이다. 위에서 비록 시키지 않더라도 백성이 스스로 나누어질 것이다"[84]라고 말한다. 앞에서 살펴봤듯이, 영명한 심·성을 구비한 그의 '인간'이 이미 주체성을 지닌 존재로 진화하고 있는 만큼, 전국 만민이 결국은 전업적 전문 직종으로 각기 분화하게 될 것이라는 전망을 소신껏 피력하는 것이다. 만민이 전업적 전문 직종으로 분화 배치되어야만, '조종의 법제'로 인해 질곡 상태로 얽매여 있는 중세 말기의 지리멸렬한 폐쇄적 억압 관계를 해소하고, 새로운 주체적 인간관계를 꾸려나갈 수 있기 때문이다.

5. 맺음말

다산의 '영명한 심(心)'은 마치 서양의 소위 '근대적 이성'을 연상케 한다. 그 같은 '영명한 심'의 주체적 능력을 활용해 깨친 경학(經學)의 이념을 집약하여, 이 세상에 왕정을 구현하기 위한 새로운 통치법제를 정립하고자 한다. 그것은 수천 년 인습해온 비리의 폐법(弊法)을 개혁하여 무릇 생명을 지닌 '인·물' 모두가 '천(天)으로부터 받은 각기의 본분'을 남김없이 수행하고 발휘할 수 있도록 하는 크나큰 변혁을 초래

83 김태영, 2011, 앞의 논문 참조.

84 『經世遺表』 10卷(『與全』 5集, 10卷, 1). 「賦貢制」 1, 「九賦論」.

할 변법론적 이념을 현실의 '정치' 행위를 통해 구현할 법제장치이다.

그렇다면 그것은 이 세상 인간들의 보편적 복리를 구현하기 위해, 지상(地上)의 왕(王)과 같은 존재에 대해서도 대자적(對自的)일 수 있는, 가령 서양 근대 자연법(自然法)과 같이 인권이라든가 사유재산의 신성불가침을 주장하는 객관적 법제의 이념을 간직하고 있는 것일까.[85]

다산은 물론 인륜도덕과 통치법제를 구분해서 논한다. 가령 앞에서 살펴본 것처럼 『논어』에는 공자의 말씀으로, "은(殷)나라는 하(夏)나라 예(禮)를 따랐으니 그 덜어내고 보충한 바를 알 수 있고, 주(周)나라는 은나라 예를 따랐으니 그 덜어내고 보충한 바를 알 수 있다"는 문자가 있다. 한(漢)나라의 마융(馬融)은 이를 두고, "따랐다는 것은 3강 5륜을 이름이요, 덜어내고 보충하였다는 것은 문(文)·질(質)·삼통(三統)"이라고 논하였다. 그러나 다산은 전혀 다르게 해석한다. "3강 5륜은 인륜이요 방례(邦禮)가 아니다. 마씨는 인륜을 가지고 방례에 해당시키려 하였으니, 어찌 잘못이 아닌가."[86] 통치법제로서의 '방례'와 인간관계의 인륜도덕을 다산은 준별하고 있는 것이다.

---

85 필자는 오래전에 다산 관련 글을 초하면서, "인간사회의 법(法)이 천지자연(天地自然)의 원리를 본떠서 제정되어야 한다는 자연법적(自然法的) 사유(思惟)야말로 동양(東洋) 고유(固有)의 것이었다고 이해된다"는 생각을 해본 적이 있다(김태영, 1990, 「다산의 국가개혁론 서설」, 『다산의 정치경제 사상』, 창작과 비평사). 그러나 이는 필자의 다산에 대한 이해가 아직도 깊지 못한 데다 '천지자연의 원리'와 '자연법'에 대한 이해 역시 구체적이지 못한 상태에서의 단편적 생각을 피력해본 것에 불과하다. 그런데 근년에 이르러 학계 일부에서는 마침내, 다산에게서 근대 자연법 이념을 해석해내고자 하는 동향이 일어나고 있는 사실 또한 주목할 만하다.

86 『論語古今注』 1卷(『與全』 2集, 7卷, 36). "馬曰: '所因, 謂三綱五常. 所損益, 謂文質三統.' … 又按, 三綱五常是人倫, 非邦禮, 馬氏以此而當禮, 不亦拗乎?" 여기서 '문(文)·질(質)'이란 하(夏)는 충(忠)을, 은(殷)은 질(質)을, 주나라는 문(文)을 숭상하였다는 것이며, 삼통(三統)이란 하나라는 인통(人統), 은나라는 지통(地統), 주나라는 천통(天統)이라는 학설이다.

여기서 인륜도덕과 통치법제는 실상 대립적인 것이 아니고 상호 보완관계로 운용될 수 있는, 특히 유교문화권에서는 국가통치의 어떤 측면들에 관한 구분이다. 순(舜)임금이 교육장관인 설(契)로 하여금 인륜도덕을 정립하여 가르치게 하였다는 사실이 그 적확한 사례이다. 그러나 통치법제와 '자연법'은 동일한 국가 안에서도 상호 대립적이다. 주지하듯이 서양 근대의 자연법은 대체로 군주의 자의적 지배권을 견제하기 위한 이념으로 제기된 것이며, 그래서 인권이라든가 사유재산권은 왕권으로써도 함부로 제약할 수 없는 신성불가침의 자연법적 권리라고 주장한다. 다산에게서도 과연 그 같은 자연법 이념을 읽어낼 수 있을 것인가.

다산에 따르면 인간이 천(天)에 대하여 내세울 만한 소위 '본연지심'이라든가 '본연지성' 같은 것은 원래부터 그 실체가 없다. "심의 허령함은 천으로부터 받은 것이므로 감히 '본연'이라 할 수가 없고, 감히 '무시(無始)'라 할 수가 없으며 감히 '순선(純善)'이라 할 수도 없다."[87] "'본연지성'이란 것은 원래 불교에서 나온 말이요, 우리 유교의 '천명지성(天命之性)'과는 서로 빙탄(氷炭)의 관계에 있는 것이니, 말해서는 안 된다."[88] 그는 다시 말한다.

> 천이 인간에게 성(性)을 부여할 때 선(善)을 좋아하는 속성을 주었다. 그리고 (천은) 또한 선을 선택하는 (心의) 권능을 주었다. 이 성과 심은

87 『詩文集』, 「自撰墓誌銘[集中本]」(『與全』 1集, 16卷, 17). "心之虛靈, 受之於天, 不敢曰本然, 不敢曰無始, 不敢曰純善."

88 『詩文集』, 「自撰墓誌銘[集中本]」(『與全』 1集, 16卷, 16). "本然之性, 原出佛書, 與吾儒天命之性, 相爲氷炭, 不可道也."

비록 나에게 있는 것이지만, 그 근본은 천명(天命)이다.[89]

이는 물론 인간 심·성이 결코 자기 '본연'의 것이 아니요, 천에서 근원한다는 소속 관계를 밝힘으로써 인간이 천에 대하여 공구(恐懼) 계신(戒愼)하고 선을 행하여야 함을 설파하는 문맥이다. 그러나 동시에 인간은 천에 대하여 내세울 만한 자기 '본연'의 무엇을 근원적으로 갖지 못한 존재임을 또 명백히 말해준다. 천 앞에서 인간은 결코 이른바 대자적 존재가 아님이 명백하다.

그렇다면 인간은 지상의 왕권에 대해서는 어떠한 존재인가. 근원적으로는 왕보다도 민(民)이 먼저라고 하는 이론을 그는 이미 사환기의 「원목」에서 제시한 바 있었다. 그런데 어차피 인간은 다른 인간과 관계를 맺고 국가라고 하는 공동체를 이루지 않고서는 살기 어려운 존재로 진화한 지 오래다.

이제 왕과 그 신민의 관계는 어떤 것인가. 다산에 따르면, 왕권이 신민의 수(壽)·부(富)·강녕(康寧)을 비롯한 공동체 전체의 모든 '권능과 기강'을 총람하고서 제일적(齊一的)으로 통치할 수 있는 표준의 위상[즉 황극(皇極)]을 갖추어야만, 이에 지배층만의 권익이 아닌 만백성의 권익과 복리를 총체적으로 다스릴 수 있다는 것이 그의 왕권론의 구도이다. 그러기 위해서는 왕 자신이 지덕(至德)을 갖춘 군자가 되어야 한다. 그리고 왕권은 철두철미 공공적·제도적이어야 한다는 것을 사실과 이념 양면에서 특히 강조하는 이론을 편다.[90]

---

89 『中庸自箴』(『與全』 2集, 3卷, 4). 天賦我性, 授之以好德[讀作善]之情, 畀之以擇善之能. 此雖在我, 其本天命也.

90 김태영, 2000, 앞의 논문 참조.

다산은 옛 경전의 이념을 따라, "왕권이 관직을 설치하고 직사를 분담시키는 것은 천의 일을 대신해서 다스리는 것"이라고 말한다.[91] 그런데 그는 이를 이념으로만 말하는 데 그치지 않고 새로운 해석을 더하여 구체적 실행 기준으로 내세운다. 가령 호남지역 지주(地主)-작인(作人) 사이의 극단한 수탈적 생산관계의 개선을 촉구하면서 그는 강조한다. "왕권은 천을 대신해서 만물을 다스린다. 사물이 분란스럽게 되었는데도 이를 다스리지 않는다면, 이는 왕의 직사를 그만두는 것이다."[92]

그와 같이 천을 대신해서 만민을 다스린다는 다산의 왕권이 그의 왕정론의 기초를 구성하는 정전제론에서는 어떤 소유론을 펴는가. 다산은 말한다. "농사짓는 자는 토지를 얻고, 농사짓지 않는 자는 토지를 얻지 못한다."[93] "선왕(先王)의 뜻은 천하 백성들로 하여금 모두 균평히 토지를 얻도록 하려는 것이 아니라 곧 천하 백성들로 하여금 균평히 직사를 얻도록 하려는 것이었다."[94]

다산 정전제론의 큰 특징은 유교문화권에서 수천 년 이념적 토지론으로 줄기차게 행세해온 '균전론'을 포괄하면서도 이를 지양하고, 농민은 토지를 얻어 농사를 짓고 여타의 백성은 농업 이외의 다른 직사를 얻어 각기 수행토록 한다는 만민 '균직론(均職論)'을 주창하였다는

---

91 『經世遺表』 1卷(『與全』 5集, 1卷, 23). "王者設官分職, 代理天工." 이는 주지하듯, 왕권의 근원이 천(天)에서 연유한 것임을 강조하는 고경(古經)의 명제 즉 '天工人其代之'(『書·皐陶謨』)를 원용해 말한 것이다.

92 『詩文集』(『與全』 1集, 9卷, 60). "擬嚴禁湖南諸邑佃夫輸租之俗箚子."

93 『經世遺表』 6卷(『與全』 5集, 6卷, 16). "農者得田, 不爲農者不得田."

94 『經世遺表』 6卷(『與全』 5集, 6卷, 16). "先王之意, 非欲使天下之民, 均皆得田, 乃欲使天下之民, 均皆受職."

사실에 있다. 만백성을 9직으로 배치해서 각기의 직사를 분업적으로 자영토록 함으로써 생산력을 격단으로 높일 수 있고, 상호 간에 분업적으로 유무상통(有無相通)케 함으로써 개인도 넉넉해지고 국가도 유족해지도록 한다는 이론이다.[95]

다산의 정전제론은 토지와 같은 주요 생산수단의 사유(私有)를 원천적으로 허용치 않는다. 현실의 소유관계는 토지 사유의 방향으로 치닫고 있음에도 불구하고, 그는 어째서 그 현 실태의 동향과도 역행하는 이론을 펴기에 이르렀던 것일까.

그는 정전제론을 포함한 그의 왕정론이 반드시 실현 가능한 것이라고 확신한다. "천하의 이(理)는 하나이다. 지금 사람이 행할 수 없는 것은 요·순·삼왕(三王)도 반드시 할 수가 없었고, 요·순·삼왕이 할 수 있었던 것은 지금 사람도 반드시 행할 수 있다. 어찌 의심을 둘 것인가."[96] 실상 다산인들 왕정론의 실현이 극히 어렵다는 사실을 어찌 모르고 있었겠는가. 그러나 그는 요·순·삼왕의 경전에 대한 믿음이 독실하였을 뿐 아니라, 그들 성인의 왕정을 기준 삼는 통치법제야말로 현 실태를 초극적으로 변혁할 거의 유일하고도 가장 확고한 길을 제시할 수 있다는 현실 정치풍토를 깊이 인식하고 있었다. 왕정 구현의 법제와 이념을 초하면서 어찌 토지 사유를 허용할 것인가.

다시 그의 천인관계론을 살피더라도 토지의 사유는 결코 허용되지 않을 것으로 해석된다. 이미 살펴본 것처럼, 천은 이 세상 모든 인간에게 영명한 심을 부여하고, 그들이 이 세상 '만물을 향용(享用)하도록' 해

95 김태영, 2012, 앞의 논문 참조.

96 『經世遺表』 5卷(『與全』 5集, 5卷, 2). 「田制」 1, 「井田論」 1.

두었다. 그런데 만물 가운데 인간생활과 가장 관계가 큰 토지를 두고 말한다면, 그 소유가 소수의 인간에 집중되는 경우 만백성은 그것을 '향용'하기는커녕 고통스러운 종속적 생산관계로 다른 인간에 얽매이게 마련이다. 천(天)의 뜻이 과연 그러한 것이겠는가.

다산의 왕정론은 천(天)을 대신해서 이 세상에 선왕(先王)의 정사를 회복한다는 구도를 띠고 있다. 그러니 토지의 사유는 결코 허용될 수 없다. 그러므로 가령 토지의 사유를 불가침의 권리로 전제하는 '근대 자연법'의 이념 같은 것은 다산의 경우와는 그 사유(思惟)의 방향이 근원적으로 다른 것이라 하지 않을 수 없다.

그런데 또한, 하필 근대 자연법의 사례가 아닐지라도, 다산의 경세론이 서양식 근대 자본주의적 현상에 얼마나 근접하고 있었는가를 비교해서 그 우열을 논단하고, 그것이야말로 다산학의 본질을 탐구하는 가장 타당한 길이라고 주장하는 연구 경향도 있다. 가령 최근 다산 연구의 한 특집의 경우도 그러하다.[97] 자본주의를 기준 삼아 다산의 경세론을 평판 비교한다면, 후자는 오히려 전자의 '선진적'이라 할 수 있는 방향과는 역행하는 '이질적' 사례를 허다히 내포하고 있다. 그리고 '이질적'인 만큼 '후진적'인 것으로 등치되기 십상이다.

자본주의가 아닌 가령 정치적 사유의 경우는 어떠한가. 정치와 도덕을 확연히 분리해 사유함으로써 최초의 근대인이라고 칭해지는 마

97 이헌창, 2012, 「다산 정약용의 국가 제도론에 관한 일고찰」, 『한국실학연구』 제24호, 한국실학학회 참조. 다산 탄신 250주년 기념으로 기획된 이 논문은 다산의 국가 제도론을 두고, '유학사에서의 기여'와 '근대지향적 사상으로서의 기여와 한계'로 나누어 평가하되, 물론 후자에 압도적 비중을 둔다. 그러고는 "기본권을 보장하는 사회론과 경제합리주의가 장애 없이 발휘되는 시장론을 거치지 않는 다산의 국가 제도론은 그가 생각하지 못한 민주혁명과 산업혁명을 통한 근대로 인도하기 어려울 것이다"라고 논단한다.

키아벨리(1469~1527)에 비한다면 다산은 또 얼마나 '이질적'인가. 전자보다 300년 후에 태어나 그 나름 치명적 정치 박해를 겪고 겨우 연명한 후 다시 치열한 내심의 고투를 거쳐 자기 학문을 집성하기에 이른 다산의 경우, 공(公)과 사(私)를 엄격히 구분하고 정치와 도덕은 별개라고 생각하면서도 정작 그의 왕정론은 정치 행위와 도덕적 교화를 결코 별개의 것으로 확연히 구분 짓지는 않는다. 왕정을 구현할 변혁 주체인 군주 자신부터 지극한 도덕군자가 되어야 한다는 고안이다. 그리고 효·제야말로 인륜도덕의 근본이라고 하는 다산의 신념은 고대 유교 교학을 확립한 공문(孔門)의 전통을 되살린 주창이지만, 가령 서양 고대의 그리스·로마인은 효·제라는 것을 덕목이라고 생각지도 않았다. 이른바 고전고대에서부터 도덕관념 자체가 이미 판이하였던 것이다.

현실적으로 한국의 근대도 물론 자본주의식 근대를 떠나서는 생각할 수 없게 되었다. 그러나 그것은 어디까지나 결과적으로 전개된 현실이다. 자본주의라는 결과를 표준 삼아 거기 근접하는 편린들을 다산에서 찾아내어 평판적으로 논단하는 것이 객관적으로 과연 무슨 의미가 있을 것인가.

물론 현재는 마치 전 세계가 근대 자본주의 체제로 이행하는 현상이 일어나고 있는 듯하다. 그런데 자본주의적 근대는 민주주의와 산업혁명을 성취하는 세계사적 전기를 이루었으며, 또한 그 자체가 끊임없이 변화하고 있다 하지만 자본주의는 과연 완성된 의미의 정치·경제적 세계체제라고 할 수 있는가.

혹 각 지역의 역사 전통과 고유한 가치들을 상생적(相生的)으로 융화할 수 있는 진정한 세계체제로의 진화가 일어나는 경우, 국가와 민생의 공동체적 가치의 실현을 우선시하는 동아시아 유교문화 고유의 특질을 최후의 원형으로 집대성한 다산의 왕정론은 어떠한 의미가 있다고 할 것인가. 거기서도 그것이 서양식 자본주의에 얼마나 근접하고 있었는가를 논하게 될 터인가. 혹은 자기 역사 전통의 정체성을 살리면서도 때로는 과감히 그것을 변혁함으로써 새로운 인간 공동체를 구현하고자 하는가의 특질을 추구하는 데 주된 관심을 둘 것인가.

제8장

다산 정약용은 과연 믿을 수 있는 사람인가

-객관적 기준의 정립과 인간 주체적 '실행'-

1. 머리말

다산 정약용은 그 타고난 재주도 대단한 사람이지만, 자신의 공부 또한 누구보다 철저하고도 정밀한 편이었다. 가령 그가 자제들에게 일러준 공부법은 다음과 같다.

> 무릇 책을 읽을 때는 한 글자를 볼 때마다 그 명의(名義)를 분명하게 알지 못하는 곳이 있으면, 모름지기 널리 고찰하고 자세히 연구해서 그 근본을 터득하고, 따라서 그 글의 전체를 완전히 알 수 있어야 하니, 이렇게 하는 것을 계속하여야 한다. 그렇게 하면 한 종류의 책을 읽을 때 아울러서 수백 가지의 책을 널리 상고하게 될 것이요, 따라서 그 책의 의리에 대해서 분명히 꿰뚫어 알 수 있게 되니, 이를 몰라서는 안 된다.
>
> 예를 들면 『사기』의 자객열전(刺客列傳)을 읽다가 "조도제(祖道祭)를 지내고 길을 떠났다"라는 한 구절을 만나게 되는 경우, "조(祖)란 무엇입니까" 하고 스승에게 물어보아라. 그러면 스승은 "전별제(餞別祭)이다" 라고 답해줄 것이다. 또 "꼭 조(祖)라고 하는 것은 무슨 까닭입니까" 하고 물어서 스승이 "자세히 모르겠다"고 하거든, 집으로 돌아와 옥편을 꺼내 조(祖) 자의 본뜻을 살펴보고, 또 거기에 있는 증거를 토대로 하여 다른 책까지 들추어 그 해석을 고찰해서 그 뿌리를 캐고 지

엽적인 뜻까지도 알아내도록 하여라. 그리고 『통전(通典)』이나 『통지(通志)』, 『통고(通考)』 같은 서적에서 조제(祖祭)하는 예절까지 상고해서 한 편의 책을 만들면, 영원히 없어지지 않고 오래도록 남을 좋은 책이 될 것이다. 그렇게 하면 전에는 아무것도 모르던 네가 그날부터는 '조도제'의 내력을 환하게 아는 사람이 될 것이니, 아무리 큰 학자라 할지라도 이에 관한 한 가지 사실에 있어서는 너와 겨룰 수가 없을 것이다. 어찌 크게 즐겁지 않겠느냐(「학유에게 부침」).

아마도 그는 공부하는 과정에서 조그만 의문조차 남겨두지 못하고 끝까지 궁구하여 그 근본까지를 완전히 풀며 깨쳐 내고서야 그만두는 방법을 실행한 것으로 이해된다. 곧 학인(學人)으로서 그의 일상이 궁리뿐만 아니라 그 실천에서도 매우 철저한 태도로 일관하였음을 짐작하게 하는 대목이다. 그와 같은 확고한 원칙과 방식으로 일관하고 보니, 그가 성균관에서 공부한 젊은 시절부터 이름이 크게 드러나서, 특히 학문을 좋아하는 정조 임금의 사랑과 아낌을 많이 받게 되었다. 그래서 여러 사람의 부러움을 사기도 하지만, 동시에 많은 사람의 시기를 받는 처지가 되기도 하였다. 이윽고 과거를 보고 임금을 가까이서 모시는 청요직에 발탁되고서도 그의 처지는 마찬가지였다. 「자소(自笑)」라는 시는, "천 권 책을 독파하여 대궐에 들어갔고 … 이름 따라 생긴 비방 온 세상에 가득 찼네"라고 자신의 딱한 사정을 전한다. 스스로의 병통을 되새기면서도, "용감하지만 지모가 없고 선(善)을 좋아하지만 가릴 줄을 모르며, 맘 내키는 대로 즉시 실행하여 의심할 줄을 모르고 두려워할 줄도 모른다. 그만둘 수도 있는 일이지만 마음에 기쁘게 느껴지기만 하면 그만두지 못하고, 하고 싶지 않은 일이지만 마음에

꺼림칙하여 불쾌하게 되면 그만둘 수가 없다"(「여유당기」)라고 하였다. 선을 좋아하고 악을 미워함이 너무나 뚜렷하고, 바르고 옳은 일이라면 끝내 결행하고야 마는 외곬의 성격 때문에, 어려운 세상에서 남의 미움을 벗어나기가 매우 어려웠던 것이다.

이윽고 1801년의 신유사옥에 연루되었을 때 그를 해치고자 하는 자는, "천 사람을 죽이더라도 정약용을 죽이지 않는다면 아무도 죽이지 않음과 같다"는 말을 뱉어가면서, 기어이 죽음으로 몰아가고자 하였다(「자찬묘지명」). 살아갈수록, 기어이 죽이고야 말겠다는 정도로 남의 모함과 질시를 한 몸에 받은 것은 그만큼 그가 두드러지게 특출한 것을 지니고 있었기 때문일 것이다.

그런데 한 해에 두 번이나 거듭된 죽을 고비를 넘기고 마침내 그가 유배 간 곳이 강진(康津) 땅이었다는 사실은 이후 그의 학문의 성취를 위해서는 불행 중 그래도 다행스러운 환경을 설정해주는 셈이 되었다. 이곳에서는 그의 외가 쪽 도움을 받을 수 있고, 특히 많은 책을 이용할 수 있었다. 또한 둘도 없는 지기(知己)로서 학문을 토로하며 궁극적인 소신을 인가받을 수 있는 그의 형 손암(巽菴) 정약전이 그나마 편지 왕래가 가능한 섬으로 유배 가서 살게 되었기 때문이다.

폐족(廢族)의 처지로 떨어져 버린 집안을 멀리 떠나 천 리 밖의 외로운 곳에서 그가 할 수 있는 일이란 학문 이외의 다른 것이 있을 수 없었다. 그는 그동안 벼슬살이하느라고 못다 한 경전(經傳)의 참다운 연구를 지속하면서 자제에게도 분발해서 살길을 개척하기를 당부해 마지않는다.

이 세상에 뜻이 있는 사람은 한때의 재해(災害) 때문에 마침내 청운의 뜻까지 꺾어서는 안 된다. 사나이의 가슴속에는 가을 매가 하늘로 치솟듯 하는 기상을 지니고서 천지가 눈 안에 들고 우주가 손바닥 안에 있듯이 생각하고 있어야 옳다. 나는 나이 스무 살 때 우주 사이의 일을 모두 취해다가 일제히 펴보고 일제히 정돈하고 싶었는데, 30세가 되고 40세가 되어도 그러한 뜻이 변하지 않았다. 풍상을 겪은 이래로 백성과 나라에 관계되는 전제(田制)라든가 관제(官制), 군제(軍制)라든가 재부(財賦)와 같은 일에 대해서는 드디어 생각을 줄일 수 있었다. 그러나 경전(經傳)을 주석하는 일에 대해서만은 오히려 혼잡한 것을 파헤쳐 올바른 이론으로 돌이키려는 바람이 있는데, 이제는 중풍으로 쓰러지게 되어 그런 마음이 점점 줄어든다. 그러나 정신 상태가 조금이라도 좋아지면 한가롭게 생각이 떠올라 또 불끈 옛 생각이 다시 일어나곤 한다(「학유에게 노자 삼아주는 훈계」).

2. 새로운 공부의 길

10여 년 사이에 그는 우선 6경의 정밀한 고증과 주석을 일단 끝내기에 이르렀다. 또한 그는 지기인 손암(巽菴)의 도움을 얻어, 진시황의 분서갱유 때 완전히 없어졌다는 6경 가운데 『악경(樂經)』의 복원에도 '심혈'을 기울이고 있었다.

도인법(導引法)이 분명히 유익하다는 것을 알면서도, 12년 동안 새벽에 일어나고 밤이 깊어 잠자리에 들면서 6경의 연구에 부지런하다 보니, 그것을 시행해볼 겨를이 없었습니다. 이제 다행히 6경을 끝마

쳤으니, 방 하나를 깨끗이 소제하고 아침저녁으로 노력하는 가운데 틈을 내어 도인법에 유념하려 합니다. 그러나 방 가운데 책이 한 권도 없어야 더욱 좋은데, 익힌 습관을 버리기 어려워서 끝내 다시 연구와 저술을 일삼게 되었습니다. (중략)

『악서(樂書)』 12권은 그사이에 다 보셨으리라 생각됩니다. 율려(律呂)의 도수(度數)에 대해서는 제7권에서 논했는데, 반드시 당우(唐虞)의 본래 법도에 만의 하나라도 어긋날 우려가 없을 것입니다. 5천 년 전 율려의 학문이 오늘에야 그 혼(魂)을 되찾게 되었으니, 이것은 제가 마음으로 체득할 수 있었던 것이 아닙니다. 수년 이래 밤낮으로 사색하며 산가지[算籌]를 잡고 늘어놓으면서 심혈(心血)을 계속 기울이던 중 어느 날 아침 영대(靈臺: 마음자리)에 빛이 일어나는 것을 갑자기 깨달았습니다. 그리하여 삼기(三紀)·육평(六平)·차삼(差三)·구오(具五)의 법이 환히 밝게 눈앞에 늘어서게 되었습니다. 이에 붓을 잡고 써낸 것이 바로 제7권입니다. 이것이 어떻게 사람의 힘으로 얻을 수 있는 것이겠습니까. … 선생께서 빗질을 가해주시어 잘된 것은 글머리에 비평을 써서 인가(印可)를 표해 주시고, 그 가운데 의심나는 것이 있으면 별도로 기록하여 줄이거나 윤문할 수 있게 해주시는 것이 어떻겠습니까 (「중씨에게 답함」).

6경을 끝낸 다음 그는 이어서 4서의 연구에 착수하였다.

송(宋)나라 이후 7백여 년에 온 세상 사람들이 나름대로 총명한 재주를 다하여 4서의 뜻을 연구해왔기 때문에 4서에는 빠뜨린 뜻이 거의 없습니다. 제가 4서에서 혹 새로운 뜻을 얻어내고는 펄쩍 뛰며 기이하다고 소리 지르다가 그 뒤 제가(諸家)의 경전에 대한 학설을 보면 그 뜻을 말한 지가 이미 오래였습니다. 다만 선(善)을 밝힌 뒤에야 선을 선택할 수가 있는 법입니다. 전 사람들을 보면 언제나 선유(先儒)의 학설에 대해서는 반드시 어긋난 의미도 잘못 고집하고 있는데, 이로써 집해(集解)나 집주(集註)를 내는 일이 또한 쉽지 않다는 것을 알겠습니다. 이제 『논어(論語)』를 가져다가 집해나 집주의 예에 의거해서 천고의 것을 모아 잘된 것만을 취하여 하나의 책으로 엮고 싶은데, 이것이 비록 스스로 의리를 발로해내는 6경의 연구 작업과는 그 난이도에 차이가 없지는 않으나, 정신을 소모하고 마음을 다해야 하는 일이 또한 적지만은 않습니다. 생각건대 지금 기력이 점점 쇠약해져 몇 달 사이에 빠진 이가 셋입니다. 연구와 저술을 그만두고 자연스레 노닐면서 세월이나 보내겠다고 작심하지만, 머리를 돌려 생각해보면 그때마다 서글퍼지기 마련이군요(「중씨에게 답함」).

그리고 다시 4년여를 지나 4서의 연구와 저술을 끝낸 즈음에 그의 형 손암의 죽음을 맞게 되었다.

6월 초6일은 우리 중씨께서 세상을 버리신 날이다. 아! 현명하면서도 곤궁함이 이와 같을 수 있는가. 원통하여 이 무너지는 마음을 호소하니 목석(木石)도 눈물을 흘리는데 다시 무슨 말을 하겠느냐. 외로운 천지 사이에 우리 손암(巽菴) 선생만이 나의 지기(知己)였는데, 이제는 잃어버렸다. 앞으로는 비록 터득하는 바가 있다 하더라도 어느 곳에 입을 열어 함께 말할 이가 있겠느냐. 사람은 자기를 알아주는 지기가 없다면 차라리 진작에 죽느니만 못하다. 아내도 지기가 되지 못하고 자식도 지기가 되지 못하며 형제 종족들이 모두 지기가 되지 못하는 처지에, 지기인 우리 형님께서 돌아가셨으니, 어찌 슬프지 않으랴.

경집(經集) 240책을 새로이 장정하여 책상 위에 놓아두었는데, 내가 이제 그것을 불살라 버려야 한단 말이냐. 율정(栗亭)에서의 이별이 천고에 견디기 어려운 절절한 슬픔이 되고 말았구나. 그처럼 큰 덕과 큰 그릇, 깊은 학문과 정밀한 지식을 너희들은 모두 알지 못하고, … 선대왕(先大王: 정조 임금)께서야 신하들을 분명히 알아보시고는, 매양 평하시기를 "형이 동생보다 낫다"고 하셨다. 아아! 성명(聖明)께서야 그를 참으로 알아보셨던 것이다(「두 아이에게 부침, 병자(1816년)」).

6경 4서의 연구에서 다산은 실로 손암의 도움을 크게 받고 있었다. 아마도 지기인 그 형의 조언과 인가가 없었더라면 그의 연구 또한 온전하게 진척되기가 자못 어려웠을지도 알 수 없다. 그러므로 경학의 연구를 일단 다 끝내고 나서 그 형의 죽음을 맞게 되었다는 사실 또한 그 자신의 학문의 성취를 위해서는 그나마 불행 중 다행스러운 일이라 할 수밖에 없다. 그러한 연관을 그는 살아서 돌아온 고향집에서 환갑을 맞아 「자찬묘지명」을 지으면서 회상해두었다.

처음에 내가 『역(易)』을 연구하며 『예(禮)』를 탐색하고 여러 경전(經傳)에 미치어 가면서 매양 하나의 깨달음이 일어날 적마다 마치 신명(神明)이 있어 묵묵히 깨우쳐 주는 듯하여 남에게 이야기할 수 없는 것이 많았다. 형 약전(若銓)이 흑산도 바다 가운데에 있으면서 매양 한 편의 책이 이루어질 때마다 보시고는, "네가 이런 경지에 이르게 된 것은 너 스스로도 알지 못할 것이다. 오호라, 도(道)가 상실된 지 천년도 넘어 갖가지로 뒤덮였는데, 헤쳐내고 가려내어 그 뒤덮여 있음을 확 열어젖혔으니, 어찌 네가 혼자서 해낼 수 있는 일이겠느냐" 하였다. 『시(詩)』에 이르기를, "천(天)이 백성을 깨우침이 마치 훈(塤)을 부는 듯, 지(篪)를 부는 듯하도다" 하였다. 성(性)이 기호(嗜好)임을 깨달아냈으며, 인(仁)이 효제(孝悌)임을 알아내었고, 서(恕)가 인(仁)을 실현하는 방법이라는 것도 깨쳤다. 천(天)의 감림하심이 있음을 알아내어 경계하고 공경하며 부지런히 힘쓰고 힘써 늙음이 장차 이를 것을 알지 못하게 되었으니, 이는 하늘이 내려준 복이 아니겠는가.

3. 인간 존재에 대한 새로운 깨우침과 치인 공부

그렇다면 그가 오랫동안 심혈을 기울인 끝에 드디어는 하늘의 '깨우침'을 받고 '마음자리에 빛이 일어나는' 경지에 달해서, 그리고 둘도 없는 지기의 조언과 인가를 얻어 마침내 깨치게 된 것의 요체는 무엇이라고 할 수 있는가. 다산 경학의 요체는 무엇보다도 이 세상을 살아가는 인간 존재에 대한 해석이 독자적이라는 사실에 있을 것이다.

성리학에서는 인간이 타고나는 성(性)이야말로 인·의·예·지와 같은 도덕적 선(善)의 단서를 원천적으로 다 갖추고 있는, 인간 본질이라고 말한다. 그런데 다산의 인간론은 그와는 전혀 다르다. "형체가 없는 심

(心)이 인간의 본체인데, … 이 본체는 모든 형상을 포괄하고 모든 이치를 깨달을 수 있으며 능히 사랑하고 능히 미워하기도 하는 것이니, 인간이 생겨날 때 천(天)이 인간에게 부여한 것"이라 함이 그의 지론이다(『대학강의』). 인간의 성(性)은 그가 타고난 심(心) 가운데의 속성으로서, 좋아하고 싫어하는 기호(嗜好)의 성품을 지칭하는 것인데, 단지 인간은 악보다는 선을 좋아하는 속성을 타고나는 존재라고 그는 단언한다. "인간은 정신과 육신이 묘합하여 혼연히 하나가 된 존재이다. 그래서 그가 발동하는 심(心)으로 말하자면 도의(道義)로 인하여 발동하는 경우가 있는데 이를 일러서 도심(道心)이라 하고, 육신으로 인하여 발동하는 경우가 있는데 이를 인심(人心)이라 한다. 인간은 도심을 갖고 있으므로 선·악을 명백히 구별하고 또한 덕(德)을 좋아하고 악을 부끄러이 여기며 마침내 살신성인하는 데에도 이르게 된다. … 인간은 인심을 갖고 있으므로 재물을 탐내고 색(色)을 좋아하며 안일함을 추구하고 존귀함을 좇는다"(『논어고금주』).

여기서 심(心)이란 것은 인간의 의식과 지각, 이성과 감성 작용을 통괄하는 실체로 풀이된다. 가령 옛 성현의 경전(經傳)을 위조하여 온 세상을 속이거나, 혹은 자신의 특유한 학설을 주장하다가 끝내는 화를 당하면서도 굽히지 않는 따위는 곧 정신적 욕구를 위해 그 심력을 기울이는 경우이다(『대학강의』). 인간의 심은 그만큼 다양하고도 독자적인 능력을 갖는다는 해석이다. 다산은 그만큼 인간의 심의 자율성을 긍정한다. 즉 인간의 심이 도심 쪽으로 향하는가 혹은 인심 쪽으로 향해서 발동하는가의 결단은 자신의 주체적 판단 여하에 따라 자주적으로 행사할 수 있는 것이라고 단언한다. 그것이 바로 다른 생물과는 결정적으로 차이 나는, 인간만의 특징인 것이다.

천(天)은 인간에게 자주권(自主權)을 부여하였다. 그가 선을 행하고자 하면 선을 행하게 하고, 그가 악을 행하고자 하면 악을 행하도록 해 두었다. 정해진 방향이 없고 그 권한이 자기 자신에게 있는 것이어서, 금수(禽獸)가 정심(定心)을 가진 것과는 다르다. 그러므로 그가 선을 행하면 실로 그 자신의 공이 되고, 그가 악을 행하면 실로 자신의 죄가 된다. 이는 인간의 심의 권능(權能)이요 이른바 성(性)이 아니다(『맹자요의』).

즉 지상의 가치를 지닌 진선진미한 일에서부터 극악무도한 만행에 이르기까지도 자신의 주체적 판단에 따라 자기의 심력을 기울여 수행할 수 있는 것이 인간 존재이다. 그러니 자기 자신은 물론이요, 자신이 처한 환경조건, 즉 사회와 국가까지도 개혁하고 개선할 수 있는 것이 인간 존재이다. "우러러 하늘을 보면 해와 달과 뭇별들이 삼연하게 저기 벌여져 있고, 구부려 땅을 살펴보면 초목금수가 정연히 여기 있는데, 그 모두는 다 인간을 비추어주고 따뜻하게 해주며 길러주고 섬겨주는 것들이다. 그러니 이 세상의 주인 노릇하는 자는 인간이 아니고 누구인가. 천(天)은 인간으로 하여금 이 세상을 집으로 삼아 선을 행하도록 해두었으며, 일월성신과 초목금수는 모두 이 집을 위해 이바지하는 사물이 되도록 해두었다"(『논어고금주』).

군자의 학(學)은 수기(修己)가 절반이요, 나머지 절반은 치인(治人)을 통해서 성취될 수 있다는 것이 그의 지론이다(『목민심서』 자서). 그러니 인간은 만물을 향용하면서 도덕과 선행을 실현하고, 좀 더 나은 세상을 이룩하면서 살아야 하는 과업을 짊어진 존재이다. 아는 것을 실행함으로써 이 세상을 좋게 변화시켜야 한다.

그런데 현실적인 사회관계는 "터럭 한끝에 이르기까지 병들지 않은 것이 없으니, 지금에 와서 (법제를) 개혁하지 않는다면 반드시 나라를 망치고 말게 될" 형세에 닿아 있었다(『경세유표』 인). 그가 오랜 유배 생활에서 구체적으로 견문한 것으로 말하자면, 호남지방의 가장 큰 근심거리로서 그 하나는 백성들의 소요가 일어날 조짐이요, 다른 하나는 아전들의 탐학이 끝도 한도 없이 저질러지고 있다는 현실이었다(「김공후에게 줌」).

16년에 걸쳐 6경 4서를 연구함으로써 수기의 학을 일단 끝낸 그는 이에 치인의 과업에 정진하게 되었다. 치인의 과업이라 하더라도 유배 중인 그가 할 수 있는 최선의 일은 국가체제 전반을 개혁함으로써 진정한 왕도(王道)·왕정(王政)을 실현할 방안을 제시하는 것이었다. 그러한 개혁안은 이미 그가 경전 연구를 통하여 깨달은 독자적인 견지가 있기 때문에, 역시 이제까지의 누구와도 다른 독자적 의미를 지닐 수 있었다. "삼가 살피건대, 폐단스러운 법제와 탐학한 정치가 일어나게 된 것은 모두가 경전의 뜻을 밝혀 알지 못한 데에서 말미암았다. 그러므로 나라 다스림의 요체는 경전의 뜻을 밝히는 일보다 먼저 해야 할 것이 없다"는 것이 그의 소신이었다(「부공제」 2). 그는 유배 생활에서 시작하여 나중에 고향에 돌아온 후에까지 걸쳐 소위 일표(一表) 이서(二書)의 저술에 모든 심력을 기울였다. 그래서 "6경 4서를 가지고서는 수기를 하도록 하고 1표 2서를 가지고서는 천하 국가를 다스리도록 해두었으니, 본·말을 구비해놓았다 할 것이다"라고 자신할 수 있게 되었다(「자찬묘지명」).

4. 객관적 기준의 정립과 '실행'주의

이제 그의 개혁론은 어떠한 성격을 가지는 것인가. 우선 그는 역사적으로 묵수되고 빙자되는 '조종(祖宗)의 법제'라는 것의 본질을 갈파한다.

> 조종의 법제란 것은 대부분 나라를 일으키는 시초에 마련한 것이다. 그런데 그때에는 천명(天命)을 아직 환하게 알 수가 없었고 인심도 미처 온전히 안정되지 않았으며, 큰 공을 세운 장수나 재상 중에는 거칠고 억센 무인이 많았고 백관이나 사졸(士卒) 가운데는 변덕스런 소인이 많았다. … 그러므로 무릇 나라를 일으키는 시초에는 법제를 개혁하지 못하고 말세의 풍습을 그대로 따라 이를 떳떳한 법으로 삼으니, 이것이 예나 지금이나 공통되는 근심거리이다(『경세유표』 인).
>
> 후세에는 … 혹 한 가지라도 생각해낸 의견이 있어 경장(更張)하는 방법을 시험코자 하면, 원로대신(元老大臣)으로서 침중하여 덕이 있는 듯한 자가 반드시 한마디 말로써 천천히 억압하되, "조종의 법제를 반드시 경장할 것은 아니다"라고 한다. 그러면 호강하여 권세를 업고 사(私)만 알지 공(公)을 모르는 자가 반드시 따라 되뇌기를, "노야(老爺)의 태산 교악 같은 덕망이 국가를 진정할 만하다"라고 맞받는다. 그러나 실상 향원(鄕愿)의 거짓 덕이요, 선을 좋아하는 마음은 한 점도 없는 것이다(「역역지정」).

그러므로 그의 개혁론의 준거는 경전의 바른 해석을 통해 깨쳐낸 삼대(三代)의 통치법제의 원리 그것이었다. 가령 그의 국가개혁론 가운데서도 가장 근본이 되는 정전법(井田法)을 두고서 그는 자신의 깨침을 다음과 같이 확신한다.

> 정전이란 것은 성인(聖人)의 기본 법제이다. 기본 법제라면 예나 지금이나 통하는 것이다. 그런데 옛날에는 시행하기에 편리하고 지금에는 불편하다는 것은 필시 법을 밝히지 못해서 그러한 것이다. 천하의 이치가 예와 지금에 다름이 있어 그러한 것이 아니다. … 성인의 여러 경서(經書)를 보건대, 내가 참작해서 변통하고자 하는 것이 원래 선왕(先王)의 근본 법제였다. 경서에 나타나 있는 것만을 상고해서 시행할 일이요, 억지로 줄이고 늘리거나 꾸며대서는 결코 안 된다(「정전론」 1).
>
> 반드시 수백 년을 두고 흔들리지 않아서, 점차로 (사유지를) 회수하고 차례대로 시행한 다음이라야 이에 선왕의 법을 회복할 수 있을 것이다. 그 처음에는 한전·명전·균전 같은 법으로라도 하다가, 오랜 세월이 흐른 뒤에 태아(太阿)의 칼자루를 돌이켜 잡게 되면, 동이에 담긴 물을 쏟음과 같이 시원하여 거의 막힘이 없을 것이다(「정전론」 3).

그러므로 정전제론을 비롯한 그의 경세론은 주자의 경우에서와 같은 성리학 왕정론과는 이질적인, 독자적인 것이었다. 그 한계를 뛰어넘어, 성왕(聖王)이 통치한 삼대의 법제 그것의 본래 원리를 현실에서 실현하기 위한 새로운 왕정론이었다. 그것은 조선 후기 실학의 여러 개혁론 가운데서도 특히 국가체제의 전반적 개혁을 통해 새로운 역사

시대를 창출한다는 이론을 구성해낸 근원적 개혁론이었다.

그런데 그의 개혁론이 특히 강조한 것은 두 가지로 요약된다. ① 부정과 농단으로 가득 찬 어지러운 사회관계에 새로운 표준이 되는 객관적 기준을 제도적으로 정립해야 한다는 이론이요, ② 이 세상에 가치 있는 모든 것은 올바른 실행에 의해서만 창출된다는 이론이었다.

첫째, 객관적 기준의 정립이란 무슨 의미를 지니는 것인가. 무릇 국가의 대민 지배의 현장이라든가 모든 산업 분야에서도 객관적 법제라든가 기준이 전혀 없어서, 분야마다 층위마다 할거적 농단이 일어나지 않는 곳이 없다는 것이 그의 현실이었다. "지금 우리나라에는 조종이 마련한 법제 이외로 감사가 법을 더하고 현령이 더 만들고 아전들이 더 붙이고 하인들이 덧붙이며 이장이 덧붙여서 명령이 여러 갈래"라는 것이 그의 관찰이었다. 그와 같은 할거적 농단을 극복하는 길이 곧 전국 일률의 객관적 기준에 따른 법제를 명백하게 정하여 실행하는 일이었다.

> 촌과 리를 편성함에는 전지(田地)를 단위로 해서 묶는데 무릇 4정(井)을 1촌, 4촌을 1리, 4리를 1방(坊), 4방은 1부(部)로 만든다. 촌에는 1감(監)을, 리에는 1윤(尹)을, 방에는 1노(老)를, 부에는 1정(正)을 각기 두고, 인의(仁義)로 인도하여 공전(公田)을 농사짓도록 하고 효제(孝悌)로 깨우쳐서 사전(私田)을 경작하게 한다(「정전의」 2).
>
> 모든 공·사 간에 쓰는 조운선과 병선, 상선들은 모두 (국가에서 규정한) 9등급 안에서 한 가지 비례를 적용하도록 한다. 그 체재가 9등급으로 정한 제도에 맞지 않는 것은 전함사(典艦司)에서 규찰하여 잡아다

가 그 배는 파괴해버리고 그 사람은 죄를 줄 것이다. 이는 참으로 변동할 수 없는 법이다(「전함사」).

다음으로, 다산의 그 철저한 '실행'주의는 어떠한 의의를 지니는 것인가. 위로는 임금이 왕정을 실현하는 정치사업으로부터 아래로는 한 개인의 일상사에 이르기까지 모든 가치적인 사항은 각자의 구체적 실행에 의해서만 비로소 성취된다는 것이 그의 소신이었다. 가령 순임금이 왕정을 실현할 수 있었던 요체는 무엇인가. 성리학은 그의 덕이 성대하므로 "자기를 공손히 하고 무위(無爲)"하더라도 천하 만민이 그 덕의 감화를 받아 자연스레 왕정이 이루어졌다고 해석한다. 그러나 이른바 '무위이치(無爲而治)'라는 명제는 『논어』를 잘못 해석함에서 나온 허황된 말이라는 것이 다산의 해석이다(『상서고훈』). 오히려 "천하에 요·순보다 부지런한 이가 없었으며", "천하에 요·순보다도 치밀한 이가 없었다"고 함이 그의 소신이다.

『주역』에 "하늘의 운행은 굳건하다"고 하였다. 밝고 밝은 요·순이 하늘로 더불어 함께 굳건하여 일찍이 잠깐의 휴식도 갖지 못하였고, 우·직·설·익·고요 등의 대신(大臣)들도 맹렬하게 분발하여 왕의 팔·다리와 눈·귀 노릇을 다하였다. 그런데 지금 대신의 지위에 있는 자들은 바야흐로 '대체를 유지한다[持大體]'는 세 글자를 지키는 일로써 천하만사를 다하는 것처럼 여긴다. … 요·순 시대에 굳은살이 박이도록 분주하게 힘쓰던 군신(君臣)들과 비교한다면 참으로 어떻다 할 것인가(『경세유표』 인).

그것은 곧 오래도록 정치판을 독점적으로 전횡하면서 소위 향원(鄕愿)과 같이 무책임한 '무위'를 일삼는 벌열정치에 대한 강한 비판이다. 정치야말로 가장 적극적인 실행이 요청되는 사업이다. 그런데 또한 어찌 정치에서만 그러할 것인가. 왕정론의 바탕이 되는 정전제도에서도 토지는 어디까지나 생산성을 크게 발휘하는 '실행' 위주로 배분해야 한다는 것이 그의 지론이다.

> 전지(田地)를 배분하는 법은 그 중점이 전지를 경치(耕治)하는 데 있는 것이지 산업을 마련해주는 데 있지 않다. 누가 식구 수를 헤아려 전지를 나눈다고 하였는가. (정전의 농부는) 항오(行伍)와 같이 편성하고 굳센 병졸을 선발하듯 하되, 그 노동 인원의 많고 적음과 힘의 강약을 헤아려, 강한 자에게는 상등 전지를 주고 약한 자에게는 하등지를 주는 것이다(「전제」 4).

그뿐 아니라 인간의 사회관계에서 실현되는 모든 도덕적 가치라는 것도 인간의 타고난 속성에서 발로하는 것이 아니라, 인간이 자신의 판단에 따라 주체적으로 '실행'할 때 그러한 가치가 창출되는 것이라고 그는 단언한다.

> 인·의·예·지의 이름은 본래 우리 인간이 그 일을 실행한 결과로 얻어지는 것이다. 결코 그 모두는 심(心)에 부여되어 있는 현묘한 이(理)가 아니다. 인간이 천(天)으로부터 받은 것은 다만 여기서 인자할 수도, 의로울 수도, 예의스러울 수도, 지혜로울 수도 있는 영명(靈明)함이다. 만약 천이 인·의·예·지 네 가지 알갱이를 인간의 성품 가운데

에 부여해놓았다고 한다면, 그것은 사실이 아니다(『중용강의보』).

즉 천부적으로 부여받은 본연의 성품만 잘 함양하면 인·의·예·지가 실현된다는 성리학 이론을 지양하고, 실행에 의해서만 도덕과 선이 실현된다는 새로운 사회윤리론을 제시하는 대목이다. 인간이 자기의 심(心)의 영명한 능력을 자주적으로 행사하고 주체적으로 '실행'함으로써 도덕과 선(善)을 성취할 수 있다는 이론은 곧 개별 인간의 사회적 능력·책임·의무가 그만큼 크다는 해석이다. 인간의 사회적 주체성이 그만큼 큰 것이라는 이론이다.

5. 맺음말: 역사적 의미

개혁론의 가장 바탕이 되는 정전제론을 두고 '선왕의 근본 법제'를 깨쳐낸 것이므로 "반드시 수백 년을 두고"서도 회복하지 않으면 안 된다고 하는 다산의 확신은 대체 어디에서 온 것인가. 널리 알려져 있듯이, 그는 이른바 도통이란 것을 전승한 곳이 따로 없는 처지이다. 물론 그 또한 젊은 시절에는 '도통의 전수[傳道授統]'를 긍정하는 말을 쓰고도 있었다(「십삼경책」). 그러나 만년의 그는 '도통의 전수'라는 것을 부정한다. "유가에는 전도법이 없다[儒家無傳道法]"는 것이 그의 확신이다(『논어고금주』). 아마도 유배지에서의 심혈을 기울인 오랜 수련 끝에, 하늘의 '깨우침'으로 "마음자리에 환한 빛이 일어나는" 어떤 경지를 터득한 그로서는, '도'란 것은 '전수'되는 것이 아니라 어디까지나 독자적으로 깨쳐내지 않으면 안 된다는 확신을 갖기에 이른 것으로 이해된다. 그만큼 독자적이며 그래서 독창적인 자신의 깨달음을 그는 확신하고 있었다.

그런데 아무리 좋은 법제라도 그것을 원칙 그대로 '실행'함이 없으면 결국은 지리멸렬한 현 실태로 흐지부지 환원되고 마는 것이라는 실정을 그는 너무나 잘 알고 있었다. 가령 대동법의 시행 이후로도 군현마다 소위 민고(民庫)라는 법식을 만들어 시행하는데, 이는 아전과 서기들이 "임금의 (입법) 권한을 훔친" 것이라고 그는 관찰한다(「역역지정」). 명백한 객관적 기준에 따라 법제를 세우고 또한 원칙 그대로를 실행하지 않고서는 결코 새 시대를 창출할 수 없었다.

그의 철저한 '실행'주의에도 불구하고 그의 개혁론은 실행될 수 없었다. 물론 너무나 이상적인 면도 있었다. 그러나 가령 생산기술의 개발과 같은 극히 보편적인 이론조차도 거의 고려될 여건이 아니었다. 현실 정치는 척족세도라고 하는 그야말로 향원(鄕愿)식의 지리멸렬한 행태를 결코 벗어나지 못하고 말았다.

그러나 그의 국가개혁론은 심혈을 기울인 처절하고도 오랜 연구 끝에 마침내 밝은 빛과 같은 깨달음으로 영글게 된 독자적인 왕정론이었다. 왕정론을 구성하는 법제라든가 요목 하나하나가 모두 철저한 원리에 따라 정립한 객관적 기준에 의해 뒷받침되고 있음을 주의할 것이다. 곧 현 실태를 극복하고 지양하기 위한 명백하고도 객관적인 표준을 세워둔 것이었다. 그뿐 아니라 왕정이라든가 도덕적 선과 같은 무릇 사회적 가치는 모두 인간의 주체적 결단과 '실행'에 의해서 창출된다는 이론 또한 독창에 가까운 것이다.

그래서 그의 개혁론은 새로운 시대 창출의 지표로 정립한 것이라고 하는 역사적 의미를 갖는다. 그리고 객관적 기준은 원리에 따라 정립되어야 하며 사회적 가치는 인간의 주체적 '실행'에 의해서 창출된다는 그의 이론은 아마도 우리가 길이 두고 새겨볼 만한 것이 아닌가 하고 이해된다.

김태영 논저 목록

1. 저서

1983,『朝鮮前期 土地制度史研究』, 知識産業社.
1998,『실학의 국가 개혁론』, 서울대학교출판부.
2006,『朝鮮性理學의 歷史像』, 경희대학교 출판국.
2011,『유형원-국가개혁안을 제시한 실학의 비조』, 민속원.

2. 학위논문

1967,「朝鮮後半期社會 經濟의 一研究: 18·9世紀 貨幣流通體系의 破綻過程을 中心으로」, 경희대학교 대학원 사학과 석사학위논문.
1982,『科田法体制의 研究』, 고려대학교 대학원 사학과 박사학위논문.

3. 논문

1967,「朝鮮 後期 社會의 解體要因에 關한 一試論-貨幣經濟的인 側面을 中心으로-」,『慶熙史學』1, 慶熙大學校 史學會(慶熙史學會).
1970,「朝鮮 後期 支配體制의 私益集團化 傾向」,『慶熙史學』2, 慶熙大學校 史學會(慶熙史學會).
1971,「十九世紀 前期 國內 商業의 頹化 傾向」,『亞細亞學報』9, 亞細亞學術研究會.
1972,「19世紀 前期 宮家私領의 擴大에 對하여」,『慶熙史學』3, 慶熙大學校 史學會(慶熙史學會).
1973,「朝鮮 初期 祀典의 成立에 대하여-國家意識의 變遷을 中心으로-」,『歷史學報』58, 역사학회; 1976,「朝鮮初期 祀典의 成立에 대하여 - 國家意識의 變遷을 中心으로 - 」,『韓國史論文選集(朝鮮前期篇)』, 一潮閣에 재수록.
1974,「高麗後期의 文化-歷史學」,『한국사』8, 국사편찬위원회.
1974,「三國遺事에 보이는 一然의 歷史認識에 對하여」,『慶熙史學』5, 慶熙大學校 史學會(慶熙史學會); 1976,『韓國의 歷史認識(上)』, 創作과批評社에 재수록.

1976,「開化思想家 및 愛國啓蒙家들의 史觀」,『月刊讀書生活』1976년 6월호, 삼성출판사 ; 1976,『韓國의 歷史認識(下)』, 創作과批評社에 재수록.
1977,「高麗後期 士類層의 現實認識」,『創作과 批評』44, 創作과批評社.
1978,「科田法下의 自營農에 대하여」,『韓國史研究』20, 한국사연구회.
1978,「朝鮮前期 封建的 社會思想 試論」,『經濟史學』2(移山 趙璣濬博士 華甲紀念號), 경제사학회.
1979,「金宗直-士林派의 大師宗」,『歷代人物韓國史』5, 信和出版社.
1979,「朝鮮初期 政治思想의 理論的 基礎」, 成均館大學校 大東文化研究院 편,『韓國思想大系 Ⅲ(政治·法制思想篇)』, 成均館大學校 大東文化研究院.
1980,「初期 士林派의 性格에 대하여-金宗直을 中心으로-」,『慶熙史學』6·7·8, 慶熙大學校 史學會(慶熙史學會).
1981,「朝鮮前期 國家意識의 獨自性」,『東洋學』10, 단국대학교 동양학연구소.
1981,「科田法上의 踏驗損實과 收租」,『經濟史學』5, 경제사학회.
1981,「科田法體制下의 土地生産力과 量田」,『韓國史研究』35, 한국사연구회.
1981,「茶山 丁若鏞에 있어서 近代志向的 思惟의 展開」,『美源 趙永植博士 華甲紀念 論文集』, 미원 조영식박사 화갑기념 논문집 편찬위원회.
1981,「歷史認識 歷史敍述」, 鄭昌烈 外 편,『韓國學研究入門』, 知識産業社.
1981,「性理學」, 韓國史研究會 편,『韓國史研究入門』, 知識産業社.
1982,「科田法의 成立과 그 性格」,『韓國史研究』37, 한국사연구회.
1982,「科田法體制下의 收租權的 土地支配關係의 變遷(上)」,『慶熙史學』9·10, 慶熙大學校 史學會(慶熙史學會).
1982,「一然의 생애와 思想」, 申東旭 외 편,『三國遺事와 문예적 가치해명-韓國文學研究叢書 古典文學篇 1』, 새문사.
1982,「朝鮮 前期 小農民經營의 研究」,『慶熙大學校 論文集』11, 경희대학교.
1982,「朝鮮前期 貢法의 成立과 그 展開」,『東洋學』12, 단국대학교 동양학연구소.
1983,「科田法體制下의 收租權的 土地支配關係의 變遷(下)」,『慶熙史學』11, 慶熙大學校 史學會(慶熙史學會).
1987,「高麗兩班科田論」,『朴性鳳教授回甲紀念論叢』, 경희대학교 출판국; 1987,『慶熙史學』14, 慶熙史學會에 재수록.
1987,「性理學」, 한국사연구회 편,『한국사연구입문』, 지식산업사.
1987,「실학의 사회사상」, 이우성 외 편,『한국의 사회사상』, 한길사.
1987,「圜丘壇」,『서울六百年史, 文化史蹟篇』, 서울市史編纂委員會.
1987,「조선시대 사회경제사를 보는 시각」, 김태영·이영훈 외 편,『한국의 사회경제사』, 한길사.
1989,「朝鮮前期의 均田·限田論」,『國史館論叢』5, 國史編纂委員會.
1990,「茶山의 國家改革論 序說」,『碧史李佑成教授定年退職紀念論叢-民族史의 展開와 그 文化』하, 벽사이우성교수정년퇴직기념논총간행위원회; 1990,『茶山의 政治經濟 思想』, 창작과비평사에 재수록.
1990,「朝鮮時代 農民의 社會的 地位」,『한국사시민강좌』6, 일조각.
1991,「茶山 丁若鏞의 國政改革論」,『제4회 동양학국제학술회의논문집』, 성균관대 대

동문화연구원.
1992, 「晦齋의 政治思想」, 成均館大學校 大東文化硏究院 편, 『李晦齋의 思想과 그 世界』.
1993, 「퇴계의 「聖學十圖」에 나타난 道德的 인간관」, 『퇴계학보』 75·76, 퇴계학연구원.
1994, 「晩悔·炭翁의 王道政治論」, 『道山學報』 3, 道山學術硏究院.
1994, 「서설-조선 전기 사회의 성격」, 한국사편집위원회, 『한국사』 7(중세사회의 발전 1), 한길사.
1994, 「朝鮮초기 世祖王權의 專制性에 대한 一考察」, 『韓國史硏究』 87, 韓國史硏究會.
1994, 「토지제도」, 『한국사』 24(조선 초기의 경제구조), 국사편찬위원회.
1995, 「국가제사」, 『한국사』 26(조선 초기의 문화 Ⅰ), 국사편찬위원회.
1995, 「朝鮮初期 世祖王의 學術政策」, 『동양학』 25, 단국대학교 동양학연구소.
金泰永·徐廷相, 1995, 「朝鮮初期 軍役編制의 推移와 改革方向」, 『慶熙史學』 19, 慶熙大學校 史學會(慶熙史學會).
1996, 「이우성 선생의 논문에 대한 논평」, 牧隱硏究會, 『牧隱 李穡의 生涯와 思想』, 一潮閣.
1996, 「韓國 中世史에서의 國家體制와 農民」, 『人文學硏究』 창간호, 경희대학교 인문학연구소.
1997, 「朝鮮前期 小農民經營論」, 『韓國 古代·中世의 支配體制와 農民』, 金容燮敎授停年紀念韓國史學論叢刊行委員會.
1997, 「조선후기 實學에서의 현실과 이상」, 『韓國思想史方法論』(翰林科學院叢書 58), 翰林科學院.
1997, 「한국사에서의 고유문화와 외래문화」, 『韓國史市民講座』 20, 一潮閣.
1999, 「茶山 實學에서의 社會倫理論」, 『韓國實學硏究』 1, 韓國實學硏究會(한국실학학회).
1999, 「順庵 安鼎福의 鄕政論」, 『韓國實學硏究』 1, 韓國實學硏究會(한국실학학회); 2012, 『순암 안정복의 경학과 사회사상』, 성균관대학교출판부에 재수록.
2000, 「경제: 역사상에 구현된 한국 경제의 한 특질과 현대」, 『한국사시민강좌』 26, 一潮閣.
2000, 「茶山 經世論에서의 王權論」, 『茶山學』 창간호, 茶山學術文化財團.
2000, 「려말선초 성리학 왕정론의 전개」, 『朝鮮時代史學報』 14, 朝鮮時代史學會.
2000, 「주자학 세계관과 조선 성리학의 주체의식」, 『대동문화연구』 37, 성균관대학교 대동문화연구원.
2001, 「세종 시대의 부세 제도 개편」, 『세종문화사대계』 3(정치·경제·군사·외교·역사편), 세종대왕기념사업회.
2001, 「退溪의 個別 人間 自我論」, 『退溪學報』 109, 退溪學硏究院.
2002, 「정약용-객관적 기준의 정립과 인간의 주체적 '실행'-」, 『한국사시민강좌』 30, 일조각
2003, 「실학의 진보성과 보수성 음미」, 『한국사 시민강좌』 33, 일조각.
2003, 「조선 性理學과 實學의 역사적 연관」, 『泰東古典硏究』 19, 翰林大學校 泰東古典硏究所

2003, 「遲川 崔鳴吉의 現實 變通論」, 『道山學報』 9, 道山學術硏究院.

2003, 「茶山의 국가 産業行政체계 개혁론」, 『韓國實學硏究』 5, 韓國實學硏究會(한국실학학회).

2007, 「나의 책을 말한다-『朝鮮性理學의 歷史像』」, 『한국사 시민강좌』 41, 일조각.

2007, 「조선중기 사림파 성리학자의 경제사상」, 『한국유학사상대계』 7(경제사상편), 한국국학진흥원.

2009, 「반계 유형원의 변법론적 실학풍」, 『한국실학연구』 18, 한국실학학회.

2011, 「『經世遺表』에 드러난 茶山 經世論의 역사적 성격」, 『退溪學報』 129, 退溪學硏究院.

2011, 「17세기 山林정치와 炭翁선생의 位相」, 도산학술연구원, 『道山學 叢書-炭翁先生篇』, 경인문화사.

2011, 「실학연구의 어제와 오늘」, 『한국사 시민강좌』 48, 일조각.

2012, 「茶山의 井田制論」, 재단법인 실시학사 편, 『茶山 丁若鏞 연구』, 사람의무늬.

2013, 「다산의 통치법제와 통치이념론」, 『다산학』 22, 다산학술문화재단.

2013, 「반계의 변법적 통치론」, 재단법인 실시학사 편, 『반계 유형원 연구』, 사람의무늬.

2014, 「『우서(迂書)』에 드러난 농암의 농정론」, 재단법인 실시학사 편, 『농암 유수원 연구』, 사람의무늬.

2015, 「韓致奫의 『海東繹史』 연구」, 재단법인 실시학사 편, 『실학시대의 역사학 연구』, 사람의무늬.

2017, 「『경세유표』의 '신아구방新我舊邦'론」, 『다산학』 31, 다산학술문화재단.

2021, 「나의 한국사 연구 여정」, 한일역사가회의 한국운영위원회 엮음, 『역사가의 탄생 2-한일 역사가 26인이 말하는 나의 시대, 나의 삶』, 지식산업사.

김태영 논문선집 4

다산 정약용의 국가개혁론

초판1쇄 인쇄 2023년 10월 20일
초판1쇄 발행 2023년 10월 30일

지은이 김태영
펴낸이 한균태
책임편집 최정미

펴낸곳 경희대학교 출판문화원
주소 서울시 동대문구 경희대로 26
전화 02-961-0106~8
팩스 02-961-0291
설립 1960년 9월 16일 제5-8호
등록 1977년 11월 8일 제6-5호
홈페이지 www.khupress.com
전자우편 press@khu.ac.kr

ISBN 978-89-8222-750-9 94910
ISBN 978-89-8222-744-8 94910 (세트)